ESSAI

SUR

LES ANCIENNES INSTITUTIONS

AUTONOMES OU POPULAIRES

DES ALPES COTTIENNES-BRIANÇONNAISES.

Grenoble, impr. de Prudhomme, rue Lafayette, 14.

ESSAI

SUR

LES ANCIENNES INSTITUTIONS

AUTONOMES ou POPULAIRES

DES ALPES COTTIENNES-BRIANÇONNAISES,

AUGMENTÉ

DE RECHERCHES SUR LEUR ANCIEN ÉTAT POLITIQUE ET SOCIAL,
SUR LES LIBERTÉS ET LES PRINCIPALES INSTITUTIONS DU DAUPHINÉ,
AINSI QUE SUR PLUSIEURS POINTS DE L'HISTOIRE DE CETTE PROVINCE;

PRÉCÉDÉ

D'UN APERÇU PITTORESQUE ET ROMANTIQUE

SUR LE BRIANÇONNAIS;

DIVISÉ EN DEUX PARTIES:

La première comprenant l'examen de ces institutions, par ordre chronologique, depuis les temps antiques jusqu'aux grandes chartes municipo-féodales du XIVe siècle;

La deuxième continuant cet examen, par ordre de matières, depuis ces chartes jusqu'à la révolution de 1789, comprenant notamment les Institutions municipales des communautés du Briançonnais, les Assemblées briançonnaises d'Escarton ou d'Écarton, et l'Histoire et l'Organisation des Assemblées d'États du Dauphiné;

OUVRAGE

QUI A OBTENU UNE MENTION TRÈS-HONORABLE DANS LA SÉANCE DU 12 NOVEMBRE 1852
DE L'ACADÉMIE DES INSCRIPTIONS ET BELLES-LETTRES
(INSTITUT IMPÉRIAL DE FRANCE).

PAR

M. Alexandre FAUCHÉ-PRUNELLE,

Conseiller à la Cour impériale de Grenoble.

TOME PREMIER.

GRENOBLE,
CHARLES VELLOT ET COMP^e,
Libraires, rue Lafayette, 14.

PARIS,
DUMOULIN, LIBRAIRE,
Quai des Augustins.

1856.

APERÇU PITTORESQUE ET ROMANTIQUE

SUR

LE BRIANÇONNAIS.

De toutes les contrées de la France, il n'en est pas une qui, comme le Dauphiné, puisse présenter un relief topographique à mouvements aussi rapides et aussi énergiquement accidentés; car, tandis que, d'un côté, il s'abaisse presque jusqu'au niveau des mers pour aller chauffer ses pieds aux rayons brûlants des soleils de Provence, de l'autre, il s'élève en amphithéâtre, de colline en colline, de montagne en montagne, et porte ses têtes alpines jusques à ces régions supérieures où une atmosphère glaciale reproduit le climat de la Sibérie sous une latitude presque méridionale.

Sa partie occidentale, quoique fortement sinuée par les ondulations et les contours des collines qui la parcourent dans presque toutes les directions, peut cependant être considérée comme à peu près plane, comparativement à la partie orientale, qui est profondément sillonnée et traversée, du nord au midi, par plusieurs chaînes de hautes montagnes dépendant de la grande chaîne des Alpes. C'est dans les profondeurs de ces sillons que se cachent de nombreuses et modestes vallées qui ne communiquent entre elles que par des gorges étroites, et gravissent les unes dans les autres, jusques à ces vallées supérieures qui ne se laissent plus dominer que par les sommités des crêtes ou des pics.

A mesure que l'on s'enfonce dans ces vallées et que l'on sort de l'une pour arriver à une autre plus élevée, le coup d'œil change et se modifie successivement : le paysage, d'abord gai, riant et animé, devient bientôt triste, sombre et solitaire; ce n'est plus la nature civilisée et soumise à l'homme, c'est une nature indomptée, une nature brute et sauvage qui se présente avec sa physionomie rude et sévère; mais, si ce n'est plus une nature douce et tempérée, une nature dénaturée par la culture et la civilisation, c'est encore et toujours une nature grandiose et sublime, forte et puissante, qui brave et les efforts de l'homme qui tente vainement de l'assujettir à sa culture, et la fureur des éléments ou des hivers, qui ne l'empêche pas de déposer, chaque année, son manteau de glaces et de frimats, pour revêtir, pendant l'été, sa robe de verdure et de fleurs.

Ce sont ces vallées les plus hautes qui composent le Briançonnais; quoique moins riches et moins fertiles que les autres vallées dauphinoises, elles ne sont pas moins dignes d'intérêt; et elles sont peut-être plus curieuses et moins connues.

On se représente généralement le Briançonnais comme une petite Sibérie française, plongeant dans un océan élevé de brumes et de frimats qui ne laisse pénétrer les rayons d'un soleil pâle et sans chaleur qu'à travers le prisme de larges glaçons ou le voile épais de sombres vapeurs. C'est là une erreur; c'est même plus qu'une erreur, car c'est un écart fantastique de l'imagination, qui croit être dans le vrai, parce qu'elle se figure un tableau qui a presque un point de contact avec la vérité.

Telle est, en effet, l'idée qu'on se forme d'abord du Briançonnais, si l'on y arrive l'hiver, lorsqu'une neige épaisse et abondante y tombe à larges flocons, ou lorsque, un jour de tourmente, les vents contraires, soufflant et tourbillonnant avec fureur, soulèvent, à travers l'atmosphère, des nuages de poussière de neige qui vont, comme le sable des déserts, s'abattre ou se former en montagnes dans les bas-fonds abrités des vents.

Mais, dans l'ordre physique comme dans l'ordre moral, ces écarts violents de la nature ne sont ni fréquents, ni de beaucoup de durée; et l'hiver briançonnais, quoique le plus long des hivers de France, se plaît souvent à contempler un ciel pur et sans nuages qu'éclaire un soleil plus pur encore; car rarement, ou plutôt jamais, le brouillard ne peut étendre et propager ses humides réseaux sur un sol dont la sécheresse glaciale absorbe et condense, par une congélation rapide, les moindres vapeurs qui osent se hasarder à sa surface.

Aussi, lorsque l'atmosphère a repris son calme accoutumé, on peut facilement aller explorer le froid empire des frimats; c'est là que, sur un lit de glace et sous le dôme céleste d'un azur foncé, l'hiver trône majestueusement dans toute sa splendeur. En face de sa terrible puissance, la nature, comme frappée de mort, a été saisie d'une effrayante immobilité; la terre a disparu sous un vaste linceul de neige; les eaux, solidifiées, se sont arrêtées sans mouvement et sans vie; les humbles ruisseaux n'osent faire entendre le plus léger murmure; les cascades, ces cascades naguère si sonores et si animées, maintenant silencieuses et muettes;

pendent immobiles, le long de leur chute, en longues stalactites de glace; et les torrents les plus impatients, les plus impétueux, dont les flots tumultueusement abondants bouillonnaient en écume blanchâtre ou jaillissaient en poussière liquide, ces torrents ont senti refroidir leur ardeur; ils n'exhalent plus que quelques gouttelettes glacées qui vont se condenser sur les parois de leurs rives, tantôt en brillantes végétations diamantées, tantôt en ramifications de coraux blancs et limpides comme le cristal; leurs eaux, devenues rares et timides, craignent même de se faire entendre et de résonner sous les longs arceaux de glace ou de neige qui les recouvrent, et sous lesquels elles glissent paisiblement et semblent vouloir se cacher pour se soustraire aux rigoureuses atteintes de l'hiver.

Plus de verdure, plus de fleurs : elles ont disparu devant son souffle glacial; plus de signes apparents d'existence, même de la part des végétaux les plus vivaces et les plus hyperboréens ; ils ne vivent plus que sous terre et par leurs racines où la sève a été violemment refoulée; la plupart sont engloutis sous les neiges, au-dessus desquelles on ne voit presque plus pointer que les tiges droites et verticillées des mélèzes dépouillés de leurs feuilles, ou les têtes des pins courbant sous le poids des frimats leur chevelure raide et hérissée.

On s'avance au milieu d'un océan de neiges, dont quelques-unes ont déjà dormi sur le sol pendant plusieurs mois et ont été recouvertes par d'autres plus jeunes, mais qui vieilliront aussi à leur tour, avant d'éprouver les douces atteintes d'un printemps tellement tardif dans ces contrées, qu'il n'y arrive presque jamais avant l'été.

De tous côtés, sur ces ondulations hautes comme les plus hautes montagnes, dorment également d'autres neiges plus vieilles encore, puisqu'il en est dont l'âge se perd dans la nuit des temps, et qui braveront peut-être éternellement les chaleurs des étés à venir. Voyez comme toutes ces ondulations se succèdent, se poursuivent, s'amoncellent les unes sur les autres et paraissent menacer les cieux, semblables aux ondes d'une mer furieuse soulevées par la tempête, et qui auraient été surprises et immobilisées en cet état par une congélation subite et instantanée.

C'est à peine si quelques êtres animés viennent de temps en temps donner des signes de vie sur cet océan inerte comme la mort ; la marmotte, l'écureuil même, ne peuvent connaître l'hiver que par leurs rêves, retenus qu'ils sont dans leurs demeures souterraines par une léthargie qui ne finira qu'au printemps ; le renard est trop rusé pour se hasarder à sortir avant les approches de la nuit ; le loup monte rarement jusqu'à ces grandes hauteurs, qui ne peuvent lui offrir un abri pour se cacher ; l'ours y est à peu près inconnu, il ne pourrait y trouver sa nourriture ; le chamois, ce quadrupède si leste et si léger, aux pieds si agiles et si élastiques, qui bondit, s'élance, court et vole en quelque sorte de rocher en rocher sur ces hauteurs quasi-aériennes, comme s'il aspirait à vivre avec les habitants des airs, le chamois évite et fuit le regard de l'homme ; le lièvre des Alpes, le lagopède ou la perdrix blanche, surnommée *jalabre*, disparaissent à la vue sur une neige dont leur robe d'hiver emprunte la couleur. Les oiseaux sont presque tous descendus dans la plaine ou ont émigré vers des climats plus doux ; quelques aigles des Alpes, se tenant à une élévation que la vue ne peut pas toujours atteindre, planent circulairement au-dessus des rochers les plus escarpés ; de rares corneilles, quelques corbeaux plus rares encore, avec leurs habits de deuil et leurs cris lugubres, errent seuls sur les restes cadavériques des êtres vivants que la fureur de l'hiver a choisis pour victimes.

Le ciel, le ciel lui-même semble prendre le deuil de la nature ; son firmament d'azur se rembrunit d'une teinte plus sombre ; son soleil, plus paresseux, se lève plus tard, se couche plus tôt, et refuse, pendant un certain temps, ses rayons à quelques villages qui, au milieu de l'hiver, restent ensevelis, en plein midi, dans l'ombre septentrionale des montagnes.

Dès lors, comment l'homme pourrait-il échapper à la terrible émotion que doit lui causer un pareil spectacle, surtout lorsqu'il le voit pour la première fois? Un vague et indéfinissable sentiment de mélancolie et de tristesse s'empare de son âme ; il sent son cœur se serrer et défaillir ; il reste comme anéanti en face de ce vaste et effrayant tableau d'une nature inerte et presque sans vie.

Voilà peut-être pourquoi les Briançonnais, comme les peuples du Nord, sont en général plus sérieux que les peuples méridionaux, qui doivent être plus enclins à la gaîté, en présence d'une nature plus riante et plus animée.

Mais, quoique cette émotion première laisse toujours une impression longue et durable, cependant le courage de l'homme se relève, soutenu par le sentiment de son intelligence et de son génie ; il examine et interroge ces grands, ces redoutables phénomènes ; il les explique à l'aide de sa raison et de son expérience, et sa témérité les bravera, car son orgueil lui donne de la hardiesse, et son orgueil ne doute de rien.

On le verra donc bientôt gravir et surmonter les montagnes les plus élevées, celles même où l'hiver règne avec le plus de force et d'intensité, et y poursuivre le lièvre ou le chamois sur la surface de la neige qu'un gel rigoureux a consolidée et en quelque sorte macadamisée ; et si cette surface n'a pas été assez fortement gelée, ou a été ramollie par une température plus modérée, il saura s'y soutenir encore en augmentant les dimensions de ses chaussures de toute la largeur des raquettes que sa prudence aura eu l'ingénieuse précaution d'y adapter.

Et que l'on ne croie pas que ces excursions hivernales, quelque longues et nombreuses qu'on puisse les faire, dans tous les sens et dans toutes les directions, donnent une idée exacte de la configuration topographique du sol briançonnais. De toutes parts, des accidents de terrain ont été modifiés ou dissimulés par des accidents de neige; les crêtes et les sommités des montagnes, souvent balayées par la violence des vents, sont quelquefois dénudées jusqu'au roc; et leurs neiges supérieures, projetées sur leurs flancs ou au loin dans les vallées, masquent la configuration réelle sous une configuration factice et éphémère qui subira les caprices de la tourmente ou s'évanouira à la fonte des neiges.

Ce n'est pas cependant chaque année que l'hiver pose avec tant de splendeur et de solennité; mais souvent, mais toujours peut-être il empiète sur les prérogatives du printemps, avec lequel il engage des luttes terribles et fréquemment renouvelées.

Après avoir attendu, longtemps attendu, l'air se dépouille peu à peu de sa piquante âcreté; mais vainement il glisse plus doux sur une neige trop fortement congelée et dure comme le cristal : la glaciale froideur des nuits paralyse de trop faibles efforts; vainement le sol altéré tâche de soutirer les transpirations de cette neige : elle résistera longtemps encore, et aux vents du Midi, et aux rayons d'un soleil devenu plus matinal et plus chaud; l'hiver n'abdique pas sitôt sa puissance dans ces hautes contrées; mais enfin, obligé de céder, il remonte lentement, très-lentement et avec peine, vers les glaciers qui forment la base de son trône éternel.

De tous côtés, alors, la neige fond et s'écoule partout où elle trouve un passage; elle descend elle-même, entraînée par les eaux qui s'échappent de son sein. Il n'est pas alors de si petit ravin qui n'ait ses ruisseaux, ses torrents; il n'est pas de si petite colline qui n'ait ses chutes de neige, ses avalanches; et s'il est des montagnes à pentes immenses et non interrompues, comme en présentent souvent les Hautes-Alpes; si, sur ces pentes, gisent des neiges depuis longtemps entassées et amoncelées, de ces neiges invétérées que ne peuvent entamer ni les rayons solaires ni le souffle des vents; ces neiges, sourdement attaquées par la chaleur terrestre et liquéfiées par leur base, ne pouvant plus se soutenir sur ces inclinaisons rapides, s'ébranlent, glissent, s'élancent et se précipitent avec tant de vitesse et de fureur, que l'air en résonne comme aux déchirements de la tempête, et que ces vastes montagnes en tremblent sur leurs inébranlables fondements.

Malheur alors à qui se trouve sur le passage de ces foudres de glace : hommes, animaux, maisons, villages, tout est entraîné ou englouti par ces masses énormes que ne peuvent même arrêter un instant ces forêts, qui tiennent pourtant à la terre par des racines et des liens plus nombreux que les milliers d'arbres qui surgissent à leur surface.

Peu à peu, cependant, la terre se découvre et se pare rapidement d'une riche et abondante végétation, qui a besoin d'être hâtive, et qui souvent perce les dernières couches des neiges fondantes pour étaler le brillant coloris de ses fleurs printanières sur un tapis éclatant de blancheur que remplacera bientôt une pelouse de verdure émaillée des couleurs les plus vives et les plus variées.

Partout la nature se réveille et sort de son hivernale léthargie; tout renaît au mouvement et à la vie; de toutes parts on voit se réunir et se grouper, en villages ou hameaux, ces chaumières qui baignaient naguère comme des îles dans un océan de neiges ; les rustiques chalets eux-mêmes commencent à poindre et à se dessiner sur les flancs des montagnes où ils sont encore à moitié ensevelis.

Le printemps rappelle et les oiseaux voyageurs et les Briançonnais qui ont émigré comme eux ; leur présence vient repeupler et ranimer ces hautes vallées où les uns et les autres s'empressent de revenir, car on revoit toujours avec plaisir les lieux où l'on est né et où l'on a passé les beaux jours de l'enfance.

Le printemps est à peine arrivé, que déjà il est atteint par l'été, cet été qui commence si tard et qui doit finir si tôt.

Aussi voyez comme le cultivateur et la végétation se hâtent, se pressent de toutes parts ; déjà les colzas et les sainfoins étalent leurs riches compartiments d'or et de pourpre à côté du vert tapis des prairies et des blés ; déjà la faulx parcourt les prairies inférieures ; déjà les céréales, naguères en herbe, se dressent de toute la hauteur de leurs tiges et de leurs épis allongés, et, dans peu de jours encore, leurs têtes se courberont prêtes à être moissonnées.

Les montagnes, à l'instar de la plaine, se dépouillent peu à peu de leurs longues robes blanches d'hiver, déjà bordées par le pied d'une éclatante guirlande de verdure et de fleurs qui s'élargit et s'élève en poursuivant les neiges paresseuses que l'on voit remonter lentement et graduellement sur ces grands thermomètres de la nature briançonnaise.

Mais si la végétation doit être rapide dans les vallées du Briançonnais, combien plus elle a besoin de l'être sur les montagnes ! C'est surtout en approchant des sommités qu'il faut qu'elle se hâte et se presse le plus ; aussi, à peine la neige est-elle fondue, qu'une foule de plantes fleurissent aussitôt, sans attendre leurs feuilles moins hâtives ; et comment plusieurs d'entre elles pourraient-elles les attendre, puisqu'il en est qui vivent à de telles hauteurs, que la nature ne leur accorde quelquefois qu'un mois et même moins pour leur croissance, leur floraison et leur fructification?

Déjà la verdure atteint ces hautes forêts à populations de pins et de mélèzes, seuls grands habitants de ces froides régions; de pins dont le feuillage, d'un vert sombre et sévère, contraste si bien avec le feuillage naissant des mélèzes, ce feuillage d'un vert si délicat et si tendre, à l'ombre duquel fleurit le rhododendrum, qui tantôt s'abrite sous la bordure supérieure de ces forêts, tantôt s'en échappe pour aller étaler au soleil ses belles clochettes de pourpre.

Nous voici donc arrivés au milieu de l'été, de cette saison pendant laquelle les Hautes-Alpes présentent les paysages les plus pittoresques et les plus variés : les vallées, les collines, les montagnes même, sillonnées, arrosées par de nombreux canaux circulant dans tous les sens et dans toutes les directions, se sont couvertes de la plus brillante végétation.

Partout des milliers de veines liquides, les unes humblement sorties des artères des vallées inférieures, les autres orgueilleusement issues des entrailles réchauffées des glaciers supérieurs, promènent sur les flancs de ces montagnes leurs innombrables ramifications, tantôt en lignes droites et parallèles, tantôt en sinuosités irrégulières ou arrondies comme des contours d'hélice, depuis les pelouses les plus élevées jusqu'aux parties les plus basses des plaines. Partout ces veines liquides entretiennent la fécondation, la fraîcheur et la vie sur un sol trop inégal et trop en pente pour pouvoir retenir assez longtemps, dans son sein léger et poreux, les eaux et l'humidité nécessaires aux besoins d'une végétation rapide et active, exposée à l'action continuelle des aspirations d'une atmosphère qui, à cette hauteur, est toujours dans un état de siccité extrême.

Les plantes fourragères, toutes les récoltes, les céréales même, se baignent, se délectent, se désaltèrent avec avidité dans ces eaux fraîches et fertilisantes.

Ici de belles récoltes s'élèvent jusque sur les rochers auxquels elles disputent les dernières particules de terre végétale qu'ils recèlent dans leurs fentes ou qu'ils cachent sous leurs débris; là, de verdoyantes prairies gravissent la pente des montagnes, où quelques bouquets de pins ou de mélèzes semblent se chercher et se poursuivre pour se réunir en forêts, ce que la nature ne leur permet plus que difficilement à une certaine élévation.

Elles sont, hélas! rares, beaucoup trop rares, les forêts de ces hautes régions! Que de têtes alpines regrettent et pleurent souvent, à longues larmes torrentielles, ces belles forêts qu'elles ont perdues, cette belle chevelure de leur jeune âge, détruite, dans la succession des siècles, par les dévastations des hommes, par la dent des troupeaux ou par la fureur des éléments !

Viennent ensuite ces pelouses d'un gazon fin et délié, qui commencent où les arbres finissent et s'étendent jusqu'aux limites extrêmes de la végétation.

C'est là surtout que l'infatigable botaniste va cueillir ces plantes rares et recherchées, ces plantes inconnues à la plaine, qui font la richesse de ses herbiers, et qui ne peuvent vivre qu'à ces grandes hauteurs.

Plus haut..........? Plus haut, c'est encore l'hiver, car un horizon de neige doit longtemps servir de cadre à un tableau des Hautes-Alpes. Ce cadre est formé par ces neiges éternelles, par ces glaciers persistants et vivaces qui tantôt se promènent sur les sommités et les crêtes les plus voisines du soleil, tantôt s'inclinent au nord et se penchent sur les précipices, comme pour atteindre de leurs caresses glaciales les prairies inférieures qu'ils arrosent de leurs froides sueurs.

C'est de là que l'hiver, étendu sur son lit de glace, examine les positions qu'il a perdues et attend l'époque peu éloignée où il reprendra son empire sur tout le Briançonnais ; c'est de là encore que, comme d'une forteresse inexpugnable où il s'est retranché, il répond par les détonations de ses glaciers[1] aux attaques incessantes ou trop vives des chaleurs de l'été.

Au-dessus, beaucoup au-dessus et aux deux extrémités du tableau, s'élèvent majestueusement, à plus de 4000 mètres, le mont Viso et le mont Pelvoux, ces deux gigantesques colosses des Alpes, presque rivaux du Mont-Blanc, mais certainement rivaux entre eux, car ils aspirent l'un et l'autre à l'honneur de dominer toutes les montagnes de France. Voyez comme tous les deux se drapent fièrement dans leurs manteaux de glace, l'un en face des étés d'Italie, dont la chaleur vient expirer impuissante à ses pieds, l'autre bravant les étés de France au milieu de ses satellites de glaciers.

Mais descendons de ces immenses hauteurs pour explorer les principales vallées qui sillonnent le grand relief des Alpes briançonnaises, car bientôt l'hiver pourrait nous en empêcher.

La première, au nord, est la mélancolique et sauvage vallée de Névache, qu'égaient parfois un peu ses riantes prairies, dont les verts tapis vont effleurer les eaux limpides et argentées de la Claire ou Clarée, jolie et innocente rivière qui doit son nom à sa pureté native, qu'elle conserve constamment dans tout son cours, malgré les outrages des ouragans, les pluies torrentielles et les abondantes fontes

---

[1] En été, les glaciers éclatent et se fendent avec un bruit semblable à la détonation d'une pièce d'artillerie.

de neige, et qui, tandis qu'elle descend calme et sans défiance, comme une belle et naïve fille des Alpes, vers les défilés du mont Genèvre, est violemment assaillie et insultée au passage par sa frêle mais méchante et impitoyable rivale la Durance, qui lui enlève la sereine tranquillité de ses mœurs et la pureté de son nom.

Ce n'est donc plus la paisible et limpide Clarée, c'est la Durance usurpatrice et fougueuse, qui, fière du succès de ce premier attentat, va descendre en courant par la plus longue pente des Alpes, pour leur arracher toutes leurs rivières les plus turbulentes et les plus furieuses, avec l'aide desquelles elle ira, par de nouveaux attentats, porter la terreur et l'effroi au sein de la Provence, dévastée depuis les Alpes jusqu'au Rhône.

A l'est, sont ces vallées ci-devant françaises, ces vallées pendantes vers le Piémont par l'inclinaison de leurs montagnes, mais retenues et attachées à la France par leurs racines, car elles sont toujours françaises de cœur, quoiqu'elles ne le soient plus de nom, depuis qu'elles ont été cédées au roi de Sardaigne par le traité d'Utrecht.

Toujours à l'est, mais plus au midi, s'étendent les divers embranchements de la vallée du Queyras, dans laquelle on ne peut pénétrer que par des cols très-élevés ou par l'étroit et difficile défilé de la gorge étranglée, au travers de laquelle le Guil s'échappe en bouillonnant et se précipite par des milliers de cascades successives qui, quoique ensevelies dans les grandes profondeurs des ravins, murmurent et retentissent cependant assez haut et avec assez de force pour épouvanter le voyageur qui gravit péniblement les sentiers raides et escarpés qui conduisent à cette vallée, en quelque sorte emprisonnée dans les Alpes.

Au sud-ouest et dans une ceinture de hautes montagnes, se resserre une triste mais intéressante vallée, l'un des derniers asiles des Vaudois, vallée qu'un roi de France[1] a honorée de son nom et appelée Vallouise en échange du nom impudique de *Valpute* que les catholiques lui avaient donné en haine des Vaudois auxquels ils attribuaient des mœurs dissolues et impures.

C'est au fond de cette vallée trop malheureusement célèbre dans les fastes de l'intolérance religieuse, qu'au nom d'une religion qui commande la paix et l'union, une population entière de trois à quatre mille habitants, hommes, femmes, vieillards et enfants, a été impitoyablement égorgée, brûlée, ou étouffée par la fumée dans la caverne de l'Aile-Froide, où elle s'était réfugiée au milieu des glaces et des rochers.

Pendant l'été, cette vallée est l'une des plus pittoresques du Briançonnais. Assise au pied du mont Pelvoux, sur la principale base des plus immenses Alpes françaises, elle peut embrasser d'un regard, et les glaciers suspendus sur sa tête, et la vigne qui croît à ses pieds ; arrosée par deux rivières, la Gy et la Ronde, elle les voit réunir leurs eaux et leurs noms, et s'appeler Gyronde, pour rivaliser, au moins de nom, avec l'une des principales rivières de France.

Au nord-ouest est la jolie vallée du Monestier, qui commence presque à Briançon pour aller s'égarer et expirer dans les fleurs et les pelouses des montagnes du Lautaret et du Galibier.

Deux rivières sœurs naissent au Lautaret : la Romanche et la Guisanne.

---

[1] Est-ce Louis XI, Louis XII ou Louis XIII? Les historiens ne sont pas d'accord sur ce point; mais ce ne peut être que Louis XI, qui, dans des lettres du 18 mai 1478 (rapportées textuellement par Perrin en son *Histoire des Vaudois*), appelle cette vallée *Val Loyse*.

Laissons la première déserter les Hautes-Alpes et précipiter ses ondes transfuges vers le département de l'Isère ; laissons-la s'enfler des eaux souvent troubles et argileuses qu'elle soutire aux glaciers de la Grave, avec lesquelles elle épouvante le Bourg-d'Oisans, pour aller enfin noyer le bruit et l'orgueil de ses flots dans les flots impétueux du Drac, redoutable et transfuge comme elle.

Suivons sa sœur plus tranquille et moins ambitieuse, plus utile et moins redoutée ; laissons-nous guider par la Guisanne, qui, fidèle aux Hautes-Alpes, descend du Lautaret, par degrés, de cascade en cascade, et nous conduit à travers une vallée verte et riante, qu'elle parcourt rapidement dans toute sa longueur, pour aller se perdre humblement dans les eaux de la Durance dont elle pourrait être la rivale.

Et cependant elles n'ont pas coulé sans utilité, les eaux belles mais modestes de cette petite rivière, qui n'a que deux myriamètres d'existence, puisqu'en même temps qu'elles ont arrosé et fertilisé toute la vallée, elles ont encore donné leur force et leur vie aux rouages diligents et industrieux des usines qui travaillent sur leurs bords.

Au centre de la vallée est le village ou plutôt le bourg du Monestier, qui doit son nom à un monastère fondé pendant le moyen âge. Traversé par l'ancienne voie romaine qui conduisait de Briançon à Cularo, et qui est déjà appelée route royale en attendant qu'elle le devienne réellement, ce bourg en était la première station, comme il est aujourd'hui la première étape de la route militaire.

Quoique voisin et très-voisin des glaciers, le Monestier a cependant des eaux minérales tièdes, et surtout des eaux thermales très-chaudes, dans lesquelles le thermomètre s'étonne de marquer une température de 36°, lorsqu'il devrait s'attendre à ne trouver que celle de la glace fondante ; et cette température extraordinaire serait peut-être encore plus élevée, sans quelques sources voisines qui viennent souvent chauffer leurs eaux à celles de la source thermale.

Au centre et en allant du midi au nord, sont les vallées de Saint-Martin-de-Queyrières et de Briançon.

La première n'a de remarquable que ses défilés de la Bessée et de Queyrières, jadis presque impraticables, et traversés aujourd'hui par une belle route taillée en partie dans les rochers, qui monte en lançant et étendant ses lacets tantôt en zigzags, tantôt en ligne droite, sur une pente douce, depuis les vestiges de l'antique muraille de *La Bâtie* qui fermait l'entrée de la vallée du côté du midi, jusques à la vallée de Briançon, où l'on débouche par une gorge étroite sur laquelle un énorme rocher semble avoir été roulé à dessein, comme pour en interdire le passage.

Là commence à s'ouvrir la vallée de Briançon; au fond de cette vallée et au nord, sur la pente rapide d'un mamelon calcaire dont la Durance baigne le pied, et à plus de 1300 mètres au-dessus du niveau des mers, se dresse et se cramponne la plus haute ville de l'ancien monde, la petite ville de Briançon, qui étale, avec un orgueil tout militaire, sa double ceinture de remparts et sa couronne de forteresses. Fièrement assise sur son roc, à l'entrée du défilé qui conduit au mont Genèvre, elle laisse tomber un regard protecteur sur la vallée française qu'elle domine, et se présente vers l'Italie comme une sentinelle avancée dont le formidable *qui vive*, résonnant dans les Alpes d'échos en échos, va retentir jusqu'aux portes de Turin.

Dans l'enceinte même de la ville surgit et s'élance un monticule, véritable capitole briançonnais, flanqué de précipices et de murailles qui se raccordent avec les fortifications nouvelles, et s'élèvent en gravissant l'escarpement du rocher jusqu'à sa cime, où l'on voyait encore naguère les ruines fortes et menaçantes d'un donjon et d'une vieille tour carrée qu'on nommait *le Château*.

Ce n'est qu'à la fin du règne de Louis XIV et au commencement du règne de Louis XV qu'ont été construits les forts qui font de Briançon une place de guerre importante : ils sont au nombre de sept.

Sur la rive droite de la Durance, du côté de la ville, se présente le premier le petit fort des Salettes, véritable guérite fortifiée, d'où un poste-sentinelle peut planer continuellement sur la route d'Italie.

Six autres forts, le fort des Têtes, le fort Dauphin, le Randouillet et son donjon casematé, la redoute à machicoulis, le Point du jour ou fort d'Anjou, et l'Infernet, échelonnés les uns au-dessus des autres, couronnent les hauteurs de la rive gauche ; ils communiquent, avec la ville et le château, au moyen d'un pont en pierre que l'on appelle Pont de communication. Solidement assis sur les deux bancs de rochers qui étreignent la Durance entre leurs flancs resserrés et presque à pic, ce pont, élancé et hardi, d'une seule arche de cent vingt pieds d'ouverture, entend à peine la rivière qui mugit sous lui à une profondeur de cent soixante-huit pieds.

Sous la protection de ces forts, la ville, essentiellement militaire, s'efface entièrement du côté de l'Italie, qu'elle ne regarde que par les yeux de ses sentinelles et les embrasures de ses remparts, tandis que, du côté de la France, elle paraît se complaire à montrer de loin, au-dessus de plusieurs enceintes de fortifications, ses rues pendantes, ses maisons étagées en amphithéâtre, et ses principaux bâtiments : la caserne, l'hôpital, le collége, le pavillon du Génie, et surtout une belle église à clochers jumeaux, qui semble avoir été placée au centre du principal bastion, comme pour appeler sur une ville de guerre la protection du Dieu des armées.

L'aspect sombre et sévère de la ville, ses maisons jadis

blanches que la main du temps a badigeonnées d'une teinte grisâtre ; ses toits d'ardoise et de bois, rembrunis et noircis par l'âge ou par l'intempérie des saisons ; ces longs développements de remparts, de bastions, de créneaux, d'embrasures, de fortifications de tout genre ; toutes ces constructions d'une architecture militaire et meurtrière, sous un climat âpre et rude, au milieu de montagnes à têtes neigeuses, à flancs rocailleux et parsemés de forêts tristes et noirâtres, sont en parfaite harmonie avec le spectacle sublime d'une nature sauvage et horrible, quoique toujours grandiose et magnifique.

Mais lorsque, après un long hiver, les beaux jours d'un printemps tardif viennent chasser les neiges paresseuses ; lorsqu'on n'est plus obligé de chausser le crampon à pointes acérées pour descendre et remonter des rues de glace ou reluisantes de verglas ; lorsque les neiges, amoncelées sur les toits, se sont échappées avec fracas en avalanches furieuses ; lorsque le canal qui se précipite le long de la rue principale, a achevé sa débâcle et ne reçoit plus que les eaux claires et rapides qu'il a empruntées à la Guisanne et qu'il va rendre à la Durance, alors souvent un beau soleil éclaire un beau paysage ; le spectateur placé au bas de la ville, sur la place de la Paix, voit s'ouvrir devant lui un superbe vallon de verdure, orné de villages et arrosé par la Guisanne, qui accourt du Lautaret pour unir ses flots à ceux de la Durance et de la Servière, qui roulent, parmi leurs cailloux, la variolite à prunelles d'émeraude.

Ce vallon, c'est la réunion des bases des montagnes qui l'entourent de toutes parts, de ces montagnes dont les crêtes et les anfractuosités festonnent, sur l'azur du ciel, un horizon irrégulier et rétréci, plus ou moins profondément découpé, que le soleil semble se plaire à traverser avec plus de rapidité.

Là, comme dans toutes les vallées briançonnaises, de quelque côté que se porte le regard, il est obligé d'admirer de ces grands et beaux effets de la nature, de ces grandes masses d'ombre et de lumière, de verdure et de neige, de ces reliefs gigantesques, combinés et variés de mille manières inconnues à la plaine qui les efface sous son monotone et uniforme niveau, et que les Hautes-Alpes seules peuvent produire avec cette immense magnificence.

Mais l'hiver arriverait-il déjà? Serait-ce une bordure de neige nouvelle qui a commencé à reblanchir les hautes limites de l'horizon? Le cultivateur a-t-il eu le temps de recueillir les récoltes pendantes et de confier à la terre l'espérance des récoltes futures? Qu'importe! la nature, dans le caprice de ses climats, ne consulte pas le gré de l'homme; et le Briançonnais, qui sait que la nature ne l'attend pas, se laisse rarement surprendre : il sait aussi que la nature ne lui accorde que quelques mois de travail agricole, et, dans ses prévisions briançonnaises, il s'est créé une seconde profession pour l'hiver.

C'est que, dans les Hautes-Alpes, si la nature dort longuement pendant la plus grande partie de l'année, l'homme n'a pas le sommeil si long, et d'agriculteur qu'il était hier, il se réveille aujourd'hui commerçant ou industriel.

Aussi voyez, dès que l'hiver approche, dès que la neige commence à menacer ces régions élevées, voyez ces nuées de cultivateurs, transformés subitement en industriels ou en commerçants nomades, descendre de leurs montagnes et partir pour ce qu'ils appellent leur *campagne d'hiver !* ils laissent leurs rustiques pénates, avec leurs femmes et leurs enfants, sous la garde de leurs vieux parents qui, comme eux, ont émigré autrefois. Où peuvent-ils aller? Où vont-ils? Demandez plutôt où ils ne vont pas; quelle est la partie de la France, de l'Europe, de l'ancien et du nouveau monde, où l'habitant des Alpes n'est pas allé faire le commerce ou exercer une industrie? Ne vous inquiétez donc pas du lieu où ils peuvent aller, ni de la manière dont ils y vivront; ne sont-ils pas partis et revenus les années précédentes? N'émigrent-ils pas encore pour revenir les uns au printemps prochain, les autres plus tard, quelques-uns peut-être après des années? Certainement ils reviendront; ils ne quittent pas ainsi leurs montagnes sans esprit de retour; ils reviendront ajouter leur pécule mercantile ou industriel au patrimoine héréditaire, et finir leurs jours au milieu des neiges, sous le même toit qui a vu mourir leurs pères.

Ils sont donc bien attachés à leur pays, ces montagnards dont la plupart ont passé une partie de leur vie sous le beau ciel de la Provence, de l'Espagne ou de l'Italie, qui ne connaissent presque l'hiver, ses glaces et ses frimats, que par des souvenirs d'enfance! Elles sont donc plus belles que ces belles et riches contrées, ces montagnes élevées dont les sommités, inaccessibles à la végétation, n'ont que les nuages ou les neiges pour voiler leur stérile nudité, et dont les bases, rapprochées et resserrées, et d'une fertilité trop ingrate, ne suffisent pas aux besoins peu nombreux d'une population rare et extrêmement frugale?

Non, sans doute, ces montagnes ne sont pas aussi belles; mais est-ce l'œil qui parle seul au cœur de ces émigrants et les rappelle au sein de leurs montagnes chéries? Ces montagnes ne sont-elles pas leur patrie? N'erraient-ils pas en voyageurs, en étrangers dans la plaine? Non, la plaine n'est pas et ne peut pas être leur patrie; elle ne peut leur parler ce grand langage de la nature qu'ils ont entendu dès leurs plus jeunes années. Est-ce la plaine qui peut leur faire entendre la voix solennelle et sans cesse retentissante de leurs cascades sonores, de leurs rivières bruyantes et rapides? Est-ce la plaine qui peut leur faire entendre l'harmonie aérienne de leurs tourmentes formidables et de leurs avalanches rugissantes, ou les explosions de leurs glaciers qui détonnent comme la foudre et éclatent en fentes profondes aux regards vifs et pénétrants des soleils d'été? La montagne, la montagne seule peut avoir ce langage majestueux et sublime, cette harmonie imposante et terrible, qui résonnent si agréablement à leurs oreilles et à leurs cœurs.

C'est donc la voix de la nature, la voix de la patrie qui les rappelle, de cette patrie du jeune âge et des impressions premières, de cette patrie du cœur et des souvenirs, de cette patrie loin de laquelle ils peuvent vivre, mais loin de laquelle ils ne peuvent mourir.

AVANT-PROPOS.

> « Partout où il y a des montagnes, il
> » règne un esprit de liberté. »
> NAPOLÉON.

C'est un bien petit peuple, c'est un bien petit pays que celui dont j'entreprends de faire connaître l'ancien état politique et les anciennes institutions autonomes ; mais ce petit peuple n'a-t-il pas eu son antique nationalité spéciale et ses fastes historiques particuliers ? Mais est-ce l'importance numérique d'un peuple, est-ce la plus ou moins grande étendue de son territoire qui fait, qui constitue la nature, la force ou la bonté de ses institutions [1] ?

---

[1] Ne pourrais-je pas dire aussi, avec l'historien du *Tiers Etat*: « On y
» voit l'histoire minutieusement traitée d'une charte constitutionnelle
» du XIIe (XIVe) siècle, d'une *constitution écrite* à la manière des
» nôtres, qui n'a pas eu, comme celles-ci, la prétention d'être une
» œuvre de haute logique, mais qui a duré cinq cents ans. De pareils
» faits, quelque petite qu'en ait été la scène, sont, pour les hommes de
» notre temps, dignes d'attention et de réflexion. » (Préface de l'*Essai
» sur l'histoire de la formation et des progrès du Tiers Etat*, par Augustin Thierry.)

Le pays briançonnais, dont le périmètre montueux, irrégulier, inégal et extrêmement circonscrit, pourrait être parcouru en quelques heures par un chamois de ses montagnes, n'est aujourd'hui qu'un tout petit arrondissement sous-préfectoral, qu'un peu moins du quart de l'un des plus petits de nos départements; il n'était même naguère, avant le traité d'Utrecht de 1713, qui lui a enlevé plusieurs de ses principales vallées[1], qu'une toute petite province, qu'une province de province, qu'une portion de la ci-devant province de Dauphiné; et cependant, alors, il défendait souvent, avec ses seules forces, son territoire frontière de notre France. Sous les dauphins de Viennois, c'était une *principauté*, un *princé*, comme il est qualifié dans l'acte de transport du Dauphiné; dans des temps plus anciens, à la fin de la république romaine et au commencement de l'empire, c'était le royaume indépendant et indompté de Cottius; c'était le pays qui a été ensuite connu dans l'histoire sous la dénomination d'*Alpes cottiennes*; et, plus anciennement encore, c'était la patrie de ces intrépides montagnards Allobroges ou Voconces qui, malgré leur infériorité numérique, ont osé s'opposer au passage d'Annibal, au passage de César, et lutter, avec moins de succès que de courage, contre la tactique habile de ces généraux expérimentés et contre leurs armées nombreuses et aguerries. Mais depuis les antiques Allobroges et Voconces, mais pendant la domination romaine, pendant le moyen âge, pendant la suzeraineté des dauphins de Viennois, mais surtout de-

---

[1] L'article 4 de ce traité lui a enlevé : « La vallée de Pragelas, avec
» les forts d'Exilles et de Fénestrelles, et les vallées d'Oulx, de Sésane,
» de Bardonache et de Château-Dauphin, et tout ce qui est à l'eau
» pendante des Alpes, du côté du Piémont. »

puis et pendant son adjonction à la France, jusqu'à la révolution de 1789, il n'est peut-être pas de peuple qui ait défendu, avec autant de ténacité et de persévérance, des institutions autonomes et municipales plus libérales, plus fortes, plus indépendantes, et qui rappellent mieux les fédérations gauloises et les municipes romains.

C'est surtout de ce peuple, c'est surtout des Briançonnais que l'on peut dire avec M. Guizot : « Ils acquirent et dé-
» ployèrent, dans la lutte d'intérêts locaux qu'ils eurent à
» soutenir *sous cet étroit horizon*, un degré d'énergie,
» de dévouement, de persévérance, de patience, qui n'a
» jamais été surpassé. »

Ce petit pays, après avoir perdu la ville de Suze, sa capitale sous les rois Cottius, n'avait plus de ville proprement dite. Briançon, sa nouvelle capitale, quoiqu'illustre cité de la vieille histoire, n'avait pas jadis l'honneur d'être classée au rang des villes ; anciennement, elle n'était qu'un bourg (*Brigantiacum vicum*, selon le traducteur de Strabon), ou plus probablement peut-être qu'un bourg fortifié ou château-fort, *Virgantia castellum*, selon Ammien Marcellin. Ses autres bourgades sont restées ce qu'elles étaient et ce qu'elles sont encore actuellement, de simples bourgs ou villages, quoique plusieurs d'entre elles aient été décorées du prénom de *Ville*, comme *Ville-d'Oulx*, *Ville-Arvieu*, *Ville-Vieille*, *Ville-Neuve*, *Ville-Vallouise*, *Ville-Saint-Véran* et autres. Mais cette petite capitale, mais la plupart de ces bourgades, ont été des cités municipes ; mais si Briançon, à qui on ne dénie plus la qualification de *Ville*, n'a encore et ne pourra jamais avoir, dans son enceinte trop resserrée et trop étreinte par ses remparts, que l'étendue et la population d'une grosse bourgade, elle est néanmoins devenue, par sa position et ses fortifications, un des principaux boulevards de la France, une ville très-forte qui, depuis longtemps, a mérité et justifié ses deux glorieuses devises :

*Briançon,
Petite ville, grand renom.*

Le passé et le présent répondent de l'avenir (1815.)

Si le peuple briançonnais a toujours été petit, très-petit par le nombre, il a toujours été grand, très-grand par le courage. Actuellement encore, tout petit qu'il est, il constitue un des plus solides éléments du peuple français. Jadis Gallo-Romain et plus tard Burgundo-Gallo-Romain par ses mœurs et ses institutions, il est devenu tout à fait Français par son patriotisme depuis qu'il a été uni à la France. Noble partie de ce tout illustre, il a eu aussi l'honneur de former autrefois un corps d'état séparé, avec sa nationalité spéciale et individuelle, un petit tout également illustre, d'autant plus illustre qu'étant très-petit, il a néanmoins opposé de très-vives résistances, de très-grandes forces à des forces qui n'ont été plus grandes que parce qu'elles ont été beaucoup plus nombreuses; à des forces qui étaient celles des maîtres du monde, et auxquelles il a fini par se rallier aux premiers temps de l'empire, alors que toutes les Gaules, toute l'Allobrogie et tout le reste des Alpes avaient déjà été obligés de subir la domination romaine, en sorte qu'après avoir lutté longtemps sans pouvoir être soumis, il n'a d'abord été associé à l'empire que par un traité d'alliance volontaire entre Cottius et Auguste, et non par un traité de capitulation forcée, ce qui lui a valu une belle et glorieuse page dans les Annales d'un historien latin, Ammien Marcellin ; si enfin ce dernier asile de la liberté du monde a été réduit en province romaine, c'est par une violation de ce traité, par un abus de puissance, par un acte arbitraire de l'empereur Néron.

Et s'il est vrai qu'il s'établisse des relations, des rapports plus ou moins sensibles, plus ou moins apparents, entre un pays et les hommes qui l'habitent; s'il est vrai qu'un pays de nature sauvage et indomptée, influence, impressionne, magnétise en quelque sorte le caractère des hommes, électrise leurs cœurs, communique, inspire de l'indépendance à leurs idées, à leurs sentiments; s'il est vrai que l'aire de l'aigle, perchée sur la cime des pics les plus inaccessibles ou suspendue aux flancs des précipices les plus élevés et les plus escarpés, soit plus libre et plus à l'abri de toute atteinte que le nid du rossignol ou de la fauvette caché dans l'épaisseur du feuillage des bosquets ou des arbustes de nos jardins; s'il est vrai que l'aigle et le vautour, qui se tiennent dans les rochers les plus sauvages, qui recherchent les plus hautes régions de l'air, aient un instinct d'indépendance et de liberté que n'ont pas les oiseaux qui vivent dans des régions plus basses, qui fréquentent nos campagnes et le voisinage de nos habitations; s'il est vrai, comme l'a dit un grand homme, le plus grand homme du siècle, que *partout où il y a des montagnes, il règne un esprit de liberté*, jetons d'abord un coup d'œil sur le Briançonnais, sur sa position, sur son climat, sur son sol et ses habitants; sur ce pays solidement assis sur son siége de granit à la cime des Alpes, comme l'aire de l'aigle, sous une atmosphère d'une froidure âpre et souvent glaciale; sur ce pays de nature abrupte, à la fois sauvage et civilisée; sur ce pays de civilisation à la fois avancée et arriérée, ou plutôt de civilisation qui paraît grossière et arriérée, parce qu'elle est forte, dure et sans mollesse.

Nous trouverons, dans ce pays d'éléments furieux et indomptables pendant l'hiver, d'éléments doux et modérés pendant l'été, un peuple dont les usages et les mœurs s'adaptent, s'harmonient parfaitement avec les lieux qu'il habite, avec ces changements de climat et de température; un peuple à la fois ou plutôt successivement nomade et sédentaire; parce qu'il sait devenir, être, successivement commerçant et agriculteur, selon les temps et les saisons, partant en automne pour aller faire le commerce dans le monde entier, revenant au printemps se poser en agriculteur sur le sol qui l'a vu naître, sur ce sol ingrat, froid et rocailleux, qu'il sait rendre fécond et fertile par un travail persévérant et opiniâtre, par une culture intelligente et éclairée.

Nous trouverons, dans ce berceau, dans cet asile d'indépendance antique et moderne, des enfants vigoureux et fortement constitués, dont la tête, de bonne heure pensante et intelligente, a bientôt appris à lire, écrire, calculer et commercer; des hommes faits, endurcis contre les rigueurs des éléments comme les pins et les mélèzes de leurs montagnes; des hommes robustes, solides et courageux; des hommes à poitrine forte et à cœur haut placé et brûlant, quoique sur un sol de glace, et qui ne redoutent de se trouver en face, ni d'un travail trop pénible auquel ils sont habitués, ni des bêtes féroces dont ils ont presque purgé leur territoire, ni des ennemis qui ne sont jamais venus les y attaquer impunément; des vieillards, enfin, qui ne se reposent de la lassitude de leurs travaux et de leurs nombreuses années, qu'en se livrant à l'instruction de leurs enfants, petits-enfants et arrière-petits-enfants, dont ils sont les premiers maîtres d'école, en leur apprenant à faire comme ils ont fait eux-mêmes, pour mériter le repos et la tranquillité d'une vieillesse longue, vénérable, et presque toujours exempte d'infirmités.

Voilà, en quelques mots, le tableau du Briançonnais, pays de nature rude et indépendante comme le tempérament physique, comme le caractère moral de ses habitants;

pays où l'arbitraire et la féodalité n'ont jamais pu prospérer ni s'acclimater ; pays qui a longtemps brillé comme un foyer de liberté, comme un phare d'indépendance élevé à la sommité des Alpes, au-dessus des flots envahissants de la domination romaine dans lesquels il a vu s'engloutir et disparaître à ses pieds les dernières lueurs, les derniers restes des nationalités gauloise et allobrogique ; pays où la liberté a pu sommeiller quelque temps mais non s'éteindre, et dans lequel le bruit des chaînes romaines n'a jamais pu étouffer que momentanément les cris d'indépendance et de liberté sourdement concentrés et difficilement comprimés dans le cœur de ces montagnards, d'où ils s'échapperont et seront souvent répétés par les échos de ses Alpes ; pays dont le peuple relèvera le premier le vieux drapeau gaulois contre la bannière de la féodalité, qui ranimera et revivifiera l'esprit d'union et de fédération de ses ancêtres Gaulois, Allobroges ou Voconces ; pays enfin qui, ne croyant pas qu'il pût lui venir du dehors une liberté meilleure que celle dont il jouissait depuis des siècles, n'a accueilli qu'avec beaucoup de défiance, et surtout avec beaucoup de protestations et de réserves, les nouvelles libertés que la France lui offrait en 1789, en échange de celles dont il avait si longtemps éprouvé et apprécié les avantages.

Voilà le peuple et le pays dont je vais exposer ce que j'ai pu découvrir et ce que je sais de ses institutions, qui me paraissent mériter d'être connues ; car, outre l'intérêt qu'elles présentent par elles-mêmes, elles constituent un chapitre, une portion de notre histoire du Dauphiné : et s'il se rencontre dans mon travail quelques lacunes, quelques erreurs ou inexactitudes involontaires, un autre pourra les combler, les réparer ou les rectifier ; j'aurai du moins le mérite d'avoir essayé d'indiquer et de frayer la route qu'il pourra suivre, parcourir ou même retracer avec plus de sûreté et de facilité.

Mon travail se ressentira beaucoup, beaucoup trop peut-être, des idées actuelles sur la liberté et la civilisation; mais c'est un défaut qu'il est très-difficile d'éviter lorsqu'on veut suivre et comparer la série et les phases des anciennes institutions jusqu'à nos institutions modernes.

On trouvera peut-être un peu hasardées quelques-unes de mes opinions ou inductions sur l'origine ou la nature souvent très-douteuses de plusieurs de ces institutions et sur quelques points également très-douteux de l'histoire du Dauphiné; j'ai notamment émis des opinions, soit sur l'ancien état des personnes et des terres, soit sur l'origine de nos anciens comtes de Graisivaudan, principalement en vue de ces institutions : je livre aux appréciations de mes lecteurs ces opinions et les motifs sur lesquels elles sont fondées; et s'il en résulte des discussions, des critiques même qui puissent jeter quelques traits de lumière sur l'origine et la nature de ces institutions, ou sur ces points les plus obscurs de notre histoire locale, mes opinions fussent-elles victorieusement combattues, je m'en applaudirais, car je pourrais dire encore : mon travail n'a pas été inutile à l'histoire de mon pays.

On m'a reproché quelques excursions dans le vaste domaine de l'histoire générale, à l'occasion d'un trop petit peuple, d'un trop petit Etat. Mais si ces excursions n'ont eu pour but que de rechercher la nature des rapports politiques ou sociaux de ce petit peuple avec de plus grands peuples, de rattacher ses institutions aux institutions de ces plus grands peuples, serais-je sorti de mon sujet, et ne pourrais-je pas répondre avec notre compatriote Salvaing de Boissieu : « L'on ne peut bien savoir le droit et l'histoire d'un » pays, que l'on ne sache sous quelle domination il a été[1]? »

---

[1] *Traité de l'Usage des fiefs*, p. 1.

On m'a aussi reproché d'assez nombreuses excursions dans l'histoire du Dauphiné. Je répondrai d'abord que je les ai multipliées à dessein pour rendre mon ouvrage d'un intérêt plus général ; je puis répondre encore : l'état politique et social du Briançonnais a été lié plus ou moins intimement à l'état politique et social du Dauphiné ; la petite province de Briançonnais a été pendant longtemps partie annexe et intégrante de la province de Dauphiné ; ces deux provinces ont vécu souvent d'une vie semblable et presque commune. D'ailleurs, n'ont-elles pas eu plusieurs institutions autonomes communes ? Les Etats-généraux du Dauphiné n'ont-ils pas été ceux du Briançonnais ? Enfin, l'état et les institutions politiques des Dauphinois et des Briançonnais n'ont-ils pas été les mêmes pendant les siècles derniers ? Et si leurs institutions municipales ont présenté quelques différences, n'ont-elles pas eu la même origine et la même nature ? N'étaient-elles pas sœurs ? N'étaient-elles pas filles du municipe romain ?

INTRODUCTION.

Quand on fait partie d'un grand peuple qui a été dans le passé et qui est surtout dans le présent riche de beaucoup de gloire, de puissance et de liberté, on éprouve naturellement ce sentiment d'orgueil ou d'amour-propre national qui porte à s'attribuer une portion de cette richesse morale, lors même que l'on n'a nullement concouru à l'acquérir : le passé, on le revendique par droit d'hérédité, en qualité d'enfant de la grande famille de l'Etat; le présent, on se le partage, par droit d'association, comme membre de la grande société de la nation.

Mais si ce grand peuple n'a été formé que par la réunion plus ou moins ancienne de divers petits peuples, de diverses petites provinces qui ont apporté, dans la grande communauté, leurs richesses particulières, on veut, sans répudier sa part de la grande richesse nationale, conserver encore celle de la petite nation ou de la petite province dont on est originaire.

N'est-ce pas là un des motifs qui dirigent si souvent nos regards et nos recherches vers les siècles passés, vers ces temps des vieux souvenirs, pour tâcher d'y découvrir ce que notre Dauphiné a pu nous transmettre d'illustrations de franchises ou de libertés, ce que j'appellerai notre blason historique delphinal? Le Dauphiné n'est-il pas alors, pour nous, une seconde ou plutôt une première patrie? La patrie, qui nous a donné le jour, n'est pas moins douce que celle qui nous a adoptés : *Dulcis autem non multo secus est ea quæ genuit quam ea quæ excepit.* (Cicero, *De Legibus.*)

Pour mieux conserver et faire connaître les principaux titres de ces franchises ou libertés, nos ancêtres les ont réunis et imprimés en un ancien recueil intitulé : *Statuta Delphinalia*, recueil qui, quoique très-diffus et très-incomplet, constituait, en quelque sorte, l'ancienne charte de nos libertés delphinales.

Ce que nos ancêtres ont cru devoir faire pour le Dauphiné, comment les Briançonnais ne l'auraient-ils pas fait pour leur pays, eux qui pouvaient ajouter, à leurs libertés delphinales, des libertés briançonnaises telles qu'aucune autre province ne pouvait se glorifier d'en avoir de semblables?

Longtemps et presque constamment obligés de défendre, soit devant les tribunaux, soit devant l'autorité administrative, des libertés contre lesquelles les décisions des officiers delphinaux, les décisions des gouverneurs, les arrêts du parlement de Grenoble, les ordonnances royales elles-mêmes, venaient souvent se heurter, parce que ces libertés, généralement peu connues et exorbitantes du droit commun, étaient de beaucoup au-dessus de celles des autres provinces, et même de celles de la province de Dauphiné, les Briançonnais ne s'étaient pas contentés de produire en justice ou de faire transcrire dans les registres de la chambre des comptes, leurs nombreuses chartes, les nombreux titres constitutifs, recognitifs ou confirmatifs de leurs libertés; ils en avaient encore fait imprimer et publier cinq éditions différentes[1], pendant le cours du XVIIe et du XVIIIe siècle, ce qui prouve leur attachement à ces institutions, et leur confiance en la publicité de la presse comme un des meilleurs moyens de défense à opposer aux attaques sans cesse renouvelées des officiers delphinaux ou royaux.

La plupart des libertés ou franchises des anciennes provinces, seigneuries ou communes de France, n'étaient que de simples concessions émanées de la gracieuseté ou du bon plaisir de leurs suzerains ou seigneurs ; la plupart des chartes communales étaient moins de *purs traités de paix entre les bourgeois et leurs seigneurs, que de simples traités de capitulation*, a dit M. Guizot; les libertés delphinales n'étaient également que des concessions plus ou moins volontaires des anciens dauphins, et plus particulièrement du dauphin Humbert II; mais les Briançonnais vous diront qu'ils n'ont point été réduits à accepter une charte octroyée par le bon plaisir; que leur charte, qui n'a fait que reconnaître et consacrer des droits préexistants depuis longtemps, ainsi qu'un régime municipal extrêmement ancien remontant aux premières années de l'empire romain, régime municipal très-indépendant, avec suffrage universel ou presque universel, avec droit de réunion, d'administration et d'établissement d'impôts pour les affaires communes, sans autorisation de l'autorité politique;

---

[1] Les titres des libertés briançonnaises ont été imprimés sous l'intitulé : *Transactions d'Humbert, dauphin de Viennois, prince de Briançonnais et marquis de Sésanne, avec les syndics et procureurs des communautés de la principauté de Briançonnais....*, à Paris, en 1641 ; à Grenoble, en 1644; à ***, en 1645; à Embrun, en 1780, et à Grenoble, en 1788. J'ai vu les éditions de 1641, 1645, 1780 et 1788 ; et celle de 1644 est relatée dans le *Recueil des ordonnances des rois de France de la 3e race.*

que leur charte a été débattue, stipulée contradictoirement avec le dauphin, et librement consentie en leur nom par des mandataires, par des députés de leur choix, du choix de l'universalité des habitants; que si le dauphin leur a fait quelques concessions nouvelles, ils en ont aussi fait au dauphin : *gratis pro gratis recipientibus* (charte de 1343, art. 36); que leur charte a été un véritable contrat[1] synallagmatique ou bilatéral, réciproquement stipulé *ad invicem et vicissim*, ainsi qu'on a eu la précaution de le rappeler dans l'acte de ratification, une véritable *transaction* (c'est le nom que cette charte a toujours porté), un véritable traité de paix intervenu à la suite de luttes, de séditions (reconnues légitimes par Humbert II) pour la défense de leurs priviléges[2], et non une humble capitulation entre eux et le dauphin avec lequel ils ont contracté en quelque sorte d'égal à égal; ils vous diront, enfin, qu'ils n'ont pas eu besoin d'attendre jusqu'en 1789 l'abolition des droits féodaux, qui n'existaient plus chez eux, depuis le milieu du XIVe siècle, depuis l'an 1343, qui n'y auraient même jamais existé, selon les récits hasardés de quelques-uns de leurs historiens; et que, si la féodalité ou une apparence de féodalité a pu y exister antérieurement, elle n'y a jamais enfanté ces abus monstrueux et oppressifs impro-

---

[1] « Ce titre est un vrai contrat (disait Berthelot, maire d'une communauté briançonnaise, dans un Mémoire de 1771); il diffère des priviléges ordinaires, en ce que ceux-ci sont presque toujours des concessions gratuites, de purs actes de volonté et de libéralité de la part des souverains, au lieu que, dans ce cas, un prix plus que proportionnel à la chose cédée la remplace avec effet. »

[2] *Sedicionum in Brianczonio concitarum...., non immerito periculosis casibus suis privilegiis yminentibus* (charte du 21 juin 1343). (*Arch. brianç.*)

prement appelés *droits féodaux*, qui rendaient si dure et si intolérable l'autorité de certains seigneurs, parce que les anciens dauphins, qui étaient devenus presque exclusivement seigneurs de tout le Briançonnais, y avaient des droits de seigneurie et de souveraineté qu'ils exerçaient par une administration gouvernementale supérieure, tout à fait paternelle et protectrice : aussi la tradition briançonnaise a-t-elle toujours conservé et conserve-t-elle encore de bons souvenirs de reconnaissance pour ces princes-dauphins.

A l'appui de ces dires, ils vous produiront les récits de plusieurs historiens, et les recueils imprimés de leurs titres ; ils vous produiront surtout la première grosse en parchemin, revêtue des sceaux delphinaux, de leur grande charte de transaction, du 29 mai 1343[1], charte qui consacre leurs libertés et leurs franchises en la forme la plus solennelle et la plus authentique.

Cette charte, que l'on a eu la précaution de stipuler à perpétuité, *imperpetuum*, et que l'on a fait, en conséquence, reposer sur les serments les plus sacrés, sur des serments prêtés sur les saints évangiles touchés corporellement avec la main, *supra sancta Dei evangelia corporaliter manu tacta*, est intervenue entre dix-huit mandataires des communautés briançonnaises et le dauphin Humbert II, assisté de l'évêque de Grenoble, du prieur de Saint-Donat, des membres du conseil delphinal et de plusieurs autres personnages notables ; elle est écrite sur deux grandes peaux réunies et collées ensemble, ayant trois pa-

---

[1] On trouve encore la minute originale ainsi que plusieurs copies de cette charte, dans les archives de la chambre des comptes de Grenoble ; la minute, reçue par le notaire Guigues Froment, est dans le registre intitulé : *Notæ Guigonis Frumenti*, Q, n° 41.

raphes du notaire sur leur ligne de jonction, de manière que chacun de ces paraphes se trouve par moitié sur chaque peau; elle a une superficie d'environ cent cinquante centimètres carrés, sur une largeur d'un mètre vingt centimètres et une hauteur d'un mètre vingt-quatre centimètres. Deux grands sceaux delphinaux, en cire, recouverts en cuir, y étaient suspendus inférieurement avec des lanières de peau. Ces sceaux ont été brisés et en partie enlevés; mais chaque enveloppe de cuir porte encore, d'un côté, l'empreinte d'un dauphin, et, de l'autre, l'empreinte d'une porte de ville avec trois tours. Il y avait aussi latéralement un troisième sceau qui n'existe plus; il ne reste que le cordon de soie verte auquel il était suspendu.

Cette belle charte, ainsi que le procès-verbal (sur parchemin) du serment qui lui a été prêté sur les saints évangiles, par Charles, premier dauphin de France (plus tard Charles V), et les nombreuses lettres-patentes (également sur parchemin), contenant les confirmations ou ratifications obtenues de la plupart des rois de France, notamment de tous les derniers jusqu'à Louis XVI inclusivement, sont encore, à l'exception des sceaux, dans un parfait état de conservation, ce qui prouve que toutes ces pièces ont été placées et gardées avec soin, comme un dépôt précieux, dans des endroits à l'abri du feu, puisqu'elles ont échappé aux divers incendies qui ont détruit plusieurs fois la presque totalité de la ville de Briançon.

Les Briançonnais ont donc encore la grande charte de leurs libertés particulières, de ces libertés dont ils étaient jadis si fiers et auxquelles ils tenaient comme certaines provinces espagnoles tiennent à leurs *fueros*.

Aussi, dans l'histoire de leurs luttes municipales, voit-on, pendant une série de plusieurs siècles, les communautés briançonnaises constamment militantes, constamment sur les brèches faites à leurs libertés, résister avec une courageuse et persévérante intrépidité, se défendre pied à pied sous l'égide de leur charte, aller même jusqu'à l'émeute et à la rébellion pour repousser les attaques extrajudiciaires ; et, dans les luttes judiciaires, suivre et épuiser, sans se décourager, tous les degrés de juridiction jusqu'à un triomphe complet ; n'acceptant jamais une condamnation comme définitive ; revenant sans cesse à la charge, et finissant presque toujours par sortir victorieuses de luttes où beaucoup d'autres auraient succombé. Constamment armées de leurs libertés et leur grande charte à la main, on les voit la présenter aux officiers delphinaux de leur petite province, aux officiers supérieurs de la province de Dauphiné, aux intendants, aux gouverneurs, à la cour des comptes, au parlement, aux Etats de cette province, puis au conseil du roi, aux Etats généraux du royaume, aux ministres, aux rois eux-mêmes, leur demandant protection ou justice, et ne déposant, enfin, leur charte et leurs requêtes, dans les archives de leur hôtel de ville, qu'avec un arrêt de paix, qui ne peut être tel pour elles qu'autant qu'il est un arrêt de victoire ; qu'avec la décision solennelle qui a définitivement maintenu ou consacré leurs franchises et leurs libertés.

Le Briançonnais passe-t-il, avec le Dauphiné, des dauphins de Viennois aux dauphins de France ; un nouveau prince-dauphin ou roi-dauphin succède-t-il à un autre, des députés briançonnais sont envoyés auprès du nouveau dauphin ou roi-dauphin pour requérir des lettres de ratification ou de confirmation de ces libertés ; et ces lettres vont immédiatement rejoindre, dans le dépôt vigilant et sacré des archives municipales, les lettres semblables, obtenues des rois précédents, où elles seront rejointes, à leur tour, par celles des rois à venir.

Dans les circonstances les plus graves, dans les plus

grands dangers, les Briançonnais n'oublient jamais leurs libertés. Au temps de la ligue, dans le feu des guerres civiles, des guerres de religion, ils sont obligés de subir la capitulation que leur impose la volonté du vainqueur, la volonté absolue de Lesdiguières; ils se résignent pour eux, mais ils demandent grâce pour leurs libertés, et ils obtiennent, par une stipulation expresse de l'art. 7 de la capitulation du 6 août 1590, le maintien *en toutes prérogatives, franchises, libertés, immunités delphinales et briançonnales, sous le bon plaisir du roi.*

A la fin du siècle suivant, la ville de Briançon, à peine relevée de ses ruines du grand incendie de 1624, auquel ses archives avaient eu cependant le bonheur d'échapper, est détruite de nouveau, en 1692, par un autre incendie qui dure plus d'une semaine; presque toutes les maisons, au nombre de 259, sont brûlées, notamment celle du secrétaire de la communauté, où se trouvent quelques papiers ou registres communaux. Au milieu de ce désastre, la sollicitude briançonnaise se porte tout de suite, comme elle l'avait déjà fait en 1624[1], sur les titres de ses libertés, dont elle craint que quelques-uns n'aient péri; les consuls sont tellement alarmés et inquiets sur l'existence de ces titres, qu'ils s'empressent, qu'ils se hâtent de faire constater, par une enquête devant des magistrats du parlement de Grenoble, envoyés sur les lieux, *l'incendie des principaux titres et papiers constitutifs et confirmatifs de leurs priviléges, laissés en dépôt dans la maison du secrétaire*[2], quoique ces principaux titres (déposés dans le cou-

---

[1] Arch. ch. des comptes, *Generalia* XVIII, n° 663.
[2] Procès-verbal de l'incendie de Briançon, en 1692, par les commissaires du parlement. *(Arch. brianç.)*

vent des cordeliers qui, à peu près seul, avait échappé à l'incendie), n'eussent pas été brûlés.

Jusques à la fin du XVIII° siècle, rien ne peut surmonter ni abattre la courageuse et opiniâtre persistance des communautés briançonnaises. Mais arrivent les grands événements de 1788 et 1789, qui vont rouvrir, pour elles, la lice des luttes et des combats pour la défense de leurs libertés. La France, la France presque entière fermente, bouillonne et s'ébranle sur l'immense volcan révolutionnaire qui couve dans son sein et qui commence à s'entr'ouvrir à Grenoble, à Vizille et à Romans. — Jamais volcan n'a embrasé ni même réchauffé le sein glacial des Alpes briançonnaises. — La France s'agite, se débat convulsivement dans les dernières étreintes de la féodalité, dont elle tâche de se débarrasser. — Depuis longtemps débarrassées de ces étreintes, les Alpes briançonnaises n'ont point de féodalité à combattre, point de féodalité à renverser. — La commune de Grenoble, les Etats du Dauphiné, s'adressent à elles et réclament leur assistance et leur concours au nom de la liberté. — Ce concours, cette assistance, elles sont disposées à les accorder si on leur promet garantie et protection pour leurs libertés particulières; mais cette promesse, on ne veut ou on ne peut la leur faire.

Alors elles prennent de nouveau leurs armes accoutumées et déploient leur vieux drapeau national, leur grande charte, qui ne s'était reposée que quelques instants depuis sa dernière victoire, depuis l'arrêt du 3 décembre 1788, qui avait rétabli le régime municipal de cette charte, momentanément interrompu par l'exécution provisoire d'un édit municipal de 1766. Cette grande charte, ainsi que plusieurs autres chartes accessoires qui lui servent d'auxiliaires et de satellites, sont réimprimées et versées avec profusion dans le public. Des protestations énergiques et répétées de communautés en communautés, sont consignées dans de nombreuses délibérations municipales et dans celles du grand *Escarton* général, composé des députés de toutes les communautés briançonnaises. Ces délibérations sont adressées à la commune de Grenoble et aux Etats du Dauphiné réunis à Romans, où les députés briançonnais s'épuisent en inutiles efforts pour les faire écouter. Ce n'est qu'après avoir été notifiées, *par exploit d'huissier*[1], à la personne de Mounier, secrétaire des Etats, que ces protestations parviennent à pénétrer et à résonner dans le sanctuaire de ces assemblées. Mais le vœu d'une si petite province résonne trop faiblement pour se faire écouter et accueillir au milieu de l'agitation et du tumulte de la discussion des grands intérêts généraux. La publicité semble seule pouvoir lui donner de la force, et aussitôt de nombreux Mémoires sont rédigés, imprimés, publiés et envoyés de tous côtés, dans toutes les directions, à toutes les assemblées politiques, aux ministres et jusqu'aux pieds du trône. Vains et derniers efforts d'un trop petit peuple ! Les franchises et les libertés municipales briançonnaises, qui comptent près de deux mille ans d'existence, qui sont plus anciennes que la monarchie, plus anciennes que la France, dont les unes remontent peut-être aux antiques fédérations gauloises, les autres au municipe romain et au règne de Cottius, contemporain de l'empereur Auguste, qui ont traversé des siècles de barbarie et de féodalité[2], ces franchises viendront encore

---

[1] Je rapporte, au chapitre : *Historique des Etats du Dauphiné (dernière époque)*, le texte de cet exploit, dont l'original existe encore dans les archives de Briançon.

[2] « Ni l'anarchie féodale, ni le despotisme ministériel n'ont pu, jusqu'à présent, priver les Briançonnais de leurs priviléges, » disaient leurs députés, en 1789, dans un Mémoire imprimé, adressé aux Etats de Romans.

inutilement frapper aux portes de l'assemblée nationale ; le 4 août 1789, elles tomberont et expireront, mélangées et confondues avec le servage et la féodalité, sous le vaste et impitoyable niveau de l'égalité politique et nationale ; les Briançonnais n'auront pas désormais plus de libertés que les autres Français.

Mais les Briançonnais ne se résigneront point encore à accepter ce sacrifice de leurs libertés ; ils continueront à réclamer, à protester, et, le 29 décembre suivant, ils se réuniront et délibéreront la rédaction et l'impression d'un nouveau Mémoire à l'appui de nouvelles réclamations et protestations qui ne seront écoutées ni par l'assemblée nationale ni par la convention nationale.

Ainsi, après cette longue série de luttes municipales de tout genre dans laquelle les Briançonnais n'ont jamais cédé ; après cette longue Iliade de combats soutenus pour la défense de leurs libertés, il a fallu plus que les Grecs et leurs dieux pour soumettre ces nouveaux Troyens ; il a fallu la volonté d'un peuple souverain soulevant la lave révolutionnaire jusqu'aux sommités les plus ardues et les plus glaciales des Alpes briançonnaises.

Il n'est par conséquent pas étonnant de les entendre encore souvent regretter et rappeler, avec un sentiment de vieux patriotisme briançonnais, ces anciennes libertés, ces anciens droits autonomes ou municipaux, ces véritables *fueros* qui donnaient à leur petite province un certain relief d'indépendance politique et de nationalité spéciale que n'avaient ni le surplus de la province de Dauphiné ni les autres provinces de France.

Cependant, depuis environ cinq siècles, depuis l'adjonction du Dauphiné à la France par un acte de transport dans lequel ils ont été nommément compris et contre lequel ils n'ont pas protesté parce que leurs franchises y étaient expressément réservées et respectées, leur nationalité briançonnaise s'est trouvée unie et presque confondue avec la grande nationalité française à laquelle ils adhèrent aussi très-fortement, en sorte qu'aujourd'hui, avec cet orgueil politique, à la fois provincial et national, qui les caractérise, qui est presque inné et indigène dans leur cœur, ils diraient volontiers : « Nous sommes Français et Briançon- » nais [1] » : *Sic nos et eam patriam dicimus ubi nati, et illam qua excepti sumus.* (Cicero, *De Legib.*)

Mais, depuis la révolution de 1789, une même administration politique et une même législation ont été établies pour toutes les parties de la France, sans aucune exception ni distinction ; l'unité et l'indivisibilité de l'Etat ont été décrétées, proclamées par les constitutions, adoptées et sanctionnées par l'adhésion générale et presque unanime. Les désignations provinciales de *Dauphiné,* de *Briançonnais,* qui rappellent des origines, des nationalités distinctes et spéciales, ont été remplacées par les désignations départementales constitutives du grand territoire national dont le Briançonnais et le Dauphiné sont devenus parties intégrantes d'une manière définitive et absolue; depuis lors, Dauphinois et Briançonnais sont Français, ne sont plus que Français ; et cependant quelques Briançonnais, reportant leurs souvenirs d'enfance ou traditionnels vers leurs anciennes libertés, seraient encore tentés de s'écrier : *Nous sommes Français et Briançonnais,* ou plutôt : *Nous sommes Briançonnais et Français.*

« [1] Ils sont Français et sujets fidèles pour le service du roi et le bien » de l'État; mais ils sont Briançonnais et indépendants pour leurs » intérêts personnels. » (Mémoire imprimé adressé aux États de Romans en 1789, p. 6.)

OBSERVATIONS PRÉLIMINAIRES.

DES INSTITUTIONS AUTONOMES OU POPULAIRES.

Les plus importantes des anciennes institutions, franchises ou libertés briançonnaises sont d'origine ou de nature autonome ; ce mot *autonome*, composé de deux mots grecs, signifie *loi de soi-même* ; et ajouté aux mots *institution, droit, pouvoir*, il désigne une institution, un droit ou un pouvoir d'un peuple qui tire sa loi de lui-même, qui se dirige, qui se gouverne par lui-même.

De tous les pouvoirs ou gouvernements qui régissent l'homme réuni en société, il n'en est donc aucun qui lui soit plus cher que celui que l'on appelle *pouvoir* ou *gouvernement autonome*, et en vertu duquel cette société se régit, se gouverne par elle-même, par des hommes de son choix ; c'est ce gouvernement qu'on a défini *le gouvernement du pays par le pays*, et dont le gouvernement représentatif est un emblème plus ou moins fidèle, selon qu'il est organisé de manière à être l'expression, la représentation plus ou moins vraie de la volonté générale et des grands intérêts généraux de la nation.

Le gouvernement autonome est peut-être le plus ancien [1] ; il est peut-être aussi ancien que celui de la première société humaine ; c'est presque toujours le premier que l'on a vu poindre et surgir au-dessus des hommes sortant de l'isolement de l'état sauvage pour passer à l'état de société. Mais à mesure que les sociétés primitives se sont augmentées en nombre ou ont vu s'augmenter le nombre de leurs membres, à mesure surtout que ces sociétés se sont adjointes ou mélangées les unes aux autres pour se réunir sous une administration commune ou plus générale, leur gouvernement a presque toujours éprouvé des changements, des altérations qui en ont plus ou moins modifié la nature, ou a subi des phases très-diversement variées et qui varieront encore à l'infini dans l'avenir des temps.

C'est surtout dans les sociétés nombreuses des grandes nations que le gouvernement autonome a dû éprouver et a éprouvé le plus d'altérations ; obligé de se centraliser et de s'individualiser pour acquérir la force et l'unité d'action nécessaires à la direction d'un grand corps social, son caractère autonome de volonté nationale s'efface et disparaît quelquefois presque entièrement devant la volonté, le caprice ou l'arbitraire des dépositaires du pouvoir ou des agents d'exécution.

Mais, dans les petites sociétés particulières qui concourent à former la grande société nationale et qui sont comme de petites patries dans la grande patrie, l'utilité de la concentration et de l'unité du pouvoir s'est toujours moins fait sentir, et l'esprit d'administration autonome s'est mieux

---

[1] « Ce pouvoir, dit Henrion de Pansey, est le plus ancien de tous.
» C'est, en effet, le premier dont le besoin se soit fait sentir ; il n'y a
» pas de bourgade qui, à l'instant de sa formation, n'ait reconnu la
» nécessité d'une administration intérieure. »

conservé ; de à ces petits gouvernements locaux et autonomes dans les grands gouvernements généraux ; de là ces pouvoirs provinciaux et communaux qui, dans plusieurs parties de la France, se sont montrés si persistants et si tenaces, malgré les invasions étrangères, malgré les grands bouleversements sociaux qui ont eu lieu si souvent dans les Gaules et l'Allobrogie pendant la longue et obscure période du moyen âge, et surtout aux époques de l'ébranlement et de la chute de l'empire romain.

C'est principalement dans les villes méridionales de la France, dans celles qui ont été anciennement cités municipes, que l'on retrouve ces germes vivaces d'autonomie ou d'administration de la cité par la cité, par les citoyens de la cité, véritables germes de liberté populaire qui, refoulés quelque temps au fond des cœurs, se sont ensuite développés insensiblement et ont grandi en face du pouvoir féodal qu'ils ont fini par renverser et détruire entièrement.

Aussi, tandis que *l'homme-noble* recherche et étale fièrement son vieux blason, ses vieilles armoiries, sa longue généalogie ornée des titres et des noms glorieux de ses ancêtres, *l'homme-peuple* recherche et étale, avec non moins de fierté [1], les titres constatant l'origine et la généalogie de ses droits ou pouvoirs autonomes et municipaux, ses véritables titres de noblesse populaire dont beaucoup ont péri ou disparu, mais dont quelques-uns ont survécu ou sommeillé, obscurs et presque ignorés, sous la poussière des siècles de la domination féodale.

---

[1] « Les bourgeois tiennent autant à la charte de leur ville que les » nobles à leur titre ; ils en sont au moins aussi jaloux. » (Monteil, *Histoire des Français des divers Etats*, t. 1, épître 10.)

Il s'en faut de beaucoup cependant que toutes les anciennes provinces de France aient pu acquérir ou conserver une administration autonome ou populaire, libre et indépendante ; la plupart d'entre elles gémissaient, au contraire, captives et enlacées dans les étreintes du pouvoir féodal ; dans presque toutes celles qui n'étaient pas de *franc-alleu*, c'est-à-dire celles où le principe de la liberté naturelle de l'homme et du sol n'était pas reconnu s'il n'était établi par titre, et où l'on admettait la maxime *nulle terre sans seigneur*, le pouvoir autonome avait à peu près entièrement disparu devant le pouvoir seigneurial ou féodal ; l'homme-peuple, et notamment l'homme-peuple de la campagne, était plus souvent serf que libre ; plus souvent aussi il n'était pas même homme ; il n'était, en quelque sorte, que *chose* attachée, immobilisée à la glèbe, à la terre seigneuriale.

Mais cet état alla en s'améliorant successivement dans la suite des temps, d'abord avec l'organisation ou la réorganisation des communes, puis avec l'accroissement et l'affermissement de la puissance royale qui grandit et se fortifia aux dépens de la puissance des seigneurs.

Alors aussi prirent naissance beaucoup de chartes et de franchises communales qui n'étaient ordinairement que quelques concessions plus ou moins restreintes, émanées de la volonté ou du libre arbitre des seigneurs féodaux ; cependant ces concessions, volontaires en apparence, étaient la plupart du temps, commandées aux seigneurs par leur propre intérêt, par la force des circonstances, des événements et des progrès de la civilisation de l'époque : l'*homme-chose* recouvrait peu à peu sa nature, sa qualité, sa dignité ; il redevenait *homme-homme* ; et son droit naturel et imprescriptible de liberté humaine, retenu quelque temps captif sous le réseau féodal, commençait à renaître et à se faire reconnaître dans ces ébauches d'organisations communales, quelque imparfaites qu'elles fussent.

Néanmoins, dans plusieurs parties de la France, plus particulièrement dans celles qui avaient conservé quelques réminiscences, quelques traces, traditions ou usages de leur ancienne organisation en municipe romain, et surtout dans les villes qui avaient été cités *municipes*, l'homme était demeuré plus libre ; la cité-municipe n'avait pas toujours péri ou disparu entièrement ; si elle avait été obligée de fléchir, même de s'effacer et de s'annihiler momentanément sous l'oppression du pouvoir féodal, elle n'avait fait que s'incliner, que se courber, et on la vit se redresser et se relever peu à peu, à mesure que ce pouvoir commença à pâlir et à s'éclipser en face du pouvoir royal.

Il a dû en être notamment ainsi dans le Briançonnais où la féodalité n'a fait qu'une apparition de courte durée, où le municipe romain avait longtemps existé, où chaque localité un peu importante avait eu probablement son municipe, et où, longtemps avant ce municipe, le pouvoir autonome ou populaire des anciens Gaulois ou Allobroges devait avoir poussé de profondes racines dans les esprits, dans les usages et dans les mœurs.

Examinons donc quel a dû être l'état politique et autonome des Briançonnais dès les temps historiques les plus reculés.

ESSAI
SUR LES ANCIENNES INSTITUTIONS

AUTONOMES OU POPULAIRES

DES ALPES COTTIENNES-BRIANÇONNAISES.

PARTIE PREMIÈRE.

DE L'ÉTAT POLITIQUE ET SOCIAL DES BRIANÇONNAIS, ET DE LEURS INSTITUTIONS AUTONOMES OU POPULAIRES AUX DIVERSES ÉPOQUES HISTORIQUES ANCIENNES.

CHAPITRE PREMIER.

1re Époque. — Temps antiques.

> « L'hérédité est une chose nouvelle
> » dans les successions des rois ; l'an-
> » tiquité européenne tout entière l'a
> » ignorée, l'élection était alors par-
> » tout. »
> CHATEAUBRIAND.

C'EST surtout à l'origine des sociétés humaines, avant que les idées de propriété ou de puissance héréditaire se soient formées et introduites dans ces sociétés, alors que les plus forts, les plus courageux, les plus habiles, sont reconnus ou choisis chefs ou protecteurs de leurs co-sociétaires, que l'on trouve ordinairement les premiers rudiments ou éléments des droits et pouvoirs autonomes conférés directement par ces co-sociétaires; et il a fallu des siècles de progrès et de civilisation avant que l'homme imaginât le principe de l'hérédité des biens et de l'hérédité du pouvoir, qui présuppose l'existence du droit de propriété, résultat d'une civilisation déjà assez avancée.

Les premiers modes d'attribution et d'exercice de ces droits et pouvoirs sont presque toujours incertains, ou plutôt indéterminés. Dépendant plus ou moins des circonstances, ainsi que du caractère et des instincts des hommes composant ces sociétés, ils naissent ou apparaissent, dans les mœurs et les usages, longtemps avant d'être fixés et réglés, et surtout longtemps avant d'être rédigés par écrit.

Ces *institutions*, s'il est permis de les qualifier ainsi à leur origine, ne peuvent prendre naissance que lorsque l'homme abandonne l'état sauvage pour vivre à l'état de société, et même seulement à l'époque où la société dont il fait partie, devenant de plus en plus nombreuse, commence à sentir le besoin d'une organisation, d'une administration, dans l'intérêt de chacun de ses membres.

C'est alors aussi que cette société doit commencer à établir en elle une organisation, une administration plus ou moins régulière, mais aussi plus ou moins autonome entre ses membres et par ses membres, car les petites peuplades naissantes ne vont pas chercher au loin des administrateurs ou des chefs qu'elles choisissent presque toujours dans leur sein, à moins qu'elles ne soient obligées d'en recevoir, par suite d'une sujétion étrangère, ou par la survenance et l'implantation, sur leur sol et au milieu d'elles, de colonies ou de nations étrangères qu'elles n'ont pas été assez fortes pour repousser.

Dès lors, rechercher quelle a été l'origine des Briançonnais et si quelques colonies étrangères sont venues s'implanter et se naturaliser sur leur sol, ou s'affilier avec eux, et leur ont apporté une organisation politique ou sociale, n'est-ce pas rechercher, en quelque sorte, l'origine des institutions autonomes briançonnaises ?

Mais, dans des temps si anciens, les Briançonnais

n'avaient pas des institutions proprement dites ; tout au plus avaient-ils des usages, des coutumes ou des mœurs que l'histoire ne nous révèle même que d'une manière très-vague et tout à fait indirecte, à l'égard d'un pays trop petit et trop peu important pour avoir eu alors ses historiens particuliers.

On ne connaît donc nullement l'histoire des Briançonnais avant celle des peuples avec lesquels ils se sont trouvés en rapport ; mais les premiers habitants des Alpes briançonnaises, accoutumés à une vie dure et presque sauvage, à supporter les privations de tout genre, les intempéries des saisons sous un climat âpre et rigoureux, les fatigues de la chasse sur un sol inégal hérissé de forêts, de rochers et de hautes montagnes ; ces hommes, sobres, vigoureux et robustes, qui se suffisaient à eux-mêmes pour leurs besoins peu nombreux, devaient être difficiles à dompter ou à dominer, et devaient naturellement se former, sinon des idées, du moins des habitudes d'indépendance, qu'il était surtout difficile de leur faire perdre.

On s'est cependant beaucoup occupé de l'origine des peuples des sommités des Alpes, et en particulier de celle des Briançonnais, sur laquelle on a émis les opinions les plus divergentes et les plus opposées, quoique l'on s'accorde généralement à reconnaître qu'elle est extrêmement ancienne ; il est en effet très-vraisemblable que le pays où se trouve le principal passage des Alpes entre la France et l'Italie, a dû être connu, habité et peuplé dès la plus haute antiquité.

Quelques Briançonnais, poursuivant les illusions séduisantes et fantastiques de leur imagination rétrospective, remontent la pente des siècles passés jusqu'aux temps héroïques, et même jusqu'à ces temps où les dieux de l'Olympe venaient visiter la terre ; ils se complaisent à penser et à proclamer, avec quelques auteurs, qu'ils ont puisé leur origine à une source divine ou semi-divine. Tantôt, en effet, empruntant à l'antiquité la plus reculée des noms dont l'orthographe inconstante permet de grouper ou de varier les lettres avec beaucoup de complaisance et d'élasticité au gré du désir des inductions étymologiques, ils se jactent d'une descendance divine en ligne directe par ces géants des Alpes, fils de Neptune, vaincus par Hercule, géants appelés *Albion* ou *Alpion* et *Bergion* ou *Brigion*, noms dans lesquels ils croient apercevoir et reconnaître, à travers la transparence du prisme mythique, leurs ancêtres les géants des Alpes et du Briançonnais défendant, contre Hercule, l'accès de leurs hautes montagnes; mais les champs de pierre de la Crau d'Arles, où, selon les anciens historiens, le demi-dieu vainquit les fils du dieu des mers, sont bien éloignés des Alpes briançonnaises, quoique l'allégorie permette cependant de penser que ces géants étaient des chefs des hautes peuplades alpines descendus dans les plaines de la Provence.

Tantôt, au contraire, passant du côté du demi-dieu, les Briançonnais invoquent encore une origine aussi ancienne et non moins glorieuse, et se disent avec orgueil les descendants directs d'Hercule ou de ses *nobles compagnons* que Pline qualifie de *præstantes genere*; mais il paraît certain aujourd'hui que les Alpes traversées par Hercule, et dans les gorges desquelles quelques-uns de ces nobles compagnons se seraient arrêtés et établis après avoir eu, selon les énergiques expressions de cet historien naturaliste, leurs membres brûlés par la neige, *usta nive*, ne sont pas les Alpes cottiennes ou briançonnaises.

D'autres se résignent, néanmoins à contre-cœur, à accepter une origine moins noble et moins flatteuse, quoiqu'elle ait une ressemblance parfaite avec celle de la ci-devant capitale du monde, avec celle de la ville de Rome fondée par une horde de brigands ; ils craignent de trouver dans Strabon (Géog., liv. IV), conformément à l'opinion d'Aimar du Rivail (*Historia Allobrogum*), la preuve ou au moins la probabilité que les premiers *brigantii*, leurs ancêtres, n'étaient autres que ces brigands qui, selon le géographe grec, descendaient des sommités de leurs Alpes et faisaient des irruptions jusqu'en Italie pour aller piller leurs voisins ou leurs ennemis, dont ils égorgeaient, non-seulement tous les hommes pubères, mais encore tous les enfants mâles, ainsi que les femmes enceintes, lorsque, d'après les dires de leurs devins, elles avaient conçu des enfants mâles ; et, à cause de cela, dit Aimar du Rivail, on leur a donné le nom de *brigantes sive brigantii*, *brigands*, mot qui, dans le langage des habitants et des autres Gaulois, indique la cruauté, et, de ce nouveau mot, on a nommé leur ville *Brigantium*, *Briançon*, et ses habitants *Briançonnais*.

Cependant le mot Βριγαντιον, selon Ptolémée, Βιχαντιον ou Βριχαντιον selon Strabon, paraît dériver du mot gallique *Brig*[1], qui signifie ville élevée ou fortifiée, signification parfaitement propre à Briançon, ville très-élevée qui, dès les temps les plus anciens, a été un lieu fortifié. Avec cette acception, qui est la plus naturelle, le nom de Briançon peut même être considéré moins comme un nom propre que comme un nom commun à beaucoup de localités du même genre, car on l'a donné à un grand nombre d'autres villes élevées ou fortifiées, et qui n'étaient pas considérées

---

[1] Ou, par transposition de la lettre *i*, *Birg*, *sommité*, dont les Latins ont fait *Virg*, *Virga*; c'est pourquoi Ammien-Marcellin nomme Briançon *Virgantia castellum*, et l'Itinéraire de Jérusalem le nomme *Byrigantium*.

comme des repaires de brigands ; ainsi l'on trouvait anciennement des *Brigantia*, *Brigantio* ou *Brigantium*, et des *Brigantes*, en Albionie, en Hibernie, en Portugal, en Espagne, au bord du lac de Constance. La carte de Cassini indique deux *Briançons* vers les Basses-Alpes, outre un *Briançonnet* en Provence ; il y a aussi un *Briançon* en Maurienne ; Tacite, en ses Annales, liv. 12, §§ 32 et 36, et en ses Histoires, liv. 3, chap. 45, mentionne plusieurs fois le *Brigantium* et les *Brigantes* d'Angleterre.

Quelques étymologistes, décomposant le mot *Brigiani*, par lequel on désignait également les Briançonnais, en tirent *Brig-Jani, peuple de Janus*, du mot gallique *brig* qu'ils disent signifier *peuple*, et de *Jani*, génitif de *Janus*. Si cette étymologie était vraie, il faudrait dire que *Brig-Jani* est le *peuple du mont de Janus*, ou plutôt la *ville haute* ou *forte du mont de Janus* ou *du mont Genèvre* ; car, quoique le mont Genèvre soit appelé *mons Genuæ*, *mons Matronæ*, par quelques auteurs latins, il est encore et plus souvent appelé *mons Jani* par d'autres, surtout par ceux qui prétendent que ce dernier nom lui est venu de ce qu'on y avait élevé un temple à Janus. Peut-être aussi ce dernier nom et celui de *mons Genuæ* seraient-ils des altérations de *mons Januæ*, *mont de la Porte*, dont le col s'ouvre, du côté de l'Italie, par le village de *Clavière* ou de la Clef, *Clavis*, car les Romains considéraient le col du mont Genèvre comme la principale porte des Alpes dont ce village était en quelque sorte la clef.

L'avocat briançonnais Froment, en ses *Essais*, et, après lui, le curé Albert, également Briançonnais, en son *Histoire du diocèse d'Embrun*, prétendent que leurs compatriotes sont les peuples que César *(De Bello gallico, lib. 7, § 75)* a appelés *Aulerci Brannovici* ou *Brennovici*, et ils en concluent que ce grand capitaine et historien attribue à

Brennus la fondation de Briançon que, par ce motif, il aurait nommé *Brennovicus, Bourg de Brennus*. Cependant, comme les Aulerques Brannovices étaient, d'après César, les clients des Eduens ou Autunois, il paraît peu probable qu'il ait entendu désigner ainsi les Briançonnais ; on croit plutôt aujourd'hui que ces Brannovices étaient les Briennois voisins des Autunois.

Le curé Albert (*Histoire du diocèse d'Embrun*), Jean Brunet (*Mémoire historique sur le Briançonnais*), Villiams Béattie (*Histoire des vallées vaudoises du Dauphiné*), et quelques autres, ont prétendu, en invoquant l'autorité de Pline, qu'une colonie d'Orbiens, de Caturiges ou d'autres peuples d'origine grecque, avait fondé très-anciennement, sur les bords du lac de Côme, une ville appelée *Brigantia*, d'où elle aurait été expulsée et se serait réfugiée dans les Alpes, où elle aurait bâti un nouveau *Brigantia, Briançon* ; M. Ladoucette (1re et 2e édition de l'*Histoire du département des Hautes-Alpes*) a commis la même erreur, que je lui ai fait ensuite réparer dans la 3e édition ; Aimar du Rivail a dit aussi : *Supra Comum est Briansonia oppidum*.

Il me semble très-difficile de trouver tout cela dans Pline, qui n'a pas pu dire et n'a pas dit que la ville de *Brigantia*, dont il ne parle même pas, était au bord du lac de Côme ; cet auteur mentionne seulement la destruction des Caturiges dans l'Italie, et leur existence sur le versant italique des Alpes. Les anciens géographes indiquent, à la vérité, une ville nommée *Brigantia* (aujourd'hui *Brégentz*), près d'un lac portant son nom, *lacus Brigantinus* ; mais ce lac n'est pas celui de Côme : c'est celui de Constance, qui est beaucoup plus éloigné des Alpes briançonnaises.

Cependant, en combinant les dires des anciens auteurs, on peut en induire que des descendants des antiques Galls ou Gaulois (descendants que les Romains et les Grecs appelaient *Umbri, Ombri,* du mot gallique *Ambra*, d'où l'on a tiré *Ambrones, Ambrons,* et *Ambrunois* ou *Embrunais*), chassés de la haute Italie par les Etrusques, se seraient retirés dans les Alpes embrunaises et cottiennes; ce seraient les exilés des *Insubriens* (*exules Insubrium* de Pline) que l'on a ensuite appelés *Ombres, Umbriens, Orbiens, Isombres, Insombres*[1], dont descendraient les *Ambrons* ou *Embrunais*. Il paraît également que les Caturiges avaient peuplé une partie des Alpes où ils auraient fondé Chorges qui porte leur nom *Caturigum*, ainsi que plusieurs autres villes ou villages, peut-être même aussi Briançon, car (selon une correction typographique que Chorier dit devoir être faite, peut-être avec raison) Ptolémée placerait des Caturiges dans les Alpes cottiennes, et César semble y en placer aussi, lorsqu'il désigne, comme ayant voulu s'opposer à son passage, les Centrons, les Graïocelles et les Caturiges : *Centrones, Graïocelli* (ou *Garocelli*, par transposition de l'*r* et élision de l'*i*) et *Caturiges*[2].

---

[1] Les habitants de *Vinsobres*, dans le bas Dauphiné, sont probablement aussi des descendants de ces exilés, car le nom de *Vinsobres* ou *Winsobres* paraît provenir de *Wis-ombres*, c'est-à-dire, *Ombres occidentaux*.

[2] Les *Centrons* étaient les habitants de la Tarentaise, et les *Caturiges* ceux de Chorges, de l'Embrunais et probablement aussi de la majeure partie du Briançonnais. Il y a plus de doute sur les *Graïocelles*, qui, selon quelques auteurs, auraient été les habitants du Mont-Cénis; selon quelques autres, ceux de Goncelin; et selon Chorier, ceux de la Grave en Oisans. Mais ces Graïocelles (que César semble emplacer entre les Centrons et les Caturiges) n'auraient-ils été que les habitants d'une seule bourgade ou d'une seule vallée? Ne devaient-ils pas être, au contraire, ceux de toutes les Alpes intermédiaires entre ces deux peuples, depuis et compris le Mont-Cénis jusqu'à l'Oisans inclusive-

C'est également des Caturiges qu'au dire de Pline descendent les Vagiens Ligures et ceux qu'il appelle montagnards, ainsi que plusieurs races de chevelus jusqu'à la mer Ligurienne : *Caturiges et ex Caturigibus orti Vagienni Ligures, et qui montani vocantur, capillatorumque plura*

---

ment, y compris même les vallées au nord-est du mont Genèvre, dont *Ocellum* était la capitale? Ces Alpes ne sont-elles pas en majeure partie dans les Alpes graïes ou grecques, et les Graïocelles (dont le nom est formé des mots *graï* et *ocelli*) n'étaient-ils pas les oisans ou oiseaux des rochers (qualification donnée par allusion aux habitants des sommités des Alpes), *Craïocelli*, d'*ocelli* ou *aucelli*, oiseaux, et du gallique *craig*, pierre ou rocher (mot qui paraît être aussi la racine de *graï*) que les Romains, selon Amédée Thierry, auraient altéré et transformé en ceux de *Graii, Græci, Grecs*? C'est également de ce mot que proviennent les noms de *Crau* donné aux champs de pierre près d'Arles, et de *craie, grès*, donnés à certaines espèces de pierres, notamment à la craie de Briançon; et je crois que c'est encore de là que viennent les noms de *grève, gravier*, et de la *Grave*, village de l'Oisans, qui, au moyen âge, avait conservé un nom rappelant sa nature pierreuse ou de gravier, *arenæ inferiores* (graviers inférieurs), de même que le Villard-d'Arènes, village voisin un peu plus élevé, s'appelait *Arenæ superiores* (graviers supérieurs).

Or, il serait étonnant qu'une ligue de peuplades alpines, commençant à la Tarentaise et finissant vers Chorges, dans l'Embrunais, n'eût pas compris les peuplades intermédiaires, telles que celles de l'Oisans et du Briançonnais, qui se trouvaient au centre de cette ligue; et si César n'a pas désigné nommément les peuples du Briançonnais, qui se trouvaient les premiers sur son passage, c'est probablement parce qu'ils étaient alors également Caturiges, car ce n'est que plus tard et seulement depuis le règne des Cottius, que le Briançonnais a formé un pays distinct sous la dénomination d'*Alpes cottiæ* ou *cottianæ* (Alpes cottiennes). Cette induction, tirée d'une phrase de César, se tire encore plus directement d'un passage de Pline, qui, nommant aussi ces peuples successivement, place, après les Centrons et avant les Caturiges, les cités cottiennes qu'il n'aurait peut-être pas distinguées des Caturiges, si, comme César, il eût été antérieur à Cottius.

genera ad confinium Ligustici maris. Ces Vagiens Ligures (que je crois devoir distinguer des Ligures proprement dits qui sont plus près de la mer) me paraissent, conformément à l'opinion de Sigonius, être ou comprendre les Briançonnais de la vallée de Queyras, voisins des Caturiges dont ils étaient issus, car Pline indique les confins de ces peuples vers la source du Pô, au mont Viso, qui forme l'extrémité de cette vallée ; et comme il emplace le cours du Pô dans le territoire des Forovibiens, leurs voisins, sur le versant oriental de ce mont, il s'ensuit que les Ligures Vagiens devaient être dans la vallée de Queyras, qui commence au versant occidental.

Tite-Live, liv. 5, § 33, semble être en opposition avec Pline et quelques autres auteurs, lorsque, après avoir indiqué divers peuples comme descendants des Etrusques, il ajoute qu'il ne doute pas que l'origine des nations Alpines ne doive aussi être attribuée aux Etrusques : *Alpinis quoque ea gentibus haud dubie origo est;* mais des Ombres, des Caturiges, des Etrusques, ne peuvent-ils pas être arrivés dans les Alpes, soit en diverses localités de ces montagnes, soit successivement et les uns après les autres?

Enfin, on a encore attribué aux Briançonnais plusieurs autres origines plus ou moins extraordinaires ou incertaines.

Quoi qu'il en soit de ces diverses origines, toutes assez équivoques ou douteuses, il est probable que (indépendamment des Etrusques, des Caturiges et des Ombres, qui durent se retirer dans les Alpes lorsqu'ils furent dépouillés de leurs possessions des rives du Pô par les Boïens et les Mingous (Amédée Thierry, d'après Tite-Live, liv. 5, § 35), ces montagnes ont servi de refuge aux individus de toute origine et de toute nation, chassés des plaines du Piémont ou de celles de la Gaule et de l'Allobrogie, à la suite de batailles, de défaites, ou de dépossessions par les diverses et nombreuses armées ou expéditions qui, dès les premiers temps historiques, sont venues successivement, surtout dans le Piémont, déposséder et chasser les populations qui s'y étaient précédemment établies ; et comme la plupart de ces expéditions avaient été composées de peuples de race gallique, elles avaient, en quelque sorte, transformé la haute Italie en une nouvelle Gaule pour les Romains, qui distinguaient cette Gaule citérieure ou cisalpine, de la Gaule ultérieure ou transalpine.

Environnés de toutes parts de nations gauloises, en contacts fréquents avec les expéditions de ces nations, Allobroges, Vocontiens ou Gaulois eux-mêmes en majeure partie, quoique un peu mélangés de races italienne, ombrienne, étrusque ou caturige, les anciens habitants des Hautes-Alpes devaient avoir une grande conformité de mœurs, d'institutions, d'usages et de langage avec les Gaulois, et surtout avec les Gaulois-Allobroges des bassins du Rhône et de l'Isère ; c'est, en effet, ce que dit Tite-Live : *Haud sane multum lingua moribusque Gallorum abhorrentes ;* c'est pourquoi Annibal put employer comme interprètes auprès d'eux les guides gaulois qu'il avait emmenés avec lui. Selon cet historien, ces montagnards étaient : *homines intonsi et inculti,* des hommes non tondus (à longue chevelure [1] comme les Gaulois) et peu civilisés ou d'une tenue peu soignée, car la qualification d'*inculti*, in-

---

[1] On voyait encore naguère, et j'ai vu moi-même des habitants de quelques vallées briançonnaises avec une longue chevelure flottante sur leurs épaules, à l'instar des anciens Gaulois et montagnards chevelus ; *capillatorum plura genera* dont parle Pline.

cultes, peut s'entendre au propre comme au figuré, au physique comme au moral.

Je crois donc pouvoir, sans me tromper, appliquer aux Briançonnais tout ce que Tite-Live dit des montagnards des Alpes, dans son récit du passage de ces montagnes par Annibal.

La plupart des commentateurs font passer Annibal par les Alpes briançonnaises; il est difficile, en effet, suivant les récits de Polybe et de Tite-Live, de ne pas admettre qu'Annibal a traversé l'Embrunais et une partie du Briançonnais en remontant la Durance, soit qu'il ait suivi la vallée de cette rivière jusqu'au mont Genèvre, soit qu'il ait quitté plus tôt cette vallée pour se diriger vers la gorge de Guillestre, et pénétrer, à travers le défilé de la Combe du Veyer, dans la vallée du Guil ou de Queyras, de laquelle il a pu passer en Italie par le col du mont Viso, ou plutôt par le col de la Croix, qui est d'un moins difficile accès; de chacun de ces cols, il a pu (ainsi que le disent Polybe et Tite-Live) montrer et faire voir à ses troupes, par leurs propres yeux (et non par ceux d'une figure de rhétorique, comme le prétenden quelques commentateurs), l'Italie et les contrées voisines du Pô, *Italiam et circumpadanos campos*, puis descendre directement sur ce fleuve et la ville des Tauriniens (Turin). Cette dernière opinion devient même très-vraisemblable si l'on remarque que, d'après Tite-Live, liv. 21, § 38, l'armée d'Annibal s'était recrutée de Ligures, *Liguribusque additis*, Ligures qu'elle n'aurait pu rencontrer que vers le Queyras ou plus au midi. Cependant les commentateurs qui, en général, ne connaissent pas les localités, la font avancer plus au nord. D'ailleurs, si Annibal avait passé par le col du mont Genèvre (d'où l'on ne peut pas apercevoir l'Italie), il aurait encore eu une autre montagne à gravir et à traverser, circonstance dont Polybe et Tite-Live n'auraient certainement pas omis de parler.

Ce passage par la gorge de Guillestre et le Queyras a été plus récemment pratiqué par François Ier avec son armée. Gaillard, qui en raconte les circonstances difficiles, le compare à celui d'Annibal. C'est qu'en effet les accidents de terrain et de localité concordent assez bien avec les récits de Polybe et de Tite-Live ; mais Gaillard a commis une erreur sur le nom de la rivière qui coule dans cette gorge ; cette rivière est le Guil et non l'Argentière.

Les institutions civiles et militaires du Briançonnais, au temps d'Annibal, ne sont presque pas connues, quoique l'on puisse présumer qu'elles avaient beaucoup d'analogie avec celles de la Gaule, alors divisée en un grand nombre de petits Etats, la plupart républiques aristocratiques, gouvernées par les plus notables citoyens, et dont cependant tout le peuple élisait chaque année un chef civil ou prince, appelé aussi quelquefois *rex* ou *regulus*, ainsi qu'un chef militaire qui était probablement le *brenn* ou *brenin*[1] des anciens Celtes ou Gaulois, et dont les Romains ont fait un nom propre *Brennus*, qui n'était *peut-être* qu'un nom de qualité ou de dignité ; Strabon parle de ces deux dignités conférées par une élection annuelle, sans en donner les noms spéciaux.

Le gouvernement de la plupart de ces Etats, quoique monarchique ou aristocratique en la forme apparente, était cependant de nature autonome et populaire, puisque les chefs en étaient nommés par la multitude, par le peuple, et ils formaient diverses factions ou fédérations unies sous un

---

[1] Ce mot s'est conservé avec cette signification dans le langage breton.

même chef électif; ces ligues choisissaient ordinairement le chef le plus considérable ou le plus puissant, et le plus en état de les protéger ; elles lui confiaient la direction et la décision de toutes choses, et cela, dit César (*De Bello gallico*, *lib. 6*), paraît avoir été institué de toute ancienneté : *Earum factionum sunt principes qui summam auctoritatem, eorum judicio, habere existimantur, quorum ad arbitrium judiciumque summa omnium rerum consiliumque redeat, idque rei ejus causa antiquitus institutum videtur;* les mots *eorum judicio* indiquent bien aussi que c'était par la voie de l'élection, comme l'explique Strabon, que ces princes ou chefs étaient nommés. Ces fédérations ou unions, sous des chefs électifs, constituaient encore des institutions autonomes.

Il en était très-probablement de même dans les pays qui ont composé plus tard le Dauphiné. Ces pays (que l'on distinguait quelquefois de la Gaule proprement dite, qui ne dépassait pas, sur la rive gauche du Rhône, la ville de Vienne) comprenaient un certain nombre de petits Etats dont les principaux étaient ceux des Allobroges, des Voconces et des Cavares. Les Allobroges étaient entre le Rhône et l'Isère ; les Voconces étaient sur la rive gauche de cette dernière rivière, et les Cavares étaient plus au midi. Quoique distincts des Gaulois proprement dits, et même distincts entre eux, les peuples de ces Etats avaient tous plus ou moins les mœurs et les usages des Gaulois, étaient tous plus ou moins Gaulois. Tite-Live qualifie de Gaulois les peuples de la rive gauche du Rhône qui s'opposent au passage d'Annibal, et appelle cette rive gauche du nom de Gaule : *Profectus adversa ripa Rhodani, mediterranea Galliæ petit.........* Selon Etienne de Byzance : *Allobrox est gens gallica;* et n'est-ce pas dans ce sens qu'on doit expliquer ces mots d'un traducteur de Polybe : *Gallorum quos Allo-*

broges vocant? tous étaient aussi quelque peu Allobroges ou confondus avec les Allobroges, de telle sorte que beaucoup d'historiens postérieurs les ont souvent désignés par le nom commun d'Allobroges ou de Gaulois-Allobroges, qui a même été étendu aux Burgundes après l'invasion de ces derniers dans l'Allobrogie : *Burgundiones......, secundum naturale nomen*, G*alli Allobroges nuncupantur*, a dit Liutprand[1].

Tous ces peuples gaulois ou quasi-gaulois par l'origine, les usages et les mœurs, devaient aussi avoir des gouvernements autonomes comme ceux des Gaulois, et former, soit chez eux, soit entre eux, diverses ligues, unions ou fédérations particulières et générales ; je suis même très-porté à croire qu'ils en formaient une principale avec les Allobroges ; que c'est ce qui a été cause qu'on a fini par les confondre sous la désignation générale et commune d'Allobroges, et que ce n'est peut-être pas sans raison que Chorier a pu dire : « Quelque différence que l'on puisse re-» marquer entre les Allobroges, les Voconces et les Ca-» vares, ils n'étaient qu'une même nation et un même peu-» ple ; en effet, les Voconces et les Cavares n'ont été con-» nus des nations étrangères que sous le nom général d'Al-» lobroges. » (*Hist. du Dauphiné*, t. 1, p. 11.) Peut-être aussi cette fédération et par suite cette confusion de noms existaient-elles déjà lors du passage d'Annibal, et elles serviraient à expliquer la discordance qui paraît exister entre les récits de Polybe et de Tite-Live, relativement aux peuples auxquels Annibal a eu affaire, soit avant d'entrer dans les Alpes, soit dans l'intérieur de ces montagnes, discordance qu'on va avoir occasion de remarquer.

---

[1] *Rerum gestarum*, lib. 3, cap. XII.

Après avoir traversé le Rhône et s'être avancé pendant quatre jours dans les contrées de la rive gauche de ce fleuve, le capitaine carthaginois arrive à une espèce d'île formée par le Rhône et une autre rivière qui, comme le Rhône, descend d'une montagne des Alpes, et que Polybe appelle *Scoras*, nom sur lequel les commentateurs ne sont pas d'accord, que les uns appliquent à la Saône, d'autres à l'Isère ou à d'autres rivières, et qui, je crois, doit être attribué (conformément à l'opinion de M. Imbert-Desgranges [1]), à la rivière de l'Eygue qui vient former une île ou un delta à quatre journées de marche de l'endroit où Annibal a passé ce fleuve.

C'est ici que commence à se manifester la discordance entre Polybe et Tite-Live : si l'on substitue *Isara* à *Scoras*, il est impossible de ne pas voir, dans cette île, l'Allobrogie proprement dite qui est entre le Rhône et l'Isère, et de ne pas admettre aussi que c'est entre deux frères Allobroges que s'est élevée, relativement à la souveraineté, la difficulté dont parlent ces historiens, ce qui semblerait confirmé par ces expressions de Tite-Live : *Sedatis certaminibus Allobrogum*.

Cependant, si cette île est celle qui est comprise entre le Rhône et l'Isère, il est bien difficile, pour ne pas dire impossible, qu'Annibal ait pu y arriver, avec son armée, en quatre jours ; et ensuite comment expliquer ces mots de Tite-Live, qui placent les Allobroges, non dans cette île, mais près de là : *Incolunt prope Allobroges*.

Polybe, non-seulement ne dit point que c'est relativement à l'Allobrogie qu'a eu lieu cette dispute de souveraineté, mais encore il fait présumer le contraire, en di-

---

[1] *Bulletin de l'Académie delphinale*, t. 1, p. 129.

sant que ce sont des chefs d'Allobroges qui vont disputer l'entrée des Alpes à Annibal ; il y aurait donc contradiction entre ces deux historiens, et alors je n'hésiterais pas à me prononcer pour Polybe, qui est allé visiter exprès les lieux, contre Tite-Live qui ne les a pas vus.

Mais en rétablissant le nom de *Scoras* et l'appliquant à la rivière de l'Eygue, et en faisant du nom d'*Allobroge* un nom commun aux Allobroges proprement dits, aux Voconces et à quelques autres petits peuples voisins, ou bien en admettant que l'Allobrogie s'étendait un peu au delà de la haute Isère, vers et dans les Alpes (Strabon ne dit-il pas : *Allobroges campos et Alpium convalles colunt ?*), il me semble possible de faire concorder les récits de Polybe et de Tite-Live, qui alors ne placent ou ne circonscrivent, ni l'un ni l'autre, le pays des Allobroges dans l'île formée par le Rhône et la Scoras, ou par le Rhône et l'Isère.

Au reste, quelle que soit la solution de ce problème historique, Tite-Live nous apprend qu'arrivé dans cette île, Annibal fut choisi pour arbitre entre deux frères qui se disputaient la souveraineté qu'il attribua à Brancus l'aîné, qui avait déjà commandé, et qui avait pour lui l'opinion du sénat et des principaux du pays, contrairement aux prétentions du cadet, qui, pouvant moins par le droit, pouvait plus par la force, étant soutenu par l'assemblée des plus jeunes : *Major qui et prius imperitarat, Brancus nomine, minore ab fratre et cœtu juniorum, qui, jure minus, vi plus poterat, pellebatur. Hujus seditionis peropportuna disceptatio cum ad Annibalem rejecta esset, arbiter regni factus est, quod ea senatus principumque sententia fuerat, imperium majori restituit.*

Cette phrase laisse apercevoir que les chefs des peuplades de la rive gauche du Rhône étaient (comme ceux de la rive droite) électifs ; car, s'ils avaient été héréditaires, il n'y aurait pas eu dissidence, sur le droit, entre les vieux qui voulaient donner la préférence au plus âgé, à celui qui avait déjà été chef, et les jeunes gens, qui préféraient le plus jeune, comme le plus fort et le plus en état de les défendre.

Polybe dit ensuite que lorsque l'armée d'Annibal, arrivée au pied des Alpes, voulut entreprendre de gravir ces montagnes, elle y trouva les petits ou les moindres chefs des Allobroges, qui, après lui avoir laissé traverser les plaines sans difficulté, s'étaient réunis en grand nombre et étaient allés se poster et l'attendre aux endroits les plus favorables par lesquels elle devait nécessairement passer, pour s'opposer à ce passage. Tite-Live est muet sur cette circonstance ; et quand il parle des combats de cette armée contre ceux qui lui disputaient le passage, il ne désigne ceux-ci que par la qualification de *montani, montagnards*, sans jamais leur donner celle d'*Allobroges*, ou toute autre spéciale aux petits peuples des contrées de la rive gauche du Rhône ou des vallées des Alpes.

Mais, quoi qu'il en soit du nom de ces petits peuples et de leurs chefs, Allobroges ou autres, cette coalition (qui n'aurait pas pu se former si nombreuse, à l'arrivée inopinée et presque subite de l'armée carthaginoise), ne fait-elle pas encore présumer une union, une fédération préexistante entre tous ces petits chefs Allobroges ; et ces petits chefs, étaient-ce ceux de l'Allobrogie proprement dite, assez éloignés des Alpes et peu intéressés par leur position à en empêcher le passage ; n'étaient-ce pas plutôt les petits chefs des peuplades établies dans le voisinage, au pied, à l'entrée et dans les premières vallées de ces montagnes, où, comme on vient de le voir, Strabon place des Allobroges ; et si Brancus eût été Allobroge et souverain du seul pays qui soit entre le Rhône et l'Isère, est-il présumable que ces

Allobroges fussent allés attendre l'armée d'Annibal, son protecteur, pour l'attaquer, eux au contraire qui l'accompagnaient pour lui servir de guides et d'escorte? Et une escorte d'Allobroges eût-elle été considérée, par ces peuplades hostilement postées à l'entrée des Alpes contre l'armée d'Annibal, comme une escorte de *barbares*? car c'est ainsi qu'elles la qualifiaient, selon Polybe. Mais Brancus n'était-il pas Cavare, de l'île entre le Rhône et l'Eygue, et cette escorte de barbares n'était-elle pas une escorte de Cavares qui, inconnus ou peu connus (à cause de leur éloignement) des Allobroges ou des autres peuples qui défendaient l'accès des Alpes, ont pu être considérés par ceux-ci comme des barbares?

Après s'être emparé, pendant la nuit, de ces positions importantes où s'étaient postées les troupes des peuplades qui lui étaient opposées, et avoir battu ou dissipé ces troupes, Annibal parvient dans les vallées intérieures et supérieures des Alpes où apparaît de nouveau, quoique indirectement, une ligue des petits chefs des peuplades de ces montagnes, dont les plus âgés viennent perfidement lui offrir leur amitié, et vont ensuite lui tendre des embûches dans les défilés par lesquels il est encore obligé de passer.

Ces petits chefs sont appelés, par Tite-Live, *principes castellorum, princes des châteaux*, ou peut-être plus exactement *princes des camps*, parce que les villages qui servaient de retraite et d'abri à ces montagnards, étaient entourés de murailles ou de retranchements, et constituaient des lieux fortifiés comme des camps ou petits camps, *castra, castella* [1], plutôt que des châteaux forts proprement dits.

---

[1] « *Castrum* et *castellum* est un petit bourg et village ceint de

Lorsque l'on voit ces princes ou chefs alpins agir ainsi d'un commun accord et déjà réunis au moment du passage, n'est-il pas naturel de présumer que là, comme dans l'Allobrogie, comme dans les Gaules, ils formaient aussi des ligues offensives et défensives contre le danger commun ? car, sans ces unions, sans ces ligues, auraient-ils pu réunir si promptement des forces assez considérables pour oser résister à la nombreuse armée du général carthaginois ?

Depuis Annibal jusqu'au temps de César, et même jusqu'aux premiers temps de l'empire, l'histoire nous montre souvent des peuplades de l'Allobrogie, des peuplades des Alpes se liguant contre les Romains. César ne nous apprend-il pas qu'il trouva les Centrons, les Graïocelles et les Caturiges (qui devaient comprendre les Briançonnais, comme on l'a expliqué), unis et ligués pour lui disputer le passage de leurs montagnes ?

Les Briançonnais prétendent même que c'est lors de cette expédition et dans leur ville, qu'aurait été tenu le fameux propos que Plutarque attribue à César et qui dénote l'extrême ambition de cet homme qui ne voulait ni supérieur ni égal : « En traversant les monts des Alpes (dit
» Plutarque dans le style d'Amyot, son traducteur), César
» passa par une petite villette de barbares habitée de peu
» d'hommes pauvres et mal en point, là où ses familiers
» qui l'accompagnaient se prirent à demander, en riant

» murailles, au témoignage de Cicéron, ainsi dit comme *castrum mi-*
» *litare.* » (Bouche, *Histoire de Provence*, t. 1, p. 107.)

Le mot *castra* à même continué à être employé dans ce sens, pendant un assez grand nombre de siècles, notamment en Dauphiné, car on lit, dans le préambule d'une charte du cartulaire de saint Hugues : *Dedit episcopus illis hominibus* CASTRA *ad habitandum et terras ad laborandum.*

» entre eux, s'il y avait point de brigues pour les états et
» offices de la chose publique en cette ville-là, et s'il y
» avait point de débats et d'envie entre les principaux pour
» les honneurs d'icelle ; et César parlant à certes, répondit :
» Je ne sais pas cela ; mais, quant à moi, j'aimerais mieux
» être ici le premier que le second à Rome. »

Quoique Plutarque ne nomme pas cette villette, on peut néanmoins penser, avec les Briançonnais, dont leur compatriote Albert a exprimé l'opinion dans son *Histoire du diocèse d'Embrun*, t. 1, p. 240, que ce devait être Briançon qui était la principale petite ville qui se trouvait précisément sur la route de l'Italie dans la Gaule, au milieu des Centrons, des Graïocelles et des Caturiges, au pied du versant occidental du Mont-Genèvre, mont qui aurait aussi reçu le nom d'*Alpis Julia*, du prénom de César.

Telles sont, d'après les notions trop vagues et trop peu nombreuses que nous ont transmises les historiens, les principales idées qu'on peut se former du gouvernement et des institutions autonomes des habitants des Alpes Briançonnaises à ces époques anciennes ; et il y a même beaucoup plus de présomptions par vraisemblance ou par analogie, que de certitudes.

Pendant le long espace de temps qui s'est écoulé depuis le passage d'Annibal jusqu'au règne de l'empereur Néron, le Briançonnais, quoique ayant pu être occupé plusieurs fois temporairement par les armées qui l'ont traversé, a dû conserver ses institutions primitives autonomes, car il est demeuré indépendant ; il n'a point été converti alors en province romaine, ni même à l'époque de la soumission des Allobroges, après la victoire remportée sur ces derniers, au confluent du Rhône et de l'Isère, par Fabius Maximus, surnommé *Allobrox*, pour cet éclatant fait d'armes.

Chorier (*Histoire du Dauphiné*, t. 1, l. 3, §§ 18 et 19),

ainsi que quelques autres, disent qu'à la suite de cette bataille les montagnards se retirèrent dans leurs Alpes et ne furent pas soumis ; Ladoucette (*Histoire des Hautes-Alpes*, p. 20), dit aussi : « Les montagnards se retirèrent » chez eux ; mais on les ménageait ; ils ne furent pas ré- » duits en province : César le fait entendre au livre 1ᵉʳ de » ses Commentaires. »

Les Alpes Briançonnaises ne furent donc pas alors réduites en province comme le reste de l'Allobrogie. César ne parle pas de cette retraite des montagnards ; mais il ne les comprend, ni dans la province citérieure, ni dans la province ultérieure, lorsqu'en racontant sa traversée des Alpes, il explique qu'il est parvenu, en sept jours, d'*Ocellum* [1], extrémité de la province citérieure, aux confins des

---

[1] J'ai conservé, à dessein, le mot latin *Ocellum*, Ωκελον selon Strabon, et Οσηλλα selon Ptolémée, parce que l'on n'est pas d'accord sur le lieu ainsi nommé, lieu qui, d'après Strabon, était la fin de la terre de Cottius, *Cottiœ terrœ finis* ; d'après Ptolémée, était dans les Alpes cottiennes, Εν ταις Κοττιαις Αλπεσιν.... Οσηλλα ; et, d'après César, était l'extrémité de la province citérieure, *provinciæ citerioris extremum*. Il me semble résulter de ces trois indications, qui se confirment les unes par les autres, que, conformément à l'opinion de d'Anville et de Fortia d'Urban, ce ne peut être que *Usseau, Uxeau*, qu'on appelait jadis *Ussel, Uxel*, qui est nommé *Uscellum, Usellum*, dans des actes du moyen âge (Chartes 6 et 7 du cartulaire d'Oulx), et que le père Fournier, jésuite et annaliste du diocèse d'Embrun, nomme *Uxcelle* ; or, tous ces noms se rapprochent beaucoup d'*Ocellum*, surtout si l'on remarque qu'anciennement l'O et l'U se prononçaient souvent de la même manière.

Quant à la situation, Usseau se trouve précisément là où Strabon et César emplacent *Ocellum*, là où finissaient jadis les Etats de Cottius, du côté de l'Italie, à l'extrémité de la province citérieure, dans la vallée de Pragelas, qui dépendait de l'ancien Briançonnais.

Ocellum ne pouvait surtout, comme l'ont pensé quelques auteurs,

Voconces, extrémité de la province ultérieure : *Ab Ocello quod est provinciæ citerioris extremum, in fines Vocontiorum ulterioris provinciæ die septimo pervenit. (De Bello gallico, lib. 1 § 10.)*

Il résulte de cette explication qu'à cette époque les Romains n'avaient point encore incorporé dans leur république, comme provinces conquises, les nations alpines situées entre les confins des Voconces du côté de la France, et *Ocellum* du côté de l'Italie, ce qui est d'ailleurs rendu vraisemblable par les divers combats que César a été obligé de livrer pour se frayer une issue à travers ces nations belliqueuses et hostiles, s'opposant à son passage, qu'il aurait dû pouvoir effectuer sans résistance à travers des nations soumises et réduites en province ; et si, après quelques victoires peu décisives, ce général put parvenir à traverser les Alpes briançonnaises, il ne put néanmoins parvenir à les soumettre [1] ; aussi allons-nous voir, dans le chapitre sui-

---

être *Oulx* ou *Exilles*, lieux situés, non à l'extrémité, mais dans l'intérieur des Etats de Cottius, qui s'étendaient au delà et jusqu'à Suze inclusivement.

Au reste, que ce soit *Usseau*, *Oulx*, *Exilles*, *Vizille*, *Aquilée*, *Oneille* ou tout autre lieu, selon l'opinion très-variée des commentateurs, il n'en résulte pas moins, des explications de César, que la portion des Alpes qui s'étendait depuis les Voconces, du côté de la France, jusqu'à *Ocellum*, fin de la terre Cottienne, du côté de l'Italie (ce qui comprend tout le Briançonnais), ne faisait alors partie, ni de la province citérieure, ni de la province ultérieure ; si donc cette portion des Alpes ne faisait pas partie d'une province romaine, elle devait être indépendante.

[1] Telle est aussi l'opinion de Chorier, qui, dans son *Histoire du Dauphiné*, tom. I, p. 287, s'exprime ainsi : « Il (César) est fort exact à ra-
» conter dans ses Commentaires, avec toutes leurs particularités, les
» avantages qu'il a eus sur les peuples qu'il a combattus ; et puisqu'il
» ne dit autre chose de ceux-ci sinon qu'il les repoussa, il avoue assez
» qu'il n'en eut d'autre en cette occasion que d'avoir passé. »

vant, l'une de ces petites nations alpines continuer, nonobstant ces victoires, à former un petit Etat indépendant jusqu'aux premiers temps de l'empire.

Trop peu nombreux pour toujours vaincre, quoique assez courageux pour toujours résister, ces petits peuples des Hautes-Alpes ont constamment lutté contre Rome jusqu'aux temps de sa plus grande puissance. L'histoire les montre toujours en armes, toujours prêts à combattre, non pour envahir ou pour faire des conquêtes, mais pour défendre leurs pays, leurs foyers, sans cesse menacés de la domination romaine. Quelquefois vainqueurs, souvent vaincus, jamais soumis, ils se relèvent toujours avec le même courage, toujours aussi indomptés, toujours aussi redoutables. Sont-ils obligés de céder à la force du nombre, d'abandonner momentanément leurs foyers ? A l'instar des Athéniens qui, en présence de l'armée innombrable des Perses, se retirent dans leurs maisons de bois flottantes, dans leurs vaisseaux, ces montagnards se retirent dans leurs chalets supérieurs, dans ces maisons de bois *quasi* aériennes, dans ces aires d'aigle, à la cime de leurs montagnes glaciales, de leurs précipices les plus escarpés, les plus inaccessibles, jusqu'après le passage des flots des légions romaines qu'ils regardent rouler à leurs pieds comme les flots de ces torrents qui, grossis et enflés par les pluies d'orage ou par les fontes des neiges, dévastent et désolent trop souvent leurs hautes et malheureuses vallées, sans cependant pouvoir les envahir.

CHAPITRE II.

2ᵉ Epoque. — Royauté des Cottius.

> « La France était dans les fers, et il ne
> restait alors de liberté parmi les hom-
> mes que dans nos montagnes seulement. »
> (CHORIER, *Histoire du Dauphiné*, t. 1, liv.
> 6, § 7.)
>
> « Rex Cottius, perdomitis Galliis, solus,
> in angustiis latens, inviaque locorum
> asperitate confisus.... »
> (AMM.-MARCELL.)
>
> » Isolé................, mais resté
> » Debout dans sa montagne et dans sa volonté. »
> « Il avait...........
> » Un bourg dont il était Burgrave souverain,
> » Un château de bandit, un nid d'aigle, un repaire. »
> « Il........... repousse, d'un pied sûr,
> » L'échelle de l'Empire appliquée à son mur. »
> (V. HUGO.)

On arrivait alors à cette époque où Rome, à l'apogée de sa puissance, étendait sa domination presque jusqu'aux extrémités du monde connu. Vainement toutes les Gaules avaient longtemps et courageusement résisté : elles étaient toutes soumises. Toutes les Alpes elles-mêmes s'étaient abaissées sous le joug de la domination romaine ; toutes..., excepté les Alpes briançonnaises ou cottiennes qui, seules, avaient pu maintenir leur indépendance. La liberté n'avait conservé, à la cime des Alpes, en quelque sorte, qu'un point brillant, qu'un phare dont la base ne dépassait pas les petits Etats de Cottius, le territoire Briançonnais.

Vainement aussi l'aigle romaine avait tenté d'attaquer l'aigle des Alpes et de l'assaillir jusque dans son aire : elle n'avait eu le vol ni assez haut ni assez puissant, pour pouvoir atteindre à la sommité de ces montagnes qui, par les difficultés et les dangers de leurs accès raides et escarpés, de leurs défilés étroits, de leurs précipices ardus, terrifiaient l'imagination et faisaient frémir, dit Ammien-Marcellin, à l'idée que le soldat romain pût y être exposé : *Terrebant nos tamen cum dicerentur hæc et similia circum frementis undique murmura causantis inopiam militis et rapida celeritate ardentis angustias Alpium perrumpere Cottiarum (Annal., lib. XV)*; et l'épée romaine, cette épée qui avait brisé le glaive des Gaulois, brisé le glaive des Allobroges, était venue, sinon se rompre, du moins s'émousser et fléchir contre les rocs et les glaces de ces Alpes ; et tandis que Auguste s'asseyait et siégeait triomphalement à Rome, sur le trône de l'empire du monde, un petit prince briançonnais, le roi Cottius, perchait et siégeait aussi fièrement en face de lui sur son trône abrupt et presque inaccessible des Alpes briançonnaises,

« .... Repoussant, d'un pied sûr,
» L'échelle de l'Empire appliquée à son mur. »

Aussi l'historien du diocèse d'Embrun, le curé Albert, qui était Briançonnais, a bien soin de faire remarquer, avec son amour-propre national, qu'*Auguste n'a pas fait la conquête du Briançonnais* ; et il ajoute même :
« Jules César, et Auguste son neveu, qui s'étaient rendus
» maîtres des Gaules, et qui avaient conquis le reste des
» Alpes, ne purent pas faire la conquête du Briançonnais
» ou des Alpes cottiennes dont Cottius était roi. Celui-ci,
» tout petit souverain qu'il était, tant pour le revenu que
» pour le peu de troupes qu'il pouvait mettre sur pied, fut

» cependant assez fort pour les en empêcher ; il eut soin
» de faire bien garder les pas et les défilés des montagnes
» par où les armées romaines voulaient passer, de sorte
» qu'ils furent obligés de traiter avec lui pour l'engager à
» leur donner passage. Auguste accorda à son pays le droit
» de municipauté en l'associant à l'empire, en donnant à
» ses habitants tous les droits et prérogatives des citoyens
» romains. » (*Histoire du diocèse d'Embrun*, tom. I,
pp. 39 et 216.)

Chorier, en son *Histoire du Dauphiné*, tom. I, liv. VI,
§ 5, parle de Cottius et des Alpes cottiennes en ces termes :

« Cottius y régnait, et César (Auguste) avait inutilement
» tenté plusieurs fois de l'emporter par la force. La ville de
» Suze était la capitale de son Etat, et douze petites pro-
» vinces en dépendaient ; il s'étendait du mont de Vix jus-
» ques au Mont-Cénis, et de Suze jusqu'à Rame.....

» Octavius ayant perdu l'espérance de le mettre au nom-
» bre de ses sujets, lui fit pressentir adroitement qu'il le
» recevrait avec joie en celui de ses amis, et Cottius, qui
» était un prince judicieux, n'eut garde de refuser cet
» honneur.

» César le prit en sa protection contre les autres peuples
» des Alpes, qui ne pouvaient manquer de l'accuser de lâ-
» cheté et de trahison. Ce qui l'obligea principalement à
» s'accommoder fut que les Romains avaient déjà pris sur lui
» la ville de Suze, qui était le chef de son royaume, et
» qu'ayant avancé leurs conquêtes dans les Alpes, ils
» avaient même bâti, dans son pays, un temple à Mars,
» pour l'intéresser à leurs desseins. Suze lui fut rendue
» par ce traité ; et, depuis, elle devint plus illustre qu'elle
» n'avait jamais été, par le trophée qui y fut érigé à la gloire
» d'Auguste, quelques années après, et par le superbe mo-
» nument qui y fut élevé sur les cendres de Cottius. »

Guy-Allard, en son Dictionnaire manuscrit, mot *Cottius*, reproduit en partie ce récit de Chorier, et y ajoute :

« César tenta longtemps inutilement de le mettre dans
» son parti ; Lépide fit aussi de vains efforts pour se l'atti-
» rer ; mais Octave le persuada si bien, qu'il le mit au nom-
» bre des alliés du peuple romain. »

Chorier, Guy-Allard, Albert, et quelques autres écrivains modernes, me paraissent avoir un peu amplifié les récits des anciens ; cependant il résulte de la comparaison de ces récits et de quelques antiques inscriptions, que l'on peut considérer les Alpes briançonnaises, à l'époque du commencement de l'empire romain, comme formant un petit Etat particulier, composé (ainsi que la plupart des peuplades gauloises, divisées en douze cantons[1]) de douze cités (*cottianæ civitates duodecim*, selon Pline), sous l'autorité du roi Cottius qui, par sa courageuse résistance aux Romains, a longtemps maintenu son indépendance, et a illustré son nom, qui a été donné à ces Alpes[2], nom qui a été ensuite étendu, sous le règne de l'empereur Justinien, à toute la partie méridionale de ces montagnes jusqu'à la mer, y compris Gênes et la Ligurie.

Ces douze cités n'étaient-elles pas douze anciennes petites peuplades allobrogo-alpines, réunies sous l'autorité de leur principal chef ? Ces cités, pour défendre leur indépendance ou leur liberté, ne s'étaient-elles pas unies et fédérées sous un chef commun (Cottius), par le sentiment de la nécessité d'une union qui pût opposer une résistance

---

[1] *Recherches sur les Gaulois et les Belges*, par H.-G. Moke, professeur de l'Académie de Gand.

[2] *Alpes sui nominis* (Dion-Cassius, lib. L.).—*Alpes cottiæ dicuntur quæ sic a Cottio rege appellatæ sunt* (Paul Diac., *De gestis Langob.*, lib. II, cap. XVI.)

plus efficace aux attaques des Romains ? C'est ce qu'on est naturellement porté à induire des circonstances historiques. Mais il paraît que ce chef, Cottius, était un prince, un roi, investi alors d'une souveraineté viagère et même héréditaire, ce qui serait contraire à ce que Strabon, César et quelques autres écrivains nous ont appris sur le gouvernement des anciennes peuplades des Gaules et de l'Allobrogie. Comment s'est effectué ce changement d'une autorité élective et annuelle en une autorité héréditaire ou au moins viagère ; ou bien, le gouvernement des Alpes cottiennes avait-il un roi comme celui de quelques-unes des peuplades gauloises ? L'histoire est muette à ce sujet ; mais elle ne l'est point quant à l'indépendance des cités cottiennes et à l'alliance de Cottius avec Auguste.

Après la soumission des Gaules, dit Ammien-Marcellin, le roi Cottius était resté seul indépendant, se cachant dans ses défilés et se confiant à l'aspérité inaccessible des lieux ; cependant, s'étant un peu radouci, il fut reçu en l'amitié du prince Auguste ; et, attiré ou introduit dans la société de la chose romaine, il procura à sa nation une tranquillité sempiternelle : *Rex Cottius, perdomitis Galliis, solus, in angustiis latens, inviaque locorum asperitate confisus, lenito tandem tumore (tacito tamen timore,* selon quelques éditions), *in amicitiam Octaviani receptus principis... ascitus in societatem rei romanæ, quietem genti præstitit sempiternam.*

A cette époque, les Alpes cottiennes étaient encore d'un accès très-difficile du côté de l'Italie ; Ammien-Marcellin donne assez de détails sur les difficultés de cet accès, et il ajoute que Cottius fit exécuter de grands travaux pour améliorer les chemins et les rendre praticables.

Strabon, Pline, Dion Cassius, Suétone et plusieurs autres auteurs anciens parlent aussi du royaume de Cottius ;

ce qui indique que, tout petit qu'il était, il avait sa célébrité, son importance politique ; Suze en était la capitale, et il s'étendait de là jusqu'à Embrun, où il commençait : *ab Eberoduno Cottii regnum oritur*, dit le traducteur de Strabon. En comparant les divers écrivains ou documents anciens, où il est fait mention des limites ou de l'étendue des Etats de Cottius, on voit que ces Etats comprenaient la partie des Alpes qui s'étend du Mont-Cénis au mont Viso et de Suze à Embrun, ou, plus exactement peut-être, de Suze à Rame[1], d'où l'Itinéraire de Jérusalem fait commencer les Alpes cottiennes : *inde incipiunt Alpes cottiæ ;* ce sont à peu près les mêmes limites que celles qu'avait la ci-devant province briançonnaise avant son démembrement par le traité d'Utrecht.

Honoré Bouche, dans son *Histoire de Provence*, dit que les douze cités cottiennes étaient les vallées de Grana, Vraite, Gilde, Isase, Pau, Angrogne, Pragelas-et-Luzerne, Pérouse, Suze, Lans, Melon et Pont. Ces noms semblent s'appliquer à quelques vallées du haut Piémont et exclure plusieurs des vallées briançonnaises, qui toutes ou presque toutes sont comprises dans les limites que les auteurs assignent au royaume de Cottius. Bouche ne fait pas connaître pourquoi il compose ainsi ce royaume.

Le curé Albert dit, au contraire, sans autre autorité que celle d'un annaliste antérieur (le Père Bérard, jésuite) : « Le pays de Cottius consistait à douze cités, c'est-à-dire, » à douze communautés qui se trouvaient depuis Rame jus- » qu'à Suze, qui étaient Suze, Exilles, Oulx, Bardones-

---

[1] La ville ou bourgade de Rame, qui n'existe plus aujourd'hui, était située près des mines d'argent de l'Argentière, ainsi que l'apprennent des titres du XIIIe siècle.

» che, Névache, La Salle, le Monestier, Briançon, Val-
» louise, Saint-Martin, Césane et le Mont-Genèvre; les
» communautés de Servières, des Grands-Villards, du Puy-
» Saint-Pierre et du Puy-Saint-André, dépendaient alors de
» la cité de Briançon et ne faisaient avec elle qu'une seule
» communauté; de même que La Salle et Saint-Chaffrey
» n'en faisaient qu'une. » (*Histoire du diocèse d'Embrun*,
tom. I, pag. 216.)

Ladoucette, après avoir émis la même opinion, quoique un peu dubitativement, ne l'a pas reproduite dans la troisième édition de son *Histoire des Hautes-Alpes*.

Si la désignation de ces cités, telles que les nomme le curé Albert, n'est appuyée sur aucun document historique, je la préfère néanmoins à celle de Bouche, parce qu'elle s'applique à des communautés qui s'emplacent beaucoup mieux dans les limites des Etats de Cottius, quoiqu'il soit douteux que tous les chefs-lieux de ces communautés correspondent exactement à ceux des cités cottiennes.

Mais que ce soient ou non ces douze cités ainsi divisées ou composées, c'est du moins leur territoire qui formait, en grande partie, les Etats de Cottius, et, par conséquent, ses douze cités; je pense même qu'il faudrait y ajouter la vallée de Queyras ou du Guil, qui est entre le mont Viso, Embrun et le Mont-Cénis, ainsi que la vallée la plus méridionale du Briançonnais, où était anciennement la ville de Rame. Quant à Briançon, il était, sans nul doute, dans les Alpes cottiennes, selon la Table de Peutinger, *Brigantione in Alpe cottia*, et Ptolémée y place même des Caturiges.

Enfin, le village du Mont-Genèvre était bien aussi une de ces cités, puisqu'on y a trouvé une pierre ou un terme antique portant l'inscription CIV. PRIM. (CIVITAS PRIMA), terme qui a été transporté au musée de Gap.

Le roi Cottius et son fils rendirent de grands services à

Auguste, qui les employa à soumettre plusieurs peuplades des Alpes qui s'étaient soulevées ; et, en récompense, cet empereur les autorisa à prendre son prénom *Julius*, comme l'ont dit quelques écrivains modernes, et comme on peut être autorisé à le présumer, d'après l'inscription de l'arc de triomphe de Suze, et d'après une autre inscription trouvée dans la même ville et publiée par Ladoucette, dans lesquelles on lit M. JULIUS COTTIUS ; cependant ne pourrait-on pas penser, au contraire, que ce fut pour plaire à cet empereur, ou pour le flatter, que les Cottius auraient pris ce prénom, à supposer qu'ils ne l'eussent pas eu antérieurement?

Ces mêmes écrivains disent encore qu'Auguste accorda aux Etats de Cottius les droits de latinité et de cité romaine ou de *municipe*; c'est ce qui devait résulter de leur association à l'empire, et ce qui sera d'ailleurs établi ci-après, avec l'autorité de Pline et de plusieurs inscriptions antiques.

Mais une des principales faveurs accordées par Auguste à Cottius, ou plutôt au fils de Cottius, ce fut la dignité de préfet des peuples qu'il avait soumis. Celui-ci, soit en reconnaissance de cette faveur, soit pour illustrer et perpétuer le souvenir de ses succès militaires, fit élever dans Suze, sa ville capitale, un arc de triomphe en l'honneur d'Auguste, arc de triomphe qui existe encore et sur lequel est une inscription rappelant les noms des peuples vaincus. Voici le texte de cette inscription, qui prouve que Cottius fils avait le prénom de *Jules*, *Julius*, et le titre de *préfet*, *præfectus*.

IMP. CAESARI AUGUSTO, DIVI F. PONTIFICI MAXUMO, TRIBUNIT. POTESTATE XV. IMP. XIII. M. JULIUS REGIS DONNI F. COTTIUS, PRAEFECTUS CIVITATUM QUAE SUBSCRIPTAE SUNT : SEGOVIORUM, SEGUSIANORUM, BELUCORUM, CATURI-

GUM, MEDULLORUM, TEBARIORUM, ADANATIUM, SAVINCA-
TIUM, EDINIARUM, VEAMINIORUM, JEMIRIORUM, VESUBIA-
NORUM, OVADIATIUM, ET CIVITATES QUAE SUB EO PRAEFECTO
FUERUNT.

Ces premières expressions : *A l'empereur César Auguste...., M. Julius Cottius, fils de roi, préfet des cités sous-inscrites....*, n'indiquent-elles pas que ce fut Cottius fils qui fit élever ce monument en l'honneur d'Auguste, et non cet empereur, comme l'ont écrit quelques auteurs modernes ?

Sous les empereurs suivants, Cottius fils demeura constamment fidèle à l'alliance des Romains ; les Etats que son père lui avait laissés, furent augmentés par l'empereur Claude, qui lui donna le titre de *roi*, βασιλευς, titre qui, selon Dion Cassius, liv. 50, ne lui avait point encore été donné auparavant : *M. Julio Cottio paternum principatum quem ad Alpes sui nominis habebat, adauxit, tunc primum eum regem appellans*. On voit que Dion Cassius donne également le prénom de Jules à Cottius fils.

« L'empereur Claude, dit Chorier, rentra en Italie par
» les Alpes, ayant suivi la route ordinaire qui conduisait
» au Mont-Genèvre ; mais, pour n'y pas trouver de la résis-
» tance dans les Etats de Jules Cottius, il se l'assura par
» sa libéralité et par les honneurs dont il le combla. Il ajouta
» à son pays certains endroits des pays voisins, qui l'accom-
» modaient, étant à sa bienséance ; et, afin qu'il les possé-
» dât avec plus de dignité, il l'honora du titre de roi. »
(*Hist. du Dauphiné*, tom. I, liv. VI, § 13.)

Pourquoi Dion Cassius prétend-il que Cottius fils n'avait pas été appelé *roi* auparavant, et ne donne-t-il aux Etats du père que le titre de *principauté, paternum principatum ?* Cependant Cottius père était roi ; Ammien-Marcellin l'appelle *roi Cottius*, *rex Cottius*[1] ; l'inscription précitée lui donne le même titre : M. JVL. COTT. REG..., *M. Jules Cottius roi;* à la vérité, elle pourrait n'être relative qu'à Cottius fils, postérieurement à la collation de la dignité royale par l'empereur Claude, mais l'inscription de l'arc de triomphe ne permet aucun doute sur la qualité de Cottius père ; on y lit formellement : *M. Julius regis domni F. Cottius*, M. Jules Cottius, fils de seigneur roi.

Pourquoi donc Cottius fils ne prend-il lui-même que le titre de fils de roi ou le titre de préfet ? Son père était-il vivant à cette époque, et ne lui avait-il pas encore succédé ? Mais, lors du passage de Claude, Cottius père était mort, Cottius fils était son successeur; pourquoi donc n'avait-il pas été appelé roi avant ce passage ?

Serait-ce parce que les Romains n'auraient point voulu d'abord reconnaître la royauté de Cottius ? Mais le récit d'Ammien-Marcellin et l'inscription de l'arc de triomphe prouvent le contraire. Serait-ce parce qu'il était d'usage, chez les Romains, de désigner les chefs des petits Etats de la Gaule par le mot *rex*, quoiqu'ils ne fussent pas rois ? Serait-ce parce que, dans la plupart de ces Etats, la royauté n'était que temporaire, viagère, et souvent même annuelle ? Cependant Cottius fils avait succédé à la principauté, à la royauté de son père, royauté qui était donc héréditaire.

Cette différence de dignité, de titre, entre le père et le

---

[1] « Cette manière de nommer les principaux chefs gaulois (*rex*) a toujours été en usage chez les Romains. César nous l'apprend ; et, pour ne point en chercher des exemples hors de notre pays, nous citerons Cottius, un des premiers chefs des Alpes cottiennes, qualifié de roi par les auteurs, quoiqu'il n'ait jamais porté ce titre qu'obtint plus tard de l'empereur Claude son fils Jules Cottius. (Pilot, *Antiquités du Dauphiné.*)

fils ne proviendrait-elle pas plutôt de ce que ce dernier aurait négligé, jusqu'au passage de l'empereur, de se faire reconnaître personnellement comme roi, parce que, si Auguste avait reconnu Cottius père comme roi ami et allié des Romains, ce titre n'était point héréditaire[1], en sorte qu'à la mort de son père, Cottius fils n'aurait pu continuer à gouverner ses Etats qu'avec son titre de prince. C'est probablement ce que Chorier a voulu dire lorsque, à la suite du passage précité, il ajoute : « Le grand Cottius qui avait
» traité avec Auguste, étant mort, celui-ci, qui était son
» fils, lui avait succédé ; et, quoique son père et lui fus-
» sent véritablement rois, il ne fut reconnu tel qu'en cette
» occasion. »

L'inscription de l'arc de triomphe de Suze rappelle qu'il a été élevé la treizième année de l'avénement d'Auguste à l'empire ; mais, l'année suivante, il en fut élevé, en son honneur, un autre beaucoup plus célèbre, connu sous la désignation de *Trophée des Alpes*, sur lequel furent inscrits les noms des peuplades alpines qu'il avait réduites sous la domination de l'empire romain[2]. Voici, d'après Pline, le texte de cette inscription, qui fournit une preuve de l'admission des cités cottiennes au municipe romain :

---

[1] Voir *La République romaine*, par Beaufort, et les autorités qu'il cite.

[2] Ce trophée n'existe plus, et l'on n'est pas même bien certain aujourd'hui du lieu où il a été élevé; cependant on pense généralement que c'est près de Monaco, sur la montagne de la Turbie, où l'on aperçoit encore quelques ruines, et où l'on a trouvé un morceau de pierre que l'on croit être un fragment de l'inscription (Bouche, *Histoire de Provence*, tom. I, pag. 99) ; cette opinion semblerait confirmée par la découverte récemment faite dans les murs d'une maison de la Turbie, de plusieurs pierres qui seraient d'autres fragments de cette inscription. (*Magasin pittoresque*, 21e année, mars 1853, pag. 77.)

IMPERATORI CAESARI DIVI F. AUG. PONTIFICI MAXUMO IMP. XIIII, TRIBUNITIAE POTESTATIS XVII, S. P. Q. R. QUOD EJUS DUCTU AUSPICIISQUE GENTES ALPINAE OMNES QUAE A MARI SUPERO AD INFERUM PERTINEBANT SUB IMPERIUM POP. ROM. SUNT REDACTAE GENTES ALPINAE DEVICTAE : TRIUM-PILINI, CAMUNI, VENOSTES, VERMONETES, ISARNI, BRENNI, GENAUNES, FOCUNATES : VINDELICORUM GENTES QUATUOR, CONSUANETES, RUCINATES, LICATES, CATENATES : AMBISON-TES, RUGUSCI, SUANETES, CALUCONES, BRIXENTES, LEPON-TII, VIBERI, NANTUATES, SEDUNI, VERAGRI, SALACI, ACI-TAVONES, MEDULLI, UCENI, CATURIGES, BRIGIANI, SOGON-TII, BRADIONTII, NEMOLANI, EDENATES, ESUBIANI, VEAMINI, GALLITE, TRIULATTI, ECTENI, VERGUNNI, EGUITURI, NEMEN-TURI, ORATELLI, VERUSI, VELANNI, SUETRI.

NON SUNT ADJECTAE COTTIANAE CIVITATES XII QUAE NON FUERUNT HOSTI-LES : ITEM ADTRIBUTAE MUNICIPIIS LEGE POMPEIA.

Cette inscription mentionne d'abord qu'elle contient les noms des nations alpines qui ont été réduites sous l'empire du peuple romain jusqu'à la quatorzième année du règne d'Auguste; *n'ont pas été ajoutées*, est-il dit ensuite, *les douze cités cottiennes qui n'ont pas été hostiles, de même que celles attribuées aux municipes par la loi Pompéia.*

On a imprimé en caractères différents la phrase : *Non sunt adjectœ....*, qui suit immédiatement les noms des peuples soumis, parce que les savants ne s'accordent pas sur le point de savoir si elle fait partie de l'inscription, ou si, comme cela paraît plus probable, elle n'est qu'une ob-servation de l'historien; mais, soit qu'elle fasse partie de l'inscription, soit qu'elle émane de Pline, il en résulte suf-fisamment la preuve que les Etats de Cottius étaient dis-tincts des pays soumis à l'empire romain, et même qu'ils formaient des cités attribuées aux municipes.

Cependant, les dernières expressions : *item attributæ municipiis lege Pompeia*, ont également donné lieu à des controverses et à des explications différentes : les uns, les rapportant aux cités cottiennes, ont traduit ainsi : *les cités cottiennes attribuées aux municipes par la loi Pompéia*, traduction qui ne laisserait aucun doute sur la qualité municipale de ces cités; les autres ont pensé, au contraire, qu'on devait traduire de la manière suivante : *n'ont pas été ajoutées les cités cottiennes qui n'ont pas été hostiles, ni les cités qui ont été attribuées aux municipes par la loi Pompéia.*

Mais, dût-on adopter cette dernière interprétation, on trouverait encore dans Pline des indications suffisantes pour prouver que les cités cottiennes étaient des cités municipes; cet historien ajoute, en effet : *in eodem Alpium tractu sunt præterea* LATIO DONATI INCOLÆ, UT *Octodurenses, et finitimi centrones,* COTTIANÆ CIVITATES. Ces mots *latio donati* n'indiqueraient, à la vérité, que le droit de latinité; mais ce droit, qui fait déjà présumer ce municipe, en confirme l'existence lorsque l'auteur le joint au mot *civitates* dont il ne se sert que pour désigner les peuples ayant droit de cité à Rome, dans un chapitre spécialement affecté à distinguer les diverses espèces de droit (droit italique, droit de latinité, droit de cité et autres), dont étaient les pays qu'il énumère.

La qualité de *municipes* résulterait encore, au besoin, en faveur des cités cottiennes, de ce que, d'après Ammien-Marcellin, elles avaient été reçues dans l'amitié et la société du peuple romain, *in amicitiam...., in societatem rei romanæ.*

Aussi, le curé Albert n'hésite pas à dire :

« Ces douze communautés furent donc mises au nombre
» des pays municipaux, parce qu'elles n'avaient pas été

» conquises par les Romains ; leurs priviléges étaient que
» les habitants seraient regardés comme alliés des Romains;
» qu'ils se gouverneraient par leurs propres lois et suivant
» leurs coutumes ; qu'ils n'auraient d'autres magistrats que
» ceux qu'ils se choisiraient, savoir : deux consuls et un
» quêteur, c'est-à-dire, un receveur des deniers publics ;
» qu'ils jouiraient du droit de latinité, et qu'ils pourraient
» exercer toutes les charges et les emplois de la républi-
» que romaine, comme s'ils étaient natifs de Rome même.
» Ainsi, ce pays eut ses préfets, ses présidents et ses
» cohortes, c'est-à-dire ses troupes particulières. » (*Hist.
du diocèse d'Embrun*, tom. I, pag. 216, 217.)

Il dit encore (pag. 239) : « Briançon fut, sous les pre-
» miers empereurs romains, une ville municipale qui
» jouissait du droit de latinité et de tous les priviléges des
» citoyens de la capitale de l'empire. »

Bouche dit aussi : « Puisque ces douze vallées, sous le
» domaine du roi Cottius reçu en l'amitié et l'alliance des
» Romains, n'étaient point ennemies ni subjuguées, elles
» ne furent point marquées en cette inscription ; mais elles
» furent censées entre les municipes et confédérées à la
» ville de Rome. » *Histoire de Provence*, tom. I,
pag. 110.)

Au reste, si les expressions de Pline et d'Ammien-Marcellin pouvaient laisser quelques doutes sur le point de
savoir si les cités briançonnaises, et notamment la cité de
Briançon, ont été des cités municipes, ces doutes seraient
complétement levés par une belle inscription en marbre
blanc (large de deux pieds six pouces et demi, haute de
deux pieds deux pouces et un quart, selon les mesures
données par Ladoucette), qu'un duumvir avait fait placer
au-dessus de la porte du château de Briançon, d'où elle a

été enlevée pour être transférée au Musée de Gap[1]. Les Briançonnais ont beaucoup regretté l'enlèvement de cette inscription, qu'ils considéraient, à tort ou à raison, comme un monument de l'ancienneté de leur gloire et de leur indépendance militaires; celui qui l'a fait enlever ne se doutait pas qu'en en publiant le texte, il leur ferait regretter une preuve authentique de l'ancienneté de leurs institutions municipales.

Cette inscription, qui a été publiée par Ladoucette et par Millin, mentionne deux fonctions municipales, et nous apprend que Parridius a été questeur et duumvir du municipe *brigantien* (briançonnais)[2]; elle nous apprend, par conséquent, non-seulement que Briançon (qui devait être une cité cottienne) a été un municipe, mais encore que le municipe brigantien a eu des duumvirs et des questeurs ; en voici le texte :

V. F.
T. PARRIDIVS. PARRIONS
FIL. QVIR GRATVS. QVAEST.
IIVIR MVNIC. BRIGANTIEN
SIBI. ET. PARRIONI. EXCINGI. F. PATRI
VENNAE. NEMATEVI. F. MATRI
SOLITAE. SORORI. V. ADNEMAE. SOROR
VTITTONIA. TITTONIS. F. TERTIEVXOR.
VT. PARRIDIO. INGENVO. FILIO
V. PARRIDIAE. GRATAE. FILIAE.

---

[1] Elle est actuellement plaquée sur une muraille dans le jardin qui précède le palais épiscopal.

[2] M. Ladoucette avait prétendu que Parridius était gouverneur du château de Briançon sous Auguste, tandis que, d'après l'inscription, il n'était que fonctionnaire municipal. C'est une erreur que je lui ai fait reconnaître et qu'il a corrigée dans sa 3ᵉ édition. Mais il en fait toujours un contemporain d'Auguste sans en fournir la preuve.

Ce document est une preuve authentique et incontestable de l'antique existence du municipe briançonnais, avec *droit italique*, *jus italicum*[1], c'est-à-dire, avec le droit municipal le plus privilégié.

« Quand on trouvera des magistrats désignés par les ti-
» tres de curiales, *duumvirs*, municipaux, défenseurs de
» la cité...., on aimera à se souvenir que ces magistratures
» municipales étaient les restes identiques des institutions
» romaines, » a dit Raynouard ; et cependant, soit que cette inscription n'ait pas été publiée avant son *Histoire des communes de France*, soit que cet historien ne l'ait pas connue, il omet de faire figurer le municipe de Briançon parmi ceux dont la preuve est spécialement établie par les monuments et les inscriptions, qu'il considère avec juste raison comme les témoignages les moins suspects et les plus certains[2].

On a cru apercevoir une contradiction entre l'inscription du trophée des Alpes, qui comprend les *Brigiani* parmi les peuples vaincus, et la phrase : *non sunt adjectæ cottianæ civitates quæ non fuerunt hostiles*.

Comme il est certain que, du temps d'Auguste, le Briançonnais formait encore, sous l'autorité du roi Cottius, un petit Etat indépendant et distinct, quoique allié de l'empire

---

[1] « Quand, dans les inscriptions d'une ville provinciale, on trouve
» le titre d'une magistrature italique, du duumvirat, par exemple,
» je regarde cette circonstance comme une trace certaine du *jus itali-*
» *cum*. » (De Savigny, *Histoire du droit romain au moyen âge.*)

On a aussi trouvé à Embrun une inscription mentionnant un décurion duumvir (DEC. IIVIR.); mais le municipe embrunais était-il un municipe de peuple allié ou un municipe de peuple soumis? N'a-t-il pas été accordé ou imposé lors de la formation de la province des Alpes maritimes, dont Embrun était la capitale?

[2] Cette omission a été réparée par Fauriel dans son *Histoire de la Gaule méridionale*, tom. I, p. 367, note.

romain; comme, d'ailleurs, il est impossible de ne pas admettre, avec tous les auteurs, avec les Itinéraires d'Antonin et de Jérusalem, et surtout avec cette indication très-précise de la Table de Peutinger, *Brigantione in Alpe Cottia*, que Briançon était dans les Alpes cottiennes, plusieurs écrivains ont cru, et il est naturel de croire avec eux, que le mot *Brigiani* du trophée des Alpes ne devait pas, ne pouvait pas désigner les Briançonnais ; et, cherchant alors une autre signification à ce mot, ils ont pensé qu'il devait désigner ou les Brixiens des Alpes rhétiennes dont la capitale est appelée *Brixia* par Tite-Live, Pline, Catulle....., (mais les *Brixentes* sont nommés dans l'inscription, indépendamment des *Brigiani*), ou les habitants de *Bréziers* ou ceux de *Brégéis* sur le col de l'Argentière, ou enfin (ce qui paraît plus probable), ceux de *Brigues*, proche de Tende.

Au reste, quoiqu'on ne puisse douter que Briançon était dans les Alpes cottiennes, dans les Etats de Cottius, qui n'ont été réunis à l'empire et réduits en province qu'après la mort de Cottius fils, par l'empereur Néron, et, par conséquent, longtemps après la construction du trophée des Alpes, dont l'inscription est datée de la quatorzième année du règne d'Auguste, ne pourrait-il pas se faire que l'auteur de cette inscription (s'il a voulu désigner les Briançonnais par le mot *Brigiani*), l'ait fait par vanité en considérant l'alliance de Cottius comme une soumission, ou bien encore par erreur, erreur d'autant plus facile à commettre qu'il a pu ne pas distinguer parfaitement ces très-nombreuses petites peuplades alpines de noms différents ?

Ainsi, pendant que toutes les Gaules, l'Allobrogie et la majeure partie des Alpes étaient sous la domination romaine et réduites en provinces conquises, le Briançonnais, dont le territoire correspond à peu près aux Alpes de Cottius, a continué, jusqu'au règne de Néron, à constituer un petit Etat indépendant (royaume ou principauté) sous l'autorité d'un chef qui avait le titre de prince ou de roi.

On peut donc conclure de tout ce qui précède, que, depuis le règne de l'empereur Auguste jusqu'à celui de l'empereur Néron, les institutions briançonnaises ont consisté en un régime monarchique à la tête duquel a été, pendant quelque temps, un roi juste et modéré, *Cottius justo moderamine rexerat suos* (Ammien-Marcellin, *Annales*, lib. XV), et en un régime municipal qui était le municipe, *municipium*, des Romains; et si, comme le pensent quelques auteurs, les expressions *adtributæ municipiis lege Pompeia* se rapportent aux mots *cottianæ civitates*, il en résulterait que le régime municipal des cités cottiennes aurait même précédé le règne d'Auguste d'environ un demi-siècle, puisqu'il leur aurait été accordé par la loi *Pompeia* que les uns attribuent au consul *Cn. Pompeius Strabo*, père du grand Pompée et consul en l'an de Rome 663, et les autres à *Q. Pompeius Rufus*, qui a été consul l'année suivante[1]. Cependant, je ne pense pas que le municipe des Briançonnais soit antérieur à l'alliance de Cottius avec Auguste, car il me paraît peu vraisemblable que les Romains aient accordé le droit de municipe aux peuples des Alpes cottiennes, à une époque où ces peuples n'étaient, ni soumis, ni alliés, à une époque où ils résistaient encore à la puissance romaine.

---

[1] Beaufort, *République romaine*.

CHAPITRE III.

Du Municipe.

> « Le système municipal des Romains était
> conçu sur de tout autres idées et sur des idées
> plus simples et plus larges que celles aujour-
> d'hui généralement accréditées à ce sujet. »
>
> FAURIEL.

Pour pouvoir se former des idées un peu justes de l'état municipal des cités briançonnaises, après qu'elles sont devenues cités municipes, il convient de rappeler quels étaient les droits particuliers que Rome reconnaissait ou accordait aux cités municipes, ainsi que l'organisation et les attributions du municipe.

On appelait *cités municipes* celles dont les citoyens jouissaient des prérogatives attachées à la qualité de citoyen romain : *Municipes appellantur recepti in civitate* (l. 1, § 1, P., *Ad Municip.*). Ces prérogatives étaient différentes selon que le droit de municipe était accordé à des peuples soumis, *dedititii* ; à des peuples libres, *liberi* ; à des peuples alliés ou amis, *socii, fœderati, amici*[1]. Les peuples,

---

[1] Ces différences ont surtout été très-marquées dans les contrées qui ont formé plus tard la ci-devant province de Dauphiné : ainsi « tandis que les Allobroges, pour avoir défendu leur indépendance avec courage, étaient traités en nation conquise dans toute la rigueur du terme, de grands priviléges furent octroyés aux Cavares, dont la

alliés et amis comme l'étaient ceux des cités cottiennes, étaient beaucoup plus favorisés que les autres ; leurs citoyens étaient de véritables municipes, citoyens romains, faisant en quelque sorte partie du peuple romain, et conservant néanmoins leurs droits et leurs lois : *Municipes* (dit Godefroy, d'après Aulu-Gelle, sur la loi précitée) *proprie sunt cives romani ex municipiis, suo jure et legibus utentes*[1].

Les véritables municipes, qui n'étaient pas romains d'origine, acquéraient la nationalité romaine sans perdre leur nationalité originaire ; c'est pourquoi Cicéron fait remarquer qu'ils avaient deux patries, l'une de nature, l'autre de cité : *Omnibus municipibus duas esse censeo patrias ; unam naturæ, alteram civitatis ; ut ille Cato, cum esset Tus-*

» résistance avait été faible ou nulle ; et les Voconces, sous le nom de
» fédérés, eurent la liberté de conserver leurs anciennes coutumes.
» *Vocontiorum civitates fœderatæ*, Plin., lib. 3, cap. 5. » (Amédée Thierry, *Histoire des Gaulois*, tom. II, part. 2, chap. 2.)

[1] « Il y eut aussi, en Gaule, des cités libres et des cités fédérées......;
» elles étaient qualifiées de libres, et jouissaient d'une autonomie plus
» ou moins complète. » (Am. Thierry, *Des formes de la commune dans les diverses provinces de l'empire romain sous les premiers Césars*.)

Il y en eut même en Germanie, notamment chez les Mattiaques et chez les Cattes ou Hessois. Autrefois, dit Tacite, le peuple des Cattes est devenu partie de l'empire romain ; il tient à honneur insigne cette antique société. Il n'est soumis ni à un tribut avilissant, ni aux poursuites d'un collecteur d'impôts. Exempt de toutes charges et contributions, et simple auxiliaire militaire uniquement destiné aux combats, il est réservé pour la guerre comme des traits et des armes : *Cattorum quondam populus....... in eas sedes transgressus, in quibus pars romani imperii fierent. Manet honos et antiquæ societatis insigne : nam nec tributis contemnuntur, nec publicanus atterit : exempti oneribus et collationibus, et tantum in usum prœliorum sepositi, velut tela atque arma, bellis reservantur.* (Tacit., *Germania*, § XXIX.)

culi natus, in populi romani civitatem receptus est[1].
Ils pouvaient parvenir à toutes les dignités de leur patrie d'origine et de la patrie qui les avait adoptés ; l'histoire en fournit de nombreux exemples dont quelques-uns remontent même aux temps de la république ; César, selon Suétone (*C. J. Cæsar*, n° 76), pour augmenter son influence dans les Gaules et favoriser ses amis ou partisans des cités gauloises, les fit admettre dans le sénat de Rome : *Civitate donatos et quosdam e semi barbaris Gallorum recepit in curiam.* Tacite, en ses *Annales*, liv. 11, §§ 23, 24 et 25, cite surtout une admission de ce genre extrêmement remarquable et en constate même d'autres antérieures. On s'occupait à Rome, dit-il, d'une élection de sénateurs pour compléter le sénat ; parmi les candidats figuraient les principaux des Gaulois qui avaient acquis précédemment les titres d'alliés et de citoyens romains : *Quum de supplendo senatu agitaretur, primoresque Galliæ, quæ comata appellatur, fœdera et civitatem romanam pridem adsecuti, jus adipiscendorum in urbe honorum expeterent*; on s'opposait à leur admission, en signalant l'admission antérieure de Vénètes et d'Insubriens, et en disant que de nouvelles admissions de ce genre menaçaient de faire du sénat une assemblée d'étrangers ; mais, après un discours de l'empereur Claude, qui était lui-même Gaulois d'origine, et qui fit remarquer qu'un grand nombre des plus illustres membres du sénat y avaient été appelés de toutes les parties de l'Italie, un sénatus-consulte accorda à ces Gaulois le titre de sénateurs dans la ville de Rome : *Orationem*

---

[1] C'est ce qui résulte également de la loi 12, C. T., *De Decur.* : *Duarum civitatum decurionatus onera sustineat, in una voluntatis, in una originis gratia.*

principis secuto patrum consulto primi Aedui senatorum in urbe jus adepti sunt. (Tacit., *Annales*, lib. 11, § 25.)

Nos contrées ont également fourni des sénateurs et des consuls à la ville de Rome ; Chorier en nomme quelques-uns, notamment un membre de l'illustre famille des Gratus[1], de Vienne, qui a été non-seulement sénateur, mais encore consul avec l'empereur Décius[2], et Guy-Allard, en son Dictionnaire manuscrit, nomme plusieurs autres citoyens de la province Viennoise qui auraient été également consuls de la ville de Rome.

Le fils de Cottius peut aussi être présenté comme exemple d'un Briançonnais admis à de hautes fonctions de l'empire ; car, s'il n'avait pas eu la qualité de citoyen romain, il n'aurait pas pu être nommé préfet des cités qu'il s'était aidé à réduire, puisque les fonctions de préfet, qui étaient des fonctions politiques, ne pouvaient être exercées par des étrangers.

L'admission des municipes à la société romaine établissait une séparation très-marquée entre les droits d'administration générale de l'Etat et ceux d'administration particulière de la cité : les premiers, appelés *droits politiques*, étaient transportés et centralisés à Rome ; les derniers, appelés *droits municipaux*, s'exerçaient sur les lieux, dans la cité, avec une entière indépendance ; il y avait, quant à ceux-ci, décentralisation absolue.

Cette différence, cette distinction de droits, en établissait

---

[1] L'inscription tumulaire de l'un de ces Gratus, publiée par M. Champollion (*Antiquités de Grenoble*, page 94), prouve qu'il était de la tribu Voltinia de Rome : M. TITIO, M. F. VOLT. GRATO.

[2] *Histoire du Dauphiné*, par Chorier, t. I, p. 388.

une très-importante entre les fonctionnaires qui en étaient investis. Ainsi, tous les fonctionnaires municipaux, chargés de l'administration locale de la cité, étaient élus dans la cité et par la cité, tantôt par ses seuls citoyens municipes, tantôt par l'universalité de ses habitants ; les fonctionnaires politiques, au contraire, ne recevaient leur pouvoir que de l'autorité gouvernementale et centrale établie à Rome ; des fonctionnaires de ce genre, tels que des proconsuls, des préteurs, des présidents, des préfets, des procureurs, étaient envoyés dans les provinces pour les administrer et les gouverner dans l'intérêt de la politique générale de l'Etat, néanmoins sans attenter, sans toucher au pouvoir municipal, qui, lorsqu'il ne s'écartait pas de ses attributions, n'avait rien de politique, et n'étendait pas sa sphère d'action au delà des limites de la cité.

Mais les pays alliés et non soumis, non réduits en province (alliés, amis et libres comme ceux de Cottius), conservaient, en entrant dans la société romaine, leur gouvernement politique intérieur, ainsi que leurs armées particulières ; et si le fils de Cottius est nommé préfet par le gouvernement de Rome, ce n'est point pour gouverner ses Etats dont on ne lui conteste pas la principauté, c'est, ainsi que nous l'apprend l'inscription de l'arc de triomphe de Suze, pour gouverner, au nom de l'empire, comme préfet de l'empire, quelques peuplades alpines qu'il s'est aidé à remettre sous la domination romaine.

Ainsi les cités municipes cottiennes, cités alliées et non cités assujetties, n'étaient point considérées comme parties constitutives de l'empire ou d'une province de l'empire, n'étaient point par conséquent soumises au droit provincial, *jus provinciale ;* elles ne payaient point d'impôt à la métropole ; elles continuaient à former le royaume particulier de Cottius, royaume qui avait ses troupes distinctes de celles de Rome, comme on le voit dans Suétone (*Vie de Tibère*, n° 37). Cet historien, racontant que Tibère a envoyé dans la ville de Pollentia, pour réprimer une émeute, deux cohortes dont l'une était du royaume de Cottius, a bien soin d'en faire la distinction : *Cohortem ab urbe et aliam a Cottii regno immisit.*

Indépendamment de la qualité de citoyen romain, qui leur donnait la capacité d'exercer à Rome tous les droits politiques, les habitants des cités municipes, et par conséquent ceux des cités cottiennes, exerçaient, dans leur propre cité, le pouvoir populaire ou municipal appelé *municipe, municipium*, en vertu duquel ils pouvaient s'administrer chez eux et par eux-mêmes avec une entière indépendance.

Dans les premiers degrés de civilisation des sociétés humaines, on ne règle pas, on ne coordonne pas les intérêts et les droits municipaux alors presque toujours confondus avec les intérêts et les droits politiques, qui ne sont souvent ni plus distincts ni mieux organisés ; le bon sens commun, les besoins, les événements, leurs effets ou leurs conséquences, et la nécessité ou la nature des choses suppléent aux dispositions réglementaires ou législatives. Aussi, pendant les premières années de la république romaine, le pouvoir municipal se confondait, en quelque sorte, avec le pouvoir gouvernemental ou politique, qui était également autonome ; la république n'était alors qu'un grand municipe s'administrant par lui-même, au moyen de fonctionnaires élus par le peuple ; mais la république n'avait presque alors d'autre étendue, d'autres bornes que celles de la cité.

Cependant, à mesure que la puissance romaine s'est augmentée et développée, à mesure que le pouvoir central a été obligé de s'étendre, de se propager au dehors et d'exercer une action plus ou moins lointaine sur les peuples unis ou soumis à sa domination, les agents de ce pouvoir central, plus spécialement occupés par les intérêts généraux d'une nation qui allait en s'agrandissant tous les jours avec ses nouvelles conquêtes, virent bientôt tout leur temps, tous leurs soins absorbés par ces intérêts généraux; et, obligés même souvent de se déplacer, de se transporter au loin pour exercer leur administration politique, ils ne purent plus suffire ni s'adonner aux détails d'administration intérieure d'une cité qui était devenue l'importante capitale d'un grand Etat, qui allait devenir la capitale de l'empire du monde.

De là, nécessité d'augmenter le nombre des agents du pouvoir ; de là, nécessité de distinguer, d'isoler, de spécialiser leurs fonctions, leurs attributions; de là, nécessité d'avoir des agents différents d'administration pour les grands intérêts généraux de l'Etat et pour les intérêts particuliers de la cité; de là aussi, origine, naissance, ou plutôt distinction du pouvoir local, qui, s'exerçant sur une plus petite échelle et dans une circonscription moins étendue, conservait beaucoup plus facilement la nature de son origine, la nature populaire ou autonome. C'est ce pouvoir qui fut appelé par la suite *municipal,* du nom de *municipe (munus suscipere)* que l'on donnait aux citoyens qui en étaient investis.

Ce pouvoir municipal ne s'est pas néanmoins formé ou constitué tout d'un coup chez les Romains ; il ne s'est pas accru aussi promptement que le territoire de la république; il n'a pas même suivi, dans le développement de son organisation, le cours du pouvoir d'administration générale, obligé de s'accroître rapidement de toute la régularité et de toute la force qu'exigeait le besoin de contenir et de gouverner un grand Etat composé de diverses nations, la plupart vaincues ou soumises, et subissant, avec plus ou moins de peine et de résignation, l'autorité et la domination du vainqueur.

On n'avait pas songé d'abord à l'établissement de ce pouvoir municipal; pendant fort longtemps on ne s'en était pas même occupé : aucunes lois, aucuns règlements n'étaient venus en décréter la constitution ou en régulariser l'exercice; et cependant ce pouvoir était né, avait grandi et s'était déjà en quelque sorte constitué par lui-même, par la nature et la force des choses, par les nécessités de l'administration locale; en un mot, ce pouvoir ÉTAIT déjà, que la loi n'en connaissait, n'en soupçonnait pas, ou plutôt n'en distinguait pas encore l'existence, quoiqu'elle eût commencé à en créer et nommer quelques agents.

Ce n'est donc qu'au fur et à mesure des besoins particuliers de la ville de Rome ou des autres principales villes de la république, que de temps en temps furent créés quelques fonctionnaires municipaux spéciaux, tels que des édiles, des questeurs, des censeurs, etc. C'est plus principalement à Rome, qui s'agrandissait tous les jours, et qui, de toute petite ville qu'elle avait été d'abord, avait tant et tant grandi, qu'elle s'était élevée en très-peu de temps jusqu'aux dimensions d'une capitale immense, que des mesures d'administration locale se faisaient plus impérieusement sentir et devenaient de plus en plus nécessaires et urgentes; aussi voit-on, successivement et peu à peu, surgir et apparaître la création de ces fonctionnaires spéciaux, presque toujours citoyens de la cité, nommés par la cité et pour la cité, destinés à veiller, à pourvoir à quelques-uns de ses besoins, de ses intérêts locaux.

Insensiblement le nombre de ces fonctionnaires et l'étendue de leurs attributions vont en augmentant; et quand par ses conquêtes, qu'elle doit non-seulement au caractère guerrier et au courage militaire de ses citoyens, mais encore à l'action énergique et puissante de son gouvernement supérieur politique, Rome se trouve parvenue à être la capitale du monde connu, elle se trouve, en même temps, être devenue la capitale du monde civilisé, la première d'entre toutes les villes par sa magnificence, par sa splendeur, par son administration intérieure et locale qu'elle doit, en majeure partie, à son régime municipal, qui, depuis longtemps, existe de fait et même légalement, quoique l'organisation et les attributions de ce régime ne soient point encore réglées et définies par un ensemble, par une réunion de lois constitutives ou organisatrices.

Tel était l'état du régime municipal à Rome, à la fin de la république et au commencement de l'empire; tel était le régime municipal qui s'était primitivement étendu et propagé dans toute la république, qui, plus tard, avait été autorisé ou importé dans la plupart de ses provinces, et même chez ses peuples alliés où il avait été reçu et accueilli avec empressement, et s'était, en quelque sorte, naturalisé et nationalisé, parce que les cités municipes, s'administrant par elles-mêmes, par leurs propres citoyens, et étant autorisées par la politique de Rome à conserver leurs lois ou leurs coutumes particulières, conservaient ou acquéraient ainsi, en apparence, une espèce d'indépendance et de nationalité originaire dans leur petit gouvernement municipal local.

Pendant le temps de la république romaine, où le pouvoir populaire électif était la base fondamentale du gouvernement, et où la popularité était un moyen de parvenir aux plus hauts emplois, aux plus hautes dignités, le pouvoir municipal devait reposer sur des bases populaires fort larges et avoir beaucoup d'indépendance.

Le *municipium* ou *municipe* devait donc être alors,

tant pour Rome que pour les cités alliées ou soumises, une institution populaire très-puissante, qui était à la fois une garantie de bonne administration dans l'intérêt de la cité, et une barrière solide contre les exigences arbitraires et oppressives du pouvoir politique ou central; et, par conséquent, les fonctions municipales devaient être extrêmement importantes. Aussi est-il probable que les nombreux peuples, alliés ou soumis, libres ou réduits en province, dont se composait l'empire romain à l'époque de sa décadence, auraient défendu plus fortement et plus vigoureusement le gouvernement de Rome contre les invasions des Barbares, si les empereurs avaient conservé aux institutions municipales leur caractère primitif d'indépendance et d'autonomie.

Mais lorsque le pouvoir populaire électif fut remplacé par le pouvoir héréditaire et monarchique des empereurs; lorsque surtout ceux-ci voulurent dominer et maîtriser le pouvoir municipal et le faire servir d'instrument à leurs exigences rapaces ou oppressives, à leur despotisme ou à leur tyrannie, ils durent songer à le modifier, ce qu'ils firent en effet; et une foule de décrets ou de décisions impériales, ayant divers noms, diverses qualifications, ont été successivement rendus pour parvenir plus ou moins directement à ce but. Ce sont même ces décisions qui, sous le prétexte apparent de régulariser, de compléter la législation des municipes et de la rendre plus générale et plus uniforme, en ont modifié l'organisation et les attributions selon le gré ou le caprice des empereurs; ce sont ces décisions qui nous ont transmis quelques notions très-vagues et très-incomplètes sur ce qu'avaient été les municipes jusqu'alors, et qui nous font connaître, quoique encore très-imparfaitement, ce qu'ils ont été depuis.

Ces décisions, dont le pouvoir absolu faisait des lois, sont même aujourd'hui presque les seules lois connues sur l'organisation, la constitution et les attributions du municipe romain ; car, s'il y a eu quelque code ou recueil de lois municipales, comme le pense Raynouard (l'historien des communes de France), comme peuvent le faire présumer quelques énonciations de lois romaines, notamment celles des lois II, P., *De Munerib.*, et I, P., *De Alvo scrib.*, ce recueil, perdu depuis longtemps, n'a pu être retrouvé.

Ces décisions, isolées et éparses, rendues successivement par plusieurs empereurs pour convertir et façonner de plus en plus le pouvoir municipal en instrument souple ou servile de leurs volontés, ont aussi de plus en plus dénaturé ce pouvoir, qui, à son tour, était également devenu oppressif et tyrannique, de tutélaire et protecteur qu'il avait été dans le principe, et dont les fonctions, primitivement ambitionnées et recherchées avec ardeur, étaient devenues des charges si graves et si redoutées, qu'il a fallu que les empereurs décrétassent des peines contre ceux qui refusaient de les accepter ou qui désertaient la cité de peur d'en être investis. Il est même remarquable que le plus grand nombre de ces lois a eu pour principal but de repousser les moyens d'exemption qui étaient proposés, ou de contraindre, par des injonctions, des menaces, et des peines souvent très-sévères, quelquefois même atroces, les individus qui tentaient de se soustraire au municipe et à ses charges.

Les notions qui nous sont parvenues sur le municipe (indépendamment d'un petit nombre d'indications éparses çà et là dans les anciens auteurs et dans quelques anciennes inscriptions) résultent donc principalement de ces décisions impériales dont quelques-unes, plus ou moins incomplètes, ont été réunies dans les divers recueils des lois romaines, entre autres dans les Codes de Théodose et de Justinien, ainsi que dans plusieurs titres des Pandectes et dans plusieurs

Constitutions ou Novelles; et comme toutes ces indications ou décisions sont de dates et d'époques très-diverses, souvent même d'époques douteuses ou inconnues, comme presque toutes ces anciennes inscriptions sont sans date, il est extrêmement difficile de bien connaître l'organisation du municipe romain à une époque déterminée, parce que ce municipe a constamment varié pendant la longue période d'années qui s'est écoulée depuis son origine jusqu'à son abolition décrétée vers la fin du IXe siècle par une Novelle de l'empereur Léon (*Nov.* 46).

Il est encore probable que ce municipe a pu et dû varier, dans son organisation et ses attributions, selon les mœurs, les usages et les lois des peuples, selon les cités, selon surtout leur plus ou moins grand éloignement de Rome, et le plus ou moins de relations qu'elles avaient avec la capitale ou avec les fonctionnaires politiques qu'elle envoyait pour les gouverner; et il est même très-vraisemblable que si ce municipe, lorsqu'il a été apporté et introduit chez les peuples alliés ou dans les provinces, avait été aussi redouté et aussi intolérable qu'il l'était devenu sous quelques empereurs, il n'y aurait été reçu et admis que par contrainte, ne s'y serait pas implanté et nationalisé si profondément dans les usages ou dans les mœurs, et n'y aurait peut-être pas survécu à la domination romaine.

Nonobstant ses variations ou altérations, le régime municipal eût et conserva toujours une grande extension dans sa base; car, si Rome république avait cru devoir étendre considérablement le droit de suffrage et admettre à ce droit tous ou presque tous ceux de ses citoyens qui concouraient à la défense de l'Etat et aux charges publiques, Rome empire, qui avait fait du municipe un instrument d'oppression et de tyrannie soumis à ses volontés et à ses caprices, et surtout un instrument d'exaction et de garantie pour la perception d'impôts onéreux et excessifs, ne pouvait avoir trop d'agents municipaux responsables et solvables, et elle augmenta encore cette extension en introduisant dans le municipe, de gré ou de force, non-seulement tous les citoyens proprement dits, mais encore tous les individus qui, par leur fortune, pouvaient présenter quelques sûretés ou garanties pour la perception des impôts, des exactions, je dirais presque des rapines des empereurs ou de leurs agents.

Mais si le municipe romain, d'abord libre et indépendant, a décliné peu à peu et a dégénéré en abus et en moyen d'oppression ou de despotisme, il ne paraît pas que, dans le Briançonnais, il ait subi ces différentes phases ; il paraît, au contraire, être resté toujours à peu près ce qu'il était dans le principe ou à l'époque de son admission, une véritable garantie d'indépendance et de bonne administration locale ; et, s'il s'y est maintenu, malgré quelques apparences de disparition à certaines époques, s'il a pu et dû y subir de nombreuses altérations, il n'y a néanmoins jamais perdu son caractère primitif qu'il a conservé jusqu'à la révolution de 1789.

Une exposition générale et approfondie du municipe romain et de ses phases ou variations successives, quelque fidèle, quelque vraie qu'on pût la faire, ne donnerait donc pas une idée parfaitement exacte du municipe briançonnais ; je me bornerai par conséquent à une exposition très-sommaire des principales institutions municipales romaines, et surtout de celles qu'on peut présumer avoir été admises par le municipe briançonnais, parce qu'on les retrouve plus tard conservées par les anciens usages, maintenues et confirmées par un traité authentique du XIVe siècle, et énergiquement défendues par les Briançonnais jusqu'à la fin du siècle dernier ; et il y a cela de remarquable que ce sont principalement celles qui constituaient le municipe romain à la fin de la république ou au commencement de l'empire (époque à laquelle les Briançonnais ont reçu ce municipe), augmentées seulement de quelques innovations de la législation postérieure, qui convenaient à leur intérêt et à leur esprit d'indépendance ; car, dans leurs montagnes pauvres, difficilement accessibles et peu connues, ils étaient plus libres, plus à l'abri de l'arbitraire, et moins exposés aux vexations ou exactions des commissaires impériaux. C'est du Briançonnais surtout qu'un de nos grands poëtes aurait pu dire avec la plus exacte vérité :

« .... Non, ce n'est point au bout de l'univers
» Que Rome fait sentir tout le poids de ses fers. »
(RACINE, *Mithridate*.)

Les sommités ardues et glaciales des Alpes cottiennes étaient peut-être politiquement plus loin de Rome que le bout de l'univers.

Les cités qui obtenaient le municipe romain, conservant ou acquérant le droit de s'administrer elles-mêmes par leurs habitants et selon leur volonté, il devait y avoir, surtout dans le principe, de notables différences dans chacun de leurs municipes qui n'ont été rendus uniformes que par la législation postérieure des empereurs. « Pendant la ré-
» publique, dit M. Giraud, les municipes, subordonnés
» au gouvernement romain sous le rapport politique,
» avaient conservé, dans son intégrité, la liberté civile et
» communale, et, avec elle, au moins en général, leurs lois
» particulières; de là une grande variété d'organisation
» qui disparut sous l'empire. »

Ces cités tâchèrent, en général, d'organiser leur administration particulière sur le modèle de la grande cité de Rome : *Civitas ex civitate romana propagata.... Erant effigies parvæ et simulacra quædam reipublicæ romanæ. (Aulus Gellius.)* Chacune, par intérêt, par privilége, par imitation ou par vanité, voulut avoir son petit sénat, ses consuls, ses édiles, ses questeurs, ou autres fonctionnaires municipaux, et même par la suite ses tribuns appelés défenseurs des cités, *defensores civitatum;* cependant il n'y a eu d'abord qu'un petit nombre de cités qui aient osé donner les noms de *consul* et de *sénat* à leurs chefs et à leurs conseils municipaux. C'est sans doute par allusion à ces dénominations municipales que la loi 33, C. J., *De Decurionibus,* appelle les décurions : sénateurs de la curie, *senatores curiæ,* en ajoutant : *si sic dici oportet,* si l'on peut s'exprimer ainsi.

Ces municipes, ou petits sénats particuliers, se subdivisaient souvent en deux parties : *major curia* et *minor curia*[1], curie majeure et curie mineure, ou *conseil majeur* et *conseil mineur;* le conseil majeur était ordinairement composé des dix décurions les plus anciens, appelés dix premiers, *decem primi,* decaprotes, *decaproti,* quelquefois même des vingt premiers, *icosaproti.*

Les conseils municipaux avaient divers noms dont les plus usités étaient les suivants : *ordo, curia, senatus,* ordre, curie, sénat; leurs membres avaient aussi divers noms; on les appelait : *decurions, curiales, municipes, municipaux, sénateurs de la curie......*

Les fonctions curiales qui, dans les premiers temps, devaient être purement électives, étaient devenues de deux natures : 1° *héréditaires,* ou plutôt *originaires,* c'est-à-dire, résultant de l'origine ou de la parenté [2], et 2° *électives,*

---

[1] L. 36, C. J., *De Decur.*
[2] Ll. 56, 76, 82, 93, 98, 122, 172, 178, 184 et autres; C. T., *De Decur.* — Ll. 31, 35, 36 et 43, C. J., *De Decur.*

à la nomination de la curie[1] : *Ex genere decurionum vel nominatus*[2], et elles donnaient lieu à certains émoluments appelés *sportulæ*, sportules[3]. Ce mot s'est conservé en Dauphiné, où il a été appliqué aux taxations des juges[4].

Le nombre des décurions ou curiales, qui paraît n'avoir été dans le principe que de dix[5], n'était ni limité ni déterminé par la loi ; il a probablement varié beaucoup selon les temps, et surtout selon les lieux et l'importance ou la population des cités ; et l'on peut même induire de plusieurs textes des Codes de Théodose et de Justinien, qu'à une certaine époque, la curie avait fini par comprendre la totalité ou la presque totalité des hommes libres de la cité[6], soit qu'ils y fussent nés, *municipes*, soit qu'ils fussent venus s'y établir, *incolæ*[7] : *Si civico nomine, aut vinculo incolatus, oppidanea necessitas eum detinet obligatum*[8], pourvu qu'ils remplissent les conditions légalement requises, notamment celle de posséder une fortune convenable, fortune qui fut, par la suite, fixée à vingt-cinq arpents de propriété foncière : *Quicumque ultra viginti quinque jugera privato nomine possidens...., curiali consortio vindicetur*[9].

« Il y avait peu d'hommes libres qui n'entrassent pas

---

[1] Ll. 66 et autres, C. T., *De Decur.*
[2] L. 10, C. T., *De Decur.*
[3] L. 6, § 1, P., *De Decur.*
[4] *Statuta delphinalia*, f° 10.
[5] L. 239, § 5, P., *De verb. signif.*
[6] *Omnes civilibus necessitatibus adgregentur... omnes ad munerum societatem conveniantur*, Ll. 17, C. T., et 19, C. J., *De Decur.*
[7] Ll. 5, 12, 46, 52, 137 et 141, C. T., *De Decur.*
[8] L. 46, C. T., *De Decur.*
[9] L. 33, C. T., *De Decur.*

» dans la curie, » dit M. Guizot en ses *Essais sur l'histoire de France*, pag. 11 ; on y fit même entrer les affranchis[1] ; et l'on verra, dans la suite, que c'est par les affranchis, surtout dans le Briançonnais, que le municipe a commencé à reparaître ou à renaître sous la féodalité.

On ne pouvait être décurion qu'à l'âge de vingt-cinq ans[2] ; cependant les mineurs furent ensuite admis au décurionat à l'âge de dix-huit ans révolus[3] ; mais ils n'étaient décurions qu'à raison des émoluments qu'ils percevaient, et des charges réelles qui affectaient leur patrimoine, car ils ne pouvaient ni participer aux honneurs ni avoir droit de suffrage avant d'être entrés dans leur vingt-cinquième année[4] ; et le père de famille qui avait consenti au décurionat de son fils, devenait caution de sa gestion et de toutes ses charges municipales[5].

Les décisions de la curie étaient appelées décrets, *decreta*; et il fallait, pour leur validité, soit qu'il s'agît de l'élection des décurions ou des fonctionnaires de la curie, soit qu'il s'agît de tout autre objet municipal, qu'elles fussent prises à la majorité absolue des suffrages[6] exprimée par les deux tiers au moins de ses membres[7] ; elles pouvaient être annulées pour excès de pouvoir[8]. Le gouvernement conservait

---

[1] Ll. 17, P., *Ad Municip.*, et *unic.*, C. J., *De Libert.*

[2] L. 8, P., *De Mun. et Hon.*

[3] Ll. 7 et 19, C. T., *De Decur.*, et L. 3, § 10, P., *De Mun. et Hon.*

[4] L. 6, § 1, P., *De Decur.*

[5] L. 2, P., *Ad Municip.*

[6] L. 19, P. *Ad Municip.*

[7] Ll. 84 et 142, C. T., *De Decur.*; L. 46, C. J., *De Decur.*, et L. 3, P., *De Decretis.*

[8] Ll. 4 et 5, P., *De Decretis*; L. 26, P., *Ad Municip.*, et L. 2, C. J., *De Decr. decur.*

ainsi le moyen de faire annuler, par ses fonctionnaires ou magistrats, toutes les décisions municipales qui auraient pu sortir du cercle de l'administration particulière locale ou contrarier son administration supérieure politique.

La curie était donc un véritable corps ou conseil municipal, composé de tous ou presque tous les habitants de la cité qui remplissaient les conditions de capacité curiale ; elle avait l'administration de toutes les affaires de la cité ; en un mot, elle exerçait, avec une entière indépendance, tous les pouvoirs municipaux proprement dits, qu'il faut bien distinguer, ainsi que je l'ai déjà fait remarquer, des pouvoirs politiques émanés du gouvernement romain.

Les attributions de ce corps municipal, désigné, le plus souvent, par le simple nom de municipe, *municipium*, et dont chaque membre était un municipe ou municipal, *municeps* ou *municipalis*, un décurion, *decurio*, et plus tard un curiale, *curialis* (c'est ce dernier nom qui a prévalu dans la suite), ne sont réunies nulle part ; on ne les trouve plus aujourd'hui qu'énoncées çà et là, soit dans quelques phrases des anciens écrivains, soit dans les Codes de Théodose et de Justinien, soit dans les Pandectes, notamment dans les lois 1, 2, 3 et 18, P., *De Munerib. et Honorib.*; elles s'étendaient, en général, à tous les intérêts particuliers de la cité ; ainsi, elles comprenaient : la perception du cens et des revenus municipaux, l'administration et l'entretien de toutes les propriétés communales, le culte et les cérémonies ou fêtes tant religieuses que municipales, la police locale, et quelques affaires judiciaires, mal définies par la loi et de peu d'importance.

Le décurionat était un honneur ; mais c'était aussi une charge très-lourde, à cause des grandes dépenses qu'il occasionnait, surtout dans les cités où les décurions étaient obligés de faire des distributions de blé ou de vivres au peuple, ou de lui donner des fêtes et des spectacles[1] ; cette charge était encore aggravée par l'immense responsabilité qui pesait sur les citoyens municipes, responsabilité qui les rendait garants, sur leur fortune personnelle, de la gestion des agents nommés par la curie[2], pour la perception des impôts si souvent et si considérablement augmentés par la cupidité insatiable et les taxes ou exactions arbitraires ou des agents du gouvernement impérial.

Aussi, malgré les distinctions honorifiques, malgré les émoluments et priviléges attachés au décurionat, puisque c'était par lui qu'on arrivait à la magistrature et aux emplois supérieurs, cette fonction, qui, d'abord, avait été extrêmement ambitionnée et recherchée, avait fini par devenir tellement onéreuse, que chacun tâchait de s'en affranchir, et qu'une multitude de lois ou de décisions des empereurs n'ont eu presque d'autre but que d'empêcher les citoyens de se soustraire à l'exercice de cette charge que l'on ne pouvait refuser sans motifs ou excuses légitimes. On ne sortait de la curie qu'après avoir exercé toutes les fonctions municipales, que l'on ne pouvait même remplir que successivement et en passant des moindres aux plus importantes[3], ou qu'après une nomination à une haute fonction politique[4].

---

[1] L. 1, § 2, P., *De Munerib.*
[2] L. 18, § 26, P., *De Munerib.*, et Ll. 2 et 8, C. J., *De Susceptor.*
[3] L. 14, § 5, P., *De Munerib.*; Ll. 20, 29, 65 et 77, C. T., *De Decur.*
[4] « Dès les premières années du quatrième siècle...., le décurionat
» qui avait été jusque-là ambitionné comme un privilége, comme la
» plus haute des illustrations municipales, avait commencé à devenir
» la plus dure et la plus abhorrée des servitudes. » (Fauriel, t. I, p. 372.)

Aussi, dès lors, la noblesse patricienne de Rome commença à aban-

Comme il était impossible qu'une assemblée aussi nombreuse que celle de la curie pût administrer par elle-même, elle nommait ses administrateurs[1] qui avaient divers noms, selon la nature de leurs fonctions.

A l'imitation de la ville de Rome, qui était gouvernée par deux consuls annuels, les curies élisaient ordinairement deux principaux administrateurs annuels[2], choisis parmi les décurions[3], et qui étaient appelés *duumvirs;* cependant le nombre de ces administrateurs était porté quelquefois à quatre ou à un plus grand nombre, à raison de l'importance des cités[4].

Les fonctions de ces duumvirs correspondaient assez exactement à celles des maires actuels; ils convoquaient la curie toutes les fois que les intérêts de la cité l'exigeaient, sans que la loi soumît cette convocation à l'autorisation des

---

donner les fonctions municipales aux plébéiens, pour se faire nommer aux fonctions politiques qu'elle finit par occuper presque toutes. Il en fût de même à peu près partout, et cela s'est continué jusqu'à nos temps modernes, notamment en France, et surtout en Dauphiné où la noblesse est restée presque étrangère aux fonctions municipales, en sorte que l'on considérait les communautés dauphinoises comme des institutions purement plébéiennes, dont la noblesse était censée, en quelque sorte, ne pas faire partie ; à Die, on disait : *la communauté du tiers-état* (arch. ch. c.). Et n'était-ce pas par les officiers municipaux de ces communautés, ou par les châtelains qui (ailleurs que dans le Briançonnais), étaient les premiers de ces officiers municipaux, que le tiers-état ou le peuple était représenté aux assemblées des Etats du Dauphiné, comme on le verra plus tard, tandis que la noblesse y était représentée par chacun de ses membres individuellement, ou au moins par chacun de ses membres qui était possesseur de fiefs?

[1] L. 45, C. J., *De Decur.*

[2] Arg. des lois 16, C. T., *De Decur.*, et 1, C. T., *Quemadmod. munera.*

[3] L. 7, § 2, P., *De Decur.*

[4] Les communautés briançonnaises pouvaient en nommer de 1 à 6. (Chart. du 29 mai 1343, art. 12.)

fonctionnaires politiques impériaux ; ils étaient les présidents de la curie et les chefs municipaux de toute la cité.

La nomination des duumvirs devait se faire aux calendes de mars, afin qu'ils pussent entrer en fonctions dès le commencement de l'année[1].

Tantôt l'administration municipale était confiée presque exclusivement aux duumvirs, comme cela avait lieu dans les petites cités ; tantôt, au contraire, lorsque les cités étaient grandes et avaient beaucoup d'affaires à gérer, cette administration était subdivisée entre divers officiers municipaux investis de certaines attributions spéciales ; ainsi, toujours à l'instar de la métropole, les curies nommaient des questeurs, des édiles, des censeurs...., et jusqu'à des préteurs, des dictateurs ; il y eut même, dans la suite, des tribuns défenseurs des cités, *defensores civitatum*, dont les fonctions importantes et honorables consistaient à agir en quelque sorte comme parents du peuple, *parentis vicem plebi exhibeas*[2], à secourir tout opprimé, le peuple et les contribuables, contre les exigences injustes de la curie ou des juges, et la curie elle-même ou ses membres contre les exigences illégales ou arbitraires des officiers de l'empire[3] ; ces défenseurs, qui ne pouvaient être pris parmi les décurions[4], étaient presque toujours choisis parmi les plébéiens, et élus, non par la curie seule, mais par une assemblée générale des habitants de la cité[5]. La durée de ces fonctions (peut-être annuelles dans le principe) fut fixée

---

[1] L. 28, C. T., *De Decur*.
[2] L. 4, C. J., *De Defensor*.
[3] L. 2, C. T., *De Defensor*.
[4] L. 2, C. J., *De Defensor*.
[5] L. 1, C. T., *De Defensor*.

à cinq ans par les empereurs Valens et Valentinien[1], et réduite plus tard à deux ans par l'empereur Justinien[2].

Les décurions, et plus particulièrement les décurions décaprotes, ou les *susceptores*, étaient chargés de la répartition de l'impôt[3], répartition dont la vérification était faite en présence des défenseurs[4] ; le recouvrement en était fait, soit par les décurions eux-mêmes[5], soit, le plus ordinairement et sous leur responsabilité, par des percepteurs qu'ils nommaient chaque année, et qui étaient appelés *exactores, susceptores, censuales*....

Il y avait encore, dans le municipe, beaucoup d'autres fonctions spéciales ayant des noms particuliers ; ainsi on appelait *defensores, syndici*, défenseurs, syndics[6], ceux qui étaient chargés de défendre les intérêts généraux de la cité ; *magistratus, duumviri juridicundo*, magistrats, duumvirs pour dire droit, ceux qui rendaient la justice municipale ; *œdiles, quæstores, prætores, censores*, édiles, questeurs, préteurs, censeurs, ceux qui remplissaient, dans les municipes locaux, des fonctions semblables à celles des fonctionnaires de ces noms à Rome ; *irenarchæ*, les commissaires de police ; *archeotæ*, les archivistes ; *scribæ, logographi*, les scribes, les secrétaires, les greffiers ; *tabularii*, les tabellions ou notaires....

Enfin, il y avait encore d'autres agents municipaux (et

---

[1] L. 4, C. J., *De Defensor.*
[2] Novelle 15.
[3] L. 117, C. T., *De Decur.*
[4] L. 23, C. T., *De Susceptor.*
[5] L. 17, § 7, P., *Ad Municip.*, et Ll. 1, § 2 ; 3, § 11, et 18, § 26, P., *De Muner.*
[6] Ll. 1, § 2, et 18, § 13, P., *De Munerib.*

c'étaient les plus nombreux) qui étaient en général désignés par la qualification de *curatores*, curateurs, à laquelle on adjoignait le nom de ce qui était confié à leur garde ou à leurs soins, comme, par exemple, *curatores kalendarii, annonæ, frumenti*....

Ces diverses fonctions étaient à la nomination de la curie, même celles des prêtres, des flamines[1]...., sauf quelques-unes spécialement réservées à la nomination générale du peuple; mais cette réserve était devenue peu importante et même à peu près insignifiante, lorsque la charge de municipe eut atteint la presque totalité des hommes libres de la cité.

Tous les décurions ou curiales étaient inscrits sur un tableau nommé *Alvum* ou *Album decurionum*, Album des décurions, selon le rang honorifique des fonctions municipales qu'ils avaient remplies, et selon l'ancienneté, en commençant par ceux qui avaient rempli les premières ou plus honorifiques fonctions de la curie, et que, par ce motif, on nommait *primi, primates, principales, honorati, spectabiles, illustres, consulares....* : premiers, primats, principaux, honorés, spectables, illustres, consulaires....

Ainsi, l'on inscrivait d'abord les duumvirs (le duumvirat étant la première des fonctions municipales[2]), et successivement ceux qui avaient rempli les autres fonctions de la curie, d'après la hiérarchie honorifique de ces fonctions et l'ordre d'ancienneté entre ceux qui avaient été honorés de

---

[1] « Chaque municipe garda ses prêtres, ses flamines, le droit de les
» choisir et de régler tout ce qui s'y rapportait. » (Guizot, *Essais sur l'histoire de France*, pp. 9 et 10. — Roth, *De re munic. Rom.*, p. 21, note 34.)

[2] Arg. de la loi 77, C. T., *De Decur.*

fonctions semblables ; enfin, l'on inscrivait les simples décurions, également d'après l'ordre d'ancienneté, mais en plaçant toujours en tête de la liste, ceux qui avaient rempli de hautes fonctions à la nomination du prince ou de l'empereur[1].

Dans les réunions de la curie, les décurions prenaient rang et opinaient en suivant l'ordre établi par l'Album[2].

Les prêtres du paganisme n'avaient pas négligé les fonctions municipales ; si leur profession et leur caractère sacré les éloignaient de celles de ces fonctions dont les attributions trop profanes ne pouvaient leur convenir, ils recherchaient vivement les autres, et principalement celles qui avaient rapport au culte et aux fêtes religieuses ; et peut-être les fonctions sacerdotales ont-elles été primitivement municipales, puisque les curies nommaient elles-mêmes leurs prêtres, leurs flamines et autres ministres de la religion ; ces fonctions religieuses étaient devenues les premières fonctions municipales après celles des duumvirs : *inter primos curiæ honores erant et sacerdotes flaminesque ;* et les principaux magistrats politiques (à cause d'une sorte d'incompatibilité de fonctions avec le duumvirat) recherchaient celles de prêtres ou de flamines, qui n'avaient rien d'incompatible ; aussi voit-on, dans les anciennes inscriptions romaines, les chefs de la république et de l'empire, les consuls, les empereurs, s'honorer de ces dignités religieuses qu'ils avaient le plus grand soin de mentionner à la suite de leurs hautes dignités politiques.

Comme les principaux fonctionnaires du municipe étaient chargés de la perception des impôts, ceux de ces impôts

---

[1] P., tit. *De Alvo scrib.*
[2] L. 1, § 1, P., *De Alvo scrib.*

qui concernaient la religion, rentrant plus spécialement dans les attributions sacerdotales et ayant peut-être même été établis par les prêtres, ou pour les prêtres et les frais du culte, il est probable que ces prêtres percevaient, sinon dans le principe, du moins plus tard lorsqu'ils furent entrés en assez grand nombre dans le municipe, les tributs payés aux divinités païennes, notamment ceux qui étaient dus à l'occasion des naissances, des mariages, des décès...., ce qui les investissait naturellement de la tenue des registres que l'on appelle aujourd'hui registres des actes de l'état civil.

Ne dut-il pas en être de même, dans la suite, des ministres de la religion chrétienne, lorsque le christianisme fut admis, autorisé et même favorisé dans l'empire? Ces ministres, dont la religion proclamait tous les hommes frères et égaux devant Dieu, durent être accueillis avec sympathie dans les municipes, de même qu'ils durent voir, également avec sympathie, ces institutions populaires dans lesquelles ils ne tardèrent pas à être admis et à remplacer les prêtres du paganisme, lorsque la religion de ceux-ci fut remplacée par celle du Christ; leur instruction, leur autorité sur les croyances, leur firent acquérir une influence qui alla toujours en croissant, à mesure que la religion chrétienne faisait des progrès ; aussi, lorsque les croyances chrétiennes montèrent sur le trône avec l'empereur Constantin, le clergé parvint aux plus hautes, aux plus importantes fonctions du municipe, et ses prélats se trouvèrent bientôt à la tête du pouvoir municipal ; les attributions de quelques-unes de ces fonctions furent augmentées en leur faveur, et l'on créa encore quelques nouvelles fonctions spéciales pour eux.

Le clergé ajouta ainsi à son autorité morale religieuse, une autorité réelle, une véritable puissance municipale ; il finit même par dominer presque entièrement le municipe, qu'il rendit en quelque sorte *quasi*-ecclésiastique [1]. Mais aussi, à son tour, il subit l'influence du régime autonome ou municipal ; il admit ou conserva le principe de l'élection populaire à la plupart de ses fonctions ; ce fut pendant longtemps, pendant plusieurs siècles, la voix du peuple, la voix de Dieu, *vox populi, vox Dei*, qui nomma les curés et les évêques ; et le principe d'élection passa et subsista même encore dans les chapitres et les corps religieux, pour la nomination de leurs supérieurs ou de leurs prélats, longtemps après que le peuple eut cessé de participer à ces nominations.

Ainsi, le régime municipal et le régime ecclésiastique réagirent réciproquement l'un sur l'autre, et eurent d'abord tous deux pour base l'élection populaire à la plupart de leurs fonctions respectives. Les principales fonctions ecclésiastiques reçurent même des dénominations municipales ; les fonctionnaires qui, dans le municipe romain, étaient appelés *episcopi*, évêques, *parochi*, pourvoyeurs, *curatores*, curateurs, ou (en style de basse latinité), *curati*, curés, et qui étaient spécialement chargés par les lois du soin de veiller à la nourriture corporelle et matérielle du peuple, *episcopi præsunt pani et cæteris venalibus rebus quæ civitatum populis ad quotidianum victum usui sunt* [2], donnèrent leurs noms aux fonctionnaires ecclésiastiques chargés de distribuer la nourriture spirituelle de la parole au peuple chrétien : *Nomen episcopi*, dit Godefroy, *etiam ad verbi ministros relatum est quorum*

---

[1] « Entre l'ancien régime municipal des Romains et le régime municipal civil des communes du moyen âge, le régime municipal ecclésiastique est placé comme transition. » (Guizot, *Essais sur l'Histoire de France*, p. 51.)

[2] L. 18, § 7, P., *De Munerib.*

munus est pascere ecclesiam. Les fonctions de curé reçurent également du municipe romain la qualification de *curiales* qu'elles portent encore aujourd'hui ; et, s'il est vrai, comme l'ont dit Raynouard, dans son *Histoire des communes de France*, et plusieurs autres après lui, que les cités principales qui avaient un sénat, acceptèrent un évêque, et que la circonscription politique devint ecclésiastique, il me semble que l'on peut dire, avec plus de vérité encore, que les cités moins considérables, qui n'avaient qu'un municipe de peu d'étendue, acceptèrent un curé ; que *la paroisse*, comme l'a dit M. Guizot, *prit la place du municipe*, et que, par conséquent, la circonscription municipale ou communale forma la circonscription ecclésiastique curiale ou paroissiale qui s'est retrouvée presque partout identiquement la même au moyen âge, lors de la renaissance des communes, époque à laquelle et depuis laquelle on a souvent donné la dénomination de paroisse à la commune, ou réciproquement [1], de même qu'on a vu souvent des convocations municipales faites au son de la cloche paroissiale ou au prône par le curé, et des assemblées municipales tenues au-devant de l'église, à l'issue de la messe paroissiale. A Clermont (dit A. Monteil, *Hist. des Français des divers Etats*), la municipalité tenait ses séances dans la chapelle d'une église, et ses ordonnances étaient appelées : *Actes de la chapelle.*

Ainsi, la cité Gauloise qui, selon Am. Thierry, s'était

---

[1] Les anciennes chartes briançonnaises en fournissent plusieurs exemples ; quelquefois même elles réunissent les deux dénominations d'*université-paroisse*, ou de *communauté-paroisse*, comme on le voit dans le préambule de la grande charte de 1343 : *Procurator universitatis parochiæ de Sala, procurator universitatis parochiæ Monasterii.*

transformée en cité municipe, en commune ¹, se transforma en paroisse, du moins quant à la circonscription territoriale et à quelques attributions municipo-ecclésiastiques. Ainsi, la paroisse actuelle peut être considérée comme la fille de la cité municipale romaine, et comme la petite-fille de l'antique cité gauloise.

Voilà donc, dès le IVe siècle, le pouvoir ecclésiastique, ce pouvoir purement spirituel par sa nature, devenu temporel par l'autorité municipale de la plupart de ses principaux membres.

Mais ce pouvoir, spirituel par l'autorité religieuse, temporel par l'autorité municipale, favorisé de plus en plus par les empereurs chrétiens, devait aussi grandir et s'étendre politiquement, devait aussi devenir pouvoir politique.

Bientôt, en effet, la religion chrétienne, ou plutôt, pour parler plus exactement, l'église chrétienne, devient une institution, et une institution extrêmement puissante ; elle forme un corps vigoureux et robuste qui finit par diriger, sinon par dominer, le municipe et l'Etat, et qui, par con-

---

[1] « Les Gaules, au temps de leur indépendance, étaient partagées
» en cités, dont chacune formait le territoire d'une peuplade. Chaque
» peuplade était gouvernée par un conseil ou sénat, et par des chefs
» électifs; c'était là du moins la forme la plus ordinaire des petits
» gouvernements gaulois. La ville principale était le siége de l'assem-
» blée et le lieu de la résidence des chefs. Quand le pays fut devenu
» romain, le caractère politique de la cité gauloise disparut ; son ca-
» ractère administratif seul resta ; la peuplade se transforma en simple
» commune ; le sénat souverain, en conseil municipal, et un corps de
» magistrats municipaux succéda aux anciens chefs politiques. Cette
» substitution se fit d'elle-même et sans secousse, et nous ne trouvons,
» dans l'histoire, aucune trace d'un travail difficile auquel elle aurait
» donné lieu. » (*Des formes de la commune dans les diverses provinces de l'empire romain, sous les premiers Césars*, par Amédée Thierry.)

séquent, est assez influent et assez fort pour assurer l'indépendance municipale de ses membres, et les préserver de l'oppression et des exactions que les officiers impériaux exerçaient sur les curiales laïques ; ceux-ci étaient ruinés, découragés, abattus ; « les évêques, au contraire (dit M.
» Guizot), et le corps des prêtres, pleins de vie, de zèle,
» s'offraient naturellement à tout surveiller, à tout diriger ;
» le clergé seul était moralement fort et animé ; il devint
» partout puissant ; c'est la loi de l'univers[1]. »

Aussi acquit-il bientôt une puissance temporelle politique, et il se trouva être un véritable corps politique, municipal et ecclésiastique, un corps politico-municipo-ecclésiastique, plein de sève, de force et de vigueur, qui resta debout à la chute de l'Empire, s'insinua, s'implanta et se maintint au milieu de l'invasion des Barbares, en leur suggérant ses croyances, sa foi, sa religion ; qui parvint ainsi bientôt à les diriger, et finit par les gouverner, par les dominer, comme il dominait déjà les Romains ; en sorte que, depuis le IVe siècle, le clergé a commencé et continué à dominer d'abord la société romaine, et successivement la société romano-barbare, non-seulement avec son autorité spirituelle, mais encore avec son autorité temporelle municipale-politique, qu'il a su rendre également féodale avec la féodalité, et même d'une nature féodo-divine, car il prétendait ne relever que de Dieu ; en sorte que, s'il est vrai de dire, avec M. Guizot[2] et plusieurs autres historiens modernes, que le monde romain nous a légué le régime municipal, *ce vieil héritage de liberté pour le Tiers-Etat*, comme l'appelle A. Thierry (*Considérations sur l'Histoire de France*, chap.

---

[1] *Histoire de la civilisation en Europe*, p. 48.
[2] *Histoire de la civilisation en Europe*, p. 44.

3), ne peut-on pas dire, avec autant de vérité peut-être, qu'il nous a aussi légué la puissance temporelle du clergé ? Et ne peut-on pas ajouter que la haute puissance du clergé, avant, pendant et depuis les invasions des Barbares, a beaucoup contribué à la conservation du droit romain, qu'il avait presque entièrement adopté, et, par suite, à la conservation du legs municipal que nous a fait le monde romain ?.

Il s'en faut de beaucoup que l'exposition que je viens de faire du municipe romain soit complète ; mais de plus amples développements seraient inutiles, car je ne crois pas que le municipe briançonnais ait été aussi compliqué que le municipe romain, ni qu'il en ait admis toutes les dispositions de détail ; il y en a cependant plusieurs, sur lesquelles je serai dans le cas de revenir et de donner quelques explications ultérieures, parce qu'elles me paraissent s'être conservées ou reproduites, soit dans la charte municipale de 1343, soit dans les mœurs ou les usages, quoique non rappelées par cette charte ; je dirai même, dès à présent et en quelques mots seulement, comment le municipe briançonnais se trouvera organisé treize ou quatorze siècles plus tard, afin de donner tout de suite un aperçu sommaire des points de ressemblance avec le municipe romain de l'époque républicaine, ou des premiers temps de l'Empire jusqu'à l'alliance de Cottius avec Auguste, et non avec le municipe impérial qui est bien distinct, et a été *marqué*, comme le dit M. Guizot, *par de véritables révolutions dans la constitution et l'existence des cités.*

APERÇU SOMMAIRE DU MUNICIPE BRIANÇONNAIS.

Tous les Briançonnais payant un certain cens étaient membres de la curie, mais la condition du cens n'était pas exigée dans la plupart des communautés rurales ; ils pouvaient se réunir, toutes les fois que l'intérêt de la cité l'exigeait, sur la simple convocation de leurs officiers municipaux, sans l'autorisation, la permission ou la présence des fonctionnaires politiques.

Ils élisaient, chaque année, à la majorité absolue des suffrages exprimés par les deux tiers au moins des membres de la communauté, deux duumvirs qui, dans la suite, ont été appelés syndics ou consuls, ainsi qu'un questeur, comme le prouve l'inscription de Parridius.

Ils nommaient aussi les autres fonctionnaires municipaux, tels que percepteurs de l'impôt, juges et officiers de police, secrétaires, greffiers et autres agents et procureurs généraux ou particuliers, pour les affaires de la communauté ; et s'ils ont, comme partout, dès le dixième ou le onzième siècle, cessé de nommer leurs fonctionnaires ecclésiastiques, ils ont continué à intervenir souvent dans les nominations, en envoyant des députés ou en adressant des requêtes à l'archevêque d'Embrun, et ils ont continué également à nommer souvent leurs prédicateurs, ainsi que cela résulte de leurs délibérations municipales.

Ils s'administraient chez eux, et s'imposaient, par eux-mêmes ou par leurs fonctionnaires municipaux, librement et sans l'intervention des fonctionnaires politiques.

L'impôt était perçu par eux ou par leurs percepteurs, sous leur responsabilité ; et les pères, qui consentaient à ce que leurs fils fussent revêtus de fonctions municipales, étaient garants de la gestion de ceux-ci.

Il y avait quelques fonctionnaires appelés, comme dans le municipe romain, *discussores*, *defensores*, qualifications qu'on trouve reproduites dans les reconnaissances générales du XIII° siècle.

Enfin, ils observaient aussi des distinctions de rang ou

de préséance entre les membres de la curie qui avaient rempli des fonctions municipales honorifiques.

N'est-ce pas là à peu près le régime municipal romain, tel que M. Guizot l'indique à la fin de la république ou au commencement de l'empire, et tel qu'il me paraît avoir été, à cette époque, reçu par les Briançonnais, quoique je ne sois pas éloigné de penser qu'ils ont bien pu admettre postérieurement quelques-unes des décisions impériales qu'ils jugeaient utiles ou convenables à leurs intérêts particuliers et locaux?

CHAPITRE IV.

3ᵉ Epoque. — Domination romaine.

> « Les peuples des Gaules, conquis par les Romains, se donnèrent tout entiers à leurs vainqueurs : débarrassés des entraves de la théocratie druidique, ils adoptèrent les mœurs, le culte et les lois de la démocratie impériale ; les libertés municipales devinrent bientôt l'objet de leur affection et de leur enthousiasme. »
>
> L. BARRÉ.

C'est avec le dernier roi Cottius qu'expira l'indépendance des Alpes cottiennes. L'an 66 de l'ère chrétienne, l'empereur Néron transforma ces Alpes en province[1]. « Julius Cottius étant mort (dit Chorier), Néron fit une province de cette partie des Alpes dont son état était composé ; il en dépouilla les légitimes héritiers, pour avoir l'honneur d'avoir acquis une province à l'empire romain, et pour affaiblir d'autant les Allobroges et la province Viennoise en lui donnant un gouverneur particulier qui ne fût pas intéressé dans leurs oppressions. »

« Galba, ayant réglé les affaires des Gaules, continua son voyage et passa en Italie par les Alpes cottiennes, où il assura l'autorité de l'empire romain parmi ces peuples

---

[1] Muratori, t. X, sect. 3, n° 9. — Suétone, *Vie de Néron*, n° 18. — Aurelius, *Vie de Néron*. — Eutropius, lib. 7. — Vopiscus in Aureliano.

» que Néron lui avait ajoutés par son usurpation. » (*Histoire du Dauphiné*, t. I, pp. 345 et 347.)

Je ne sais sur quelle autorité s'est fondé le curé Albert pour avoir pu dire, dans son *Histoire du diocèse d'Embrun*, t. I, p. 217 : « Par le traité que Cottius avait fait avec
» l'empereur Auguste, il fut convenu que les petits Etats
» du premier seraient réunis à l'Empire lorsque ses des-
» cendants viendraient à manquer. »

Galba, dit Ladoucette (*Histoire des Hautes-Alpes*, 2ᵉ édit., p. 245), « s'arrêta quelque temps dans les Alpes
» cottiennes pour y cimenter le pouvoir de l'Empire; elles
» possédaient alors un pouvoir municipal que Julien ren-
» dit plus tard uniforme dans les Gaules. »

Ainsi, depuis Néron et par un simple acte d'administration ou plutôt d'usurpation de cet empereur, ce petit peuple qui, sur les sommités escarpées des Alpes, ses citadelles naturelles et presque inexpugnables, avait su résister aux Romains, et avait conservé son individualité et sa nationalité jusqu'aux temps de leur plus grande puissance, ce petit peuple cesse de jouer un rôle politique particulier ; il cesse d'être comme peuple ou nation distincte ; il devient une province romaine, la province des Alpes cottiennes; il s'engloutit, avec une foule d'autres peuples plus ou moins considérables, plus ou moins puissants, dans les immenses entrailles du colosse impérial, avec lequel il va vivre de la même vie, suivre les mêmes lois, adorer les mêmes dieux. Ses habitants vont devenir *Briganto-Romains* ; obligés de subir la législation de Rome, ils l'accepteront sans résistance, peut-être même avec empressement. Cette législation, qui leur a donné le municipe et qui doit le leur maintenir, ne s'adapte-t-elle pas déjà à leurs mœurs depuis longtemps influencées par leurs relations avec les Romains ? Un droit positif et écrit, produit d'une civilisation avancée, ne convient-il pas mieux à ces montagnards qui, pendant les longues soirées de leurs longs hivers, ont presque tous appris à lire et à écrire, qu'un droit purement coutumier ou usager, incertain, mobile et variable comme la parole, comme la tradition? Dès lors la langue romaine ne doit-elle pas s'unir, s'affilier, se marier à la langue des peuples qui reçoivent, qui adoptent cette loi? La langue des Brigantes ne doit-elle pas au moins se *romaniser*?

La religion romaine elle-même, avec ses mythes si poétiques et si surnaturels, si ingénieux et si séduisants, avec ses divinités si nombreuses et si variées, pour toutes les vertus, pour toutes les gloires, ne devait-elle pas éblouir, charmer et fasciner l'imagination de ces hommes, qui n'avaient eu jusqu'alors que le culte druidique, ce culte obscur et presque ignoré qui peut suffire à des peuples à demi sauvages, mais qui ne pouvait déjà plus convenir à des hommes qui, par leur contact et leurs relations avec les Romains, avaient commencé à se polir, à se civiliser et à s'éclairer, et auxquels devenait nécessaire une religion qui parlât à l'esprit, à l'imagination et au cœur, plus que le culte mystérieux et à la fois cruel et barbare des Druides?

D'ailleurs les éléments et les usages de la société romaine avaient dû commencer à s'infiltrer et à pénétrer chez les peuples des Alpes cottiennes, surtout depuis leur alliance avec les Romains.

Ces montagnards, sauvages et grossiers plus en apparence qu'en réalité, plus extérieurement qu'intérieurement, avaient dû se laisser facilement séduire et entraîner par les charmes de la civilisation romaine, qui leur avait appris à se gouverner régulièrement chez eux : s'ils se considéraient comme supérieurs aux Romains par la force physique ; s'ils l'étaient réellement, ils devaient néanmoins reconnaître la supériorité morale de ces derniers, et désirer acquérir la civilisation, l'instruction et les connaissances qui donnent, qui procurent cette supériorité morale et améliorent le bien-être social.

Les éléments de la société romaine vinrent donc, presque naturellement et sans opposition, se mélanger, s'infuser avec ceux de la société briançonnaise; et bientôt usages, mœurs, législation, langage légal et judiciaire, et presque langage usuel, administration, religion, tout fut implanté ou greffé sur le sol briançonnais; les lois romaines régirent le pays, et les divinités du paganisme y eurent des autels, des temples, des ministres [1] qui furent ensuite remplacés par des autels, des temples et des ministres de la religion du Christ [2].

Malgré sa réduction en province romaine, le Briançonnais dut être traité très-favorablement, parce qu'il fut adjoint, uni à l'Empire plutôt comme province alliée que comme province soumise, plutôt, en quelque sorte, par droit de déshérence, à la mort du dernier Cottius, que par droit de

---

[1] Ainsi, selon Ælius Spartianus, il y avait un temple dédié au dieu Mars, à Oulx, appelé quelquefois *Castrum* ou *Castra Martis*, nom qui semblerait indiquer que le temple du dieu de la guerre était un camp ou avait la forme d'un camp. Il y en avait encore plusieurs autres, dont un dédié à Janus, sur le mont Genèvre, appelé par cette raison *mons Jani*. Des inscriptions antiques trouvées dans le Briançonnais prouvent qu'il y avait des prêtres flamines; et une statuette de Bacchus, en bronze, découverte en 1835 parmi des ruines voisines du Champ de Mars, prouve que ce dieu y avait aussi été adoré. Cette statuette, d'un travail assez grossier, avait été mutilée par un chrétien, qui avait limé les cornes du dieu et lui avait fait une croix sur la poitrine avec un poinçon.

[2] Le premier village chrétien serait (selon la tradition et ainsi que semble l'indiquer son nom) le village de *Fonschristiana* ou *Fonschristianorum*, Fontchristiane, près Briançon.

conquête; aussi fut-il administré d'abord par un dignitaire supérieur, par un Président, et non par un Procureur ou par un Préfet; c'est ce qui résulte des énonciations de quelques anciens auteurs, et en particulier des notices de Pancirole sur les dignités et les fonctionnaires de l'empire d'Occident, où se trouve mentionné le président des Alpes cottiennes ; c'est ce qui est d'ailleurs confirmé par deux inscriptions trouvées à Rome, et qui ont été publiées par Mazochius et Ladoucette.

La première de ces inscriptions commence ainsi :

ATORI. ET. PRAESIDI. ALPIUM. COTT... VINCIAE.

La deuxième indique un procureur et un président des Alpes :

PROC. ET. PRAESIDI. ALPIUM....

Muratori dit même que les Alpes cottiennes ont continué à être administrées par un président jusqu'au temps de Justinien : *Itaque tractus Alpium cottiarum, olim regnum Cottii, ex quo in provinciæ formam fuit redactus anno æræ vulgaris 66 a Nerone, usque ad æstatem Justiniani, et ut provincia a præside administrata*....... Au reste, il est vraisemblable que l'administration par un président a été maintenue tant que le gouvernement romain a continué à faire une distinction entre les provinces alliées et les provinces conquises.

Cependant le curé Albert, en son *Histoire du diocèse d'Embrun*, t. I, p. 202, cite le texte de deux inscriptions qui mentionnent, l'une, un procureur des Alpes maritimes, et l'autre, un procureur des Alpes romaines ; mais ces deux inscriptions, trouvées à Chorges, près d'Embrun, sur le piédestal d'une colonne ou d'une statue élevée en l'honneur de Néron, ne sont relatives qu'aux Alpes romaines ou maritimes soumises et subjuguées avant la réduction des Alpes cottiennes en province, et sont peut-être même antérieures à cette réduction, car Annius Rufinus, mentionné dans l'une de ces inscriptions, vivait sous Néron.

Une autre inscription, celle des Thermes de Suze (auxquels l'empereur Gratien a donné son nom, ainsi qu'à la ville de Grenoble, *Gratianopolis*), est plus spéciale; elle mentionne formellement un préfet des Alpes cottiennes, nommé Q. MAGNUS :

SALVIS D.D.D.N.N.N. VALENTE, GRATIANO ET VALENTINIANO, THERMAS GRATIANAS DUDUM CAEPTAS ET OMISSAS, Q. MAGNUS ALPIUM COTTIARUM PRÆFECTUS EXTRUXIT ET USUI SEGUSINAE REDDIDIT CIVITATI, FORMAVIT ET FISTULAS DEDIT, AQUAM DEDUXIT NE QUID VEL UTILITATI VEL URBIS DEESSET COMMODITATI.

Mais, en rappellant que ces thermes ont été commencés sous Valens, Gratien et Valentinien (environ un siècle et demi avant Justinien), l'inscription ajoute qu'après avoir été négligés depuis longtemps, ils ont été terminés par Q. MAGNUS, préfet des Alpes cottiennes, ce qui indiquerait que Q. MAGNUS a vécu postérieurement à Justinien, ou que ces Alpes avaient un préfet en même temps qu'un président.

La seconde inscription de Mazochius semblerait même indiquer que les fonctions de président pouvaient être réunies à celles de procureur, puisqu'il y est question d'un procureur et président des Alpes, PROCURATORI ET PRÆSIDI ALPIUM..........; au reste il ne serait pas impossible qu'outre le président, il y ait eu quelquefois un procureur ou un préfet.

Il est néanmoins plus vraisemblable qu'il n'y avait pas en même temps un président et un procureur, et que ce n'est que plus tard et lorsque les empereurs ont cessé de faire des distinctions entre les provinces pour les soumettre à une administration uniforme, que les présidents des provinces favorisées ont été remplacés par des procureurs ; et c'est probablement à cette dernière époque que l'on doit rapporter une inscription donnée par Bouche (t. I, p. 112), où il est fait mention d'un procureur auguste des Alpes cottiennes : PROC. AUG. ALPIUM COTTIAN.

L'histoire est presque muette sur ces Alpes pendant la domination romaine ; elle se borne à mentionner le nom de la province des Alpes cottiennes, quelques changements de circonscription, peut-être même de domination pendant les guerres des Goths et des Francs, quelques dignitaires de cette province, ainsi que quelques passages d'armées. Mais l'assujettissement à cette domination, l'adoption volontaire ou forcée de la législation et d'une portion de l'organisation sociale et politique des Romains, durent produire leurs effets naturels ; et quoique les Briançonnais aient pu conserver leur administration intérieure du pays par le pays consacrée par la loi romaine, cependant le système d'esclavage, de servitude personnelle, d'aliénation de la liberté individuelle, reconnu et établi par cette loi, dut peu à peu pénétrer parmi eux et produire d'abord le mal moral, et successivement le mal physique que cette loi autorisait ; des germes d'esclavage, de servitude, durent dès lors surgir et se développer parmi eux ; et si les *Briganto* ou *Brianço-Romains*, ceux surtout qui jouissaient des droits municipaux et politiques romains, purent demeurer libres ou ingénus, tous ceux qui aliénèrent de gré ou de force leur liberté individuelle, ainsi que les esclaves amenés des autres contrées, commencèrent à former dans la société nouvelle une nouvelle classe d'hommes sur cette terre de liberté sauvage et farouche qui, antérieurement, égorgeait ses ennemis vaincus et ses prisonniers de guerre, au lieu d'en faire des esclaves.

Si donc la réduction des cités cottiennes en province, sous la domination de Rome, détruisit leur indépendance nationale et politique, et put ou dut même modifier leur état social, elle dut aussi maintenir, pendant tout le temps de cette domination, la législation romaine et par conséquent leur régime municipal, qui était d'origine et de nature romaines.

CHAPITRE V.

4ᵉ Epoque. — Décadence, division et chute de l'Empire romain. — Invasion des Barbares (Goths, Burgundes et Francs) dans la Gaule et en particulier dans les contrées de la rive gauche du Rhône et les Alpes. — Dissolution d'une partie du royaume des Francs et formation du second royaume de Bourgogne ou de Provence. Dissolution de ce dernier royaume et indépendance de quelques seigneurs de la rive gauche du Rhône.

> « Cet immense corps d'empire romain croulait de toutes parts, même avant d'être assailli par les Barbares ; la force, dont il était la création, était une force usée, dégénérée, démoralisée, qui ne suffisait plus à en tenir les pièces ensemble ; il devait nécessairement se disloquer. »
> FAURIEL.

Cependant arrive l'époque où le vaste édifice de la puissance romaine commence à s'ébranler, à vaciller sur ses fondements continuellement sapés ou minés par l'anarchie, par la guerre civile et par la guerre étrangère. Bientôt ce gigantesque colosse se disloque, s'écroule, et roule dans ses débris jusqu'aux limites du monde connu. Déjà la formidable puissance de l'Empire n'est presque plus qu'un souvenir historique, et ne se révèle que par l'immense étendue de ses ruines sur lesquelles se jettent, se ruent, se précipitent, se mêlent, se croisent, se heurtent des hordes de sauvages, des armées de barbares, des nations entières en locomotion et pérégrination armée, des peuples peu connus, inconnus même, venant du nord, venant du levant, venant on ne sait d'où, allant on ne sait où, mais pillant, butinant et ravageant tout sur leur passage ; tantôt s'abattant et s'arrêtant tout à coup, comme des oiseaux de proie, sur les restes d'un cadavre qui leur offrent encore une abondante pâture ; tantôt continuant leur course irrégulière et vagabonde au travers de populations avec lesquelles ils viennent se fondre, se mêler, et composer ainsi d'autres nations mixtes ; quelquefois tout à fait neutres et nouvelles, résultant d'une combinaison intime des éléments de leur double origine ; d'autres fois simplement mélangées et conservant plus ou moins les types caractéristiques de leur double nature étrangère et indigène.

Dans ce cahos, dans cette confusion universelle, que deviendra le petit peuple briançonnais ? Perché sur ses hautes montagnes, sera-t-il préservé de l'invasion par ces grandes digues naturelles ? Verra-t-il venir expirer à ses pieds les flots désordonnés et dévastateurs de ces populations nomades ou errantes, incertaines dans leur marche comme dans leur but ? Ses Alpes, ses neiges, ses glaciers, son climat âpre et rude, sa pauvreté même, le tiendront-ils à l'abri des irruptions et des ravages de ces hordes barbares et dévastatrices ?

Hélas ! non. Briançon n'est-il pas le cœur de cette grande artère transversale des Alpes, le centre de cette grande voie de circulation qui pénètre et s'insinue à travers leurs escarpements et leurs hauteurs presque inaccessibles, pour établir la communication la plus naturelle et la moins difficile entre le bassin du Rhône et le bassin du Pô, entre la Gaule transalpine et la Gaule cisalpine, entre la Gaule proprement dite et la haute Italie ?

C'est donc par là que s'insinueront, que circuleront, que déborderont les flots de ces populations barbares, qui, dans leurs ondulations irrégulières et vagabondes, dans leurs flux et reflux presque continuels pendant plusieurs siècles, se transvaseront, au travers de ces montagnes, de l'Italie dans la Gaule ou de la Gaule dans l'Italie.

Quels que soient le courage et la bravoure du petit peuple briançonnais, lui sera-t-il possible de s'opposer avec succès à ces invasions, auxquelles l'empire romain lui-même ne pourra résister? Des armées, des nations étrangères traverseront et retraverseront les Alpes briançonnaises; mais ces Alpes sont trop élevées, trop froides, trop stériles, et surtout trop pauvres, pour séduire ces étrangers et satisfaire ou assouvir leurs goûts, leurs désirs ou leur cupidité; elles ne peuvent être, pour eux, ni la nouvelle patrie qu'ils rêvent et qu'ils cherchent, ni la terre promise que leurs chefs ont pu leur faire espérer; ils n'y demeureront donc pas; ils ne s'y établiront donc pas, ou, s'ils s'y établissent, ce ne sera que militairement et temporairement; ils ne feront presque qu'y passer; et, de ces occupations temporaires ou transitoires, de ces passages plus ou moins fréquents, plus ou moins rapides, dont l'histoire n'a pas même toujours conservé un souvenir, il ne restera que les traces des dévastations, et non celles des usages ou des institutions de ces populations presque sauvages ou peu civilisées, émigrées des steppes ou des forêts de la Germanie et du nord de l'Europe, pour aller à la recherche d'une nouvelle, d'une meilleure patrie, qu'elles ne pouvaient trouver au sein des plus hautes et des plus froides vallées des Alpes.

Les Briançonnais verront passer des Gaulois, des Goths, des Burgundes, des Francs, des Lombards....; et ces passages occasionneront-ils des changements, des altérations sensibles dans les institutions locales?

Quelles étaient alors ces institutions? N'étaient-ce pas

probablement encore les institutions municipales d'origine romaine; ces institutions, si chères aux peuples et surtout aux petits peuples, qui, à raison du petit nombre de leurs habitants, participent plus directement à ce genre de pouvoir ?

Afin d'être mieux en état de discuter et de résoudre ce problème avec le peu de documents que nous ont transmis les historiens et les chroniqueurs les plus contemporains, il n'est pas inutile de faire une digression vers l'histoire générale, et d'examiner l'état de l'empire romain aux époques de sa décadence et de sa chute, et surtout celui des provinces gallo-romaines, soit avant cette chute, soit depuis :

Lorsque, à la fin du IVe siècle, Théodose partagea l'empire romain entre ses deux fils, Honorius et Arcadius, il pressentait bien déjà, sans doute, que cet immense empire, composé d'une infinité d'éléments hétérogènes, que la force de la victoire et de la conquête avait seule pu réunir et maintenir ensemble, pouvait difficilement continuer à se soutenir debout tout entier; et la subdivision qu'il en fit composa encore deux empires immenses, dont l'un, où dominait l'élément latin, forma l'empire d'Occident, et l'autre, où dominait l'élément grec, forma l'empire d'Orient.

Mais, comme l'empire dont ils procédaient, et par les mêmes causes, ces deux empires n'avaient plus une bien forte constitution de viabilité nationale.

L'empire d'Occident surtout était celui qui tendait à une dissolution plus immédiate et plus prompte ; formé de deux éléments principaux, l'élément latin et l'élément gaulois, ces deux éléments étaient devenus trop opposés, trop antipathiques, trop hostiles l'un à l'autre, pour pouvoir vivre encore longtemps ensemble d'une vie politique commune.

L'élément gaulois, opprimé, écrasé par l'élément latin, devait regretter son ancienne indépendance qu'il n'avait jamais oubliée entièrement, et que d'ailleurs l'oppression qu'il éprouvait avait dû lui rappeler maintes fois ; et peut-être se serait-il séparé de lui-même du grand empire pour s'affranchir de cette oppression et se constituer en un **Etat** particulier indépendant, qui aurait été encore considérable et puissant, s'il avait pu réunir, dans un esprit commun de nationalité, tous ses antiques éléments gaulois, ainsi que l'élément allobrogique, qui avait un intérêt tout à fait semblable.

Mais si, d'un côté, l'administration tyrannique et oppressive des empereurs ou de leurs fonctionnaires avait désaffectionné, détaché l'élément gaulois de l'élément latin, de l'autre, l'administration romaine, qui avait été douce et paternelle dans son principe, avait presque effacé tout souvenir de nationalité gauloise pendant sa durée de plus de quatre siècles ; elle avait surtout insensiblement désorganisé et détruit toute espèce de sentiment de nationalité gauloise générale ; la subdivision en provinces, longuement continuée pendant toute cette période de temps, avait presque fait oublier les anciennes idées gauloises d'association, de fédération ; l'esprit d'indépendance avait bien survécu à cette domination, mais non celui d'union, de nationalité entre les diverses parties de l'élément gaulois ; cet élément restait encore un peu uni et adhérent à l'élément latin ou romain-latin, plutôt par habitude et par inertie que par sympathie ou par affection.

C'est aussi par ce même défaut de cohérence, d'affinité nationale, que quand, dans la suite, la séparation de l'élément gaulois eut lieu, cet élément, de plus en plus affaibli par son mélange ultérieur avec plusieurs autres éléments de nationalités différentes, se trouva sans force, sans énergie pour une recomposition, une reconstitution de la Gaule, qui resta si longtemps fractionnée, morcelée en un certain nombre de petits Etats en quelque sorte étrangers les uns aux autres, et qui n'ont repris les idées d'union et de nationalité qu'après des siècles et lorsque, par suite d'événements divers, ils se sont retrouvés, dans des temps plus modernes, réciproquement et mutuellement attirés par un grand intérêt public commun, celui de la grande nationalité française.

Mais cette adhésion de l'élément gaulois à l'élément latin, qui n'avait ni affinité ni intimité, et qui ne s'était maintenue qu'en l'absence d'une affinité assez prononcée des diverses parties de l'élément gaulois entre elles, ou peut-être qu'à cause de la présence de quelques légions romaines, cette adhésion aurait probablement bientôt cessé d'exister, et une séparation volontaire ou spontanée aurait eu lieu inévitablement à une époque plus ou moins prochaine, si d'autres événements majeurs n'étaient survenus avant cette séparation, car déjà de nombreux symptômes de mécontentement s'étaient manifestés ou se manifestaient de temps en temps par des émeutes, par des insurrections, par des soulèvements partiels dans les Gaules et l'Allobrogie, et notamment dans les Alpes, comme on le verra bientôt.

Les diverses parties de l'élément latin avaient elles-mêmes peu d'adhérence ou de cohésion entre elles, et par conséquent peu d'esprit de nationalité, comme cela arrive ordinairement dans les gouvernements trop arbitraires et absolus.

Ainsi donc, point d'adhérence ou de cohésion, et presque répulsion entre les éléments gaulois et latins qui formaient la grande majorité de l'empire d'Occident, et peu d'adhérence ou de cohésion, soit entre les diverses parties de l'élément gaulois, soit entre celles de l'élément latin ; ainsi, par conséquent, peu ou point d'esprit d'union ou de nationalité à défendre de la part de ces différents éléments, soit en Gaule, soit même en Italie ¹.

Tel était l'état de l'empire d'Occident, lorsque des bruits alarmants et inopinés d'invasion étrangère parvinrent aux oreilles des chefs du gouvernement, qui se croyaient en parfaite sécurité, parce qu'ils étaient naguère et pensaient encore être les maîtres du monde, ou du moins les chefs d'un empire issu d'un empire maître du monde, et qui, jusqu'alors, avait soumis tous les ennemis qui avaient osé se présenter devant lui.

Mais le temps n'était plus où le beau titre de citoyen romain faisait vibrer énergiquement et patriotiquement les fibres de tous les cœurs de l'Italie, et chatouillait et flattait agréablement les oreilles, l'amour-propre des Gallo-Romains, habitués à se considérer comme des citoyens romains, parce qu'ils avaient été admis à en exercer certains droits. L'Italie était peu disposée à défendre la puissance tyrannique de ses empereurs ; et la Gaule, réduite à opter entre deux dominations étrangères, avait peu d'intérêt à préférer ou à subir plutôt l'une que l'autre.

---

[1] M. Guizot, dans ses *Essais sur l'Histoire de France*, prétend que c'est à l'anéantissement de la classe moyenne dans le monde romain par le résultat d'un régime municipal qui l'avait rendue tout ensemble l'instrument et la victime du despotisme impérial, que l'on doit surtout et presque seulement attribuer la prodigieuse facilité des invasions des Barbares, qui n'éprouvèrent que très-peu de résistance. Cet anéantissement y a sans doute beaucoup contribué ; mais Simonde de Sismondi me paraît plus près de la vérité lorsque, dans son *Histoire des Français*, il attribue ce défaut de résistance au *défaut de lien social*. Je crois, néanmoins, qu'il n'est pas allé assez loin, et qu'il aurait dû dire au *défaut de lien social* NATIONAL : Peut-être était-ce là sa véritable pensée ; peut-être était-ce aussi celle de M. Guizot, qui explique ensuite que la destruction de cette classe moyenne avait détruit la nation.

L'empire d'Occident n'avait donc aucuns moyens puissants de résistance contre des invasions aussi nombreuses et aussi formidables que celles auxquelles il se trouvait exposé; et peut-être aurait-il succombé immédiatement, s'il n'avait eu l'habileté et la politique, soit de semer la discorde et la désunion parmi ses envahisseurs, soit d'en traiter quelques-uns en alliés et de les prendre à sa solde et à son service contre les autres; mais si, par cette tactique, il put retarder un peu sa chute, il ne put néanmoins l'empêcher.

Aussi, depuis lors, va-t-il commencer à décliner et à déchoir chaque jour de sa puissance et de sa splendeur; il n'aura bientôt plus ou presque plus d'exploits glorieux à faire célébrer; il n'aura plus de Tite-Live ni de Tacite pour les enregistrer dignement dans les fastes de l'histoire; il n'aura même plus de ces écrivains de mérite, qui, quoique moins illustres que ceux-ci, brillaient cependant encore après eux; à peine trouvera-t-il quelques narrateurs obscurs ou peu connus, quelques chroniqueurs moins connus encore, enregistrant et échelonnant, année par année, date par date, les derniers degrés de sa décadence et de sa chute.

Après ces considérations générales et pour savoir ce que deviennent successivement les contrées de la rive gauche du Rhône, et en particulier les Alpes cottiennes, au bruit de cette immense catastrophe et dans ses nombreuses et diverses phases, il est encore nécessaire d'examiner l'histoire de l'envahissement et de l'occupation de ces contrées.

L'empire romain, avons-nous dit, se trouve inopinément menacé, et ce n'est pas seulement sur un point que l'invasion se présente, elle apparaît menaçante et formidable sur une foule de points à la fois. Des populations nombreuses, innombrables, d'origines différentes, affluent de toutes parts et pénètrent par tous les interstices, par tous les pores des frontières ; il semble que le pôle boréal vomisse tous ses enfants sur le midi de l'Europe, et qu'il aille en chercher encore jusqu'aux régions les plus lointaines de l'Orient pour pouvoir en vomir davantage. L'empire romain est débordé, inondé ; la population indigène se fond et disparaît en quelque sorte dans les flots absorbants de ces populations envahissantes.

Quels sont ces étrangers ? D'où viennent-ils ?

Laissons les historiens de ces invasions s'engager, s'aventurer à la poursuite de cette recherche dans les forêts de la Germanie ou de la Pannonie, dans les landes et les steppes de la Scythie et de la Scandinavie ; laissons-les s'enfoncer dans la Sarmatie, même dans les profondeurs de l'extrême Tartarie, ou se hasarder dans les régions hyperboréennes et jusque dans les glaces du nord ; laissons-les en rapporter mille noms différents, mille origines différentes, mille noms douteux, mille origines douteuses.

De tous ces noms, retenons-en d'abord trois principaux, les trois les plus connus et les plus certains, ceux des Goths, des Burgundes et des Francs, qui désignent tous les trois des peuples plus ou moins germains d'origine, quoique les bandes de ces envahisseurs aient été probablement un peu mélangées de races diverses. Ce sont les seuls qui méritent d'être comptés parmi nos ancêtres (dit M. Guizot, *Histoire de la civilisation en France*), et ceux qui ont joué le principal rôle dans ces invasions, les autres n'ayant fait dans la Gaule que des expéditions ou incursions passagères et rapides, sans grande conséquence historique ; et il est remarquable que ce soient précisément ces trois peuples qui ont occupé la France et en particulier le bassin du Rhône et les Alpes.

Invasion des Goths. — Quels sont ceux de ces envahisseurs qui, les premiers, oseront franchir les limites de l'Empire pour ne plus les repasser? Quel est celui de leurs chefs qui aura la témérité, l'audace, de venir attaquer, jusque dans ses foyers, la nation qui était naguère, qui est encore la maîtresse du monde? Ce sont les Goths, répond l'histoire[1], et ce chef, c'est Alaric, ce Goth audacieux et intrépide qui, à la tête de ses bandes formidables, donnera l'exemple, l'impulsion aux autres, et leur apprendra que le grand corps de l'empire romain n'est presque plus qu'un immense cadavre, inerte et impuissant à se défendre.

A la tête de ses Goths et dès le commencement du Ve siècle, Alaric pénétrera en Italie; il marchera droit au cœur de l'Empire; l'Italie, ébranlée et tremblante sous leurs pas, n'essaiera presque pas de leur disputer le passage; et Rome, au lieu de leur opposer, en rangs nombreux et serrés, ses enfants, ses citoyens armés pour sa défense, Rome, stupéfaite et terrifiée, ouvrira ignominieusement son sein aux profanations de ces Barbares.

Ces bandes désordonnées promèneront leurs ravages et leurs dévastations d'un bout à l'autre de l'Italie; et, dans leur impétueuse turbulence, dans leur avidité de conquêtes et de pillage, quelques-unes d'entre elles soulèveront leurs flots enflés et tumultueux jusqu'à la hauteur des gorges des Alpes, de ces portes gigantesques et naturelles par lesquelles l'Italie s'ouvre et débouche dans les Gaules, et par lesquelles ces bandes se transvaseront dans l'Allobrogie et les provinces gauloises.

C'est vers l'année 411 ou 412, après la mort d'Alaric et sous la conduite d'Ataulphe, son successeur, que, pour la

---

[1] Prosper. Aquit. *Chronic.*, anno 400.

première fois, les Goths passeront les Alpes [1], probablement les Alpes cottiennes, ainsi que le disent Chorier [2] et Ladoucette [3], puisqu'ils descendront dans les provinces Viennoise et Narbonnaise, où ils assiégeront et prendront Valence [4]; de là, ils s'étendront ensuite dans le midi de la Gaule et même dans le nord de l'Espagne, depuis les Alpes jusqu'à l'Océan, depuis la Méditerranée jusqu'à la Loire ; et, à l'instar de ce qui avait eu lieu antérieurement dans leurs anciens établissements sur les deux rives du Dniester, ils se distingueront en Goths occidentaux ou Visigoths, et en Goths orientaux ou Ostrogoths : les nouveaux Visigoths seront les Goths de l'Espagne et de la Gaule méridionale, et les nouveaux Ostrogoths seront les Goths d'Italie, qui seront aussi souvent appelés simplement Goths.

Invasion des Burgundes. — C'est aussi au commencement du Ve siècle, et à peu près à la même époque, que les Burgundes, germains d'origine, quoique Chorier (*Histoire du Dauphiné*, t. I, p. 457) leur attribue une origine gauloise, franchissant à leur tour les limites de l'Empire au nord-est, traversaient le Rhin sous la conduite de leur chef Gundicaire, et s'avançaient vers le midi des Gaules, dans les bassins du Doubs et de la Saône, menaçant même celui du Rhône.

Le gouvernement impérial, qui n'avait pas la force d'empêcher cette nouvelle invasion, et qui redoutait également l'approche de cette autre nation conquérante, crut pouvoir

---

[1] Prosp. Aquit. *Chronic.*, anno 412. — Cassiod. *Chronic.* — Procop. *De bello vandalico.* — Prosp. Tyronis *Chronic.*, anno 412.

[2] *Histoire du Dauphiné*, t. I, p. 441.

[3] *Histoire du département des Hautes-Alpes*, p. 30.

[4] Prosp. Tyronis *Chronic.*, anno 413.

arrêter sa marche et s'en faire au besoin une alliée, en lui concédant, en 413 ou 414, la possession de ces mêmes contrées dont elle s'était déjà emparée de vive force[1].

Si cette concession put suspendre quelque temps les progrès des Burgundes et retarder leur marche vers le Midi, elle ne réussit pas cependant à l'arrêter entièrement, car Grégoire de Tours et le chroniqueur Adon, archevêque de Vienne, les représentent déjà établis, dès l'année 428, le premier, dans les cisalpines, *in cisalpinis;* le deuxième, sur l'une et l'autre rive du Rhône[2].

Leur puissance ne paraît pas même avoir été fortement atteinte par la victoire signalée que remporta sur eux le général romain Aétius, qui, au dire de quelques chroniqueurs, les aurait exterminés presque entièrement[3], puisqu'ils étaient à Lyon et sur les rives du Rhône en 445[4]; et il a même fallu qu'avant cette époque ils eussent réparé leurs pertes et fussent devenus plus puissants et plus exigeants, car, dès 443, ils avaient pénétré jusque dans la Savoie[5], où ils avaient été autorisés à s'établir et à partager les terres avec les indigènes[6]. Or, à cette époque, la Savoie, *Sabau-*

---

[1] Prosp. Aquit. *Chronic.*, anno 413. — Cassiod. *Chronic.*, anno 413. — Eusebii *Chronic.*, cap. 46. — Oros. *Hist.*, lib. 7, cap. 4.

[2] Gregor. Turon. *Epit.* circa annum 428. — Adon. *Chronic.*, ann. 428-447.

[3] Prosp. Tyron. *Chronic.*, ann. 436. — Idatii *Chronic.*, ann. 436. — Prosp. Aquit. *Chronic.*, ann. 435.

[4] *Gesta regum franc.*, ann. 445. — Greg. Turon. *Hist. franc.*, lib. 2, § 9.

[5] Prop. Tyron. *Chronic.*, ad ann. 443.

[6] *Sabaudia Burgundionum reliquis datur cum indigenis dividenda* (Prosp. Tyron. *Chronic.*, ann. 443). La Savoie est donnée aux restes des Burgundes en partage avec les indigènes en l'année 443, ce qui fait présumer que les autres contrées précédemment envahies avaient

dia ou *Sapaudia*, comprenait la majeure partie du Dauphiné, puisque Pancirole, dans ses *Notices sur l'Empire*, place Grenoble et Embrun en Savoie. La *Chronique* de Marius apprend encore qu'en l'année 446, ils s'approprièrent et se partagèrent des terres des sénateurs gaulois.

En progressant ainsi lentement, mais constamment du côté du midi, les Burgundes s'approchaient successivement des contrées occupées par les Goths, et ils ont dû finir par se trouver en contact avec ces derniers au milieu du Ve siècle, contact qui paraît avoir eu lieu vers la Durance ou dans la partie méridionale du Dauphiné, *au delà de l'Isère*, dit Chorier (*Histoire du Dauphiné*, t. I, p. 448).

Invasion des Francs. — Pendant que les Goths et les Burgundes s'installaient ainsi, les uns dans la partie méridionale, les autres dans la partie orientale de la Gaule, une troisième invasion, celle des Francs, se préparait encore du côté du nord-est, si déjà elle n'avait pas eu un commencement d'exécution, car il n'y a rien de plus incertain que l'époque à laquelle les Francs ont commencé à pénétrer dans la Gaule pour ne plus la quitter et finir par l'envahir entièrement.

Les chroniqueurs nous montrent déjà les Francs vaincus

---

déjà été également données en partage aux premières bandes d'envahisseurs burgundiens.

Ne serait-ce pas là le germe de la disposition du titre 54 du Code burgundien, mise en action avant sa rédaction par écrit et sa promulgation ? De là paraîtrait aussi résulter que le partage entre les Burgundes et les Gallo-Romains serait une concession romaine plutôt qu'un mode de partage Burgundo-Germain.

La même observation peut s'appliquer aux partages entre les Visigoths et les Gallo-Romains.

par le général romain Aétius en l'année 428, dans la partie de la Gaule voisine du Rhin[1] ; Jornandès[2] les désigne ensuite, ainsi que les Burgundes, parmi les auxiliaires réunis par Aétius contre Attila; mais c'est surtout à la fin du V⁵ siècle que leur présence n'est plus douteuse dans ces contrées, où, en 486, sous leur chef Clovis, ils manifestent leur existence politique et leur puissance déjà formidable par la défaite, à Soissons, de l'armée romaine commandée par Syagrius.

A la suite de cette victoire, les Francs continuent leur marche conquérante, battant et chassant devant eux les généraux de l'Empire ; et, tandis qu'ils s'étendent en appuyant leur droite à la Bretagne armorique et à l'Océan, leur gauche aux pays envahis par les Burgundes, ils s'avancent progressivement vers le Midi jusqu'aux contrées occupées par les Goths.

Ainsi, à la fin du V⁵ siècle, et abstraction faite des invasions simplement passagères, la Gaule se trouve presque totalement envahie et occupée par trois peuples principaux : le Midi par les Goths ou Visigoths, l'Est par les Burgundes, l'Ouest et le Centre par les Francs.

Gêné et mal à l'aise dans ces limites variables, fluctuantes et incertaines, chacun de ces peuples tâchera de développer, de propager, d'étendre sa puissance et sa domination au préjudice des deux autres. Les Romains aussi tâcheront, mais en vain, de repousser ces envahisseurs, soit en les attaquant ensemble ou séparément, soit en les excitant et armant les uns contre les autres, soit en s'alliant ou s'unissant aux uns pour combattre les autres.

---

[1] Prosper. Aquit. *Chronic.*, ann. 428.—Cassiodor. *Chronic.*, ann. 428.
[2] *De rebus Geth.*, cap. 36.

De là naîtront des guerres presque continuelles de ces peuples entre eux, de ces peuples avec l'Empire, jusqu'à l'époque où les Francs, restés vainqueurs et dominateurs exclusifs dans la Gaule, finiront par y fonder et constituer une grande nationalité franque ou française, de l'Océan aux Alpes, et du Rhin à la Méditerranée.

Mais les contrées des bassins du Rhône et de l'Isère seront souvent le théâtre de ces luttes terribles, dont le bruit aura nécessairement du retentissement dans les échos des Alpes cottiennes, et dont les conséquences ou les désastres pourront rejaillir quelquefois, souvent peut-être, jusqu'aux vallées les plus élevées de ces montagnes; ces contrées éprouveront des changements de domination; et, pour apprécier les effets que ces changements pourront produire sur les institutions sociales et politiques des habitants des Alpes cottiennes, il convient de présenter un tableau succinct et à grands traits des principaux de ces événements.

Clovis et ses Francs, que Procope et quelques autres appellent Germains, à cause de leur origine germanique, s'étaient avancés de plus en plus à l'ouest, au midi et à l'est; et la puissance rapidement croissante de cette nation nouvellement arrivée dans la Gaule, où elle s'était annoncée par des succès éclatants et signalés, avait commencé à paraître redoutable à ses voisins, qui avaient fait entre eux plusieurs alliances pour lui résister. (Procop. *De bello Goth.*, lib. 1, cap. 12.)

Clovis eut l'adresse de les diviser; il les attaqua ensuite séparément, et sut même se servir des uns contre les autres. Il attaqua d'abord Gondebaud, roi des Burgundes, sur lequel il remporta une première victoire; celui-ci ayant recommencé les hostilités, Clovis s'allia contre lui avec Théodoric, roi des Goths d'Italie, en 499 ou 500; et, après une seconde victoire qu'il remporta avant l'arrivée des Goths, il céda néanmoins à Théodoric, conformément à leur traité, la moitié des pays qu'il venait de conquérir sur les Burgundes (Procop., *loc. cit*.); c'étaient probablement les pays situés dans le bassin du Rhône, sur la rive gauche de ce fleuve; mais Procope, qui parle de ce partage, ne s'explique pas sur la formation de chaque lot; cependant on peut facilement présumer que les Francs conservèrent la partie occidentale du Dauphiné, qui, leur étant limitrophe, se trouvait plus à leur convenance, et que les Goths eurent la partie orientale ainsi que les Alpes cottiennes, dont l'histoire les montre ensuite possesseurs. Selon Ladoucette, *Histoire des Hautes-Alpes*, p. 32, Théodoric aurait voulu conserver le mont Genèvre et le Mont-Cénis comme passages de France en Italie.

Après avoir vaincu et affaibli les Burgundes, dont il exigea des tributs et des auxiliaires [1], Clovis tourna ses armes contre Alaric II, roi des Visigoths, qu'il défit et tua à la bataille de Vouglé, en l'année 507 [2]; cette victoire permit à Clovis d'étendre considérablement ses Etats, au couchant et au midi, aux dépens de ceux d'Alaric [3].

Pour venger ce dernier, ou plutôt pour préserver ses possessions de la vallée du Rhône, qui se trouvaient menacées, Théodoric envoya une armée de Goths, qui, sous le commandement de son général Ibbas, passa les Alpes et arriva auprès de la ville d'Arles, assiégée par les Francs et les Burgundes, leurs auxiliaires. Ibbas leur livra une bataille qu'il gagna, et à la suite de laquelle les Francs et les Burgundes se retirèrent, abandonnant aux Goths vain-

---

[1] *Chronic. vet. Moissiac.*, ann. 500. — Isidor. *Hist. Goth.*— Procop. *De bello Goth.*, lib. 1, cap. 13.

[2] Gregor. Turon., lib. 2, cap. 37.

[3] *Chronic. vet. Moissiac.*, ann. 507.

queurs à peu près toutes les contrées situées entre le Rhône et les Alpes¹, contrées dont Théodoric s'empara, par droit de conquête, sans même restituer aux Visigoths celles qui leur avaient appartenu.

Après ces événements du commencement du VIe siècle, Clovis mourut, et trois de ses fils, Childebert, Clotaire et Clodomir, recommencèrent la guerre contre les Burgundes, avec lesquels eut lieu, en 524, à Vézeronce, en Dauphiné, une grande bataille dont le résultat fut incertain ou peu décisif, mais dans laquelle Clodomir fut tué². Childebert et Clotaire les attaquèrent de nouveau et les battirent en 531 et 532³. Quelques historiens disent que c'est à cette époque que les Francs se seraient emparés de tout le royaume des Burgundes. Il est, en effet, possible et même vraisemblable qu'à la suite de ces victoires, les Francs se soient approprié quelques parties de ce royaume ; mais on pense généralement, d'après le témoignage de Marius⁴, qu'ils n'en ont fait la conquête totale et définitive qu'en 534, après une dernière victoire de Childebert et de Clotaire, aidés de leur frère Thierry, qui avait refusé de concourir à leurs précédentes expéditions.

Ces guerres des fils de Clovis, en Burgundie, ne firent pas cesser entièrement les hostilités avec les Visigoths, car leur roi, Amalaric, après avoir essuyé diverses défaites, après avoir été obligé de subir un partage qui, en donnant

---

¹ Jornandès, *De Rebus Geth.*, cap. 48 et al. — Cassiod. *Chronic.*, et lib. 8, epist. 10. — Fauriel, *Histoire de la Gaule méridionale.*

² Greg. Tur. *Hist. Francor.*, lib. 3, § 6. — Adon. *Chronic.*, ann. 524. — Marii *Chronic.*, ann. 524.

³ Greg. Tur. *Histor. Francor.*, lib. 3, § 11. — Procop. *De bello Goth.*, lib. 1, cap. 13.

⁴ Marii *Chronic.*, ann. 534.

le Rhône pour limite entre ses Etats [1] et ceux de son cousin Atalaric, roi des Ostrogoths, confirmait à ce dernier la possession de toutes les contrées de la rive gauche de ce fleuve, conquises par Théodoric [2]. Amalaric, de nouveau attaqué et vaincu, perdit définitivement toutes les possessions des Visigoths dans la Gaule : *Theodbertus.... quantacumque pars Galliæ Visigothis obvenerat, eamdem obtinet.* (Procop., *De bello Goth*, lib. 1, cap. 13.)

Les Francs, s'étant ainsi approprié toutes les possessions des Burgundes et des Visigoths, se trouvèrent dès lors, ajoute Procope, maîtres de toute la Gaule conjointement avec les Goths : *Ita Gallia in Gothorum ac Germanorum* (Francorum) *ditionem venit.*

Cependant, bientôt après, les Goths, vivement attaqués en Italie par les Romains, craignant d'avoir à combattre en même temps les Francs, crurent devoir traiter avec ces derniers, auxquels ils abandonnèrent leurs possessions gauloises ; les Romains, dit Procope, ne purent empêcher cette cession que l'empereur Justinien fut obligé de confirmer bientôt après, par les mêmes motifs que ceux des Goths [3]. En conséquence, les Goths de ces contrées furent rappelés en Italie par Vitigès, vers l'année 536 [4], et les Francs se trouvèrent dès lors seuls possesseurs de toute la Gaule, à l'exception néanmoins des Alpes cottiennes, dans lesquelles les Goths paraissent s'être maintenus jusqu'à l'é-

---

[1] Procop. *De bello Goth.*, lib. 1, cap. 13.

[2] Ainsi, depuis la victoire d'Ibbas, presque toutes les contrées comprises entre la Méditerranée, le Rhône et les Alpes, et par conséquent le Dauphiné et les Alpes cottiennes, ont été sous la domination des Goths.

[3] Procop., *De bello Goth.*, lib. 3, cap. 33.

[4] Procop., *De bello Goth.*, lib. 3, cap. 33.

poque du siége de Ravenne par Bélisaire, en 539 ou 540, car Procope nous les montre occupant encore alors en grand nombre, avec leurs femmes et leurs enfants, en quelque sorte comme des colons militaires, de nombreux châteaux ou lieux fortifiés de ces Alpes, dans lesquels ils tiennent garnison et dont ils sont dépossédés ou expulsés par la soumission ou plutôt par la trahison de Sisigès, l'un de leurs chefs : *In Alpibus vero quæ Gallos a Liguribus discludunt et a Romanis Alpes cottiæ appellantur, multa sunt castella quæ Gothi, magno numero, viri fortes, cum uxoribus ac liberis incolebant ac præsidiis tenebant* [1]....... Ces Alpes cottiennes, entre la Ligurie et la Gaule, sont bien les Alpes briançonnaises ; mais Procope n'explique pas si les Romains reprirent alors la possession de ces Alpes, s'ils en expulsèrent entièrement les Goths, ou s'ils laissèrent ces montagnes abandonnées en quelque sorte à elles-mêmes et affranchies de toute domination.

Il paraît néanmoins que les Goths auraient pu se maintenir en possession de ces montagnes, car on voit dans Procope (lib. 4, cap. 4) que bientôt après, lorsque la guerre entre les Romains et les Goths s'était vivement ranimée, les Francs, profitant de cette circonstance, tentèrent d'étendre leurs conquêtes jusqu'en Italie, et enlevèrent aux Goths quelques lieux de la Ligurie, *les Alpes cottiennes* et la majeure partie du territoire de Venise, ce qui obligea de nouveau ces derniers, qui ne voulaient pas avoir encore les Francs pour ennemis, à traiter avec ceux-ci, et à leur abandonner la possession de ces contrées pendant la durée de la guerre.

Les Francs conservèrent-ils alors la possession des Alpes cottiennes et continuèrent-ils à conserver cette possession à la fin de cette guerre ? Que sont devenues ces Alpes pen-

---

[1] Procop., *De bello Goth.*, lib. 2; cap. 28.

dant environ un siècle et demi ou deux siècles, à partir de cette époque? C'est ce qu'il n'est pas facile de bien reconnaître.

Cependant il est vraisemblable que si, depuis lors, les Alpes cottiennes n'ont pas recouvré temporairement leur indépendance, ces Alpes, quoique restées sous la domination nominale des Francs, ont dû, après la retraite de ces derniers et l'expulsion des Goths de l'Italie, être envahies de nouveau par les Burgundes qui ont pu s'avancer plus à l'aise vers le Midi, dans le Dauphiné et les Alpes, et même jusque dans la Provence, car, malgré leur soumission aux Francs, dont ils étaient devenus forcément des auxiliaires tributaires, les Burgundes n'en continuaient pas moins à former un peuple distinct, à subsister comme un Etat à part, et à avoir une administration ou un gouvernement en quelque sorte séparé ; c'est du moins ce qu'on peut induire de la combinaison des divers récits des historiens et des chroniqueurs ; et, probablement, pendant les désordres qui ont eu lieu dans le siècle suivant, vers la fin de la première race des rois Francs, et surtout plus tard, lorsque la souveraineté des Francs passa dans les débiles mains des successeurs de Charlemagne, les Burgundes ou Bourguignons purent recommencer à apparaître et à agir avec une certaine indépendance.

Il semble, en effet, résulter des récits un peu vagues et confus des écrivains de cette époque, que, vers la fin du siècle suivant, vers 674, les habitants de la ville de Lyon et d'une portion de la vallée du Rhône (partie méridionale de la Burgundie) se seraient constitués en Etat indépendant, sous des chefs qui ne reconnaissaient plus la souveraineté des rois des Francs [1].

---

[1] *Recueil de dom Bouquet*, t. II, pp. 611 et suiv. — *Vita sancti Leo-*

S'il peut y avoir quelque incertitude sur ce fait et sur l'époque à laquelle il aurait eu lieu, on ne peut douter qu'au commencement du VIIIe siècle, les peuples du Lyonnais et des bassins du Rhône et de l'Isère ne se soient soustraits à la domination franque, sous prétexte de résistance à l'usurpation de Charles Martel, ce qui obligea celui-ci à venir les soumettre par la force des armes vers les années 733, 736 et 739[1].

Mais à la fin du siècle suivant eut lieu un événement bien autrement important et qu'il convient d'examiner, parce qu'il en est résulté, pour les contrées de la rive gauche du Rhône et les Alpes, un affranchissement absolu et longuement prolongé de la domination franque, pendant plus de quatre siècles, jusqu'en 1349, époque à laquelle le Dauphiné a été définitivement transféré et adjoint au royaume des Francs ou Français. Vers la fin du IXe siècle, les chefs ou seigneurs des contrées du sud-est de la France se détachèrent de la monarchie franque, et reconstituèrent temporairement un petit royaume particulier sous l'autorité de Boson, l'un de ces principaux seigneurs qui en fut élu roi le 15 octobre 879, dans une assemblée d'archevêques, d'évêques et de seigneurs réunis à Mantaille, petit bourg du Dauphiné entre Vienne et Tain.

Il résulte des noms des diocèses des prélats qui ont concouru à cette élection, que ce royaume, qui a été appelé second royaume de Bourgogne, ou royaume de Vienne et de Provence, ou de Provence et d'Arles, devait comprendre

---

dogarii, apud scriptores rerum francisc. I, pp. 646 et 619.— Fauriel, *Hist. de la Gaule mérid.*, t. III, p. 40.

[1] *Annal. Francor. Metenses*, ann. 733, 736 et 739.— *Annal. Fuld.*, ad ann. 733. — *Scriptor. rerum francisc., II.* — Fauriel, *Hist. de la Gaule mérid.*, t. III, pp. 139 et suiv.

la presque totalité des bassins du Doubs et de la Saône, une grande partie du bassin du Rhône, notamment tout le territoire de la rive gauche presque jusqu'à la mer, et par conséquent tout le ci-devant Dauphiné.

Boson mourut en 888, et Hermengarde, sa veuve, fit proclamer roi leur fils mineur dans une autre assemblée des prélats et des grands du royaume, tenue à Valence en 890.

Louis est ensuite décédé au commencement du Xe siècle ; et quoique ses successeurs aient reçu ses Etats à titre d'hérédité, il ne paraît pas qu'ils les aient administrés avec le titre de roi, titre considéré alors comme électif dans les contrées de ce nouveau royaume, puisque Louis, fils du roi Boson, avait eu besoin d'une élection pour devenir roi.

Bientôt après, l'un de ces successeurs, Hugues, comte de Provence, que Frodoard, en sa *Chronique* (an 924), appelle *Hugo Viennensis*, sans doute par allusion à la suzeraineté de Vienne, transmit ces Etats aux rois de la Bourgogne transjurane ; et l'un de ces rois, Rodolphe III, dit le Fainéant, les légua à l'empereur Conrad II, dit le Salique, qui n'obtint presque qu'une autorité purement nominale sur ces contrées, tant à cause de l'éloignement de la capitale de l'Empire, que parce que, profitant, soit de l'incertitude et des variations de domination résultant de ces mutations successives de souveraineté, soit des guerres qui survinrent à cette époque, la plupart des chefs (au nombre desquels étaient probablement les comtes Guigues du Graisivaudan) se rendirent seigneurs indépendants des pays qu'ils administraient.

CHAPITRE VI.

4ᵉ Epoque (suite). — Des institutions romaines et en particulier des institutions municipales dans l'Allobrogie, les Alpes, et la partie méridionale de la Gaule, pendant l'occupation de ces contrées par les Goths, les Burgundes et les Francs.

« Les guerriers de l'invasion s'arrêtèrent devant la barrière imposante des institutions romaines, et, cédant à l'autorité morale des lois, à l'ascendant de la civilisation, ils respectèrent la religion, le droit municipal et le droit représentatif des vaincus. »
RAYNOUARD.

« Rien n'indique, dans les Visigoths ou les Burgundes, la plus légère intention, je ne dis pas d'anéantir, mais de modifier l'organisation de la curie qu'ils trouvèrent en vigueur à l'époque de leur conquête. »
« Le gouvernement municipal pouvait persister et persista en effet sous la domination des Barbares. »
FAURIEL.

Quoique les récits des historiens ou chroniqueurs des Goths, des Burgundes et des Francs, ne s'expliquent nullement sur le point de savoir si ces peuples ont maintenu, après leur invasion, les institutions romaines et spécialement les institutions municipales dans l'Allobrogie, les Alpes et la partie méridionale des Gaules, cependant les historiens modernes, qui ont examiné cette question, s'accordent généralement à reconnaître, d'après certaines circonstances ou particularités de ces récits, ainsi que d'après la nature, la suite et l'ensemble des événements historiques, et surtout d'après les Codes des Visigoths et des Burgundes, publiés postérieurement à l'invasion [1], que ni ces derniers peuples, ni même les Francs méridionaux, n'ont cherché à détruire ces institutions dans ces contrées où ils sont venus s'établir et recevoir une hospitalité, soit volontaire, soit forcée et imposée par la conquête ou l'invasion.

« Aucun des gouvernements barbares qui s'établirent
» dans les provinces de l'empire d'Occident (dit Fauriel)
» n'eut, dans le principe, l'idée formelle d'assimiler, par
» les lois, les populations conquises aux peuplades des
» conquérants, aucun n'essaya de faire des unes et des au-
» tres un seul et même peuple régi par les mêmes institu-
» tions civiles, aussi bien que par la même constitution po-
» litique.

» Ils s'accordèrent tous à laisser subsister les différences
» et les inégalités de tout genre qu'il y avait entre les vain-
» queurs et les vaincus; il arriva de là que chacun d'eux
» eut à gouverner deux peuples distincts, deux peuples à
» tous égards très-différents l'un de l'autre.

» Ce ne fut que par orgueil que les gouvernements bar-

---

[1] « Les preuves qu'offrent ces deux Codes de l'existence de la curie
» romaine, à la fin du Ve et au commencement du VIe siècle, dans
» toute la portion de la Gaule occupée par les Visigoths et les Bur-
» gundes, sont sans doute les plus intéressantes et les plus certaines,
» mais non les seules de ce fait important. Les documents historiques
» de la même époque en fournissent d'autres ; ils offrent divers indi-
» ces, non-seulement de l'existence de la curie, mais de son action et
» de la considération qu'il semble qu'elle avait commencé à recouvrer.

» Dans divers passages de ses lettres, Sidoine Apollinaire fait allu-
» sion à l'organisation et aux attributions des curies. » (Fauriel, *Hist.
de la Gaule mérid.*, t. I, pp. 452-453.)

» bares agirent de la sorte ; ce fut par le sentiment plus ou
» moins vif de l'impuissance où ils étaient, on pourrait dire
» de l'impossibilité qu'il y avait de faire autrement. Toute
» force humaine, si intelligente qu'on la suppose, aurait
» reculé devant l'idée de fondre brusquement en un seul et
» même tout social, des vainqueurs tels que les Germains,
» et des vaincus tels que les Gallo-Romains. »

« L'organisation des curies (dit Simonde de Sismondi[1])
» survécut à la domination romaine ; les mêmes cités que
» les empereurs avaient reconnues continuèrent à former des
» corps politiques sous les rois Visigoths, Bourguignons
» et Francs ; ceux-ci n'avaient garde de briser un lien qui
» leur était si utile, et de renoncer à l'action que, par les
» curies, ils pouvaient exercer sur tous les citoyens. »

Mais ne serait-ce pas plutôt parce que ces populations nomades et aventurières, colonies presque sauvages ou du moins peu civilisées, arrivant et s'impatriant dans de nouveaux pays, sans législation positive, sans gouvernement régulièrement organisé, peut-être même sans fonctionnaires civils ou judiciaires, n'ayant que des chefs militaires, n'avaient pu apporter ni forme de gouvernement qui leur fût propre, ni organisation sociale, ni législation particulière et assez certaine pour pouvoir être proposée ou imposée aux envahis, ou être observée par les envahisseurs.

Dès lors ceux-ci n'ont-ils pas dû trouver beaucoup plus naturel et plus commode d'adopter (sauf quelques exceptions ou modifications résultant de leurs mœurs ou de leurs usages) la législation et même l'organisation administrative existantes, qui, pour ces barbares, devaient être la raison écrite et organisée, et qui étaient beaucoup meilleures que

---

[1] *Histoire des Français*, t. I, chap. 2.

celles qu'ils avaient pu apporter de leur patrie, à supposer que leur patrie eût eu une administration régulière ainsi qu'une législation écrite, ou au moins une législation coutumière assez certaine et assez bien connue de ces aventuriers ou de leurs chefs ? Aussi lorsque, plus tard et environ un ou deux siècles après leur invasion, ils ont fait rédiger leurs lois, ces lois (surtout celles des Visigoths et des Burgundes) ont maintenu, dans presque tous les cas, la législation romaine pour les Gallo-Romains, et ont reçu (malgré leur nature plus ou moins barbare et d'origine germanique), pour leurs nationaux, de nombreuses empreintes des lois romaines; leur législation s'est pour ainsi dire *romanisée* comme leur langage, j'ajouterai même comme leur civilisation, surtout en ce qui concerne les Goths ; car, lorsque ceux-ci sont venus dans les Gaules, ils avaient déjà séjourné quelque temps en Italie; ils avaient déjà éprouvé ou subi l'influence et l'ascendant de la civilisation romaine, beaucoup plus avancée que la leur ; ils avaient pris quelque chose des habitudes et des mœurs des Romains, dont la civilisation et le pays leur avaient convenu parfaitement; cette civilisation des vaincus avait rejailli sur ces barbares vainqueurs, et une forte teinte, une véritable couche des mœurs et des institutions romaines s'était déjà déposée et imprimée sur eux.

Un effet analogue avait dû aussi se produire à l'égard des Burgundes (quoique à un moindre degré) par leur cohabitation avec les Gallo-Romains.

Mais, indépendamment de ces causes, auxquelles on peut principalement attribuer le maintien des institutions romaines dans les contrées envahies par ces peuples, il en est encore d'autres qui résultent plus particulièrement de la nature et des circonstances des invasions, notamment de l'autorisation volontaire ou forcée accordée à ces invasions par le gouvernement romain [1], qui les a en quelque sorte transformées en invasions coloniales, ou plutôt en occupations coloniales.

Quoique quelques écrivains aient prétendu que les Goths s'étaient déterminés de leur propre mouvement à passer dans les Gaules, je ne puis adopter cette opinion, qui est contredite par les récits des historiens les plus contemporains; il n'est pas présumable, d'ailleurs, que les Goths aient été désireux de quitter l'Italie, qui leur offrait un beau ciel, un beau climat, un sol riche et fertile, des villes bien bâties, des habitations vastes, belles et commodes. Cette contrée eût été pour eux une nouvelle patrie qu'ils auraient adoptée avec empressement, où ils avaient le plus grand désir de pouvoir s'établir et se fixer d'une manière définitive; et ce désir, ils le manifestèrent, dit Jornandès, par une députation chargée de proposer à l'empereur Honorius ou de faire une alliance, une association générale avec les Romains, pour pouvoir vivre et résider ensemble et en paix comme une seule nation, ou bien de s'en remettre à la voie des armes, pour savoir quel peuple chasserait l'autre : *Ad Honorium imperatorem legationem misisset quatenus si permitteret ut Gothi pacati in Italia residerent, sic eos cum Romanorum populo vivere, ut una gens credi posset; sin autem aliter bellando quis valebat, expelleret.* (Jornandès, *De rebus Get.*, cap. 31-32.)

Egalement embarrassé et effrayé par les deux alternatives de cette proposition, Honorius consulta le sénat pour aviser aux moyens de débarrasser l'Italie de ces étrangers, et l'on délibéra de leur offrir d'aller s'établir dans les provinces

---

[1] Jornandès, *De rebus Get.*, cap. 31-32. — *Histor. miscell.*, lib. 13. — Olympiod., p. 48.— *Histoire générale de Languedoc*, chap. 7 à 18. — Hadriani Vales. *Rerum franciscar.*, lib. 3, p. 110.

éloignées, comme les Gaules ou les Espagnes déjà ravagées et presque perdues par l'irruption des Vandales. Honorius, après ce conseil, leur offrit les Gaules: *Honorius, deliberato consilio, Gallias eisdem concessit (Hist. miscell., lib.* 13); et cette offre fut acceptée par les Goths, qui se mirent immédiatement en route pour la nouvelle patrie qu'on venait de leur livrer : *Sententia sedit quatenus provincias longe positas, idest Gallias Hispaniasque quas jam perdidisset, et Gizerichi eas Vandalorum regis vastaret irruptio, si valeret Alaricus cum sua gente sibi tanquam lares proprios vindicaret, donatione sacro oraculo confirmata. Consentiunt Gothi hac ordinatione, et ad traditam sibi patriam proficiscuntur.* (Jornandès, *loc. cit.*) Orosius dit aussi qu'Ataulphe préféra être un auxiliaire militaire fidèle de l'empereur Honorius : *Ataulphus militare fideliter Honorio imperatori præoptavit.*

Ainsi donc, et c'est une circonstance qui ne me paraît pas avoir été assez remarquée, l'arrivée des Goths dans les Gaules sera moins une arrivée de conquérants ennemis que d'alliés de l'Empire autorisés à venir s'établir dans les provinces gauloises, à peu près de la même manière que les colonies militaires que les Romains y envoyaient quelquefois, avec cette différence, néanmoins, que ces Goths auront leur gouvernement propre et indépendant, quoique allié de celui de Rome.

Cette qualité de nation alliée, je dirai presque de colonie alliée, qui a également été reconnue ou donnée aux Burgundes, et que les Francs, ou plutôt quelques bandes de Francs, n'ont eue que très-peu de temps ou très-accidentellement, expliquera facilement les événements, les circonstances qui vont signaler et accompagner la marche et l'installation des Goths, qui signaleront et accompagneront même celle des Burgundes, et les différences notables entre les résultats de l'invasion de ces deux peuples et de l'invasion des Francs.

Ainsi, c'est comme alliés des Romains qu'en l'année 411 ou 412, les Goths, après la mort d'Alaric, leur roi, et sous la conduite d'Ataulphe, son successeur, passeront les Alpes cottiennes, descendront dans la province Viennoise, où ils assiégeront la ville de Valence, prendront et mettront à mort l'usurpateur Jovinus et son frère Sébastianus, révoltés contre le gouvernement de Rome, et dont les têtes seront envoyées à l'empereur ; c'est à leur qualité d'alliés que devra être attribué le peu de résistance qu'ils éprouveront dans l'accès et la prise de possession de leur nouvelle patrie ; c'est comme membres de cette nouvelle patrie, comme compatriotes et en vertu de la concession du gouvernement romain, en quelque sorte comme sociétaires, comme communistes et copartageants, qu'ils s'approprieront une certaine portion des esclaves et des terres[1], et qu'ils prendront également gîte et hospitalité chez les indigènes ; c'est enfin et toujours comme alliés des Romains qu'ils respecteront et maintiendront les institutions romaines, notamment les institutions municipales qu'ils auront trouvées

---

[1] Les lois burgundienne et visigothique, qui ont consacré, presque de la même manière, ce partage entre les envahisseurs et les envahis, ne sont donc point des lois d'origine barbare ou germanique ; elles ne sont (comme nous l'avons déjà fait observer) que le résultat des traités que les Goths et les Burgundes avaient faits préalablement avec les Romains ; et ces lois, qui n'ont été rédigées par écrit qu'au VIe siècle, n'ont fait que consacrer et légitimer des partages déjà consommés depuis les premiers temps de l'invasion, depuis le commencement du Ve siècle. Voilà sans doute pourquoi elles donnent si peu d'explications sur la manière dont ces partages devaient s'effectuer, ou plutôt avaient été effectués.

en vigueur dans chaque localité, et qu'ils adopteront *en faisant*, selon les expressions de M. Guizot, *circuler leur administration par les mêmes canaux*; car, moins civilisés que les Romains, ils n'avaient encore, dit la Chronique d'Isidore, que des coutumes et des usages non rédigés par écrit : *Nam antea tantum moribus et consuetudine tenebantur.* Les envahisseurs du sol seront en quelque sorte envahis par la civilisation locale, et le municipe romain perdra, même sous leur administration, tant à leur égard qu'à l'égard des Gallo-Romains, le caractère d'oppression et de vexation que la tyrannie et les exactions des empereurs ou de leurs agents lui avaient imprimé, surtout dans les provinces tributaires de l'empire.

Ainsi s'expliquera par conséquent et d'une manière toute naturelle la conservation de ce municipe dans toutes les parties de la Gaule occupées par les Goths (Ostrogoths ou Visigoths), conservation reconnue et attestée par la généralité des historiens modernes qui se sont occupés de l'examen de ce point historique.

Cassiodore rapporte même une circonstance qui prouve qu'à la fin du Ve siècle, ou au commencement du VIe, il existait des défenseurs et des curiales municipaux dans les Alpes suéviennes (et nous verrons qu'il y en avait également dans les Alpes briançonnaises); ainsi il raconte que Théodoric, roi des Ostrogoths, envoyant un *fridibundus* dans ces montagnes pour faire paître en sûreté les troupeaux qui allaient y passer les étés, lui remet une lettre adressée à tous les défenseurs et curiales provinciaux et chevelus de ces localités : *Universis provincialibus et capillatis defensoribus et curialibus Sueviæ*[1].

---

[1] Cassiod., lib. 4, epist. 19.

D'ailleurs, à l'appui des opinions de ces historiens, et ce qui me semble beaucoup plus formel relativement à l'admission ou à la conservation du municipe romain par les Visigoths, ce sont plusieurs dispositions de leur Code qui mentionnent des fonctions municipales et des fonctionnaires municipaux, notamment les articles 52 et 53, qui, en prescrivant une solennité municipale pour les actes de donation ou de tradition, exigent qu'ils soient fortifiés par des faits ou gestes municipaux, *roborata gestis municipalibus*, et désignent en conséquence divers fonctionnaires du municipe, tels que les duumvirs, les défenseurs de la cité, le quinquennal ou trois curiales, pour donner de l'authenticité à ces actes ou concourir à leur confection.

L'existence postérieure du municipe est encore confirmée par plusieurs passages de lettres de Sidoine Apollinaire, où il est fait allusion à l'organisation et aux attributions des curies.

Enfin, plusieurs siècles après, et nonobstant quelques invasions et occupations étrangères plus ou moins prolongées dans les parties méridionales de la Gaule, non-seulement on retrouve la législation civile des Romains en vigueur, mais on voit encore surgir et se reproduire de toutes parts des germes nombreux et vivaces d'institutions municipales, qui, par leur nature et leur caractère, semblent n'être et ne sont vraisemblablement que la continuation ou la reproduction du municipe romain, momentanément refoulé et enseveli, mais non entièrement étouffé, sous le linceul de sommeil et de léthargie que la féodalité avait oppressivement étendu sur lui, croyant le couvrir d'un linceul de mort.

Ce qui vient d'être dit s'applique plus spécialement aux Visigoths du midi de la Gaule; mais le municipe romain s'est également conservé sous les Goths d'Italie ou Ostro-

goths : « Quand on regarde, par exemple, au royaume des
» Ostrogoths, en Italie, sous Théodoric, dit M. Guizot, on
» voit, même sous cette domination d'un roi et d'une na-
» tion barbares, le régime municipal reprendre pour ainsi
» dire haleine et influer sur le cours général des événe-
» ments. » C'est surtout à l'égard de ces Ostrogoths, qui
étaient restés en Italie, que la société romaine avait longuement agi sur eux et se les était assimilés jusqu'à un certain
point; ils avaient dû par conséquent maintenir les institutions romaines.

Si donc les Alpes cottiennes ont été occupées par les
Goths (ce qui paraît avoir eu lieu à diverses époques), cette
occupation, ou plutôt ces occupations, n'ont pas dû priver
les habitants de ces montagnes de leurs anciennes institutions municipales, quoiqu'il soit possible que cette occupation y ait laissé quelques traces des mœurs ou des usages
de ces peuples.

La même conclusion doit aussi être tirée des circonstances et des faits de l'occupation burgundienne, car ce qui
a été dit de l'occupation des Goths peut s'appliquer, en
grande partie, à celle des Burgundes, qui ont fait leur partage avec les indigènes à peu près de la même manière et
par droit d'hospitalité, *jure hospitalitatis*, selon les expressions du Code burgundien.

L'occupation des Burgundes n'a pas été, à la vérité,
comme celle des Goths dans les Gaules, préalablement
concédée et autorisée ; mais si c'est d'abord comme ennemis, comme envahisseurs, qu'ils se sont présentés sur les
frontières de l'Empire, qu'ils les ont franchies, qu'ils ont
passé le Rhin et commencé à occuper quelques parties de
l'est des Gaules, le gouvernement de Rome, alors assailli
de tous côtés et dans l'impossibilité de faire face à tant
d'attaques, tâcha de diminuer, ou au moins de dissimuler

le nombre de ses ennemis, et affecta de traiter et de recevoir ces nouveaux envahisseurs comme s'ils avaient été des alliés ; en conséquence, il les autorisa successivement, ainsi qu'on l'a vu précédemment, à s'établir dans les contrées qu'ils occupaient déjà, à s'installer comme des hôtes chez les habitants, à s'attribuer une portion des terres, etc. L'invasion burgundienne, commencée à titre de conquête, fut donc continuée en quelque sorte avec autorisation ou à titre de concession de la part du gouvernement impérial ; aussi les anciens Burgundes, et successivement les Burgundes plus modernes ou Bourguignons, et même les Dauphinois, leurs successeurs dans nos contrées, ont longtemps reconnu l'autorité ou la suprématie de l'Empire.

Ainsi traités, malgré leurs envahissements continus et progressifs, qui s'étendirent jusqu'aux contrées de la rive gauche du Rhône, les Burgundes ne durent pas se montrer très-hostiles, et ils préférèrent conquérir pacifiquement, avec le consentement volontaire ou forcé du gouvernement romain. Dès lors aussi, ils durent agir avec beaucoup de ménagement et de modération, respecter la législation et l'organisation romaines, et surtout l'organisation municipale, qui était chère au peuple, ou du moins qui lui devenait chère, dès le moment que ni les empereurs ni leurs agents ne pouvaient plus l'opprimer ni le pressurer.

Comme le Code visigothique, et malgré certaines dispositions quelque peu germaniques ou barbares, le Code burgundien (« dont on reconnaît encore les traces dans les anciennes lois municipales du Dauphiné [1], » dit Fontanieu), appelé vulgairement *loi Gombette*, parce qu'il fut rédigé par l'ordre de Gondebaud, roi des Burgundes, est en grande

---

[1] *Histoire du Dauphiné*, par Fontanieu, p. 97, manuscrit de la Bibliothèque impériale.

partie romain ou *quasi*-romain ; l'observation des lois romaines, surtout à l'égard des Gallo-Romains, y est plusieurs fois rappelée et ordonnée, notamment dans le § 2 de la loi 55, en ces termes : *Causam romanis legibus terminari......, romano jure contendere....* Le § 7 du titre 1ᵉʳ de la première addition faite à ce Code par Sigismond, fils et successeur de Gondebaud, rappelle également l'exécution du Code Théodosien : *Secundum legem Theodosii*; et lorsque, dans quelques cas particuliers relatifs aux rapports des Burgundes entre eux, ce Code croit devoir s'écarter de la législation romaine, pour conserver la coutume des Burgundes, il l'exprime presque toujours par une disposition expresse, comme dans le § 4 de la loi 60 : *Secundum consuetudinem Barbarorum.*

Quant à la manière dont les contestations devaient être jugées, selon la nationalité des contestants, on y remarque également la plus grande impartialité : « Le législateur
» (ajoute ensuite Fontanieu) y marqua le respect que son
» peuple conservait encore pour l'Empire, en ordonnant
» qu'au cas que les contestations fussent entre des Ro-
» mains, elles seraient jugées suivant le droit romain, et
» que, si l'un des contestants était Bourguignon et l'autre
» Romain, le différend serait décidé par deux juges, dont
» l'un serait de chaque nation, sans que l'un pût pronon-
» cer valablement en l'absence de l'autre. Ainsi le droit ro-
» main conserva dans le Dauphiné l'empire que les Ro-
» mains eux-mêmes y avaient perdu ; et si les Barbares y
» introduisirent quelques nouvelles dispositions, ce ne fut
» que par rapport à eux-mêmes[1]. »

Il n'est donc pas étonnant, dans de pareilles circonstan-

---

[1] *Histoire du Dauphiné*, par Fontanieu. M. S., p. 98.

ces, de voir la législation romaine se maintenir dans les pays soumis à la domination des Burgundes, et d'y voir se maintenir aussi l'institution du municipe romain[1].

Quant aux effets de la domination franque, s'il n'y avait pas le fait certain de la conservation de la législation romaine et d'institutions municipales qui ont présenté des points de ressemblance et d'affinité avec le municipe romain, on pourrait peut-être, à cause de la rareté des documents historiques spéciaux à nos contrées, douter du maintien de ce municipe dans la Burgundie méridionale, l'Allobrogie et les Alpes, quoique l'on s'accorde généralement à reconnaître que si les Francs ont eu moins d'égards que les Goths et les Burgundes pour les populations envahies, ils n'ont pas cependant songé à leur enlever leurs lois romaines, ni leurs institutions municipales, surtout dans les contrées qu'ils n'ont fait que soumettre à leur domination, sans s'y établir ; aussi ne doute-t-on nullement (malgré les conquêtes des Francs et leur occupation momentanée) de l'origine romaine de la plupart des anciennes municipalités du Midi de la France et d'un grand nombre de celles de l'Est.

D'ailleurs, tous les récits ou documents historiques semblent indiquer que les Francs, en soumettant à leur domination la Burgundie, l'Allobrogie et les Alpes, n'occupèrent pas ces contrées, ne s'y établirent pas, du moins d'une manière fixe et permanente ; qu'ils se bornèrent à en exiger des tributs et des troupes auxiliaires, sans chercher à s'immiscer dans l'administration particulière ou locale.

---

[1] Ladoucette croit même pouvoir conclure le maintien du municipe romain du seul maintien de la législation romaine (*Histoire des Hautes-Alpes*, 3ᵉ édit., p. 31).

« Ce fut la destinée de la France méridionale, dit M. de
» Kergorlay (*Revue provinciale*, t. I, p. 197), de n'aper-
» cevoir jamais le pouvoir politique de la race conquérante
» que dans le lointain ; les Francs n'avaient pénétré qu'en
» petit nombre dans ces contrées, ce qui laissa la société
» gallo-romaine y subsister presque sans atteinte avec son
» caractère essentiellement municipal ; mais dans le Nord,
» où les Francs, serrés les uns contre les autres, couvrirent
» en totalité le sol, l'état social de la race conquérante s'é-
» tablit seul sans partage. »

« On s'abuserait du reste étrangement (fait observer
» M. Guizot dans ses *Essais sur l'Histoire de France*) si
» l'on attachait à la conquête et à la monarchie de Clovis
» les idées que révèlent en nous aujourd'hui de semblables
» mots. Il s'en fallait bien qu'il régnât partout où il avait
» porté ses armes, ni qu'il possédât tout ce qu'il avait con-
» quis........ Clovis et ses guerriers s'enfonçaient dans le
» pays, battaient les rois et les armées qui s'opposaient à
» leur marche, pillaient les campagnes, les villes, et reve-
» naient ensuite emmenant des esclaves, des trésors, des
» troupeaux, mais sans avoir en aucune façon incorporé à
» la monarchie franque le territoire qu'ils venaient de par-
» courir..... Après leur départ, le pays, dépeuplé et dévasté,
» rentrait dans une indépendance à peu près entière, et les
» conquérants recommençaient vingt fois les mêmes con-
» quêtes.

» Les expéditions de Clovis au delà de la Loire, contre
» les rois visigoths, offrent surtout ce caractère. Il pénétra
» jusqu'à Angoulême, Bordeaux, Toulouse, et conquit,
» disent les historiens, toute l'Aquitaine. Ce fut une con-
» quête du genre de celles que je viens de décrire, et qui
» laissa l'Aquitaine presque aussi étrangère au peuple et
» au roi des Francs qu'elle l'était auparavant. *Il en fut de*

» *même des conquêtes de Clovis dans la partie méri-*
» *dionale du royaume des Bourguignons.* » Or cette partie n'est autre que le ci-devant Dauphiné.

« Depuis qu'elle avait été soumise par les fils de Clovis
» (dit aussi Fauriel, t. II, p. 174), la Burgundie avait été
» plusieurs fois morcelée et partagée, mais en conservant
» son nom et une sorte d'individualité. Devenus sujets
» des Francs, les Burgundes n'avaient point été dispersés;
» ils avaient continué à vivre en corps de nation sous leurs
» propres lois. »

On peut ajouter qu'il en a été à peu près de même des conquêtes des successeurs de Clovis, et même de celles des rois de la race des carlovingiens dans nos contrées et dans les Alpes ; après la retraite des armées franques, ces pays recouvraient une grande partie de leur indépendance, surtout de leur indépendance dans l'administration locale.

Or, des conquêtes de ce genre, qui, la plupart du temps, n'étaient pas même suivies d'une occupation temporaire, n'ont pas dû apporter de modifications aux institutions locales.

De tout ce qui vient d'être dit, on peut donc conclure, avec une grande apparence de certitude et même avec certitude, que, nonobstant les invasions ou dominations qu'elles ont eues à subir de la part des Goths, des Burgundes et des Francs, les Alpes cottiennes ou briançonnaises, ainsi que les autres contrées de la rive gauche du Rhône, ont conservé jusqu'à la fin du IXe siècle leur régime municipal d'origine romaine, sauf quelques modifications résultant du temps ou des mœurs et usages de leurs habitants.

CHAPITRE VII.

5ᵉ Epoque.—Invasions des Lombards et des Sarrasins.

Avant, pendant ou après les invasions des Goths, des Burgundes et des Francs, les contrées de la rive gauche du Rhône et les Alpes cottiennes ont bien encore été exposées aux irruptions, aux passages d'expéditions ou d'armées de plusieurs autres peuples que l'histoire n'a presque fait que nommer, qu'elle n'a pas même toujours nommés. Mais ces expéditions ou armées, qui parcouraient le pays en le dévastant, plutôt qu'elles ne l'occupaient, y ont fait des incursions de trop courte durée pour qu'elles aient pu avoir une influence sensible sur les mœurs et les institutions des habitants de ces contrées. Des armées, des nations même, ne peuvent guère influencer les institutions des peuples chez lesquels elles ne font que passer ; ce n'est ni en quelques jours, ni en quelques mois, qu'un peuple, en contact avec un autre, change ou modifie ses mœurs, ses institutions, ses antiques usages, qui sont presque pour lui une seconde nature. D'ailleurs, les habitants des Alpes cottiennes avaient accueilli si favorablement le municipe romain, qu'ils considéraient presque comme la récompense, comme le prix de leur alliance ; ce municipe s'harmoniait si bien avec le caractère d'indépendance un peu sauvage de ces montagnards, qu'il aurait fallu (selon un vieux dicton vulgaire que les Briançonnais se plaisent encore à répéter) employer des tenailles pour leur arracher ces institutions municipales, qui leur conservaient une administration locale tout à fait libre ; en sorte que, même sous la domination romaine, ils n'avaient eu à supporter que l'administration politique supérieure qui, partant de Rome ou du chef-lieu de la préfecture des Gaules, glissait sur les glaces et les rochers des Alpes cottiennes, presque sans s'y reposer et s'y faire sentir, ou du moins sans s'y appesantir durement ou longuement.

Cependant je crois devoir examiner les invasions lombardes et sarrasines : les premières, parce qu'il m'a semblé apercevoir, dans quelques parties des Alpes cottiennes, des restes ou vestiges d'institutions lombardes ; et les dernières, soit parce que l'une d'elles a eu une certaine durée, soit surtout parce que celle-ci, ayant précédé presque immédiatement la domination des comtes d'Albon, ancêtres de nos anciens dauphins, ses traces, si elle en a laissé dans les institutions ou les mœurs, n'ont pas été détruites ou effacées par les effets d'invasions subséquentes.

§ Ier. *Invasions des Lombards.* — Depuis leur arrivée dans la haute Italie, les Lombards, devenus voisins des Alpes cottiennes, ont dû faire et ont fait dans ces Alpes, à diverses époques peu précises, mais qui s'emplacent entre les deux tiers et les trois quarts du VIe siècle, plusieurs irruptions ou invasions mentionnées par Grégoire de Tours (*Hist. Franc.*, lib. IV) et par Paul Diacre (*De gestis Langob.*, lib. III).

L'une d'elles, peut-être la première, a eu lieu en 570. Les Lombards traversèrent les Alpes et descendirent dans la Burgundie méridionale, où ils trouvèrent l'armée burgundienne commandée par le patrice Amat, qu'ils battirent et mirent en pleine déroute. Après cette victoire, ils revinrent chez eux chargés d'un immense butin.

Encouragés par ce premier résultat, ils franchirent encore les Alpes cottiennes en l'année 572 ; mais, arrivés près d'Embrun, en un lieu que Grégoire de Tours et Paul Diacre appellent *Mutiascalmes*, ils furent entourés et attaqués par l'armée burgundienne, commandée par le patrice Mummol, qui leur fit essuyer une défaite telle, que peu d'entre eux purent retourner en Italie.

« Un incident de cette bataille mérite d'être rapporté
» (dit Fauriel, *Hist. de la Gaule mérid.*, t. II, p. 186);
» on y vit figurer deux frères, Salonius et Sagittaire, tous
» les deux évêques, le premier d'Embrun, l'autre de Gap.
» *On les vit*, dit Grégoire de Tours, *armés, non de la*
» *croix céleste, mais du casque et de la cuirasse terres-*
» *tres, tuer beaucoup d'hommes de leurs mains*. C'est
» là, je crois, le premier exemple, cité dans l'Histoire de
» la Gaule, de prêtres chrétiens allant à la guerre pour y
» verser du sang, et c'est un exemple frappant de la rapi-
» dité singulière avec laquelle la discipline ecclésiastique
» s'était altérée sous la domination des Barbares..»

Trois ans après et en 575, les Lombards revinrent en nombre beaucoup plus considérable, sous la conduite de leurs chefs Ammon, Zaban et Rhodan ; ils traversèrent de nouveau ces Alpes sans éprouver beaucoup de résistance, descendirent dans les bassins de l'Isère et du Rhône, et suivirent la rive gauche de ce fleuve en s'avançant vers le Midi. Grenoble, Valence, Aix, et plusieurs autres villes, étaient assiégées par ces envahisseurs, lorsque le patrice Mummol marcha contre eux avec une armée, les défit près de Grenoble, les poursuivit dans les Alpes, où il les défit encore.

Est-ce lors de ces invasions, est-ce depuis une époque antérieure ou postérieure, est-ce par usurpation, par invasion, par droit de conquête ou d'hérédité, que les rois lombards possédaient dans les Alpes cottiennes un certain patrimoine, dont l'un d'eux (Aripert) fit, au commencement du VIIIe siècle, une donation au Saint-Siége [1], donation qualifiée de restitution, et qui fut confirmée postérieurement par Luitprand, autre roi lombard? Mais l'usurpation ou la conquête de ce patrimoine fait présumer qu'avant le VIIIe siècle, des rois lombards auraient envahi et occupé une portion des Alpes cottiennes.

Plus tard, et à peu près vers le tiers du VIIIe siècle, une dernière expédition de Lombards eut encore lieu dans les Alpes, où ils vinrent, à la demande de Charles Martel, sous la conduite de leur roi Luitprand, pour en expulser les Sarrasins [2].

Si donc, comme j'aurai plus tard l'occasion de le faire remarquer, on trouve dans quelques chartes des vallées briançonnaises les plus rapprochées de la Lombardie, certaines dispositions spéciales, semblables à celles des coutumes ou des lois lombardes, et si ces dispositions ne se rencontrent, ni dans les chartes du Dauphiné, ni dans les chartes du surplus du Briançonnais, ni même dans l'usage des fiefs lombards recueilli par Gérald et Obert de Orto, consuls de Milan sous Frédéric Barberousse, usage que Salvaing de Boissieu et Guy-Pape disent avoir été observé en Dauphiné, sauf quant au service militaire des vassaux et à la succession aux fiefs, ne peut-on pas présumer que ces traces de *lombardisme* doivent être attribuées, soit aux relations résultant du voisinage des deux peuples, soit à l'établissement de quelques bandes ou de quelques familles lombardes sur le penchant italique des Alpes cottiennes à la suite de ces invasions?

---

[1] Muratori, *Rerum ital. script.*, t. I, part. 1re, p. 499.
[2] Paul Diac., *De Gestis Langob.*, lib. 6, cap. 54.

§ II. *Invasions des Sarrasins.* — Quoique les auteurs qui se sont occupés des invasions des Sarrasins dans les contrées de la rive gauche du Rhône et les Alpes, ne soient pas parvenus à dissiper l'obscurité profonde qui couvre encore ces invasions, cependant, comme ils en établissent, avec quelque certitude, l'origine, la nature et le caractère, on peut facilement reconnaître si elles ont dû laisser des traces dans les usages, dans les mœurs et dans les institutions des populations de ces contrées.

Ce n'est pas seulement aux invasions des peuples du Nord que l'Empire romain s'est trouvé exposé, lorsqu'il n'a plus été en état de défendre ses frontières et l'inviolabilité de son territoire ; des peuples méridionaux, les Africains, qui, à une époque beaucoup plus ancienne, étaient déjà venus en Espagne avec Annibal et son frère Asdrubal, qui avaient conservé l'habitude d'y faire des irruptions, recommencèrent à se diriger vers cette contrée. A la fin du VIIe siècle et pendant le VIIIe, des peuples, partis d'Afrique et appelés *Maures* ou *Sarrasins*, avaient débarqué et pénétré dans l'Espagne, qu'ils avaient envahie en majeure partie et où ils s'étaient établis. De là, ils avaient pénétré dans la France, qu'ils menaçaient d'envahir également ; quelques-unes de leurs bandes s'étaient même avancées jusqu'au Rhône et avaient fait quelques excursions sur les deux rives de ce fleuve dès le commencement du VIIIe siècle ; mais ces excursions dans le bassin du Rhône n'étaient que de simples irruptions passagères, sans autre but que le pillage et la dévastation ; et si, après la défaite signalée que la grande armée des Sarrasins éprouva en 732, entre Tours et Poitiers, quelques bandes de cette armée purent venir se réfugier dans la Provence, le Dauphiné et les Alpes, elles furent poursuivies et presque entièrement détruites, d'abord par Childebrand, et successivement par Charles

Martel, qui vint rejoindre son frère avec une nouvelle armée. Dans cette circonstance, Charles Martel réclama l'aide et l'assistance de Luitprand, roi des Lombards, qui, ainsi qu'on vient de le voir, entra dans les Alpes, d'où il chassa les Sarrasins, tandis que Childebrand et Charles Martel les chassaient du Dauphiné et de la Provence.

Quelques écrivains, et Chorier entre autres, prétendent que c'est à la suite de la bataille de Poitiers que les Sarrasins seraient venus s'établir dans le Dauphiné et les Alpes, où ils auraient ensuite demeuré près de deux siècles. S'il en avait été ainsi, une aussi longue résidence aurait pu et dû influencer les mœurs et les institutions locales ; mais cette opinion est fortement combattue par M. Reinaud, historien des invasions sarrasines en France, et par MM. Ollivier et Pilot, qui ont écrit sur les invasions des Sarrasins dans nos contrées. M. Reinaud n'admet pas que des princes, tels que Charlemagne et ses enfants, qui allaient attaquer les Sarrasins jusque dans leur propre pays, eussent négligé de purger leurs Etats de la présence de ces infidèles ; et MM. Ollivier et Pilot citent beaucoup de circonstances et de faits qui sont exclusifs de la présence des Sarrasins dans le Dauphiné, depuis cette époque jusqu'à la fin du IXe siècle.

Ces premières invasions, passagères et rapides, n'ont pu exercer aucune influence sur les institutions locales ; mais, en 889, selon les récits de Liutprand, évêque de Pavie, et du chroniqueur de l'abbaye de Novalèse, écrivains presque contemporains, une bande de pirates, partie d'Espagne sur un frêle vaisseau, et jetée par la tempête sur les côtes de Provence, forme le noyau d'une petite bande sarrasine qui, grossie peu à peu par des alliances dans le pays et par des renforts venus d'Espagne ou d'Afrique, s'établit et se fortifie sur les bords de la mer, à Mont-Maure et à la Garde-Freinet ; y construit, au moyen d'immenses travaux dans les rochers, une forteresse formidable qui devient célèbre, sous le nom de *Fraxinet*. De là, cette petite bande s'augmentant sans cesse au moyen de ces alliances et de ces renforts, s'avance et pénètre peu à peu dans les contrées voisines ; après avoir envahi la Provence, elle envahit le Dauphiné et toutes ses Alpes ; elle s'étend ensuite au delà du Rhône, sur la rive septentrionale de ce fleuve, d'où elle menace la haute Bourgogne et l'Helvétie, sans opposition, sans combat, sans qu'aucune force armée vienne seulement se présenter pour tenter de l'arrêter.

L'invasion a commencé en 889, après la mort du roi Boson : ses premiers développements sont favorisés par un interrègne de plus d'un an, et surtout par la minorité de Louis, fils de Boson, élu roi en 890, et dont l'élection est principalement motivée par la présence des Sarrasins [1] ; et cependant, ce roi Louis, devenu majeur et chef d'une armée considérable, laisse ces barbares paisibles possesseurs d'une partie de ses Etats de Provence, ébloui, aveuglé qu'il est par l'éclat de la couronne impériale qu'il va disputer à Bérenger, en Italie, d'où il reviendra vaincu et réellement aveuglé par ce cruel ennemi.

Ainsi dégarnies des forces qui auraient pu les protéger, les contrées de la rive gauche du Rhône (la Provence, le Dauphiné, la Savoie, les Alpes) se trouvèrent exposées presque sans défense, et même presque sans idée de résistance, à toutes les entreprises des Sarrasins. Aussi voit-on bientôt ces barbares pénétrer partout dans les Alpes avec la plus grande facilité, notamment dans le Briançonnais, quoique, selon une opinion locale, mais qui me paraît peu probable, ils n'aient jamais pu s'emparer de la ville de

---

[1] *Sarraceni provinciam depopulantes terram in solitudinem redigebant.* (Charte d'élection du roi Louis, de l'année 890.)

Briançon. Partout ils s'établissent et construisent des forteresses dont plusieurs reçoivent le nom ou un des dérivés du nom de leur *Fraxinet* de Provence, tels que *Fraisse, Freissinières, Freissinet, Fraissini, Fraissinée, Fraissinouze, Fresne, Frainet* et autres ; et ces barbares, selon le dire presque unanime des chroniqueurs de l'époque, finissent par occuper tous les principaux passages de ces montagnes, où ils arrêtent les voyageurs, qu'ils pillent ou mettent à contribution.

Par l'occupation de tous ces passages, notamment de tous les aboutissants, soit en Italie, soit en France, ainsi que des divers embranchements des routes, où ils avaient creusé des retraites souterraines et construit des forts ou Fraxinets, les Sarrasins avaient en quelque sorte couvert les Alpes d'un vaste réseau de stations pour l'exploitation de leur principale et presque de leur seule industrie, *la piraterie sur terre*, car il ne paraît pas qu'ils se soient adonnés au commerce ni qu'ils se soient beaucoup livrés à la culture des terres dans ces hautes et froides régions. Des divers points de ce réseau, comme d'autant de postes d'observation où ils étaient continuellement en embuscade, ils guettaient les voyageurs, qu'ils arrêtaient et faisaient rançonner selon l'importance de leur fortune et de leur rang. Ils ont ainsi exploité ces montagnes jusque vers la fin du Xe siècle, qu'ils en ont été définitivement chassés. J'ai publié, dans le *Bulletin de l'Académie delphinale*, un mémoire assez détaillé sur les invasions des Sarrasins dans le Dauphiné et les Alpes, mémoire dans lequel j'ai recueilli les principales circonstances de ces invasions, d'ailleurs très-peu connues ; je n'en rappellerai ici que quelques-unes relatives aux traces de leurs mœurs ou de leurs usages, qui me paraissent être restées dans le Briançonnais.

Ce sont, en premier lieu, des traces de langage. Les

Sarrasins, partis d'abord d'Afrique et établis depuis assez longtemps en Espagne, d'où ils sont ensuite venus dans nos contrées, ont dû y apporter un langage plutôt espagnol [1] qu'arabe, car c'étaient des Sarrasins-Espagnols, *Hispanienses-Saraceni*, comme les appellent certains écrivains; c'étaient, au dire de Liutprand, des Sarrasins partis d'Espagne, se recrutant en Espagne et entretenant des relations avec l'Espagne. Aussi trouve-t-on beaucoup de ressemblance et d'analogie entre le langage espagnol et l'ancien langage de plusieurs vallées des Alpes; c'est un fait qui a étonné M. Ladoucette et qu'il a signalé dans son *Histoire du département des Hautes-Alpes*, sans en indiquer la cause. On trouve aussi beaucoup de locutions et de désinences espagnoles dans nos actes latins du moyen âge et dans plusieurs de nos patois et idiomes locaux.

Les principales industries des Africains, celles dans lesquelles ils ont particulièrement excellé, étaient les grands travaux dans les rochers; l'exploitation des carrières, des mines; le creusement ou la confection d'aqueducs immenses; la construction de monuments grandioses dont l'Egypte conserve encore des restes gigantesques si admirables.

La civilisation avait même fait plus de progrès et était beaucoup plus avancée, dans ces temps anciens, en Afrique qu'en Europe. Des invasions africaines en Espagne et en

---

[1] On m'a objecté que la langue espagnole ne devait pas encore être formée à cette époque (IXe et Xe siècle), ce qui peut être vrai; mais était-il besoin que cette langue fût déjà complétement formée? Les éléments d'une langue ne se forment pas instantanément à une époque déterminée; ils doivent exister, ils existent, antérieurement à sa formation, dans le langage, dans les idiomes locaux; et il est très-vraisemblable que le langage espagnol actuel a beaucoup tiré du langage que parlaient les habitants de l'Espagne à cette époque.

France auraient donc dû y apporter cette civilisation avec ses effets naturels; pourquoi cela a-t-il eu lieu en Espagne et non en France? Qu'il me soit permis de citer, à ce sujet, un passage du mémoire précité :

« A la faveur du désordre presque général de l'Europe
» pendant les temps qui ont suivi la chute de l'Empire
» romain, les Maures ou Sarrasins, originaires d'Afrique,
» et primitivement peut-être d'Arabie, avaient pénétré dans
» les plus belles et les meilleures contrées de l'Espagne,
» où ils s'étaient établis et avaient apporté les principaux
» éléments de la puissance et de la prospérité des peuples :
» le commerce, les arts et l'industrie. Bientôt on y voit
» surgir et s'élever rapidement les royaumes les plus flo-
» rissants, dont naguères encore on soupçonnait à peine
» l'existence; leurs capitales, devenues le centre de l'opu-
» lence, des beaux-arts et de la galanterie, marchent en
» tête de la civilisation européenne : Valence, Séville, Gre-
» nade, Tolède, Cordoue et quelques autres villes mauro-
» espagnoles surpassent en magnificence et en splendeur
» toutes les capitales de l'Europe.

» Les souvenirs de la puissance mauro-espagnole, s'ils
» n'étaient conservés par l'histoire, ne vivraient-ils pas en-
» core dans ces palais magnifiques, dans ces mosquées su-
» perbes, dans ces aqueducs immenses, dans tous ces mo-
» numents gigantesques, qui attestent une civilisation avan-
» cée, et qui, malgré les outrages des siècles, figurent tou-
» jours et figureront encore longtemps avec gloire et or-
» gueil parmi les plus beaux monuments de l'Espagne
» moderne?

» Le Midi de la France, le Dauphiné, les Alpes même,
» ont aussi été envahis et occupés par ces Hispano-Sarra-
» sins, et cependant on n'y voit point de ces beaux ou-
» vrages d'art, point de ces monuments grandioses, té-

» moins muets, mais témoins véridiques et irrécusables de
» la préexistence d'un peuple éclairé et civilisé ; c'est à
» peine si l'on y trouve quelques vestiges d'anciennes tours
» ou forteresses d'origine présumée sarrasine, quelques
» travaux grossièrement exécutés dans les rochers, et quel-
» ques cavernes ou souterrains creusés à main d'homme,
» que la tradition locale désigne encore avec effroi comme
» ayant servi de repaire à ces barbares pour s'y réfugier
» avec le produit de leur pillage : *Dans telle vallée*, dit
» M. Reinaud, *est une grotte où les Sarrasins avaient*
» *coutume d'enfermer leur butin.*

» Pourquoi cette absence totale, en France, de ces mo-
» numents dont les Sarrasins ont couvert l'Espagne et sur-
» tout le midi de l'Espagne ? Pourquoi aussi, dans les con-
» trées françaises envahies, ne trouve-t-on presque aucune
» trace des mœurs, des usages ou des institutions des Sar-
» rasins ?

» Ne serait-ce point parce que leur occupation en France,
» même dans les endroits où elle était le mieux affermie, a
» toujours été un peu précaire et presque continuellement
» militante ? D'ailleurs, en Dauphiné, les premières expédi-
» tions sarrasines n'ont été que passagères ; et la dernière,
» la seule qui ait été suivie d'une occupation de quelque
» durée, n'a été composée que de l'écume de ce peuple
» vomie sur les côtes de la Provence par l'écume d'une mer
» en furie.

» Cette dernière occupation n'a même jamais été bien
» régulière, bien stable, ni bien permanente ; dans le
» Dauphiné, et surtout dans les Alpes, les Sarrasins n'ont
» jamais eu de gouvernement organisé ; leur occupation y
» a été presque toujours ambulatoire ou belligérante, et
» plutôt destructrice que fondatrice : ils formaient diverses
» bandes émanées de la partie grossière, brute et quasi-

» féroce de leur nation, et non de la partie éclairée et civili-
» sée. Ces bandes, d'abord errantes et vagabondes, s'avan-
» çaient progressivement dans l'intérieur des terres ou des
» montagnes, et finissaient par se fixer et se fortifier dans
» certaines positions qui leur paraissaient favorables. Pi-
» rates pillards et peu laborieux, sauf quelques-uns qui se
» livraient à l'exploitation des mines ou à la culture des
» terres, ils vivaient en quelque sorte au jour le jour du
» fruit de leurs rapines et des rançons extorquées aux ca-
» ravanes de voyageurs ou de pèlerins qui traversaient les
» Alpes, sans acquérir, sans se créer une patrie, sans s'or-
» ganiser un gouvernement; ils n'avaient donc établi ni ré-
» gularité, ni unité, ni ensemble dans leurs opérations;
» c'est même ce qui, par la suite, a facilité leur destruction,
» qui a été effectuée successivement sur ces bandes, atta-
» quées, battues et exterminées isolément, sans que, la
» plupart du temps, elles se soient porté ou aient pu se
» porter mutuellement secours.

» Ne serait-ce point aussi par ces raisons que les institu-
» tions, les usages et les mœurs de nos contrées envahies
» auraient reçu si peu d'altération résultant des irruptions
» et occupations des Sarrasins? car on conçoit facilement
» qu'un pareil genre d'occupation n'a pas dû séduire les
» indigènes, ni exercer beaucoup d'influence sur leurs
» mœurs. La différence des religions, qui établissait une
» si grande antipathie et comme une espèce de répulsion
» ou de répugnance entre le peuple envahisseur et le peu-
» ple envahi, n'a-t-elle pas été un obstacle et un grand obs-
» tacle au mélange, à la fusion de ces deux peuples, à la
» communication de leurs coutumes ou de leurs mœurs ?
» Et si ce mélange et cette fusion ont pu s'opérer un peu
» en Espagne, sans cependant avoir eu lieu entièrement,
» ne serait-ce pas parce que l'occupation y a été beaucoup

» plus prolongée, et principalement parce que les Maures
» y ont apporté la civilisation, tandis qu'ils n'ont apporté
» en France, et surtout en Dauphiné, que la dévastation et
» le carnage? En Espagne, ils sont venus coloniser et civi-
» liser ; en Dauphiné, ils sont venus envahir et dévaster. »

Ainsi, malgré la durée de cette occupation, qui s'est prolongée presque jusqu'à la fin du Xe siècle, il ne paraît pas qu'elle ait eu une grande influence sur les institutions du Briançonnais, soit parce que le séjour des Sarrasins y a toujours été très-précaire, soit parce que les Sarrasins des Alpes n'avaient, à proprement parler, point d'institutions, et formaient plutôt des bandes de pirates ou de brigands que des expéditions ou colonies d'hommes éclairés et civilisateurs, soit enfin parce que, dans les diverses invasions qu'ils ont faites en Europe, les Sarrasins n'ont pas, en général, imposé leurs croyances, leurs mœurs, leurs usages, leurs lois ou leurs institutions aux populations au milieu desquelles ils sont venus s'établir [1].

Faut-il néanmoins conclure de là qu'il n'est resté dans les institutions, les usages et les mœurs des Briançonnais, aucuns indices de l'occupation des Sarrasins? Oui, sans doute, s'il s'agit d'institutions proprement dites, car ces pirates Hispano-Sarrasins n'ont pu y apporter ce qu'ils n'avaient peut-être pas ; mais je pense qu'il n'en est pas de même du langage et de quelques usages.

Ainsi, quand j'ai dit que les Sarrasins s'étaient peu livrés à la culture des terres dans les Hautes-Alpes, je n'ai pas néanmoins voulu dire qu'ils l'avaient négligée totalement ; je suis, au contraire, convaincu qu'ils ont contribué à l'a-

---

[1] *Histoire des invasions des Sarrasins en France*, par M. Reinaud ; *Histoire d'Espagne*, par Romey, et *Histoire des Arabes et des Maures d'Espagne*, par Viardot.

méliorer, et que c'est à eux que ces Alpes, et plus particulièrement les Alpes briançonnaises, doivent la plupart des si nombreux canaux d'arrosage dont elles sont sillonnées dans tous les sens et sur toute leur surface, car, originaires d'un pays très-chaud et très-sec, où l'arrosage est une des premières nécessités de l'agriculture, venus en France de l'Espagne, qui se trouve dans des conditions presque semblables, les Sarrasins avaient apporté en Espagne, et ont probablement aussi apporté dans le Briançonnais leur industrie pour la construction et le nivellement des canaux d'arrosage, dont plusieurs sont parfois creusés ou percés dans les rochers ; je suis même très-enclin à penser que ce sont les Sarrasins qui ont apporté dans ce pays le droit d'établir ces canaux sur la propriété d'autrui, droit qui était alors inconnu dans le reste de la France, et que l'on verra consacré par les chartes briançonnaises du XIVe siècle ; je crois qu'on doit leur attribuer également l'exploitation et peut-être l'ouverture de beaucoup d'anciennes mines et carrières des Alpes, aujourd'hui épuisées ou abandonnées, mais dont il reste encore d'immenses et remarquables vestiges dans plusieurs localités.

Enfin, ne devrait-on pas leur attribuer aussi l'importation dans les Alpes de l'usage africain, qui consiste à suppléer au défaut ou à la rareté du combustible par la fiente de chameau desséchée au soleil, usage que l'on retrouve dans les parties élevées de ces montagnes qui manquent de bois, ou bien un besoin semblable aurait-il suggéré l'idée d'un expédient semblable aux habitants de l'Afrique et à ceux des Hautes-Alpes? Chaque année, les habitants de ces localités préparent leur provision de combustible avec la fiente de leurs vaches, qu'ils font sécher au soleil en la façonnant en forme de bûches.

CHAPITRE VIII.

Les Alpes cottiennes ont-elles pu recouvrer une indépendance continue ou temporaire depuis la décadence ou la chute de l'empire d'Occident jusqu'à la domination des comtes d'Albon ?

Serait-il vrai, comme l'ont dit et publié plusieurs auteurs, que les Briançonnais auraient pu se rendre indépendants aux temps de la décadence ou de la chute de l'Empire romain, et conserver leur indépendance depuis lors jusqu'à leur soumission aux comtes d'Albon ?

Examinons cette question ainsi que les dires des auteurs.

Reconnaissons d'abord qu'il est bien vrai que l'honorable et illustre dénomination d'*Alpes cottiennes* ne périt pas, ne s'éteignit pas avec la nationalité, avec l'indépendance des habitants de ces montagnes ; partout, dans les écrits des auteurs romains comme dans ceux des auteurs plus modernes, dans les inscriptions et dans les actes publics ou particuliers, on voit cette dénomination reparaître d'âge en âge, de siècle en siècle, jusqu'à la fin du XIe.

Si, au mépris des traités et du droit des gens, Néron réduit ces Alpes en province, il se garde bien de faire disparaître ce nom qui semble ajouter à sa gloire et à celle de l'Empire ; et la province des Alpes cottiennes reflète encore l'éclat de son nom sur la puissance qui l'a usurpée.

Ainsi, malgré la domination romaine, malgré l'extinction de la nationalité des Alpes cottiennes, le nom de ces montagnes, qui rappelle la glorieuse petite patrie des Briançonnais, qui rappelle leur ancienne indépendance et leur premier roi Cottius, qui avait su se rendre si célèbre et si redouté avant son alliance, ce nom qui rayonne encore sur son petit territoire, et qui rayonnera même plus tard sous celui de la province des Alpes qui va le recouvrir; ce nom pointe, s'élève et surgit toujours, dans la géographie politique et historique, de toute la hauteur de la sommité de ces Alpes au-dessus des autres provinces; la nationalité cottienne n'est plus qu'un souvenir, plus qu'une ombre; mais ce souvenir, mais cette ombre ont encore un nom.

Et ce n'est pas Néron seul qui tient à avoir sous sa domination une province portant ce beau nom d'Alpes cottiennes; l'orgueil et la vanité des Romains y tiennent aussi fortement, car c'est surtout pour plaire au peuple, pour flatter sa vanité, qu'il a ajouté cette province à l'Empire.

Plusieurs siècles après, les empereurs Constance et Constantin, son fils, font encore briller ce nom dans leurs testaments, où ces Alpes cottiennes, malgré l'exiguïté de leur territoire, sont nommées avant des Etats bien autrement considérables et importants, immédiatement à la suite des Gaules et des Espagnes; ainsi, lorsque Constantin monte sur le trône après la mort de son père, il reçoit du testament de celui-ci (dit Pomponius Lætus) les royaumes des Gaules, des Espagnes et des Alpes cottiennes : *Mortuo patre, regnum Galliarum Hispaniarumque et* ALPIUM COTTIARUM *testamento relictum accepit*; et lorsqu'ensuite ce dernier empereur fait le partage de ses Etats entre ses trois fils, ces Alpes y figurent avec la même distinction : *Diviso imperio* (ajoute Pomponius Lætus), *Constantino evenere Galliæ, Hispaniæ et* ALPES COTTIÆ, *Britannia, Orcades, Hybernia......*

Quand, plus tard, pendant la guerre des Goths, la province des Alpes cottiennes se trouve soustraite à la domination romaine, l'empereur Justinien tâche de dissimuler cette perte et de cicatriser cette blessure faite à son amour-propre impérial et à l'orgueil national du peuple romain, en reformant la province des Alpes cottiennes par l'extension de ce nom à toute la Ligurie jusqu'à la mer, et à la majeure partie du Piémont jusqu'au Pô et à l'Apennin, afin (dit Muratori, t. X, pp. 17-18) que le nom de cette province et de sa magistrature ne s'en allât pas en oubli : *Ne provinciæ nomen cum magistratu in oblivionem abiret*, tant il avait à cœur qu'une province de ce renom ne cessât pas de figurer parmi les provinces de l'Empire.

Plus tard encore, et après la chute de l'Empire d'Occident, au milieu de la confusion générale qui suit cette catastrophe, ce nom, qui a survécu à une fusion opérée par la politique dans le vaste sein du grand Empire, ce nom glorieux d'Alpes cottiennes, flotte et surnage, sur les immenses débris de cet Empire, toujours brillant et illustre, comme un soleil vif et pur des Hautes-Alpes au-dessus des vapeurs et des brouillards de la plaine, au-dessus des nuages épais qui couvrent ou obscurcissent les événements de cette époque, où l'histoire semble vouloir se plonger dans les ténèbres du moyen âge pour essayer d'y cacher ou d'y ensevelir le souvenir de ses désordres et de ses forfaits.

Ainsi ce nom, l'un des plus connus des écrivains et des chroniqueurs de cette époque, leur sert de point de repère ou de jalon géographique ; ainsi, par exemple, lorsque, au Xe siècle, l'historien Liutprand, évêque de Pavie, veut faire connaître la position de la ville de Gênes, il a soin d'expliquer que cette ville est située dans les Alpes cottiennes : *Genua quæ est in Alpibus cozziis. (Rer. gest.*, l. IV, c. 2.)

Ce nom, souvenir d'antique indépendance, vivra encore à la fin du XIe siècle pour se trouver alors accolé à deux qualifications, à deux sujétions féodales, par le cardinal Pierre Damien, qui, écrivant environ vers l'an 1070 à Adélaïde, fille de Mainfroy, marquis de Suze, et femme d'Amédée I*er*, comte de Maurienne, la qualifie de duchesse et marquise des Alpes cottiennes et subalpines : *Ad Adhalaïdem ducissam et marchionissam Alpium cottiarum et subalpinarum*[1]. Cependant cette dénomination est inexacte, *quant aux Alpes cottiennes proprement dites*, car, à cette époque, ces Alpes avaient passé sous la domination des comtes d'Albon, à l'exception du marquisat de Suze, qui était sous celle de Mainfroy.

Ajouterai-je, enfin, qu'aujourd'hui encore, les Briançonnais aiment à rappeler ce nom d'*Alpes cottiennes*?

Mais si les Alpes cottiennes ont conservé ce nom jusqu'aux comtes d'Albon, ont-elles pu également conserver leur indépendance ? Le Briançonnais s'est-il soumis volontairement ou non volontairement à ces comtes, et à quelle époque remonte cette soumission? Est-ce avant, pendant ou après l'invasion sarrasine? A-t-il été acquis, par les comtes d'Albon, de Mainfroy, marquis de Suze, comme le pense Bourchenu de Valbonnais, ou plutôt n'a-t-il pas été conquis ou repris par ces comtes sur les Sarrasins, comme je suis porté à le penser?

Ce sont là des questions auxquelles il est extrêmement difficile, pour ne pas dire impossible, de répondre d'une manière certaine, les documents historiques contemporains manquant presque entièrement.

Cependant Expilly (en son *Dictionnaire*, mot *Briançonnais*) dit : « Au temps de la décadence de l'Empire ro-
» main et lors de la formation des royaumes de Bourgogne
» et d'Italie, les habitants du Briançonnais profitèrent de
» la situation de leur pays, entouré de montagnes presque
» inaccessibles, cherchèrent à se rendre libres et indépen-
» dants ; ils réussirent sans beaucoup de peine dans leur

---

[1] Guichenon, *Preuves de l'Histoire de la Maison de Savoie.*

» projet; mais, dans la suite, lassés de la supériorité que
» les principaux d'entre eux voulaient exercer sur le com-
» mun des habitants, ils convinrent de se donner un maître,
» et, en conséquence, ils se soumirent aux Dauphins de
» Viennois, mais avec de grandes réserves. »

Le curé Albert, en ses *Annales du diocèse d'Embrun*,
t. I, p. 218, cite cette opinion en la modifiant néanmoins
de manière à ne pas prétendre, comme Expilly, que l'indépendance des Briançonnais aurait commencé *au temps
de la décadence de l'Empire romain*, mais seulement à
l'époque des rois de Bourgogne et d'Arles : « Le pays
» du Briançonnais (dit-il), après avoir resté sous la domi-
» nation des Romains jusqu'au Ve siècle, passa successive-
» ment sous celle des Visigoths, des Ostrogoths, des Fran-
» çais et des rois de Bourgogne et d'Arles.

» Du temps de ces derniers rois, les habitants du pays,
» profitant de sa situation entourée de montagnes presque
» inaccessibles, cherchèrent à se rendre libres et indépen-
» dants : ils réussirent sans peine dans leur projet; mais,
» dans la suite, lassés de la supériorité que les principaux
» d'entre eux voulaient exercer sur les autres, ils convin-
» rent de se donner un maître ; en conséquence, ils se sou-
» mirent aux Dauphins de Viennois, mais avec de grandes
» réserves, auxquelles ceux-ci ont toujours eu égard. »

On lit, dans le *Dictionnaire historique et géographique de France* : « Le Briançonnais, s'étendant des deux
» côtés des Alpes, était entre les deux royaumes de Bour-
» gogne et d'Italie, et le pays étant environné de montagnes
» de très-difficile accès, les habitants étaient presque libres.
» On ne sait point en quel temps ils reconnurent les Dau-
» phins de Viennois ou les comtes d'Albon et de Graisivau-
» dan...... Les Briançonnais avaient leurs lois et leurs li-
» bertés particulières distinguées de celles des sujets du
» Dauphin, et ils ne voulaient reconnaître leurs princes,

» même ceux de la maison de France, qu'à la charge de les
» maintenir dans l'état où ils avaient été de temps immé-
» morial. »

Ladoucette avait dit, dans son *Histoire des Hautes-Alpes*, 2ᵉ édit., p. 333, que : « Grâce à sa position et à ses
» remparts, cette république (le Briançonnais) parvint à
» rester indépendante lors de la chute de l'Empire romain,
» et ne se donna que volontairement aux Dauphins. » Mais,
dans la 3ᵉ édition, page 54, il est moins affirmatif sur ce
dernier point : « Cette forteresse romaine (Briançon), dit-
» il, avait su rester indépendante des peuples barbares qui
» avaient passé des Gaules en Italie. On présume qu'en
» 1032 elle se donna volontairement à ces seigneurs pour
» se soustraire aux factions qui divisaient ses principaux
» habitants. »

Ladoucette dit encore ailleurs que les anciens *Brigantini* conservèrent leur indépendance, et il ajoute que, dans ce pays, *la liberté était indigène et vivace comme les mélèzes*, suivant les expressions énergiques d'un ancien Briançonnais, expressions que les Briançonnais actuels se plaisent à répéter.

On lit aussi dans les *Vallées vaudoises* de Villiams Béattie : « Il paraît que *Brigantium* fut une exception à la des-
» truction générale qui marqua la route suivie par les ar-
» mées des Barbares, et on ne voit pas qu'il ait souffert
» dans aucune de leurs irruptions. A la chute de l'Empire
» romain, sa forte position et ses remparts formidables suf-
» firent pour maintenir son indépendance, et ce fut libre-
» ment et de sa propre volonté que cette petite république
» alpine se soumit aux Dauphins. »

J'ignore où ces auteurs ont pu puiser les éléments de leur opinion (dont ils n'indiquent pas la source) sur la déclaration d'indépendance des Briançonnais, sur le maintien de cette indépendance et sur la soumission volontaire aux Dauphins ; je n'ai pu découvrir, à l'appui de cette opinion, aucun document ou récit à peu près contemporain.

Bruhet, dans son *Mémoire historique et critique sur le Briançonnais*, dit au contraire : « L'histoire, qui n'ap-
» prend rien de certain sur ces temps de trouble, nous a
» laissé ignorer jusqu'au nom du prince qui succéda aux
» Sarrasins dans le Briançonnais, et de quelle manière ou
» à quel titre cette principauté passa sous la domination
» des comtes d'Albon, qui en étaient souverains au com-
» mencement du XIe siècle. »

Cependant j'inclinerais à me ranger à l'opinion émise par le maire Berthelot, qui, dans un *Mémoire* manuscrit de 1771, sur les priviléges briançonnais, s'exprime ainsi : « Les comtes d'Albon, ayant expulsé les Sarrasins du Grai-
» sivaudan, aidèrent aux habitants briançonnais à recou-
» vrer leur pays subjugué par ce même peuple; ces habi-
» tants ne reconnurent d'autres seigneurs que ces comtes ;
» leur soumission fut la récompense des secours qu'ils en
» avaient reçus, et les comtes d'Albon prirent alors le titre
» de princes du Briançonnais. »

Recherchons donc ce qu'il pourrait y avoir de fondé dans les récits d'Expilly, de Ladoucette et de Béattie, et comment on pourrait essayer de la justifier, ou s'il serait possible qu'à la chute de l'Empire d'Occident, les Alpes cottiennes eussent secoué la domination romaine, proclamé leur indépendance, et trouvé dans leurs châteaux forts, dans les défilés de leurs montagnes à gorges étroites et longuement resserrées, dans l'âpreté de leur climat, dans leurs neiges et leurs glaces, dans leur pauvreté et le caractère belliqueux de leurs habitants, des barrières protectrices de leur indépendance.

Plusieurs historiens contemporains, et notamment Salvien, qui écrivait au Ve siècle, nous apprennent que les

vexations et extorsions des fonctionnaires impériaux dans les Gaules y avaient produit un mécontentement profond, et avaient non-seulement désaffectionné ces contrées de l'union romaine, mais les avaient encore irritées, exaspérées et disposées à se soulever à la première occasion favorable : « Je ne crois pas (dit M. Guizot, en résumant les
» récits des anciens auteurs) que rien ait pu être plus ef-
» froyable pour une province que le gouvernement du pro-
» consul romain, avide tyran de passage qui venait là
» pour faire sa fortune et se livrer quelque temps à tous
» les besoins de l'intérêt personnel, à tous les caprices du
» pouvoir absolu. » (*Hist. de la civilis. en France.*)

Ces causes de mécontentement et de désaffection existaient même dès avant les empereurs dans l'Allobrogie, où un nommé Fontéius avait été envoyé en qualité de préteur. Ce Fontéius avait tellement opprimé et ruiné le pays par des impôts et des exactions de tout genre, qu'à la suite de plaintes portées à Rome par les Allobroges, on le traduisit en jugement; mais il fut acquitté sur la plaidoirie de Cicéron, qui soutint qu'on ne pouvait pas ajouter foi à des plaintes d'Allobroges, de Gaulois.

Ce déni de justice, accompagné de déclamations injurieuses et blessantes pour les victimes, qui se voyaient à la fois ruinées et insultées, et qui continuèrent à l'être, fut une cause extrêmement grave de mécontentement, spécialement pour ces contrées, qui durent commencer dès lors à supporter plus impatiemment le joug des Romains.

Il n'est donc pas surprenant de voir, dès les premières invasions des Barbares, des émeutes, des mouvements insurrectionnels éclater çà et là dans les Gaules et l'Allobrogie.

Des rassemblements composés de tout ce qui était opposé ou hostile à la domination romaine et à toute espèce de domination, d'esclaves, de colons, de tous les gens sans ressource, de tous les mécontents et de tous ceux qui avaient été pressurés ou ruinés par les exactions des proconsuls ou des agents impériaux, se formaient dans les diverses parties des Gaules. Tantôt ces bandes, plus ou moins régulièrement composées et dirigées, paraissaient avoir l'organisation et la force d'une armée ; tantôt, au contraire, et le plus souvent, ces bandes, produits d'une organisation fortuite, rapide et tout à fait informe ou irrégulière, n'ayant d'autre ressource que le désordre et le pillage, se livraient au brigandage le plus effréné, portaient l'effroi et la désolation partout où elles se présentaient, et se mettaient en hostilité ouverte, non-seulement avec le gouvernement, mais encore avec la société.

Aussi ont-elles été maltraitées par les historiens et les chroniqueurs, surtout par ceux qui étaient romains ou favorables à l'administration romaine ; elles n'étaient, aux yeux de ces derniers, que des bandes anarchiques et antisociales de gens ruinés et sans aveu, de malfaiteurs et de voleurs, ne vivant que de rapine et de pillage. Quelques autres, au contraire, les ont traitées beaucoup plus honorablement, et ont considéré ces soulèvements comme des insurrections populaires et nationales contre un gouvernement étranger, oppresseur et tyrannique. Salvien *(De gubern. Dei)* les excuse en disant : « Nous appelons rebelles,
» nous appelons hommes perdus, ceux que nous avons
» forcés d'être criminels, car par quoi ont été fait les Ba-
» gaudes, si ce n'est par nos iniquités, par les improbités
» de nos juges ? »

Mais tous ces écrivains ne donnent sur ces soulèvements que des détails vagues ou confus, et surtout très-brefs, qui ne suffisent pas pour bien en apprécier la nature et le but ; peut-être même ces soulèvements, qui ont été nombreux, qui ont eu lieu à diverses époques et en diverses circonstances, ont-ils été de différentes natures, propres à justifier les opinions contradictoires émises à leur égard.

Au reste, il n'entre pas dans le plan de cet ouvrage d'examiner ces diverses insurrections, dont on n'a rappelé l'existence que pour voir s'il n'est pas possible ou probable que les habitants des Alpes cottiennes ou les Briançonnais aient profité des invasions des Barbares pour former des bandes de mécontents, secouer le joug de la domination romaine, s'exonérer des tributs et se déclarer indépendants.

Remarquons d'abord que ceux qui composaient ces bandes étaient appelés *Bagandes* ou *Bagaudes*, noms qui paraissent venir par corruption ou incorrection du vieux mot *Brigandes* ou *Brigands* (*Dictionnaire* de du Cange, mot *Brigantii*), car c'est comme des brigands qu'ils étaient considérés le plus généralement ; or, ces noms ont beaucoup d'analogie avec certaine étymologie des mots *Brigantii*, *Brigantes*, par lesquels on désignait les antiques habitants des sommités des Alpes.

Fauriel, qui a fait de longues recherches et des études approfondies et sérieuses sur l'histoire obscure de ces temps de désordre et de confusion, qui a compulsé et vérifié de nombreux documents et auteurs à ce sujet, n'hésite pas à dire, en son *Histoire de la Gaule méridionale* :
« Sur divers points de la Gaule, le mécontentement des
» peuples se manifesta d'une manière plus naturelle. Dans
» les provinces écartées, *dans les hautes montagnes*, des
» populations entières se révoltèrent contre le gouverne-
» ment romain, et furent plus d'une fois confondues avec
» les Bagaudes. »

Et plus loin, en racontant que Sarus, après avoir levé le siége de Valence, se retira vers les Alpes, Fauriel ajoute :
« Sarus, arrivé aux défilés des Alpes, *probablement ceux*
» *des Alpes cottiennes*, trouva devant lui une armée
» prête à lui en disputer le passage. Zozime (*Hist.*, lib. 6,
» § 2) dit expressément que c'était une armée de Bagau-
» des, Βακαυδαισ, mais sans ajouter un mot pour expliquer

» ce que signifie précisément ici ce terme de Bagaudes, et
» s'il faut l'entendre *des montagnards mêmes des Alpes*
» *révoltés contre l'autorité romaine*, ou de bandits des
» villes et des plaines de la Gaule, qui auraient fait une
» marche plus ou moins longue et manœuvré militairement
» pour aller dans les Alpes couper le chemin à une armée.
» Ces deux hypothèses sont également dans les données
» historiques de l'époque ; *toutefois, la première me pa-*
» *raît plus plausible que la seconde.*

» Quoi qu'il en soit de ces Bagaudes que Sarus rencon-
» tra sur son passage, le général visigoth, tout intrépide
» qu'il était, trouva plus sage de capituler avec eux que
» de les attaquer ; il leur livra tout le butin que ses soldats
» venaient de faire sur les barbares auxiliaires de l'usurpa-
» teur, et obtint à cette condition la permission de conti-
» nuer sa retraite. »

Ces faits, que Fauriel raconte d'après l'historien Zozime, et qui se seraient passés environ vers l'an 409, paraissent devoir être attribués aux montagnards des Alpes cottiennes ou briançonnaises, dans lesquelles se trouvait le principal passage de la Gaule en Italie [1] ; il en résulterait que, dès le commencement du V° siècle ou même avant, ces montagnards auraient pu reconquérir leur indépendance, puisque un général, à la tête d'une armée, aurait été obligé de capituler avec eux et de leur céder son butin pour obtenir la permission de continuer sa retraite au travers de leurs montagnes.

Il avait été d'autant plus facile aux habitants des Alpes cottiennes de s'insurger et de proclamer leur indépendance,

---

[1] Selon Zozime, il y avait alors trois Alpes au travers desquelles on pouvait passer en Italie : les cottiennes, les pennines et les maritimes ; mais le passage des Alpes cottiennes était le plus voisin et le plus direct pour Sarus, qui se retirait du siége de Valence.

qu'ils avaient dû se trouver alors sans rapports avec la métropole, avec le gouvernement, isolés qu'ils en étaient par les bandes de Barbares (Goths ou autres) qui, à cette époque, inondaient le nord de l'Italie.

« Une ville (dit Simonde de Sismondi en son *Histoire*
» *des Français*, t. I, chap. 2) qui se trouve abandonnée
» par le gouvernement central au moment où elle est me-
» nacée par l'invasion d'un ennemi ou d'un rebelle, a des
» intérêts communs si pressants, que ceux qui se trouvent
» à la tête de son administration sont presque toujours
» sûrs de l'assentiment de leurs concitoyens, lorsqu'ils
» s'attribuent tous les droits de la souveraineté. »

Sans communications, sans rapports avec un gouvernement qui s'affaiblissait de jour en jour et qu'ils pouvaient croire, sinon renversé, du moins privé de force et de vitalité futures, n'est-il pas possible, n'est-il pas même plus que probable que les montagnards briançonnais aient dû dès lors penser à s'affranchir d'une domination étrangère qui semblait s'être évanouie et ne pouvoir plus désormais revenir, remonter jusqu'à eux ?

Si donc les Briançonnais se sont déclarés indépendants, ils ont pu le faire dès les premières invasions des Barbares, et même avant la chute complète de l'Empire d'Occident.

Et s'ils l'ont fait, s'ils ont pu se maintenir dans cet état jusqu'aux comtes d'Albon (ce qui paraît extrêmement douteux), n'ont-ils pas dû conserver le municipe romain, ce municipe qui avait été pour eux un bienfait émané des premières gracieusetés de l'empereur Auguste, qui, en les admettant à l'alliance, à la société romaine, leur avait communiqué un municipe très-indépendant, sortant du linceul encore chaud de la république, et non encore altéré par les constitutions des empereurs, qui ont plus tard si fortement modifié sa nature ?

Et si, à raison de la position exceptionnelle et toute particulière de leur pays et de leur climat; si, à raison surtout de leur pauvreté, les habitants des Alpes cottiennes ont été moins exposés aux visites et à la rapacité des agents impériaux pendant la domination romaine; si, dans leurs montagnes hautes, glaciales et difficilement accessibles, ils ont pu conserver dans l'usage la pureté primitive de ce municipe ; si, plus tard, et après une série de siècles, sous les derniers Dauphins de Viennois, on voit ce municipe reparaître brillant de cette pureté première qu'il avait lors de son admission et de sa naturalisation dans les cités de Cottius, avec les seules modifications que les changements progressifs de l'état social de la localité ont dû y introduire, pourra-t-on en conclure avec plus ou moins de vraisemblance et de probabilité en faveur de l'opinion d'Expilly, adoptée par quelques autres écrivains?

S'il fallait émettre une opinion à ce sujet, je dirais que je pense, sans néanmoins considérer cela comme certain, que les Briançonnais ont pu et dû recouvrer leur indépendance aux premiers temps de l'invasion des Goths, vers le commencement du Ve siècle ; qu'ils ont même pu la recouvrer à diverses autres époques, pendant le long intervalle qui s'est écoulé depuis la décadence de l'Empire romain jusqu'à la domination des comtes d'Albon; mais aussi je ne crois pas qu'ils aient pu la maintenir continuellement pendant tout ce temps. Je pense donc qu'ils ont subi, pendant des intervalles plus ou moins longs et sur une plus ou moins grande partie de leur territoire, plusieurs irruptions, invasions et occupations de populations étrangères, sans que ces diverses populations aient profité de leur puissance ou domination pour extirper ou détruire le régime municipal romain, profondément implanté et enraciné dans les mœurs peu domptables des montagnards des Alpes cottiennes.

CHAPITRE IX.

6ᵉ Époque. — De la féodalité et de son origine en Dauphiné et en Briançonnais.

> « Le caractère propre, général, de la féodalité,
> c'est le démembrement du peuple et du pouvoir
> en une multitude de petits peuples et de petits
> souverains ; l'absence de toute nation générale ;
> de tout gouvernement central. »
> « La liberté n'était plus le caractère dominant
> et décisif de la situation des hommes. »
> GUIZOT.

L'époque que nous venons d'esquisser ainsi que l'époque féodale dans laquelle nous entrons et que nous esquisserons aussi rapidement et à grands traits, quoique très-péniblement, à cause des ténèbres dont elle est enveloppée et dans lesquelles le regard ne peut pas toujours pénétrer, comprennent cependant une période assez longue pendant laquelle le temps a roulé et précipité ses ondes multiséculaires sur des bouleversements de nations et de sociétés humaines. Des siècles ont passé sur des siècles, des peuples ont passé sur des peuples, mais d'une manière confuse et désordonnée, sans éclat, sans gloire, sans splendeur : période d'événements dont la plupart n'ont eu, ni relief, ni dessin, ni coloris historique, et sont par conséquent sans vie ou mort-nés pour la postérité ; période d'événements dont les écrivains ne nous ont transmis que des récits partiels, incomplets, défectueux, obscurs et diffus, semblables à des lambeaux de ces peintures où des pinceaux peu habiles ont accumulé, sans ordre, sans netteté, de nombreux sujets dont les traits peu saillants se perdent ou s'égarent dans la multiplicité et l'incertitude de leurs contours et de leurs directions, ou se confondent dans les teintes douteuses de leurs ombres parmi lesquelles scintillent à peine quelques points brillants, trop peu nombreux pour éclairer suffisamment toutes les parties du tableau.

Il est donc très-difficile de toujours apercevoir, et, par conséquent, de pouvoir suivre, d'une manière non interrompue, la vie, le mouvement et la circulation des institutions politiques et sociales, à travers ces époques où l'histoire et quelquefois même l'existence de quelques Etats est restée extrêmement incertaine. Pendant plusieurs siècles, des milliers de peuples, différents d'origine, de mœurs, de coutumes et d'institutions, se sont mêlés ou confondus, soit les uns avec les autres, soit avec les Romains et les diverses populations de l'Empire, et ont formé ainsi un mélange, une combinaison, ou plutôt un cahos de nations hétérogènes. Comment, dès lors, pouvoir discerner et reconnaître les caractères distinctifs ou dominants de ces combinaisons multiples, complexes, à éléments nombreux, si variés selon les événements, les temps, les hommes et les lieux, combinaisons quelquefois plus ou moins intimes, mais toujours extrêmement obscures.

De là viennent surtout les incertitudes et les obscurités de cette époque qu'on a appelée le moyen âge, époque de trouble et d'ignorance qui n'a pas même pu produire un historien suffisamment éclairé et instruit pour écrire le récit de ses désordres [1] ; de là viennent aussi les opinions si

---

[1] La prédominance de l'individualisme que l'époque féodale a laissé naître et se développer dans l'état politique et social, au préjudice de

nombreuses et si diversement variées des écrivains modernes qui se sont occupés de cette période de l'histoire, et ont tenté d'en sonder, d'en pénétrer les mystères ; et, parce que l'on sait que, dans ce mélange et parmi tant de peuples divers, se sont principalement rencontrés et confondus des Gaulois, des Romains, des Germains...., dès que l'un de ces écrivains a cru y reconnaître ou seulement y apercevoir le moindre vestige des mœurs, coutumes, lois ou institutions de l'un de ces peuples, il a aussitôt imaginé et édifié tout un système sur cette idée qu'il a nourrie, caressée comme son enfant de prédilection ; et tout ce qui est sorti de ce mélange confus de populations a été, est devenu, à ses yeux, Gaulois, Romain, Germain......, parce qu'une nuance gauloise, romaine, germanique lui a semblé apparaître, renaître où survivre au milieu de ce cahos de mœurs et d'institutions diverses, qui ont pu, qui ont dû assez souvent se mélanger, se combiner les unes avec les autres, pour composer, pour former des mœurs et des institutions nouvelles ; et comme, de ce désordre immense, après un enfantement laborieux et longuement prolongé, est sorti le régime de la féodalité, chacun a voulu relier, rattacher ce régime à l'opinion qu'il a adoptée.

Que l'on ne s'étonne donc pas de voir ces écrivains proposer, défendre ou soutenir des systèmes si variés et si opposés, mais que chacun d'eux a aperçus, grossis et amplifiés à travers le prisme de son idée favorite ou les illu-

---

toute administration générale et centrale, a produit un effet analogue sur ses historiens qui, circonscrits chacun dans leur petit cercle local, pouvant difficilement porter leurs regards au-delà et au loin, n'ont été que de simples narrateurs ou chroniqueurs de leurs localités, ou des lieux circonvoisins, et non des historiens faisant connaître l'histoire d'une manière générale et sous un point de vue d'ensemble.

sions de son imagination; et peut-être céderai-je moi-même quelque fois à mes idées ou à mes illusions.

Ainsi, les partisans de l'opinion romaine ne voient, dans les sociétés féodales, dans les inféodations et sous-inféodations, que la reproduction et généralisation des contrats d'union et de protection entre les clients et leurs patrons, entre les affranchis et leurs maîtres; les partisans de l'opinion gauloise n'y voient que la reconstitution, la réorganisation des anciennes factions ou fédérations générales et particulières des peuplades gauloises et de leurs chefs; les partisans de l'opinion germanique n'y voient que la continuation de l'association du chef germain avec ses clients qu'il doit défendre et protéger, et qui doivent le suivre et l'assister; enfin, quelques-uns, croient y voir le clan écossais.

Cependant, comme les populations qui ont envahi la Gaule, étaient composées en majorité d'individus d'origine germanique, dont les mœurs et les usages différaient essentiellement de ceux des populations envahies, la réunion de ces envahisseurs avec les envahis n'avait jamais pu acquérir cette adhérence, cette affinité qui unit, qui lie les hommes par la similitude, l'identité de mœurs, d'usages, d'institutions d'intérêt public ou privé, en sorte que la combinaison n'avait jamais été assez intime pour que l'on ne pût pas toujours faire plus ou moins la distinction de ce qu'il y avait encore de Germain ou de Gallo-Romain dans l'état politique et social. On est donc assez naturellement enclin à qualifier de Germain tout ce qui, dans l'état politico-social de cette époque, peut avoir quelque apparence d'institutions ou de mœurs germaniques, quoiqu'il puisse aussi y avoir eu quelque chose de gaulois, de romain ou de gallo-romain.

Mais, quoi qu'il en soit de l'origine ou de la nature de la

féodalité, qui a été ensuite organisée, régularisée en système, et même érigée en droit, examinons quel a été l'instant de sa naissance : n'était-ce pas l'instant de ce trouble général, de ce cahos universel où, après la chute de l'Empire, après les invasions des Barbares et la désorganisation des gouvernements qu'ils avaient établis, il n'y avait plus, en quelque sorte, ni gouvernement, ni ordre, ni justice, ni lois? Il semble que du sein de ce trouble, de ce cahos, soit surgie une institution nouvelle, informe ou plutôt difforme, un monstre social et politique jusqu'alors inconnu, et non décrit par les historiens des institutions humaines, l'hydre de la féodalité, hydre aux milliers de têtes et de bras, dont chaque tête ambitionnait et aspirait tout ce qu'elle pouvait apercevoir du haut des tourelles crénelées de son redoutable manoir, de son château-fort, et tout ce qu'elle pouvait atteindre ou appréhender jusqu'aux limites extrêmes de la sphère de puissance et d'action de ses bras envahisseurs et rapaces. Tout ce qui se trouvait dans cette sphère d'attraction féodale était donc aspiré, entraîné dans le repaire central où le monstre se fortifiait et se retranchait derrière des murs hauts et épais, bordés de créneaux, percés de meurtrières et entourés de fossés larges, profonds et fangeux d'où il faisait des sorties et des irruptions jusqu'aux lieux où il pouvait impunément étendre son brigandage redouté également des voisins et des passants.

« Dans les siècles modernes, dit M. Guizot, quelques
» hommes d'esprit ont tenté de réhabiliter la féodalité
» comme système social. Ils ont voulu y voir un état légal,
» réglé, progressif; ils s'en sont fait un âge d'or. Demandez-
» leur où ils le placent, sommez-les de lui assigner un lieu,
» un temps, ils n'y réussiront point ; c'est une utopie sans
» date, c'est un drame pour lequel on ne trouve dans le
» passé ni théâtre ni acteurs. »

Et cependant M. Guizot n'hésite pas à reconnaître, et je reconnais avec lui, qu'il ne faut pas apporter trop de préventions contre un régime qui était peut-être nécessaire et le seul état possible à l'époque où il s'est établi, ce qui serait prouvé par l'universalité de son état en Europe. Il excuse les défenseurs du régime féodal qui ne peuvent se figurer qu'un système social dans lequel on trouve tant de beaux sentiments, tant de vertus, dans lequel on voit naître toutes les littératures et les mœurs prendre quelque élévation, quelque grandeur, ait été aussi mauvais, aussi fatal qu'on l'a prétendu; il justifie les ennemis de ce régime par le mal qu'il a fait à la masse de la population et par les obstacles qu'il a apportés à l'établissement de l'ordre et de la liberté.

Quoique peu partisan du régime féodal, qui a peut-être eu sa nécessité d'être, qui était peut-être aussi dans les mœurs de l'époque, je tâcherai de juger les institutions auxquelles il a donné lieu, auxquelles il s'est trouvé mêlé ou associé, non d'après les idées actuelles sur les mœurs et la civilisation, mais eu égard à l'état social aux diverses époques auxquelles j'aurai occasion de les examiner.

Je dirai donc avec M. Guizot, que *la féodalité a été ce qu'elle devait être; que ce qu'elle a fait, elle devait le faire.* J'admettrai aussi, avec lui, que le patronage féodal, cet élément principal du système féodal, a été un élément d'origine germanique, une reproduction ou une conservation du patronage militaire des peuples germains. Mais je ne puis partager entièrement son opinion lorsqu'il ajoute : « L'individualité, l'énergie de l'existence person-
» nelle, tel était le fait dominant parmi les vainqueurs du
» peuple romain. Le développement de l'individualité de-
» vait donc résulter avant tout du régime social fondé par
» eux et pour eux.... L'individu dominait dans la société

» germaine ; c'est au profit de l'individu que la société féo-
» dale, fille de la société germaine, a développé son in-
» fluence. »

S'il en avait été ainsi, si le principe de l'individualisme avait régi, avait dominé les bandes germaines envahissantes, n'aurait-il pas tendu à dissoudre les liens nationaux ou sociaux qui unissaient entre eux les individus de chacune de ces bandes, et à atténuer, sinon à paralyser leurs efforts communs et leurs succès ? L'influence de ce principe ne se serait-elle pas manifestée beaucoup plus tôt et dès les premiers temps de l'invasion, lorsque les Goths, les Burgundes et les Francs arrivaient dans les Gaules en conquérants vainqueurs ? N'aurait-elle pas empêché leur réunion ou agrégation en corps de nation, et surtout leur organisation en corps de royaumes sous des rois qui ont tous été assez puissants ? N'est-ce pas seulement lorsque l'éclat de la royauté a été presque éclipsé en France, lorsque sa puissance y a été considérablement affaiblie et presque anéantie, qu'ont pu s'y développer les effets de l'absence d'autorité centrale et de gouvernement général, et par suite, le principe ou plutôt le sentiment d'individualisme qui a donné naissance au régime de la féodalité et à tous ces petits gouvernements partiels des seigneurs suzerains, gouvernements plus ou moins faibles ou forts, selon qu'ils se rapprochaient plus ou moins de l'individualisme.

Je ne crois donc pas que ce soit seulement le principe d'individualisme germain qui a amené l'état d'individualisme féodal ; je crois que c'est aussi ce sentiment d'individualisme naturel, ce sentiment, ce besoin de sécurité individuelle, qui domine toute population plus ou moins sauvage, plus ou moins civilisée, plus ou moins faiblement gouvernée, et dans laquelle tout lien social ou national se détend, se rompt, se dissout presque entièrement. Or, tel était l'état à peu près général de l'Europe au commencement de l'époque féodale, dont l'apparition a été précédée et signalée par la décomposition, par l'anéantissement de tous les grands liens sociaux ou nationaux, et qui a vu la plupart des Etats européens se désorganiser, se décomposer, puis finir par se morceler et se subdiviser en une foule de petits Etats, de petits peuples, sans gouvernement et administration offrant des garanties de sécurité générale ou particulière. Alors a dû se produire, ou peut-être se reproduire, avec quelque teinte de germanisme, l'individualisme, qui est plutôt un sentiment personnel qu'un élément social, sentiment qui, à défaut d'institution protectrice des individus et de leurs propriétés, a été un produit, une conséquence naturelle et forcée de l'atonie générale du pouvoir supérieur et de toute autorité générale politique, qui a eu pour résultat d'obliger tout individu faible et sans autorité, à placer sa personne et ses biens sous la protection de celui de ses voisins qu'il jugeait le plus en état de le protéger ou de le défendre. De là est venue la pratique ou, si l'on veut, l'institution féodale, qui paraît être une sorte de reproduction du pacte de patronage, de ce lien militaire, de cette union d'homme à homme (l'un des traits caractéristiques de l'antique esprit germain, consacré ou renouvelé par plusieurs dispositions des Codes germaniques sous divers noms, notamment sous celui de recommandation, *commendatio*, dans les Codes des Visigoths et des Lombards) qui a entraîné, à la suite de leurs chefs, ces bandes aventurières et nomades de guerriers germains qui, n'ayant d'autres biens que leurs vêtements, leurs armes et leurs troupeaux, ne cultivant le sol sur lequel elles étaient momentanément; que pour les seuls besoins de leur séjour actuel ou temporaire, sans préoccupation des besoins à venir pour une époque peu éloignée qui ne les retrouverait plus dans le même lieu, n'avaient pas ou presque pas des idées de propriété territoriale.

Ce pacte, purement *personnel* dans le principe, devint ensuite *réel*, lorsqu'il fut accompagné de dons faits, à titre de récompense ou à tout autre titre, par les chefs à leurs compagnons d'armes. Ces dons qui, pendant la vie nomade et errante, durent être purement mobiliers et consister en armes et chevaux, en une certaine quantité de bétail, ou bien encore en une portion du butin enlevé à l'ennemi, comprirent aussi des biens immobiliers ou territoriaux, lorsque ces bandes, en se fixant et établissant dans les contrées qu'elles avaient envahies, commencèrent à apprécier davantage la propriété territoriale et tous les avantages qu'elle procure; et l'on verra plus tard cette propriété territoriale prenant chaque jour plus d'importance, réagir sur l'état social et féodal de ses possesseurs, et devenir l'un des principaux objets des pactes d'inféodation.

Ces dons, mobiliers ou immobiliers, faits le plus souvent par ces chefs à leurs guerriers, clients ou compagnons, en récompense de leur courage, de leur dévouement, de services rendus ou d'actions d'éclat, flattaient l'orgueil de ceux qui en étaient l'objet, pour lesquels ils étaient à la fois un honneur et un avantage auxquels ils tenaient infiniment, et qui leur rappelaient les dons honorifiques que les anciennes cités germaines faisaient à leurs princes: *Mos est civitatibus ultro ac viritim conferre principibus, vel armentorum, vel frugum, quod pro honore acceptum, etiam necessitatibus subvenit.* (Tacit., *Germania*, xv.)

Ce genre de libéralité ou de bienfait reçut d'abord, dans les contrées gallo-romaines, le nom latin de *beneficium*, bénéfice, comme pour caractériser le bienfait ou la bienfaisance qui y avait présidé. Plus tard, il reçut celui de *fe-*

dum, *feodum*, *feudum*, fief, nom sur l'origine et l'étymologie duquel on n'est pas généralement d'accord. Ce n'est que vers la fin du IX⁰ siècle que ce dernier nom a commencé à apparaître dans les actes et documents historiques, notamment dans une charte de Charles le Gros, de l'année 884. Son étymologie est très-incertaine ; les jurisconsultes français lui attribuent, en général, une origine latine : il viendrait, selon les uns, de *fœdus*, et désignerait le pacte d'alliance du seigneur et du vassal ; selon les autres, il serait une altération du mot *fides*, et désignerait la terre à raison de laquelle le vassal était tenu à la fidélité envers son seigneur. Les écrivains allemands lui attribuent, au contraire, une origine germanique, qu'ils font dériver de deux vieux mots germaniques dont l'un serait *fe*, *fed*, *fee* ou *feed*, salaire, récompense, et l'autre *od*, propriété, bien, possession, en sorte que *fedum*, *feodum* ou *feudum* désignerait une propriété donnée en récompense, à titre de solde, de salaire.

Chorier, sans exprimer d'opinion à ce sujet, après avoir cité une phrase de l'acte d'inféodation du territoire de Malissole en Viennois, dans laquelle le fief est appelé *fedum*, ajoute : « Ceux qui tirent l'origine du mot *feudum* de l'alle-
» mand *feed*..., ont ici de quoi fortifier leur sentiment ;
» on lit *fedum*, et non *feudum*, dans ce titre, et *fedum* a
» un rapport visible avec *feed*. » (*Hist. du Dauph.*, t. I, pag. 884.) Cet écrivain n'indique pas la date positive de cet acte, qui doit être du milieu du XI⁰ siècle, puisqu'il la fait remonter à environ six cents ans avant l'époque où il écrivait.

Disons donc avec M. Guizot (*Histoire de la civilisation en France*) : « L'origine germanique paraît beaucoup plus
» probable que l'origine latine, d'abord à cause de la struc-
» ture même du mot, ensuite parce que, au moment où

» il s'introduit dans notre territoire, c'est de Germanie qu'il
» vient ; enfin, parce que, dans nos anciens documents la-
» tins, ce genre de propriété portait un autre nom, celui
» de *beneficium*. Le mot *beneficium* remplit nos docu-
» ments historiques du Ve au IXe siècle, et y désigne évi-
» demment le même état de la propriété territoriale qui
» prit, à la fin du IXe siècle, le nom de *feodum*. Long-
» temps encore, à partir de cette époque, les deux mots
» sont synonymes, si bien que, dans la charte même de
» Charles le Gros, et jusque dans une charte de Frédé-
» ric Ier, de 1162, *feodum* et *beneficium* sont employés
» indifféremment.

» Pour étudier l'histoire des *feuda*, du Ve au IXe siècle,
» c'est celle des *beneficia* qu'il faut regarder. Ce que nous
» dirons des fiefs s'appliquera aux bénéfices ; car les deux
» mots sont, à des dates diverses, l'expression du même
» fait.

» Dès les premiers temps de notre histoire, aussitôt
» après l'invasion et l'établissement des Germains sur le sol
» gaulois, on voit apparaître les bénéfices. Ce genre de
» propriété territoriale est opposé à un autre qui porte le
» nom d'*alodium*, alleu. Le mot *alod*, *alodium*, dési-
» gnait une terre que le possesseur ne tenait de personne,
» qui ne lui imposait envers personne aucune obligation.

» Il y a lieu de croire que les premiers alleux furent les
» terres que, sous diverses formes et sans partage général
» ou systématique, s'approprièrent les Germains vain-
» queurs, Francs, Bourguignons ou Visigoths, au moment
» de leur établissement. Celles-là étaient complétement in-
» dépendantes ; on les recevait de la conquête, du sort,
» non d'un supérieur. On les appela *alod*, c'est-à-dire, *lot*,
» *sort*, selon les uns ; propriété pleine, indépendante
» *al-od*, selon les autres.

» Le mot *beneficium*, au contraire, désigna, dès l'ori-
» gine (et il le dit clairement), une terre reçue d'un supé-
» rieur à titre de récompense, de bienfait, et qui obligeait
» envers lui à certaines charges, à certains services. Les
» chefs germains, pour s'attirer ou s'attacher des compa-
» gnons, leur faisaient des présents d'armes, de chevaux,
» les nourrissaient, les entretenaient à leur suite. Les dons
» de terres, les bénéfices, succédèrent, ou du moins vinrent
» s'ajouter à ces dons mobiliers. »

Quoique, à cause de la rareté des actes de ces temps anciens dans nos archives dauphinoises, il soit difficile de vérifier si ce que dit M. Guizot est applicable à nos contrées, il me semble cependant que j'en trouve la confirmation 1° dans le testament du patrice Abbon, titre du VIII⁰ siècle, dont le cartulaire de l'évêché de Grenoble contient une copie; il mentionne plusieurs fois la tenure territoriale à titre de bénéfice, et il la mentionne notamment dans la vallée de Gérentone, aujourd'hui Vallouise, en Briançonnais : *In Gerentonis colonicas quas Sigualdus in* BENEFICIO *habet* ; 2° dans un diplôme de Frédéric II, de 1238, confirmatif d'un privilége de 1155, par lequel Frédéric I⁰ʳ avait concédé, à son fidèle Guigues Dauphin, comte de Grenoble, tous les bénéfices que ce dernier avait possédés héréditairement jusqu'alors : *Nostro fideli Guigoni Dalphino, comiti Gratianopolitano, omnia* BENEFICIA *quæ hereditario usque ad nostra tempora juste possedit, in posterum libere et quiete possidere concedimus.* (Valb., *Hist. du Dauph.*, t. I, pag. 93.)

Plus tard, la qualification de *feudum* domine et exclut presque entièrement celle de *beneficium*; cependant Valbonnais (t. I, pag. 134 et 211), rapporte deux actes du XIV⁰ siècle dans lesquels les mots *beneficium* et *feudum* sont encore employés simultanément et avec la même acception : le premier est la concession de la Mistralie de Voreppe, faite en 1317 par le dauphin Jean à Guillaume de Royn, en récompense de ses services : *In remunerationem servitiorum... damus et concedimus, in perpetuum*, IN BENEFICIUM SEU FEUDUM ; le deuxième est l'hommage prêté en 1329 par Hugues de la Tour, comte de Valentinois, dans lequel on lit : *Dominus directus castra et feuda sibi donata infeudavit et dedit* IN BENEFICIUM ATQUE FEUDUM.

Comment furent établis, comment furent d'abord nommés et constatés, en Dauphiné, ces engagements féodaux primitifs entre les seigneurs supérieurs et les seigneurs inférieurs, entre ces divers seigneurs et leurs vassaux inférieurs, nobles, roturiers ou serfs ? Je n'ai pu découvrir aucun titre d'inféodation remontant au commencement de la féodalité, et je suis très-enclin à penser que si du Xe au XIIe siècle il y eut des contrats écrits de ce genre d'engagement (quelque dénomination qu'on leur ait donnée), il y en eut très-peu, et je ne crois pas qu'il y en ait eu alors entre les premiers seigneurs féodaux et leurs vassaux serfs ou roturiers ; du moins je n'ai trouvé d'autres titres écrits constatant leurs droits et engagements respectifs, que des hommages, des reconnaissances, des traités, des transactions du XIIIe et du XIVe siècle, n'indiquant nullement l'origine, la nature, la teneur des engagements primitifs qui me paraissent s'être établis d'eux-mêmes, sans écrit, et la plupart du temps sans accord, sans convention, sans consentement volontaire, par le seul effet de la suprématie, de la supériorité sociale ou politique des chefs et seigneurs sur leurs guerriers et vassaux inférieurs. Quant aux vassaux ou feudataires intermédiaires d'un rang un peu élevé, ayant quelque fortune ou quelque puissance, dont les engagements résultaient en général d'une volonté un peu plus libre, les accords féodaux, les actes d'inféodation ont dû être et ont été, en effet, beaucoup moins rares, quoique ce ne soit guère qu'à partir du XIIIe siècle qu'on en retrouve un très-petit nombre dont Valbonnais a publié quelques-uns que je vais rappeler très-succinctement en signalant les caractères qu'ils paraissent avoir.

Je citerai d'abord, comme contenant des pactes féodaux purement volontaires et n'entraînant aucune espèce de servilité, plusieurs actes d'inféodation du XIIIe et du XIVe siècle, mentionnés par Salvaing de Boissieu (*Usage des fiefs*, chap. 77, pag. 376), par lesquels des frères ou autres parents se rendaient respectivement vassaux les uns des autres pour s'unir plus étroitement et se défendre plus efficacement. On pourrait même ne considérer ces actes que comme de simples traités d'alliance ou d'union, s'ils ne renfermaient pas toutes les formes, toutes les clauses, conditions et obligations des pactes d'inféodation.

On peut aussi considérer comme à peu près libres et volontaires : 1° le contrat d'inféodation du 16 juin 1316 (Valb., t. II, pag. 163), par lequel le comte de Genève se reconnaît homme du dauphin et son feudataire, en considération de beaucoup de grands services que ses ancêtres ou lui en ont reçus. Quoique l'acte n'énonce aucune autre cause, je suis très-porté à penser, avec Valbonnais et plusieurs écrivains dauphinois, que le principal motif du comte de Genève fut (outre une somme de 15,000 livres de bons tournois qu'il reçut du dauphin) le besoin qu'il avait d'un protecteur puissant contre le comte de Savoie son voisin ; 2° l'acte d'inféodation de la seigneurie de Villars dans le Bugey, paraît avoir eu la même cause, car il n'est presque qu'un traité d'union entre le seigneur de Villars et le dauphin, qui contractent l'obligation de se défendre réciproquement de tout leur pouvoir.

Ne peut-on pas encore considérer, comme assez libres et volontaires, les contrats d'inféodation intervenus entre les dauphins et les principaux seigneurs dauphinois ou entre ces seigneurs et d'autres moins puissants, ces contrats ayant plus ou moins le caractère d'unions, d'alliances respectivement contractées dans l'intérêt commun ? Aussi la plupart de ces contrats mentionnent-ils la liberté de volonté des contractants dans les termes suivants ou autres équivalents : *Unanimiter et concorditer, non decepti, non coacti, neque dolo inducti, spontanei* (inféodation de la seigneurie de Veynes en Gapençais, de l'année 1253, Valb., t. I, pag. 29) : *Non vi, non dolo, neque metu* (inféodation de la seigneurie de Meuillon, de l'année 1293, Valb., t. I, pag. 34) ; *Non vi, non dolo, sed spontanea voluntate* (inféodation des châteaux de Virieu et de Paladru, de l'année 1317, Valb., t. I, pag. 57). Ces mentions pourraient bien n'être que des formules usuelles du style des notaires stipulants ; cependant l'emploi fréquent et presque général de ces mentions n'indiquerait-il pas que ces inféodations étaient aussi le résultat d'une volonté généralement assez libre ou influencée seulement par l'état social et les usages de l'époque ? D'ailleurs rien, si ce n'est le besoin d'union ou d'alliance entre seigneurs voisins, ne paraît devoir faire présumer que les consentements de ces seigneurs, qui avaient des seigneuries considérables avec des hommes, des châteaux et des maisons fortes, aient été le résultat d'une violence ou d'une contrainte directe ; bien plus, quelques-unes de ces inféodations ou alliances paraissent avoir été recherchées et acquises à prix d'argent par les dauphins et autres principaux seigneurs, notamment l'inféodation des châteaux de Virieu et de Paladru pour laquelle le dauphin Jean payait à Geoffrey de Clermont une somme de 3,000 livres viennoises, et l'inféodation des châteaux d'Armieu et de Vatilieu pour laquelle Aymard, comte de Valentinois, payait à Aynard de la Tour une somme de 2,500 livres tournois. (Valb., t. I, p. 215.)

Quant aux pactes d'inféodation avec les seigneurs les moins puissants et les plus inférieurs, ils ont pu être beaucoup moins libres et se ressentir de la faiblesse des feudataires.

Enfin, quant aux pactes d'inféodation avec les roturiers, je pense qu'ils ont été encore moins libres, ou plutôt qu'ils n'ont été le plus souvent que le résultat de l'abus de la force, que l'effet d'une contrainte réelle ou morale plus ou moins impérieuse, plus ou moins attentatoire à la liberté de volonté des feudataires et même à la liberté de leurs personnes ; car, si je n'ai pu découvrir aucuns pactes primitifs d'inféodations roturières, il résulte assez clairement d'un grand nombre de reconnaissances et d'hommages postérieurs, même de traités et de transactions intervenus entre les seigneurs et leurs feudataires roturiers, à une époque où la puissance de la féodalité commençait à décroître, que la plupart de ces feudataires roturiers avaient été réduits à un état presque servile, et qu'outre la forme avilissante de leurs hommages qu'ils prêtaient à genoux devant leurs seigneurs, à la différence des nobles qui les prêtaient debout, ils étaient tous soumis à des services personnels et pécuniaires plus ou moins graves, plus ou moins compromettants pour la liberté de leurs personnes et de leurs biens.

Peut-on, dans nos contrées, juger des actes d'inféodation du Xe, du XIe et du XIIe siècle, d'après ceux du XIIIe et du XIVe, qui sont les seuls dont quelques textes ont été conservés ? En examinant ces derniers actes, on y voit bien figurer, comme l'un des pactes principaux, l'obligation du service militaire de la part du vassal et l'obligation de protection et de défense de la part du seigneur, ou bien le contrat d'union et d'assistance réciproques de l'un et de l'autre ; et, si ces pactes féodaux s'étaient bornés à ce pacte d'alliance ou d'assistance et de défense mutuelles, si encore les biens qui en étaient l'objet y avaient été remis à titre de rémunération par les chefs ou seigneurs à leurs guerriers ou vassaux, conformément à l'usage des anciens chefs militaires, et notamment des anciens chefs germains, ces actes d'inféodation auraient conservé beaucoup de leur caractère germanique ; mais ils me paraissent avoir bien dégénéré et bien perdu de ce caractère. Le service militaire du vassal, la protection du chef, cessent presque d'être le contrat principal ; le fief n'est même plus une rémunération, une libéralité du seigneur ; ce n'est pas toujours celui-ci qui gratifie, qui rémunère le vassal : c'est plutôt le vassal qui, en réalité, fait une libéralité à son seigneur, quoique ce soit ce dernier qui paraisse être ou qui soit réputé être le bienfaiteur ; c'est le vassal qui se dépouille, qui se dessaisit de ses biens, de ses propriétés territoriales, de ses alleux, qu'il donne, qu'il livre à son seigneur qui, à la vérité, les lui rend immédiatement, mais qui ne les lui rend que diminués, qu'affectés et presque comme déshonorés par la rétention d'une prééminence honorifique et surtout du domaine supérieur et direct qui met le vassal et ses biens en quelque sorte dans la dépendance du seigneur, qui en fait son homme lié, son homme-lige, *suum hominem ligium*, selon les termes des titres de cette époque, et qui souvent assujettit ces biens, même ces alleux les plus libres, à certains services, à certaines redevances.

Dans les inféodations roturières, l'altération est encore plus grave, ainsi que cela résulte des reconnaissances et hommages ; l'abaissement du vassal descend à l'état de serf, presque à l'état d'esclave : le service militaire du guerrier est étendu à d'autres services dont quelques-uns sont plus ou moins serviles et attentatoires à la liberté personnelle ou dégradants et avilissants pour la dignité humaine; la protection du chef se transforme en l'autorité supérieure et absolue du seigneur, qui souvent devient le propriétaire de la personne du serf dont il dispose en maître, qu'il peut donner, vendre ou accabler d'impôts à son gré et selon l'arbitraire de sa volonté [1], qu'il fait souvent imposable ou taillable à miséricorde, à merci, *taillabilem ad misericordiam, ad mercedem*, disent les anciens hommages, les anciennes reconnaissances; et, quant aux terres roturières, elles subissent un abaissement, un asservissement analogues; elles deviennent plus ou moins serviles, plus ou moins assujetties au seigneur qui, s'il ne s'en attribue pas la propriété, les soumet aussi à des redevances à son profit, les grève de services fonciers et de tailles ou autres impôts.

L'examen et la comparaison des actes d'inféodation ou d'hommage des nobles nous apprennent qu'en Dauphiné

---

[1] Valbonnais (t. II, p. 144, et t. I, pp. 81 et 209), nous a conservé le texte de quelques actes contenant des donations ou ventes d'hommes : 1° une donation faite en 1309 par la dauphine Béatrix, de la seigneurie de Faucigny avec les hommes nobles et non nobles ou ignobles, *nobiles et ignobiles*; 2° une vente faite en 1322 par Otmar de Garde, d'un homme avec toute sa postérité, au prix de sept livres viennoises; 3° une vente faite en 1320 par Hugues de Bressieu, d'hommes taillables et exploitables avec leur postérité, à la volonté et miséricorde de l'acheteur, au prix de 17 livres viennoises : *taillabiles et exploytabiles cum posteritate eorumdem ad voluntatem et misericordiam emptoris. Pretium hujus venditionis est decem septem librarum viennensium*; et Chorier (t. I, p. 843) cite plusieurs autres ventes du même genre, notamment celle d'un homme de Barraux, faite en 1261, au prix de 14 livres viennoises.

le pacte féodal était à la fois *personnel* et *réel*, c'est-à-dire qu'il concernait tant les personnes que les biens. « L'ambi-
» tion des dauphins (dit Valbonnais, t. I, p. 244), ne per-
» mettait guère à ceux qui possédaient des terres en franc-
» alleu dans leur voisinage, de conserver leur indépen-
» dance; presque tous avaient été assujettis. »

« Après que les dauphins étaient morts (dit Chorier, t. I,
» p. 841), et que les derniers honneurs leur avaient été
» rendus, les nobles de leurs terres venaient en personne
» rendre hommage à leurs successeurs. Ceux qui n'avaient
» pas des fiefs le rendaient seulement de leurs personnes,
» et les autres le rendaient et de leurs personnes et de leurs
» fiefs. Il n'y eut que la maison des Allemand de Valbon-
» nais, qui fut déchargée de l'hommage de ses terres et
» obligée seulement à celui de la personne. Cette grâce si
» particulière fut accordée à Odon Allemand par le dauphin
» Humbert Ier, et confirmée l'an 1308 par le dauphin Jean
» II, en faveur de Guy Allemand, seigneur de la même
» terre.» (V. Valb., t. II, pp. 68 et 131.)

Le pacte *personnel* (qui variait dans ses clauses accessoires, selon l'état, les qualités et les droits des contractants) consistait quelquefois en un contrat d'union et d'assistance réciproques, et le plus ordinairement en un engagement de service d'une part et de protection d'autre, accompagné presque toujours d'une déclaration ou reconnaissance de l'un, d'être l'homme-lige de l'autre, auquel
il prêtait hommage et promettait ou jurait fidélité. Ainsi,
dans le pacte féodal entre le dauphin et le comte de Genève, seigneur presque égal au dauphin en qualité sinon en
puissance, la clause d'assistance et de défense réciproques est conçue en termes presque identiques ou équivalents : *Quod comes gebennensis teneatur et debeat dominum delphinum et terras et baronias ipsius adju-*

vare, sequi, valere et defendere toto posse de tota terra sua cum sua tota potentia... et dominus dalphinus promisit et juravit, tactis corporaliter Evangeliis sacrosanctis, comitem gebennensem, totam terram et baroniam ejus adjuvare, sequi et defendere toto posse; mais le comte de Genève, comme vassal, reconnaît qu'il est homme du dauphin auquel il prête hommage en ces termes : *Comes gebennensis confessus fuit se esse ab antiquo hominem suum, manibus complosis infra manus domini dalphini, interveniendo osculo pacis et fidelitatem promittendo per sacramentum supra sancta Dei Evangelia corporaliter præstitum.*

Dans l'inféodation de la seigneurie de Villars, l'obligation d'assistance et de défense réciproques est aussi stipulée presque en mêmes termes : *Dominus dalphinus debet juvare dominum de Villario cum magna et parva potentia... totam suam terram et homines exponere debet ad juvandum et defendendum terram totam domini de Villario toto posse suo, et guerram, et placitum, et litem facere pro eodem. Vice versa, dominus de Villario, cum magna et parva potentia, tenetur et debet dominum dalphinum juvare et pro eo litem, et guerram, et placitum facere de tota terra sua...;* l'hommage du seigneur est ensuite ainsi conçu : *Dominus de Villario præstat hommagium ligium et fidelitatem ligiam, osculo pacis interveniente.*

Dans les actes d'inféodation des seigneurs du Dauphiné, l'engagement de défense ou de protection de la part du dauphin est conçu en termes très-variés, et celui de ces seigneurs résulte, en général, de leur reconnaissance d'être les hommes-liges du dauphin, soit par une déclaration expresse, comme le fait Aynard de la Tour, *confitens esse hominem ligium domini dalphini de persona et corpore suo*, soit implicitement par les termes d'*hommage-lige*, prêté à la manière des nobles, en ces termes ou autres équivalents : *Fecit homagium ligium, præstitit fidelitatem ligiam..., complosis manibus, interveniente oris osculo*; quelquefois avec l'addition de tout ou partie de l'oraison suivante : *In signum fœderis, pacis, amoris.*

Enfin, dans les hommages et reconnaissances des roturiers, l'obligation du service militaire, accompagnée souvent d'autres services personnels, est conçue en ces termes ou autres semblables : *Debent cavalcata et servitia; debent juvare dominum de placito et de guerra;* la protection du seigneur est stipulée en termes généraux très-variables et quelquefois très-vagues, et l'hommage est ignominieusement prêté par le vassal; à genou, devant le seigneur, dont il baise les mains entre les pouces.

Quant au pacte féodal *réel*, c'est-à-dire celui qui concernait les biens, il était aussi extrêmement varié dans ses clauses accessoires, selon l'état ou la qualité des contractants, et selon la nature ou l'état des biens. Cependant il consistait généralement en une donation entre-vifs de ces biens, faite par le vassal au seigneur, qui les lui rendait ou redonnait immédiatement. Voici (en supprimant les motifs de bienfaisance, de rémunération ou autres, ainsi que la spécification et le détail des biens et droits de toute nature exprimés dans les actes) comment ces inféodations réelles étaient stipulées : Le vassal donne, *dat, donat donatione pura et irrevocabili inter vivos, domino recipienti, castra; territoria, mandamenta, allodia, feuda:... quæ tenet.* Cette donation, faite conformément au droit romain, est accompagnée d'une investiture ou tradition aussi conforme à ce droit, et qui, lorsqu'elle ne pouvait s'effectuer réellement, s'opérait figurativement par la remise réelle (mentionnée expressément dans l'acte) d'une branche d'arbre ou d'un bâton censé provenir des biens donnés :

investiens per traditionem unius baculi, ut moris est, disent plusieurs de ces inféodations. Ensuite le seigneur, après avoir accepté cette donation et l'investiture des biens qu'elle comprenait, les donnait à son tour au vassal qu'il en investissait par une tradition stipulée en termes identiques ou semblables, également *per traditionem unius baculi*. Enfin, après cette double donation et tradition, le vassal prêtait l'hommage de fidélité comme il vient d'être dit.

Mais ce qu'il y avait de plus grave dans ces pactes réels d'inféodation, c'est que le seigneur qui avait reçu du vassal la propriété pleine et entière de biens quelquefois allodiaux et parfaitement libres, ne les rendait souvent qu'en les grevant de certaines charges, de certains services, mais surtout ne les rendait presque jamais, ou plutôt jamais, qu'en retenant cette portion du droit de propriété ou du domaine qu'on appelait domaine supérieur ou direct, en sorte que le vassal ne recevait plus que le domaine inférieur, qu'un domaine amoindri, qu'un domaine assujetti au seigneur propriétaire du domaine supérieur. C'était là une distinction de domaine empruntée par le contrat d'inféodation au contrat d'emphytéose duquel il a constamment tendu à se rapprocher, et avec lequel il a fini par se confondre presque entièrement.

« Ces traités (dit Valbonnais, t. I, p. 266, en parlant de
» ces contrats d'inféodation) n'étaient proprement que les
» aliénations du domaine supérieur, revêtues des appa-
» rences d'une donation. » L'influence de la propriété foncière s'était déjà tellement accrue à cette époque, réagissait déjà tellement sur l'état des personnes, que l'état des terres, qui commençait à prédominer dans ces actes, continua à prédominer de plus en plus, et finit par dominer l'état des personnes, en sorte que ce fut la possession de certai-

nes terres nobles ou privilégiées qui conféra des qualités nobiliaires ou des droits féodaux à leurs possesseurs.

J'ai dit que ces inféodations déshonoraient, en quelque sorte, les biens qui en étaient l'objet. Ces biens ne revenaient, en effet, au vassal que diminués par le retranchement du domaine supérieur et direct, qu'assujettis à certaines charges, à divers services, notamment à la charge, soit de retour ou de réversion au seigneur supérieur et direct, en cas de mutation de ce seigneur, même souvent en cas de mutation de vassal, soit de redevances pour empêcher la réalisation de ce droit de retour. Mais, pour bien constater ce droit, pour bien constater leur propriété supérieure, leur domaine supérieur, les seigneurs faisaient insérer, dans la plupart des actes d'inféodation, des conditions et des faits indicatifs de ce domaine. Ainsi, à chaque mutation de vassal du dauphin, ou bien encore en cas de guerre delphinale, les châteaux, tours et maisons fortes des feudataires devaient être remis au dauphin ou à ses officiers, pendant un certain temps déterminé par les actes d'inféodation ou par les actes d'hommage et les reconnaissances, temps pendant lequel le dauphin faisait arborer sa bannière ou son étendard delphinal sur ces châteaux, tours et maisons fortes : ce temps était de trois jours et de trois nuits dans la seigneurie de Meuillon ; de deux jours et de deux nuits dans celle de Rancurel ; d'un jour et d'une nuit dans celle de Veynes. *Domini de Veneto debent reddere comiti, vel ejus successoribus in mutatione ipsius comitis, in signum recognitionis majoris dominii, et ipse comes dicta castra et domos fortes, sive turres (castrum vetus de Veneto, superius et inferius, et domum sive turrim de Escharena) debet tenere, pro suo dominio, per unum diem et unam noctem, et in singulis supponere banneriam sive vexillum suum, et post statim restituere te-*

netur prædicta castra et domos, et ce droit s'exerçait bien exactement, car Salvaing de Boissieu *(Usage des fiefs,* part. I, chap. VIII), cite une procédure de prise de possession, de l'année 1433, des fiefs rendables de Virieu et de Paladru, qui avaient fait retour au dauphin par la mort du feudataire, le vicomte Aymard de Clermont, dans laquelle on lit la phrase suivante de l'ordonnance du gouverneur du Dauphiné, qui explique comment cette prise de possession devait être effectuée : *Præcipimus, quatenus ad castra et loca Viriaci, Paladruti, Montisferrati, Passagii et Altæripæ ac etiam Bastidæ divissini vos personaliter transferentes in ipsis locis et castris, videlicet in donjonis et altiori loco eorumdem et magis apparenti bannerias delphinales armis delphinalibus depictas, quas cum præsentibus vobis transmittimus nomine et autoritate delphinali, scilicet in quolibet loco et donjono unam ponatis et affigatis, ibidem tenendam et remanendam nomine delphinali spatio trium dierum naturalium in signum reddibilitatis, dominiique directi et superioritatis.*

Ces inféodations et les très-nombreux actes d'hommage, de reconnaissance et autres, que l'on trouve encore dans les archives dauphinoises, constatent qu'il y a eu, en Dauphiné, un grand nombre d'actes d'inféodations seigneuriales, et, par conséquent, un grand nombre de seigneurs de divers rangs et de diverses qualités. On y voit surtout les dauphins y apparaître pour recevoir les hommages des principaux de ces seigneurs, et comme étant par conséquent les premiers seigneurs de la contrée ; mais on ne trouve dans ces actes, qui forment autant de contrats distincts et isolés, aucune énonciation indicative d'un système d'union et d'échelonnement hiérarchique entre ces divers seigneurs ou entre leurs fiefs. Cependant, en Dauphiné, comme en France, comme partout en Europe, la féodalité a établi un système d'union, je dirai presque de fédération hiérarchique entre les divers seigneurs, vassaux les uns des autres, à partir du seigneur ou vassal supérieur, qui ne relevait que de lui-même ou du souverain, jusqu'aux vassaux inférieurs.

Quelle a été l'origine de cette hiérarchie féodale? Ceux qui attribuent au pacte féodal une origine germanique n'hésitent pas, en général, à attribuer la même origine au système d'union hiérarchique des inféodations ou des seigneurs inféodés les uns aux autres. Cette opinion n'est point en opposition avec ce qu'apprennent les historiens des peuples germains; mais comme ce n'est pas seulement chez ces peuples germains qu'apparaissent ces anciennes unions hiérarchiques de chefs plus ou moins puissants, il s'est formé également diverses opinions à ce sujet; et si, comme je le pense, comme je l'expliquerai bientôt, les principaux seigneurs féodaux des contrées de la rive gauche du Rhône n'ont été, en général, que d'anciens chefs politiques qui, se détachant du gouvernement central, se sont respectivement maintenus, de leur propre autorité, dans les fonctions et la puissance qu'ils tenaient antérieurement de ce gouvernement central, on est bien presque obligé de reconnaître quelque chose de germanique dans cette hiérarchie d'anciens chefs ou fonctionnaires du royaume de Burgundie qui, se rendant à peu près indépendants, tout en conservant entre eux le rang hiérarchique de leurs fonctions, sont devenus seigneurs féodaux des contrées de leurs commandements. Mais la hiérarchie de ces chefs était-elle d'origine germanique? Les Germains, envahisseurs de nos contrées, et en particulier les Burgundes, ont-ils apporté et maintenu, dans leur royaume de Burgundie, leur hiérarchie administrative antérieure, ou n'ont-ils pas plutôt adopté et conservé la hiérarchie de l'administration gallo-

romaine qu'ils ont trouvée existante, et cette hiérarchie gallo-romaine n'avait-elle rien conservé de la hiérarchie des anciennes fédérations gauloises? N'y a-t-il pas la plus grande ressemblance, la plus grande analogie entre les ligues, unions ou fédérations gauloises, et ce mode, ce système d'assemblage, d'union, qui liait en les échelonnant et les superposant les unes aux autres (selon le rang hiérarchique des feudataires) les diverses unions féodales particulières ou individuelles, pour en faire, pour en constituer un ensemble plus considérable, plus uni et plus fort? N'est-on pas, enfin, tenté de dire, avec M. Guizot : « La
» féodalité générale était une véritable fédération, » et avec MM. de Courson, Pitre Chevalier et autres partisans de l'origine gauloise : « Rien ne ressemble mieux à la hié-
» rarchie des vassaux que ces confédérations divisées en
» cités, ces cités divisées en cantons, ces cantons divisés en
» familles, ces familles elles-mêmes divisées en sections ;
» et ces sections, ces familles, ces cantons, ces cités et
» ces confédérations ayant tous leurs chefs superposés les
» uns aux autres, depuis la plus haute antiquité, suivant
» le témoignage formel de César. Voilà certes bien le foyer
» de cette féodalité puissante qui, comprimée pendant plu-
» sieurs siècles par les conquêtes romaines et franques,
» trahie çà et là par de violentes réactions vers le passé,
» finit par éclater à la mort de Charlemagne, et convertit
» l'Europe entière en une vaste hiérarchie. »

J'incline donc vers les partisans de l'origine gauloise, non quant à l'origine du pacte féodal, mais quant au système d'association ou de fédération hiérarchique des inféodations ou unions féodales entre elles.

Enfin, s'il y avait quelque chose de romain dans l'union féodale, ce serait la forme ou plutôt la formalité du contrat féodal, et principalement la manière de le constater.

Quant à la forme extérieure donnée généralement aux contrats d'inféodation, elle a dû être et a été tout à fait romaine et la même que celle que tous les notaires donnaient à leurs actes, à cause du droit romain qui a continué à régir nos contrées ; mais ce droit, après avoir régi la forme extérieure, a fini par régir la forme intrinsèque, par réagir même sur le fond, de manière à transformer le pacte féodal en un pacte quelque peu romain, quelque peu emphytéotique, tellement qu'en Dauphiné, le contrat d'inféodation a fini par se transformer en contrat emphytéotique et par en prendre le nom, comme on le verra plus tard.

Mais revenons à la féodalité qui, d'abord faible et timide, devint bientôt forte, puissante et fière. Bientôt la féodalité attira tout à elle, envahit, usurpa et absorba tout : hommes, terres, choses, institutions; et, sous son principe d'individualisme anti-national et presque anti-social, les institutions municipales, ces institutions dont les principes populaires étaient si fortement enracinés dans les usages et les mœurs, ne purent résister à cet envahissement universel; elles furent aspirées, étouffées presque, par le monstre féodal ; et, s'il en palpita, s'il en put survivre encore quelques restes, quelques germes dans le sein des populations asservies, ils végétèrent obscurément, clandestinement, sans apparence, sans force et presque sans vie, dans les étreintes de l'oppression féodale, trahissant à peine leur faible existence par quelques soupirs étouffés, ou par quelques réactions rares et intermittentes.

Ce ne sont donc pas les Barbares qui ont été les plus grands ennemis du régime municipal; ce ne sont donc pas leurs invasions qui l'ont fait disparaître, qui l'ont en quelque sorte anéanti dans la majeure partie, dans la presque totalité de l'Empire romain ; ce régime a eu des ennemis bien plus terribles, bien plus redoutables dans les seigneurs féodaux, dans le régime féodal.

Le régime municipal, plus particulièrement basé sur le principe de l'égalité sociale des hommes et de leur administration commune par eux-mêmes, ne pouvait sympathiser ni s'harmonier avec le régime féodal, fondé sur un principe tout à fait contraire, sur un principe anti-populaire, anti-national, anti-gouvernemental, qui, particularisant tout, individualisant tout, rapportait tout à l'autorité arbitraire et absolue d'une foule de seigneurs dont chacun, dans ses terres ou domaines, tendait à amener et à asservir tout ce qui l'entourait, sous son pouvoir individuel suzerain.

Aussi ces deux régimes n'ont-ils pas eu d'ennemis plus acharnés, plus implacables qu'eux-mêmes ; aussi se sont-ils fait une guerre continuelle à outrance ; et si la féodalité, d'abord victorieuse et triomphante dans ses jours de jeunesse et de vigueur, a pu, pendant assez longtemps, opprimer et presque anéantir son adversaire qu'elle croyait avoir blessé à mort, celui-ci s'est ranimé plus tard, et elle l'a senti palpiter, tressaillir dans ses étreintes, puis se relever et se redresser menaçant contre elle, lorsque, dans ses jours de décadence et de vieillesse, elle n'a plus eu assez de force pour continuer à lui résister en face et à le combattre ouvertement ; alors elle s'est vue obligée de le tolérer, de le caresser, de traiter et pactiser avec lui, même de l'autoriser, jusqu'à ce qu'elle ait fini par succomber et expirer pour toujours sous les attaques incessantes et les coups réitérés de cet implacable ennemi.

Examinons donc le développement et les effets de la féodalité dans les contrées de la rive gauche du Rhône, et plus particulièrement dans les Alpes briançonnaises ; mais, pour cela, il est nécessaire de faire une nouvelle excursion dans l'histoire générale des Francs auxquels ces contrées étaient alors soumises.

La royauté franque que Clovis et ses fils avaient su rendre si redoutable et si prépondérante dans les Gaules, portait en elle-même un germe dangereux, une cause sans cesse compromettante, une cause continuelle de division, et par conséquent d'affaiblissement.

La royauté, à cette époque, était une autorité, une dignité dont la nature n'était pas bien déterminée ; il n'était pas même bien reconnu en principe qu'elle fût une autorité politique une et indivisible ; on la considérait plutôt comme une propriété privée transmissible par succession, comme une chose patrimoniale qui se partageait entre les héritiers ; ou si, du moins, il pouvait y avoir quelque doute relativement à la divisibilité héréditaire du titre ou de la dignité de roi, il n'y en avait aucun relativement à la divisibilité du royaume dont le territoire, avec tout ce qu'il contenait (hommes et choses), était regardé comme propriété héréditaire et partageable entre les successibles.

Les Francs étaient Germains, et, d'après les lois germaniques qui les régissaient et qui ne reconnaissaient point la succession testamentaire [1], tous les enfants mâles, sans préférence, sans distinction d'âge ou de primogéniture, avaient des droits égaux à l'hérédité, et par conséquent à la royauté, ou du moins au royaume qui, constituant un bien héréditaire, ne pouvait pas être attribué exclusivement et en entier à l'aîné des enfants ou à l'un d'eux. De là l'obscurité qui règne sur les premiers rois des Francs et notamment sur leur ordre chronologique, car on a vu quelquefois plusieurs enfants prendre simultanément le titre de roi, et même de roi des Francs, avec la part du royaume qui leur était échue : ainsi, les quatre fils de Clovis, dont

---

[1] *Hæredes successoresque sui cuique liberi et nullum testamentum.* (Tacit., *Germania*, xx.)

l'un était illégitime, succèdent au royaume de leur père et le divisent entre eux par égales parts : *Quatuor filii regnum accipiunt et inter se œqua lance dividunt*[1] ; c'étaient donc quatre rois des Francs qui remplaçaient Clovis et sa royauté unique ; cependant les historiens ont toujours attribué plus particulièrement le titre de roi des Francs à l'aîné des fils du roi, ou plutôt à celui qui avait Paris et l'Ile de France dans son lot ou sort.

Mais cette divisibilité de la royauté, ou, si l'on veut, cette divisibilité du territoire du royaume (divisibilité qui s'opérait sans opposition, sans résistance de la part des habitants, parce qu'il n'y avait, entre les diverses parties de ce territoire, aucun lien de politique, d'union ou de nationalité qui les rattachât les unes aux autres) exposait la royauté à un danger bien autrement redoutable ; car, non-seulement elle occasionnait des contestations, des guerres même entre les héritiers qui pouvaient prétendre ou aspirer chacun à la suprématie, à la royauté, mais encore, lorsque le véritable roi supérieur était reconnu, la division du territoire entre les cohéritiers formait de ceux-ci des rivaux ou des compétiteurs puissants, et avait surtout le très-grave inconvénient de morceler le royaume, de le diminuer, et par conséquent de l'affaiblir de toute la force de la portion ou des portions détachées ; ainsi, toutes les fois qu'un roi des Francs laissait plusieurs enfants, le royaume était divisé, diminué, et la royauté affaiblie d'autant ; et elle pouvait être plus facilement en danger ou compromise, surtout quand elle passait sur la tête d'un prince indolent ou pusillanime.

On avait vainement tenté d'obvier au mal en attribuant à

---

[1] Gregor. Turon., *Hist. Franc.*, lib. 3, cap. 1.

l'aîné le droit de succéder à la royauté ainsi qu'à la majeure partie du territoire du royaume ; cependant les parts immobilières des puînés, appelées *apanages*, quelque faibles qu'elles fussent, diminuaient toujours d'autant le royaume, et par conséquent la force, la puissance de la royauté, ce qui obligea, plus tard, d'imaginer et de décréter l'indivisibilité et l'inaliénabilité du domaine de la couronne, germe du grand principe d'intérêt public et national qui a enfin érigé et constitué la royauté en dignité ou autorité une et indivisible.

Mais il n'en était point encore ainsi à l'époque plus ancienne que nous examinons ; aussi l'autorité des rois Francs, qui avait été si forte et si puissante sous Clovis et ses fils, commença bientôt par diminuer et s'affaiblir rapidement sous leurs successeurs, et finit par tomber entre les mains de l'un des maires du palais, qui la fit passer sur la tête de ses héritiers ; et si Pépin et Charlemagne surent aussi la conserver forte et puissante, c'est qu'ils l'eurent bientôt entière et sans partage, c'est qu'ils étaient, l'un et l'autre, des hommes supérieurs, le dernier surtout, qui sut même lui donner une nouvelle et considérable extension, qui sut l'agrandir et l'élever au point d'en faire une véritable dignité impériale ; car, au moyen des conquêtes importantes qu'il lui adjoignit dans l'occident de l'Europe, ce monarque crut pouvoir relever et rétablir l'empire d'Occident, et s'en faire couronner empereur à Rome en l'année 800.

Cependant, malgré l'augmentation de viabilité et de vigueur que la main victorieuse et toute-puissante de Charlemagne avait imprimée à la royauté franque ; malgré le prestige qu'il y avait ajouté par l'éclat de la pourpre impériale, les faibles descendants de ce prince ne surent ni la maintenir ni la faire respecter ; ils laissèrent leur autorité s'abaisser presque au niveau, presque au-dessous des simples autorités seigneuriales; ils la laissèrent même s'incliner, se prosterner humblement aux pieds des autels, ou plutôt aux pieds du clergé et de ses chefs, car le clergé, de son côté, avait su se maintenir, se fortifier contre les seigneurs, d'abord à cause de son influence sur les croyances et les consciences, ensuite et peut-être surtout à cause de son esprit de corps, d'ensemble, d'union et d'unité religieuses; bien plus, il entra, il s'éleva lui-même dans la féodalité ; il parla, il ordonna en maître au nom de Dieu, et les prélats, les princes de l'Eglise devinrent aussi des princes de la terre, des princes séculiers, des seigneurs féodaux. qui surent allier une suprématie temporelle féodale à leur suprématie spirituelle ecclésiastique.

Dès lors, on vit une foule d'autorités seigneuriales ecclésiastiques ou laïques se dresser fièrement devant l'abaissement et l'humilité de l'autorité royale, et se poser en rivales de cette autorité; dès lors aussi et en présence de ces autorités rivales qui osèrent se qualifier de suzeraines, l'autorité royale ne se trouva plus assez forte, plus assez imposante pour se faire obéir ou respecter, et tenir ou retenir, sous sa domination, non-seulement les contrées que Charlemagne avait conquises et ajoutées à son royaume-empire, mais encore celles qui avaient dépendu de l'ancien royaume des Francs. La plupart des gouverneurs ou chefs des diverses parties du royaume, ducs, comtes et autres, s'arrogèrent la propriété et l'hérédité de leurs titres ainsi que la suzeraineté des contrées qu'ils administraient en ces qualités; et comme l'affaiblissement du pouvoir était presque général en Europe, comme il n'y avait presque plus aucun lien d'union, de nationalité, comme il n'y avait presque plus ni peuple, ni patrie, l'Europe se subdivisa, se fractionna, se morcela en une infinité de petites puissances individuelles, de petites seigneuries plus ou moins puissantes, plus ou moins dépendantes ou indépendantes les unes des autres, mais dont la plupart, les plus faibles surtout, sentirent la nécessité de s'unir ou de s'adjoindre à d'autres plus fortes et en état de les soutenir ou de les protéger ; et alors, de même qu'on vit à cette époque quelques hommes, ou plutôt presque tous les hommes plus ou moins libres aliéner la liberté de leurs personnes et de leurs propriétés, se livrer, de gré ou de force, corps et biens, à la discrétion des seigneurs, au vasselage, sorte d'esclavage féodal ; de même on vit aussi les seigneurs inférieurs, pour pouvoir conserver et défendre leur autorité sur leurs vassaux vis-à-vis des seigneurs supérieurs, s'adjoindre, se soumettre à ceux-ci, qui, à leur tour, s'adjoignaient, se soumettaient à d'autres seigneurs plus puissants[1].

De là, dégradation et abaissement corrélatifs et simultanés de la royauté et du peuple ; de là, éclipse de la royauté, et anéantissement du pouvoir populaire, seul pouvoir fort et national ; de là, établissement du régime féodal par la subdivision du pouvoir central entre une foule de chefs ou seigneurs hiérarchiquement unis ou inféodés les uns aux autres.

Les effets de l'affaiblissement de l'autorité royale et de l'augmentation de l'autorité seigneuriale se sont ouvertement manifestés dans les contrées du bassin du Rhône, à la fin du IXe siècle, comme on l'a déjà vu, par le démembrement de ces contrées du royaume des Francs, contrées qui, avec quelques autres de l'ancienne Burgundie, se reconstituèrent en un petit royaume indépendant de l'autorité

---

[1] Je crois cependant que la plupart de ces unions et sous-unions, ou inféodations et sous-inféodations de seigneurs dérivaient originairement de la soumission et subordination hiérarchique des chefs primitifs, lors de leur dépendance de l'autorité souveraine.

des rois des Francs, et dont le comte Boson fut élu roi par les principaux seigneurs laïques et ecclésiastiques de ces contrées.

Ce démembrement, qui fut principalement le résultat de l'affaiblissement de l'autorité royale dans le royaume des Francs où l'autorité populaire n'existait presque plus depuis longtemps, donna lieu à une grande augmentation de l'autorité seigneuriale. Le principe de l'hérédité de la royauté, remplacé, dans ces contrées, par le principe de l'élection par les seigneurs et non par le peuple, profita à ces seigneurs seuls, qui ajoutèrent ainsi une nouvelle autorité à leur autorité : celle de faire ou de nommer leur roi; et ce roi, qui leur devait sa couronne, se trouva aussi plus ou moins sous leur dépendance. Il en fut de même du roi Louis, également élu par ces mêmes seigneurs, en remplacement de son père décédé.

Mais l'autorité seigneuriale s'accrut bien davantage encore, soit lorsque Louis, affaibli par sa défaite en Italie et privé de la vue qui lui fut enlevée par Béranger son vainqueur, se trouva obligé de laisser exercer une grande portion de son autorité souveraine par les principaux chefs ou seigneurs de ses Etats, soit lorsque, après la mort de Louis, ces chefs ou seigneurs, n'ayant pas cru devoir lui élire un successeur, ni laisser passer la royauté sur la tête de son fils Constantin, étaient devenus et demeurés maîtres à peu près souverains de leurs seigneuries dont ils n'avaient été probablement que les gouverneurs dans le principe.

Aussi, lorsque l'un des plus puissants et peut-être le plus puissant de ces seigneurs, le comte Hugues, qui avait été ministre du roi Louis, et qui se considérait comme son successeur (au préjudice de son fils Constantin, qui ne put obtenir que le comté de Vienne), céda, après la mort de celui-ci, les contrées qui avaient fait partie des Etats de Boson et de Louis aux rois de la Bourgogne transjurane, cette cession ne leur transféra presque qu'une autorité nominale sur les principaux seigneurs de ces contrées, qui se maintinrent en quelque sorte indépendants, osèrent même lever l'étendard de la révolte et prendre les armes contre Rodolphe III, le dernier de ces rois; et ce qui prouve combien ces seigneurs étaient devenus puissants, c'est qu'ils battirent ce roi Rodolphe qui avait marché contre eux à la tête d'une armée nombreuse [1]; et, depuis lors, selon les chroniqueurs de ce temps-là, ils devinrent encore plus indépendants, plus insolents et plus rois que le roi lui-même. L'un de ces seigneurs, Guillaume, comte de Provence, dit le chroniqueur Ditmar, est le soldat du roi en nom, et le seigneur de la terre en réalité; et, dans ces contrées, il n'y a pas de comte qui n'ait l'honneur du commandement: *Willelmus comes miles est regis in nomine et dominus terræ, re; et in his partibus nullus vocatur comes nisi is qui ducis honorem possidet* [2].

Lorsqu'ensuite Rodolphe céda, à son tour, ses Etats à l'Empire, les empereurs n'acquirent guère plus d'autorité que lui sur ces seigneurs, et ils se contentèrent ou furent obligés de se contenter de cette simple autorité nominale; ils légitimèrent même ces usurpations seigneuriales en les ratifiant ou les confirmant; et quand, enfin, l'empereur Conrad eut abandonné la couronne à son fils, « tous deux,
» dit Fontanieu, pour engager les grands à reconnaître
» leur nouveau monarque, eurent la facilité de leur con-
» firmer la possession de ce qu'ils avaient usurpé sur le

---

[1] Hepidamnus et autres, dans le *Recueil des historiens de France*, t. X.

[2] *Recueil des historiens de France*, t. X.

» domaine, et, par cette facilité, ils jetèrent eux-mêmes
» les fondements de diverses souverainetés que nous
» allons voir s'élever [1].

» Ce fut ainsi que, des débris du royaume de Bourgo-
» gne, se formèrent, dans le pays compris aujourd'hui sous
» le nom de Dauphiné, plusieurs puissances dont les prin-
» cipales furent les comtes de Provence, de Bourgogne,
» d'Orange, de Dyois, de Valentinois, et enfin ceux d'Al-
» bon, qui prirent, dans la suite, le nom de Dauphins [2]. »

« Le Dauphiné (dit-il ailleurs) faisait autrefois partie de
» l'ancien royaume de Bourgogne ; il tomba ensuite sous
» la domination des rois d'Arles ; mais les comtes d'Al-
» bon s'en rendirent maîtres sous le règne de Raoul le
» Fainéant, et leurs successeurs y ont régné comme prin-
» ces souverains sous le nom de dauphins de Viennois [3]. »

Chorier dit aussi : « Le second royaume de Vienne ou de
» Bourgogne finit avec Rodolphe III, surnommé le Fai-
» néant, l'an 1032. Les grands avaient commencé, devant
» son règne, à mépriser la royauté, et, après lui, ils com-
» mencèrent à l'usurper ; il n'en passa que le nom au delà
» du Rhin en vertu de son testament ; toute l'autorité resta
» en deçà, elle ne sortit point des mains de ceux qui
» avaient le gouvernement de ses provinces : celle-ci, qui
» était la plus noble partie de ce royaume, fut d'abord di-
» visée en plusieurs seigneuries qui furent autant de sou-
» verainetés. Tous portèrent la main sur la couronne qui
» était en proie. Les comtes de Graisivaudan, ceux de Va-

---

[1] Wipo et Hepidamnus, *ad annum* 1038.
[2] *Cartulaire*, manuscrit de la bibliothèque impériale, t. I, p. 72.
[3] *Mémoires de Fontanieu*, t. III, p. 3, ms. de la bibliothèque impériale.

» lentinois et ceux de Diois, rendirent héréditaires leurs
» comtés[1]. »

On lit dans le *Traité des fiefs*, par Salvaing de Boissieu :
« Pendant le règne de Raoul le Fainéant et les guerres qui
» survinrent après son décès entre ses successeurs, les
» comtes d'Albon, qui n'étaient que de simples gouver-
» neurs, se rendirent propriétaires de leur comté qu'ils
» affermirent peu à peu, tant par le consentement des
» peuples que par les concessions des empereurs. »

On lit également, dans l'*Art de vérifier les dates* : « Les
» seigneurs laïques, de leur côté, se formèrent des prin-
» cipautés dans les possessions qu'ils surent se procurer ;
» et, d'abord vassaux de l'empire germanique, ils parvin-
» rent insensiblement à la souveraineté. Entre ces sei-
» gneurs, ceux d'Albon, au diocèse de Vienne, furent les
» plus remarquables et ceux dont la fortune monta au plus
» haut degré. Les monuments nous manquent pour décou-
» vrir leur origine. »

Henri Hallam dit aussi : « Le Dauphiné faisait partie du
» royaume d'Arles ou de Provence, légué par Rodolphe à
» l'empereur Conrad II ; mais l'Empire ne possédait qu'une
» autorité à peu près nominale sur ces nouvelles acquisi-
» tions ; quelques-uns des principaux nobles érigèrent
» leurs fiefs en Etats indépendants ; on remarquait parmi
» eux le seigneur ou dauphin de Vienne dont les descen-
» dants finirent par se rendre maîtres de toute la pro-
» vince. »

Enfin, Thomassin, en ses *Chroniques dauphinoises*,
qu'il a extraites des archives de la chambre des comptes,
s'exprime ainsi : « Tantôt après que le royaulme de Bour-
» gongne fut failli en la personne du roi Boso, se mirent

---

[1] *Histoire de la maison de Sassenage*, p. 41.

» sus deux des comtes dudit royaulme pour s'en exaulser
» entre les autres, c'est assavoir Guigues Daulphin, comte
» d'Albon et de Viennois, et Humbert Blanches-Mains,
» comte de Maurienne. »

Ainsi, tous ces écrivains s'accordent à reconnaître que les comtes d'Albon et de Graisivaudan étaient d'anciens comtes ou chefs du royaume de Bourgogne et de l'empire qui, comme les autres comtes de ces contrées, s'étaient rendus indépendants, ce qui semble confirmé par les expressions de Ditmar, déjà citées; tandis que nos écrivains plus modernes ne font remonter l'origine du pouvoir, de la qualité, mais surtout du domaine de ces comtes, qu'à une époque beaucoup plus récente, qu'à une usurpation faite au préjudice de l'évêché de Grenoble vers le premier tiers du onzième siècle.

On verra même, dans la suite, ces comtes éviter ou éluder de faire des actes de foi et hommage aux empereurs, et ne reconnaître que la suzeraineté nominale de l'Empire, sans jamais fournir aucun service ou subside en hommes ou en argent, suzeraineté dont leurs successeurs, les dauphins de France, finiront bientôt par s'affranchir entièrement.

Il est encore une circonstance qui avait particulièrement contribué à favoriser l'accroissement de la puissance et de l'indépendance de ces divers seigneurs ; c'est que tous ou presque tous ceux des contrées de la rive gauche du Rhône avaient conquis ou plutôt reconquis les terres de leurs comtés ou seigneuries sur les Sarrasins qui les avaient envahies, en sorte qu'ils s'en regardaient comme légitimes propriétaires par droit de conquête, indépendamment de la confirmation de ces propriétés que plusieurs d'entre eux avaient ensuite obtenue, soit des rois de la Bourgogne transjurane, soit des empereurs.

Ainsi, les seigneurs de la Provence, et entre autres le comte Guillaume, avaient chassé les Sarrasins de cette contrée et de la partie méridionale des Alpes, notamment du Gapençais, peut-être même de l'Embrunais; et bientôt après on voit ce comte disposer du territoire conquis sur ces infidèles, non-seulement en possesseur par droit de propriété comtale, mais encore en conquérant par droit de conquête, et en concéder des portions considérables, à titre de rémunération, aux principaux chefs qui l'ont assisté dans ses expéditions contre les Sarrasins, et faire des concessions moindres, donner, soit gratuitement, soit moyennant certaines redevances, des habitations, des terres, des droits d'usage dans les forêts et les pâturages, aux simples guerriers de ces expéditions, ou aux habitants de ce territoire, ou à ceux qui étaient appelés à venir le repeupler; il est même probable que beaucoup de ces concessions n'ont été que des restitutions aux anciens propriétaires ou à leurs héritiers, des terres dont ceux-ci avaient été dépossédés lors de l'invasion sarrasine.

Au reste, quoi qu'il en soit de la cause de ces concessions, qu'elles aient été faites à titre de rémunération ou de restitution, les écrivains nous apprennent que la plupart des grandes familles de Provence doivent leur illustration et leurs vastes domaines, soit à la conquête que les ancêtres de ces familles ont pu faire, soit aux concessions qu'ils ont obtenues des chefs de ces expéditions.

On voit, en effet, ce Guillaume, comte de Provence (le premier ou l'un des premiers de ces chefs), qui avait expulsé les Sarrasins de la Provence et d'une partie des Alpes, se poser dès lors en propriétaire seigneurial, non-seulement du comté de Provence, mais encore du Gapençais et de l'Embrunais; on le voit également faire des concessions territoriales à quelques prélats de ces contrées et à quelques-uns de ses guerriers.

Parmi les très-rares chartes de concession dont le texte soit parvenu jusqu'à nous, il en est une datée du règne de Conrad, par laquelle le comte Guillaume cède à l'église de Fréjus et à son évêque la moitié de la ville de Fréjus et du territoire qui lui est adjacent, dont (disait l'évêque) Dieu avait donné à l'illustre comte le pouvoir de chasser les Sarrasins qui avaient dévasté ces lieux qu'ils avaient réduits en solitude : *Civitas forojuliensis, in qua ipsa ecclesia est, acerbitate Sarracenorum destructa atque in solitudinem fuit reducta, habitatoresque ejus interfecti, seu timore longius effugati..., igitur nunc, inclyte comes, tibi est a domino facultas concessa ut expelleres Agarenos a pristinis finibus* [1]....

L'ancien Bréviaire de Gap prouve qu'il avait fait une concession semblable à l'église de cette ville : *Cum Vapincensis civitas et terræ circumpositæ a Sarracenis detinerentur, quidam Guillelmus nomine, Deo adjuvante, devicit Sarracenos prædictos : qui quidem comes medietatem civitatis Vapincensis prædictæ Deo et B. Mariæ, ipse et alii ejus consortes pro animabus ipsorum dederunt.*

M. Reinaud (*Histoire des invasions des Sarrasins*, p. 210) dit aussi que l'évêque de Nice et quelques autres reçurent des terres fort étendues.

Bouche, en son *Histoire de Provence*, t. II, p. 42, a publié une autre charte de concession de l'année 980, par laquelle ce même comte Guillaume donne à Gibelin de Grimaldi, Génois d'origine, des terres enlevées aux Sarrasins et situées dans le voisinage de l'ancien *Fraxinet* ou forte-

---

[1] *Preuves de l'histoire du Dauphiné*, par Fontanieu, t. I, Charte n° xxvi, manuscrit de la bibliothèque impériale.

resse des Sarrasins, vers le golfe de Saint-Tropez, qui, depuis lors, a reçu le nom de golfe de Grimaldi ou de Grimaud.

Indépendamment de ces chartes de concessions particulières, il y avait aussi des chartes de concessions collectives ou générales à un certain nombre de personnes. Don Martène, dans son *Amplissima collectio*, en a conservé une de laquelle il résulte qu'après que le territoire de Toulon eut été enlevé aux Sarrasins, chacun s'en appropriait ce qu'il pouvait ravir, ou dépassait les limites de sa possession ; que les principaux seigneurs se le disputaient, et que, sur leur demande, le comte de Provence, investi de ces terres par une donation du roi Conrad, monta à cheval, et se rendit sur les lieux pour en faire la distribution.

Des conquêtes, des concessions du même genre doivent aussi avoir eu lieu dans le Graisivaudan, à la suite de l'expulsion des Sarrasins de cette contrée, expulsion attribuée, par la seule tradition (mais tradition fort vraisemblable et généralement accréditée), à Isarne, évêque de Grenoble, et à un des comtes Guigues d'Albon.

Plusieurs anciennes chartes nous montrent ces comtes et les évêques de Grenoble, coseigneurs et copossesseurs par indivis et par moitié des droits seigneuriaux de cette ville, de ceux de la majeure partie du Graisivaudan (notamment des droits de justice), et de beaucoup de terres dont les évêques se plaignent même de ne posséder aucune en entier ; et je suis très-enclin à croire que cette communion de droits et de possessions pourrait bien provenir de conquêtes faites en commun sur les Sarrasins, si elle ne provenait pas plutôt de concessions faites à l'évêché par le comte, pour la même cause et dans les mêmes circonstances que celles faites par le comte de Provence aux évêques de son comté ; et ne serait-ce point à cette circonstance qu'il faudrait attribuer la qualité de prince de l'Eglise de Grenoble, *princeps ecclesiæ Gratianopolitanæ*, prise par quelques ancêtres des dauphins, et entre autres par Guigues, père de Guigues le Vieux, dans une charte de l'année 1050.

On voit ensuite le comte et l'évêque faire aux grands de la contrée diverses concessions de fiefs; ou plutôt (car la plupart des titres primitifs n'existent plus et sont demeurés inconnus), on voit un grand nombre de seigneurs se reconnaître feudataires du comte ou de l'évêque, mais surtout du comte; car, si l'on examine les divers actes de nos anciennes archives épiscopales ou delphinales, ainsi que tous les ouvrages des écrivains et historiens dauphinois, on y voit également que, tandis qu'il n'y avait que très-peu de ces seigneurs qui fussent feudataires des évêques, presque tous l'étaient des dauphins. « Il est peu de terres seigneu-
» riales, dit Guy-Allard, *Dictionnaire* ms., mot FIEF,
» qui ne soient feudataires des dauphins ; et, à la réserve
» de quelques-unes, qui reconnaissent les prélats, il s'en
» trouve peu qui ne soient mouvantes du fief delphinal. »
Quoique ces archives ne nous aient conservé qu'un très-petit nombre de contrats primitifs d'inféodation, du moins on y trouve encore (notamment dans celles de la chambre des comptes), un nombre considérable d'actes d'hommage et de fidélité aux dauphins par les principaux seigneurs de la contrée, tandis que l'on n'y trouve (même dans celles de l'évêché), que très-peu d'actes d'hommage de ces seigneurs aux évêques, circonstance qui vient fortifier considérablement l'opinion de ceux qui pensent que c'est l'un des comtes Guigues, ancêtres des dauphins, qui a été le principal et plus puissant chef laïque de la petite ligue ou croisade anti-sarrasine, plutôt que l'évêque Isarne qui, s'il en a été le principal chef ecclésiastique, a dû se borner à être le promoteur, le provocateur de cette ligue, en engageant et

excitant la population chrétienne de son diocèse à y prendre part, et qui n'a vraisemblablement ni pris les armes, ni combattu lui-même, car les évêques ne faisaient pas ordinairement la guerre en personne.

Si, à défaut de titres ou de documents historiques bien positifs, on est réduit à des présomptions, à des conjectures plus ou moins probables sur la coopération, comme chefs principaux, du comte Guigues et de l'évêque Isarne à l'expédition contre les Sarrasins, il en est de même à l'égard des chefs secondaires ; et cependant on pense assez généralement que beaucoup d'anciens chefs ou seigneurs dauphinois, et même étrangers, y ont coopéré, et que la noblesse de la plupart des anciennes familles du Dauphiné remonte à cette petite croisade contre les Sarrasins, comme celle de la plupart des anciennes familles de France remonte aux grandes croisades.

Parmi ces étrangers, les écrivains dauphinois en signalent principalement trois, dont deux (un Lombard et un Allemand), auraient conservé, comme nom de famille, celui de leur nationalité originaire, et le troisième, également allemand d'origine, mais qui n'aurait pas conservé le nom de sa nationalité. Il ne serait pas étonnant qu'un chef lombard et des guerriers lombards eussent été appelés à prendre part à cette expédition, car cela avait déjà eu lieu antérieurement, puisque c'était une armée lombarde qui, comme on l'a vu, était venue, au VIIIe siècle, à l'invitation de Charles Martel, chasser les Sarrasins des Alpes ; peut-être même quelques familles lombardes s'étaient-elles établies dans ces montagnes à la suite de cette expédition ; il ne serait pas étonnant non plus que des chefs et des guerriers allemands y eussent aussi pris part ; car, s'il est vrai, comme le disent quelques écrivains dauphinois, que Conrad, roi de la Bourgogne transjurane, ait envoyé des auxiliaires à l'évêque Isarne ou au comte Guigues, ces auxiliaires devaient être des Allemands ou des Bourguignons allemands d'origine.

Le Lombard nommé Bernard Lombard le Vieux, auteur de l'ancienne famille des Lombard, a été feudataire de l'évêque de qui il avait reçu en fief, sur la rive droite de l'Isère, dix-huit manses ou manoirs, ainsi que plusieurs grandes vallées, villages, plaines et montagnes des territoires de St-Ismier, Meylan...., depuis St-Nazaire jusqu'au Sappey. Cette concession résulte de la charte vj du cartulaire de saint Hugues, ainsi que de quelques autres qui ne font pas connaître les causes de la concession, et qui ne sont probablement pas les titres primitifs ; cependant le genre et l'époque de cette concession de l'évêque qui n'a dû en faire une aussi importante que pour de très-grands services rendus, ont fait présumer qu'elle avait eu pour cause la coopération de Bernard Lombard à l'expulsion des Sarrasins du diocèse de Grenoble. « LOMBARD, dit Guy-Allard (DICTIONNAIRE ms.), a été une ancienne et noble » famille du Graisivaudan, de laquelle il est parlé en » plusieurs cartulaires. Ce fut l'une de celles qu'Isarne, » évêque de Grenoble, appela en son diocèse pour en » chasser les Maures. » Je serais même très-porté à penser que si l'évêque Isarne a fait cette concession, c'est un peu comme contraint et forcé, parce que Bernard Lombard, à la suite de cette expulsion, s'était déjà emparé de ces biens et se les était appropriés par droit de conquête, car il possédait divers biens ecclésiastiques qu'Isarne ne lui aurait certainement pas donnés, et que les successeurs de cet évêque se sont ensuite fait restituer par les héritiers de Bernard Lombard ou ont rachetés d'eux, ainsi que cela résulte de diverses chartes des cartulaires de l'évêché.

Les deux chefs allemands étaient feudataires, l'un de

l'évêque et l'autre du comte. Le feudataire de l'évêque avait un nom d'origine allemande ; il s'appelait *Radulphus*, Rodolphe, et était père d'Ainard, dont est issue la famille des Ainard, et successivement des Mont-Ainard ; la tradition de cette famille, dit Chorier, en son *Estat politique*, t. II, p. 78, est que Rodolphe vint d'Allemagne.

Les biens concédés à ce dernier étaient considérables ; ils étaient situés sur la rive gauche de l'Isère, depuis la Coche-de-Theys, en suivant le long de la crête des montagnes, et descendaient jusqu'au delà de Domène, même jusqu'au Drac qui, alors, se jetait dans l'Isère beaucoup plus haut qu'aujourd'hui, comprenant *Villam de Maurianetta totam*, toute la petite ville de *Maurianette* (sans doute ainsi nommée à cause des Maures ou Sarrasins qui l'avaient occupée, et dont ils avaient peut-être été expulsés par Rodolphe), avec un grand nombre de manses, de pâturages et d'alpages, jusqu'à la sommité des montagnes. Cette concession est rappelée dans une charte du cartulaire de l'évêché, rapportée par Chorier, *Estat politique*, t. II, p. 77, et par Boissieu, *Usage des fiefs*, p. 488, charte qui remonterait à l'an 1090 selon Valbonnais ; cette charte, sans expliquer la cause de la concession, mentionne seulement qu'elle est faite pour filiation, *pro filiatico*, espèce d'adoption ou de paternité spirituelle (le mot *paternitas* est aussi employé, en ce sens, dans la charte xvi du premier cartulaire de l'évêché), pratiquée par les évêques de Grenoble envers ceux qu'ils voulaient s'attacher ou récompenser ; mais on n'a aucune preuve certaine de la cause primitive de la concession, quoique nos écrivains dauphinois s'accordent à reconnaître que c'est pour avoir coopéré à l'expédition anti-sarrasine. « Rodolphe, dit Val-
» bonnais, était un de ceux qui suivirent Isarne dans cette
» expédition, à qui, pour récompense, il fit part de quel-

» ques-unes des terres qu'il avait conquises sur les Sarra-
» sins. » (*Hist. du Dauph.*, t. II, p. 337.)

L'autre chef allemand (auteur de l'ancienne et très-nombreuse famille des Allemand) n'est connu que sous le nom d'*Alleman*, que l'on croit être un nom d'origine plutôt qu'un nom propre. « Hugues Alleman, seigneur de Vau-
» bonnais (dit Chorier, *Estat politique*, supplément,
» t. IV, p. 104), est nommé *Hugues l'Aleman*, dans des
» titres français de l'année 1350, ce qui appuie ma con-
» jecture que cette famille est originaire d'Allemagne. »
Quoique quelques écrivains dauphinois semblent considérer ces Allemand comme feudataires de l'évêque Isarne, qui les aurait appelés pour l'aider à chasser les Maures de son diocèse ou pour le repeupler, il n'est aucune charte des archives épiscopales ou autres qui les mentionne comme feudataires de l'évêché, tandis qu'il résulte, au contraire, d'une charte d'Humbert Ier, du mois de mars 1292 (Valb., t. II, p. 68), qu'ils étaient feudataires des dauphins ; et le testament de Odon Allemand de l'année 1293 (Valb., t. II, p. 65), fait connaître l'étendue et la situation de ce fief qui (outre quelques terres du Viennois) s'étendait sur les deux rives du Drac et de la Romanche, depuis les montagnes de Sassenage jusqu'au fond du Trièves et suivant au delà de la Matésine, de Corps, de Valbonnais, d'Entr'aigues, d'Ornon et d'Uriage.

L'étendue de ces fiefs peut faire présumer que ces trois étrangers, Lombard, Rodolphe et Alleman, étaient les chefs de trois familles ou compagnies de Lombards et d'Allemands, et qu'ils reçurent ces terres pour s'y établir avec leurs familles ou leurs guerriers.

Parmi les chefs de l'expédition contre les Sarrasins, les écrivains dauphinois, et plus particulièrement Chorier, qui a fait l'*Histoire de la maison de Sassenage*, citent encore

Girard (fils et successeur d'Artaud Ier, comte de Lyon et de Forez, un des grands du royaume de Conrad) qui, pour sa coopération à cette expédition, aurait obtenu les pays de Sassenage et de Royans. Chorier semble dire que l'évêque Isarne lui aurait concédé ces terres par reconnaissance ; mais, s'il en avait été ainsi, Girard et les seigneurs de Sassenage, ses successeurs, auraient été feudataires de l'évêché ; et cependant aucuns titres, aucuns documents des archives épiscopales ne mentionnent, ne désignent, directement ou indirectement, ces seigneurs comme feudataires des évêques, tandis que, au contraire, il résulte d'un acte de 1247 et de divers autres actes des archives dauphinoises qu'ils ont reconnu tenir en fief des dauphins tout ce qu'ils possédaient dans la terre de Sassenage.

Chorier attribue ces actes à l'ambition des dauphins, notamment du dauphin Humbert Ier, qui aurait profité du bas âge de François de Sassenage et des recherches que ce dernier était obligé de faire de ses droits par le moyen de l'abbé de Sassenage, son oncle et tuteur, pour obtenir cette reconnaissance, sous la promesse de ce dauphin et d'Anne sa femme, de n'acquérir jamais rien dans la terre de Sassenage. C'est là une double erreur de Chorier ; car, d'une part, Humbert Ier n'était pas dauphin en 1247, et, d'autre part, cette promesse n'était que la reconnaissance d'un droit préexistant et bien antérieur de la famille de Sassenage, puisque ce droit est mentionné dans la charte xxxiv du cartulaire de l'évêché, par Artaldus, évêque de Grenoble vers le milieu du XIe siècle, comme résultant de chartes beaucoup plus anciennes et remontant à Ismidon, fils d'Artaud IV.

Quoique les écrivains dauphinois ne mentionnent spécialement que ces concessions faites aux guerriers de l'expédition contre les Sarrasins, ce ne sont probablement pas les seules qu'aient dû faire le comte Guigues et l'évêque Isarne ; et il est même possible que plusieurs de ces concessions n'aient été que des confirmations de conquêtes faites sur les Sarrasins par ces guerriers eux-mêmes, car on voit bientôt après un grand nombre de seigneurs et d'autres personnes en possession d'églises, de cimetières, d'oblations, de dîmes et autres biens ou droits ecclésiastiques, que ne leur aurait certainement pas cédés l'évêque Isarne, ni même le comte Guigues d'Albon.

Des conquêtes et des concessions semblables n'auraient-elles pas eu lieu également dans les Hautes-Alpes?

« Nous n'avons pu recueillir (dit Ladoucette) aucune
» indication précise de ce genre pour les grandes familles
» des Hautes-Alpes, leur clergé et leurs communes ; nous
» ne doutons pas qu'ils n'aient amplement profité du dé-
» part des Sarrasins [1]. »

Je crois également qu'il y a eu, dans ces montagnes, et surtout dans le Briançonnais, des conquêtes et des concessions du même genre et pour la même cause ; la citation précédemment faite d'un passage du Bréviaire de Gap en fournit un exemple dans le don de la moitié de cette ville, fait à son évêque par le comte de Provence ; et la chronique du monastère de Novalèse, voisin des Alpes briançonnaises, apprend qu'un homme puissant de cette contrée, nommé Arduin, appelé à combattre les Sarrasins, aurait retenu ou voulu retenir, par droit de conquête, une partie des vallées de Suze et d'Oulx, au préjudice du couvent d'Oulx qui, à ce sujet, l'accusait de spoliation.

Je crois aussi que c'est au moins à l'expulsion des Sarrasins du Briançonnais, vers la fin du Xe siècle, que remonte

---

[1] *Histoire des Hautes-Alpes,* p. 46.

la domination des comtes d'Albon dans ce pays [1], *si elle ne remonte pas plus haut*, car les plus anciens documents historiques nous montrent ces comtes seigneurs exclusifs de tout le Briançonnais, où ils avaient concédé (peut-être aussi pour coopération à l'expulsion des Sarrasins) la parerie ou le pariage de deux ou trois grands fiefs à quelques seigneurs inférieurs, et la parerie ou le pariage d'un grand nombre d'alleux ou mas, à diverses compagnies de pariers nobles ou roturiers, qui avaient peut-être formé des compagnies de guerriers de cette expédition. Enfin, ces documents nous montrent encore ces comtes faisant, aux autres Briançonnais, des concessions dont je vais bientôt parler.

Malheureusement, les titres primitifs qui auraient pu faire connaître les causes de ces concessions n'existent plus, comme la presque totalité des titres de cette époque, ou, si quelques-uns ont pu survivre alors, ils ont péri plus tard, avec les archives des dauphins, dans la grande et néfastement célèbre inondation de 1219.

Vers la fin du XIIe siècle, à la suite de longues pluies qui avaient profondément mouillé et détrempé le sol, il se fit, à l'entrée de la vallée où est le Bourg-d'Oisans (alors appelé Bourg-Saint-Laurent), un éboulement extrêmement considérable de terres, pierres et rochers, qui obstrua totalement l'ouverture très-étroite de cette vallée, et opposa un énorme barrage aux eaux de la Romanche qui, s'élevant ensuite à la hauteur de ce barrage, formèrent une espèce de lac. Cet état de choses subsista près de trente ans; mais, dans la nuit du 14 au 15 septembre 1219, ce barrage fut emporté subitement; et les eaux de ce lac factice, qui ne se trouvaient

---

[1] M. Chaix, en ses *Préoccupations*, p. 408, dit que les droits seigneuriaux des dauphins dans le Briançonnais n'avaient pour origine que leur protection contre les Sarrasins.

plus retenues par cet obstacle, se précipitèrent, avec une impétuosité et une abondance extraordinaires, dans la plaine et la ville de Grenoble, entraînèrent et noyèrent la majeure partie des habitants de la partie de cette ville sise sur la rive gauche de l'Isère, qui ne purent se sauver sur la hauteur de Chalemont, parce que l'unique pont qui était alors sur cette rivière, en face de Chalemont, fut emporté par la violence des eaux. Cette inondation renversa le bâtiment des archives delphinales, qui furent également emportées et détruites ou détériorées presque entièrement.

La perte de ces archives a été très-préjudiciable aux dauphins ; elle est devenue la cause de difficultés graves et nombreuses pour la constatation de leurs droits, et a plongé dans l'obscurité plusieurs points de leur histoire :
« La perte des titres du dauphin fut irréparable, dit Fon-
» tanieu ; l'obscurité de leur histoire nous fait sentir cette
» perte, dont on voit encore les vestiges dans un nombre
» prodigieux de vieux cartulaires pourris, inutiles par leur
» désordre, et qu'on a mis au rebut lors de l'arrangement
» de la chambre des comptes[1]. »

Soit pour empêcher ou faire cesser ces difficultés, soit pour obtenir des renouvellements de ses titres, le dauphin Guigues le Jeune fit faire diverses procédures et reconnaissances générales pendant les années 1260 à 1267, par des députés enquêteurs, *per deputatos inquisitores*, qu'il envoya à cet effet dans toutes les parties de ses Etats[2].

---

[1] Cartulaire, manuscrit de la bibliothèque impériale, p. 172.

[2] Ces procédures, longues, volumineuses et cependant peu explicatives, écrites sur parchemin, avaient été réunies en plusieurs registres intitulés *Copiæ recognitionum antiquarum patriæ Delphinatus*, qui n'existent plus, sauf un seul qui a reçu le nom de *Probus*, sans doute du nom du notaire ou chancelier delphinal dans les minutes duquel elles

Ces reconnaissances générales, dont j'aurai bientôt occasion de faire connaître la forme et la nature (surtout en ce qui concerne le Briançonnais), tout en constatant les droits des dauphins (ou plutôt seulement les censes et services qui leur étaient dus, car, si elles avaient constaté tous leurs droits, elles seraient d'une plus grande utilité historique), constatent aussi plusieurs de ceux des habitants, sans cependant rien dire de leurs droits municipaux dont quelques mots décèlent à peine l'existence ; elles constatent néanmoins, en faveur de ces habitants, des droits qui me paraissent se rapprocher (sauf les effets des influences féodales) de ceux que ces derniers devaient avoir dans les forêts, les pâturages, les montagnes et autres choses d'une jouissance commune, soit en vertu des lois burgundiennes ou visigothes, soit en vertu des concessions de la nature de celles que plusieurs seigneurs avaient faites et que les comtes d'Albon ont dû faire après l'expulsion des Sarrasins ; je me bornerai à citer la reconnaissance des habitants du mandement d'Oulx, dans laquelle on lit que les pâturages, pâtis, rivages, cours d'eau et tous les bois noirs ont été du comté du seigneur André dauphin et de ses prédécesseurs, et maintenant du seigneur dauphin Guigues, et que lorsque le mandement d'Oulx commença à être habité, les hommes de ce lieu furent investis de ces choses qu'ils tinrent sous certains cens et usages : *Pascua, patheco, ripagia aquarum, decursus earum, et omnia nemora nigra fuerunt comitatus domini Andreæ dalphini et antecessorum suorum, et nunc domini Guigonis dal-*

---

avaient été déposées ; en sorte que, sauf quelques titres isolés et peu nombreux des archives de la chambre des comptes, ce registre est le seul où l'on retrouve encore aujourd'hui les documents les plus détaillés et les plus généraux relatifs aux anciens droits des dauphins.

phini, ita tamen quod cum locus prædicti loci Ulcii et mandamenti fuit habitatus, fuerunt homines ipsius loci de prædictis rebus investiti, et, propter ea, habuerunt et tenuerunt sub certis censibus et usagiis.

Quoique cette reconnaissance ne mentionne ni la cause ni l'époque de la dépopulation et de l'investiture, il me semble néanmoins en résulter qu'il y est fait allusion aux concessions que les ancêtres du dauphin ont dû faire aux habitants de la vallée d'Oulx, à cause de la récente dépopulation de cette vallée par les Sarrasins au Xe siècle, dépopulation constatée par le nom de *peuple de martyrs*, *plebs martyrum*, donné depuis lors à cette vallée ; dépopulation constatée également par une charte de l'année 1065 où Cunibert, archevêque de Turin, s'exprime en ces termes : *Erat intra fines episcopatus nostri locus inter Alpes situs qui* PLEBS MARTYRUM *nuncupatur, inter Secusiam et Jani montem, secus ripam fluminis Duriæ, reverentia et religione revera dignus, sed multo tempore incuria et negligentia post persecutionem et desolationem paganorum usque ad nostrum tempus desertus* [1] ; Chorier, en son *Estat politique*, mentionne aussi la dépopulation de cette contrée par les Sarrasins : « Durant » près de cent quarante ans, dit-il, ce ne fut qu'une soli- » tude affreuse. »

C'était au reste une opinion généralement reçue que les Alpes étaient demeurées très-dépeuplées après la destruction des Sarrasins ; le curé Albert [2] et Brunet [3] le rappellent formellement par rapport à une autre vallée briançonnaise : « La vallée du Queyras, dit ce dernier, restée si déserte

---

[1] Rivantella, *Cartularium Ulcii*, carta xxiv.
[2] *Histoire du diocèse d'Embrun*, t. I, p. 318.
[3] *Mémoire historique sur le Briançonnais.*

» par la retraite des Sarrasins, commença à se repeupler
» et d'être habitée par trois bergers de Provence. »

Les reconnaissances générales ne contiennent aucuns renseignements sur l'origine de la puissance des comtes d'Albon, soit dans le Dauphiné, soit dans le Briançonnais en particulier où ils prenaient le titre de *prince*, ni sur l'état de cette petite principauté et de ses habitants au commencement de la domination de ces comtes. Ces reconnaissances (faites au moyen d'enquêtes par turbes ou turmes, genre d'enquêtes dont le résultat, toujours plus ou moins équivoque et incertain [1], peut souvent avoir changé ou altéré le caractère primitif des droits et devoirs respectifs des seigneurs et des vassaux) ne nous apprennent que ce que ces droits et devoirs respectifs étaient devenus au XIII° siècle.

Les commissaires enquêteurs avaient fait faire des enquêtes publiques et des reconnaissances générales, dans chaque paroisse ou communauté du Briançonnais, parce que les droits delphinaux, quoique semblables dans la plupart de ces localités, n'étaient pas néanmoins identiquement les mêmes partout; cependant comme les différences

---

[1] Les simples reconnaissances de droits seigneuriaux n'ont jamais inspiré une grande confiance aux tribunaux, parce que les seigneurs ou leurs officiers y faisaient souvent insérer des énonciations préjudiciables ou contraires aux droits de ceux par qui l'on faisait faire ces reconnaissances; c'est même un danger, un *labyrinthe* signalé par Humbert II, et dans lequel ce dauphin a voulu empêcher les Briançonnais de tomber, ainsi qu'il l'a dit, dans l'art. 9 de la charte de 1343 : *Considerans, ut dicebat, quod in recognitionibus per ipsas universitates vel singulares personas balliviæ Briançonesii de juribus dalphinalibus faciendis et per dalphinales commissarios recipiendis ab eisdem vice ipsius domini Dalphini, multi possent incidere in labyrinthum ex ignorantia, simplicitate vel rusticitate.*

ne consistaient qu'en quelques distinctions particulières peu importantes, et en quelques articles de détail et de quotité, il est inutile d'analyser ces procédures séparément pour chaque paroisse ou communauté.

Il y a quelquefois deux reconnaissances pour une même localité : la première relative aux droits du dauphin à l'égard des coseigneurs et des nobles ou autres pariers, tenanciers de fiefs ou de biens allodiaux ou mas ; la deuxième relative aux droits du dauphin à l'égard des roturiers et des tenanciers de biens rustiques.

Il résulte de l'ensemble de ces reconnaissances que le dauphin, qualifié de *seigneur-comte*, de *seigneur-dauphin* ou de *prince*, avait plein domaine et seigneurie avec droits de justice dans tout le Briançonnais ; que quelques fiefs, alleux ou mas, étaient tenus en parerie par des coseigneurs, des nobles, des francs-tenanciers ou autres pariers ; que le reste de la population se composait de roturiers, vilains ou serfs ; que tous, depuis les simples serfs jusqu'aux coseigneurs pariers du dauphin, étaient hommes-liges de ce dernier.

Ainsi, le dauphin était le seul seigneur supérieur et direct du Briançonnais ; tous les hommes, même les nobles, les coseigneurs et autres pariers, lui appartenaient, quoiqu'il partageât avec ceux-ci une portion des droits des coseigneuries et pareries, en sorte qu'il n'y avait réellement, dans ce pays, qu'un seul homme véritablement et parfaitement libre, qui était le dauphin.

Ces inféodations collectives en pareries par lesquelles le seigneur supérieur n'aliénait qu'une partie, ou plutôt qu'une quotité de ses droits féodaux, sans atténuer sa supériorité, qu'elles aient été faites bientôt après l'expulsion des Sarrasins ou à toute autre époque, devaient être dans la politique naturelle des comtes d'Albon et des dauphins, parce qu'ayant et conservant seuls pleine seigneurie dans tout le Briançonnais, ils évitaient ainsi l'établissement de seigneurs rivaux ou presque aussi puissants qu'eux, et ils ne se créaient que des seigneurs auxiliaires et vassaux sur lesquels ils avaient toujours la suprématie, et qui tous leur devaient le service militaire en personne, outre un certain nombre de guerriers ou de chevaux déterminé pour chaque parerie, fief ou alleu, comme on le verra au chapitre *Du Service militaire*.

L'existence d'une seule seigneurie supérieure, pleine et entière, dans tout le Briançonnais, est un cas exceptionnel et peu ordinaire ; car, à cette époque, il n'y avait presque pas de contrée d'une si grande étendue (elle contenait plus de cinquante paroisses ou communautés) qui n'eût des seigneurs plus ou moins nombreux, plus ou moins rivaux en puissance et en autorité. Cette circonstance ne rendrait-elle pas un peu probable l'opinion de ceux qui pensent que les Briançonnais, devenus indépendants postérieurement à la chute de l'Empire romain, à une époque qu'il serait difficile de déterminer, ne se sont ensuite soumis aux dauphins que volontairement? Si la féodalité s'était établie dans le Briançonnais de la même manière qu'ailleurs, de la même manière que dans le reste du Dauphiné, chaque vallée ou chaque subdivision territoriale briançonnaise n'aurait-elle pas eu son seigneur avec son château fort, ou peut-être plusieurs seigneurs avec leurs châteaux forts, tandis qu'il n'y a jamais eu, dans ce pays, un seul seigneur qui ne relevât pas de la puissance delphinale, ni d'autres châteaux forts que ceux dont le dauphin était l'unique possesseur, ou ceux dont il était copossesseur avec les coseigneurs pariers?

Et, s'il était vrai que les Briançonnais se fussent soumis volontairement, et non par abus de la force ou de l'intimidation seigneuriale, aux comtes d'Albon, le gouvernement de ces comtes aurait eu, sous ce rapport, un caractère d'autonomie qui expliquerait la bienveillance que ces princes leur ont souvent manifestée, dans l'exercice de leur autorité féodale.

Indépendamment des changements d'Etat que j'examinerai plus particulièrement dans le chapitre : *De l'Etat des personnes*, et indépendamment aussi de quelques modifications des droits delphinaux résultant de ces reconnaissances et des actes dont j'ai parlé précédemment, j'aurais désiré pouvoir constater, par titres, les altérations et les modifications que ces droits ont éprouvées pendant la domination des dauphins de Viennois; j'ai espéré un moment pouvoir m'aider, à cet effet, des procédures générales qu'Humbert II a fait faire, en 1339, pour la reconnaissance et l'établissement de tous ses droits, mais je les ai recherchées vainement dans les archives de la chambre des comptes; les registres qui les renfermaient n'existent plus, sauf un seul qui ne contient que la désignation de quelques-uns des châteaux du dauphin. On trouve bien quelques extraits extrêmement succincts de ces procédures dans divers articles de l'inventaire analytique de ces archives, mais ces articles sont presque muets sur ces droits en ce qui concerne le Briançonnais; ils ne contiennent qu'un recensement des nobles de ce pays, qui sont tous nommés et dont le nombre était alors de plus de deux cents, la description de quelques châteaux, et la note de certains revenus ou services des terres dépendant de ces châteaux.

Voici en quelles circonstances ces procédures sont intervenues.

Lorsque Humbert II succéda au dauphin Guigues son frère, il reçut d'abord, à son avènement, les hommages de tous ses sujets ou vassaux, hommages qui lui furent prêtés sans difficulté ; mais ensuite il voulut mettre de l'ordre dans ses affaires, et, pour faciliter le recouvrement de ses droits, les constater et en empêcher la prescription, il envoya, en 1337 et 1338, des commissaires dans toutes les parties de ses Etats pour procéder au dénombrement de ses vassaux, à l'inventaire et à la description de ses propriétés, à la vérification de ses droits, et à l'obtention de reconnaissances ou de titres nouveaux. Valbonnais rapporte (*Preuves sous Humbert II, n° 123*) plusieurs lettres de nomination de ces commissaires, datées du 7 novembre 1338.

Dans la majeure partie du Dauphiné, cette mission put être facilement accomplie ; lorsque ces commissaires furent arrivés dans le Briançonnais, ils obtinrent aussi d'abord quelques reconnaissances particulières que les archives de la chambre des comptes mentionnent comme annulées par la transaction générale du 29 mai 1343 ; mais ils éprouvèrent bientôt après les plus grandes difficultés. Les habitants, craignant que cette nouvelle procédure ne nuisît à leurs franchises ou priviléges, opposèrent aux opérations des commissaires une très-vive résistance qui alla jusqu'à la sédition ; ce sont des circonstances que Humbert II rappelle lui-même, dans ses lettres du 21 juin 1343, où il dit : *Proximis hiis temporibus elapsis, tempore scilicet seditionum in Brianzono concitarum, quas, Deo propitio, nos ipse sedavimus et fecimus ipsa pacifica et tranquilla, non immerito periculosis premissis casibus suis privilegiis yminentibus.* Pendant ces contestations, les Briançonnais rédigèrent des cahiers de griefs, cahiers dont l'examen aurait pu jeter beaucoup de jour sur ces franchises ; mais ces cahiers ne se trouvent plus dans les archives de la chambre des comptes où ils existaient encore en 1700, car ils sont mentionnés dans l'inventaire (Registre intitulé : *Briançonnais*) en ces termes : *N° 567. Caisse du Briançonnais. Cahiers contenant copie des griefs briançonnais proposés aux commissaires du dauphin Humbert II en 1337.*

Arrêtés dans leurs opérations par l'opposition des Briançonnais et la remise de leurs cahiers de griefs, les commissaires se bornèrent à procéder à un recensement général des vassaux et des propriétés du dauphin, tandis que, dans les autres parties du Dauphiné, ils purent obtenir des reconnaissances ou titres nouveaux qui furent recueillis dans des registres dont on ne retrouve plus que la mention dans quelques documents de ces archives; la perte de ces registres est regrettable, parce qu'on aurait pu y trouver la constatation détaillée des divers droits des dauphins à une époque voisine de la cession de leurs Etats à la couronne de France.

Mais, à l'égard des Briançonnais, cette perte est moins regrettable, puisqu'ils refusèrent de passer des reconnaissances, en sorte que les commissaires se bornèrent à des procédures de recensement dont quelques-unes sont analysées dans l'inventaire des archives de la chambre des comptes fait pour le Brianconnais, en 1700. On trouve, dans cet inventaire, la description de plusieurs châteaux delphinaux du Briançonnais faite par ces commissaires, avec l'indication de leurs revenus et dépendances : la description du château de Briançon, datée du 28 mai 1339, se trouve au mot *Briançon*, n° 568; celle du château de Queyrières, datée du même jour, se trouve au mot *St-Martin-de-Queyrières*, n° 1270, et celle du château de Queyras, datée du 12 juin 1339, au mot *Queyras*, n° 1181. Voici la description de ces trois châteaux (dont il n'existe plus que celui de Queyras, celui de Queyrières ayant cessé d'exister depuis longtemps, et celui de Briançon depuis 1841, époque à laquelle la grande tour carrée a été détruite pour faire place à une fortification moderne) qu'il importe de conserver pour l'histoire de ces contrées.

CHATEAU DE BRIANÇON.

« Ce château était bâti sur une montagne assez haute,
» avec un grand donjon, le tout de la longueur de six
» vingts toises, fortifié d'un vingtain de murailles; la
» longueur et la figure des chambres dudit château se
» trouve aussi exprimée; plus qu'au milieu du donjon il y
» avait une tour carrée de la hauteur de douze toises,
» ayant vingt-quatre toises de circonférence, dont le mur
» était de trois toises d'épaisseur; plus, que la ville était
» fermée de murailles formant dix bastions; qu'elle avait
» encore pour enceinte la rivière de la Durance et un grand
» rocher. »

CHATEAU DE QUEYRIÈRES.

« Château de Queyrières, construit sur un molard fort
» haut, avec un donjon au milieu duquel était une tour
» carrée, contenant vingt-deux toises de circuit et la hau-
» teur de douze toises, dont le mur avait trois pieds d'é-
» paisseur, où il y avait une chapelle sous le vocable de
» Saint-Michel. »

CHATEAU DE QUEYRAS.

« Le château est situé sur la pointe d'un rocher très-fort
» par sa situation, ayant soixante-huit toises de circonfé-
» rence, et environ sept toises de hauteur au-dessus du
» portail dudit château; il y avait une grande tour carrée de

» dix-neuf toises de circonférence et huit toises de hau-
» teur ; il y est dit aussi que, dans l'enceinte du château,
» il y avait une chapelle. »

Il y avait encore, dans le Briançonnais, un certain nombre d'autres châteaux delphinaux dont la description n'a pas été rappelée. J'ai bien trouvé, dans les archives, un registre intitulé : *Châteaux, 1339*, qui contient la description faite à cette époque d'une partie des châteaux des dauphins ; mais les châteaux du Briançonnais n'y sont que nommés et non décrits dans un tableau final qui désigne, comme propriétés des dauphins, sur les marches de Lombardie, les châteaux de Briançon, Sésanne, Uls (Oulx), Bardonesche, Exilles, Mentolles, Bois des Ayes, Queyras, Pons, Château-Dauphin, Bellin, Valpute (Vallouise), et, comme fiefs du dauphin, ceux de Bardonesche, de Navasche (Nevache), de St-Martin-de-Queyrières et de la Bastie de Valpute.

CHAPITRE X.

Origine des comtes d'Albon et des dauphins de Viennois.

> « Les dauphins anciens, par la mort de Boson,
> » roi d'Arles et de Vienne, tirèrent une plume de
> » l'aigle et se rendirent propriétaires du Dau-
> » phiné, se donnant le titre de vicaires de l'Em-
> » pire pour adoucir leur nouveau titre. »
> (*Mémoire du Tiers Etat.*)

Il n'y a pas, dans notre histoire locale, d'époque plus obscure que celle qui s'est écoulée depuis la fin du dernier royaume de Bourgogne jusqu'au milieu du XIe siècle, époque à laquelle l'autorité des comtes d'Albon sur notre contrée, établie d'une manière authentique et non contestée, cesse d'être l'objet d'opinions dissidentes.

Mais comment et par qui a été gouverné le Dauphiné pendant cette période de près de deux siècles? L'autorité qui l'a gouverné, quelle qu'elle soit, n'a-t-elle point été troublée ou interrompue dans son administration par des peuples étrangers, notamment par des Hongres, par des Sarrasins ? Combien de temps a duré le trouble ou l'interruption, et y a-t-il eu trouble ou interruption sur toute l'étendue du territoire ou seulement sur quelques parties? Quelle a été l'origine des comtes d'Albon et de leur autorité à Grenoble et dans le Graisivaudan? Ce sont là des questions historiques auxquelles il est difficile de pouvoir répondre d'une manière positive et bien précise, et sur laquelle nos historiens ne sont pas d'accord ; la dernière surtout, qui est l'une des plus controversées, pourrait, si elle était résolue d'une manière à peu près certaine, jeter un peu de jour sur cette époque de notre histoire ; c'est celle que nous allons tâcher d'éclaircir le plus qu'il nous sera possible, avec le secours du trop petit nombre de documents qu'ont épargnés les désordres politiques et les invasions étrangères, et en particulier l'invasion sarrasine qui, en s'attaquant principalement aux églises, aux couvents et à leurs archives, a détruit presque toutes les sources historiques de cette époque.

Il y a deux ou plutôt trois opinions en présence sur l'origine des comtes d'Albon et de leur autorité en Dauphiné :

La première, la plus générale et la plus ancienne, fait remonter cette origine aux comtes Guigues qui existaient déjà avec ce nom et cette qualification sous les derniers rois de Bourgogne.

La deuxième, qui est celle de la plupart de nos écrivains modernes, est basée uniquement sur les énonciations du préambule d'une charte que ces écrivains attribuent à saint Hugues, préambule où il est dit que, du temps de l'évêque Isarne (qui vivait au Xe siècle), la dignité de comte était inconnue dans le Graisivaudan, et que ce n'est qu'au siècle suivant, sous l'épiscopat de Mallen, que Guigues dit le Vieux avait usurpé et le titre de comte et une grande partie des terres de l'évêché de Grenoble dont il aurait formé son comté.

La troisième, qui est en quelque sorte intermédiaire, est celle de quelques autres écrivains qui, ne pouvant résister à l'évidence des preuves de l'existence antérieure à Mallen des comtés d'Albon et de Grenoble ou de Graisivaudan, considèrent également ces Guigues comme des usurpateurs au préjudice de l'évêché de Grenoble, tout en reconnaissant qu'ils avaient bien antérieurement le titre et la qualité, soit de comtes d'Albon, soit de comtes de Grenoble ou de Graisivaudan.

Il n'est pas d'origine, dans les fastes de l'histoire du Dauphiné, qui ait été autant discutée que celle de ses dauphins.

Presque tous les anciens historiens dauphinois ou étrangers ont adopté la première de ces opinions ; je citerai entre autres : Chorier, qui a fait l'histoire la plus complète du Dauphiné et qui s'est le plus occupé de la recherche de cette origine ; Guichenon, l'historien de la maison de Savoie ; Duchesne, l'historien des ducs de Bourgogne ; Charvet, l'historien de l'Eglise de Vienne ; Thomassin, chroniqueur dauphinois ; Salvaing de Boissieu, le judicieux auteur du *Traité de l'usage des fiefs ;* le profond auteur de l'*Art de vérifier les dates ;* Hallam, le savant historien anglais de l'Europe au moyen âge ; Blondel, et beaucoup d'autres.

Bourchenu de Valbonnais, le meilleur de nos historiens dauphinois, paraît avoir adopté la troisième ; je dis *paraît*, parce qu'il ne s'exprime pas très-explicitement à ce sujet, et se met plusieurs fois en opposition avec lui-même par diverses observations contradictoires dont j'invoquerai quelques-unes à l'appui de la première opinion ; et Jean Brunet, seigneur de l'Argentière, auteur de plusieurs mémoires imprimés ou manuscrits sur le Briançonnais, où il a rempli des fonctions publiques, qui, pour ses recherches historiques, a été en relation avec l'intendant Fontanieu, et qui s'est aussi occupé de l'origine des dauphins, adoptant la troisième opinion, ajoute cependant : « Je n'ai point de
» peine à croire que le comte Guigues, qui assista à l'as-
» semblée de Varennes, était de la famille de laquelle sont
» descendus les dauphins, et le plus ancien dont la con-
» naissance soit parvenue jusqu'à nous. »

Mais Jules Ollivier et quelques autres écrivains du XIXe siècle se prononcent avec force pour la deuxième, en s'appuyant sur ce préambule aux assertions duquel il leur semble impossible de résister. Jules Ollivier surtout, critique vivement ceux qui ont voulu faire remonter l'origine des comtes d'Albon ou de Graisivaudan, soit au comte Guigues, qui assistait à l'assemblée de Varennes, de 888, soit à toute autre époque antérieure à celle qui est indiquée par ce préambule, et leur établir une généalogie tout à fait douteuse et incertaine, ou plutôt tout à fait inexacte et fausse, selon ses expressions; il se moque même, avec une mordante et piquante ironie, de ceux qui ont essayé de remonter à cette origine et de la rechercher avant l'époque de Guigues le Vieux, comme s'étant occupés d'une futilité historique sans importance.

Certainement, si cette recherche n'avait d'autre but que celui que paraissent avoir eu Chorier et quelques-uns de ceux qui ont partagé son opinion ; si cette recherche n'avait d'autre but que de dresser l'arbre généalogique de ces comtes en implantant ses racines parmi les comtes du royaume de Bourgogne, que de leur découvrir des ancêtres totalement ignorés ou presque inconnus, des ancêtres dont on ne connaîtrait et ne conserverait que les noms et les titres pour en former la souche ou les premiers et vieux rameaux de cet arbre généalogique, je serais entièrement de l'avis de Jules Ollivier ; et, comme à lui, cette recherche me paraîtrait futile et à peu près inutile ou très-peu intéressante ; mais cet écrivain moderne, qui a sainement jugé et apprécié plusieurs circonstances obscures et incertaines de l'histoire du Dauphiné, n'a pas aperçu les conséquences qui pouvaient résulter de l'éclaircissement de ce point historique.

Si Guigues le Vieux n'a été qu'un usurpateur du titre de comte, qu'un usurpateur de quelques terres de l'évêché de Grenoble du temps de l'évêque Mallen ; si ce n'est qu'à cette dernière époque que remonte l'origine de la puissance des comtes Guigues, anciens seigneurs supérieurs de nos contrées, alors cette origine est sans importance, sans conséquence pour l'origine de nos institutions locales ; et il en est de ces seigneurs, comme d'une foule d'autres seigneurs féodaux dont le pouvoir, sans origine politique, n'a été que le résultat d'une usurpation violente ou d'un abus de la force.

Mais si, au contraire, comme on le pensait généralement autrefois, comme on l'a imprimé dans les mémoires publiés lors du grand procès des tailles entre le tiers-état et le clergé et la noblesse, *il est vrai que les dauphins anciens, par la mort de Boson, roi d'Arles et de Vienne, tirèrent une plume de l'aigle et se rendirent propriétaires d'une partie du Dauphiné, se donnant le titre de vicaires de l'Empire pour adoucir leur nouveau titre;* s'il est vrai que ces anciens dauphins sont d'anciens comtes ou les descendants d'anciens comtes des royaumes de Bourgogne et d'Arles qui, lors de la réunion plutôt nominale que réelle de ces royaumes à l'Empire, ont continué à administrer et à posséder, d'abord comme vicaires des empereurs, et plus tard propriétairement et héréditairement, le territoire dont l'administration comtale leur avait été conférée seulement à temps ou à vie ; si la continuation de cette administration a maintenu des coutumes, des institutions germaniques ou burgundiennes dont on peut retrouver des traces dans les siècles suivants [1] ; si, enfin, la recherche de l'origine de l'administration ou de l'autorité de ces comtes est

---

[1] « Le fameux Code que, du nom de Gondebaud, on appela la loi
» Gombette, dont on reconnaît encore les traces dans les anciennes lois
» municipales du Dauphiné.... » (Fontanieu, *Cartulaire ms.*, t. I, p. 97.)

faite, non pour dresser leur généalogie peu certaine et peu intéressante; non pour leur trouver ou donner des aïeux peu célèbres, mais pour en trouver ou donner à plusieurs de nos anciennes institutions locales, ou bien encore pour rétablir un chaînon rompu de nos vieilles annales dauphinoises, cette recherche ne reste plus dans les humbles et futiles proportions d'une simple recherche de généalogie et de famille, elle sort de l'histoire privée de ces comtes pour entrer dans l'histoire publique du pays; elle s'agrandit, elle s'élève à toute la hauteur d'une recherche historique, d'une recherche de l'ancienne nationalité du Dauphiné.

Cependant cette recherche aura d'abord toute l'aridité d'une question de noms et de vieux titres; car ce n'est que lorsque la question d'origine et d'identité de famille sera en quelque sorte résolue, que l'on pourra en tirer quelques conséquences historiques.

Chorier, dont j'adopte l'opinion, fait remonter l'origine des anciens comtes de nos contrées, non pas seulement à Guigues le Vieux qui vivait au XIe siècle, mais à un autre comte Guigues qui vivait à la fin du neuvième.

J'ai, en général, très-peu de confiance dans les opinions et les dires de Chorier, quand ce sont des conséquences qu'il déduit, ou de ses raisonnements, ou de ce qui lui paraît résulter des documents historiques. Mais, si on l'accuse avec raison d'avoir été peu judicieux, d'avoir avancé souvent des opinions et des faits hasardés, d'avoir commis beaucoup d'erreurs et d'inexactitudes, on ne l'accuse pas cependant d'avoir altéré des textes, ni de les avoir cités infidèlement à l'appui de ses opinions, ni même d'avoir supposé ou faussement allégué l'existence des documents qu'il cite, et dont, d'ailleurs, la plupart existent encore dans les vieilles archives ou ont été publiés par d'autres écrivains.

Or, il est remarquable que, tandis que dans son *Histoire du Dauphiné* il se borne à indiquer, en tête de chaque livre, la liste des documents et des ouvrages des auteurs sur lesquels il se fonde et où l'on ne trouve pas toujours tout ce qu'il dit lui-même ni tout ce qu'il a pu croire y découvrir et y apercevoir, cependant, lorsqu'il veut établir sa généalogie des premiers comtes Guigues, il le fait en citant toujours à l'appui les textes extraits des pièces et des chartes d'où il tire ses preuves, textes dont ses contradicteurs n'attaquent ni ne suspectent l'exactitude : ceux-ci se bornent simplement à en contester ou l'interprétation ou l'application à la famille des comtes d'Albon, et surtout en opposant le préambule et rien que le préambule d'une charte qu'ils attribuent à saint Hugues, à tort ou à raison, comme on le verra dans la suite de ce chapitre. Examinons donc l'opinion de Chorier, les titres qu'il invoque et plusieurs autres titres qu'il a omis d'invoquer :

Chorier fait remonter l'origine des comtes Guigues à un premier comte de ce nom qui existait à la fin du IXe siècle, en se fondant sur la charte ou le procès-verbal de l'assemblée réunie à Varennes en 888 par Hermengarde, veuve du roi Boson.

Hermengarde avait appelé à cette assemblée tous les principaux seigneurs et chefs, tant ecclésiastiques que laïques, du royaume de son mari, parmi lesquels figuraient Isaac, évêque de Grenoble, et un comte appelé *Vuigo* ou *Guigo;* car, dans l'écriture de cette époque, on employait indifféremment, surtout pour les noms propres, le V ou le G, et l'on disait *Vuigo* ou *Guigo*, *Vuillelmus* ou *Guillelmus*, ce qui n'est pas contesté et ne peut l'être, puisque c'est encore avec un V ou un W que le nom des Guigues comtes d'Albon est souvent écrit dans des actes beaucoup moins anciens.

On oppose seulement à Chorier que cette charte ne dit pas et que rien ne prouve que ce comte Guigues fût un comte du Graisivaudan ou du Dauphiné, un des auteurs des comtes Guigues d'Albon.

Ne peut-on pas répondre qu'il y avait des chefs civils ou des comtes dans toutes les principales contrées des royaumes de Bourgogne et d'Arles ; qu'il devait y en avoir à Grenoble ou au moins dans le Graisivaudan ; qu'il est très-probable qu'Hermengarde, qui avait convoqué tous les principaux chefs du royaume de Boson, avait dû convoquer le comte de Grenoble ou du Graisivaudan, comme elle avait convoqué les autres comtes, et que, parmi les noms des comtes présents à cette assemblée, le seul qui soit resté dans le Graisivaudan et qui paraisse le mieux s'appliquer au principal chef civil de cette contrée, est celui de *Vuigo* ou. *Guigo comes*, puisque par la suite et même bientôt après on continue à retrouver, pendant plusieurs siècles et presque à chaque génération, des comtes Guigues, auteurs des comtes d'Albon, dans le Graisivaudan seulement et non dans les autres contrées qui ont fait partie des royaumes de Bourgogne, de Vienne ou d'Arles? Il a même pu et dû y avoir d'autres comtes de cette famille ne portant pas le nom patronymique de Guigues, quoique ce nom paraisse avoir été presque constamment donné aux premiers de ces comtes.

« Le comte Guigues qui se trouve ici (dit Fontanieu en
» son *Cartulaire ms.*, t. I, p. 25), est celui que plu-
» sieurs historiens s'accordent à donner pour tige de la
» première race des dauphins : Blondel, Guichenon....

» J'avoue que ce système est destitué de preuves, mais
» il ne l'est pas de vraisemblance : le nom de Guigues
» seul en est une. Les grandes maisons adoptaient alors
» des noms de baptême qu'elles cherchaient à perpétuer

» comme une preuve de l'ancienneté de leur origine ; ce fut
» ainsi qu'entre celles du Dauphiné, le nom de Guigues
» fut propre aux dauphins et aux comtes de Forez, celui
» d'Aimon aux comtes de Valentinois ; celui de Guillaume
» aux comtes de Diois, et celui de Raymond aux barons de
» Meouillon. Le titre de comte n'a rien qui s'oppose à ce
» sentiment ; les grands prenaient alors ce titre sans expri-
» mer à quelle terre il était attaché ; peut-être dès lors le
» comté d'Albon était-il dans cette famille, et, comme
» comte d'Albon, le Guigues dont il s'agit devait être atta-
» ché au fils de Boson son souverain. »

« Le comte Guigues (dit Charvet, *Histoire de la sainte*
» *Eglise de Vienne*, p. 236), se nomme *Vuigo* dans la
» charte de cette assemblée ; il était comte du Graisivau-
» dan, et peut être considéré comme la tige des premiers
» dauphins. »

« .....Le comte Guigues, présumé d'Albon. Ce comte
» est le seul qui soit connu des souverains du Dauphiné
» dont les successeurs ont été longtemps les maîtres,
» tant sous le nom d'Albon que sous celui de dauphin de
» Viennois, après avoir chassé les Sarrasins d'une partie de
» cette province et conquis l'autre sur des seigneurs moins
» puissants qu'eux. » (*Histoire du diocèse d'Embrun*,
t. I, p. 43.)

Pour ne pas trop multiplier les citations à ce sujet, car
j'en ai déjà fait beaucoup dans le chapitre *De la Féodalité*,
je me bornerai à dire que presque tous les écrivains des
siècles derniers considèrent ce comte Guigues comme l'auteur des comtes d'Albon et des anciens dauphins.

Charvet cite encore une charte des archives de Vienne
(*Tabul. eccles. Vienn.*, f° 38), datée de la douzième année
du règne de l'empereur Louis, correspondant à l'an 902, par
laquelle un comte Guigues (probablement le même que celui

de la charte précédente) se disant comte par la grâce de Dieu, *Guigo comes Dei gratia*, fait une donation à saint Alexandre, archevêque de Vienne : « ce comte Guigues, dit-il, est,
» selon toute apparence, le même que *Guy* ou *Vuigo* qui
» fut de l'assemblée de Valence, en 890, et que l'on présume
» avoir été le premier dauphin de la première race. Il était
» comte de Graisivaudan. » (*Histoire de la sainte Eglise de Vienne*, p. 248, note.)

Chorier rapporte ensuite, d'après Guichenon, historien de la maison royale de Savoie, qui aurait trouvé ce fait consigné dans les titres de l'abbaye de Cluny, qu'en 940, un Guy (Guigues), *comte d'Albon*, aurait fait don à l'église de Romette en Gapençais des terres qu'il possédait dans le Champsaur ; et l'on peut remarquer que, s'il pouvait y avoir quelque doute sur l'identité de famille des comtes Guigues d'Albon avec les comtes Guigues mentionnés dans les chartes précédentes, il ne peut plus y en avoir sur l'identité de celle du Guigues de 940, puisqu'il est qualifié de comte d'Albon.

Voilà donc l'existence d'un Guigues, comte d'Albon, constatée dès avant le milieu du Xe siècle, avant l'épiscopat d'Isarne et plus d'un siècle avant Guigues le Vieux que l'on accuse d'avoir usurpé le titre de comte. Une libéralité de ce genre et à cette époque ne fait-elle pas présumer que la qualité comtale de ce Guigues était déjà ancienne et devait remonter aux comtes Guigues de 888 et 902, dont on ne retrouverait plus de descendants s'ils n'étaient les comtes Guigues d'Albon ; ce titre prouve en outre que ce comte était seigneur du Champsaur, comme l'ont été les dauphins ses successeurs qui se disaient ducs de Champsaur, et auxquels les reconnaissances générales du XIIIe siècle attribuent pleine seigneurie dans tout le Champsaur.

Guichenon et Chorier ne donnent pas à la vérité le texte

de ce titre de 940 ; mais il ne paraît pas qu'on le conteste autrement qu'en lui opposant le préambule précité sur la véracité et la sincérité duquel je m'expliquerai bientôt.

Selon Chorier (*Histoire du Dauphiné*, t. I, p. 794), il y aurait eu ensuite un autre Guigues, frère de Humbert, évêque de Grenoble, et dont la femme s'appelait Frédeburge ; il le prouve au moyen de trois textes ; ces textes, que je vais rapporter, prouvent bien, comme le dit Chorier, qu'il y a eu un comte Guigues, frère de l'évêque Humbert ; mais leur comparaison prouve, en outre, l'existence de deux autres Guigues, l'un, mari de Frédeburge, qui était le père et non le frère de l'évêque Humbert, et l'autre, qui était le petit-fils de ce Guigues et de Frédeburge.

Le premier de ces textes, tiré de l'ancien cartulaire de l'abbaye de Saint-André-le-Bas, de Vienne, est ainsi conçu : *Pro remedio senioris nostri domini Vuigonis, domnæque Fredeburgiæ..., regnante Rodulpho rege*. Ce texte est probablement extrait de l'acte que Charvet (*Hist. de la sainte Eglise de Vienne*, p. 270), rappelle comme existant encore de son temps dans les archives de l'église de Vienne (*Tabul. eccl. Vienn.*, f° 46), et contenant une donation faite à cette église par Guigues et sa femme Frédeburge.

Voilà bien un seigneur *Vuigo* ou *Guigo*, mari de Frédeburge et contemporain du roi Rodolphe ; un autre acte va nous apprendre que c'est de Rodolphe III, qui régnait à la fin du X° siècle. Cet autre acte est une charte des archives de l'église de Vienne (*Tabul. eccles. Vienn.*, f° 46), que l'on trouvait aussi dans celles de la chambre des comptes ; c'est le troisième cité par Chorier dont j'intervertis l'ordre pour suivre l'ordre chronologique, et parce qu'il est relatif à la citation précédente qu'il sert à expliquer : *Damus Humberto episcopo, ejusque matri domnæ Fredeburgiæ et nepotibus ejus, Vuigonis bonæ memoriæ filiis, Hum-*

berto, Vuigoni, Vuillelmo, medietatem castelli de Moras... Datum VIII id. junii, lunæ ix, ind. v, anno ab incarn. Domini DCCCCLXXXXV, regnante dom. Rodulpho rege.

Cette charte, du mois de juin 995 et du règne de Rodolphe III, est une donation de la moitié du château de Moras faite par ce roi à Humbert, évêque de Grenoble, à sa mère Frédeburge, et à ses neveux Humbert, Guigues et Guillelme, fils de Guigues de bonne mémoire. Frédeburge était donc la mère de l'évêque Humbert, et celui-ci avait un frère et un neveu du nom de Guigues. Or, comme, d'après la charte précédente, Frédeburge était femme d'un seigneur Guigues, la réunion et la comparaison de ces deux chartes prouve l'existence de trois Guigues à la fin du Xe siècle : le premier est ce seigneur Guigues, mari de Frédeburge et père de l'évêque Humbert; le deuxième est le frère, et le troisième est le neveu de cet évêque. Cette filiation de l'évêque Humbert, comme fils d'un comte Guigues, est encore attestée par les énonciations du *Gallia christiana*, t. II, p. 604 : *Humbertus d'Albon, Guigonis comitis filius, anno 991 in veteribus tabulis et in concilio Ausano 1025.*

Cette charte de 995 fournit, en outre, une preuve de l'identité des anciens comtes Guigues avec les comtes d'Albon (identité qui a été contestée, mais que les auteurs du *Gallia christiana* reconnaissent bien, lorsqu'ils disent, sans hésitation, *Humbertus d'Albon*), car cette seigneurie de Moras (ainsi que le remarque Fontanieu en son *Histoire* [manuscrite] *du Dauphiné*, p. 67) a continué depuis lors à être en la possession des comtes d'Albon et successivement des dauphins leurs successeurs, puisqu'il résulte des archives du monastère de Saint-Robert que le dauphin Humbert II avait accordé aux prieurs et religieux de ce monastère le droit de paquerage pour les moutons dans le mandement des châteaux d'Albon et de Moras : *In speciali privilegium dedit et concessit dominus delphinus.... priori et conventui Sancti Roberti et successoribus suis, quod ipse prior, conventus et successores eorum perpetuo possint et eis liceat, per se, familiares, nuncios et pastores suos, immittere oves suas dicti monasterii Sancti Roberti et multones, in mandamento, territorio et pascuis castrorum Morasii et Albonis, et cujuslibet eorum ubique, ad pascendum....*

Le troisième texte, cité par Chorier, est ainsi conçu : *S. Vuigonis comitis, fratris episcopi Humberti.* Ce comte Guigues est le Guigues de bonne mémoire, mentionné dans la charte de 995, puisque les enfants de ce Guigues y sont qualifiés de neveux de l'évêque Humbert.

La signature ou plutôt le seing de ce Guigues se trouve encore dans beaucoup d'autres actes : 1° dans deux donations des archives de Cluny, faites en 991 par l'évêque Humbert à Odilon, abbé de Cluny; Guigues assiste à ces deux actes et Frédeburge à un seul ; Guigues y est qualifié de frère et Frédeburge de mère de Humbert, ce qui est tout à fait conforme aux énonciations de la charte de 995; 2° dans une charte de donation au prieuré de Domène, rapportée par Chorier en ses *Omissions et Additions ;* 3° dans la charte de l'évêque Humbert qui érige en prieuré l'église de Saint-Laurent, de Grenoble. Dans cette seconde charte, datée de l'an 1012, *anno ab incarnatione domini MXII°,* ce prélat déclare faire cette érection du consentement du roi Rodolphe présent à l'acte, de la reine Ermengarde, de l'archevêque Brocard, de Frédeburge, mère de l'évêque Humbert, de son neveu Mallen, et de ses autres neveux Humbert et Guigues [1]. Le troisième neveu, Guillelme, qui

---

[1] *Ego Humbertus Gratianopolitensis ecclesiæ præsul..., consentiente*

est nommé dans l'acte de 995 et non dans celui-ci, était probablement décédé. C'est sans doute celui dont le nom figurait dans l'ancien obituaire du monastère de Saint-Robert, comme fils du comte Guigues, en ces termes : *viij id. novemb. Guillelmus filius Guigonis comitis;* et 4° dans deux chartes de l'évêché de Grenoble ; la première (*carta XXXIII, 2e cartulaire*), datée de la vingt-troisième année du règne de Rodolphe, correspondante à 1015, 1016 ou 1017, est celle de la fondation du prieuré de Moirans, par ce même évêque, et la deuxième (*carta XV, 1er cartulaire*) est une donation faite à l'église de Moirans, en 1035 ; dans la première, le seing du comte Guigues est indiqué en ces termes : *S. Guigonis comitis, fratris episcopi Humberti;* et, dans la deuxième, en ceux-ci : *Sig. Guigonis illustrissimi viri.*

L'existence du comte Guigues, neveu de l'évêque Humbert, est aussi prouvée par la confirmation d'une donation faite à Rome par ce comte entre les mains du pape, en l'année 1027, confirmation rappelée par Chorier d'après Guichenon.

Enfin, Chorier trouve la désignation de deux Guigues dans un acte de donation du cartulaire de Saint-Pierre de Vienne, du mois d'avril de l'année 1050 ; et j'ajouterai que, si Chorier avait lu attentivement cet acte qu'il rapporte textuellement dans son *Estat politique du Dauphiné*, t. II, p. 362,

---

itaque domino Rodulpho et regina Ermengarda, domino archiepiscopo Brocardo, matre quoque mea Fredeburge, Malleno atque nepote meo, simulque aliis nepotibus Umberto atque Vuigone... Signum Rodulphi regis, S. Brocardi archipræsulis, S. Fredeburge matris ejus, S. Vuigonis et Umberti fratrum. (Cette charte, des archives de l'abbaye de Saint-Chaffre, registre : *De reparatione cartarum*, m'a été communiquée par M. l'abbé Auvergne.)

il y aurait trouvé trois Guigues au lieu de deux, savoir : 1° celui qui fait la donation et qui se qualifie de prince de l'église de Grenoble, *Guigo Gratianopolitanæ ecclesiæ princeps*; 2° son fils Guigues, auquel il donne cent sous, et la comtesse Adélaïde, femme de celui-ci, à laquelle il donne cinquante sous; et 3° un autre Guigues, fils de ce dernier, auquel il donne aussi cinquante sous, ainsi qu'à sa femme Pétronille.

Or, au moyen des qualifications de ces Guigues, de leurs noms et de ceux de leurs femmes, on peut reconnaître facilement 1° que le premier, qui prend le titre de Guigues le Prince, est le père de Guigues le Vieux, et probablement le frère de l'évêque Humbert; 2° que le deuxième, qui est le mari de la comtesse Adélaïde, et qui s'est fait moine ensuite, n'est autre que Guigues le Vieux, qualifié de Majeur ou d'Ancien, *Guigo major*[1]; et 3° que le troisième est Guigues le Gras, mari de Pétronille[2] : *Ego Guigo Gratianopolitanæ ecclesiæ princeps, cum filio meo Guigone, pro redemptione animæ meæ parentumque meorum..., dono... Guigoni vero quem supra diximus majori, qui postea effectus est monachus, centum solidos tribui, et Adelaïdi comitissæ quinquaginta, et alii Guigoni filio illius Guigonis quem supra diximus quinquaginta solidos et uxori ejus Petronillæ...*

---

[1] Ce Guigues est désigné, dans les anciennes chartes, par des qualifications analogues ou semblables : *senex*, *vetulus*, dans les chartes 152 et 248 du *cartulaire* d'Oulx ; *vetus*, dans l'obituaire de Saint-Robert, *x. cal. maii, Guigo comes qui cognominatus est vetus,* ainsi que dans un acte relatif au prieuré de Moirans, *S. Guigonis comitis, filii Guigonis veteris*; et *major* dans cette charte.

[2] La charte 227 du *cartulaire* d'Oulx désigne Guigues le comte comme fils de Pétronille, *Guigo comes filius Petronillæ,* ce qui prouve bien que Pétronille était la femme de Guigues le Gras.

Après avoir établi, d'une manière authentique, l'existence de plusieurs comtes Guigues antérieurs à Guigues le Vieux, Chorier s'embrouille un peu et même erre quelquefois dans la généalogie et la classification de ces comtes; mais je n'ai pas la prétention de prouver l'exactitude de la généalogie dressée par Chorier; je n'ai d'autre but que de prouver que, longtemps avant le comte Guigues le Vieux, il y a eu en Dauphiné d'autres comtes Guigues, et qu'il y en a eu, sans discontinuation, en remontant jusqu'au comte Guigues, qui assistait à l'assemblée de Varennes et au *placitum* de Giny, à la fin du IX⁰ siècle.

A toutes ces énonciations si expresses et si positives, à toutes ces chartes qui viennent successivement se confirmer les unes par les autres, qu'oppose-t-on, que peut-on opposer ? Une charte de saint Hugues, toujours cette charte de saint Hugues, et rien que cette charte, ou plutôt rien que son préambule sur la nature et la sincérité duquel je vais m'expliquer.

Cette charte et son préambule sont sans date ; cependant, comme la charte constate un arbitrage de limitation de propriétés indivises entre saint Hugues et le dauphin Guigues dit le Comte, il est certain qu'elle est contemporaine de ce prélat; mais en est-il de même de son préambule, ou plutôt de ce préambule ? Je ne le pense pas, et je crois pouvoir en tirer la preuve de ses termes mêmes qui indiquent que saint Hugues était déjà mort à cette époque ; c'est ce qui me paraît résulter clairement de cette phrase : *Episcopus Hugo quem divina clementia* TUM[1] *præfecerat*, IN

---

[1] Il y a *eum* dans le *cartulaire*. Je crois que c'est par erreur que le copiste de ce *cartulaire* a écrit *eum* au lieu de *tum; eum* serait ici un mot tout à fait inutile que MM. Pilot et A. du Boys ont cru pouvoir ou

ILLIS DIEBUS, *super Gratianopolitanam ecclesiam : l'évêque Huques que la clémence divine avait* ALORS *placé*, EN CES JOURS-LA, *à la tête de l'église de Grenoble.*

Certainement ce prélat ne se serait pas exprimé ainsi, s'il avait rédigé ou dicté ce préambule ; s'il avait parlé de son épiscopat, il en aurait parlé au présent et non au passé ; et ces mots : *præfecerat, in illis diebus*, n'indiquent-ils pas que l'évêque Hugues n'existait déjà plus, puisqu'ils rappellent ces jours où il avait été évêque ; tandis que, s'il l'eût été encore, il aurait fallu *præfecit* au lieu de *præfecerat ;* et saint Hugues n'aurait certainement pas employé ces expressions : *tum, in illis diebus*, qui ne peuvent se rapporter qu'à l'épiscopat d'un prélat qui a cessé d'exister, lorsque surtout on mentionne ensuite au présent le règne des comtes Guigues en ces termes : *Qui modo regnant*, qui règnent à présent.

Au reste, quelle que soit la date de ce préambule, quel qu'en soit l'auteur, il est facile d'établir que toutes les énonciations qui y ont été introduites pour contredire les qualités et les droits des comtes Guigues, ou pour établir que ces qualités et ces droits ne sont que des usurpations commises par Guigues le Vieux au préjudice des évêques de Grenoble, sont fausses ou inexactes et n'y ont été insérées que furtivement et clandestinement, à l'insu de ces comtes, et avec l'espoir ou l'intention de pouvoir s'en faire ultérieurement un titre utile contre ces derniers dans les nombreuses contestations et luttes de tout genre qui avaient lieu presque continuellement entre ces évêques et ces com-

---

devoir supprimer en publiant cette pièce, tandis que *tum* est un mot qui concorde parfaitement avec le reste de la phrase. Mais qu'il doive y avoir *tum* ou *eum*, cela ne change rien au sens de la phrase, ni à l'explication que j'en donne et qu'on est forcé de lui donner.

tes. Mais, avant d'entreprendre cette démonstration, il est nécessaire de faire connaître textuellement ce préambule avec la charte en tête de laquelle il est apposé, ainsi que la même charte précédée d'un autre préambule, car l'existence de deux préambules différents en tête d'une même charte qui ne doit en avoir qu'un, sera un fait grave et important, un argument puissant lorsque je contesterai la sincérité du préambule dont il s'agit et dont je vais d'abord prouver la fausseté des énonciations en ce qui concerne les comtes Guigues. Cette charte avec ses deux préambules, forme les numéros XVI et XVII du 2º *cartulaire* de saint Hugues; voici les deux textes :

XVI.

CARTA DE CONDAMINIS QUÆ MODO SUNT INTER COMITEM ET EPISCOPUM.

Notum sit omnibus fidelibus filiis Gratianopolitanæ ecclesiæ quod, post destructionem paganorum, Isarnus episcopus ædificavit ecclesiam Gratianopolitanam, et ideo quia paucos invenit habitatores in prædicto episcopatu, collegit nobiles, mediocres et pauperes ex longinquis terris, de quibus hominibus consolata esset Gratianopolitana terra ; deditque prædictus episcopus illis hominibus castra ad habitandum et terras ad laborandum, in quorum castra sive in terras episcopus jam dictus retinuit dominationem et servitia sicut utriusque partibus placuit. Habuit autem prædictus episcopus et successor ejus Humbertus prædictum episcopatum sicut proprius episcopus debet habere propriam terram et propria castra per alodium, sicut terram quam abstraxerat a gente pagana; nam generatio comitum istorum qui modo regnant per episcopatum Gratianopolitanum, nullus inventus fuit in diebus suis, scilicet in diebus Isarni episcopi, qui comes vocaretur, sed totum episcopatum, sine calumpnia prædictorum comitum, prædictus episcopus in pace per alodium possidebat, excepto hoc quod ipse dederat ex sua spontanea voluntate. Post istum vero episcopum successit ei Humbertus episcopus in Gratianopolitanam ecclesiam, et habuit prædicta omnia in pace. Post episcopum autem Humbertum, fuit episcopus Mallenus prædictæ ecclesiæ Gratianopolitanæ, in cujus diebus Guigo vetus, pater Guigonis crassi, injuste cæpit possidere ea quæ modo habent comites in Gratianopoli, sive in terris episcopatus, sive in servitiis terrarum prædictarum, sive in pluribus ecclesiis, sive in condaminis, sive in hortis, et, ut ita dicam, ex toto episcopatu Gratianopolitano episcopus Gratianopolitanus non habet unum mansum integrum ad suum dominium ; et sicut fecit prædictus comes de ecclesia Gratianopolitana ita exhæredavit et expoliavit ecclesiam sancti Donati de condaminis, scilicet sive de mansis atque de villa. De condaminis quarum superius fecimus mentionem, dum communiter laborabant eas homines episcopi atque comitis, sæpe contentio exorta est inter eos, ut audivit prædictus episcopus quod pars illius male et fraudulenter tractaretur ab hominibus comitis, proclamationem fecerunt homines episcopi et episcopus Hugo quem divina clementia eum præfecerat in illis diebus super Gratianopolitanam ecclesiam Guigoni comiti, filio Guigonis crassi. Tandem acceperunt consilium episcopus Hugo et comes Guigo ut condaminæ dividerentur, misitque episcopus homines suos per divisionem condaminarum et illos quos ipsi in hac divisione vocarent. Misit autem Guigonem conversum et Wilelmum Letardum cellararium suum et Adonem de Bocoiron ministralem suum, et isti tres vocaverunt Humbertum Lovetum filium Adonis de Bocoiron et alios amicos quos fecerunt venire ad dividendum vocaverunt. Et comes misit homines suos, scilicet Joannem de Podio et Benedictum botelarium suum sive militem suum, et Petrum Chalnesium ministralem suum, et Bernardum retroguardam suam de Gratianopoli, id est Bernardum Ruferium, et isti prædicti homines fecerunt venire Gualterium Baban et Richardum de Monte Eisut, et fecerunt Guigoni converso inprimis dividere duas condaminas quæ sunt juxta ecclesiam sancti Victoris de Meiolan ipsi Guigoni fecerunt dividere et sociis suis, et divisit eis Guigo et socii sui prædicti illam peciam de terra quæ est supra viam quæ pergit ad Biveu et est supra condaminam comitis, et divisit eis omnes ortos sicut exit aqua de puteo et fluit usque ad Charitium et usque ad cimiterium prædictæ ecclesiæ et sicut dividit ortus Bernardi Espeleti qui est comitis, et has prædictas portiones, videlicet terram quam diximus super viam quæ pergit ad Biveu et ortos, sicut eos pronuntiavimus, usque ad cimiterium. Misit Guigo conversus et socii sui cum condamina quæ est versus Bocoironem, sive contra occasum solis et sicut via exit de villa Meiolanis inter duas condaminas, scilicet istarum duarum condaminarum quæ in hac scriptione dividuntur et per medium crestum, et tendit usque ad unam arborem quæ vocatur albuspinus, et descendit in stratam publicam, quæ strata pergit versus Romam et ad sanctum Jacobum ; inde sunt præfixi termini. Deinde Guigo conversus dixit hominibus comitis ut eligerent partem meliorem ex duabus condaminis divisis quam vellent accipere; ipsi vero, scilicet homines comitis acceperunt condaminam integram versus aquilonem, sive contra ecclesiam de Biveu.

Postea homines prædicti comitis diviserunt alias duas condaminas, illam scilicet de Ulmo et illam condaminam quæ est ad Corbonan, quæ sunt in parrochia sancti Himerii. Habet vero episcopus illam condaminam de Ulmo; comes autem illam de Corbonan; postea episcopus et comes istam divisionem firmiter tenuerunt.

Habent namque inter episcopum et comitem unum pratum optimum communiter juxta ecclesiam sancti Clementis, sive prope flumen Dravi, et debent illud pratum seccare homines de Fontanils, videlicet XVI debent esse sectores, et pratum debet habere illam magnitudinem ut per III dies jugiter XVI sectores operentur sine aliquo lucro, sed cibum debent habere communiter et potum de domo comitis et de domo episcopi[1].

Boscus qui vocatur Aulane communiter habent inter comitem et episcopum, et ligna, dum ibi inventa fuerint, et postea terra, postquam ligna cæsa fuerint, inter episcopum et comitem communiter debet remanere, excepto campus qui vocatur pratum Ainardi qui est de episcopo sine comite.

Boscus, qui vocatur Morta, medietas est inter comitem et episcopum ; alia vero medietas est de filiis Lantsfredi de Moirenco.

Condamina de Vortz est inter comitem et episcopum; decima vero est episcopi, et est in parrochia de....

XVII.

CARTA[2] DE CONDAMINIS QUÆ SUNT MODO INTER COMITEM ET EPISCOPUM.

Hugo episcopus et comes Guigo, scilicet filius Guigonis crassi, habent duas condaminas apud Meiolanum et alias duas in parrochia sancti Himerii, de quibus condaminis multæ contentiones natæ inter homines episcopi sunt et inter homines comitis, nam rixæ et contentiones ideo nascebantur inter prædictos homines, quia homines comitis prædicti no-

---

[1] Les sept premières lignes de cet alinéa ont été écrites sur sept autres lignes grattées.
[2] Cette charte est rayée sur le cartulaire.

lebant laborare prædictas condaminas fideliter sicuti homines episcopi, et insuper grana quæ de illis condaminis exiebant homines comitis furabantur et fraudulenter tractabant. Ideoque acceperunt consilium comes et episcopus ut condaminæ prædictæ dividerentur, misitque episcopus homines suos et misit illos quos ipsi vocarent per divisionem condaminarum. Misit autem Guigonem conversum suum et Wilelmum Letardum cellerarium suum et Adonem de Bocoirone ministralem suum, et isti tres vocaverunt Humbertum Lovetum filium Adonis de Bocoiron et alios amicos quos fecerunt venire ad dividendum; et comes misit homines suos scilicet Joannem de Podio et Benedictum botelarium suum sive militem suum, et Petrum Chalnesium ministralem suum, et Bernardum Ruferium retroguardam suam de Gratianopoli, et isti prædicti homines fecerunt venire Gualterium Baban et Richardum de monte Eisut, et fecerunt dividere Guigoni converso inprimis duas condaminas quæ sunt juxta ecclesiam sancti Victoris de Meiolan, et divisit eis Guigo conversus et socii sui illam peciam de terra quæ est supra viam quæ pergit ad Biveu; et est illa pecia de terra supra condaminam comitis, et divisit Guigo ortos sicut exit aqua de puteo et fluit usque ad Charitium et sicut tendit usque ad cimiterium prædictæ ecclesiæ, et sicut dividit ortus Bernardi Espeleti, qui ortus est comitis; et has duas prædictas portiones, videlicet terram quam prædiximus, quæ est supra viam quæ pergit ad Biveu, et ortos, sicut eos pronuntiavimus, usque ad cimiterium, sive usque ad ortum prædicti Bernardi, misit Guigo conversus et socii sui cum condamina quæ est versus Bocoironem, sive contra solis occasum, et sicut exit via de villa Meiolanis inter duas istas condaminas, scilicet istarum duarum condaminarum quæ in hac scriptione dividuntur et per medium crestum, et prætendit usque ad unam arborem quæ vocatur albuspinus, et descendit usque ad stratam publicam, quæ strata pergit versus Romam, sive erga sanctum Jacobum; inde sunt præfixi termini. Deinde Guigo conversus dixit hominibus comitis ut partem eligerent quamcumque velent accipere. Ipsi vero, scilicet homines comitis, acceperunt condaminam integram quæ est contra ecclesiam de Biveu.

Postea homines prædicti comitis diviserunt alias duas condaminas, scilicet illam de Ulmo et illam de Corbonan, quæ sunt in parrochia sancti Himerii, accepitque Guigo conversus, in loco episcopi domini sive socii prædicti sui, illam condaminam de Ulmo; homines vero prædicti comitis acceperunt condaminam quæ vocatur ad Corbonan. Postea namque episcopus et comes istam divisionem sicut eis placuit tenuerunt, et ita contentio quæ erat inter homines comitis et episcopi in pace redacta est.

Je ferai d'abord remarquer que je n'argue pas d'inexactitude ou de fausseté toutes les circonstances, tous les faits énoncés dans ce préambule; l'auteur de cette pièce a dû entourer de circonstances vraies, de faits vrais[1], les faits inexacts ou faux qu'il voulait rendre croyables, car on aurait rejeté, tout de suite et sans y ajouter aucune foi, une pièce qui n'aurait été, d'un bout à l'autre, qu'un tissu de faussetés contraires à toutes les circonstances historiques.

Mais ce que l'évêché avait intérêt à contredire, c'étaient la qualité et les droits des comtes Guigues, et ce sont les seules énonciations relatives à cette qualité et à ces droits que j'arguë d'inexactitude et de fausseté.

On lit, en effet, dans ce préambule, que la génération de ces comtes qui règnent actuellement dans l'épiscopat de Grenoble n'y possédait rien primitivement; qu'il n'y avait personne qui fût appelé *comte* du temps de l'évêque Isarne; et que ce fut du temps de l'évêque Mallen que Guigues le Vieux, père de Guigues le Gras, commença à posséder injustement tout ce que ces comtes ont à présent à Grenoble et dans tout le diocèse de l'évêché.

Ce préambule affirme donc positivement que la qualification de comte était tout à fait inconnue dans le diocèse de l'évêché de Grenoble du temps de l'évêque Isarne, et il semble même vouloir suggérer, s'il ne le dit pas expressément, que ce n'est que sous l'épiscopat de Mallen (c'est-à-dire vers le tiers ou le milieu du XIe siècle), que Guigues

---

[1] C'est pourquoi j'ai cru pouvoir, moi-même, invoquer quelquefois cette pièce comme document historique relativement aux faits que l'évêché n'avait pas intérêt à contester.

le Vieux aurait pris, le premier, cette qualification de comte que n'avaient pas ses ancêtres.

C'est là une affirmation évidemment erronée, et dont l'erreur (reconnue par Bourchenu de Valbonnais, *Hist. du Dauph.*, t. I, p. 11, qui convient qu'on sait que depuis Isarne jusqu'au comte Guigues le Vieux, il y a eu des comtes de Graisivaudan) est déjà suffisamment démontrée par la plupart des chartes et documents que je viens de citer ; bien plus, ce n'était pas encore Guigues le Vieux qui était seigneur du Graisivaudan du temps de Mallen, décédé en 1042 ou 1043, mais bien son père Guigues, encore vivant à cette époque, et qui prenait le titre de prince de l'Eglise de Grenoble dans la charte de 1050. Et, s'il fallait une preuve directe et certaine que, du temps de l'évêque Isarne, il existait un *comté de Grenoble*, c'est Isarne lui-même qui la fournirait, dans la charte 16 du premier *Cartulaire* de l'évêché[1], où cet évêque, assisté de plusieurs membres de son clergé, désigne un champ qu'il dit situé dans le comté de Grenoble : *Ipse campus est in comitatu Gratianopolitano*. Voilà donc un démenti formel donné à ce préambule par l'évêque Isarne et par les membres de son clergé qui reconnaissent que, de leur temps (près d'un siècle avant Guigues le Vieux, il y avait un *comté de Grenoble*, et par conséquent un *comte de Grenoble* qui ne pouvait être qu'un des comtes Guigues, puisque les anciens titres n'en mentionnent pas d'autres dans cette localité.

Une seconde charte, n° 18 du même *Cartulaire*, notée par l'abbé Auvergne, archiviste de l'évêché, comme étant de l'année 1030, mentionne également le comté de Grenoble

---

[1] Cette charte est imprimée, p. 493 du *Traité de l'usage des fiefs*, par Salvaing de Boissieu.

en ces termes : *Vineam quœ est in comitatu Gratianopolitano, in loco cui est vocabulum Morencum* (Moirans). Cette charte ne remonte, à la vérité, qu'à l'épiscopat de Mallen, sous lequel le préambule accuse Guigues le Vieux d'avoir usurpé le titre de comte ; mais Guigues le Vieux était encore alors sous la puissance de son père Guigues, prince de l'église de Grenoble, ce qui rend une telle usurpation peu probable ; et si elle eût été vraie, serait-il présumable que l'évêque Mallen, qui ne devait pas reconnaître volontiers un titre tout récemment usurpé, l'eût cependant reconnu et constaté, spontanément, de plein gré, même en l'absence du comte Guigues, qui était tout à fait étranger à cet acte ?

Il existe encore, dans les cartulaires de l'évêché, plusieurs autres chartes qui mentionnent le comté de Grenoble ou les comtes Guigues. Comme ces chartes sont postérieures à Guigues le Vieux, je ne puis en tirer d'autre conséquence que celle qu'il n'est pas vraisemblable que les évêques de Grenoble eussent ainsi volontairement reconnu ou consenti à reconnaître l'existence, dans leur diocèse, d'une dignité comtale qui aurait été usurpée, et dont les usurpateurs se seraient prévalus pour porter atteinte aux droits et aux pouvoirs de ces évêques.

Il est cependant une de ces chartes, publiée par l'auteur de l'*Usage des fiefs*, p. 448, que je crois devoir rappeler parce qu'elle ne se borne pas à la simple mention du comté de Grenoble ou de la qualification de comte ; elle fait plus, elle mentionne formellement le droit comtal, *jus comitale*, des comtes Guigues ; et elle apprend que le comté des Guigues s'étendait dans l'épiscopat de Grenoble ainsi que dans d'autres épiscopats, en sorte que, si l'on pouvait admettre les usurpations imputées à ces comtes contre les évêques de Grenoble, il faudrait les admettre encore contre d'autres évêques ; et cependant ce serait aux évêques de Grenoble seulement qu'ils auraient fait l'abandon de ces prétendues usurpations, même d'églises situées dans d'autres diocèses et au préjudice de leurs évêques : J'abandonne entièrement et je déguerpis à l'évêque et à l'église de Grenoble (dit Guigues, qui se qualifie de comte, fils de Guigues le Gras) les églises qu'*en vertu du droit comtal je possédais dans notre comté*, situées, soit dans l'épiscopat de Grenoble, soit dans un autre épiscopat : *Dimitto ex toto atque guerpisco...... episcopo Gratianopolitano et ecclesiæ Gratianopolitanæ ecclesias quas jure comitali possidebam in nostro comitatu, sive in Gratianopolitano episcopatu, sive in alio episcopatu sitas.*

On a encore cité ce déguerpissement comme une preuve des usurpations imputées aux comtes Guigues ; mais, outre que cet acte ne mentionne point que la cause du déguerpissement puisse ou doive être attribuée à d'anciennes usurpations, il prouve que ces comtes avaient des biens ecclésiastiques de même nature dans d'autres diocèses, ce qui fait présumer que ces princes devaient être déjà bien puissants à l'époque de ces usurpations, pour avoir pu dépouiller plusieurs évêchés. Mais loin que cette pièce soit, à mes yeux, un titre prouvant les usurpations imputées aux comtes Guigues, je crois, au contraire, pouvoir puiser dans cette charte, comme dans beaucoup d'autres semblables de la même époque, une nouvelle présomption à l'appui de l'opinion que j'ai émise sur l'origine des droits de ces comtes et de plusieurs autres seigneurs dauphinois.

Si, en effet, on parcourt les *cartulaires* ecclésiastiques de l'ancien Dauphiné, du Valentinois, des contrées alpines, et surtout le *cartulaire* de saint Hugues pendant le XIe siècle et le commencement du XIIe, on y remarque un grand nombre de chartes contenant des dons ou abandons d'églises, de cimetières, de dîmes, et d'autres biens ou droits ecclésiastiques, faits, tantôt gratuitement, tantôt à prix d'argent, par beaucoup d'individus, notamment par beaucoup d'anciens seigneurs de ces localités. Chorier (*Histoire du Dauphiné*, t. I, liv. II, § 17), énumère aussi un grand nombre de ces dons gratuits ou à prix d'argent, faits à diverses églises. En sorte que, si ces diverses possessions de biens et droits ecclésiastiques par des personnes laïques provenaient d'usurpations commises au préjudice du clergé, ce ne seraient pas seulement les comtes Guigues, mais ce seraient encore tous ces individus, tous ces seigneurs qui auraient été des usurpateurs; or, aucun fait ou document historique ne permet de supposer une irruption laïque, dans toutes ces contrées, sur les églises, cimetières et autres biens du clergé, ni l'usurpation dont cette invasion aurait été suivie : d'ailleurs, à cette époque où le clergé était assez puissant pour résister efficacement à toute irruption, à toute usurpation de ce genre, et où les seigneurs laïques reconnaissaient et subissaient tous plus ou moins l'influence de l'autorité ecclésiastique, il n'est pas vraisemblable que ces seigneurs eussent osé porter une main spoliatrice et coupable de lèse-majesté divine sur les choses saintes, sur les biens du clergé, qui avait alors, pour se défendre, la force spirituelle et même la force temporelle.

On ne prétend pas que la possession de ces biens ecclésiastiques par des laïques provienne de dons de biens de même nature que l'histoire nous apprend avoir été faits, deux siècles auparavant, par Charles Martel, pour récompenser les guerriers qui l'avaient assisté dans ses victorieuses expéditions contre les Sarrasins. Mais, si cette possession ne provenait pas de cette origine, ne proviendrait-elle pas au moins d'une origine analogue?

Si l'on se reporte à l'époque et aux lieux ou de si nombreux biens et droits ecclésiastiques se sont trouvés au pouvoir de personnes laïques ; si l'on remarque que c'était au XIe siècle, lorsque les Sarrasins venaient d'être récemment expulsés, et que c'était surtout dans les lieux qui avaient été occupés par ces infidèles, n'est-on pas naturellement porté à conclure que cette possession insolite devait provenir de ce que les chefs vainqueurs qui avaient repris ces biens enlevés au clergé lors de l'invasion, auraient voulu les retenir par droit de conquête, ou ne les auraient pas rendus aussitôt après les avoir conquis sur les Sarrasins, qui avaient été les spoliateurs primitifs ?

Le clergé voyant alors, en la possession des laïques, tous ces biens de nature ecclésiastique et qui avaient pu lui appartenir anciennement, se mit à crier à la spoliation, et il eut recours à tous les moyens pour en obtenir le délaissement. Des peines, des censures, des menaces ecclésiastiques, des excommunications même, furent fulminées contre les détenteurs de ces biens qui refusaient d'en faire volontairement la restitution ; la charte LXXI du cartulaire de saint Hugues constate le délaissement de l'église de Saint-Donat, par Gaufredus, à la suite d'une excommunication, et la charte XXV du 1er cartulaire de l'évêché de Grenoble constate l'excommunication prononcée contre Aïcardus, détenteur de la terre de Saint-Apollinaire, par Aimon, évêque de Valence, qui dit avoir l'excommunication de plusieurs autres prélats, notamment des archevêques de Vienne et de Lyon, et des évêques de Genève et de Grenoble.

Telles me paraissent avoir été les causes de la possession et ensuite du délaissement de ces biens par des laïques, ainsi que des nombreuses chartes de donations, déguerpissements, ventes, cessions ou abandons faits au clergé bientôt après l'expulsion des Sarrasins. Cependant la plupart des principaux seigneurs, de ceux, sans doute, qui avaient coopéré à la victoire et à la conquête, ne reconnaissaient pas l'illégitimité de leur possession ; aussi en vit-on un grand nombre, et entre autres les seigneurs de Sassenage, vendre ces biens aux évêques, ou ne consentir à en faire le délaissement que moyennant des indemnités pécuniaires.

Enfin, je ferai observer que si les seigneurs laïques avaient commis des usurpations sur les biens de l'évêché, il est vraisemblable qu'ils auraient usurpé des maisons, des biens ruraux, des terrains productifs d'un bon revenu, plutôt que des droits ou des dîmes ecclésiastiques, des choses saintes ou sacrées, des églises, même des cimetières[1] dont la possession peu utile était peu à leur convenance, et dont la nature ecclésiastique évidente les aurait tenus constamment et perpétuellement exposés aux réclamations et aux attaques du clergé. Comment d'ailleurs tant de seigneurs et tant d'autres individus auraient-ils pu se trouver possesseurs de cette dernière espèce de biens ? Comment enfin les évêques auraient-ils consenti à reconnaître la légitimité de ces usurpations ou possessions en rachetant les biens usurpés ou en remboursant tout ou partie de leur valeur aux restituants ?

Salvaing de Boissieu fait d'ailleurs remarquer, avec raison, que l'une des chartes de donation ou de restitution à l'évêché de Grenoble des églises et du tiers des dîmes de la terre de Sassenage, par le seigneur de cette terre, est datée de l'an 1080, ce qui ne permet pas d'admettre que ces cho-

---

[1] *Traité de l'usage des fiefs*, par Salvaing de Boissieu, pag. 446 et 447.

ses eussent été antérieurement aliénées par le clergé pour les guerres saintes d'outre-mer, puisque cette charte est antérieure à la première grande croisade des Français, sous la conduite de Godefroi de Bouillon ; et j'ajouterai, à l'appui de mon opinion, que cette date de 1080 se réfère à une époque voisine de l'expulsion des Sarrasins du diocèse de Grenoble.

Je crois devoir encore faire observer que Guigues le Vieux, que l'on prétend avoir été un spoliateur du clergé, faisait, au contraire, des libéralités aux églises, notamment à l'église d'Oulx, comme le prouvent deux chartes de donation des années 1053 (ou 1063) et 1073 (n°ˢ 152 et 226 du cartulaire d'Oulx) ; les termes dans lesquels la cause de la première de ces donations est exprimée, sont même remarquables : Je donne, dit le comte Guigues, surnommé le Vieux, pour la rédemption de mon âme et de celles de mon père, de ma mère et de mes ancêtres : *Guigo comes, qui nomine vocor senex,... dono et confirmo pro animæ meæ mercede, et pro anima patris mei et matris meæ, et parentum meorum...*

« Ces paroles font connaître, dit Valbonnais, que Gui-
» gues le Vieux n'était pas le premier de ces comtes qu'on
» eût vus paraître dans le pays, que ses pères y avaient
» possédé des terres et tenu avant lui le même rang[1]. »
« On trouve, dit-il encore, cette principauté dans le domaine
» des Dauphins, dès l'origine de ces princes[2]. »

Valbonnais ne se met-il pas ici un peu en contradiction avec l'opinion qu'il a émise ailleurs, selon laquelle Guigues le Vieux aurait usurpé la qualité de comte, conformément au texte du préambule, qu'il croit être de saint Hugues ?

[1,2] *Histoire du Dauphiné*, t. I, p. 11, et t. II, p. 458.

S'il pense que Guigues le Vieux a usurpé cette qualité, comment peut-il dire qu'*il n'était pas le premier de ces comtes qu'on eût vus paraître dans le pays, et que ses pères y avaient tenu, avant lui, le même rang ?* Comment peut-il dire surtout : « Guigues *(Guigo dalphinus)* était descendu des anciens comtes de Bourgogne ? » (t. 2, p. 5).

L'annotateur du cartulaire d'Oulx exprime aussi l'opinion que l'autorité des comtes Guigues était plus ancienne que celle de Guigues le Vieux, lorsque, dans une note, il dit qu'il résulte clairement de cette charte que ses ancêtres ont exercé la justice et la puissance sur le pays d'Albon : *Ex hac charta palam fit ejus parentes in Albonensem patriam jus exercuisse atque potestatem.*

Mais c'est surtout sur le Briançonnais que les ancêtres de Guigues le Vieux devaient avoir exercé depuis longtemps la justice et le pouvoir, puisqu'ils y avaient déjà, vers le milieu du onzième siècle, plusieurs châtelains qui ont assisté à ces actes de donation (car ces libéralités sont faites en présence ou par le conseil et l'intermédiaire de châtelains du Briançonnais), circonstance qui doit faire présumer qu'ils y exerçaient bien antérieurement leur autorité comtale.

On voit d'ailleurs, dans la donation de 1053 où Guigues le Vieux se qualifie de comte, qu'il ne craint pas de rappeler son père et ses ancêtres, ce qu'il n'aurait probablement pas fait s'il avait été usurpateur de ce titre, et si son père et ses ancêtres n'avaient pas été comtes comme lui. S'il n'avait été comte que depuis peu d'années, que depuis l'épiscopat de Mâllen, comment cet homme obscur, sans titre ni dignité, sans fortune, sans vassaux, sans puissance territoriale qui l'ait fait connaître ou qui lui ait attribué quelque influence, a-t-il pu, si facilement et en si peu de temps, devenir maître et seigneur de tout le Briançonnais, y avoir des châtelains en exercice dès l'année 1053 ? Comment a-t-il pu devenir assez fort pour déposséder, pour dépouiller de la moitié de leurs propriétés, non-seulement l'évêque de Grenoble, qui était alors un seigneur puissant, mais encore la plupart des autres seigneurs ecclésiastiques ou laïques du Dauphiné, et acquérir même une seigneurie supérieure dans tout le Dauphiné et universelle dans plusieurs localités telles que le Briançonnais, l'Oisans, le Champsaur...? N'y aurait-il pas eu, contre ce Guigues le Vieux, un soulèvement général de ces prélats et autres seigneurs dépossédés violemment par cet usurpateur sans titre ni droit? Une pareille usurpation est-elle présumable? Etait-elle possible à cette époque où le clergé était tout-puissant, et où la fortune territoriale donnait seule l'influence et faisait toute la force à cause des vassaux qu'elle procurait? Comment surtout, si Guigues le Vieux a été assez fort pour s'emparer de la moitié de leurs propriétés, ne s'est-il pas emparé de la totalité? Et comment son petit-fils aurait-il pu acquérir, si rapidement, assez de puissance dans le Graisivaudan pour pouvoir expulser l'évêque de Grenoble de son diocèse par la force de ses armes?

N'est-il pas, au contraire, plus vraisemblable que Guigues le Vieux et les autres comtes Guigues que l'on a prouvé avoir existé avant lui, étaient les descendants des anciens comtes de ce nom qui avaient gouverné la contrée sous les derniers rois de Bourgogne, opinion qui me paraît résulter de toutes les chartes précitées, et à laquelle tous les faits, toutes les circonstances historiques viennent naturellement se relier et se rattacher.

Ainsi, dans cette hypothèse, le premier ou l'un des premiers comtes Guigues serait ce comte Guigues, *Guigo comes*, qui, à la fin du neuvième siècle, avait assisté à l'assemblée de Varennes avec la reine Hermengarde, veuve de Boson.

L'éloignement du comte Guigues, à cette époque, n'était-il pas le résultat de l'approche des Sarrasins, qui avaient envahi la Provence et une partie du Dauphiné, circonstance qui aurait déterminé cette reine et les principaux chefs laïques et ecclésiastiques de ses Etats, à se retirer au-delà du Rhône jusqu'en Franche-Comté où la charte de Varennes constate leur présence ? Si l'histoire ne le dit pas, elle le fait du moins présumer, puisqu'il n'y eut pas alors la moindre résistance organisée par les chefs de la contrée, qui ne se montrèrent nulle part pour s'opposer à l'invasion de ces barbares. Isaac, évêque de Grenoble et seigneur ecclésiastique du pays, avait suivi cette reine ; le chef ou seigneur civil, le comte de Graisivaudan, n'avait-il pas dû la suivre aussi, et n'était-ce pas ce comte Guigues ? Les chefs ou seigneurs (comme on le voit par la charte de l'assemblée de Varennes) n'ajoutaient pas encore à leurs titres le nom des pays, terres ou villes de leurs commandements ou seigneuries : « les chefs des illustres familles des comtes » d'Albon et de Valentinois, dit Chorier, n'ont été connus que » par leurs noms propres » ; et si, au dixième siècle, ces comtes, suivant l'usage qui s'introduisit à cette époque parmi ces seigneurs, ajoutèrent à leur titre de comte le nom de leur terre d'Albon, au lieu de celui de Grenoble ou de Graisivaudan, serait-ce (comme l'ont dit quelques écrivains dauphinois) à cause de l'excellence du comté d'Albon, qui (s'il était un comté, ce qui est très-douteux) était certainement un comté moins excellent et moins important que le comté de Grenoble ou de Graisivaudan ? ne serait-ce pas plutôt parce que l'invasion sarrasine, qui s'étendait alors dans toutes les Alpes dauphinoises et dans la vallée de Graisivaudan, n'avait laissé à ces comtes que leur terre d'Albon où ils s'étaient retirés pendant l'invasion ?

Les Sarrasins pénétrèrent, en effet, avec la plus grande

facilité dans nos contrées qu'ils envahirent et occupèrent presque sans rencontrer de résistance. Ce n'est guère que vers les deux tiers du dixième siècle qu'une coalition, sérieuse et puissante, se forma contre ces barbares et parvint à les expulser.

L'évêque Isarne, chassé de son évêché et obligé de se retirer à Saint-Donat, *paraît* avoir été l'un des premiers à provoquer cette coalition et peut-être même à organiser cette espèce de croisade ou de sainte alliance anti-sarrasine à laquelle les autres seigneurs, laïques ou ecclésiastiques, durent naturellement s'adjoindre ; j'ai dit *paraît*, parce que ce fait ne résulte que du préambule précité dont la sincérité est plus que suspecte.

Le comte Guigues, également chassé de son comté de Grenoble ou de Graisivaudan par l'invasion de ces infidèles, et retiré dans sa terre d'Albon (qui n'aurait peut-être jamais eu le titre de comté sans cette circonstance[1]), dut aussi naturellement se présenter l'un des premiers pour concourir à l'expédition, et même pour en prendre le commandement qui lui revenait de droit comme comte ou chef supérieur de la contrée.

Et si l'on juge de la probabilité des faits par les événements qui en ont été la conséquence, par ce qui devait se passer à cette époque de désordre et de confusion où la force était presque toujours le droit, et où les résultats de la victoire pouvaient être considérés comme créant des

---

[1] « Les comtes (dit Chorier, *Hist. du Dauphiné*, t. 2, p. 23), quoi-
» que Albon ne méritât pas le titre de comté, furent appelés comtes
» d'Albon, seulement parce qu'ils y habitaient. Dans nul titre ancien,
» il n'est fait mention du comté d'Albon, quoique le nombre de ceux
» où il en est fait des comtes d'Albon soit très-grand. On n'en saurait
» imaginer d'autre cause. »

droits, ne doit-on pas penser que ceux qui ont le plus coopéré à la destruction ou à l'expulsion des Sarrasins sont ceux qui ont eu la majeure partie des avantages de l'expédition ?

Or, si, après le succès, résultat des efforts communs, les chefs de la coalition victorieuse, s'emparant du territoire enlevé aux vaincus, s'en attribuent la propriété par droit de conquête ; et si, dans le partage entre les divers chefs, l'un d'eux obtient la part du lion ; s'il obtient seul, autant et plus que tous les autres ensemble ; si, après avoir obtenu autant qu'eux dans certains endroits, il obtient la totalité dans d'autres ; s'il obtient quelque chose presque partout; si, comme le comte Guigues, il partage la seigneurie de Grenoble et du Graisivaudan avec l'évêque Isarne[1], ou du moins si l'on voit ensuite les comtes Guigues exercer en commun ou par moitié, comme coseigneurs, avec les évêques de Grenoble, les droits seigneuriaux et de justice ; si l'on voit également ces comtes partager encore la seigneurie de beaucoup d'autres terres avec d'autres seigneurs ; s'ils ont seuls les seigneuries du Briançonnais, de l'Oisans, d'Albon, du Champsaur, du territoire de Voreppe et de plusieurs autres lieux; si presque tous les autres seigneurs laïques u Graisivaudan se reconnaissent ensuite comme leurs feudataires, sera-t-il possible de ne pas considérer l'auteur de ces comtes comme l'un des plus puissants, comme le

---

[1] On a vu qu'il en était de même dans le Gapençais, où le comte Guillaume de Provence, après en avoir expulsé les Sarrasins, avait laissé à l'église de Gap la moitié de cette ville dont il avait gardé l'autre moitié. Cette identité de droits et de possessions des comtes Guigues et Guillaume, à l'égard des évêques de Grenoble et de Gap, n'est-elle pas une analogie qui tend à faire présumer l'identité de l'origine de ces droits et possessions dans les diocèses respectifs ?

plus puissant des seigneurs de la contrée, et celui de ces comtes, qui vivait à l'époque de l'expédition contre les Sarrasins, comme l'un des principaux chefs, comme le principal chef de la coalition? Ne devra-t-on pas dire avec Valbonnais : « On ne peut douter que les comtes d'Albon n'eus-
» sent été appelés à cette expédition et qu'ils n'y tinssent
» même le premier rang[1]. » Par cette affirmation, Valbonnais ne se met-il pas encore en contradiction avec lui-même, car comment y aurait-il eu des comtes d'Albon à cette expédition, si l'origine et la puissance de ces comtes ne remonte qu'à l'épiscopat de Mallen, postérieur de près d'un siècle à celui d'Isarne ?

Dès lors, si l'on veut qu'il y ait eu usurpation de la part de ces comtes, peut-on prétendre que cette usurpation a été faite au préjudice de l'évêché et ne remonte qu'au temps de l'épiscopat de Mallen ? Ne faut-il pas la faire remonter à une époque beaucoup plus ancienne, à l'extinction des royaumes de Bourgogne et d'Arles, ou à leur dislocation et démembrement après leur réunion plutôt nominale que réelle à l'empire, à cette époque où les principaux seigneurs de la contrée, après en avoir chassé les Sarrasins, eurent repris leurs seigneuries dont ils pouvaient se considérer comme possesseurs plus ou moins légitimes, soit en vertu de la conquête qu'ils venaient d'en faire, soit en vertu de leur ancienne autorité comtale sur ces seigneuries?

Ajouterai-je que lorsque l'épiscopat de Grenoble devint ensuite vacant par le décès de l'évêque Isarne, il dut paraître naturel et juste de choisir son successeur dans la famille du principal chef laïque de l'expédition contre les Sarrasins? Hé bien, ce fut un membre de la famille de ces comtes

---

[1] *Histoire du Dauphiné, Avis sur la généalogie des Dauphins*, t. I, p. 11.

Guigues, ce fut Humbert, fils d'un comte Guigues, qui fut élu évêque et successeur d'Isarne ; et le successeur d'Humbert fut encore un membre de cette famille : ce fut Mallen, oncle de Guigues le Vieux. Ces deux élections ou nominations d'évêques de la famille de ces comtes Guigues, ne prouvent-elles pas que ce n'est pas seulement à l'épiscopat de Mallen, mais encore à l'épiscopat d'Humbert, à celui d'Isarne, et même à une époque antérieure que doivent remonter la puissance et l'influence de cette famille ?

Mais revenons au préambule dont il s'agit, préambule que quelques-uns de nos écrivains dauphinois ont trouvé étonnant, pour ne rien dire de plus, et jetons d'abord un coup d'œil sur l'état matériel du cartulaire qui le contient.

La première observation que provoque l'inspection de ce cartulaire est (outre plusieurs ratures dont une très-importante que je signalerai ci-après) l'enlèvement des douze premiers feuillets. « Ce cartulaire a été fort maltraité (dit
» l'abbé de Camps, auteur d'une notice transcrite en tête
» de plusieurs copies de ce cartulaire) ; on y trouve des
» actes effacés avec la plume, d'autres avec le canif ; il y a
» de ces ratures qui sont très-longues et c'est dommage.
» Les douze premiers feuillets ont été coupés ou se sont
» pourris, et il semble que la fin n'y soit pas. » Il serait curieux, ajoute-t-il, de savoir la cause des ratures ou altérations du cartulaire.

Cette cause, la cause de l'enlèvement des douze premiers feuillets... ? Cet enlèvement ne peut-il pas faire présumer qu'on a voulu faire disparaître ou détruire quelques titres ou chartes contraires aux prétentions des évêques de Grenoble contre les comtes d'Albon ? et comme ces évêques étaient coseigneurs avec ces comtes et possédaient, par moitié avec eux, une partie du territoire de Grenoble et de ses environs, il avait pu et dû intervenir, à raison de ce, quelque acte de partage ou de règlement général que peut faire supposer la charte qui suit le préambule dont il s'agit, règlement qui avait peut-être été inscrit, analysé ou constaté sur les premiers feuillets qui ont été coupés ; un pareil acte avait dû être la conséquence naturelle de la conquête du Graisivaudan, faite en commun sur les Sarrasins, par l'évêque Isarne et par l'un de ces comtes : on trouve, en effet, dans les cartulaires de l'évêché de Grenoble, plusieurs autres chartes qui établissent également des droits de propriété commune entre les évêques et ces comtes, notamment les chartes XXI, XXII, XXIII, XXIV, XXV, XXVI, XXVII et autres du premier cartulaire de cet évêché, et XLVII, L, LIV, LVII et autres du deuxième cartulaire ; les archives de la chambre des comptes et de la ville de Grenoble contiennent aussi plusieurs actes de règlement ou de partage, entre les Dauphins et les évêques, des droits de justice et autres qu'ils exerçaient en commun dans cette ville, ainsi que des actes de règlement et de confirmation des libertés de ses habitants.

La charte de St-Hugues, sur le préambule de laquelle repose uniquement l'opinion contraire à celle que je soutiens, n'est elle-même qu'un règlement partiel, ou plutôt qu'une limitation de quatre terres coseigneuriales indivises entre le comte et l'évêque ; et quand ce préambule énonce que l'évêque de Grenoble n'a pas un manse entier en son domaine, *episcopus gratianopolitanus non habet unum mansum integrum ad suum dominium*, il énonce un fait qui devait être vrai, puisque ce fait était la conséquence de la coseigneurie par moitié, résultant de la conquête commune, coseigneurie qui, dans le principe ou dans le règlement primitif, avait dû faire attribuer à chacun d'eux la communion des terres coseigneuriales, appelées, par cette raison, *condomines* ou *condamines*, comme elles sont qualifiées dans cette pièce.

Si ce fameux préambule pouvait être attribué à saint Hugues, je le trouve tellement en opposition avec la vraisemblance historique, que j'en repousserais les énonciations en disant : l'évêque Hugues a eu continuellement des difficultés ou des querelles avec Guigues le Comte ; ces difficultés, ces querelles ont été si vives et si animées, Guigues a été si violemment provoqué, qu'il a été obligé de recourir à la voie des armes et de chasser deux fois l'évêque de son diocèse ; ce prélat a donc dû être extrêmement irrité contre son adversaire qu'il a excommunié pour se venger; dès lors, serait-il étonnant que, par dépit ou par ressentiment, il eût exhalé et fait insérer, dans son cartulaire, des plaintes amères, des accusations exagérées et même fausses; qu'il eût imputé aux comtes Guigues des usurpations de titres ou de propriétés, ce que font presque toujours les parties qui ont des contestations à l'occasion de leurs droits respectifs ? Enfin, émettant une opinion que l'abbé de Camps n'a peut-être pas osé formellement exprimer contre un acte attribué à saint Hugues, j'ajouterais qu'indépendamment de ce que je ne le crois pas émané de saint Hugues, qu'indépendamment de ce qu'il ne peut pas émaner de saint Hugues, ce préambule n'est qu'un préambule faux et apocryphe, ajouté après coup à une charte à laquelle il n'appartient pas et ne peut pas appartenir, puisqu'il n'a aucun rapport avec l'objet de cette charte qui a un autre préambule plus concordant avec elle, qui me paraît seul sincère et véritable, et qui se trouve également dans le cartulaire de saint Hugues, immédiatement à la suite de l'autre.

Il est surtout une circonstance extraordinaire à laquelle on ne paraît pas avoir fait attention : c'est que cette même charte se trouve transcrite deux fois sous les numéros XVI et XVII de ce cartulaire, et chaque fois avec un préambule différent, dont l'un doit être nécessairement apocryphe, si l'autre est sincère ; aussi en a-t-on rayé un, et c'est précisément celui qu'on a rayé qui est le plus en harmonie, ou plutôt le seul en harmonie avec le texte et l'objet de la charte ; mais on a eu soin de conserver celui qui, en opposition formelle avec cette charte, était le plus favorable aux prétentions de l'évêché. Quoique cette rature paraisse très-ancienne et presque contemporaine de l'écriture, elle n'en est pas moins suspecte, à cause des prétentions contradictoires et des luttes qui existaient alors entre les comtes et les évêques ; et c'est un motif de plus, lorsque cette charte apparaît avec deux préambules, tandis qu'elle ne doit en avoir qu'un seul, de rechercher attentivement et scrupuleusement lequel des deux doit être le véritable.

En examinant cette charte avec le préambule du numéro XVII, préambule qu'on a eu l'extrême précaution de rayer (*nimia præcautio dolus*, dit la loi romaine), on reconnaît qu'ils sont faits l'un pour l'autre, qu'il y a entre eux corrélation parfaite ; que le texte du préambule est en pleine concordance avec la teneur et l'objet de la charte, et que le tout forme un acte complet, en quelque sorte un et indivisible.

On commence, en effet, par y désigner les parties contractantes, l'évêque Hugues et le comte Guigues, possesseurs en commun de quatre terres qualifiées de *condamines*[1], c'est-à-dire coseigneuriales, situées deux à Meylan et

---

[1] *Condamines*, altération de *condomines*, indiquant le genre féminin, de même que *domina*, féminin de *dominus*, a souvent été converti en *damina* dans les actes du moyen âge.

Salvaing de Boissieu s'est évidemment trompé, dans son *Traité de l'Usage des fiefs*, pp. 484 et 485, en cherchant et donnant une autre signification à ce mot qu'il croit d'origine celtique, et qui cependant est généralement connu comme signifiant *conseigneurial*, ainsi que l'indi-

deux à Saint-Ismier ; on y explique ensuite que les hommes de l'évêque imputaient à ceux du comte de ne pas vouloir labourer fidèlement, et d'enlever frauduleusement la récolte sur des portions de terrains qu'ils n'avaient pas cultivées.

C'était donc l'indivision résultant de la coseigneurie, du *condominium* de ces terres communes à ces deux seigneurs, qui servait de prétexte à l'usurpation de quelques portions de récoltes, et qui détermina le comte et l'évêque à nommer des arbitres pour statuer, non sur les droits des propriétaires, non sur les droits de propriété commune qui étaient reconnus et n'étaient nullement contestés, mais uniquement pour procéder à la division ou plutôt à la limitation des parts respectives des copropriétaires ; et, après cette opération, est-il ajouté, la paix se trouva rétablie entre les hommes du comte et ceux de l'évêque.

Ce préambule, en parfaite harmonie avec la charte, n'a rien d'extraordinaire, rien de contraire aux circonstances historiques ; il ne s'occupe pas, comme l'autre, de l'ancienne origine des propriétés, ni des droits respectifs des parties à ces propriétés, ni de l'origine du titre de comte, car cela était tout à fait inutile et étranger au sujet de la contestation qui n'avait pas pour objet le droit de propriété en lui-même ; le droit de copropriété commune ou indivise du comte et de l'évêque n'était révoqué en doute ni par les termes de la charte, ni par les parties elles-mêmes ; les arbitres n'étaient pas nommés pour s'en occuper ; il ne s'a-

---

que son étymologie. Le sens de ce mot est d'ailleurs expliqué par le cartulaire lui-même, qui l'applique aux terres indivises entre le comte et l'évêque : *condaminam episcopi sive comitis* (*Carta* L), et par les titres des chartes XVI et XVII, intitulées, l'une et l'autre : *Carta de condaminis quæ modo sunt inter comitem et episcopum.*

gissait que de simples contestations entre les colons, dont les uns étaient accusés de voler une portion de la récolte des autres.

Si, au contraire, on compare cette charte avec le préambule du numéro XVI, on voit qu'il n'y a aucun rapport, aucune concordance entre l'un et l'autre, tant en la forme qu'au fond ; on demeure tout étonné et presque stupéfait du peu d'importance de l'objet de la contestation après un préambule ou plutôt après un manifeste si acrimonieux et si amplement et pompeusement prétentieux.

En la forme, la charte est un contrat synallagmatique ou bilatéral par lequel les deux parties nomment des arbitres pour procéder à la limitation de leurs propriétés, et le préambule du n° XVI n'est qu'un acte unilatéral, qu'une espèce de manifeste de l'évêché, relativement à des objets étrangers à cette limitation, ainsi qu'aux contestations qui l'avaient occasionnée. Ce contrat bilatéral, où le comte et l'évêque nomment des experts-arbitres, a dû être précédé (comme cela a eu lieu au n° XVII, et dans un autre traité du même genre et pour une cause presque identique, rapporté par Valbonnais, *Hist. du Dauph.*, t. I, p. 181, lettre F) d'un préambule du même genre et de la même forme indiquant le concours des deux parties contractantes, le sujet de la contestation et leurs allégations et prétentions respectives, tandis que l'on n'y mentionne que celles de l'évêque qui sont tout à fait sans rapport avec l'objet du litige, et qui sont surtout tellement injurieuses pour le comte dont on contestait la dignité et les droits comme résultant d'usurpations commises par Guigues le Vieux, son grand'père, qu'il est bien certain que Guigues le Comte n'aurait pas souffert qu'on eût inséré, dans un acte où il aurait été partie, des attaques outrageantes contre son titre de comte et ses droits qu'il aurait défendus par la force des armes et non par un arbitrage, si on avait osé les lui contester insolemment et en face, comme cela avait lieu dans ce préambule ; le fait seul de l'insertion de ces imputations, sans réponses ni protestations de la part de Guigues le Comte, suffirait pour me convaincre qu'un pareil préambule ne doit pas appartenir à la charte qui le suit, qu'il ne peut pas être, qu'il n'est pas le véritable préambule de cette charte.

Ajouterai-je qu'indépendamment des énonciations mensongères de ce préambule, on peut y remarquer un grattage suspect, un grattage de trois lignes, depuis les mots *scilicet in diebus*, jusqu'à ceux-ci, *per alodium possidebat*, et que le passage gratté a été remplacé par la phrase où l'évêque conteste le titre de comte et prétend qu'Isarne possédait tout son diocèse par alleu.

Quoique je sois peut-être le premier qui se soit prononcé ouvertement contre la sincérité de ce préambule, je ne suis pas cependant le premier auquel il ait paru suspect ou au moins extraordinaire ; voici comment l'abbé de Camps s'exprime, sur cette pièce, dans sa notice sur le cartulaire de saint Hugues : « Le préambule souffre des difficultés
» inextricables, et le repeuplement de Grenoble par l'évêque
» Isarne, et la possession de cet évêché en alleu par cet
» évêque et par Humbert, son successeur, étant des plus
» problématiques. »

Valbonnais lui-même, dont l'opinion est entraînée par des énonciations qu'il croit émanées de saint Hugues, ne contredit-il pas un peu ces énonciations, soit lorsque, au commencement de l'histoire d'Humbert Ier, il dit que l'origine des comtes d'Albon *se perd dans l'obscurité des temps* (t. I, p. 225), soit lorsque, dans son *Avis sur la généalogie des Dauphins*, il dit qu'on ne peut douter que ces comtes n'eussent été appelés à l'expédition d'Isarne contre les infidèles et qu'ils n'y aient tenu le premier rang (t. I, p. 11) ; soit enfin lorsqu'il convient que Guigues le Vieux n'était pas le premier qui eût eu le titre de comte, et que ses ancêtres avaient eu le même rang (t. I, p. 2.) Aussi, après avoir dit : « On peut assurer, avec saint Hugues, » évêque de Grenoble, que Guigues le Vieux fut le pre- » mier qui posséda quelques terres aux environs de Gre- » noble, vers 1040, » ne va-t-il pas jusqu'à prétendre que les ancêtres de Guigues le Vieux n'étaient pas comtes ; et, nonobstant les énonciations du préambule, il dit : « De sa- » voir s'il est le premier qui ait pris le titre de comte de » Graisivaudan, ou si ses ancêtres l'avaient porté avant lui, » c'est ce qu'il n'est pas aisé d'éclaircir (t. II, p. 459, note L.) Ainsi, il doutait de la vérité des énonciations du préambule sur ce point ; et je n'hésite pas à penser que, si cet auteur judicieux, qui n'a pas vu le cartulaire original de saint Hugues, qui paraît avoir ignoré l'existence de deux préambules pour une même charte, aurait été d'une opinion différente s'il les avait connus ainsi que toutes les circonstances que je viens d'indiquer.

Si donc on trouve, dans le cartulaire de saint Hugues, cette même charte copiée deux fois avec deux préambules différents ; si l'un de ces préambules est entièrement conforme à l'objet de cette charte ; si l'autre s'en écarte totalement et contient des énonciations fausses ou inexactes qui paraissent y avoir été insérées dans tout autre but que celui de la charte, des énonciations que l'on ne peut concilier que difficilement avec les circonstances historiques ; si, enfin (contrairement à la plupart des actes auxquels saint Hugues a concouru, et dont beaucoup, commençant par ces mots *Hugo episcopus*, sont rédigés au temps présent) ce préambule ne parle, qu'au temps passé et comme s'il n'existait plus, de ce prélat qui cependant était partie contractante dans la charte, peut-on penser un instant que ce préambule appartienne à cette charte et ne doive pas être écarté comme apocryphe, surtout s'il renferme des imputations injurieuses et outrageantes contre Guigues le Comte qui, après avoir soutenu ses prétentions par la voie des armes et avoir même expulsé l'évêque de son diocèse, n'aurait certainement pas toléré ces imputations, et n'aurait surtout pas consenti et adhéré, sans protestation pour sa qualité et ses droits, à un accord qui aurait méconnu et dénié sa qualité et son titre de comte, et qui aurait déclaré son aïeul spoliateur et usurpateur des biens de l'évêque.

Pourquoi d'ailleurs deux préambules différents pour une seule et même charte? Si l'un des deux est sincère, l'autre peut-il l'être aussi? N'est-il pas au moins inutile et plus que suspect? Et on l'a tellement reconnu, que l'on a cru devoir en biffer un. Mais est-ce le préambule inutile et suspect, le préambule erroné ou faux que le scribe de l'évêché a rayé?

Dans de pareilles circonstances et à cause de l'état fréquent d'hostilité entre les comtes et les évêques de Grenoble, et surtout à cause de la forme de manifeste donnée à ce préambule, ne peut-on pas présumer facilement qu'après la mort de l'évêque Hugues, l'un de ses successeurs ou plutôt l'un des scribes de l'évêché, peut-être l'un de ceux qui ont écrit le cartulaire, aura rédigé ce manifeste qu'il aura transcrit, dans le cartulaire de saint Hugues, en tête de la charte et à la place du vrai préambule, pour conserver ce manifeste comme un titre ou au moins comme une protestation contre les droits des comtes que les évêques avaient intérêt à faire considérer comme des usurpateurs des droits et des biens de l'évêché?

S'il en a été ainsi, ce qui est très-vraisemblable, on conçoit facilement comment, sans opposition ni protestation de

Guigues le Comte, on a pu contester librement aux Guigues leur titre de comte, et les accuser d'usurpation.

D'ailleurs, cette manière d'agir n'avait rien d'étonnant; les évêques de Grenoble et les comtes ont eu souvent des contestations par rapport à leurs droits, et chacun d'eux a bien pu chercher constamment à contredire et à attaquer les droits de l'autre, ou à en faire disparaître les traces ; et, s'il y a de nombreuses coupures ou ratures à ce cartulaire, ne peut-on pas facilement présumer que plusieurs d'entre elles, qui paraissent fort anciennes et remonter au temps de ces contestations, ont été faites pour détruire les titres ou les énonciations de titres qui étaient compromettants pour les prétentions des évêques et favorables à celles des comtes?

Telles sont les principales raisons qui ne me permettent pas d'admettre la sincérité de ce préambule, du moins relativement à l'origine de l'autorité et de la dignité des comtes Guigues, tout en reconnaissant qu'on a bien pu et même dû entourer de quelques faits vraisemblables ou vrais une allégation qu'on voulait présenter également comme vraie.

Le savant mais modeste secrétaire-archiviste de l'évêché, M. l'abbé Auvergne, a qui j'ai communiqué les observations qui précèdent, m'a fait plusieurs objections auxquelles je crois devoir répondre.

PREMIÈRE OBJECTION. — Il résulte des énonciations d'une charte de l'évêque Hugues II, successeur de saint Hugues, que ce dernier avait fait rédiger en sa présence et avait même dicté, *dictaverat* [1], son cartulaire, circonstance qui prou-

---

[1] Valbonnais, *Histoire du Dauphiné, Preuves du second discours,* lettre S, t. I, p. 39.

verait que ce préambule serait contemporain de ce saint prélat et n'aurait point été fait après son décès ; d'ailleurs, ce cartulaire ne contient aucun acte postérieur à saint Hugues, et ce préambule a été écrit de la même main qui a écrit presque tout le cartulaire, d'où la conséquence que ce préambule est bien contemporain de saint Hugues.

Réponse. — Il est vraisemblable et j'admets que saint Hugues, qui savait à peine écrire, a pu et dû dicter les chartes dont il voulait composer son cartulaire ; il les aura sans doute dictées à un secrétaire qui les aura écrites sur des feuilles volantes ou sur quelque autre papier avant de les transcrire dans le registre cartulaire, car l'écriture du cartulaire est une écriture soignée, lente, uniforme, bien alignée, et dont la seule inspection suffit pour reconnaître qu'elle n'a pas été faite sous une dictée ; et ce qui achève de le prouver, c'est que si, comme cela est probable, saint Hugues avait dicté, au secrétaire de l'évêché, ces actes au fur et à mesure qu'il les passait avec les diverses personnes qui y étaient parties, ils seraient inscrits, les uns à la suite des autres, dans leur ordre naturel et chronologique, tandis qu'ils y ont tous été recopiés confusément et sans ordre de dates. Cette circonstance n'indiquerait-elle pas encore que la transcription de ces actes dans un registre cartulaire n'a commencé à avoir lieu que vers les dernières années de la vie de saint Hugues ou après sa mort, et, dans tous les cas, n'a été achevée qu'à cette dernière époque, sans qu'il ait surveillé ou pu surveiller cette transcription ; et que le préambule dont il s'agit n'a été transcrit qu'après son décès. Ainsi s'expliquerait la locution presque continuelle de ce préambule à la troisième personne, au lieu de la première comme l'aurait fait saint Hugues, et surtout cette phrase qui parle de ce prélat comme n'existant plus. Au reste, je ne prétends pas que ce préambule soit de beaucoup postérieur à ce décès ; je le crois, au contraire, d'une époque presque contemporaine et lors de laquelle l'évêché, qui se sentait encore profondément blessé des procédés violents de Guigues le Comte envers saint Hugues, aura fait rédiger ce manifeste qu'on aura inséré à dessein et pour lui donner plus de vraisemblance, parmi les actes émanés de ce prélat.

DEUXIÈME OBJECTION. — Il résulte d'un acte intervenu entre l'évêque Hugues II et Guigues Dauphin, que ceux-ci ont ratifié et approuvé, dans toutes ses dispositions, le traité de leurs prédécesseurs relatif aux condamines ; Guigues Dauphin a donc reconnu la vérité des énonciations du préambule.

Réponse. — Si Guigues Dauphin a ratifié ce traité dans toutes ses dispositions, c'est évidemment parce qu'on a eu la précaution de ne lui faire connaître que la charte, sans son préambule, ou plutôt avec le préambule vrai et sincère ; car, si on lui avait lu le préambule outrageant pour sa famille, et attentoire à sa dignité et à ses droits, je ne doute pas qu'il ne l'eût repoussé avec colère et indignation.

TROISIÈME OBJECTION. — Les chartes XVI et XVII ne sont pas deux chartes tout à fait identiques, car la première contient trois paragraphes qui ne se trouvent pas dans la deuxième ; et dans le troisième cartulaire de l'évêché, fait sous Hugues II, ou l'un de ses successeurs, on a transcrit de nouveau la charte avec le premier préambule et non avec le second, ce qui prouve bien que c'était le premier qui était le véritable.

Réponse. — Il est bien certain que l'évêché (qui avait fait rayer le second préambule pour conserver le premier, beaucoup plus favorable aux prétentions épiscopales) avait dû donner la préférence au premier, qu'il avait intérêt à faire croire sincère, lorsqu'il l'a fait transcrire dans un cartulaire postérieur; cette transcription ultérieure et nouvelle, qui aurait été inutile si elle n'avait caché une ruse, avait l'avantage et peut-être même le motif secret de dispenser de produire le cartulaire précédent où des regards intéressés ou indiscrets auraient pu apercevoir la double transcription de la charte avec deux préambules différents.

Il est vrai aussi qu'on trouve, à la suite de la première charte, trois paragraphes qu'on ne trouve pas dans la seconde ; mais il ne faut pas en conclure que la première et la deuxième ne sont pas une seule et même charte, car les termes en sont identiques, à quelques mots près, jusqu'à ces trois paragraphes qui n'appartiennent ni à l'une ni à l'autre de ces chartes. Que l'on jette, en effet, les yeux sur ces trois paragraphes, qu'on examine leur sens et surtout la manière dont ils se trouvent transposés ou rapportés à la suite de la première charte, et l'on reconnaîtra facilement qu'il a fallu faire un grattage et une surcharge [1] d'un membre de phrase pour les relier à la charte qui le précède, et qu'ils n'ont aucun rapport à la division des terres condamines de Meylan et de Saint-Ismier, qui était l'objet de cette charte ; c'est ce qui était d'ailleurs parfaitement reconnu par l'évêché, puisqu'en faisant transcrire dans le troisième cartulaire ce préambule avec la charte, il n'y a point fait transcrire ces trois paragraphes qu'il ne considérait pas comme dépendants de cette charte ; et Salvaing de Boissieu l'a également reconnu, puisqu'en publiant cette charte dans son *Traité de l'Usage des fiefs*, il les a aussi omis.

---

[1] Voir ce grattage et cette surcharge sur le cartulaire original. *Carta, XVI.*

Ces trois paragraphes ne contiennent autre chose que l'Indication d'un pré et de deux bois, situés dans d'autres localités que les condamines, et qui sont mentionnés appartenir par moitié à l'évêque et au comte, circonstance qui vient à l'appui de l'opinion que j'ai déjà émise, selon laquelle, à la suite de l'expédition sarrasine, le comte Guigues et l'évêque Isarne se seraient retenu, indivisément et par droit de conquête commune, les portions de territoire enlevées aux Sarrasins.

Il me semble donc résulter assez clairement, de tout ce qui précède, que ce préambule n'appartient pas et ne peut pas appartenir à cette charte; qu'il en est de même de ces trois paragraphes; qu'il y a été ajusté, mais mal ajusté après coup; et qu'on ne peut le considérer, ni comme dépendant d'une charte de saint Hugues, ni comme étant l'œuvre de ce prélat qui, si ces imputations eussent été vraies, n'aurait pas manqué de les reproduire, et de les répéter et publier pour motiver les excommunications qu'il a fulminées contre Guigues le Comte.

L'origine des dauphins étant ainsi constatée remonter aux comtes Guigues, du royaume de Boson, on va en voir dériver plusieurs conséquences qui deviendront, qui seront elles-mêmes de nouveaux arguments en faveur de cette origine.

Si les comtes Guigues n'ont été que des usurpateurs de leurs titres et de leurs droits; si leur usurpation ne remonte qu'à l'épiscopat de Mallen, vers le premier tiers du XI siècle, la transmission et le mode d'exercice de ces titres et droits devront être régis, dans leur famille, par le droit commun du pays à cette époque, c'est-à-dire par le droit romain.

Hé bien, il n'en est point ainsi : tandis que l'histoire nous montre le droit romain, d'abord maintenu par le Code Bur-

gundien pour les gallo-romains et le clergé, étendant, augmentant successivement son influence et son empire, même sur les Burgundes, sans cependant parvenir à dominer exclusivement, l'histoire, dis-je, nous laisse aussi apercevoir le droit germanique, ou plutôt certains principes du droit germanique se maintenant encore longtemps dans les grandes familles seigneuriales; c'est un fait qui n'a pas échappé à la sagacité d'Augustin Thierry, qui, dans son *Essai sur l'Histoire du Tiers-Etat*, p. 45, note 2, s'exprime ainsi : « Les principes du droit germanique, en matière ci-
» vile, persistèrent longtemps avec les mœurs germaniques
» dans les familles nobles. »

En Dauphiné, dans la famille des dauphins comme dans beaucoup d'autres familles nobles, les principes du droit germanique persistèrent aussi tant en matière civile qu'en matière criminelle, notamment quant au rachat pécuniaire des peines consacré par le Code Burgundien et par plusieurs codes germaniques, rachat qui, jusqu'aux derniers dauphins de Viennois, a continué d'être admis pour un assez grand nombre de crimes ou de délits, et n'a été définitivement et totalement aboli que par une ordonnance d'Humbert II. C'est pourquoi Valbonnais a pu dire : « Les statuts des lieux
» étaient autant de lois particulières que chaque seigneur
» imposait à ses habitants, où l'on reconnaissait encore di-
» verses coutumes des anciens Bourguignons dont il sem-
» blait qu'elles eussent conservé les mœurs et la police dans
» un pays autrefois sujet à leur domination. »

Or, si, comme cela est très-vraisemblable, les rois burgundiens choisissaient la majeure partie de leurs principaux chefs parmi leurs co-nationaux, ne doit-on pas en conclure que la suzeraineté de ces comtes Guigues (dont le nom *Guigo* ou *Vuigo* est d'origine germanique) dérive de l'autorité d'anciens comtes burgundiens, qui ont dû conserver davantage l'usage du droit germanique dans leurs familles et dans leurs terres ?

Si les comtes Guigues avaient été des seigneurs gallo-romains, le titre et l'exercice de leur dignité n'auraient point dû passer aux héritiers femelles, puisque le droit romain, par lequel ils auraient été régis, n'admettait que les hommes à la succession et à l'exercice des droits publics et politiques. Mais si, au contraire, ces comtes ont été des seigneurs burgundo-germains, comme la législation germanique était plus favorable aux filles et aux femmes, qu'elle admettait à succéder non-seulement aux biens, mais encore aux titres et dignités (à défaut d'héritiers mâles plus proches, ou pendant la pupillarité de ceux-ci), la succession de ces comtes ou dauphins a pu passer, avec leurs titres, à leurs représentants ou héritiers femelles, comme l'on voit encore aujourd'hui (dans les états européens où l'ancienne législation germanique a introduit ou maintenu le principe de la successibilité féminine) des femmes succéder personnellement aux titres et dignités, même à la dignité royale, et conserver le titre de reine après leur mariage qui ne confère à leurs époux que le titre de mari de la reine et non celui de roi.

Ce principe était-il admis jadis dans le dernier royaume de Bourgogne, et en particulier dans les contrées qui ont formé plus tard le Dauphiné? Sans remonter à une trop haute antiquité, où nous trouverions une trop grande obscurité, remontons seulement à l'époque du décès du roi Boson. Or, nous voyons, à cette époque, Hermengarde, sa veuve, prendre la qualité de reine, administrer, agir en reine ; et la charte précitée de 888 nous la montre parcourant alors ses Etats, accompagnée des grands de son royaume, tenant des plaicts ou cours de justice, et jugeant elle-même en personne avec l'assistance d'un conseil de ces grands.

Nos anciens dauphins n'étaient pas rois ; leurs femmes n'étaient pas reines, quoique cette dignité ait été donnée à l'une d'elles dans plusieurs vieilles chartes. Mais, comme comtes ou dauphins, ils n'en étaient pas moins de véritables petits souverains en Dauphiné. Hé bien, leurs femmes, leurs veuves, imiteront et suivront de point en point la conduite de la reine Hermengarde ; elles prendront le titre de dauphines ; elles administreront, gouverneront et jugeront souverainement en personne comme dauphines ; elles succéderont au sceptre delphinal qu'elles conserveront même après s'être remariées, tandis que leurs nouveaux maris seront censés administrer et gouverner pour elles avec la simple qualité de régents ou de dauphins pour leurs femmes.

Il est difficile, ou plutôt impossible de suivre exactement la transmission de la dignité comtale dans nos contrées, depuis les comtes Guigues du IXe siècle jusqu'à ceux du XIe ; cependant, depuis lors, elle est assez bien connue, et elle fournit deux cas bien certains où, selon une vieille expression vulgaire, la dignité delphinale ou le sceptre delphinal est *tombé en quenouille*, c'est-à-dire a passé par voie d'hérédité sur la tête de filles ou de femmes, à défaut de parents mâles plus proches, conformément à la législation burgundienne : « La maison de ces comtes est tombée » deux fois en quenouille, » dit Salvaing de Boissieu, *Usage des fiefs*, p. 4.

Premier cas. Après la mort du comte Guigues, décédé en 1162 sans enfants mâles, sa fille Béatrix lui succéda. Elle se maria successivement, 1° avec Guillaume Ildefons, dit Taillefer, fils d'un comte de Toulouse ; 2° avec Hugues III, duc de Bourgogne ; et, tandis que ceux-ci ne prirent que la qualité de *régents du Graisivaudan*[1], que le duc de

---

[1] *Histoire de Grenoble*, par M. Pilot, p. 45.

Bourgogne fut dauphin pour sa femme, *Dux Burgundiæ fuit delphinus pro uxore sua (Statuta delphinalia,* f° 1), elle conserva ses qualités de comtesse de Vienne et d'Albon, auxquelles elle ajouta même celle de son mari, notamment dans son testament [1], où elle se qualifia de duchesse de Bourgogne et comtesse d'Albon : « *Ego Beatrix ducissa Burgundiæ et Albonis comitissa* [2]. »

Deuxième cas. Le dauphin Jean Ier étant décédé en 1282 sans enfants, sa sœur Anne lui succéda, soit comme héritière de droit, soit comme héritière substituée par le testament du dauphin Guigues le Jeune ; et son mari, Humbert Ier, baron de la Tour, fut dauphin pour elle et gouverna habilement et prudemment le Dauphiné : *Humbertus dominus de Turre, delphinus pro uxore sua Anna, strenue et prudenter Delphinatum gubernavit (Statuta delphinalia,* f° 1). Thomassin dit aussi dans sa chronique manuscrite : *Messire Humbert, baron de Polongne et de la terre de la Tour, gouverna longtemps le Dauphiné au nom de sa femme moult notablement.*

Humbert prenait bien cependant les qualités de Dauphin de Viennois et de comte d'Albon, comme on le voit dans quelques actes publiés par Valbonnais, et dans plusieurs donations faites par ce Dauphin au couvent d'Oulx ; mais sa femme prenait aussi celles de Dauphine de Viennois et de comtesse d'Albon ; elle coopérait, en ces qualités, à tous les actes concernant le Dauphiné [3], ce que ne faisaient pas

---

[1] L'usage des testaments, inconnu des antiques germains, s'était introduit chez les Burgundes après leur invasion et leur établissement dans les provinces gallo-romaines, et avait été admis et consacré par l'art. 43 du Code de Gondebaud.

[2] *Traité de l'Usage des fiefs*, par Salvaing de Boissieu, p. 3.

[3] Voir entre autres les actes, numéros 64 et 67, des preuves sous Humbert II, Valbonnais, *Histoire du Dauphiné*, t. II, pp. 68 et 70.

ordinairement les femmes des Dauphins pendant la vie de leurs maris ; et elle confirma, en ces mêmes qualités, les actes de donation précités, quoique son mari y eût déclaré avoir agi du consentement de la Dauphine sa femme (Rivantella, *Cartularium Ulcii*).

Une autre preuve de la successibilité des femmes aux fiefs, et peut-être aussi aux dignités des fiefs, dans la famille des Dauphins, résulte encore d'un acte d'hommage du 16 avril 1340, rendu au Dauphin Humbert II par Béatrix de Viennois, dame d'Arles, sa nièce, et Chorier fait même remarquer que cet hommage est rendu en la forme de celui des hommes : *Complosis manibus et oris osculo*, les mains jointes et par un baiser de la bouche (*Histoire du Dauphiné*, t. I, p. 842).

N'était-ce pas aussi parce que le Briançonnais était un ancien fief primitif des Dauphins, et, par conséquent, un un fief germanique que la charte briançonnaise du 29 mai 1343 commence par y proclamer, en son art. 1er, la successibilité des femmes aux fiefs et arrière-fiefs : *Quod masculi et feminæ utriusque sexus succedant et succedere possint et debeant in feudis, retro feudis... ?*

Au reste, ce n'était pas seulement dans la famille des Dauphins que la législation germano-burgundienne était maintenue, quant à la successibilité des femmes aux fiefs ; c'était aussi dans la plupart des autres grandes familles burgundiennes du Dauphiné, notamment dans les familles de Sassenage, de Maubec, de Meuillon, de Roussillon.... Pour la première qui, comme on l'a vu, descendait d'un grand du royaume de Bourgogne, cela est mentionné dans un traité du 30 avril 1339 (n° 129 des preuves sous Humbert II, Valb., *Hist. du Dauph.*, t. II, p. 380), intervenu entre le dauphin et Henri de Bérenger, où il est reconnu et convenu qu'à défaut d'héritiers mâles, les héritiers femelles peuvent succéder et succéderont aux fiefs de la seigneurie de Sassenage; pour la deuxième, cela résulte de l'acte d'hommage rendu à Humbert Ier par Jeanne de Boczocel à raison de sa terre de Maubec (Chorier, *Hist. du Daup.*, t. I, p. 482); pour la troisième, de l'acte d'inféodation de la seigneurie de Meuillon, dans lequel on lit : *Quod in prædicto feudo possint et debeant succedere et hæredes institui quæcumque personæ, masculi et feminæ... et, si masculi successerint, nihilominus succedere valeant fœminæ variis temporibus et diversis*; et, pour la quatrième, l'hommage d'Aynard de Roussillon contient la phrase suivante : *Habet et habere debet alias naturam paterni feudi, nobilis et antiqui, in quo per viam testamenti possint et debeant succedere quicumque liberi et hæredes, masculi et fœminæ, agnati et cognati....* (Salvaing de Boissieu, *Usage des fiefs*, p. 15).

Cette succession féminine ou germanique avait bien dû exister aussi dans les fiefs de la famille des Allemand, puisque, pour la faire cesser, il fallut une stipulation expresse, lorsque, par un acte de 1292, le dauphin donna à Guigues Allemand les hommages de son frère ainsi que ceux de Odon Allemand : *Ut ipse dominus Guigo suique hæredes masculi legitimi et non fœminæ habeant, teneant et possideant* (Valb., t. II, p. 68).

On verra encore plus tard, en parlant du service militaire dû par les veuves ou les filles vassales des dauphins, que, dans les terres du domaine de ces princes, conformément aux principes du droit germanique, ces vassales pouvaient être obligées de recevoir le mari qui leur était proposé ou imposé par le seigneur dauphin; et c'est aussi ce qui est stipulé, dans le traité ou pacte féodal précité de 1339 à l'égard des héritières femelles du fief de Sassenage, qui étaient obligées de se marier selon le vœu et l'ordre des seigneurs dauphins, sous peine de la perte de leurs fiefs.

Mais il est encore d'autres circonstances qui démontrent que la législation germanique avait continué à être suivie dans la famille des dauphins.

D'après l'article 85 de la loi burgundienne, les mères avaient la tutelle de leurs enfants préférablement à tous autres parents : *Si mater tutelam suscipere voluerit, nulla ei parentela præponatur* ; et toujours, par une interprétation fort large de la loi, la tutrice non-seulement régissait les biens, mais encore faisait tous les actes attachés à la dignité et à l'autorité de son pupille.

Nous avons vu la reine Hermengarde agir ainsi, et l'histoire des dauphins nous montre 1° la veuve de Guigues Dauphin, Marguerite, chargée de l'administration de l'Etat et de l'éducation de Guigues leur fils, et 2° la veuve de Guigues André, Béatrix, faisant la dauphine pendant la minorité de son fils, et même siégeant en cette qualité sur son tribunal où elle rend la justice en personne et reçoit les hommages des vassaux de son pupille : *Sciant omnes, tam præsentes quam posteri, quod Guigo de Rancurello, Hermitanus, Ardencus, Aymarus, Lantelmus et Arnaldus fratres, Petrus atque Arnaldus filius quondam Arnaldeti, jurati super Dei evangelia ad interrogationem dominæ Beatricis Viennensis et Albonis comitissæ, ipsa sedente pro tribunali, tutricis Guigoneti dalphini filii ejusdem comitissæ, recognoverunt... quod castrum de Rancurello, cum toto ejus mandamento, fuit et est de dominio comitatus Viennæ et domini Andreæ dalphini felicis recordationis et antecessorum ejusdem* (Valb., t. I, p. 18).

Une autre dauphine Béatrix, la veuve de Guigues le Jeune, prenant les qualifications de comtesse de Vienne et d'Albon et de dame de Faucigny, a aussi rendu la justice en personne, ainsi que cela résulte d'une sentence du 11 juillet 1293 entre les communautés de Saint-Michel et de Sainte-Luce et celles de Serre-Reynaud, de Villard et des Côtes[1].

On a même vu quelquefois un dauphin et une dauphine coopérer à un même jugement ; c'est ce qui résulte d'un jugement ou plaict, *placitum*, rendu en 1105 par le dauphin Guigues le Comte et par sa femme Mathilde, qualifiée de reine, et il est même remarquable que c'est la reine qui a prononcé la sentence, *regina præcepit* ; c'est ce qui résulte de la charte CLXXV du cartulaire d'Oulx : *Ante dominum nostrum comitem et ante reginam uxorem suam definitæ sunt querimoniæ, ita quod ad veram definitionem pacis venerunt. Præterea xxx solidos et unum donarunt quos regina præcepit ut Johanni redderentur quos accommodaverat preposito.*

N'étaient-ce pas aussi des fiefs *germaniques*, ces fiefs que l'on a appelés *féminins*, parce que des femmes ont pu les posséder et en exercer les droits féodo-politiques, droits qui, dans les fiefs *gallo-romains*, étaient considérés comme étant de la compétence exclusive des hommes ? N'étaient-ce pas des fiefs de ce genre, ces fiefs possédés par des femmes que nous verrons plus tard figurer sur les listes des membres des Etats du Dauphiné et être membres de droit de ces Etats, à cause de la possession de ces fiefs,

---

[1] Cependant, comme à cette époque le Dauphiné était gouverné par Humbert Ier et par sa femme (la dauphine Anne, fille de la *grande dauphine* Béatrix), je crois que cette sentence a été rendue par cette grande dauphine Béatrix, dans des terres dont sa fille et son gendre lui avaient laissé la jouissance ; mais il n'en résulte pas moins que, dans ces terres, elle exerçait elle-même l'autorité seigneuriale ou delphinale, et qu'elle rendait la justice en personne.

comme la prieure de Montfleuri[1], la dame de Montmaur et la dame de Montorsier ?

N'étaient-ce pas encore des fiefs germaniques, ces fiefs où l'on voyait autrefois les juges seigneuriaux, quelquefois même les seigneurs, exécuter eux-mêmes leurs sentences, en fustigeant les criminels, les marquant avec un fer chaud ou leur coupant les oreilles ? Cela n'est-il pas constaté pour le comté de Vienne (fief des dauphins de Viennois) par une enquête de 1276 rapportée par Valbonnais (*Hist. du Dauphiné*, t. I, p. 23, charte 4) ? Cela ne nous rappelle-t-il pas que jadis, dans certaines contrées de l'Allemagne, on a vu des seigneurs punir les criminels de leur propre main, leur trancher la tête, en un mot remplir les fonctions de bourreau, sans qu'il en résultât pour eux le moindre déshonneur, ce qui avait aussi lieu en Dauphiné (Chorier, *Hist. du Dauph.*, t. II, p. 242).

Rappellerons-nous enfin que, nonobstant l'ancien droit romain, modifié plus tard par Justinien, qui punissait l'adultère de la peine de mort (LL. 9 et 30, C. J., *Ad leg. Juliam de adulter.*), peine que Gondebaud a adoptée plus tard dans la loi 68 de son code, les dauphins et la plupart des autres seigneurs dauphinois avaient maintenu, dans leurs fiefs, la peine de l'ancien droit germanique ?

Chez les Germains, dit Tacite, le mari pouvait, après avoir coupé les cheveux de sa femme adultère, la chasser nue de sa maison, en présence de ses parents, et la poursuivre

---

[1] Quoiqu'il y eût en Dauphiné plusieurs autres couvents de femmes ayant des fiefs, cependant comme les fiefs monastiques, de même que tous les fiefs ecclésiastiques en général, étaient régis par le droit romain adopté par le clergé, leurs supérieures n'en exerçaient pas les droits politiques ; et si, par exception, la supérieure du couvent de Montfleuri exerçait ces droits, n'était-ce pas parce que le fief de ce couvent émanait des dauphins? (Valb., t. II, p. 446.)

dans tout le bourg en la fustigeant : *Accisis crinibus, nudatam, coram propinquis expellit domo maritus, ac per omnem vicum verbere agit* (*Germania*, § xix).

C'était aussi la punition usuelle dans plusieurs seigneuries du Dauphiné, disent Chorier et Valbonnais ; mais beaucoup de seigneurs avaient trouvé plus avantageux pour leurs intérêts d'autoriser les coupables à racheter cette peine corporelle et humiliante par des amendes pécuniaires plus ou moins fortes. Voici comment s'expriment, à ce sujet, quelques chartes des seigneuries où l'ancienne pénalité germanique existait ou était rachetable :

Charte de Moirans de 1464 : *Si quis in adulterio deprehensus fuerit, nudus per villam ducetur.*

Charte du Viennois de 1276 : *Fecit trotare quemdam hominem et quamdam mulierem deprehensos in adulterio, et fuerunt trotati per magnam carreriam de die publice... Quidam homo et quædam mulier fuerunt deprehensi in adulterio, et redemerunt se, ne fustigarentur.*

Charte de Saint-Georges-d'Espéranche de 1294 : *Si quis in adulterio deprehensus fuerit... conjugatus cum conjugata vel soluta, nudi per villam currere teneantur ab una porta usque ad aliam portam, et unus sine alio trotare non debet.*

Le statut de Saint-Symphorien, cité par Chorier, est conçu en termes presque identiques, et cet historien dit qu'à Bourgoin, à Châtonay et dans la baronnie de Maubec, la peine était la même, mais qu'elle pouvait être rachetée.

Toutes ces traces de germanisme et quelques autres qui seront signalées plus tard, surtout dans les terres du domaine des dauphins, ne viennent-elles pas corroborer l'opinion de l'origine germanique ou burgundienne de la famille et de la puissance de ces princes ?

Cependant ces traces de germanisme sont toujours allées en s'affaiblissant, même sous les dauphins de Viennois; Humbert II en a détruit quelques-unes, notamment le rachat pécuniaire des peines et le mariage forcé des femmes ; et depuis le transport du Dauphiné, la transmissibilité de la dignité et de la puissance delphinale aux femmes a disparu, soit devant les stipulations de l'acte de cession relatives au titre de dauphin, soit devant l'interprétation de la loi salique, qui excluait les filles de la successibilité à la couronne de France.

CHAPITRE XI.

7ᵉ Époque. — Abolition de la féodalité.

GRANDE CHARTE MUNICIPALE DES BRIANÇONNAIS.

> Les chartes communales sont de purs traités de paix entre les bourgeois et leurs seigneurs.
> GUIZOT.

> Humbertus dalphinus et procuratores universitatum Briançonesii transactionem, compositionem, concordiam, declarationem, remissionem, cessionem et concessionem fecerunt ad invicem.
> *(Grande charte briançonnaise.)*

L'abolition de la féodalité que les Français, en général, n'ont obtenue entièrement et définitivement qu'à la fin du dix-huitième siècle par un acte législatif, éminemment juste et équitable à l'égard des droits seigneuriaux ou féodaux portant atteinte à la dignité ou aux droits naturels et imprescriptibles de l'homme, ou conquis par usurpation, abus de force ou d'autorité, mais qui pouvait paraître moins conforme à la justice et à l'équité, à l'égard des droits acquis sur la propriété seulement, soit à prix d'argent, soit à prix de services rendus, les Briançonnais l'ont obtenue, dès avant le milieu du quatorzième siècle, au moyen d'un accord volontairement et réciproquement contracté, au moyen d'un véritable traité de paix, contenant rachat de ceux de ces droits qui étaient certains ou reconnus, et transaction sur ceux qui étaient incertains ou contestés.

Les chartes municipales ou plutôt féodo-municipales des autres communes de France, à cette époque, étaient bien loin d'abolir la féodalité dont elles obtenaient quelques exemptions partielles et minimes, quelques garanties mal assurées ; à peine contenaient-elles quelques faibles germes peu apparents de cette liberté municipale qui déjà commençait à miner sourdement, à saper et à démolir peu à peu l'édifice féodal, mais qui ne devait achever de le renverser que dans la suite des temps et après un certain nombre de siècles. La charte briançonnaise n'opéra pas si lentement ; elle ne renversa pas, elle acheta cet édifice féodal où les communautés affranchies entrèrent et s'installèrent immédiatement en suzeraines, et dont elles firent le principal et le plus puissant élément de leurs libertés et franchises municipales.

Mais, s'il en a été ainsi, ne doit-on pas l'attribuer à ce que les Briançonnais se sont trouvés dans une position favorable et toute particulière, plutôt qu'à une soumission volontaire et conditionnelle aux comtes d'Albon ?

Cette position spéciale résultait de ce que, à la différence de ce qui avait lieu presque partout, les Briançonnais n'avaient, à proprement parler, qu'un seul seigneur avec lequel il leur a été plus facile de s'entendre et de traiter que s'ils en avaient eu plusieurs, plus ou moins conciliants, ayant des droits différents, des prétentions différentes. Ainsi, tandis qu'ailleurs le pouvoir féodal se décomposait, se ramifiait en un certain nombre de seigneuries de divers ordres, de diverses importances, en quelque sorte disposées, coordonnées ou échelonnées les unes au-dessus des autres, par la hiérarchie de la force, de la puissance ou de la dignité de leurs seigneurs respectifs, il n'y avait point, dans le Briançonnais, de système de seigneuries, soit de rang égal, soit superposées les unes aux autres. Le comte dauphin y était le seul seigneur suzerain et y avait plein domaine : *Dominus comes habet dominium plenum in toto Briançonesio*, disent les reconnaissances générales du treizième siècle.

Ces reconnaissances, ainsi que quelques autres actes, mentionnent, à la vérité, la tenure de plusieurs terres allodiales en pariages ou pareries, *pareriæ*, avec le dauphin, par quelques nobles et beaucoup d'autres pariers percevant ou partageant, à raison de ces pareries, certaines redevances foncières ou féodales ; mais ces nobles, ou autres pariers, étaient eux-mêmes des hommes du dauphin de qui ils tenaient ces pareries : *Parerii sunt homines comitis et tenent de eo castra reddibilia de Cayreria et de Bocher* (Reconnaissances générales de Valpute).

Cependant, dès la fin du treizième siècle, on voit apparaître quelques-uns de ces nobles, qualifiés d'abord de petits seigneurs ou damoiseaux, *domicelli, dominicelli*, et, plus tard, de seigneurs ou coseigneurs, *domini, condomini* ; ce sont les principaux nobles des terres de Bardonesche et de Nevache, qui contractent ensuite des alliances, soit entre eux, soit avec des membres de la famille des Ambrois.

Ainsi, à une époque ancienne que je n'ai pu découvrir, les nobles de Bardonesche reçoivent d'un dauphin les terres de Bardonesche, Rochemolle et Béollard, pour les tenir en fief et parerie, fief auquel le dauphin Jean ajoute la terre de Nevache par un acte d'inféodation de 1282[1], acte ratifié, la même année, par la dauphine Anne, sa mère, et Humbert de la Tour, second mari de cette dernière ; et, par un acte de 1296, Jean de Bardonesche passe reconnaissance au dauphin de ses fiefs de Bardonesche, Rochemolle, Béollard et Nevache. Ainsi encore, par un acte de 1284[2], la même

---

[1] Arch. ch. des comptes, registre *Tituli*, f° 580.
[2] Arch. ch. des comptes, registre *Tituli*, f° 517.

dauphine et le dauphin Jean son fils concèdent à Obert de Bardonesche, également en augmentation de fief, la Bastie de Valpute.

Ces inféodations avaient donc créé, dans le Briançonnais, à la fin du XIIIe siècle, deux ou plutôt trois seigneuries en parerie avec le dauphin : celle de Bardonesche, Rochemolle et Béollard ; celle de Nevache ; et celle de la Bastie, comprenant les châteaux de Cayrières et de Bocher : mais toutes ces seigneuries étaient inféodées en parerie aux nobles de Bardonesche, et ces coseigneurs pariers reconnaissaient le dauphin, comme leur seigneur supérieur, et ne se considéraient comme les consorts de ce prince, qu'à raison de leurs pareries, ou plutôt de leurs parts dans ces pareries : *Convenerunt, promiserunt dalphinum et successores habere et tenere tanquam dominos eorum superiores et consortes pro consortio et pareria* [1].

Le dauphin avait conservé, en général, plusieurs portions dans ces grandes sociétés ou pareries dont le surplus était ordinairement divisible par égales parts entre les autres coseigneurs pariers ; mais, à la suite d'acquisitions ou d'échanges, les derniers dauphins étaient devenus, ou plutôt redevenus, en 1343, seigneurs exclusifs et sans pariers de tout le Briançonnais, sauf d'une partie de la terre de Nevache où la féodalité s'est maintenue exceptionnellement.

---

[1] Charte du 27 juin 1332. (Arch. c. c., registre *Pilati*, 1332).
Ces coseigneurs étaient tellement soumis à la suzeraineté du dauphin, que, lorsqu'ils ont transigé avec leurs vassaux, le 4 janvier 1330, l'art. 43 de ce traité réserva expressément tous les droits du dauphin, jusqu'à ce que celui-ci eût ratifié cet acte : *Protestando de juribus dalphini in hujus modi concordia semper salvis, donec predicta duxerit acceptanda et refficienda*. Cette ratification a été ensuite accordée par l'art. 59 de la charte du 4 juin 1336.

Il résulte, en effet, de documents des archives de la chambre des comptes, que le dernier dauphin Guigues avait acquis, en 1332, presque toute la seigneurie de Nevache, et, en avril 1330, le château de Bramafan de la seigneurie de Bardonesche, seigneurie dont le surplus fut ensuite acquis par le dauphin Humbert II des coseigneurs de Bardonesche, auxquels il donna en échange une portion de la terre de Trièves, par acte du 13 novembre 1333 [1].

Les communautés briançonnaises qui, déjà alors, étaient en usage depuis longtemps (ainsi que cela résulte de beaucoup de titres de leurs archives ou des archives de la chambre des comptes) de se faire alberger à prix d'argent ou de racheter certains services féodaux, *reducta ad certas pecuniarum quantitates* [2], et qui s'en trouvaient bien parce que, au moyen d'une somme fixe et déterminée, elles évitaient les tracasseries, exactions et surexactions des officiers des dauphins (*ad reprimandum officialium rapacitatem*, dit l'art. 6 de la transaction de 1343), ainsi que les augmentations des charges et des impôts [3], durent naturellement songer à employer les mêmes moyens lors des difficultés qui s'élevaient presque toutes les fois qu'il s'agissait de renouveler les reconnaissances des droits delphinaux ; et, comme ces communautés n'avaient plus d'au-

---

[1] Arch. c. c., registre *Nicoleti*, 2.
[2] Préambule de la charte-transaction de 1343.
[3] Ces motifs sont formellement énoncés dans des lettres-patentes du dauphin Jean, du 13 septembre 1317 (Arch. brianç.), où ce dauphin dit : *De nostris taschiis bladorum affitandis*, NE ULTERIUS AGGRAVENTUR PER NOSTROS COLLECTORES, *concordavimus cum syndicis...*; et dans l'art. 4 de la charte de Bardonesche, de 1336 : *Ita quod dominus non possit in posterum de novo super ipsis personis vel bonis aliquam servitutem, prestacionem, vel exactionem, quocumque jure vel nomine censeatur, aut quocumque modo ab ipsis exigere, imponere vel levare.*

tres seigneurs que le dauphin ; comme il n'y avait à régler que les droits de ce dernier (ceux des coseigneuries de Bardonesche et de Nevache ayant été réglés précédemment, avec les coseigneurs, en 1330, et avec le dauphin, en 1336), il devenait plus facile de traiter avec lui ; cependant il fallait, pour cela, une circonstance favorable, et cette circonstance se présenta sous le dauphin Humbert II.

Lorsque ce prince succéda à son frère dans la suzeraineté et l'administration du Dauphiné, il éprouva de grandes difficultés pour la perception de ses droits ; les titres primitifs avaient péri dans l'inondation de 1219 ; les reconnaissances générales du XIIIe siècle étaient vagues, obscures, inexactes ou incomplètes et souvent contestées ; il en était de même de quelques reconnaissances postérieures.

Dans cette position, il songea à obtenir de nouvelles reconnaissances, de nouveaux règlements de ses droits, et il envoya, à cet effet, des commissaires dans toutes les parties de ses Etats[1].

Arrivés dans le Briançonnais, ces commissaires obtinrent d'abord quelques reconnaissances particulières ; mais, lorsqu'ils en demandèrent de générales, il surgit de nombreuses difficultés sur la nature et l'étendue des droits qu'il s'agissait de reconnaître.

« Les communautés du Briançonnais (dit Jean Brunet
» en ses Mémoires ms.), ayant toutes les mêmes intérêts et
» parfaitement unies, défendaient avec chaleur aux de-
» mandes que les officiers du dauphin leur avaient faites de
» reconnaître plusieurs droits qu'elles soutenaient ne de-
» voir pas, et qui prenaient leurs origines dans les enquê-
» tes que les derniers dauphins de la première race avaient

---

[1] Lettres-patentes d'Humbert II, du 7 novembre 1338, nommant quatre commissaires à cet effet. (Arch. c. c.)

» fait faire pour les différents droits seigneuriaux qu'ils
» voulaient établir sur le témoignage de gens crédules et
» suspects, et contraires aux anciens priviléges du pays. »

Les Briançonnais, ne voulant pas se soumettre à toutes les exigences des commissaires, se réunirent en assemblées communales, ou en assemblées d'Escartons composées de délégués de plusieurs communautés unies, et nommèrent des députés qui rédigèrent des cahiers de remontrances[1] que ceux-ci vinrent ensuite présenter aux commissaires auxquels ils déclarèrent qu'il n'avaient ni le pouvoir ni la faculté d'abdiquer la moindre partie de leurs droits.

Ces commissaires, ainsi arrêtés dans leurs opérations, se retirèrent après avoir fait des descriptions et inventaires des châteaux et autres biens que le dauphin possédait dans le Briançonnais, mais sans avoir pu obtenir de nouvelles reconnaissances générales.

Néanmoins, soit pendant le séjour des commissaires, soit après leur départ, des pourparlers eurent lieu; les prétentions respectives furent longuement examinées, vivement débattues, et, après plusieurs années de négociations et de discussions, on finit par s'entendre et s'accorder sur les bases d'une transaction générale qui devait terminer toutes les difficultés.

En conséquence, en 1343, les communautés briançonnaises nommèrent de nouveaux députés qui se rendirent auprès du dauphin à son château de Beauvoir en Royans; et là, intervint, devant le notaire Froment, le 29 du mois de mai, une transaction solennelle et générale entre Hum-

---

[1] Je n'ai pu retrouver ces cahiers, qui cependant existaient encore au commencement du XVIIIe siècle, puisqu'ils sont mentionnés dans l'inventaire fait alors, registre *Briançonnais*, n° 567.

bert II, prenant les titres de dauphin de Viennois, prince du Briançonnais et marquis de Sésane, et dix-sept mandataires des communautés du Queyras, de Briançon et des Puy, du Val-des-Prés et du Mont-Genèvre, de Saint-Théoffrey (Saint-Chaffrey), de la Salle, du Monestier, des Villards-Saint-Pancrace, de Servières, de Saint-Martin, de Valpute, d'Oulx, du Sauze et de Salbertrand.

La solennité de cette transaction fut encore augmentée par la présence de l'évêque de Grenoble, du prieur de Saint-Donat, des membres du conseil delphinal et de plusieurs autres personnes notables qui avaient été invitées à y assister.

Le dauphin commence par rappeler qu'il a ordonné de faire des recherches de ses droits dans tout le Dauphiné, et qu'à cet effet il a députe des commissaires dans le baillage de Briançonnais, entre lesquels et les communautés de ce baillage se seraient élevées certaines contestations, et spécialement à raison des reconnaissances générales ou particulières de ses droits delphinaux.

Les députés des communautés briançonnaises répondent qu'ils ne peuvent ni ne doivent reconnaître ces droits autrement qu'ils ne les ont reconnus, il y a environ quatre-vingts ans, dans les livres ou cartulaires de la cour delphinale; que la plupart des services dus au dauphin ont été convertis en redevances pécuniaires; qu'il leur a été fait remise des droits de gabelle par le dauphin Jean, auteur du dauphin actuel, et qu'à raison de ce, ils ont déjà payé plusieurs quantités d'argent.

Le préambule de cet acte se termine par la mention qu'il va être question de ces objets ainsi que de plusieurs autres.

En conséquence, les parties annoncent qu'elles ont transigé volontairement sur leurs prétentions respectives:

Transactionem, compositionem, concordiam, declarationem, remissionem, cessionem et concessionem.... fecerunt ad invicem; le dauphin, bien instruit de son droit et de plein gré, après mûre délibération, *sciens et spontaneus de jure suo, ut dicebat, circa hoc ad plenum informatus, non sine matura et diligenti deliberatione* (art. 1er), et les députés, en leurs noms et ceux des communautés, également bien avisés, spontanément et après avoir délibéré, *gratis et spontanea voluntate, beneque advisi (ut dicebant) atque consulti* (art. 37).

Il résulte de l'ensemble de cette grande transaction, dont les matières sont mélangées et confondues sans aucun ordre, que le dauphin confirme et ratifie toutes les libertés et franchises, tous les priviléges, bons usages et coutumes du Briançonnais, soit qu'ils aient été concédés par lui ou par ses prédécesseurs, soit qu'ils aient été admis et usités; qu'il abandonne toutes les redevances foncières que les Briançonnais lui doivent; qu'il les exonère de tous services féodaux, de toutes sortes d'impôts (la gabelle du bétail à laine étant seule exceptée); qu'il leur reconnaît ou concède des franchises personnelles et des franchises municipales assez importantes; qu'il les subroge à ses droits à l'égard des choses cédées, et qu'il ne se réserve, en quelque sorte, que les droits attachés à sa personne ou à sa dignité de dauphin, moyennant une somme capitale de douze mille florins d'or, plus une rente annuelle et perpétuelle qui doit être déterminée ultérieurement d'après des bases convenues.

Tel est le résumé succinct de cette transaction qui a réglé, depuis lors, tous les droits et devoirs généraux des Briançonnais à l'égard du dauphin; et quoiqu'elle n'ait fait que reconnaître ou consacrer beaucoup de franchises dont la plupart existaient déjà, cependant les circonstances dans lesquelles elle est intervenue, sa forme même, les abandons faits par le dauphin, l'affranchissement général des personnes et des propriétés, et, par suite, l'anéantissement ou l'extinction de la féodalité, ont eu pour résultat d'opérer une véritable révolution ou régénération sociale dont, ni le dauphin, ni les Briançonnais, ne se sont d'abord doutés, dont ils ne se sont pas primitivement rendu compte; mais si les Briançonnais ne s'en sont pas doutés d'abord, ils n'ont pas tardé à en ressentir les effets, à en éprouver les avantages; leurs efforts postérieurs si constants, leurs luttes postérieures si vives et si ardentes pour la défense et le maintien de cette charte, montreront qu'ils en auront reconnu et apprécié plus tard l'importance, peut-être même sans se rendre encore parfaitement raison des causes de ces avantages.

Pour éviter la confusion qui règne dans l'ordre des matières et dans les dispositions complexes de plusieurs articles de cette charte, j'examinerai cet acte dans un autre ordre que celui des articles; je l'examinerai d'abord dans ses rapports avec le pouvoir administratif et judiciaire des dauphins, et ensuite dans ses rapports avec le pouvoir populaire, subdivisé en ses diverses branches : communale, briançro-provinciale, delphino-provinciale, examen que je vais faire précéder de l'historique des événements qui ont donné lieu à cette charte, ainsi que de ceux qui avaient donné lieu antérieurement aux grandes chartes spéciales à la coseigneurie de Bardonesche, Rochemolle, Béollard et Nevache.

Jetons d'abord un coup d'œil sur la nature de ce traité, et sur les circonstances qui l'ont précédé, accompagné et suivi.

Si l'on examine, dans leur ensemble, les diverses dispositions de cette charte, on voit qu'après avoir converti en une rente d'argent les redevances féodales qui lui étaient dues, et y avoir subrogé les communautés briançonnaises et les Briançonnais eux-mêmes tant généralement qu'individuellement, le dauphin leur reconnaît ou concède des franchises de personnes, des franchises de choses ou de propriétés, des franchises commerciales, des franchises judiciaires, de grandes franchises municipales ou communales et même quelques franchises politiques.

Des concessions ou reconnaissances aussi étendues et qui étaient considérées comme emportant aliénation d'une portion de suzeraineté, ont fortement étonné quelques écrivains et entre autres Chorier, qui s'exprime ainsi à ce sujet : « Leurs députés (des Briançonnais) furent d'habiles » gens ; ils attaquèrent l'esprit du dauphin du côté qui » était le plus faible ; l'argent présent pouvait plus sur lui » que les plus fortes considérations ; il était prodigue, et » qui l'est, est toujours avare ; il ne refusait rien à qui lui » donnait ; ils lui présentèrent, outre ce revenu annuel » (4,000 ducats), un présent de 12,000 florins d'or, et ce » fut ce qui acheva ce célèbre traité. » (*Hist. du Dauph.*, t. II, liv. 9, § 18.)

Cette opinion de Chorier à travers laquelle perce un peu de jalousie dauphinoise, parce que le reste du Dauphiné n'avait pas de pareilles franchises, repose en partie sur une erreur de fait : il ne fut point offert d'*argent présent*; c'est ce qui résulte des clauses mêmes du traité, d'après lesquelles le taux de la rente (qui ne fut pas fixé dans l'acte) devait être déterminé ultérieurement par le conseil delphinal, et les 12,000 florins d'or, bien loin d'être payés comptant, n'étaient stipulés payables que par sixièmes, d'année en année, le premier sixième ou la première annuité ne devant échoir que l'année suivante, le jour de la Purification de la Vierge, environ huit mois après le traité ; et le dauphin fit même libéralement une remise de 1,000 florins sur ce premier sixième, afin de donner aux Briançonnais les moyens d'acheter des armures pour les cinq cents hommes ou clients qu'ils devaient envoyer aux chevauchées ou armées delphinales.

Si la principale cause de ce traité a pu être le don ou plutôt la promesse de 12,000 florins d'or, il avait encore d'autres causes, telles que le désir d'éviter et de terminer à l'amiable des contestations sérieuses, qui duraient depuis plusieurs années, sur des droits plus ou moins incertains et litigieux, ainsi que la générosité et peut-être la conscience timorée du dauphin, qui se faisait un scrupule d'exiger des droits douteux et pour lesquels on lui offrait volontairement une indemnité pécuniaire; peut-être encore l'une des causes fut le désir de se concilier la bienveillance des Briançonnais et de leur laisser de bons souvenirs au moment où il venait de se déterminer à céder ses Etats à un prince français, car le premier traité relatif à cette cession est du 23 avril 1343, antérieur par conséquent seulement de trente-six jours à la charte de transaction.

Mais le principal motif fut sans doute la préexistence de la plupart des franchises objets de la transaction, franchises que le dauphin ne faisait que reconnaître et consacrer, ainsi que cela peut s'induire de plusieurs passages et expressions de la transaction et de la qualification même de cet acte; et si les réclamations des Briançonnais n'avaient pas eu quelque chose de préexistant, de légitime ou de fondé, l'évêque de Grenoble et les membres du conseil delphinal, qui assistaient le dauphin de leur présence et de leurs conseils, l'auraient certainement empêché de consentir à un traité qu'ils auraient cru être un acte de prodigalité, d'abandon irréfléchi, ou de mauvaise administration.

Telle a d'ailleurs toujours été l'opinion des Briançonnais,

opinion appuyée sur les termes de l'article 36 de la transaction, *gratis pro gratis recipientibus*, manifestée dans plusieurs documents de leurs archives, notamment dans un mémoire que les communautés briançonnaises rurales ont fait rédiger, en 1788, pour la défense de leurs libertés, et où elles s'exprimaient ainsi : « Les droits qu'Humbert II
» assurait par cette charte n'étaient pas de pures conces-
» sions qui ne dussent leur origine qu'à sa bienveillance ;
» la preuve en est consignée dans l'article 36, où ce prince
» reconnaît que plusieurs de ces droits appartenaient déjà
» au pays briançonnais, en vertu de ses anciennes franchi-
» ses et libertés. »

Cette opinion avait déjà été émise dans un mémoire bien antérieur, qui avait été adressé au roi, mémoire dont le rédacteur, nommé La Roëlle, faisait remarquer que le Dauphin reconnut cette préexistence des droits des Briançonnais, puisqu'il stipula *une quittation authentique de tout ce qu'il pouvait avoir reçu, exigé ou perçu au préjudice de leurs franchises* ; et ne la reconnut-il pas plus expressément en déclarant approuver et ratifier les bons usages et coutumes, priviléges et libertés, franchises, admis et usités, *admissa et usitata*, outre ceux qui avaient été admis par lui ou par ses prédécesseurs ?

Cette opinion se manifeste encore, quoique beaucoup plus indirectement, dans l'article relatif à la promesse du don de douze mille florins d'or. Les termes de cet article sont curieux et méritent d'être cités ; ils servent d'ailleurs à apprécier la nature de cette transaction : on y voit que les députés briançonnais, sans oser le dire formellement, semblent néanmoins avoir la vaniteuse prétention de ne pas reconnaître avoir acheté des priviléges ou des faveurs ; et que, tout en témoignant leur gratitude au dauphin, ils ne veulent pas paraître s'acquitter d'une dette envers lui ; ils veulent, au contraire, paraître lui faire volontairement un don et traiter en quelque sorte d'égal à égal : *Quand on traite avec son supérieur* (a écrit un Briançonnais, au sujet de cette transaction), *on devient momentanément son égal.*

Les syndics (est-il dit dans l'art. 37 que je traduis littéralement) reconnaissant toutes les grâces, libertés, avantages et priviléges dont le seigneur dauphin a décoré, tant eux-mêmes que les communautés et toutes les personnes du Briançonnais, *agissant gratuitement, de leur volonté spontanée,* bien avisés, prémédités et conseillés, ont accordé et donné au dauphin présent, recevant solennellement et acceptant, par donation pure et irrévocable, douze milliers de florins.

Mais c'est surtout dans l'art. 36, et plus encore dans la manière dont cet article a été expliqué et interprété, qu'apparaît toute la fierté briançonnaise en présence d'un prince dauphin qui s'humilie devant elle pour quelques exactions illicites qui ont pu avoir été faites par lui ou par ses prédécesseurs ; c'est une circonstance que Bonnot de Mably, qui descendait des Bonnot briançonnais, relève avec une orgueilleuse affectation: « Dans une province alors dépendante de l'em-
» pire (dit-il en ses *Observations sur l'histoire de France,*
» t. II, pp. 101 et 102), mais où les coutumes avaient été
» presque toujours les mêmes qu'en France, quelques
» communes forcèrent leur seigneur à reconnaître que les
» impôts qu'il avait levés sur elles étaient autant d'exac-
» tions tyranniques ; ce ne fut qu'à ce prix que les habitants
» du Briançonnais exemptèrent Humbert II de leur resti-
» tuer les impositions qu'il les avait contraints de payer,
» et poussèrent la générosité jusqu'à lui remettre le péché
» qu'il avait commis par son injustice. »

On voit, en effet, dans l'art. 36, que les syndics, agissant spontanément de leur franche, libre et expresse volonté (*ut dicebant*), et du consentement des communautés qui les ont constitués procureurs pour cela (*ut scriptum est*), ont fait rémission, cession, donation, concession en totalité et quittance au seigneur dauphin présent et recevant, de tout péché (*omne peccatum*) que ledit seigneur Humbert Dauphin, son père, son aïeul et tous ses autres ancêtres, ou leurs officiers, ont pu commettre, dans les temps passés, envers lesdites communautés au sujet des péages, gabelles, impôts, dons, subsides, cavalcades, et toutes autres exactions illicites, de dommages réels ou corporels, d'injures, de renforcements de monnaies, et de tous excès qu'on peut imaginer, dans quelque occasion que ce soit. Après avoir accordé ce pardon, les syndics promettent de le faire ratifier par leurs communautés.

Enfin, Humbert II craignant d'avoir péché et de continuer de pécher en exigeant ou continuant d'exiger la gabelle du bétail à laine (toute gabelle, dit Chorier, étant condamnée comme illicite par les docteurs canoniques) se fait également remettre ce péché, tant pour le présent que pour l'avenir, ce qui annonçait qu'il voulait le commettre encore; et, en effet, il se réservait spécialement cette gabelle.

Mais c'est uniquement aux scrupules religieux d'Humbert II, et non aux exigences impérieuses des communautés briançonnaises (comme l'a prétendu Mably), que paraissent devoir être attribuées ces stipulations extraordinaires et insolites, car ce n'est pas seulement avec les Briançonnais que ce prince a agi ainsi, c'est encore avec tous ses autres sujets ou vassaux dauphinois, tant il est vrai, comme je l'ai dit, qu'il était scrupuleux à l'excès et avait une conscience extrêmement timorée.

C'est ainsi que déjà, à une époque antérieure, il avait ordonné que, dans chaque paroisse du Dauphiné, on convoquerait une assemblée générale où l'on demanderait publiquement pardon pour lui des exactions qu'il avait faites sur le peuple[1] ; et que, par une déclaration passée authentiquement par-devant notaire, le 1ᵉʳ septembre 1341[2], il avait demandé, à ses fidèles sujets, un semblable pardon, tant pour lui que pour ses prédécesseurs, demande de pardon qu'il a renouvelée en 1349, dans le préambule du Statut delphinal.

J'ajouterai à ce que je viens de dire sur le point de savoir si la charte de 1343 a concédé des droits nouveaux ou confirmé seulement des droits précédemment acquis, que beaucoup d'actes plus anciens renferment des traces, des preuves même de la préexistence de plusieurs de ces droits; et je ne doute pas que, comme le prétendent les Briançonnais, leurs franchises et libertés n'aient été préexistantes, en majeure partie, depuis plus ou moins longtemps, quelques-unes surtout, et en particulier les franchises municipales, depuis très-longtemps, depuis le municipe romain dont elles auraient été des vestiges ou restes, perpétués par la tradition de *bon usage*, comme on les qualifiait dans quelques actes du commencement du XIVᵉ siècle; d'ailleurs une concession nouvelle aurait-elle eu tant de points de ressemblance avec ce municipe?

Mais cette opinion des Briançonnais, qui peut être vraie pour les franchises municipales et quelques autres, ne l'est probablement pas pour les franchises et priviléges personnels : la capacité d'acquérir ou de posséder des fiefs, établie, même en faveur des roturiers, par l'art. 1ᵉʳ de leur charte, me paraît devoir être considérée comme une con-

---

[1] *Histoire de Grenoble* par M. Pilot, p. 89.
[2] *Statuta Delphinalia*, f° 88.

cession émanant de la munificence du dauphin, ainsi que la qualité de francs et bourgeois, *franchi atque burgenses*, qui leur est attribuée par l'art. 35 ; la forme, moins ignoble ou moins ignominieuse et peu usitée de leur hommage, a été très-certainement aussi une concession toute nouvelle faite seulement par Humbert II, car tous leurs hommages antérieurs, même celui de 1334, par eux prêté à ce dauphin, l'ont été d'après l'ancienne forme des hommages roturiers, en baisant les mains du seigneur entre les pouces.

Immédiatement après cette grande charte, après la conclusion de ce vaste contrat, dans lequel les Briançonnais venaient de traiter avec leur suzerain féodal par le moyen de leurs mandataires librement élus par le suffrage de tous, par le suffrage universel, ces mandataires retournèrent auprès de leurs commettants ; et, dès le mois suivant, ceux-ci envoyèrent de nouveaux mandataires pour ratifier cet acte.

Plusieurs actes de ratification intervinrent en conséquence, au mois de juin 1343, entre le dauphin et ces nouveaux mandataires ; chacun de ces actes contient, outre une ratification expresse de la transaction, une énumération plus détaillée des redevances foncières ou féodales cédées par le dauphin, et à raison desquelles une rente pécuniaire, déterminée par le conseil delphinal, devait lui être payée par les communautés briançonnaises[1].

---

[1] Cette rente fut fixée (y compris l'estimation des tailles comtales et générales), par acte du 15 juin 1343, à une rente annuelle de 59 livres de gros tournois, pour le mandement de Briançon ; et, par plusieurs actes du 19 du même mois, pour le mandement de Valpute, à 16 livres 5 sous de gros tournois ; pour le mandement de Queyras, à 67 livres de gros tournois ; pour la châtellenie de Saint-Martin-de-Queyrières, à 7 livres 15 sous de gros tournois ; pour le mandement de Sésane, à 24 livres de gros tournois ; pour le mandement d'Oulx, à 13 livres de gros tournois.

Les communautés de la châtellenie de Valcluson, qui avaient négligé d'envoyer immédiatement des mandataires, furent obligées d'adresser leurs demandes de ratification à Avignon, où Humbert II s'était rendu auprès du pape ; et, le 5 mai 1344, ces mandataires obtinrent de ce dauphin des lettres de ratification datées de cette dernière ville, moyennant une rente de 22 livres de gros tournois qui fut ensuite portée à 32 livres par une reconnaissance du 17 août 1555.

Enfin, les communautés de la châtellenie d'Exilles, qui avaient été encore plus négligentes, se trouvèrent exposées aux exigences et aux vexations des officiers du dauphin, chargés de la perception de ses droits ; et, pour s'y soustraire, elles furent obligées de se pourvoir plus tard au parlement de Grenoble qui, par un arrêt du 11 août 1459, suivi d'un bail emphytéotique, leur accorda la majeure partie des franchises ou libertés briançonnaises, moyennant une rente de 93 ducats ou florins d'or, pour la communauté de Salabertan, et de 132 ducats ou florins d'or, pour la communauté d'Exilles[1].

Il y a encore eu, pour quelques autres communautés, des règlements particuliers que je n'ai pu découvrir.

Toutes ces rentes ont été évaluées (y compris les tailles comtales et générales) à quatre mille ducats, qui étaient connus en Dauphiné sous la dénomination de *ducats briançonnais*.

Mais ce n'est point par toutes ces conventions particulières, qui ne sont que des actes d'exécution de la transaction, que sont déterminés et réglés les franchises des

---

[1] Recueil intitulé : *Transactions d'Humbert Dauphin... avec les syndics et procureurs des communautés de la principauté du Briançonnais* (éditions antérieures au traité d'Utrecht de 1713).

Briançonnais, ainsi que leurs rapports avec les dauphins ; c'est par cette transaction même, et par deux petites chartes inédites du 21 juin 1343 : dans la première, après quelques réductions sur certains droits, le dauphin défend à ses officiers de rien exiger ou percevoir des Briançonnais de plus que les sommes convenues, et leur enjoint de donner force aux communautés et à leurs syndics pour exiger ce qu'il a cédé, même de rembourser, sans difficulté et en entier, tout ce qui a été déjà exigé, avec les écritures, parcelles et papiers constatant ce qui lui est dû ; par la seconde, le dauphin fait encore quelques modiques concessions et déclare vouloir que tous les articles de la transaction soient perpétuellement observés et interprétés fidèlement, maintenant et toujours, en leur faveur : *Nunc et semper in favorem suum interpretari*, et qu'ils jouissent de leurs libertés partout où ils résideront et établiront leur domicile : *Ubique resideront et mansionem fecerint dictis libertatibus perfruantur*.

La transaction générale anéantissait à peu près toute la portion féodale ou seigneuriale de l'autorité du dauphin, et ne laissait subsister que la portion de cette autorité qui était administrative ou gouvernementale ; aussi a-t-on prétendu, avec plus ou moins de raison, qu'Humbert II avait ainsi aliéné une portion du haut domaine ; mais, quoi qu'il en soit de l'exactitude de cette assertion ou de la nature et de l'importance de cette aliénation, qui pourra être mieux appréciée lors de l'examen des divers articles de cet acte, il est certain que le dauphin y a fait des concessions et reconnaissances de droits très-étendues, qui faisaient disparaître tout ce qu'il y avait de féodal dans son autorité en Briançonnais, et qui auraient pu avoir beaucoup d'influence au dehors et y entamer gravement l'édifice féodal, si ce fait n'avait pas eu lieu dans un pays beaucoup trop petit, et, en quelque sorte, perdu et ignoré au sein des plus hautes Alpes.

Depuis cette transaction, les Briançonnais et leurs communautés se sont toujours prétendus subrogés à tous les droits féodaux et seigneuriaux des anciens dauphins ; cette prétention est énoncée dans maintes notes de leurs archives, et ils l'ont même fait imprimer dans l'intitulé du recueil des titres de leurs libertés, en ces termes : « Tran-
» sactions d'Humbert, dauphin de Viennois, prince du
» Briançonnais et marquis de Sésane, avec les syndics et
» procureurs des communautés de la principauté du Brian-
» çonnais en Dauphiné, tant au nom desdites communau-
» tés que des particuliers et habitants d'icelles, *portant*
» *cession et transport à perpétuité auxdites commu-*
» *nautés de tous les droits et devoirs féodaux, seigneu-*
» *riaux, tailles, offices politiques et autres qui appar-*
» *tiennent audit dauphin en ladite principauté,*
» moyennant une rente annuelle et les sommes en deniers
» payées lors desdites transactions. » Les Briançonnais ou leurs communautés ont, en effet, constamment exercé, depuis lors, sinon la totalité, du moins la majeure partie de ces droits qui, après quelques contestations, ont fini par leur être reconnus par toutes les autorités de la province de Dauphiné.

Par le résultat de cette subrogation, les Briançonnais et leurs communautés devenaient, en quelque sorte, suzerains municipaux et suzeraines municipales ; et les droits féodaux du dauphin, passant ainsi au municipe, recevant ainsi la purification, le baptême du municipe, devenaient de véritables droits municipaux que les communautés et leurs habitants ont ensuite exercés ; ces droits féodaux sont donc devenus, dans le Briançonnais, des droits féodo-municipaux, de véritables institutions municipales ; et, en cette qualité, leur examen rentre dans le sujet de cet ouvrage.

Cependant, il ne me paraît pas que la transaction de 1343 ait opéré cette subrogation générale aux droits féodaux delphinaux, subrogation que les Briançonnais ont si souvent prétendue, invoquée, et même fait consacrer dans quelques circonstances. Cette transaction leur a fait, à la vérité, des concessions très-étendues ; mais elles sont presque toutes spéciales et restreintes à des objets particuliers ou spécifiés. On n'y trouve aucune cession plus ou moins générale des droits delphinaux, lors même qu'on voudrait l'induire des expressions de l'art. 7, où le dauphin cède aux Briançonnais et à leurs communautés tous les droits qui lui compètent ou peuvent lui compéter dans les fiefs et arrière-fiefs. Si cet article, conçu en termes aussi généraux, s'était borné à cette stipulation, il aurait peut-être pu suffire pour légitimer toutes les prétentions des Briançonnais ; mais, si l'on n'isole pas cette stipulation des expressions qui la suivent et la modifient, elle paraît devoir être restreinte aux choses seules qui en ont été l'objet et qui sont énumérées immédiatement à la suite, choses qui, tout en comprenant plusieurs droits féodaux, ou plutôt plusieurs redevances ou prestations féodales, sont bien loin de comprendre tous les droits delphinaux auxquels les Briançonnais ont ensuite voulu en faire l'application. Voici, au reste, les termes de cet article, que je cite textuellement pour que l'on puisse bien en apprécier le sens, l'étendue et la portée : *Cessit et concessit dominus dalphinus omnia jura sibi competentia et competitura in laudimiis, tertiis, trezenis, vingtenis, placitis seu mutagiis, pasqueriis, gallinis seu caponibus, fidanciis, retro-fidanciis, agnis et caseis paschalibus, sequelisque eorum, et omnibus aliis obventionibus et echeutis, de quibus ipsi domino dalphino solitum est computari, pro quantitate contingente vel comprehendente unum annum domino dalphino in pecunia assignanda et solvenda perpetuo in dicto festo vel ante quolibet anno, ita et taliter quod debita domino dalphino pro dictis bladis ipsa exigant universitates a debentibus eadem, et etiam eodem modo a debentibus temporibus profuturis, laudimia, tertia, trezena, vingtena, mutagia, fidancias, pasqueragia et sequelam omnium præmissorum.*

Cette cession ou subrogation n'est-elle pas tout à fait spéciale, et ne se rapporte-t-elle pas uniquement aux droits et redevances y énoncés ?

Les conventions particulières de ratification des 15 et 19 juin 1343, contiennent aussi une stipulation semblable à celle de cet article 7, sauf que cette stipulation détaille davantage ces droits et qu'elle se termine par une clause un peu plus générale, mais qui est néanmoins encore restreinte par une indication des réserves du dauphin dans la châtellenie de Briançon, indication qui n'est pas faite pour les autres châtellenies.

L'énumération détaillée de tous les droits cédés dans chaque châtellenie serait longue, fastidieuse et de peu d'intérêt; cependant, pour en faire apprécier la nature, voici celle de la châtellenie de Briançon : *Valor et pretium bladorum, gallinarum seu caponum, talliarum comitalium seu generalium, servitiorum et censuum, taschiarum pratorum et aliarum rerum..., aquarum, nemorum et champeriorum..., furnorum, panariorum, servitii et census montaniæ de Combis-Podiorum, tam pecuniæ quam pomorum, ciceris, tometæ, feni, fabarum, fermæ vini, banni mutagiorum seu placitorum tam nobilium quam ignobilium...., pasqueragiorum cum fidanciis et sequela et eorumdem introgiorum, omnium affictamentorum, tertiorum, laudimiorum seu trezenorum... comprehendit summam et quantitatem quinquaginta novem librarum grossorum turonensium argenti pro uno denario, vel uno bono auri fini magni ponderis floreno, denario pro duodecim denariis grossis seu turonibus computando, seu de moneta domini dalphini curribili tempore solutionis terminorum æquivalentiam prout communem cursum habebit.*

Voici maintenant la clause générale de cession :

Ita quod eadem et singula eorumdem universitates, suique syndici et rectores levare, exigere, capere et recuperare, petere et reposcere, agere, tueri seu etiam defendere possint, et OMNIA ET SINGULA AGERE ET FACERE QUÆ IPSE DOMINUS DALPHINUS *ante præsentem translationem, transactionem, cessionem et concessionem* AGERE ET FACERE POTERAT QUACUMQUE RATIONE, OCCASIONE SEU CAUSA.

Quelque générales que soient ces dernières expressions, elles me semblent néanmoins restreintes aux objets précédemment énumérés, par les réserves suivantes, notamment par leur disposition finale, où le dauphin déclare se retenir certaines choses et tout ce qu'il n'a pas cédé : *Retinuit sibi dominus dalphinus, de consensu procuratorum, gaidas, fidancias personarum et mercaturarum earumdem, ceras, piper, aurum*[1]*, gabellas non concessas, pedagium et leydam, præmium sigilli curiæ Briançonii, legata si fiant, introgia de proprietatibus suis propriis quæ dominus non concessit, judicatura data*

---

[1] Le dauphin croyait qu'il y avait des mines d'or dans le Briançonnais ; voir, à ce sujet, l'*Histoire du Dauphiné* par Valbonnais, n° 74 des preuves sous Humbert II, t. II, p. 323.

de debitis non gratis confessatis quam de gratis confessatis remissis, nec non retinuit sibi et suis dominus dalphinus omnia alia universa et singula quæ... prædictis non concessit.

Mais quelle que soit l'étendue que les parties contractantes ont eu l'intention d'attribuer à ces stipulations et concessions, il est certain que les Briançonnais les ont présentées toujours et exécutées souvent comme contenant cession de tous les droits seigneuriaux du dauphin, et qu'en conséquence ils ont exercé, non-seulement tous les droits seigneuriaux qui leur avaient été spécialement cédés et qui consistaient principalement en rétributions et redevances foncières ou féodales, mais encore des droits seigneuriaux personnels tels que ceux de port d'armes, de chasse, de pêche, de créer des francs-bourgeois..., et qu'ils ont fini par faire reconnaître et consacrer la plupart de ces droits à leur profit par des arrêts, ordonnances, décisions ou certificats émanés des premières autorités royales ou delphinales de la province.

On trouve, en effet, dans leurs archives, un arrêt du parlement de Grenoble qui leur reconnaît le droit de donner des lettres de bourgeoisie, une ordonnance du gouverneur du Dauphiné qui leur reconnaît le droit de port d'armes pour les jeux de l'arquebuse et pour la chasse, et surtout cinq actes de notoriété ou certificats émanés du parlement, de la chambre des comptes, de l'intendant, du bureau des finances et du receveur général des domaines et bois, qui constatent, d'une manière authentique, que, depuis la transaction de 1343, les Briançonnais ont joui, sans trouble, de tous les droits seigneuriaux et de fiefs qui appartenaient aux seigneurs princes-dauphins.

Ces cinq certificats ou actes de notoriété sont conçus en termes presque identiques, en sorte qu'il suffira d'en citer textuellement un seul que l'on trouvera à la fin de ce chapitre, pour donner une idée suffisante des autres, et faire connaître la nature et l'étendue des droits seigneuriaux reconnus en faveur des Briançonnais par le parlement, la chambre des comptes, l'intendant, le receveur général des domaines et le bureau des finances.

Ces certificats ont été obtenus sur les requêtes des communautés briançonnaises, cédées au Piémont, en 1713, par le traité d'Utrecht, qui en avaient besoin pour faire reconnaître leurs droits dans leur nouvelle patrie; mais ils constatent les droits dont jouissaient tant ces communautés que celles qui sont demeurées françaises : *Au moyen des susdits actes de notoriété*, disait le maire briançonnais Berthelot, *les habitants des vallées cédées ont été maintenus, par le roi de Sardaigne leur souverain, dans les exemptions et priviléges dont ils jouissaient précédemment.*

Ces pièces ayant passé entre les mains du premier consul de Briançon, celui-ci en fit faire, par un notaire, des copies authentiques qu'il déposa, en cas de besoin, dans les archives de cette ville, où ces copies existent encore.

On voit, d'après tout ce qui précède, que si le dauphin avait fait de grandes concessions aux Briançonnais, il avait cependant conservé ses droits les plus importants; ainsi il avait conservé toute son autorité administrative supérieure, toute son autorité de haute justice et toute son autorité militaire, lesquelles, quoique non réservées expressément, étaient censées réservées implicitement, et ont continué, malgré les concessions précitées, à être considérées comme dépendances de son titre ou de sa qualité de dauphin. Ces trois autorités ont donc continué à être exercées, soit par lui, soit par ses officiers; tous ses châteaux forts ont continué à être commandés et gardés par ses officiers; en un mot, toute la puissance suzeraine ou gouvernementale des dauphins, que j'appellerai *puissance delphinale*, n'a éprouvé aucune atteinte, et elle est ensuite passée intacte aux dauphins de France.

Quoique la grande charte briançonnaise ait été imprimée plusieurs fois, je crois néanmoins nécessaire d'en reproduire le texte, *collationné sur l'original,* soit à cause des fautes d'impression et même des erreurs ou altérations qui ont été commises, soit surtout parce que j'aurai occasion de discuter bien souvent ce texte, puisque ce sont principalement les institutions que cette charte a confirmées ou concédées que je me propose d'examiner et de faire connaître dans cet ouvrage.

ACTE DE NOTORIÉTÉ DU PARLEMENT.

Nous, chevaliers, conseillers du roi en ses conseils, ses procureur et avocats généraux en la cour de parlement, aides et finances de Dauphiné, certifions et attestons, à tous qu'il appartiendra, que les vallées d'Oulx, Sésane, Valcluson, Pragelas, Exilles et Salbertrand, cédées au roi de Sardaigne par le traité d'Utrecht, ont toujours fait partie du Briançonnais; que les habitants de ces vallées ont eu, tant qu'elles ont été sous la domination des rois de France, leurs causes commises devant le lieutenant général du bailliage de Briançon, seul juge royal dans le Briançonnais, lequel ressortit immédiatement à ce parlement; que les habitants des mêmes vallées ont toujours joui, paisiblement et sans trouble pendant qu'elles ont été sous la domination des rois de France, des droits seigneuriaux dans l'étendue des vallées, consistant aux droits de francs-fiefs, droits de lods, tiers, treizins, vingtains, bois, bans champêtres d'iceux et même de ceux des particuliers, de la police et des amendes prononcées contre les contrevenants, des droits de mistralie et garde des bestiaux pris en dommage, usages, pâquerages, champarts, du cours des eaux et de leurs riverages, fours, moulins, pêche et chasse en tant que le port d'armes a été permis, et généralement de tous les droits seigneuriaux et de fiefs qui pouvaient appartenir aux princes-dauphins dans lesdites vallées, et qu'ils ont cédés auxdits habitants, ainsi qu'il résulte de la transaction du 29 mai 1343, au moyen de la rente annuelle de 4,000 ducats, stipulée par cette transaction ; et, au surplus, nous certifions que lorsque les rois-dauphins ont inféodé ou aliéné leurs droits seigneuriaux dans les terres, seigneuries et fiefs qui leur appartenaient, tant dans le Brianconnais que dans les autres bailliages de cette province, lesdits droits de chasse, pêche, bois, bans champêtres d'iceux, même de ceux des particuliers, droits de mistralie, garde des bestiaux pris en dommage dans les biens communs et dans ceux des particuliers, droits de police, amendes, cours des eaux et autres ci-dessus énoncés, ont toujours été compris dans ces sortes d'inféodations et aliénations, comme étant véritablement droits seigneuriaux, domaniaux et de fiefs.

En foi de quoi nous avons fait expédier la présente attestation signée de notre main, contre-signée par notre secrétaire et scellée du sceau du parquet des gens du roi. Donné à Grenoble le premier jour du mois de mars 1738. Signés Vidaud de la Bastie, procureur général ; de Loüat, avocat général ; Aubert de la Bastie, avocat général ; par Messeigneurs, Marchand.

GRANDE CHARTE-TRANSACTION DU 29 MAI 1343.

In nomine domini nostri Jesus Christi, amen. Noverint universi et singuli, moderni pariter et futuri, quod anno ejusdem domini millesimo ccc° xliij°, indictione xj^a die xxix^a mensis maii, pontificatus sandtissimi patris et domini domini Clementis pape Sexti anno secundo, cum per illustrem dominum nostrum dominum Humbertum, Dalphinum Viennensem, principem Brianczonesii atque marchionem Sezane, matura deliberatione prehabita dudum, ut dicitur, ordinatum extiterit fieri recognitiones et inquiri dalphinalia jura per universum Dalphinatum, ad que peragenda idem dominus Dalphinus certos in bayllivia Brianczonesii commissarios deputavit, ipsisque commissariis premissis et procedentibus ad executionem predictorum, suborta fuerit materia questionis cum universitatibus dicte bayllivie et singularibus personis earumdem super his de quibus habetur mentio in articulis infrascriptis, in potiori parte et specialiter ex eo et super eo quod dicte universitates requisite per dictos commissarios universaliter, et etiam singulares persone recognoscere particulariter et distincte dalphinalia jura, ipsis quoque universitatibus Brianczonesii et personis singularibus earumdem asserentibus hoc non posse facere, nec facere debere, nisi modo et forma quibus circa quatuor viginti anni sunt elapsi, recognita ipsa jura dalphinalia, ut asseritur, extiterunt, et in libris seu cartulariis dalphinalis curie continetur, queque in servitiis dicti domini Dalphini, de quibus eidem computatur, incluse sunt functiones caponum seu galinarum, palee crosse, coroacte, fenatagia et quedam alia descripta et nuncupata in libris vel cartulariis eisdemque redacta asseruntur hactenus, et reducta ad certas pecuniarum quantitates, et in summis servitiorum dalphinalium, de quibus in denariis computatur, totaliter fuerint atque sunt reducta et redacta, dicentibus insuper et asserentibus prefatis universitatibus et ipsarum universitatum singularibus personis gabellam et gabellas que in dicto bayllivatu pro dalphinali parte exiguntur non debere exigi, nec etiam levari precipue a personis et incolis dicti bayllivatus, cum remissionem totalem ipsarum gabellarum habuerint quondam et obtinuerint ab inclite recordationis domino Johanne Dalphino Viennense, genitore dicti domini nostri Dalphini, et ex dispositione ejusdem, subsequenter etiam remissionem ipsarum gabellarum habuerint et obtinuerint ab ipsius domini Johannis bone memorie successoribus, quamobrem plures peccunie quantitates exsolverunt, ut legitimis contineri dicebant documentis ; orta igitur super hiis et aliis quampluribus ex capitulis infrascriptis per assertionem dictorum commissariorum et oppositam negationem dictarum universitatum singularumque personarum ipsarum questionis materia, ut prefertur.

Hinc est quod in presentia testium et mei notarii publici suscriptorum, prefatus dominus Humbertus Dalphinus Viennensis, ex una parte, et nobilis Guigonetus Leuczonis, procurator et syndicus ad infrascripta specialiter deputatus universitatum de Quadratio, fidem faciens de procuratione et potestate suis per quoddam publicum instrumentum receptum, ut in eo legitur, per Durandum Croseti notarium, grossatumque per Franciscum Croseti notarium sub anno presenti et die xviij mensis maii ; Franciscus Chayssii, procurator et syndicus universitatis burgi Brianczonii, Podiorum et omnium affranchitorum dicti loci, de cujus potestate et mandato constat duobus publicis instrumentis, altero facto, ut in eo legitur, manu Francisci Rollandi notarii, et alio Brianczonii Galiani notarii confectis sub anno et indictione presentibus et die xviij hujus mensis maii; Petrus Blanchardi, procurator et syndicus universitatis Vallis-Pratorum et Montis-Jani, de cujus procuratione constat publico instrumento facto manu Chabertoni Bauili notarii publici, sub anno, indictione atque die eisdem ; Matheus Arsentii, procurator universitatis Sancti-Theoffredi ; Boninus Fabri, procurator universitatis parochie de Sala, de quorum procurationibus et mandato constat duobus publicis instrumentis factis manu Francisci Rollandi notarii, sub eisdem anno, indictione atque die ; Johannes Pontii de Casseto, procurator universitatis parochie Monasterii, de cujus procuratione constat publico instrumento facto manu Johannis Magaloni notarii ; Guigo Fine, procurator universitatis Villariorum Sancti-Pancratii, de cujus procuratione constat publico instrumento facto manu Rodulphi Gineysii notarii ; Petrus Borrelli, procurator universitatis Cervarie, de cujus procuratione constat publico instrumento facto manu Johannis Garini notarii; Jacobus Chalveti, procurator universitatis Sancti-Martini, de cujus procuratione constat instrumento facto manu Andree Columbi notarii publici ; Guillelmus Alberti, clericus, procurator universitatis castellanie Vallis-Pute, ut constat quodam publico instrumento facto per manum Petri Graneti notarii publici, sub anno, indictione et die quibus proxime supra; Guigonetus Reymundi, Johannes Boverii et Anthonius Morelli, procuratores universitatis Sezane, de quorum procuratione et potestate extare asserunt publicum instrumentum receptum per Franciscum Fabri notarium ; Johannes Patrisdon et Peiretus Pelicerii, procuratores universitatis Ulcii, de quorum procuratione esse asserunt receptum publicum instrumentum per Leuczonetum Chemini notarium ; Johannes Chambatori et Gilbertus Robaudi de Salice Sezane, ac Petrus filius Johannis Boneti de Salabertano ex parte universitatum Salicis et Salabertani quantum possunt ex parte altera, ad transactionem, compositionem, concordiam, declarationem, remissionem, cessionem et concessionem, et alia ac singula infrascripta pervenerunt, fecerunt ad invicem et convenerunt sollempnibus stipulationibus intervenientibus, prout sequitur infra :

I[1].

i. — Inprimis videlicet predictus dominus Humbertus, Dalphinus

---

[1] Quoiqu'il y ait quelques erreurs dans ce numérotage des articles, on a cru devoir le conserver, soit parce que c'est ce numérotage qui a été adopté dans les diverses éditions de cette charte, soit parce qu'il se continue jusqu'à la fin de la charte, tandis que le numérotage de la minute (qui divise plus exactement les articles selon les matières) ne va qu'au treizième article. Cependant on a aussi indiqué ce dernier numérotage par des caractères minuscules.

Viennensis, sciens et spontaneus de jure suo, ut dicebat, circa hec ad plenum informatus, non sine matura et diligenti deliberatione, nomine suo et heredum ac successorum suorum universalium et particularium quorumcumque, transigendo, declarando, et faciendo, ut premissum est, voluit, cessit, concessit, statuit, mandavit, ordinavit, convenit, declaravit et expressit instantibus humiliter et petentibus ac recipientibus syndicis et procuratoribus ac personis superius nominatis, nomine universitatum predictarum Brianczonesii et singularum personarum earum universitatum presentium et futurarum, quod omnes libertates, franchisie, omniaque privilegia boni usus et bone consuetudines brianczonesii tam successionum communium quam aliarum rerum universaliter et singulariter perpetuo firmiter custodiantur taliter quod masculi et femine utriusque sexus succedant et succedere possint et debeant in feudis, retrofeudis, et bonis ac hereditatibus aliis quibuscumque, et proximiores in gradu consanguinitatis et in genere succedant, et collaterales etiam nobiles et innobiles ascendendo et descendendo, ex testamento vel extra, vel aliter quoquo modo dispositi vel ordinati.

II.

ij. — Item, quod nulla persona dicte baylivie, pro aliquibus delictis privatis vel publicis, et commissis quibuscumque, non extrahatur vel extrahi possit de castellania sua vel extra terminos ejusdem, nisi ad mandatum bayllivi vel judicis Brianczonesii; nec de bayllivia vel judicatura nisi ad mandatum dalphinale vel consilii dalphinalis, nisi dumtaxat in causis appellationum emissis vel etiam emittendis.

III.

iij. — Item, quod stabilite, subsidia, charnagia et fogagia ulterius non leventur neque exigantur universaliter vel singulariter a personis dicti bayllivatus, aliquo perquisito colore vel mutatis nominibus fraudulenter; sed de prenominatis, in suis nominibus prelibatis, et aliis quibuscumque pro ipsis subrogatis vel subrogandis, quovis colore, penitus vel totaliter exempti, liberati sint prothinus et soluti.

IV.

iv. — Item, quod judices dalphinales Brianczonesii, pro decretis pupillorum et orfanorum mancipatorum, et aliis, quibuscumque, ulterius non percipiant nec exigant ultra decem solidos usualis sive curribilis pro tempore monete de quibus etiam ipsi domino Dalphino et suis heredibus judices computare teneantur.

V.

v.—Item, quod de cetero in redditibus, judicaturis, et aliis juribus dalphinalibus dictæ baylliviæ non teneantur persone ejusdem bayllivie solvere nec cogi possint, vel exigi valeant ab eisdem, nisi dumtaxat de moneta dalphinali curribili, ad rationem tamen et prout ipsa curribilis moneta dalphinali speciali mandato litterarum fuerint publicata, et non ultra ad valorem monete antique ipsi domino Dalphino debite pro talliis et servitiis, atque aliis consuetis.

Declarans intentionem suam dictus dominus Dalphinus, in hoc casu, quod quotienscumque mandato dalphinali ut supra preconizabuntur et publicabuntur, capi et poni duo solidi curribilis monete dalphinalis, sicut est moderno tempore, pro uno grosso solvantur per subditos debitores, et accipiantur per officiales et exactores dalphinales in solutum duo solidi curribilis monete per decem septem denarios bone monete antique et non ultra, usque ad debitam et concurrentem quantitatem ; et hoc idem intelligatur in quocumque gradu, processu temporis ipse preconisentur dalphinales monete curribiles pro valore grossi ; et eodem modo lumbardi et alii quilibet creditores sua credita recipere teneantur ab eorum debitoribus dicte bayllivie quibuscumque.

VI.

vj. — Item, volens idem dominus Dalphinus ejus munificentiam erga fideles suos Brianczonesii predictos et subditos universitatum predictarum et cujuslibet earum uberiorem et favorabilem exhibere, nomine suo suorumque heredum et successorum, concessit, quittavit et remisit dictis universitatibus et singularibus personis earum universaliter et singulariter, dictisque procuratoribus suis et quibus supra nominibus petentibus et recipientibus omnino commissiones omnes et singulas, reales et personales, connexas et annexas quascumque et ex causa quacumque, jure vel consuetudine dicto domino Dalphino competentia et quoquo modo pertinentia, usque ad tempora hodierna; necnon et omnia delicta de quibus inquisitiones, etiamsi pendeant in presenti in curia dalphinali Brianczonesii, sive non pendeant, que tamen non essent definite, exclusis tamen ab hujusmodi remissione et gratia omicidiis, latronibus publicis et bannitis.

vij. — Et insuper vult dictus dominus Dalphinus, concedit, disponit et ordinat, ad reprimendam officialium rapacitatem, quod quelibet universitas dicte bayllivie blada ipsi domino Dalphino debita deinceps habeat et sibi retineat universaliter et singulariter, prout duxerit ipsa universitas propter ea que sequuntur ordinandum, ita tamen quod pro quolibet sestario bladi predicto assignare et solvere debeat quelibet universitas dicto domino Dalphino et suis heredibus et successoribus pretium per ipsum dominum Dalphinum juxta verba subsequentia constituendum et ordinandum in pecunia numerata, anno quolibet deinceps in festo Purifficationis beate Marie, vel ante, si voluerint universitates, una cum talliis comitalibus et generalibus debitis eidem domino Dalphino ; et hoc ita quod inspectis venditionibus dictorum bladorum factis secundum dalphinalia computa a viginti annis proxime preteritis citra et computatis majori et minori valentia per dictum viginti annorum terminum, comprehendendo universaliter summam grossam quam valuerint per tempus ipsum debeat et teneatur quelibet universitas summam quam comprehendet vicessima pars dicte grosse summe annorum viginti solvere annis singulis in festo predicto domino Dalphino supra dicto.

VII.

viij. — Item, eodem modo et secundum ordinationem et declarationem proxime scriptam dalphinalium computorum, et ex hiis habita computatione et ratione, et majori et minori valencia predicti termini in quantitate adequata, eisdem universitatibus dicte bayllivie remisit, cessit et concessit dictus dominus Dalphinus omnia jura sibi competentia et competitura in laudimiis, tertiis, treczenis, vincenis, placitis seu mutagiis, pasqueriis, galinis seu caponibus, fidantiis, retrofidanciis, agnis et caseis paschalibus sequelisque eorum, et omnibus aliis obventionibus et escheutis de quibus ipsi domino nostro Dalphino solitum est computari pro quantitate contingente vel comprehendente unum annum ipsi domino Dalphino in pecunia assignanda et solvenda perpetuo in dicto festo vel ante, ut predictum est, quolibet anno ; ita et taliter quod debita ipsi domino Dalphino pro dictis bladis ipsa exigant dicte universitates a debentibus eadem et etiam eodem modo a debentibus temporibus profuturis laudimia, tertia, treczena, vintena, mutagia, fidancias, pasqueragia et sequelam omnium premissorum.

VIII.

ix.—Item, voluit et eisdem universitatibus concessit quod ipsi inter se et super se ipsas et singulares personas earumdem universitatum, non autem super extraneos, commune habere et levare possint, ac congregare se pro suis necessitatibus et negotiis licitis faciendis ad supportandum omnia supra dicta et subscripta eas tangentia, et alia necessaria eisdem.

IX.

x. — Item, quod omnia acquirimenta per ipsum dominum Dalphinum, heredes et successores suos facienda in illis partibus Brianczonesii debeant sequi et sequantur naturam predictorum, et illa que acquirentur potiantur omnibus indultis et concessionibus supra dictis.

xj.—Et insuper affectatus dictus dominus Dalphinus affectione paternali quibuscumque calamitatibus subjectorum suorum predictorum subvenire, ymo potius prevenire, considerans, ut dicebat, quod in recognitionibus per ipsas universitates vel singulares personas dicte bayllivie Brianczonesii de juribus dalphinalibus faciendis et per dalphinales commissarios recipiendis, ab eisdem vice ipsius domini Dalphini, multi possent incidere in labirintum ex ignorantia, simplicitate, vel rusticitate; eo etiam quia dicti subditi Brianczonesii nec eorum progenitores a quatuor viginti annis citra proxime retroactis minime recognoverunt vel recognitionem fecerunt, ut asseritur; multisque aliis modis et causis concurrentibus in premissis, voluit, concessit, statuit et expresse ordinavit prefatus dominus Dalphinus quod a modo, nunc et in futurum perpetuo, sufficiat quod ipse universitates, requisite recognoscere, recognoscant ea in quibus dicto domino Dalphino tenentur, sibique et heredibus et successoribus suis tenebuntur, et recognoscant quantitates pecuniarum in quibus obnoxie et astricte sunt et que erunt pro talliis comitalibus seu generalibus, et pro servitiis et censibus consuetis; ita quod pro dicto censu pretii bladorum memoratorum et etiam laudimiorum, tertiorum, treczenorum, vincenorum, placitorum seu mutagiorum, pasqueriorum, fidantiarum, galinarum et aliarum obventionum et escheutarum predictarum qui census pretii predicti ad certam summam pecunie annuatim solvendam dicto domino Dalphino, et suis heredibus et successoribus, ut supra dictum est, convertetur absque speciali descriptione ulterius facienda vel designanda de rebus et bonis suis, et cum generali recognitione hujusmodi deinceps.

X.

Item, dominus Dalphinus voluit, convenit et concessit se ipsum, heredes et successores suos contentari ac debere esse contentos quandocumque ipse recognitiones fiant per syndicos seu procuratores cujuslibet universitatum predictarum electos vel eligendos et habentes super hoc specialiter sufficientem potestatem, et recognoscere teneantur ipsi syndici seu procuratores, nomine universitatum et singularum personarum se esse homines ligios dicti domini Dalphini, heredum et successorum suorum, contra omnes alias personas mundi, et res atque bona sua tenere a domino Dalphino ad servitia predicta taxanda juxta formam predictam, secundumque calculum faciendum, ut supra dictum est, de venditionibus bladorum et aliorum superius declaratorum spatio viginti annorum preteritorum, exceptis rebus quas forsitan franchas tenerent vel ab aliis personis legitime atque rite.

xij.—Præterea idem dominus Dalphinus, pia consideratione excitatus, consideratis etiam, ut dicebat, statu dicte patrie Brianczonesii et itineris longinquitate et qualitate, voluit, concessit, statuit et ordinavit quod, ad mandatum bayllivi dalphinalis Brianczonesii qui pro tempore fuerit, omnes et singuli subditi dicte bayllivie vexillum dalphinale atque cavalgatas dalphinales in singulis partibus et per quaslibet partes dicte bayllivie fideliter sequantur et indifferenter pareant, prout mandati fuerint vel etiam requisiti: extra vero dictam baylliviam per mandatum dalphinale, quamvis generaliter omnes dicte bayllivie mandati essent vel requisiti, mittere et venire teneantur dumtaxat pro et de dicta bayllivia quingenti clientes, medietas cum ballistis et alia medietas cum lanceis pennonis munitis sufficienter ; et omnes de dicto numero cum propointis, gorgeriis, bacignetis alberjonatis, chirothecis ferreis, platis seu alberjonis mallie competentibus, ense, cutello et aliis necessariis.

Volens, statuens et ordinans idem dominus Dalphinus quod cuilibet dictorum quingentorum clientum qui venerint extra ipsam baylliviam, ut predictum est, unus grossus turonensis argenti, seu valor, singulis diebus quibus extra baylliviam steterint in dalphinali cavalgata, pro suis stipendiis et salario, solvatur et assignetur per universitates bayllivie ejusdem ; retinet tamen idem dominus Dalphinus quod quotienscumque ipse dominus Dalphinus, vel ejus heredes et successores, vellent habere plures de clientibus dicte bayllivie, omnes quos mandare voluerint ad dalphinales cavalgatas venire teneantur, dum tamen per ipsum dominum Dalphinum, heredes et successores suos, singulis clientibus dicte bayllivie venientibus ultra dictum numerum quingentorum, singulis diebus, pro suis stipendiis, assignetur dimidius grossus turonis, vel valor pariter, et solvatur quamdiu in ipsis steterint cavalgatis, et computando a die qua dicesserint ab hospitiis eorumdem.

Nobilibus tamen et franchis qui venirent ultra dictum numerum ad dictas cavalgatas, solvantur per ipsum dominum Dalphinum et suos heredes stipendia et cuilibet secundum gradum suum, equiti pro equite et pediti sicut pro franco pedite.

xiij.—Ceterum, ad omnem futurorum temporum ambiguitatem removendam, voluit et concessit dictus dominus Dalphinus, ac expresse ratifficavit et confirmavit omnia et singula affranchimenta, libertates, conventiones et privilegia, bonos usus et consuetudines, ipsis hominibus et personis dicte bayllivie et singulorum locorum, villarum et parochiarum ejusdem, universaliter vel singulariter, ab ipso domino Dalphino vel ejus antecessoribus indulta hactenus, concessa, vel donata, vel admissa, etiam et usitata : ita quod de cetero predicte universitates et persone singulares earumdem ipsis privilegiis, libertatibus, affranchimentis, usibus et consuetudinibus, et quilibet ipsarum universitatum potiantur et gaudeant pleno jure.

XI.

Item, voluit et expresse concessit dictus dominus Dalphinus, pro se et suis, ut supra, quod homines vel quecumque persone dicte bayllivie, presentes vel futuri, si clama fiat coram officialibus dalphinalibus dicte bayllivie, latam seu datam incurrere non possint; sed sint ab inde liberi et immunes saltem de debitis gratis confessatis.

XII.

Item, voluit, convenit et expresse concessit, statuit et ordinavit dictus dominus Dalphinus quod, omni anno de cetero et perpetuo in die festi predicti Purificationis beate Marie, singulares universitates dicte bayllivie possint et sibi liceat eligere et constituere sex syndicos, manserios et procuratores, aut alias nominandos, vel minus usque ad unum si voluerint, pro exequtione et prosequtione predictorum, et pro suis aliis negotiis peragendis in presentia castellanorum dalphinalium quibus ipse universitates suberint, vel loca tenentium eorumdem, qui manserii, seu procuratores ac syndici constituendi in creatione jurare debeant, in manibus castellani sui, vel ejus locum tenentis, statum et honorem dicti domini Dalphini, et heredum et successorum suorum, observare, ac etiam negotia universitatis, pro quibus fuerint constituti, bene, fideliter et legitime gerere ; necnon, in fine anni cujuslibet, ipsis universitatibus fidelem de gestis reddere rationem, ita quod qui ex ipsis syndicis reperirentur ex tunc circa dalphinalia jura vel universitatum se habuisse dolose, deponi debeant ; et, hac causa depositi ad hujusmodi officium nullatenus admittantur.

Volens etiam et concedens quod unum vel plures ex familiaribus vel servientibus curie dicti domini Dalphini habeant singule universitates dicte bayllivie, vel alios familiares; præterea eligere valeant syndici ipsarum universitatum homines, tamen ligios dicti domini Dalphini, qui familiares eorum negotia dalphinali autoritate et nomine gerere et facere, et dictis syndicis pro rebus et negotiis universitatum parere teneantur.

Etiam quod ipsi syndici, durante eorum administrationis tempore, pro predictis et infra scriptis rebus debitis domino Dalphino et exactione redituum et aliorum eidem domino Dalphino debitorum, autoritate tamen dalphinali, et tanquam dalphinales maignerii in hoc casu, possint quibuscumque penas imponere usque ad quinque vel decem solidos, et qui pene hujusmodi non paruerit, eam committat totiens quotiens non curaverit hobedire, et cujus quidem pene medietas dicto domino Dalphino, heredibus et successoribus suis, et alia medietas universitati cujus erunt creati ipsi syndici applicetur.

Et concessit etiam et expresse ordinavit quod dicti syndici, sub nomine et autoritate dicti domini Dalphini, preconisationes facere vel fieri facere valeant pro predictis rebus competentibus et competituris universitati a qua fuerint ordinati, dans et concedens, ex nunc ad imperpetuum, dictus dominus Dalphinus prefatis universitatibus et cuilibet ipsarum, per hujus instrumenti tenorem, autoritatem et licentiam, per ipsos syndicos vel familiares, imponendi penas, levandi et recuperandi, omnia et singula faciendi predicta secundum quod superius est expressum.

XIII.

Item, voluit, convenit, concessit et ordinavit dictus dominus Dalphinus, pro se, suisque heredibus et successoribus, ut supra, quod omni tempore perpetuo quicumque successores ipsius domini Dalphini, qui venerint domini novi ad terram predictam Brianczonesii, teneantur jurare, observare et attendere omnia et singula supra dicta, ac omnia privilegia et libertates, bonos usus et consuetudines universitatum predictarum et cujuslibet earum ; et quod non teneantur homines ipsarum universitatum ipsis novis dominis futuris homagia prestare, donec ipsi novi domini quilibet videlicet in adventu suo hec omnia ratifficaverint et juraverint observantiam predictarum ; et etiam officiales dalphinales Brianczonesii, presentes et futuri, et quilibet eorum, ad requisitionem dictarum universitatum, vel syndicorum et procuratorum singularum ipsarum universitatum, antequam ipsi officiales officia ulterius exerceant et antequam eisdem officialibus hobediant, jurare teneantur observare omnia in hoc presenti contractu concessa, expressa et ordinata per dominum Dalphinum supra dictum.

XIV.

Item, voluit, concessit et ordinavit quod de cetero, in dicta bayllivia et singulis locis ejusdem, nulle fiant inquisitiones ex officio curie dalphinalis, nisi curie denuntietur per partem adversam sive offensam, nisi in casibus a jure permissis, qui casus sunt hii : primo de proditione et seditione concitata in populo, in juribus domini substractis, in falso et de vulnere ubi cicatrix remanserit in vultu, vel membrum fuerit mutilatum vel debilitatum, in furto, raptu mulieris, adulterio, et violentia publica et armata, et de qualibet percussione facta cum gladio ubi magna sanguinis effusio emanasset.

XV.

Item, concessit, voluit, statuit et ordinavit quod nulli castellani dicte bayllivie, vel vice castellani, presentes vel futuri, pro quibuscumque litteris sigillandis suis sigillis premium aliquod recipiant presertim, cum in comodum vel utilitatem dicti domini Dalphini, sicut dicitur, minime illud premium revertatur.

XVI.

Item, concessit et declaravit quod quecumque persone dicte bayllivie, moderne et future, res suas quas tamen franchas habent et habebunt possint cuicumque voluerint in emphyteosim tradere pro libito voluntatis absque superioris autoritate vel consensu.

XVII.

Item, voluit et concessit quod homines et persone quelibet universitatum predictarum et cujuslibet ipsarum omni tempore deinceps possint et sibi liceat bedalia quecumque facere, et levare aquas, et in ripagiis capere absque aliquo introgio vel servitio dicto domino Dalphino vel suis successoribus propter ea prestando, attento, ut dicebat, quod sic meliorando possessiones patrie cedit ad comodum ipsius domini Dalphini et suorum.

XVIII.

Item, voluit, concessit et ordinavit idem dominus Dalphinus quod nullo tempore deinceps officiales quicumque dicti domini Dalphini vel successorum suorum, vel nobiles dicte bayllivie Brianczonesii, in nemoribus hominum dicti domini Dalphini castellaniarum Brianczonii, Quadracii, Vallis-Pute, Sezane, Ulcii et quarumlibet aliarum dicte bayllivie, aliquathenus scindere possint, vel capi facere fustes vel ligna in nemoribus Chavaletarum, Pineti, Fontanillorum, Pinee de Valle-Puta, vel aliis quibuscumque bayllivie supra dicte, attento circa hoc, ut dicitur, quod scissiones hujusmodi sunt plurimum periculose propter diluvia et ruynas, et destructionem ac jacturam itinerum publicorum ; et de ipsis nemoribus nulli aliquid dare possint ; et etiam banna nemorum omnium tam nigrorum quam aliorum dicte bayllivie remisit universitatibus supra dictis et singulis personis earumdem presentibus et futuris, salvis, ipsi domino Dalphino et suis, pensionibus que fiunt, de quibus solitum est computare domino nostro jam dicto.

XIX.

Item, voluit, concessit, statuit, mandavit per tenorem hujus instrumenti, ac ordinavit dictus dominus Dalphinus quod de cetero ad requestam syndicorum universitatum predictorum vel collectorum ab eis vel singulis earum statutorum, castellani dalphinales dicte bayllivie Brianczonesii, vel eorum loca tenentes, et quilibet ipsorum in sua castellania,, personas quaslibet, nobiles et innobiles compellant et compellere teneantur per captionem pignorum, distractionem ipsorum, ac arrestationem personarum, si opus fuerit, ad solvendum, dictis universitatibus et singulis ipsarum, tallias quascumque que ipsis universitatibus secundum taxationem faciendam, juxta id quod superius de bladis et aliis rebus convertendis ad certam summam pecunie annuatim domino Dalphino solvendam, descriptum est, debebuntur, et alia que ipse persone pro predictis deberent universitatibus supra dictis vel singulis earum.

XX.

Item, voluit et concessit quod dicte universitates Brianczonesii et quelibet ipsarum universitatum possint et sibi liceat omnia tangentia ad commune earumdem universitatum et ad ipsas universitates scribi facere per quemcumque scriptorem quem ipse singule universitates duxerint eligendum, dum tamen ille notarius eligendus sit homo ligius Dalphinalis, qui notarius juret in manibus syndicorum universitatis pro qua electus fuit, vel divisorum ordinatorum ab universitate, quod erit semper fidelis domino Dalphino et suis, et quod fideliter faciet omnia sibi committenda per universitatem ipsam vel syndicos ejusdem universitatis nomine et ex parte ; hocque idem voluit jurari, et ordinavit in manibus syndicorum per collectores ordinandos.

XXI.

Item, voluit et concessit dictus dominus Dalphinus quod recognitiones nuper in anno presenti in dicta bayllivia coram commissariis in illis partibus per dictum dominum Dalphinum ordinatis et destinatis facte, casse sint et nullius a modo efficacie vel valoris.

Volens, concedens et ordinans idem dominus Dalphinus quod si forsan, processu temporis, per quemcumque venderentur in dicta bayllivia aliqua que teneantur a dicto domino Dalphino, et per emptorem non significaretur vel notificaretur, per unius mensis spatium post emptionem, syndicis universitatis penes quam empta erunt nomine dalphinali recipientibus eo casu res ipse committantur, et ipsarum rerum sic committendarum medietas domino Dalphino et alia medietas universitati aplicentur.

XXII.

Item, voluit et concessit quod syndici seu consules dictarum universitatum deboynare, restringere et ampliare possint in dicta bayllivia, ut eis conveniens videbitur, et expedire vias, pathega et nemora, et quecumque alia communia ipsarum universitatum et singularum personarum earum pro libito, absque licentia curie dalphinalis.

Quod etiam champerios et bannerios possint eligere et recipere, ab eisque eligendis et recipiendis sacramenta recipere sub nomine dicti domini Dalphini pro hiis que tangent universitates predictas, et exprimendo insuper in hujus modi juramento quod dalphinali curie sint fideles; viis tamen regalibus a potestate predicta sibi data pro viis ampliandis vel restringendis ad libitum, ut supra dictum est, dumtaxat exceptatis in quibus viis regalibus nulli liceat facere novitatem, nisi hoc fieret evidenter meliorando.

XXIII.

Item, quod officiales dalphinales dicte bayllivie, moderni vel futuri quamcumque personam dictarum universitatum vel alicujus earum, pro quibuscumque delictis per eam ulterius committendis, incarcerare non possint nec capere, nisi in criminalibus et capitalibus casibus in quibus non essent de jure fidejussoribus relaxandi, dum tamen pro ipsis delictis possit ipsa persona que commiserit fide jubere idonee et cavere.

XXIV.

Item, concessit, mandavit et ordinavit dictus dominus Dalphinus quod nullo unquam tempore de cetero officiales aliqui vel nobiles alii quicumque Dalphinatus aliquas bestias aventurariorum vel aliarum quarumlibet personarum Brianczonesii, mercatorum vel chammineriorum ejusdem bayllivie Brianczonesii accipere possint, nec eis liceat, vel detinere pro someriis ad eundum ad aliquas cavalgatas, neque ipsos itinerantes Brianczonesii aliquathenus fatigare.

XXV.

Item, voluit, concessit, convenit et ordinavit quod ipse idem dominus Dalphinus, vel heredes et successores sui, perpetuo non possint nec debeant dare vel concedere cuicumque persone aliquam libertatem seu immunitatem per quam premissa vel aliqua, seu aliquod premissorum, valeant in aliquo minui, vel mutari, aut aliquathenus coarctari.

XXVI.

Item, concessit, et ordinavit quod gaytaria que petitur per scubiam seu gaytam castri dalphinalis Brianczonii a personis dicte castellanie totaliter eisdem personis remittatur, attento, ut dicitur, quod inde nichil dicto domino Dalphino computatur, nec ad suum redundat comodum; ymo per ipsum dominum Dalphinum dicte gayte salarium debitum assignatur.

Et gayta castri dalphinalis Quadratii modo solito exigatur ab eamdem debentibus, nisi velint domino Dalphino solvere inde debitam solitamque pensionem, quo casu, si ita solvere voluerint, ex tunc efficiantur a prestatione hujusmodi liberi et immunes, satisfacto tamen accensatorum de introgio ipsi domino Dalphino prestito competenter.

XXVII.

Item, voluit, concessit, mandavit et ordinavit quod officiales dalphinales curie Brianczonesii compellant certas personas, que non se affranchiverunt cum affranchitis Podiorum, que debent sexaginta tres solidos, vel circa, de tallia comitali, ad profitendum et recognoscendum ipsam talliam et res que tenentur et astricte sunt ad ipsam talliam persolvendam, adeo quod in futurum deperire non possint domino nostro Dalphino predicto ad quem spectat.

XXVIII.

Item, voluit, concessit et ordinavit quod homines dicte bayllivie Brianczonesii nullo tempore deinceps per suos officiales dalphinales modernos vel futuros cogi debeant, sive possint, vel coarctari, custodire dalphinalia castra dicte bayllivie, vel aliqua seu aliquod ex eis, nec incarceratos in ipsis castris, nec alibi, nisi de ipsorum hominum voluntate; nisi tamen in casu arduo, evidenti et necessario, de quo casu castellanus, vel officialis qui hoc fecerit, bayllivo et judici dalphinalibus Brianczonesii, qui pro tempore fuerint, fidem facere teneatur; et tunc ad expensas ipsius castellani vel officialis, aut detempti; tunc etiam eligat ipse castellanus, vel officialis, homines minus occupatos magisque habiles ad dictum custodie officium exercendum; nisi tamen dictus castellanus aliud ab ipso domino Dalphino habuerit in mandatis, de quo mandato per litteras ipsius domini Dalphini fidem faciat, et tunc etiam magis habiles eligat ad predicta.

XXIX.

Item, concessit et ordinavit quod nulli quicumque officiales dalphinales dicte bayllivie, seu nobiles ejusdem, emere possint vel colligere aliquos redditus seu census alicujus ecclesie in castellania Quadratii, vel alibi in ipsa bayllivia, sub pena pro quolibet quinquaginta marcharum argenti fini, exceptis illis qui accensaverunt pro tempore accensamenti, quibus liceat recolligere per tempus in accensamento contentum; de quibus tamen accensamentis constabit per publicum jam inde receptum instrumentum.

XXX.

Item, voluit, concessit et ordinavit quod illi de Monasterio Brianczonii semper et perpetuo habeant ibidem in Monasterio forum, septimanis singulis, die martis, juxta ordinationem contentam in quodam privilegio inde, ut dicitur, sibi olim concesso per inclite recordationis dominum Johannem Dalphinum genitorem dicti domini Humberti Dalphini.

XXXI.

Item, concessit, statuit, convenit et ordinavit quod nullus quicumque officialis dalphinalis, vel castellanus dicte bayllivie, penas per ipsum imponendas, seu ipsorum mandato, personis dicte bayllivie, exigere non possit, nec exigi facere, nisi licentia et cognitione precedentibus judicis dalphinalis bayllivie predicte.

XXXII.

, Item, voluit et concessit hominibus quibuscumque bayllivie, presentibus et futuris, et etiam hominibus Beczete quod ipsi homines possint et sibi liceat ire et redire, cum eorum bestiis et mercaturis seu marchandiis, de cetero et perpetuo, versus Avenionem et alibi, per quecumque itinera per eosdem homines eligenda, sine impedimento et contradictione aliquibus, excepta terra vice comitis de Talardo quam dictus dominus Dalphinus excludit a concessione presenti, nonobstantibus quibuscumque prohibitionibus, inhibitionibus et contradictionibus factis per ipsum dominum Dalphinum seu officiales quoscumque dalphinales, vel etiam faciendis, in bayllivatibus Ebredunesii, Vapincesii, Campisauri, seu aliis quibuscumque.

XXXIII.

Item, concessit dictus dominus Dalphinus, exequendo, ut dicebat, testamentum felicis memorie quondam dicti domini Johannis Dalphini genitoris ejusdem, ac expresse quittavit et remisit, pro se, suis heredibus et successoribus, personis quibuscumque dicte bayllivie Brianczonesii, extraneis exclusis, qui nunc sunt et fuerunt in futurum, omnes gabellas Brianczonesii de quibuscumque rebus et marchandiis seu mercaturis quas habent sive defferant, aut ducant vel duci faciant quoquomodo, excepta tantum et expresse reservata ipsi domino Dalphino, heredibus et successoribus suis perpetuo, gabella averis lanuti de quo avere lanuto gabellam solvere teneantur. Non tamen intelligit nec vult idem dominus Dalphinus quod ipse persone dicte bayllivie Brianczonesii, de vel pro nutritu suo, de quo nutritu hactenus, ut dicitur, nihil exsolverunt, pro gabella aliquid solvere teneantur.

XXXIV.

Item, concessit, statuit, et expresse mandavit et ordinavit dictus dominus Dalphinus quod de cetero perpetuo judices dalphinales Brianczonesii condemnationes facere debeant et proferre in ipso bayllivatu ad dalphinalem monetam pro tempore currentem seu curribilem, et non ad aliam monetam.

XXXV.

Item, concessit et ordinavit quod deinceps notarii curiarum quarumlibet dalphinalium dicte bayllivie Brianczonesii solummodo habeant et percipiant, pro qualibet libra condempnationum, duodecim denarios monete curribiils predicte et non ultra.

Preterea idem dominus Dalphinus, uberiori favore et gratia prosequendo dictos homines suos fideles Brianczonesii, voluit, statuit et concessit quod omnes homines predicti et quarumlibet universitatum predictarum, ex nunc in antea in perpetuum, franchi atque burgenses nuncupentur, et deinceps prestare habeant homagia eorum, osculando dominum Dalphinum eorum dominum cui ea prestabunt, in anulo vel dorso manus sue, sicuti franchi, non autem in pollicibus sicut faciunt populares.

XXXVI.

Versa vice, supra nominati syndici, et procuratores ac persone universitatum predictarum ipsarum universitatum Brianczonesii et cujuslibet earum, ac singularum personarum earumdem, presentium et futurarum, vice et syndicario et procuratorio nomine, eoque modo et forma quibus melius potest intelligi de jure vel de facto stipulatis, gratisque et reverenter ac solempniter receptis omnibus et singulis gratiis, favoribus, honoribus, donationibus, cessionibus, concessionibus, declarationibus, remissionibus, conventionibus, et aliis superius expressis factis per prefatum dominum Humbertum Dalphinum, dominum nostrum carissimum modernum, ac statutis, ordinationibus, mandatis et constitutionibus per eum superius etiam declaratis, cupientes predicti syndici, procuratores et persone, suis et nominibus quibus supra, sicuti hiis de causis aliisque plurimis et diversis, tenentur et confitentur se teneri dicto domino Humberto Dalphino in omni qua possent reverentia complacere, suis et quibus supra nominibus, ut supra sponte et eorum francha atque libera voluntate et de expressa, ut dicebant, conscientia universitatum predictarum a quibus, ut scriptum est superius, syndici atque procuratores propter ea fuerunt constituti, remiserunt, cesserunt, donaverunt, concesserunt totaliter et quitaverunt dicto domino Dalphino presenti et recipienti omne peccatum quod dictus dominus Humbertus Dalphinus, ac etiam felicium recordationum quondam genitor, germanus, patrui et alii ejusdem domini Dalphini progenitores, incurrisse retroactis temporibus apud vel adversus dictas universitates et singulares personas ipsarum universitatum, preteritas vel modernas, quomodolibet potuerint, occasione exactionum quarumlibet factarum ab eisdem personis per dictum dominum Humbertum Dalphinum et predictos ejus progenitores, vel alium eorum, vel alterius seu aliquorum ex eis nomine vel mandato, pro pedagiis, gabellis, stabilitis, donis, subsidiis, cavalgatis, et aliis quibuslibet exactionibus illicitis, ac pro quibusvis dampnis realibus vel corporalibus eis illatis, et injuriis ac jacturis pro cursu vel refortio monetarum, regiminibus indiscretis vel excessivis ipsorum officialium et aliis que excogitari possent occasionibus quibuscumque; et etiam remiserunt et quittaverunt omnem restitutionem, emendam et satisfactionem que pro predictis aut aliquo predictorum, et aliis omnibus que hic exprimi possent, essent dictis universitatibus et personis Brianczonesii preteritis vel modernis, quomodolibet faciende pro omnibus elapsis temporibus usque ad diem hodiernam.

Ac etiam dicti syndici et procuratores ac persone, quibus supra nominibus, convenerunt, concesserunt et expresse promiserunt se facturos et curaturos cum effectu, ad requisitionem dicti domini Dalphini, quod dicte universitates et persone singule earumdem, si dicto domino Dalphino placuerit vel videatur expedire per se vel per syndicos aut procuratores ad hec et subscripta specialiter deputandos, remittent, solvent et quittabunt omni modo, pura et liberali conscientia atque intima voluntate, omnia et singula supra dicta, quittata et remissa per syndicos atque procuratores memoratos, ac etiam ratifficabunt, promittent, acceptabunt et jurabunt ea que inferius subsequuntur.

Et quia etiam prenominatis syndicis, procuratoribus et personis suis, et nominibus quibus supra instantibus, convenientibus, ac gratis pro gratis recipientibus, prefatus dominus Dalphinus eisdem quittavit et remisit omnes gabellas Brianczonesii preter gabellam averis lanuti ut supra latius declaratur; idem syndici, procuratores et persone, suis et quibus supra nominibus, ex nunc pro in perpetuo, quittaverunt et remiserunt dicto domino Dalphino, heredibus et successoribus suis, eorum spontanea voluntate, omne peccatum pro dicta retenta gabella averis lanuti ulterius exigenda, quomodolibet incursurum.

XXXVII.

Propter ea recognoscentes dicti syndici, procuratores et persone, quibus supra nominibus, beneficia ante dicta, impensa et concessa prefatis universitatibus Brianczonesii et singulis earumdem personis, ipsisque syndicis, procuratoribus et personis, vice et eorum nominibus petentibus et recipientibus, per dictum dominum Dalphinum qui easdem personas dictarum universitatum gratiis, libertatibus, comodiosis et privilegiis, ut predictum est, plurimum decoravit, hiis de causis, prefati syndici, procuratores et persone, suis et nominibus quibus supra, gratis et spontanea voluntate, beneque advisi, premeditati, ut dicebant, atque consulti, concesserunt, dederunt et expresse donaverunt prefato domino Humberto Dalphino, presenti et sollempniter acceptanti et recipienti, pura donatione et irrevocabili, duodecim milia florenorum auri justi et legalis ponderis, semel, que quidem duodecim milia florenorum dicti syndici, procuratores et persone, suis et nominibus quibus supra, convenerunt, promiserunt, et super sancta Dei evangelia ab eis et quolibet eorum corporaliter manibus suis tacta juraverunt, et sub expressa ypotheca et obligatione rerum et bonorum suorum et dictarum universitatum singularumque personarum earum, mobilium et immobilium, presentium et futurorum, per tempus et terminos infrascriptos, videlicet infra sex annos proxime et immediate venturos, duo milia florenorum, scilicet in instanti festo purifficationis beate Marie, et alia duo milia florenorum in immediate subsequenti festo eodem purifficationis; et sic duo milia florenorum anno revoluto in dicto festo quolibet anno usque ad sex annorum terminum inclusive solvere, tradere et assignare realiter et cum effectu domino Dalphino supra dicto, vel ejus certo nuntio, vel mandato, seu cui vel quibus eisdem domino Dalphino placuerit ordinare.

De quibus quidem duodecim milibus florenis, ut supra describitur, dicto domino Dalphino exsolvendis, prenominati syndici, procuratores et persone, quibus supra nominibus, inter se et cum dicto domino nostro Dalphino, ipse que dominus Dalphinus cum eisdem convenerunt, pactaverunt, concesserunt et concordaverunt in hunc modum, videlicet quod universitates castellaniarum Brianczonii, Quadratii, Vallis-Pute, Sancti Martini et Cayrerie, et a colle montis Jani citra, de dicta quantitate solvenda dictis terminis solvere debeant cum effectu octo millia florenorum; et universitates castellaniarum Sezanne, Ulcii, Salabertani, Exiliarum, Bardonechie et Vallis-Cluzonis, et a colle predicto ultra, etiam solvere debeant cum effectu quatuor milia florenorum, sub juncta tamen conditione conventa et expressa inter dictos syndicos, procuratores et personas universitatum castellaniarum Sesane, Ulcii et Salabertani, ex una parte, et dictum dominum Dalphinum ex altera, concessaque per eumdem dominum Dalphinum, quod si forsan universitates vel persone dictarum castellaniarum Bardonechie, Exiliarum et Vallis-Cluzonis dissentirent premissis et contributioni seu solutioni dictorum quatuor milium florenorum cum dictis universitatibus castellaniarum ipsarum Sesane, Ulcii et Salabertani, eo casu dicte universitates castellaniarum Sesane, Ulcii et Salabertani, duo milia flore-

norum tantummodo de summa et dono predictis prefato domino
Dalphino, vel ejus ordinationi, vel mandato, ut predictum, solvere teneantur, aliis universitatibus predictis castellaniarum Bardonechie,
Exilliarum et Vallis-Cluzonis eo casu exclusis a gratiis, libertatibus et
omnibus supra dictis, pro quibus in casu hujusmodi duo milia florenorum de summa predicta duodecim milium florenorum concessa dicto
domino Dalphino, ut predicitur, detrahantur.

XXXVIII.

Ceterum animadvertens dictus dominus Dalphinus quod in contractu hujus modi superius inter cetera est expressum, quod universaliter omnes bayllivie Brianczonesii mittere debeant mandati vel requisiti ad cavalgatas dalphinales quingentos clientes munitos arnesiis superius declaratis, volens ipsis hominibus suis Brianczonesii, pro dictis arnesiis emendis et habendis, tenendis et custodiendis, subsidium atque
gratiam facere specialem, liberali sua gratia dedit et concessit dictis suis
hominibus, hac de causa, mile florenos auri de summa duodecim milium
predictorum, quos mile florenos idem dominus Dalphinus esse vult et
concedit intelligi de primis solvendis in primo termino superius de-
clarato.

Qui quidem dominus Dalphinus volens premissa omnia, universa et
singula, ut superius per eum sunt concessa, donata, declarata, confirmata, quittata, ordinata atque statuta, semper et perpetuo inviolabiliter observare, pro se suisque heredibus et successoribus universis et
singulis, bona fide promisit dictis syndicis, procuratoribus et personis
michique notario publico infra scripto, presentibus sollempniterque
stipulantibus et recipientibus, vice, nomine et ad opus dictarum universitatum et cujus libet earum personarumque earumdem presentium
et futurarum, et jurare voluit ad majorem firmitatem et juravit, supra
sancta Dei evangelia ab eo corporaliter manu tacta, ea omnia universa
et singula semper et omni tempore rata, grata et firma habere, servare et tenere, et nunquam contra facere, vel venire, aut ea infringere
quoquo modo, nec alicui contravenienti, seu venire volenti consentire
juris vel facti aliqua ratione; necnon idem dominus Dalphinus pro se
et suis, ut supra, ad securiorem cautelam et observantiam omnium et
singulorum premissorum, ex nunc pro impperpetuo mandat et preci-
pit distincte, per hujus instrumenti tenorem, omnibus, universis et
singulis bayllivis, judicibus, procuratoribus, castellanis, notariis, mis-

tralibus et maigneriis seu servientibus, ac aliis quibuslibet officialibus Dalphinatus specialiter Brianczonesii presentibus et futuris et cuilibet eorumdem, quathenus predicta omnia, universa et singula, in singulis suis membris et capitulis, prout cum bono intellectu et favore dictorum hominum et universitatum Brianczonesii superius sunt expressa, et in omnibus suis partibus eisdem universitatibus earumque singulis personis presentibus et futuris observent, custodiant firmiter et inviolabiliter exequantur, nullathenus quovis exquisito colore directe vel indirecte in contrarium faciendo, nec etiam per quemvis alium quicquam fieri in contrarium aliquathenus patiantur; et de predictis prefatus dominus Humbertus Dalphinus voluit, concessit et precepit, dictique syndici, procuratores et persone, nomine et ad opus dictarum universitatum et singularum personarum ipsarum, petierunt et requisierunt per me notarium infra scriptum unum vel plura cuilibet ipsorum, et tot quot habere voluerint ejusdem tenoris, fieri publica instrumenta per que premissa omnia et singula fiant omnibus manifestata.

Volens, mandans et concedens dictus dominus Dalphinus quod hujus modi per me subscriptum notarium grossanda atque signanda instrumenta gratis per dalphinalem cancellarium sigillentur, que sigilla, si postea frangerentur in toto vel in parte, mala custodia vel aliter, nichilominus illis instrumentis, et etiam instrumentis inde conficiendis, que sigillata non erunt, adhibeatur in omnibus et per omnia fides plena et consimilem obtineant in omnibus efficaciam et virtutem.

Actum et acta fuerunt hec apud Bellumvidere in Royanis, diocesis gratianopolitani, in dalphinali castro, presentibus reverendo in Christo patre domino Johanne Dei gratia episcopo gratianopolitano, venerabilibus et nobilibus viris dominis, Leuczone de Lemps decretorum doctore, priore Sancti-Donati, Johanne de Altavilla legum doctore, Guigone et Reymundo Falavelli, Francisco de Cagnio, Reymundo Chaberti, Guigone Borelli seniore, Petro Durandi de Cabeolo, jurisperitis consiliariis dicti domini Dalphini, Daniele Motheti notario de Brianczonio et Durando Croseti de Quadracio, pluribusque aliis vocatis et rogatis testibus specialiter ad premissa.

Et ego Guigo Frumenti de Gratianopoli notarius publicus, apostolica et imperiali, domini Francorum regis et dalphinali autoritatibus, premissis omnibus et singulis dum agerentur inter partes predictas, prout superius in hoc presenti publico instrumento sunt descripta, una cum testibus superius nominatis interfui, rogatus et requisitus ab ipsis partibus hoc publicum instrumentum inde recipi, quod, autoritate michi concessa per dictum dominum Dalphinum, in iis duabus pellibus colla junctis scribi feci, factaque collatione diligenti cum protocolo meo, hic in hoc presenti publico instrumento me subscripsi propria manu fideliter et signo meo consueto supra conjuncturam pellium in tribus locis; et, ante hujus modi subscriptionem meam, in uno loco signavi in fidem et testimonium veritatis.

Nos itaque Humbertus Dalphinus Viennensis memoratus premissa omnia et singula confitentes et asserentes fore vera ut superius scripta sunt et narrata, huic publico presenti instrumento inde facto sigilli nostri annulli secreti apposuimus impressuram, et illud instrumentum nostri majoris fecimus munimine roborari ad majorem fidem et certitudinem rei geste. Guigo Frumenti.

Nota.—La minute ne contient pas les deux derniers alinéas qui précèdent ; ils ont été ajoutés par le notaire à la fin de la première grosse qu'il a expédiée aux Briançonnais (sur deux grandes peaux collées ensemble), et qui existe encore dans les archives de la ville de Briançon.

CHAPITRE XII.

Chartes municipo-féodales des paroisses ou communautés de Bardonesche, Rochemolle et Béollard.

Les communautés de la coseigneurie de Bardonesche, Rochemolle et Béollard, ainsi que de la coseigneurie de Nevache, adjointe à la première en augmentation de fief, par acte de concession, de 1282 (Arch. c. c., *Tituli*, f° 580), n'avaient point eu de représentants à la transaction de 1343, parce qu'elles avaient traité antérieurement sur leurs franchises avec les coseigneurs de Bardonesche en 1330, et avec le dauphin en 1336 ; et comme elles n'exécutèrent pas ce qui avait été stipulé pour elles par l'art. 37 de cette transaction, elles se sont trouvées dans une position moins favorable que les autres communautés briançonnaises, et n'ont obtenu qu'un régime municipo-féodal beaucoup moins libre et moins indépendant, jusqu'à ce que le temps faisant oublier cette différence et confondant leur position avec celle des autres communautés, elles ont fini, à une époque qu'il est difficile de déterminer, par être considérées et traitées d'une manière à peu près identique, à l'exception toutefois d'une partie de la coseigneurie de Nevache qui paraît n'avoir pas été comprise dans la vente faite en 1332 (Arch. c. c., *Pilati*, 1332) au dauphin par les coseigneurs de Nevache et de Bardonesche, laquelle a été maintenue comme fief jusqu'à l'année 1789, d'abord en faveur de la famille de

Nevache, et ensuite en faveur de la famille des Ambrois, dont un membre occupe aujourd'hui un poste éminent en Piémont. Ainsi la féodalité qui n'avait point été abolie aussi complétement par les chartes de Bardonesche de 1330 et de 1336, qu'elle l'avait été, pour le reste du Briançonnais, par la charte de 1343, a continué à peser plus ou moins sur cette coseigneurie.

Il n'est pas néanmoins inutile, pour pouvoir apprécier ultérieurement la nature des institutions municipo-féodales des communautés de ces coseigneuries, de faire connaître les circonstances à la suite desquelles sont intervenues ces chartes de 1330 et de 1336.

Ces communautés avaient plus anciennement d'autres chartes particulières que je n'ai pu retrouver et qui étaient déposées dans les minutes d'un notaire; c'est ce qui résulte d'un traité ou pacte d'union et de fédération, du 27 juin 1332 (Arch. c. c., *Pilati*, 1332), entre le dauphin, les coseigneurs de Bardonesche et les communautés de la coseigneurie représentées par leurs syndics, ainsi que par trois cent quarante de leurs habitants, traité dans lequel il est stipulé que le seigneur dauphin a ratifié, homologué, approuvé et confirmé les pactes, priviléges, immunités et conventions qu'avaient autrefois les hommes de ces communautés ou qu'il leur avait accordés conformément au contenu d'actes publics passés à Oulx et écrits ou souscrits de la main des notaires Maurel et Jordan : *Dominus Dalphinus pacta, privilegia, immunitates et conventiones, omnes et singulas, olim habitas et concessas per eum cum dictis hominibus universitatum prædictarum apud Ulcium, contentas et contenta in publicis instrumentis confectis inde manu Beneytoni Maurelli et mei Jordani de Tiecla notarii subscripti, ratificavit, emologavit, aprobavit et confirmavit expresse.*

Cela résulte encore d'une enquête judiciaire de 1329, provoquée par les faits que l'on va faire connaître, dans laquelle il est dit que l'un des coseigneurs (Bermond de Bardonesche), usurpant le nom de potestat de Bardonesche, avait enlevé, de sa propre main, de l'office de ces notaires, sans vouloir le rendre, le livre et registre des chapitres par lequel et selon lequel les hommes et les populaires de Bardonesche avaient coutume de se régir et d'être régis : *Bermundus de Bardoneschia, nomen potestatis de Bardoneschia assumens, librum et registrum capitulorum per quem et secundum quem homines et populares de Bardoneschia regere et regi consueverint, accepit et de manu sua operatorio Jordanini Maurelli notarii rapuit et occultavit, et adhuc detinet occultatum.... licet sæpius per precem.... requisitus exhibere et restituere loco debito, renuit, distulit, et adhuc differt et recusat.*

Ce livre ou registre, mentionné dans l'enquête de 1329 et rappelé dans l'art. 18 de la charte de 1330 et dans l'art. 74 de la charte de 1336, devait donc constater d'anciennes immunités ou franchises antérieures à celles que le dauphin Humbert II, ou son frère Guigues, avaient pu accorder, car cet article 74, qui annule les concessions du dauphin Guigues, annule aussi les anciens statuts écrits, et parle des bons usages et des libertés dont les habitants jouissaient de toute antiquité : *Statuta scripta ab antico in Bardonechia..., bonis usibus et libertatibus quibus uti et gaudere antiquitus consueverunt.*

Ces communautés formaient alors un fief appelé fief ou fonds *allodial* ou *gentil : feudum* ou *fundum allodiale, gentile*, tenu en coseigneurie, pariage ou parerie, *pareria*, par le dauphin et par plusieurs coseigneurs de Bardonesche. L'administration seigneuriale du dauphin y était très-douce et très-paternelle, comme dans tout le reste du Briançonnais ; mais il n'en était pas de même de celle de ces coseigneurs au commencement du XIV⁰ siècle ; ceux-ci se permettaient toutes sortes de vexations et de violences envers les habitants qu'ils accablaient de charges de tout genre, qu'ils dépouillaient de leurs biens, qu'ils insultaient, qu'ils frappaient à coup d'armes ou de pierres, dont ils enlevaient et violaient les femmes et les filles, qu'en un mot ils traitaient comme des ennemis mortels, *more hostium et inimicorum capitalium.*

Tels sont les principaux faits révélés par une enquête faite devant le juge delphinal de Briançon, le 4 mai 1329 (Arch. c. c., *Copiarum Ebredunesii, CCC,* iv), enquête provoquée par la clameur publique, par les plaintes des habitants, et ordonnée par le conseil delphinal.

Effrayés par ces poursuites, les coseigneurs de Bardonesche firent la paix, traitèrent et transigèrent, *fecerunt pacem, compositionem, transactionem et concordiam,* avec les syndics ou officiers municipaux des communautés de la coseigneurie, par un acte notarié du 4 janvier 1330, qui a consacré authentiquement les institutions municipales de ces communautés dans leurs rapports avec ces coseigneurs ; et comme ces institutions n'ont pas été, ainsi que celle des autres communautés, dégagées entièrement de toute sujétion féodale, notamment quant à la liberté de s'assembler qui est restée subordonnée à l'autorisation du podestat seigneurial, nous les distinguons par la qualification de *municipo-féodales.*

Ces institutions, qui faisaient partie des franchises locales, ont ensuite été confirmées par le dauphin, dans le traité du 27 juin 1332, ainsi qu'on vient de le voir ; néanmoins ce traité, qui n'est qu'une espèce de pacte d'union et de confédération féodo-militaire, entre le Dauphin, ses coseigneurs et leurs vassaux communs, ne donne quelques explications que sur les obligations respectives pour le fait de la guerre.

Mais, quelques années après et le 4 juin 1336, il intervint, entre le dauphin Humbert II et les syndics de ces communautés, une nouvelle charte qui régla et consacra avec beaucoup plus d'explications et de détails, leurs franchises municipales à l'égard du dauphin.

Voici le texte inédit des deux chartes de 1330 et de 1336, d'après le petit registre des archives de la chambre des comptes, intitulé : *Libertates Bardoneschiœ...*

CHARTE *inédite* DU 4 JANVIER 1330.

In Christi nomine, Amen. Anno nativitatis ejusdem millesimo ccc° trigesimo, indictione xiij^a, die quarta mensis januarii, apud Bardonechiam in domo nobilis Constancii de Bardonechia, præsentibus domino Petro Cambayroni capellano Bardonechiæ, nobili Guillelmeto de Bardonechia, Johanne de Ast habitatore in Bardonechia, Rodulpho Galiani Sancti Mauricii de Chamenchasia, Beneytono Falque de Maceriis, Rodulpho Maurelli habitatore de Ulcio, Johanne Balbi de Nevachia et pluribus aliis testibus ad hæc vocatis specialiter et rogatis, Noverint universi et singuli hoc præsens publicum instrumentum inspecturi quod cum quæstiones et discordiæ variæ et diversæ verterentur et essent inter nobilem virum dominum Franciscum de Bardonechia militem, ex una parte; necnon Johannem Boneti, Petrum Grant, Petrum Emabrendi, Petrum Cambayroni de Bardonechia, Aymonem filium quondam Johannis Oydelini, Michaelem Bernardi de Rochamolie, et Guillelmum Corberiæ de Beulario, suo nomine et ut sindicos et sindicario nomine universitatum hominum parochiarum Bardonechiæ, Beularii et Rochamolarum, de quorum sindicatu patet per instrumentum publicum scriptum manu Bonifacii Berardi notarii publici sub anno domini millesimo ccc° vigesimo nono, indictione xij^a, die xviij mensis Marcii ex alia parte, quæ quidem quæstiones et discordiæ tales erant : dicebat quidem dictus dominus Franciscus quod, cum ipse sit condominus dictarum villarum seu parochiarum, homines ipsarum villarum in quampluribus debitis, serviciis et usagiis, ipsi condomino Francisco sunt astricti et obligati videlicet quod homines dictorum locorum eidem esse consueverint taliabiles ad mercedem.

Item, dicebat dictus dominus quod homines villarum prædictarum tenentes ab eodem terras vilanenchias eidem tenentur pro tachia ad undecimam gerbam.

Item, dicebat dictus dominus Franciscus quod habere debebat vendoyas seu antrey in feudis aliodalibus et nobilibus suis Bardonechiæ et plures alias servitutes.

Item, dicebat quod habebat successionem in hominibus suis dictorum locorum morientibus ab intestato et sine liberis legitimis a se decendentibus.

Item, dicebat dictus dominus quod de feudis vilanenchiis suis quum vendebantur habere debebat pro vendoys ab emptore tercium.

Item, dicebat prædictos homines locorum prædictorum plura bona extorsisse ab eodem, cepisse et vincisse propria auctoritate contra voluntatem ipsius domini Francisci; et prædictos homines locorum prædictorum in pluribus aliis servitutibus et usagiis eidem domino fore obligatos quas et quæ eidem de novo præstare et solvere recusabant.

Quæ omnia prædicta dicti sindici, nominibus quibus supra, vera esse negabant, dicentes contra dictum dominum Franciscum conquerendo quod idem dominus ipsos hominesque locorum prædictorum indebite et injuste compellebat ad sibi solvendum tallias, complantas, roydas, successiones, tachias et quamplures alias servitutes, ad quas minime tenebantur.

Item, constituebat camperios indebite, quæ constitucio spectabat hominibus ante dictis.

Item, talabat nemora indebite et ponebat potestatem de condominis Bardonechiæ et bona dictorum hominum sine cause cognicione cotidie saysiebat, et communitates, pascua et alpagia communitati spectancia albergabat indebite, et quod plura et diversa gravamina cotidie dictis hominibus inferebat et plures servitutes de novo imponebat et a dictis hominibus contra Deum et justiciam et eorum voluntatem propriam exigere mitebat, prout asserebant sindici memorati.

Tandem dictæ partes, videlicet dictus dominus Franciscus ex una parte, necnon prædicti sindici nomine suo et sindicario nomine prædicto ex altera, volentes de prædictis omnibus communibus et omnibus et singulis dependentibus et emergentibus ex eisdem amicabiliter concordare, fecerunt pacem, compositionem, transsactionem et concordiam in modum qui sequitur : videlicet dictus dominus Franciscus, tanquam condominus, parerius et consors in dictis locis, non vi, non dolo, nec aliqua machinatione inductus, sed propria et spontanea voluntate et certa sciencia, pro se suosque hæredes et successores, ex causa dicta transsactionis et ex causa mære, puræ, inrevocabilis donationis, infrascriptas omnes et singulas donationes, promissiones, obligaciones, stipulaciones, quitaciones, remissiones, afranchimenta et libertates, et eciam immunitates, exemptiones, privilegia et pacta fecit, dedit, tradidit, et qui atque donavit universis et singulis hominibus et personis dictarum parochiarum Bardonechiæ, Beularii et Rochamolarum præsentibus et futuris imperpetuum, necnon predictis sindicis stipulantibus et acceptantibus, suis propriis nominibus, sindicario et procuratorio nomine hominum prædictorum loccorum atque parochiarum, prædictarum, necnon michi Beneytono Maurelli et Jordano de Tiecla, notariis publicis, ut personis publicis stipulantibus et recipientibus vice et nomine omnium et singulorum hominum et personarum prædictarum ex parochiis supra dictis, et eorum hæredum et successorum imperpetuum ad quemlibet ipsorum spectat ac spectare posset et interesse vel pertinere, communiter vel divisim, et prout melius et firmius de jure tenere et valere potest.

In primis namque promisit dictus dominus Franciscus sindicis et notariis ante dictis, recipientibus ut supra et nomine quo supra, per pactum expressum sollempniter stipulacione vallatum, quod ipse salvabit, custodiet, gubernabit et manutenebit et deffendet omnes et singulos homines et personas dictorum locorum et eorum res et bona velut suos homines et fideles atque probos, et eciam deffendi et manuteneri et salvari faciet suo posse in eorum libertatibus, rebus et bonis, ubicumque.

ij. Item, promisit ut supra prædictis sindicis et notariis stipulantibus ut supra quod ipse ponet, in dictis locis, rectorem, potestatem seu judicem, omni suspicione carentem, qui regat terram et villas prædictas in villa Bardonechiæ loco consueto, et faciet et curabit cum effectu quod unusquisque rector, judex seu potestas, ibi ponendus, ad sancta Dei evangelia jurabit, antequam regimen aprehendat, salvare, gubernare, manutenere et deffendere omnes et singulas personas locorum prædictorum, et eorum bona et suas libertates, secundum ea quæ in præsenti instrumento continentur et secundum capitulum Bardonechiæ, et omnia alia ordinamenta facienda de consilio sindicorum super bannis imponendis pro negociis terræ, videlicet pro nemoribus, pascuis, denesiis, pratis, terris, violis, bladis deffendendis et custodiendis, et aliis statutis et ordinamentis quæ ad utilitatem communitatis pertinerent, et exercebit et ordinabit, et secundum ea justiciam unicuique præbebit, ita videlicet quod rector, potestas seu judex, ante dictum juramentum præstitum, pro rectore, potestate seu judice, nullatenus habeatur, sed quicquid per ipsum, ante dictum juramentum actum, gestum fuerit ipso jure sit irrictum et inane.

iij. Item, ex causa prædicta, dictus dominus Franciscus contulit et dedit dictis sindicis et notariis recipientibus ut supra libertatem, bayllivam et omnimodam potestatem constituendi, faciendi et ordinandi, ad voluntatem suam, in locis prædictis, camperios quos ipse dominus Franciscus, vel ejus potestas aut mistralis, pro rata sui consorcii, confirmare teneatur, qui camperii dominis Bardonechiæ pro ratta consorcii cujuslibet quatuor libras piperis annis singulis solvere teneantur; et si dictus dominus Franciscus, vel ejus potestas vel mistralis, confirmare differret aut recusaret, nichilominus camperiæ officium possint exercere impune et eorum accusationes, et quicquid circa dictum officium egerint, valeat et exsecutioni mandetur ac si per ipsum dominum confirmatum legitime fuisset, jure aliquo non obstante.

iiij. De feudis villanenchiis albergamentum.

Item, ex causa qua prædicta dictus dominus Franciscus remisit et quitavit universos et singulos homines et personas præsentes et futuros locorum prædictorum parochiarumque prædictarum et eorum res et bona mobilia et immobilia ab omni tallia et exactione taliæ, seu præstatione quovis jure et nomine facienda, levanda seu tayanda, salvis sex viginti libris monetæ usualis computando turonos grossos de O rotundo boni argenti litteræ veteris regis Franciæ quemlibet pro duobus solidis et quatuor denariis vel valorem, de qua talia habeant et annuatim percipiant nobiles Guillelmetus de Bardonechia, Georgius et Jordanetus, olim filii nobilis Oberti de Bardonechia, triginta libras dictæ monetæ pro feudis vilanenchiis suis, et residuum taliæ prædictæ, videlicet quatuor viginti et decem libras dictæ monetæ, habeant tam ipse dominus Franciscus quam omnes alii condomini Bardonechiæ et consortes locorum prædictorum pro feudis vilanenchiis suis, et percipiant annuatim videlicet quilibet pro parte et rata sui consorcii Bardonechiæ et locorum prædictorum, quæ talia dividatur, super feudis vilanenchiis dominorum prædictorum, secundum modum prædictum, per homines et possessores prædictorum feudorum vilanenchium et non aliter, et ultra premissa nichil petere, exigere vel recuperare possit seu valeat ullo modo.

v. De Tachiis.

Item, remissit et quitavit, ex causa qua supra, hominibus et personis dictorum locorum et parochiarum prædictarum et dictis sindicis et notariis stipulantibus et recipientibus ut supra, omnia et singula jura ei competentia et competitura pro tachiis et earum exactione, quocumque jure deberentur, eo salvo quod de quatuordecim gerbis quas prædicti percipiunt in campis feudi vilanenchii, mistralis dicti domini Francisci, ad opus ipsius domini, in dicto campo quod fuerit de feudo suo, percipiat et levet unam gerbam nomine tachiæ, et dictus mistralis teneatur venire et recipere tachiam supra dictam ad requisitionem possessoris dicti campi; et si venire non curaverit, dictus possessor, dimissa in campo dicta tachia, alias ad libitum deportare valeat atque possit, et pro ipso anno ab omni præstatione tachiæ sic dimissæ absolutus intelligatur, prailibus remanentibus in suo statu.

vj. De Angariis et Parangariis.

Item, ex causa prædicta, dictus dominus Franciscus remissit et quitavit, hominibus supra dictis et dictis notariis recipientibus ut supra et nominibus quibus supra, omne jus sibi competens et quod competere speratur contra ipsos et eorum bona, pro complantis, angariis et parangariis, roydis, coroatis et adjutoriis, stabilitis, fogagiis, ita quod de cetero homines prædicti ad aliquod prædictorum nullatenus teneantur, nec eciam idem dominus Franciscus imposterum de novo, super ipsis personis vel bonis, aliquam servitutem, vel exactionem seu prestationem, quocumque jure vel ratione censeatur, levare, imponere, aut quocumque modo ab ipsis exigere possit.

vij.— De feudis nobilibus et allodialibus, et qualiter homines Bardonechiæ tenentur excubias pro feudis nobilibus et allodialibus quæ tenent, cum conditione in uno equo, uno sommerio et uno ronceno quum dominus Dalphinus mandat suum exercitum.

Item, pactum extitit ut supra per homines parochlarum prædictarum de feudis nobilibus et allodialibus locorum prædictorum ut proprio teneantur domino Dalphino universis condominis Bardonechiæ in uno equo, uno sommerio et uno roncino, inclusis omnibus rebus quas habent, in dictis locis et segnoria Bardonechiæ, universi condomini dictorum locorum, sic quod prædicti homines, pro feudis prædictis, teneantur ad contributionem faciendam cum dominis, pro ratta et parte eorum tantum et non ultra, cum dominus Dalphinus mandat exercitum generalem de terra sua et pro terra sua, pro quibus equo, roncino et sommerio, dicta feuda et dictæ res sint quitiæ ab omni alio tributo quod nominari possit, salvisque tamen quod homo habens hospicium bonum in feudo nobili et habens plures res feudi nobilis quæ teneantur de feudo dicti domini Francisci, homagium seu fidelitatem eidem domino Francisco præstare ac facere teneatur ad requisitionem ipsius domini Francisci; et nichilominus possit facere dominum novum in festo natalis domini, relinquendo vel alienando quovis titulo a se hospicium et res nobiles supra dictas, et homo qui tantum tenet vel tenebit in futurum aliquam rem feudi nobilis, quæ res sit de feudo alterius domini quam de illo cujus est homo vel fuerit homo, secundum priscum vel consuetudinem Bardonechiæ, domino feudi dictæ rei nobilis facere in ejus requisitionem teneatur simplicem fidelitatem, salva semper fidelitate seu homagio salvo prioris domini sui, et sic intelligatur tam de una terra quam pluribus, quod unam vel plures fidelitates facere possit pro dictis rebus nobilibus aquisitis vel aquirendis et quovis titulo habendis.

viij. — De investitura facienda in morte possessoris vel domini sine aliquo sumptu.

Item, teneatur se investiri a dicto domino in morte possessoris vel ipsius domini in annum, faciendo sibi fidelitatem per modum prædictum, si recipere voluerit, pro dictis rebus, et dictus dominus dictum hominem investire teneatur sine aliquo precio vel sumptu; et, si prædictus dictus dominus facere noluerit, propter id dicti homines seu dictus homo aliquam pœnam non incurrant.

ix. — Qualiter ementes res feudales de ipsis debent retinere.

Item, pactum extitit, ut supra, quod dictus dominus, vel ejus mistralis pro eo in Bardonechia, teneatur de cætero antrare ementibus res feudorum nobilium et alodii, et ipsas inde retinere absque precio vel antramento, et ementis intra annum emptoris dictum antrey recipere teneantur; et si prædicta dictus dominus Franciscus non fecerit vel ejus mistralis, propter hoc homines a suo jure non cadant, nec aliquam pœnam incurrant.

x. — De successionibus.

Item, ex causa qua supra, inter dictum dominum Franciscum et dictos sindicos et notarios pacisentes et recipientes ut supra, actum et pactum extitit, sollempni stipulatione firmatum, quod si aliqua persona locorum prædictorum et parochiarum prædictarum imposterum testata vel intestata decesserit, superstitibus sibi aliquibus liberis, cujuscumque nacionis et conditionis existent, aut aliis decendentibus, patre vel matre, aut aliis acendentibus vel transversalibus usque ad germanos consanguineos inclusive, qui dicuntur in secundo gradu, pertinere jure agnacionis vel cognacionis copulatis eidem sic decedenti. Eo casu, præfatus dominus eidem morienti in aliquo non succedat nec in bonis et hæreditate sic decedentis, jure successionis, vel jure consuetudinis, vel alia quacumque de causa nichil petere aut quocumque modo exigere valeat atque possit; sed succedant prædicti liberi et propinquiores prædicti secundum suum gradum, vel ille seu illi cui vel quibus testator seu moriens ut supra res suas et bona sua duxerit in testamento vel extra, seu alio quovis modo relinquendi, jure vel lege in contrarium dicente vel faciente nonobstante. Si vero aliqua persona absque liberis, vel aliis prædictis sibi junctis, vel aliquo eorum, decesserit intestata, dominus succedat in totum; si vero testata decesserit, domino terciam partem relinquere teneatur, reliquis duabus partibus aliis secundum jura communia applicandis.

xj. — De bannis nemorum.

Item, actum extitit atque pactum, inter partes prædictas, ex dicta causa, quod nemora mandamenti Bardonechiæ, locorum et parochiarum prædictarum, de cætero tam per dominos quam per sindicos banniantur, ita quod aliquis in nemoribus prædictis cindere seu cindi facere non audeat vel præsumat, nisi de voluntate donatorum deputandorum, ad hæc circa quæ ordinetur et constituatur certum bannum, juxta formam præcedentis pacti, dominis aplicandum et secundum consorcium suum pro ratta, et quitum dein contrafaciens de emenda solvere teneatur quæ communitati hominum Bardonechiæ aplicetur et persolvatur.

xiij. — Qualiter ab emptore feuda villanenchia recipi debent pro laudimiis et venditis decimum denarium.

Item, dictus dominus Franciscus, ex causa qua supra, remisit et quitavit, personis parochiarum prædictarum et dictis sindicis et notariis recipientibus ut supra, omnia jura sibi competencia et omnem spem jurium competiturorum contra ipsas personas et eorum bona, occasione quarumcumque vendoyarum et antreyamentorum rerum quarumcumque venditarum et vendendarum in dictis parochiis atque locis, ita quod aliquam vendoyam vel antreyam aut aliquid aliud percipere non possit, eo excepto quod, facta venditione alicujus feudi vilanenchii sui, dictus dominus Franciscus, pro vendoys vel antrey, decenum videlicet de decem libris viginti solidos petere et exigere possit ab emptore monetæ cujus fuerit precium.

xiiij. — De saisinis et sequestrationibus.

Item, ex dicta causa, actum et per pactum extitit, inter partes prædictas, quod dictus dominus Franciscus, vel alius ejus nomine, non possit nec debeat alicui hominum prædictorum locorum aliquas res mobiles vel immobiles seysire nec sequestrare, nec ipsos homines de possessione ejicere sine debita causæ cognitione; et, si contra factum fuerit, non valeat nec teneat ipso jure ; et persona veniens contra sequestrationem vel aliam per dominum facta contra hujusmodi pactum, nullam pœnam incurrat.

xv. — Item, ex dicta causa, inter dictas partes, pactum extitit et firmatum quod dictus dominus deinceps non possit nec debeat vendere aliquas res de pasqueriis, alpagiis vel communitatibus villarum et parochiarum prædictarum absque licentia et voluntate dictorum hominum vel majoris partis ipsorum, sed remaneant communitati ut antiquitus consueverint ; et si quæ res communitatis sint vel imposterum fuerint venditæ, vel aliter per aliquem appropriatæ vel albergatæ, ipsum albergamentum et quicquid contra tenorem hujus pacti factum fuerit sit irritum et inane.

xvj. — De sindicis constituendis.

Item, dictus dominus Franciscus, ex causa prædicta, dedit baylliviam et omnimodam potestatem, dictis hominibus, sindicis et notariis stipulantibus et recipientibus ut supra et nomine quo supra, faciendi et constituendi sindicos, procuratores tot quot voluerint, juxta formam sindicatus quem nunc habent factum manu Bonifacii Berardi notarii; quos dominus prædictus, vel ejus rector, vel potestas, habeat semper confirmare et autoritatem suam præstare, cui sindicatui jam facto dictus dominus Franciscus autoritatem suam interpossuit et decrettum ipsumque confirmavit et promisit idem facere de futuris per se, vel ejus rectorem, vel potestatem, hoc acto expresse quod, occasione dicti sindicatus præsentis vel futuri, dicti homines non debeant nec possint aliquas conspirationes illicitas, armatas facere, nisi de voluntate dicti domini vel ejus rectoris ; et si sindicatus non confirmaretur ut supra, nihilominus valeat et teneat ac si confirmatus fuisset, nisi in casibus illicitis ante dictis.

xvij. — De fidejussoribus non præstandis.

Item, ex causa prædicta, remisit et quitavit dictis hominibus, sindicis et notariis ut supra stipulantibus et recipientibus, quod homines locorum prædictorum non teneantur facere fidejussores aliquoslibet ipsi domino Francisco, nec pro ipso se obligare, nisi de eorum processerit voluntate.

xviij. — De Capitulo Bardonechiæ.

Item, pactum extitit, inter partes prædictas, quod capitulum Bardonechiæ observetur una cum prædictis conventionibus et inscriptis et secundum dictum capitulum et conventiones prædictas, dictus dominus Franciscus, vel ejus potestas, reddat et faciat in omni casu justitiæ complementum ; tamen si dictum capitulum in aliquo casu correctione vel declaratione indigeret, prædicta correctio et declaratio fiat in consilio dominorum Bardonechiæ, vel eorum rectoris quam sindicorum Bardonechiæ.

xix. — De jure revocandi domum....

Item, pactum extitit inter partes sollempni stipulatione vallatum quod homines locorum et parochiarum prædictarum, vel aliquis eorum, de cætero non debeat nec possit, aliqua racione vel causa, trahi, duci, citari aut vexari ad aliquem locum extra territorium Bardonechiæ personaliter vel per procuratorem.

xx. — Quod possint se congregare.

Item, per pactum ut supra, dedit et contulit, hominibus et sindicis et notariis supra dictis recipientibus ut supra, omnimodam baylliviam et potestatem se convocandi et congregandi, ad sonum campanæ vel aliter, ad faciendum seu tractandum negocia terræ, et ad dictum sindicatum petita licencia dicti domini vel ejus potestatis Bardonechiæ ; quod, nisi præstiterit aut absens fuerit, ipsi homines prædicti eorum merite et impune facere valeant atque possint, et quicquid in ipsis congregationibus fecerint valeat, jure aliquo non obstante, dum tamen non fuerint contraria vel repugnantia pactis et conventionibus ante dictis.

xxj. — Quod delinquentes non possint detineri si caveant, et nisi mors, etc.

Item, pactum extitit inter dictas partes quod dictus dominus Franciscus, vel rector, vel potestas Bardonechiæ, seu alius officialis, aliquam personam in dictis locis capere, detinere vel arestare, aut arestari seu capi facere non debeat seu possit, aliqua racione vel causa, dum tamen ille seu illa persona ydonee voluerit cavere de juriparendo secundum capitulum Bardonechiæ, nisi in casu ubi mors vel punimentum corporis mereret racione delicti, quo casu capi et detineri possint personæ prædictæ.

xxij. — Quod non possint ire ad cavalgatas extra terram Bardonechiæ, etc.

Item, pactum extitit, inter dictas partes, sollempni stipulacione vallatum, quod homines prædicti præsentes et futuri parochiarum prædictarum a modo non teneantur ire vel accedere ad aliquas cavalgatas vel extablias extra terram Bardonechiæ, nec ad hæc compelli possint ullo modo, et tamen excepto quod versus villam Secusiam teneantur accedere, quum esset necessarium, expensis domini Dalphini, et aliter non.

xxiij. — Qualiter non debentur laudimia pro donationibus vel pro mutationibus, dum tamen non sit fraus.

Item, pactum extitit ut supra quod homines parochiarum de cætero possint donare donatione inter vivos vel causa mortis et cambiare inter se res suas ad voluntatem suam sine aliquo antrey vel vendoys; et nichilominus donatio et cambium teneat, sine aliquo prejudicio contraentium, remitens ex causa prædicta dictis hominibus omnia jura sibi competencia et jurium sibi competiturorum, occasione cujuscumque vendoyæ vel antreamenti in casibus donationum quarumcumque et causa mortis seu cambiorum actenus factorum seu imposterum fiendarum vel fiendorum, dum tamen ista faciantur sine fraude, exceptis ecclesiis vel confratriis quibus imperpetuum donare non possint sine voluntate domini supra dicti.

xxiiij. — Quod possint mutare dominum in festo natalis domini.

Item, pactum extitit ut supra quod homines parochiarum prædictarum possint et valeant facere dominum novum, singulis annis, in festo natalis domini, videlicet faciendo dictum festum ut supra in feudo cujuscumque domini, et ex nunc sint homines illius domini in cujus feudo facient festum natalis domini per totum annum et ultra, donec mutare voluerint et fecerint alium dominum faciendo dictum festum ut supra; et dominus hominis facientis festum natalis domini in feudo suo ad alium dominum remitere dictum hominem non potest nec debet sine voluntate hominis sic mutantis; et, si remiserit, non valeat nec teneat remisio, sed nichilominus domini sub quo se mutaverit esse intelligatur et perseveret donec aliter se mutaverit.

xxv. — Occupanti conceditur quod occupavit in guerra, etc.

Item, pactum extitit ut supra quod si homines prædicti acceperint et quum acceperint aliquid ab inimicis tempore guerræ, ubicumque acceperint vel habuerint, quod sic acceptum sit quitum accipientis vel accipientium, nisi in eo casu quo dominus præfatus, vel ejus potestas Bardonechiæ, esset præsens in enpressa et eam cum eis faceret; et tunc dividatur inter ipsum et acipientes.

xxvj. — Quod si perdatur roncinus vel equs.

Item, pactum extitit ut supra quod si equs, roncinus vel sommerius, moriretur, perderetur seu machinaretur in cavalchatis, quod homines prædicti non teneantur ulterius dicto domino facere alium equum, somerium vel roncinum, donec fuerit emendatum et restitutum hominibus supradictis per ipsum dominum Franciscum, quo emendato facere teneantur, ut in alio capitulo est expressum, videlicet in septimo c.

xxvij. — Quod possint commutare domos, etc.

Item, pactum extitit quod homines prædicti possint et valeant, pro libito voluntatis, mutare et dirivere domos ligneas de feudo in feudum, absque licencia ipsius domini Francisci.

xxviij. — Quod possint facere bedalia, etc.

Item, pactum extitit quod homines prædicti possint facere bedalia et aquæductum, per res ipsius domini Francisci et alterius cujuscumque personæ, ad aquandum res sibi necessarias et quas aquare voluerint, refficiendo dampnum patientis dictum bedale juxta arbitrium duorum proborum.

xxix. — Quod possint molere, etc.

Item, pactum extitit ut supra quod homines prædicti granum, quod percipient in feudo nobili et in feudo alodii, possint et valeant de cætero molere ad terciam mouduram, videlicet tria sestaria pro una moudura.

xxx. — Quod homines qui stant in feudo nobili, etc.

Item, homines qui stant in feudo nobili et sunt homines pro ipso feudo vel fidelitatem præstandam tenentur pro ipso feudo ubi morantur, possint et valeant de cætero molere totum bladum sibi necessarium in hospicio ad terciam mouduram.

xxxj. — Quod homines stantes in feudo nobili, etc.

Item, tam homines stantes in feudo nobili quam alodii parare valeant panem sibi necessarium pro tercia paratura, ita tamen quod prædicti homines molentes ut supra teneantur et debeant bedalia molendinorum et paratoriorum, quum erit opportunum, juvare, refficere.

xxxij. — Quod a modo possint molere, parare et coquere, etc.

Item, ex causa qua supra, dedit et concessit dictis hominibus, sindicis et notariis recipientibus ut supra, baylliviam et omnimodam potestatem quod a modo possint molere, parare et quoquere in molendinis, paratoriis et clibanis dictorum locorum, et eligere quem maluerint; et prædictus dominus hoc dictum pactum et prædictum sibi acomunitatum cum aliis, habendo partem suam in præmissis secundum suum consorcium, et illud idem duxerint faciendum alii parerii et condomini Bardonechiæ.

xxxiij. — Quod proximior possit rem emptam, etc.

Item, pacto convenit et concessit dictis hominibus, sindicis et notariis recipientibus ut supra, quod illa libertate uti valeant, videlicet quod propinquior consanguinitatis, jure agnacionis vel cognacionis, conjunctus alicujus vendentis aliquas res immobiles, possit ipsas vindicare et redimere ab emptore, causa atagniamenti, infra tres denunciaciones quas semper habeat facere emptor in ecclesia parochiali ubi extiterint res vendendæ, per septem dierum intervalla videlicet quum fuerit præsens in terra; et, si fuerit absens, infra annum proximum post dictas denunciaciones, restituendo precium verum et expensas justas inde factas, et ultra dictum tempus minime audiatur.

xxxiiij. — Item, ex dicta causa pactum extitit ut supra quod sindici hominum prædictorum valeant mensuras bladorum et alias quascumque mensuras semper attare et refficere et signare in consilio dominorum vel potestatis Bardonechiæ.

xxxv.— Item, pacto promisit ut supra asortire sindicos præsentes et futuros ad tallias imponendum, recuperandum et levandum, taxandum et dividendum talias licitas factas et faciendas pro negociis terræ quoquomodo, concedens eisdem super præmissis omnimodam potestatem sine alicujus pœnæ incursione.

xxxvj. — Item, ex causa qua supra, dictus dominus Franciscus solvere promisit dictis sindicis centum solidos turones grossos quos promiserat dare pro fogagiis domino Dalphino inclusis in ipsis valore seu precio feni et palearum quod vel quas dicti homines acceperant a dicto domino Francisco tempore discordiæ dominorum Bardonechiæ et popularium dicti loci vel de ipsis sindicos et homines prædictos aquitiare faciat a domino Bayllivo Briançonesii ita quod nulla lex de cætero inserratur eisdem inclusis eciam in ipsis totam peccuniam quam solverant hujus modi occasione domino Bayllivo supra dicto.

xxxvij.— Item, fuit actum quod omnes illi qui acceperunt de bonis ipsius domini Francisci tempore discordiæ prædictæ in suis domibus Bardonechiæ vel extra, exceptis fenis et paleis quæ computantur supra, videlicet quo reperirentur ipsos homines habere, dum tamen voluerint habentes, et illi qui acceperunt ex guerra reddant dicto domino Francisco, et ad hoc faciendum dicti homines præbeant bonum assenssum, aliter vero non.

xxxviij. — Item, fuit actum quod dicti homines a modo sint quitii de omni quod retinuerunt de redditibus dicti domini Francisci tempore discordiæ prædictæ, exceptis serviciis antiquis, praylibus et tachiis de anno proxime præterito, quæ tachiæ solvantur per decenas ad quartam decimam gerbam dicto domino Francisco vel ejus mistrali, ut dictum est in capitulo quinto.

xxxix. — Item, ex causa qua supra, remisit et quitavit dictis hominibus, sindicis et notariis recipientibus ut supra, ab omnibus comissionibus, delictis et fore factis, bannis et pœnis per eosdem homines seu aliquem ex ipsis perpetratis contra quamcumque personam usque in diem præsentem, adeo quod, propter aliquem excessum per aliquem ex dictis hominibus perpetratum usque in diem præsentem, nullus ipsorum singulatim possit vel valeat, nec universitas, in personis vel bonis ipsorum condemnari vel puniri, nec eciam aliqua accusatio recipi possit aut alius processus propter aliqua delicta usque in diem præsentem per eosdem homines vel aliquem ex ipsis comissa ; et si contra factum fuerit in aliquo cassuum prædictorum, quicquid factum fuerit nullius sit efficaciæ vel valloris.

xl. — Item, dictus dominus Franciscus dedit et concessit, approbavit et contulit hominibus prædictis, sindicis et notariis stipulantibus et recipientibus ut supra, omnes alias libertates et immunitates, et privilegia, et affranchiamenta quæ vel quas habent et quibus uti consueverint, et qualitercumque reperirentur habere de jure vel consuetudine in dictis locis et alibi ubicumque, et ipsos in eisdem bona fide et sine aliqua conditione, crepitu judicii vel figura, manutenere promisit ac si essent in præsenti instrumento et contrattu insertæ et inscripta.

xlj.—Item, idem dominus Franciscus compossuit cum dictis sindicis cumque procuratore domini Oberti de Bardonechia militis, domini Hugonis de Bardonechia militis, nobilium Johannis Bertrandi de Bardonechia et Percevalli filii domini Oberti, de qua procuratione patet publico instrumento facto manu Frecosi de Ruffa notarii publici curiæ in anno millesimo trecentesimo vigesimo nono, indictione duodecima, die xiiij mensis octubris, et eciam ad modum et formam si voluerint compositionis suæ prædictæ, et omnes alii condomini Bardonechiæ fecerint et facere voluerint illud idem hinc ad festum purifficationis beatæ Mariæ, et prædicta omnia duxerint rattificanda cum juramentis propriis, aliter non intelligantur in præsenti concordia, nisi duntaxat idem dominus Franciscus.

xlij. — Item, fuit actum inter dictas partes, per pactum expressum sollempni stipulatione vallatum, quod si aliqua pars prædictarum faceret contra dictam concordiam vel veniret ullo tempore, quod parerius faciens contra communitatem alteri parti obtemperanti et obedienti ad prædictam pacem, concordiam et transsactionem, pleno jure omnes res suas de Bardonechia ac dictorum locorum ; et pars obtemperans et obediens concordiæ, propria autoritate ab alia parte faciente contra dictam concordiam, dictas res et bona accipere possit et habere valeat, titulo puræ donationis simplicis et inrevocabilis inter vivos, et prædicta intelligantur in parte dictorum hominum, duntaxat ille homo qui faceret contra dictam concordiam comiteret bona sua, et alii vero obtemperentes propter id in aliquo non comitant.

xliij. — Item, promisit dictus dominus Franciscus se facturum et curaturum cum effectu quod dominus Dalphinus prædictam concordiam et omnia prædicta ratifficabit, emologabit et confirmabit quacumque inde fuerit requisitus per sindicos supra dictos, protestando de juribus domini Dalphini in hujus modi concordia semper salvis donec prædicta duxerit acceptanda et refficienda.

Insuper, dictus dominus Franciscus voluit et jubsit expresse quod si dictæ donationes vel aliqua earum summam quingentorum aureorum excedant quod tot sint donationes sic in se divisæ quod nullam summam præmissa excedat ; et, si excederet, quod nichilominus valeat pacto quod non fuerint insinuatæ, renuncians legi dicenti donationem ultra quingentorum aureorum sine insinuacione non valere, et injuriosas et inofensas non valere.

Versa vice, prædicti sindici, suis propriis nominibus et sindicario nomine quo supra, promiserunt dicto domino Francisco esse boni et legales eidem, ipsumque ejus res et bona et honores diligenter custodire et varentire, et prædictas servitutes, prædicta tributa, prout supra denotantur, dare et solvere eidem domino Francisco et ejus hæredibus bona fide imperpetuum in pace et sine aliqua contradictione secundum consortium locorum prædictorum, et erga ipsum velut parerium et condominum in dictis locis pro parte sua diligenter se habere et obedire, et omnia et singula facere quæ tenebuntur et debebunt occaxione dictæ pareriæ vel alia quæcumque et omnia et singula pacta præmissa et in hoc instrumento contenta attendere et inviolabiliter observare, et contra ea nullo tempore facere vel venire aliqua racione vel causa de jure vel de facto, reservatis semper in quocumque casu inviolabiter pactis et conventionibus supradictis quæ semper volunt incorupta manere.

Quæ omnia universa et singula capitula libertatum et immunitatum, exemptionum et donationum, concessionum et pactorum prædictorum et prædictarum et omnium aliorum prædictorum in præsenti instrumento contentorum, prædictæ partes nominibus quibus supra, videlicet una alter ad invicem et vicissim, sollempnibus stipulationibus hinc inde intervenientibus præmissis ut et ad sancta Dei evangelia manu tacta corporaliter juraverunt per se suosque hæredes jam dictis notariis ut supra nominibus quibus supra stipulatis, imperpetuum grata, firma et rata habere et tenere et inviolabiliter custodire, attendere et observare, et non contra facere, dicere vel venire per se, alium vel alios aliqua causa vel ingenio, de jure vel de facto, sed prædicta capitula libertatum, et omnia prædicta una pars alteri ad invicem et vicissim, et suis hæredibus, et dictis notariis stipulantibus ut supra, manutenere, defendere et amparare ab omni persona et universitate, promitentes eciam dictæ partes se una alteri ad invicem et vicissim et dictis notariis stipulantibus ut supra per stipulationem et juramenta, præmissas et præmissa se vel ejus hæredes seu successores non retractare seu revocare prædictam concessionem libertatum, pactaque et conventiones supradictas vel aliquid ex prædictis, racione alicujus lesionis vel aliqua quavis racione vel causa, de jure vel de facto, volentes eciam dictæ partes quod prædicta concessio et prædicta omnia vim paccionum et convencionum habeant factarum hinc et inde inter partes prædictas, pro quibus omnibus et singulis firmiter attendendis et observandis, prædictæ partes obligaverunt se una alteri ad invicem et vicissim omnia bona sua, et videlicet dicti sindici, sindicario nomine quo supra, bona comunitatis hominum parochiarum prædictarum, una cum restitutione dampni, expensarum, gravaminum, et interesse litis et extra, renunciantes dictæ partes, ex certa sciencia, exceptioni doli mali, metus, in factum actioni, condicioni sine causa vel ex injusta causa, aut nulla seu non secuta, et generali clausulæ si qua michi justa causa, videlicet et juri dicenti quod juri facto per pactum non posse renunciare, nec non juri dicenti quod sub generali immunitatis concessione universa patrimonalia non veniant, et juri dicenti sub generali remisione non venire dolum, et juri dicenti generalem renunciacionem non valere nisi præcesserit specialis, et omni alii juris vel facti auxilio, quod mediente contra prædicta vel aliquod prædictorum possent dicere, facere vel venire; et eciam prædicta dictæ partes sibi vicissim promisserunt attendere et observare sub pena quingentorum marcarum argenti fini a parte parti sollempniter stipulanti et præmissa quæ pena totiens comitatur et exigi possit in singulis capitulis quotiens fuerit contra factum et ea commissa vel non, soluta vel non, nichilominus ratta maneant omnia et singula supradicta.

CHARTE *inédite* DU 4 JUIN 1336.

In nomine domini, Amen. Anno ejusdem millesimo tricentesimo tricessimo sexto, indictione quarta, die quarta mensis junii, apud Bellum Visum in Royanis, infra castrum dicti loci, præsentibus reverendo in Christo patre domino Johanne de Cors episcopo tigniensi, confessore et cancellario domini nostri Viennensis Dalphini, dominis Alberto de Cassenatico domino ejusdem loci, Falcone de Morasio, Guillelmo de Buenco, Petro de Herbesio, militibus ; Jacobo Caput Grossi, Francisco de Comerio, decanis legum doctoribus ; Reymundo Chaberti et Guigone Borelli, juris peritis ; testibus ad omnia infra scripta vocatis specialiter et rogatis. Quoniam jure naturali gentium et civili non minus quam honestatis debito permittitur ut benefacientibus nobis nostra munificentia debita rellacione cognoscat, et quod vim, dampnum et periculum ibi, indubie agregetur et honerum gravitatem munerum et præmiorum largitus tollet et procarius recompenset. Idcirco illustris et augustus princeps dominus noster dominus Humbertus Dalphinus Viennensis, Viennæ et Albonis comes ac palatinus, dominusque de Turre et princeps Briançonesii, magna nectens gracia servicia sibi et antecessoribus suis exibita, et quæ diebus singulis impenduntur eidem per dilectos fideles suos universos et singulos homines parochiarum Bardonechiæ, Beullarii et Rochamollarum circa loca prædicta guerrarum et pacis temporibus munienda et sollicite gubernanda et plura alia honera subportanda, in remunerationem prædictorum, idem dominus noster Dalphinus pro se, hæredibus et successoribus suis universis, non vi, non dolo, nec aliqua machinacione inductus, sed sua propria et spontanea voluntate et ex certa sciencia motus, imperpetuum ex causa meræ et inrevocabilis donationis, concordiæ et compensationis, infra scriptas omnes et singulas donationes, promissiones, obligationes, stipulationes, quitationes, remissiones, franchisias, libertates, immunitates, exemptiones, privilegia et pacta fecit, dedit et tradidit et eciam atque donavit et contulit universis et singulis hominibus et personis dictarum parochiarum Bardonechiæ, Beullarii et Rocamollarum præsentibus videlicet et futuris eorumdem hominum agricolarum vel innobilium, neminem excludendo, nec non Guillelmo Chays sindico et sindicario nomine communis ac hominum universitatum parochiarum prædictarum stipulanti et recipienti sollempniter et michi Jacobo Faverii notario publico et dicti domini nostri Dalphini clerico jurato ut personæ publicæ stipulanti sollempniter et recipienti nomine et vice omnium et singulorum hominum et personarum prædictarum ex parochiis supra dictis et eorum hæredum et successorum et incolarum quorumcumque nunc et in futurum in parochiis ante dictis, nec non Beneytono Morelli, Jordaneto de Tiecla notario, Petro Medalli et Giraudo Risseré de Bardonechia ibidem præsentibus, suis propriis nominibus et hominum dictarum universitatum, sollempniter stipulantibus in quantum ad quemlibet ipsorum spectat et spectare posset ac interesse, communiter vel divisim, et prout melius et firmius de jure valere poterit et tenere.

In primis namque promisit dictus dominus noster Dalphinus prædictis sindico et notario et cæteris supra dictis, stipulantibus et solempniter recipientibus ut supra, per pactum expressum sollempni stipulatione vallactum, quod ipse salvabit, custodiet, manutenebit et deffendet omnes et singulos homines et personas dictarum parochiarum, et eorum res et bona, velut ejus bonos homines fideles atque probos, ac eciam deffendi, manuteneri et salvari faciet per ejus officiales Briançonesii et alios quoscumque ab omni violencia et injuria quacumque.

ij. — Capitulum quod castellanus jurare debeat privilegia.

Item, concessit dictis hominibus libertatem et privilegium quod castellanus, qui nunc est et pro tempore fuerit in dicto loco Bardonechiæ et ordinatus fuerit ullo modo vel constitutus, juret et jurare debeat ad sancta Dei evangelia hominibus Bardonechiæ, infra octo dies post receptionem et apprehensionem castellaniæ prædictæ seu officii sui et castri dicti loci, salvare et custodire bona fide et sine aliqua fraude castra et villas prædictas Bardonechiæ, Beullarii et Rochamolarum et omnes habitantes in eis, et res et bona ipsorum, ecclesias, vias, seratas et communicationes dictorum locorum, indifferenter statuta, libertates et privilegia inscriptas et inscripta firma tenere et inviolabile observare; et si, lapsis dictis octo diebus postquam fuerit requisitus, dictum juramentum non præstiterit hominibus supra dictis, nullam ibidem jurisdictionem exercere valeat atque possit; sed quicquid, ante dictum juramentum prestitum, per ipsum castellanum actum seu gestum fuerit, ipso jure sit irritum et inane, et pro non officiali habeatur; et illud idem facere debeant et teneantur bayllivi, judices, procuratores et cæteri officiales qui infra dictas parochias jurisdictionem seu fiscale officium aliqualiter exsercebunt; quod si facere renuerint et quanti temporis renuerent, eis non obediatur per incolas dictarum parochiarum, prout de castellano superius est descriptum.

iij. Capitulum de camperios constituendo.

Item, ex causa prædicta, dictus dominus noster Dalphinus contulit et dedit dictis hominibus libertatem constituendi, faciendi et ordinandi, ad eorum omnimodam voluntatem, in dictis locis, camperios præsentandos castellano, quos dictus castellanus recipere ydoneos teneatur et confirmare, nisi substiteret justa causa, qui camperii teneantur solvere, in suo anno constitutionis, quatuor libras piperis, tam dicto domino nostro Dalphino quam cæteris condominis Bardonechiæ, secundum consortium cujuslibet ipsorum condominorum; qui camperii eciam teneantur jurare in manibus castellani salvare jura domini et hominum universitatum prædictarum, et officium fideliter exercere.

iiij. Capitulum de talia, stabilitis et fogagiis.

Item, ex causa donationis prædictæ, dictus dominus noster Dalphinus remisit, quitavit et liberavit universos et singulos homines et personas præsentes et futuras locorum prædictorum parochiarumque prædictarum, et eorum res et bona mobilia et immobilia ab omni tallia reali et personali, couta et exactione taylliæ quacumque, complantis, angariis, parangariis, reydis sive coroatis animalium et personarum, adjutoriis, stabilitis, fogagiis, seu prestacione ipsorum, quovis jure et nomine facienda, levanda seu taxanda, et ab omni alia præstacione, sub quocumque nomine seu vocabulo nuncupari vel nominari possit, ita quod idem dominus non possit in posterum de novo super ipsis personis vel bonis aliquam servitutem, præstacionem vel exactionem quocumque jure vel nomine censeatur, aut quocumque modo ab ipsis exigere, imponere vel levare, salvis tamen ipsi domino nostro Dalphino, et retentis tam sibi quam cæteris condominis Bardonechiæ et locorum prædictorum sex viginti libras monetæ currentis, talis valloris quod duo solidi et quatuor denarii unum grossum valeant turonensem regis franciæ et de O rotondo boni argenti et justi ponderis, annis singulis solvendis pro ratta consortii cujuslibet condominorum prædictorum, quæ tallia dividatur super feudis vilaneschiis locorum prædictorum, et dividatur per homines locorum prædictorum super feudis duntaxat vilaneschiis ante dictis, salvis tamen et retentis ipsi domino nostro Dalphino omnibus et singulis infra scriptis.

v. Capitulum de taschiis.

Item, remisit dictis hominibus omnia et singula jura ei competencia et competitura pro taschiis et earum exactione, quocumque jure debentur vel debeantur, eo salvo quod de quatuordecim gerbis quas prædicti homines percipiunt in campis feudi vilaneschii, mistralis domini, ad opus ipsius domini, in dicto campo qui fuerit de feudo suo, percipiat et levet unam gerbam nomine taschiæ, et dictus mistralis teneatur venire et recipere taschiam prædictam ad requisitionem possessoris dicti campi; et si venire non curaverit dictus possessor, dimissa in campo dicta taschia, alias ad libitum deportare valeat et possit, et pro ipso anno ab omni præstacione taschiæ sic solutæ absolutus intelligatur, praylibus et taschiis afficlatis remanentibus in suo statu.

vj. Capitulum de subcessionibus.

Item, ex causa qua supra, concessit hominibus supra dictis libertatem et pactum expressum quod si aliqua persona locorum prædictorum et parochiarum prædictarum imposterum testata vel intestata decesserit, superstitibus sibi liberis, cujuscumque nationis vel conditionis existat, aut aliis descendentibus, aut patre vel matre, vel aliis ascendentibus, vel transversalibus usque ad germanos consanguineos inclusive qui dicuntur in secundo gradu, pertinere jure agnationis vel cognationis copulati eidem sic decedenti, eo casu idem dominus noster Dalphinus in aliquo non succedat, aut sui hæredes, vel successores; nec in bonis et hæreditate ipsius sic decedentis, jure successionis vel alia quacumque de causa, nichil petere aut quocumque modo exigere valeat, debeat atque possit, sed succedant propinquiores prædicti sic decedentis secundum suum gradum, vel ille seu illi cui vel quibus testator seu moriens ut supra res suas duxerit in testamento vel extra seu alias relinquendas, jure seu lege aliqua non obstante. Si vero aliqua persona absque liberis vel aliis prædictis sibi junctis, vel aliquo eorum decesserit intestata, dominus succedat in totum; si vero testata decesserit, domino terciam partem relinquere teneatur, reliquis aliis duobus partibus aliis secundum jura communia applicandis.

vij. Capitulum de nemoribus.

Item, quod nemora mandamenti Bardonechiæ et parochiarum prædictarum de cetero tam per dominum vel castellanum quam per consules dictorum locorum inbannentur, ita quod aliquis in nemoribus prædictis scindere seu scindi facere non audeat vel præsumat, nisi de voluntate donatorum deputatorum, ad hoc circa quæ ordinetur et constituetur per prædictos castellanum et consules certum bampnum applicandum dominis secundum consorcium suum pro ratta, et tantumdem contrafaciens de exmenda solvere teneatur quo ex modo communitati hominum Bardonechiæ applicetur et persolvatur, et castellanus malefacientem et comitentem in dictis nemoribus ad exmendam solvendam dictæ communitati compellere teneatur.

viij. Capitulum de feudis nobilibus et alodialibus.

Item, remisit et quitavit dictis hominibus omnia jura sibi competentia et competitura in feudis et pro feudis nobilibus et alodialibus locorum prædictorum quod de cetero dicti homines non teneantur ad faciendum aliquem equum, roncinum vel sommerium, sed de dictis equo, roncino et sommerio, et de mutagio, si quod dominus habebat in feudis prædictis seu habere poterat in futurum, prædictus dominus ipsos homines et feuda prædicta solvit penitus et quitavit, et ab omni alia servitute quovis nomine possit vel debeat nuncupari, eo salvo quod cum dictæ res feudi nobilis vel alodialis, vel aliquid ipsarum venderetur, quod dominus noster Dalphinus in feudo quod ab ipso tenetur, habeat et percipere debeat nomine antrey seu investituræ, sex denarios pro libra, quos sex denarios teneatur et solvere debeat emptor dictæ rei, et pro dictis sex denariis pro libra quilibet castellanus vel mistralis antreyare dicto emptori teneatur et ipsum investire; acto eciam quod extranei et illi qui non essent homines domini prædicti immediate ementes seu tenentes de feudis nobilibus prædictis, ipsi domino vel ejus castellano ad fidelitatem faciendam et præstandam teneantur, salvo semper jure et reservato domino vel dominis quibus esset homo ligius, antequam emeret vel teneret res feudales prædictas, salvoque eciam dicto domino nostro Dalphino in feudis suis prædictis prelationis et superioritatis jure; acto eciam et concesso per præfatum dominum nostrum Dalphinum quod homines casati in feudo nobili possint et valeant de cetero molere in molendinis præfati domini totum bladum sibi necessarium in suo hospicio ad terciam mouduram videlicet tria sestaria pro una modura, et patere in paratoriis domini panem sibi necessarium in suo hospicio ad terciam paraturam, et aliis libertatibus gaudere racione feudi in quo casati sunt quibus antiquitus consueverunt, et dum tamen premissis vel infra scriptis ordinatis non obvient vel repugnant; alii vero non casati vel non habitantes in dicto feudo nobili possent et debeant molere bladum percipiendum in dictis feudis tam nobilibus quam alodialibus semper ad terciam moduram, ut supra; et prædicti homines sic molentes teneantur bealeriam et bealerias molendinorum et paratoriorum, quum erit opportunum, sicut consueverunt, juvare ad aptandum et refficiendum, acto eciam quod castellanus in molendinis prædictis ponere debeat et tenere semper bonum, probum, sufficientem hominem et fidelem.

ix. Capitulum de vendois.

Item, remisit et quitavit personis dictorum locorum et parochiarum prædictarum omnia jura sibi competencia et omnem spem jurium competiturorum contra ipsas personas et eorum res et bona occasione quarumcumque vendoyarum et antreamentorum rerum quarumcumque vendendarum in dictis parochiis atque locis, ita quod aliquas vendoyas seu antrey, aut aliquod aliud dominus noster Dalphinus jam dictus percipere non possit, eo excepto quod, facta venditione alicujus feudi villaneschii, domino emptor pro antreyamento seu vendois duos solidos pro libra solvere teneatur.

x. Capitulum de saysiis.

Item, prefatus dominus, vel alius ejus nomine, non possit nec debeat alicui homini locorum prædictorum aliquas res mobiles vel immobiles saysire vel sequestrare, nec ipsos homines de possessione ejicere, nisi in casibus a jure statutis; et, si contra factum fuerit, non valeat nec teneat ipso jure, et persona veniens contra sequestrationem vel alia per dominum vel ejus officiales facta contra hujusmodi pactum nullam penam incurrat.

xi. Capitulum de pasqueriis et nemoribus albergandis.

Item, quod præfatus dominus noster Dalphinus vel alius ejus nomine deinceps non possit nec debeat vendere vel albergare nec sibi aliqualiter appropriare aliquas res de pasqueriis, nemoribus vel communitatibus villarum, parochiarum prædictarum, sed sint et remaneant communitati vel communitatibus villarum et parochiarum prædictarum; et si quæ res de præmissis sint vel in posterum fuerint venditæ, vel aliter per aliquem apropriatæ vel albergatæ, ipsum albergamentum seu apropriamentum sit ineficax et inane, nisi prædicta fierent de voluntate castellani et hominum prædictorum, et per consensum homines universitatis prædictæ de pasqueriis, communitatibus vel nemoribus vendere cuicumque voluerint, valeant atque possent, habendo homines ipsius universitatis precium dictæ rei, et dominus habeat servicium ibidem constituendum juxta qualitatem aliarum rerum Bardonechiæ communiter inspiciendam.

xij. Capitulum de constituendo sindicos.

Item, dedit baylliviam, libertatem et omnimodam potestatem dictis hominibus faciendi et constituendi consules in dictis locis tot quot voluerunt, et quotiens voluerint ad certum tempus et ad certas res necessarias in terra et universitatibus prædictis licitas et honestas, cum autoritate et licencia ipsius domini vel ejus castellani; et dictus dominus vel ejus castellanus ad prædicta facienda dictis hominibus autoritatem et licenciam conferre teneantur et ipsos consules confirmare quotiens voluerint ad certum tempus et ad certas res necessarias in terra et universitatibus prædictis licitas et honestas cum autoritate et licencia ipsius domini vel ejus castellani ; et dictus dominus vel ejus castellanus ad prædicta facienda dictis hominibus autoritatem et licenciam conferre teneantur, et ipsos consules confirmare quotienscumque fuerit requisitus ; aliter vero, nisi ad licita et honesta, numquam consules ordinare vel creare possint.

xiij. Capitulum de convocandi gentes ad sonum campanæ.

Item, dedit et concessit dictis hominibus licenciam et libertatem se convocandi et congregandi ad sonum campanæ vel tubarum castri de Bramafam, vel aliter, ad tractandum seu faciendum negocia pertinencia et expectencia communitatibus ante dictis cum licencia ipsius domini vel ejus castellani, et in præsencia curiæ, quam licenciam dictus dominus vel ejus castellanus in licitis et honestis quotiens opus fuerit et inde fuerit requisitus conferre et concedere teneatur.

xiiij Capitulum de Gabella.

Item, ex causa donationis prædictæ, prædictus dominus noster Dalphinus dedit et concessit hominibus ante dictis libertatem et omnimodam potestatem ducendi et apportandi apud Bardonechiam et apud parochias ante dictas a quibuscumque locis et per quæcumque loca Delphinatus denariatas quascumque necessarias in dictis locis sine alicujus gabellæ, leydæ et pedagii, et alterius cujuscumque præstationis exactione vel præstatione, concedens eciam, ut supra, eisdem hominibus libertatem et potestatem quod nutrimentum ipsorum proprium, casseos, pannes, blada, carnes, et omnia crescentia et obvenientia in locis ante dictis ex ipsorum rebus vel nutrimentis per se vel per alium de terra prædicta extrahere possint, et de dicto principatu et bayllivatu Briançonesii ad alia loca quæcumque, dum tamen interdicto faciendo generali in patria propter guerram, sterilitatem, vel aliam causam justam et necessariam non obviaret vel obesset, sine gabella, leyda et pedagio, et alia exactione quacumque.

xv. Capitulum de cavalcatis.

Item, fuit actum et in pactum deductum quod prædicti de Bardonechia et locorum prædictorum ad cavalcatas ire teneantur et sequi dominum seu ejus officiales quocumque per dominum vel ejus bayllivum Briançonesii mandabuntur, videlicet ad cavalcatas per totum principatum Briançonesii, comitatum Ebredunensii, comitatum Vapincesii, et bayllivatus dictorum principatus et comitatum, ad offendendum inimicos et terram inimicorum, et resistendum dictis inimicis, expensis et sumptibus ipsorum hominum ex locis ante dictis ; ad alias vero partes, ad cavalcatas dominum vel ejus officiales ire vel sequi minime debeant vel teneantur nisi in casu in quo ipse dominus esset obsessus vel obsideret; et in illo casu in quo dominus esset obsessus vel obsideret, ad suam cavalcatam ire teneantur; et dominus, antequam exeant Bardonechia et quamdiu erunt et stabunt in dicta cavalcata vel alias pro eo domino librare et sumptus ydonee dictis hominibus facere teneatur; et si dominus vel alius pro eo defficeret quod dictis hominibus sumptus et expensas non faceret vel libraret, prædicti homines de Bardonechia et locorum prædictorum ad dictas cavalcatas sequi, ire vel stare nullatenus teneantur.

xvj. Capitulum quod dominus teneatur librare francos.

Item, fuit actum et in pactum deductum quod quocumque illi de Bardonechia ad dictas cavalcatas per bayllivatus Briançonesii, Ebredunensii et Vapincesii, vel alia loca quæcumque mandabuntur vel irent, dominus vel alius ejus nomine francos de Bardonechia librare teneatur seu nobiles, prout est in Dalphinatu usitatum.

xvij. Capitulum de donationibus et cambiis faciendis.

Item, pactum extitit ut supra quod homines locorum prædictorum et parochiarum prædictarum de cetero possent donare donatione inter vivos vel causa mortis, et scambiare inter se res suas immobiles ad eorum voluntatem sine aliquo antrey vel vendoys, remictens ex causa prædicta dictis hominibus omnia jura sibi competencia et spem jurium competiturorum occasione vendoyarum vel antreyamenti in qualibet dictarum donationum faciendarum inter vivos vel causa mortis, seu scambiorum faciendorum, dum tamen ista fiant sine fraude, et ille in quo transferetur res recognoscat seu recognoscere debeat a domino et solvat tributum ad quod ipsa res prius tenebatur, exceptis ecclesiis et confratriis quibus in perpetuum donare non possint res immobiles sine voluntate domini vel ejus castellani.

xviij. Capitulum de inimicis dalphinalibus offendendis.

Item, pactum extitit quod si homines prædicti vel aliquis eorum acceperit aliquid ab inimicis Dalphinatus tempore guerræ ubicumque ceperint, quod sic acceptum sit quituum accipientis vel accipientium, nisi in eo casu in quo dominus, vel ejus bayllivus, vel castellanus Bardonechiæ in empiesa esset præsens et cum hominibus ipsam empiesam fecisset, in quo casu dividatur inter ipsos et accipientes secundum usum patriæ.

xix. Capitulum de mutando domos ligneas.

Item, pactum extitit quod homines prædicti possint et valeant, pro libito voluntatis, mutare et ducere domos ligneas de feudo in feudum, absque licencia domini domus prædictæ.

xx. Capitulum de bedalibus faciendis.

Item, pactum extitit quod homines prædicti possint facere bedalia et aquæductum per rem seu res domini et alterius cujuscumque personæ, ac eciam nobilium de Bardonechia, ad aquandum res suas sibi necessarias et quas aquare voluerint, refficiendo dampnum patienti dictum bedale juxta arbitrium duorum proborum.

xxj. Capitulum de quoquendo et molendo ubi gentes voluerint.

Item, concessit potestatem quod dicti homines possint molere, parare et quoquere in molendinis, parattoriis et clibanis dictorum locorum; et eligere quem maluerint, ita tamen quod tam dictus dominus noster Dalphinus quam cæteri condomini dictorum locorum in moduris, paraturis et fornagiis percipiant quilibet pro ratta consorcii sui, coquendo dicti homines in clibanis dominorum vel aliis, ad libitum, prout antiquitus consueverunt.

xxij. Capitulum de acagnamentis.

Item, concessit quod dicti homines uti valeant libertate, videlicet quod propinquior consanguinitatis alicujus vendentis aliquas res immobiles, possit ipsas res vendicare et habere ab emptore, juris causa acagniamenti, in tres denunciaciones quas semper habeat fieri facere dictus emptor in ecclesia parochiali ubi fuerit res vendenda per septem dierum intervalla, restituendo precium verum et expensas justas; absens vero vendicare possit modo prædicto in annum et diem, et ex quo venerit infra quindecim dies; ulterius vero minime audietur.

xxiij. Capitulum de mensuris signandis.

Item, concessit, ut supra, quod consules locorum prædictorum possint mensuras bladorum et alias quascumque semper aptare, refficere et signare cum consilio castellani domini nostri Dalphini; et si mensuræ falsæ reperiantur, quod curia dalphinalis possit et debeat punire secundum juris præcepta.

xxiiij. Capitulum de rebus acceptis de condominis Bardonechiæ.

Item, ex causa prædicta remisit et quitavit et omnia et singula quæ dicti homines acceperunt a dominis tempore discordiæ in quantum tangit ipsum et pareriam suam, ita quod ipsos et pareriam suam, occasione prædicta, nullo tempore valeant in aliquo molestare.

xxv. Capitulum de taliis faciendis.

Item, concessit, ut supra, quod dicti homines, pro negociis terræ, possent facere tallias et dividere inter se licitas et honestas, concedens eis, super præmissis omnimodam potestatem, sine alicujus pœnæ interventione.

xxvj.—Capitulum de commissionibus remissis.

Item, ex dicta causa, remisit et quitavit, et liberavit dictos homines et eorum bona ab omnibus commissionibus, delictis et forefactis, bannis, rebellionibus, excessibus et pœnis, per eosdem homines seu aliquem ex ipsis perpetratis contra quamcumque personam usque in diem præsentem, adeo quod propter aliquem excessum perdictos homines vel aliquem ex ipsis perpetratum usque in diem præsentem, nullus ipsorum possit seu valeat, nec universitates in personis vel bonis ipsorum condepnari vel puniri, nec eciam aliqua acusatio recipi possit, vel inquisitio aut alius processus propter aliqua delicta usque in diem præsentem per eosdem homines vel aliquem ex ipsis comissa vel perpetrata; et, si contrafactum fuerit in aliquo casuum predictorum per dominum vel ejus officiales, quicquid factum fuerit nullius sit efficaciæ vel valoris, hiis quatuor casibus dumtaxat exceptis, videlicet illis qui expresse tractaverunt cum comite Sabaudiæ quod terra Briançonensis sibi rederetur et converteretur ad eum, et illis qui favorem dederunt ad capiendum dominum Henricum de Heremis, militem, tunc temporis Bardonechiæ castellanum, et illis qui fuerunt in Ulcio cum foussitis, et illis qui fuerunt ad auferendum foussitos captos per Vedellum et Quartum de Bardonechia; remitens eciam dictus dominus eisdem hominibus omnes et singulas commissiones quas habet vel habere posset usque in diem præsentem, in et pro bonis, rebus et feudis quæ ab ipso domino tenentur per homines ante dictos, qualitercumque ipsa bona, res et feuda possent dici comissa usque nunc, causis et rationibus quibuscumque.

xxvij.—Capitulum quod homines dictarum parochiarum sint semper domini Dalphini.

Item, pactum extitit quod dominus ea quæ habet in Bardonechia, vel habebit temporibus futuris, ad aliam personam transferre modo aliquo non possit, sed semper sint illius qui erit Dalphinus et Briançonesii princeps.

xxviij.— Capitulum quod dominus Dalphinus approbavit et confirmavit privilegia data per prodecessores suos.

Item, dictus dominus noster Dalphinus dedit et concessit et comprobavit dictis hominibus omnes alias libertates, immunitates et privilegia quæ vel quas habent et habere reperirentur a domino Johanne Dalphino patre præsentis domini nostri Dalphini, vel a prædecessoribus dicti domini Johannis, prout in litteris vel privilegiis emanatis a dictis dominis descripta viderentur, nonobstantibus hîc conscriptis.

xxix.—Capitulum quod successores domini nostri Dalphini conservare debeant privilegia.

Item, promisit quod successores sui quicumque fuerint requisiti per dictos homines, semper de novo ratifficabunt, emologabunt et conservabunt prædictas et inscriptas libertates, et omnia scripta et acta in instrumento præsenti.

xxx. — Capitulum quod dominus confirmavit capitula infrascripta.

Item, præsens dominus noster Dalphinus, ex causis quibus supra, dedit et concessit, et tenore præsentis instrumenti confirmavit prædictis hominibus statuta et privilegia infrascripta.

xxxj.—Capitulum de datta.

Item, est primo statutum quod dicti homines locorum supra dictorum sunt et fuerunt perpetuo absoluti in curia dalphinali, Bardonechiæ et Briançonesii, et alibi ubicumque, ab omni exactione datæ, præterquam de debitis petitis in curia et per juramentum negatis, et inter partes litigantes solvere teneantur, per medium de singula libra in petitione contenta duodecim denarios.

xxxij. — Capitulum quod castellanus vel judex non teneatur facere rationem de denariis creditis lusoribus.

Item, statutum quod castellanus vel judex non teneatur vel debeat facere rationem de denariis creditis lusoribus, videlicet creditis et mutuatis in ludo.

xxxiij.—Capitulum quod nullus ludat in comercio.

Item, statutum quod nullus ludat in posse de Bardonechia in comercio ad denarios, et in communi possit ludere usque ad duos solidos et non ultra ; et qui contra fecerit solvat pro bampno quinque solidos quotiens contra fecerit.

xxxiiij.—Capitulum quod castellanus non teneatur facere rationem de usuris.

Item, statutum quod castellanus vel judex non teneatur facere rationem alicui vel aliquibus de usuris promissis vel conventis.

xxxv.—Capitulum qualiter homines de Bardonechia possunt interficere homines extraneos de castellania Secusiæ.

Item, statutum quod si quis de Bardonechia extraneum interfecerit in juridictione et mandamento Bardonechiæ, qui extraneus sit de castellania Secusiæ, quantitatem et summam pecuniæ solvere teneatur domino pro bapno qualem idem extraneus validet in Secusia, si aliquem de Bardonechia ibidem in Secusia interfecerit ; et intelligantur de Secusia omnes habitantes in castellania prædicta, et pro dicto bampno sic solvendo sit penitus absolutus.

xxxvj.—Capitulum de gladio percuciendo.

Item, statutum quod si quis alium percusserit gladio ferreo injuriose et sanguis inde exiverit, solvat pro bampno centum solidos monetæ currentis ; et si, sine gladio, aliquis alium percusserit, et sanguis inde exierit, solvat pro bampno viginti solidos, nisi prædicta fecerit ad sui defensionem, vel in domo sua latentem furtive invenerit, et tunc prædicta impune facere possit pro quibus sit quitius percutiens ab omni alio bampno.

xxxvij. — Capitulum si quis alium percusserit et inflattura apparuerit.

Item, statutum quod si quis alium ita percusserit quod lividum vel inflattum apparuerit, et sanguis inde non exierit, solvat pro bampno decem solidos.

xxxviij.—Capitulum de gladio ewaginando.

Item, statutum quod si quis in rixa contra aliquem gladium ewaginaverit seu traxerit, solvat pro banno viginti solidos, nisi ad sui deffensionem fecerit.

xxxix.—De pugno percutiendo.

Item, statutum quod si quis alium de pugno percusserit, injuriose, solvat pro banno decem solidos, nisi prædicta fecerit se deffendendo.

xl. — Capitulum quod si quis 'alium percusserit sine gladio, et si ipsum per capillos applicaverit.

Item, statutum quod si quis alium percusserit sine gladio, et sine livido vel inflattura, si per capillos vel personam traxerit, impulerit, apprehenderit, solvat, pro quolibet prædictorum, si injuriose fecerit, decem solidos, nisi faceret se deffendendo.

xlj.—Capitulum quod si quis minor quindecim annorum alium percusserit.

Item, statutum quod, a quindecim annis infra, homines si aliquem percusserint, vel alium verberaverint, sint immunes ab omni banno, nisi quærimonia curiæ facta fuerit.

xlij. — Capitulum quod pater, maritus, filius et uxor possunt ad invicem rixare.

Item, statutum quod si pater, maritus, filius vel uxor, fratres vel sorores, inter se ad invicem rixati fuerint et sese percusserint, sint immunes ab omni banno, nisi magna læsio intervenerit et denunciatio facta fuerit curiæ, et tunc fiat secundum capitula præmissa.

xliij.—Capitulum de ejiciendo de possessione.

Item, statutum quod si quis alium de tenuta et possessione alicujus rei projecerit vel expulerit sua auctoritate, solvat pro banno viginti solidos.

xliiij.—Capitulum quod nemo ponat ignem in bosco.

Item, statutum quod si quis ignem possuerit in bosco de Bardonechia et dampnum fecerit, solvat pro banno sexaginta solidos, et dampnum emendet comunitati si quærimonia inde facta fuerit.

xlv. — Capitulum quod nemo cindat plantam alienam elevatam.

Item, statutum quod si quis cinderit plantam alienam elevatam, solvat pro bampno decem solidos, et de planta fructiffera viginti solidos et dampnum emendat.

xlvj.—Capitulum quod si quis alium invenerit in suo dampno, quod possit accipere pignus.

Item, statutum quod si quis invenerit alium in suo dampno, possit accipere pignus dampni et emendæ sua auctoritate representando curiæ sine pœna quod bampnum damno applicetur.

xlvij.—Capitulum de bampno bestiarum.

Item, statutum quod si majores bestiæ, sicuti equus, mulus, bos, vacha, assinus, inventæ fuerint in dampno alieno, solvatur, pro qualibet bestia, de nocte sex denarii, et de die tres denarii nomine bampni; aliæ vero minimæ bestiæ, de die pro qualibet bestia unus obolus, et de nocte unus denarius.

xlviij. — Capitulum quod si quis invenerit alienas bestias in suo dampno, ipsas accipere possit.

Item, statutum quod si quis invenerit bestias alienas in suo dampno, eas ducere possit curiæ sua auctoritate et impune pro banno et eymenda, et in suo juramento credatur.

xlix. — Capitulum quod mandaterii et camperii credantur de accusis.

Item, statutum quod mandateriis et camperiis credatur usque ad quinque solidos in accusis, de quibus accusis accusans semper habeat tertiam partem.

l. — Capitulum quod nemo vetare debeat pignus nuncio curiæ

Item, statutum quod si quis vetaverit vel abstulerit pignus nuncio curiæ, solvat pro bampno viginti solidos.

lj.—Capitulum quod nemo dismentiat aliquem coram curia.

Item, statutum quod si quis coram curia alicui dixerit injuriose aliquid termini verborum mentiris, pro injuria aut pro dictione, solvat, pro banno, pro qualibet vice, quinque solidos.

lij.—Capitulum quod nemo Deum increpet coram curia.

Item, statutum quod si quis maledixerit aut increpaverit Deum vel beatam Mariam in conspectu curiæ, solvat, pro banno et vice qualibet, duodecim denarios.

liij. — Capitulum quod quilibet ire debeat ad cridam forram.

Item, statutum quod si quis non iverit ad cridam foram auditam, solvat pro banno viginti solidos.

liiij. — Capitulum quantum debeant lucrari panaterii et tavernarii.

Item, statutum quod panaterii debeant lucrari in uno sestario frumenti sex denarios, et in uno sestario siliginis sex denarios; et tabernarii in uno sestario vini decem octo denarios et non ultra ; et qui contra fecerit solvat pro banno, pro qualibet vice, duos solidos ; et si post misturam vel aliam falsificationem comictant in vendendo, solvant pro banno, pro qualibet vice, quinque solidos.

lv.—Capitulum quod nemo comitat adulterium.

Item, statutum quod si quis comiserit adulterium, solvat, nomine banni, pro qualibet vice, sexaginta solidos.

lvj.—Capitulum confratriarum.

Item, statutum quod quilibet teneatur recipere bayllivias confratriarum quum fuerit electus, sub poena sexaginta solidorum.

lvij.—Capitulum notarii curiæ.

Item, statutum quod tabellio curiæ habeat in quolibet banno, pro suis scripturis, super duodecim denariis unum denarium a comitente.

lviij.—Capitulum de pratis de plano et de capris.

Item, statutum quod prata de plano Bardonechiæ sunt in banno, per totum annum, præterquam a natu Domini usque ad annunciationem beatæ Mariæ, et in hoc medio non sint in banno præterquam ad capras ; ad capras vero sint semper in banno, tam in pratis suis quam alienis, in pena, pro qualibet capra et vice qualibet, sex denarios ; et quilibet accusare valeat de capris, et aliquis non teneat nec tenere debeat in suo hospicio a festo nativitatis domini proxime in antea nisi tantummodo duas capras cum suis edulis vel hyrtis ; et qui ultra dictum numerum tenuerit, aufferantur sibi per curiam, et solvat pro banno viginti solidos.

lix.—Capitulum de rusca et maeria et calce.

Item, statutum quod nullus extrahat vel extrahi faciat mayeriam, ruscam vel calcem de mandamento Bardonechiæ, et qui contra fecerit solvat, pro banno et vice qualibet, decem solidos.

lx. — Capitulum quod nemo pelet seu cindet nemora.

Item, statutum quod aliquis in nemoribus Bardonechiæ non sciderit aliquas arbores, vel pelet, vel desonoret, sub pena constituenda et ordinanda per castellanum et consules dictorum locorum, quæ pena semper per ipsos poni, minui vel augmentari seu ordinari debeat secundum quod eis pro republica videbitur expedire.

lxj. — Capitulum cabrerii.

Item, statutum quod cabrerius quicumque fuerit teneatur custodire capras usque ad festam omnium sanctorum semper, dum tamen possint ipsæ capræ pascere in pascuis, ad salarium consuetum.

lxij. — Capitulum de clausuris, rapis, peseriis, vergeriis, ortis, feno et erbis.

Item, statutum quod si quis acceperit de clausuris, rapis, peseriis, vergeriis, de ortis, fregagiis, de feno vel erba, in re aliena, solvat pro bampno, pro qualibet vice, tres solidos, nisi quod de rapis possit ibi comedere in raparia quantum voluerit et rapas deportare sine pœna.

lxiij. — Capitulum quod nullus de dominis, seu eorum officiales, de nemoribus alicui personæ dent.

Item, statutum quod nullus de dominis, seu eorum officiales, de nemoribus alicui personæ det seu dent, accipient vel accipi facient, nisi de licencia donatorum; nec sit aliquis excusatus pro licencia sibi data ab aliquo dominorum vel officialium eorum; sed bannum prout alii observare teneantur.

lxiiij. — Capitulum quod mulieres dottatæ non possint succedere.

Item, statutum quod mulieres, cujuscumque conditionis existant, quæ dottas a parentibus suis, vel fratribus aut sororibus suis, receperint, non succedant nec ulterius succedere possint in bonis dictorum parentum suorum, vel fratrum aut sororum, nisi hoc esset per dispositionem ipsorum parentum, vel fratrum, vel sororum; sed sint contentæ receptis dottibus ante dictis.

lxv. — Capitulum de bannis ordinandis et renovandis in nemoribus, pasqueriis.

Item, statutum quod castellanus et consules possint et valeant simul ordinare banna in nemoribus, pasqueriis, denesiis, aygagiis, viis, violis et aliis omnibus necessariis et rei publicæ pertinentibus; et ipsa banna imponere et imposita revocare, minuere, mutare vel augmentare, secundum quod eis videbitur pro meliori, et ipsis bampnis impositis et ordinatis dominus et ejus officiales observare et observari facere teneantur, et, sine consensu, consilio et voluntate expressa dictorum consulum, dominus vel ejus officiales in præmissis nullum bampnum seu penam imponere possint ; quod si contrarium fecerint, nullius effectus sit vel valloris.

lxvj.—Capitulum de bestiis locatis.

Item, statutum quod nulla persona, cujuscumque conditionis existat, possit nec debeat ducere seu tenere in mandamento Bardonechiæ aliquas bestias conductas, vel locatas, captas extra Bardonechiam, nisi tantum quantum ordinatum fuerit per castellanum Bardonechiæ et consules memoratos, sub pena sexaginta solidorum.

lxvij. — Capitulum de pratis quæ antiquo solita sunt abandonari.

Item, statutum quod prata quæ ex antico solita sunt abandonari ex quo fenum est inde remotum non deffendantur, et qui contra fecerit solvat pro bampno decem solidos, et persona, quæ in ipsis pratis postquam fenum fuerit inde remotum, bestias aliquas possuerit vel tenuerit, nullam penam incurrat.

lxviij.—Capitulum quod presens compositio pro hujusmodi privilegiis obtinendis dividatur inter populares.

Item, fuit pactum quod presens compositio, pro hujusmodi privilegiis obtinendis et pro commissionibus et excessibus remittendis hominibus prædictis, dividatur et dividi debeat inter omnes et singulos homines et personas populares mandamenti Bardonechiæ et locorum predictorum cujuscumque conditionis existant, videlicet sub hoc modo quod secundum merita delictorum cujuslibet super excessibus et rebellionibus et aliis quibuscumque perpetratis usque nunc, taxentur et imponantur de dicta compositione prout divissoribus super hoc eligendis domino judici Briançonesii et castellano Bardonechiæ videbitur faciendum et declarandum, qua divisione et taxatione factis super præmissis, præfatus dominus et ejus officiales, sine aliqua dilatione et excusatione taxatos ad solvendum compellere teneatur, qui divisores eligi debeant absque suspicione aliqua per homines huniversitatum prædictarum et per curiam dalphinalem.

lxix.—Capitulum quod dominus confirmavit concordias factas por condominos Bardonechiæ.

Item, quod dominus noster Dalphinus rattificavit, emologavit, confirmavit dictis hominibus omnes compositiones et concordias factas per condominos Bardonechiæ cum dictis hominibus super segnoria et jurisdictione locorum prædictorum secundum pacta et declarationes in hoc instrumento contentas et contenta, et voluit atque jubsit quod habeant plenariam firmitatem.

lxx.—Capitulum de libello dato.

Item, statutum quod libellus non detur nec dari debeat in curia, minori centum solidorum, eo salvo quod judex vel castellanus dare debeat dilationes ad deliberandum et respondendum in causa, secundum quod eis visum fuerit, tamen quantitate debiti inspecta.

lxxj. — Capitulum quod si aliquis captus fuerit de Bardonechia.

Item, si aliquis de Bardonechia captus et detemptus fuerit in persona vel rebus extra Bardonechiam, quod universitas debeat eum juvare de curatoribus exseundum et res suas recuperandum, nisi esset captus pro atroci delicto, et prædicta faciant cum licencia castellani.

lxxij.—Capitulum de ribaldis vanendis.

Item, statutum quod omnes ribaldi venientes ad terram Bardonechiæ in placea dicti loci possint vanari impune per homines ante dic-'tos vel aliquos eorumdem.

lxxiij.—Capitulum quod capitula in hoc instrumento scripta observentur.

Item, fuit pactum quod capitula, statuta, pacta et omnia in hoc instrumento contenta observentur et, secundum ea et non aliter, dictus dominus noster Dalphinus, vel ejus judex aut officiales, reddant et faciant cuique et in omni casu justitiam complenctam.

lxxiiij. — Capitulum quod omnia alia capitula concessa per dominum Guigonem sint cassa et vana.

Item, fuit actum inter dominum Dalphinum præfatum et dictum sindicum, sindicario nomine quo supra, quod privilegia, pacta et libertates, quitationes, donationes eisdem hominibus locorum prædictorum per inclitæ recordationis dominum Guigonem Dalphinum fratrem dicti domini Humberti, prædecessorem suum in Dalphinatu prædicto, concessas et concessa, necnon statuta scripta ab antico in Bardonechia sint cassa, vana et nullius valloris vel momenti et quod, ab inde in antea, dictæ universitates seu aliquis dictarum universitatum in aliquo non se possint juvare prædictis vel aliquo prædictorum, nisi duntaxat de privilegiis, pactis, libertatibus, franchisiis, statutis, et generaliter omnibus et singulis contentis et concessis in instrumento præsenti, et aliis bonis et libertatibus quibus uti et gaudere antiquitus consueverunt.

Quæ omnia et singula universa capitula libertatum, impunitatum, exemptionum, donationum, concessionum, statutorum, pactorum, prædictorum et prædictarum, et omnium aliorum prædictorum in præsenti instrumento contentorum memoratus dictus noster dominus Humbertus Dalphinus habita deliberatione consulta pro se et suis hæredibus et successoribus universis sollempni stipulatione promisit dicto Guillelmo Chays sindico et sindicario nomine quo supra et aliis hominibus de Bardonechia superius nominatis, nec non mihi Jacobo Faverii notario infrascripto ut personæ publicæ, stipulantibus et recipientibus suis nominibus propriis et nomine et vice omnium hominum et singularium dictarum universitatum Bardonechiæ, Beyllarii et Rochamolarum, hæredum et successorum suorum et quorum interest vel interesse poterit in futurum, et ad sancta Dei evangelia corporaliter tacta juravit imperpetuum grata, firma et rata habere et tenere, et inviolabile custodire et observare et non contra facere, dicere vel venire per se, alium vel alios, aliqua causa vel ingenio de jure vel de facto ; sed prædicta capitula libertatum, statutorum, et omnia prædicta eisdem hominibus et eorum hæredibus et successoribus suis manutenere, deffendere, amparare, custodire et salvare ab omni homine et persona, collegio et universitate ; promittens eciam dictus noster dominus Dalphinus per stipulationem et juramentum, præmissam et præmissum, se vel ejus hæredes vel successores non retractare seu revocare prædictam concessionem, donationem libertatum et immunitatum pacta et conventiones supradicta et omnia et singula supradicta vel aliqua ex prædictis pactis et conventionibus ratione lesionis vel alia quavis ratione vel causa de jure vel de facto, volendo dictus dominus noster Dalphinus quod prædicta concessio et omnia prædicta vim pactionum et conventionum habeant, et si quo tempore per ipsum dominum nostrum Dalphinum, seu ejus hæredes, aut aliquem vel aliquos ex officialibus suis vel aliis quibuscumque personis contingeret inquisitionem, processum, præcepta, edicta, ordinamenta aut sententiam vel sententias fieri, dari vel proferri contra privilegia, pacta, statuta et ordinamenta vel aliqua de præmissis in hoc instrumento contentis, ipse dominus noster Dalphinus, ex nunc prout ex tunc, illas inquisitiones, processus, edicta, præcepta, sentenciam vel sententias, et omnia et singula quæ præsentibus privilegiis, pactis, statutis et ordinamentis, vel alicui eorum obviaret, derogaret in aliquo vel obessent, revocat, inritat et anullat, licet non fuerit appellatum vel promulgatum, ita et totaliter quod nullatenus de cætero in antea aliquo quæ fierent per aliquem vel aliquos contra hujusmodi privilegia, pacta, statuta et ordinamenta aut aliqua ex ipsis transeant in rem judicatam, nec execucio mandetur, sed privilegia, pacta et statuta, et omnia et singula in hoc instrumento contenta perpetuo plenam obtineant firmitatem, pro quibus omnibus et singulis firmiter attendendis et observandis, obligavit omnia bona sua præsentia et futura, cum restitutione omnium dampnorum, expensarum, gravaminum et interesse litis et extra ; et, pro prædictis datis, concessis et remissis per eumdem dominum nostrum Dalphinum, prædictus sindicus sindicario nomine prædicto dedit et concessit eidem domino nostro Dalphino mille quingentos auri florenos quos sub obligatione omnium bonorum suorum et prædictarum universitatum, quilibet sindicus existat, solvere promisit ipsi domino nostro Dalphino stipulanti ut supra aut ejus certo mandato hinc ad proximum festum beati Michaelis cum omni refectione dampnorum litis et extra, renuncians expresse et ex certa sciencia idem dominus noster Dalphinus exceptioni doli mali, metus, actioni in factum, conditioni sine causa, vel ex injusta causa, vel ulla seu non secuta, beneficio restitutionis, et generali clausulæ si qua injusta causa videbitur et juri dicenti juri futuro per pactum non posse renuntiare necnon juri dicenti quod sub generali immunitatis concessione munera patrimonalia non veniant, et juri dicenti sub generali remissione non venire dolum, et eciam juri dicenti generalem renunciacionem non vallere nisi præcesserit specialis, et omni alii juris vel facti auxilio, quo mediante contra prædicta vel aliquod prædictorum tueri, dicere vel facere posse.

Mandans et præcipiens expresse idem dominus noster Dalphinus, hujus instrumenti tenore, ballivo, judici, procuratori principatus Briançonesii, castellano Bardonechiæ, et omnibus aliis et singulis officialibus ipsius domini nostri Dalphini tam præsentibus quam futuris, quatenus dictos homines et personas universitatum prædictarum in prædictis libertatibus, affranchimentis, statutis et aliis omnibus privilegiis in hoc instrumento concessis teneant, manuteneant, procogant et deffendant, et prædicta omnia eisdem hominibus et eorum cuilibet perpetuo custodiantur pariter et observent, et nullo tempore contra prædicta vel aliqua de præmissis facere, dicere vel venire præsumant. Et de præmissis idem dominus noster Dalphinus et dictus sindicus sindicario nomine quo supra requisiverunt et præceperunt michi Jacobo Faverii notario publico et dicti domini nostri Dalphini clerico jurato quod conficere debeam pro qualibet dictarum partium unum vel plura instrumenta ejusdem tenoris facienda, dictanda et refficienda semel vel pluries consilio unius vel plurium sapientum quotiens fuerit opportunum. Actum anno, indictione, die, loco et præsentibus testibus quibus supra....

Ego vero Jacobus Faverii, auctoritate imperiali notarius publicus et dicti domini nostri Dalphini clericus juratus, prædictis omnibus una cum suprascriptis testibus interfui, et ad requisitionem dicti sindici, sindicario nomine quo supra, hoc præsens publicum instrumentum in tribus peciis pargameni quarum prima finit in ultima seu linea in hanc dictionem *licentiam*; secunda incipit in hanc dictionem *et libertatem*, et finit in hanc dictionem *mentiris;* tercia et ultima incipit in hanc dictionem *pro injuria*. Scripsi et tradidi quamlibet peciam in sui principio signo meo signavi. Faverius.

Nos autem præfatus Humbertus Dalphinus Viennensis, Viennæ et Albonis comes et palatinus, dominusque de Turre et Briançonesii princeps, ad majorem firmitatem, certitudinem, robur et testimonium omnium præmissorum in præsenti publico instrumento scripto et signato manu dicti Jacobi Faverii notarii clerici nostri contentorum, hoc præsens publicum instrumentum tanquam mandato nostro recte et legitime conscriptum sigilli nostri majoris jubsimus et securius munimine roborari.

Un examen approfondi et détaillé des nombreux articles de ces deux chartes pourrait jeter beaucoup de jour sur l'état social, municipal et féodal des habitants de la seigneurie de Bardonesche ; cependant, comme un pareil travail augmenterait très-considérablement les dimensions déjà trop étendues de cet ouvrage, je me bornerai à l'examen des dispositions de ces articles qui sont relatives au régime municipal, et à l'état des personnes et des terres.

CHAPITRE XIII.

Du régime municipal briançonnais au moyen âge.

> « Tout indique, dans la teneur des actes des
> » communes, que la tradition la plus éloignée,
> » la tradition romaine, n'était pas même éteinte
> » dans le souvenir des habitants de nos vil-
> » les. »
> A. DE GOBINEAU, *Etudes sur les Municipalités.*

Plus de douze siècles ont roulé sur les Alpes cottiennes leurs années obscures et désastreuses d'invasions, de bouleversements, de révolutions, depuis l'époque où le municipe romain, admis dans les Etats de Cottius, a transformé ces Etats en douze cités municipes, jusqu'à celle où, sous les Dauphins de Viennois, ce municipe qui, je crois, n'a jamais cessé entièrement d'exister dans ces contrées, a commencé à y reparaître plus ostensiblement pour se formuler plus tard en chartes municipales sous leurs derniers seigneurs féodaux et sous les derniers de ces Dauphins, en 1330, 1336 et 1343.

Mais, s'il est d'origine romaine, a-t-il bien pu conserver cette origine, ce municipe si longtemps éclipsé dans les ombres de l'histoire, ce municipe que l'on voit en quelque sorte renaître à cette époque dans le Briançonnais, comme dans certaines parties de la France méridionale? L'ensemble de tous les documents historiques relatifs au municipe romain, leur comparaison et leur liaison avec la suite des événements qui ont eu lieu dans les Gaules à la chute de l'empire d'Occident, et surtout le maintien de la législation romaine, ne permettent guère de douter de l'origine également romaine de la plupart des institutions municipales que le moyen âge a vues apparaître ou plutôt reparaître dans beaucoup de cités du midi de la France ; c'est l'opinion la plus vraisemblable, et c'est aussi celle qui est généralement adoptée par les historiens modernes qui se sont occupés de la recherche de l'origine et de la nature de ces institutions.

« L'organisation des communes au moyen âge, dit M.
» Ch. Giraud, dépose encore de l'existence des magistrats
» municipaux dans la Gaule. Les consuls, qui apparaissent
» tout d'abord dans les communautés romaines, sont la tra-
» dition évidente de l'ancien duumvirat municipal dont le
» consulat était le type. »

« Le monde romain, dit aussi M. Guizot, a légué au
» monde moderne le régime municipal...., ce qui restait
» encore d'administration intérieure, surtout dans la Gaule
» méridionale, était romain d'origine.

Mais, s'il y avait identité d'origine, y avait-il identité de nature entre le régime municipal romain et le régime municipal du moyen âge ? Non, sans doute : « Un nouveau ré-
» gime municipal de principes et de caractères différents,
» a dit encore M. Guizot, devait s'élever sur les débris de la
» municipalité romaine ;» ces deux régimes ont été séparés par un long intervalle de siècles, et il n'y a pas d'exemple qu'une institution sociale ait subsisté aussi longtemps sans changement, sans altération. Le municipe romain lui-même, probablement purement électif lors de sa naissance

au sein de la république, était devenu, sous l'empire, un mélange d'élection et d'hérédité. Cependant, lorsque ce municipe fut importé dans l'Allobrogie, la Voconcie[1] et les Gaules, à la fin de la république et au commencement de l'empire, son caractère électif dut prédominer chez les nations ou peuplades de ces contrées à anciennes institutions autonomes ; et ce caractère dut généralement prévaloir, surtout dans le Briançonnais, au XIIIe et au XIVe siècle, au sein de cette population active et remuante de bourgeois, d'artisans, d'affranchis, de gens aisés mais sans naissance, qui était devenue si nombreuse, si influente, et qui luttait déjà alors avec tant de force, d'énergie et de persévérance, contre les priviléges de la naissance, contre le principe de l'hérédité du pouvoir.

Aussi, tout en tirant le municipe romain de l'asservissement auquel le despotisme impérial avait voulu l'assujettir, du linceul de mort où l'empereur Léon avait voulu l'ensevelir et où la féodalité avait voulu le maintenir, tout en le rendant à la vie, à l'existence, pour l'approprier comme un moyen de force et de résistance contre l'arbitraire des souverains et le caprice des seigneurs féodaux, cette popula-

---

[1] L'admission du municipe romain dans ces contrées, notamment dans les principales cités, telles que Grenoble, Vienne et autres, résulte d'énonciations de quelques anciens auteurs, d'inductions de quelques lois romaines, mais surtout de quelques inscriptions antiques trouvées dans ces localités, et qui mentionnent divers fonctionnaires de ce municipe. Plusieurs de ces inscriptions existent encore, et celles qui ont été trouvées à Grenoble ont été publiées par M. Champollion-Figeac en ses *Antiquités de Grenoble*, et par M. Pilot, en ses *Recherches sur l'Histoire municipale de Grenoble* (*Bulletin de la Société de Statistique de l'Isère*, t. II, p. 429 et suiv.).

Pline n'indique-t-il pas aussi que les cités des Voconces, comme cités fédérées ou alliées, avaient le municipe romain, et un municipe assez indépendant, lorsqu'il dit : *Vocontiorum civitates fœderatæ* ?

tion *quasi-libre* de bourgeois, d'artisans, d'affranchis, qui commençait dès lors à former ce que dans la suite on a appelé le tiers-état, s'empara, s'arma des débris du municipe romain, en abandonnant le principe héréditaire pour ne conserver que le principe démocratique ou électif, quelquefois un peu restreint, mais souvent très-généralisé ; et, dès lors, cette institution, modifiée dans sa base, se trouva essentiellement modifiée, *révolutionnée* dans sa nature. C'est un changement sur lequel M. Guizot insiste très-fortement et avec vérité, quoiqu'il me paraisse trouver, dans le municipe romain, l'esprit aristocratique plus dominant qu'il ne l'était réellement, car je ne pense pas, comme il le dit, que l'organisation du municipe fût restreinte à un assez petit nombre de familles curiales s'élisant, se choisissant elles-mêmes pour recruter la curie ; je crois, au contraire, d'après une foule de textes législatifs et de passages d'auteurs qui me semblent l'établir d'une manière très-positive, que le but des lois romaines relatives au municipe était d'agréger à ce municipe le plus de membres qu'il était possible, et de les empêcher de se soustraire à cette agrégation ou d'abandonner le municipe sous des peines souvent extrêmement sévères, quelquefois même presque barbares.

Voici au reste en quels termes M. Guizot explique très-bien la transformation du municipe romain en municipe du moyen âge : « Malgré l'influence du régime municipal romain sur le régime municipal du moyen âge, malgré le
» lien non interrompu qui les unit, la différence est radicale.
» L'esprit aristocratique domine dans l'un, l'esprit démocratique dans l'autre. Il y a liaison et révolution...
» La distinction est claire et profonde entre le régime
» municipal romain et celui du moyen âge. Sans doute la
» municipalité romaine a beaucoup fourni à la commune

» moderne ; beaucoup de villes ont passé par une transi-
» tion presque insensible de la curie ancienne à notre bour-
» geoisie ; mais, quoique la nationalité romaine n'ait point
» péri, quoiqu'on ne puisse pas dire qu'à une certaine épo-
» que elle a cessé d'exister pour être plus tard remplacée
» par d'autres institutions, quoiqu'il n'y ait point eu, en
» un mot, solution de continuité, cependant il y a eu révo-
» lution véritable, et, tout en se perpétuant, les institutions
» municipales du monde romain se sont transformées pour
» enfanter une organisation municipale fondée sur d'autres
» principes, animée d'un autre esprit, et qui a joué, dans
» la société générale, dans l'Etat, un rôle tout différent de
» celui que jouait la curie sous l'empire. »

J'achèverai de peindre, de caractériser cette transformation en disant : la commune du moyen âge a ressuscité, a pris le corps de la curie romaine en lui donnant un vêtement, une âme et un esprit de son temps et de son siècle.

Tout cela ne s'applique-t-il pas parfaitement aux institutions municipales des cités ou communautés briançonnaises? Leur grande charte-transaction, du 29 mai 1343, n'est-elle pas venue seulement réorganiser et régulariser, par une nouvelle rédaction écrite, un régime municipal préexistant depuis longtemps, régime qui était probablement une continuation, un reste de l'ancien municipe romain, conservé par la tradition et les usages locaux, qui paraîtrait n'avoir jamais disparu entièrement de ces contrées, et qui néanmoins se serait ressenti des modifications apportées par le temps à l'état social municipo-romain, notamment de la grave influence qu'ont dû exercer, sur le municipe, la féodalité d'une part, et de l'autre l'existence d'une nombreuse et remuante population de bourgeois et d'affranchis qui avaient même obtenu, par une sédition, la reconnaissance solennelle et authentique de leurs droits municipaux ? N'est-ce pas ce qui résulte assez clairement des circonstances qui ont précédé et amené leurs diverses chartes municipales, notamment la grande charte-transaction de 1343, ainsi que du titre et du caractère de *transaction* donné avec raison à cet acte, qui mentionne des contestations, des transactions entre les Briançonnais et le seigneur Dauphin : *Orta igitur super his et aliis quampluribus ex capitulis infrascriptis per assertionem commissariorum et oppositam negationem universitatum singularumque personarum ipsarum questionis materia...., transactionem, compositionem, concordiam, declarationem, remissionem, cessionem et concessionem fecerunt ad invicem, et convenerunt solemnibus stipulationibus intervenientibus...* C'est ce que ce Dauphin explique lui-même encore mieux dans une autre charte inédite, du 21 juin suivant, où il déclare que, prenant en considération la fidélité et l'affection des Briançonnais, après les séditions que les dangers imminents de leurs priviléges ont suscitées non sans raison, et qu'il a apaisées, Dieu étant propice, il confirme, ratifie et amplifie encore les libertés et franchises briançonnaises ; voici, au reste, le préambule de cette charte, que le lecteur pourra traduire et interpréter lui-même, pour mieux apprécier le véritable caractère de ces libertés et franchises :

Humbertus Dalphinus Viennensis, universis et singulis, presentibus et posteris, et officialibus precipue cujuscumque sunt et erunt proheminencie, conditionis sive status, has nostras presentes litteras intuentibus, gratiam nostram et salutem, hecque largifflue speculari, quoniam que geruntur in tempore noverca perimit oblivio, fortuna versatilis et inopinata, vel vetustas, prudencia docet solers et instruit per scripturam memorie comendare denuoque sepius iteratione roborare ut humanitus preservetur, itaque nostra munificencia merito providere potius hiis qui nobis et antecessoribus nostris hactenus et affectu continuo fideliter servierunt, quam ob rem condigne consideratis et actentis serviciis et meritis dilectorum fidelium nostrorum burgensium de

Brianczonio olim et retroactis continue temporibus factis et impensis, et proximis hiis temporibus elapsis, tempore scilicet sedicionum in Brianczonio concitarum quas Deo propicio nos ipse sedavimus et fecimus ipsa pascifica et transquilla non immerito periculosis premissis casibus suis privilegiis yminentibus, benevolenciam nostram impartimur, cumque nuper cum universitatibus baillivatus Brianczonii super nonullis capitulis pascicentes et transigendo convenientes, ordinantes, disposuerimus de eisdem, inter cetera meminimus eisdem universitatibus et personis singularibus earumdem, roborasse et confirmasse, pro nobis et successoribus nostris, omnia privilegia, libertates, franchisias, consuetudines, usus, immunitates et queque alia ab olim a nobis et antecessoribus nostris sibi collata, indulta et concessa, et per ipsas eciam acthenus usitata ; et actento et considerato ut civilis dicat sancio, quod ea que notabiliter fiunt, nisi specialiter notentur, quasi neglecta videntur vel censentur, faventes favore speciali dictis burgentibus pro se et posteritate sua recipientibus, una cum sibi unitis burgensibus et afranchitis aliis usque ad hec tempora et sibi eciam veniendis temporibus profuturis, motu proprio et liberali, convenimus sua privilegia, franchisias, libertates, immunitates et alia a nobis et antecessoribus nostris collata, indulta et concessa, roborare, stabilire et confirmare specialiter et expresse, et eciam bonos usus suos, consuetudines bonosque mores et diuturnos, et alia queque in favorem suum usitata confirmare, que quidem omnia et singula, pro nobis et successoribus nostris universalibus et singularibus, dictis burgentibus cum dictis unitis et uniendis memoratis, et matura deliberatione prehabita, et ex certa sciencia confirmamus et ratificando comprobamus et eciam de novo damus, concedimus et impartimur, et in singulis suis capitulis illibata per quoscumque observare volumus prehemptorum, et jubemus ut ipsi et ipsorum singula nunc et semper in favorem suum interpretare, prioraque nullathenus abrogare vel eis aliquathenus derogare, aut taxam de universali contingentem aliter fieri vel acceptare quam per modum antiquitus et acthenus usitatum....

Cette charte assigne bien un caractère quelque peu révolutionnaire, ou au moins séditieux, aux institutions municipales des Briançonnais ; néanmoins elle leur assigne aussi une origine antérieure à la transaction, une préexistence à la sédition, sédition que le dauphin excuse, qu'il trouve même juste, qu'il qualifie par ces mots *non immerito*, parce qu'elle avait sa cause, sa justification dans les dangers qui menaçaient leurs priviléges municipaux : *periculosis casibus suis privilegiis yminentibus*.

Mais c'est surtout pour les institutions municipales de Bardonesche, Rochemolle et Béollard, constatées par la charte de 1330, que ce caractère révolutionnaire ou séditieux est plus prononcé, plus apparent, comme cela résulte de l'enquête de 1329. Les chartes de 1332 et de 1336 ont bien aussi un peu le caractère de transaction, mais elles l'ont beaucoup moins que celle de 1330, qui est presque un traité de paix après une guerre ou une sédition ; et, circonstance remarquable qui distingue encore davantage le caractère de cette dernière charte, c'est que ce ne sont pas les vassaux, les serfs qui y sont accusés de sédition ; ceux-ci ont eu recours aux voies légales, aux voies judiciaires, pour obtenir la conservation de leurs institutions municipales, et la restitution du titre qui les constatait ; ce sont les coseigneurs pariers qui ont été les séditieux, qui ont abusé de la justice qu'ils ont refusé de rendre ou de faire rendre par leur cour devant laquelle des plaintes ont été portées : *Domini et parerii, jurisdictione abutentes, plura commiserunt scandala et seditiones..., et de querimoniis coram eis et eorum curia factis jus reddere obmittendo et recusando*. (Enquête de 1329.)

Cependant, malgré l'apparence révolutionnaire ou séditieuse du caractère des institutions municipales consacrées par cette charte, ces institutions existaient déjà et avaient même été rédigées par écrit, ainsi que cela résulte encore de l'enquête de 1329, qui constate la préexistence du livre et registre des chapitres par lequel et selon lequel les populaires de Bardonesche ont coutume de se régir et d'être régis, ce qui est confirmé par les articles 18 et 21 de la charte de 1330, qui ordonnent que ce livre ou chapitre de

Bardonesche, *capitulum Bardoneschiæ*, continuera d'être observé avec les accords nouvellement stipulés.

Toutes ces chartes de 1330, 1336 et 1343 rappellent d'ailleurs ces bons usages, ces bonnes coutumes, ces bonnes mœurs des Briançonnais; le préambule de celle du 24 juin 1343 leur attribuait, déjà à cette époque, une ancienne et longue durée en les qualifiant de *diuturnos*. Il y avait donc déjà alors des droits et des usages très-anciens pour régir l'administration populaire ou municipale, droits ou usages que ces chartes ont plutôt maintenus que créés ; et ces règlements, droits ou usages municipaux ne sont-ils pas des restes du municipe romain ?

L'affirmative ne me paraît pas douteuse, quoique depuis l'antique inscription précitée qui rappelle le duumvirat et la questure de Parridius dans le municipe brigantien : PARRIDIUS... QUAEST. II VIR MUNIC. BRIGANTIEN, je n'aie pu en trouver de preuve subséquente que dans l'ensemble des faits et circonstances historiques qui font penser que les Barbares envahisseurs de la Gaule méridionale, lors de la décadence de l'Empire, ont maintenu le municipe et la législation des Romains, ainsi que dans la nature des institutions municipales des Briançonnais au moyen âge, plutôt que dans des titres ou documents positifs. Ce n'est guère qu'au XIIIe siècle que l'on commence à avoir des titres écrits, constatant l'existence de ces communautés, car les plus anciens documents de nos contrées à ce sujet sont extrêmement rares ; mais ils commencent à l'être moins après la première moitié de ce siècle, surtout après les reconnaissances générales de 1260 à 1267, qui mentionnent l'existence d'universités, de communautés dauphinoises et briançonnaises, et notamment de quelques-unes de ces dernières en termes qui semblent rappeler le municipe romain [1], et, d'ailleurs, comme il est vraisemblable que ces communautés n'ont pas pu être créées et organisées pendant cette longue série de troubles et de désordres presque continuels qui ont accompagné et suivi la décadence et la chute de l'Empire romain, ni pendant l'époque féodale, on peut facilement présumer que les communautés briançonnaises, filles des cités du municipe romain, ont traversé cette période avec leur nature originaire, en éprouvant néanmoins quelques altérations ou variations, résultats inévitables, soit des influences du régime féodal, soit des modifications que la succession des temps et des mœurs a pu et dû apporter à des institutions municipales qui, quoique écrites dans les Codes romains, étaient néanmoins obscures et peu connues par leur texte, et se sont conservées plutôt par l'usage ou la tradition que par l'écriture.

Si l'on examine les reconnaissances générales briançonnaises du registre *Probus*, on y voit apparaître ou reparaître par-ci par-là les qualifications d'université ou de communauté, *universitas, communitas*, et ces qualifications sont surtout accompagnées de circonstances remarquables dans l'une

---

[1] La mention d'existence d'universités ou de communautés, et de la nomination, pour la reconnaissance des droits delphinaux, de jurés élus par ces universités ou communautés, selon la forme des élections du municipe romain, ne prouve-t-elle pas que si, dans nos contrées comme partout ailleurs, le régime féodal a pu et dû porter de graves atteintes au régime municipal, il n'a pas cependant pu l'anéantir, car cette mention est faite dans des reconnaissances féodales d'une époque où le régime féodal était encore en pleine vigueur en Dauphiné, puisque les actes d'inféodation que nous avons fait connaître sont à peu près contemporains de ces reconnaissances, et que la plupart de ces actes leur sont même postérieurs.

des reconnaissances de Valpute[1], qui fait connaître comment quelques communautés procédaient : il y est mentionné que l'université des hommes de Valpute a été convoquée, et que la majeure partie ou la presque totalité de cette université a élu des hommes pour reconnaître les droits des Dauphins en présence de ses défenseurs et discuteurs : *Convocata universitate hominum de Valleputa et de mandamento ejusdem loci... major pars universitatis vel quasi tota*, PRESENTIBUS DEFENSORIBUS [2] *et disctoribus, infra scriptos elegit... electi sunt* (suivent les noms des élus) *qui electi jurati recognoverunt...*

La mention de ces diverses circonstances, même dans cette reconnaissance de droits féodaux par turmes, ne semble-t-elle pas révéler, d'une manière plus ou moins indirecte, l'existence et la pratique de vieux droits ou usages municipaux que le Dauphin reconnaîtra ensuite formellement en faveur de toutes les communautés briançonnaises vers le milieu du siècle suivant par la transaction briançonnaise de 1343, et par la charte de Bardonesche de 1336 ?

Cette convocation de l'universalité des habitants qui, en majeure partie ou presque en totalité, élisent leurs mandataires, n'indique-t-elle pas l'usage, de la part de la communauté, de nommer ses mandataires par voie d'élection, de

---

[1] Aujourd'hui *Vallouise*, et *vallis gerontana* dans les temps antérieurs à ces reconnaissances. Cette ancienne qualification de *gerontana* ne rappellerait-elle pas aussi une vallée municipe dont les administrateurs *choisis d'abord* (dit Henrion de Pensey en son traité *Du Pouvoir municipal*), *parmi ceux dont l'âge garantissait la sagesse, ont été successivement connus sous les dénominations d'anciens*, de GÉRONTES, *d'édiles, de duumvirs, de consuls, d'échevins, de maires et d'officiers municipaux* ?

[2] Comme en la loi 23, C. Th., *De Suscept.*

suffrages? N'y a-t-il pas là aussi, indication du suffrage universel ou *quasi* universel? Ce serment exigé des élus, *electi jurati*, n'est-il pas le serment qui sera exigé, qui continuera à être exigé plus tard de tous les officiers municipaux?; et ces défenseurs et discuteurs, *defensores et disctores*, dont l'institution était tombée en désuétude dans presque toutes les Gaules, mais qui avait été maintenue dans le Briançonnais, où le municipe avait conservé plus d'indépendance et de liberté, ces défenseurs et discuteurs, élus par tous les habitants de la communauté, qui sont là pour défendre et discuter ses droits, ne sont-ce pas les défenseurs de la cité, *defensores civitatis*, qui, dans le municipe romain, étaient également élus par l'universalité des habitants?

Ces dernières qualifications reparaissent encore dans plusieurs élections municipales du XIV° siècle et même du XV°; on retrouve notamment celle de défenseurs, *defensores*, jointe à celles de procureurs, syndics, *procuratores, syndici*, données aux officiers municipaux dans les actes d'élections municipales de la communauté de Briançon, des 9 février 1371, 4 avril 1417, 21 mars 1431 et autres, ce qui prouve que si, en Briançonnais comme partout ailleurs, on avait alors cessé de nommer des défenseurs municipaux spéciaux, du moins les Briançonnais n'en avaient oublié ni la qualification ni les importantes attributions qu'ils conféraient à leurs nouveaux officiers municipaux.

Si l'on joint à cela qu'à Briançon, ainsi que dans quelques communautés rurales, on observait, dans l'usage, plusieurs dispositions législatives du municipe romain (omises dans les chartes municipo-féodales où l'on s'attachait ordinairement moins à expliquer les détails de l'organisation de l'autorité municipale [détails que chacun connaissait par l'usage] qu'à faire connaître et consacrer, par les seigneurs et les Dauphins, l'existence et les droits de cette autorité dans ses rapports avec l'autorité féodale ou seigneuriale) telles que le maintien de la qualification de curiale, la responsabilité des pères pour la gestion municipale de leurs fils, l'exigibilité d'un cens municipal proportionné à l'importance et à la richesse des communautés, la perception de l'impôt sous la responsabilité personnelle des municipes, il me semble difficile de ne pas admettre que le municipe briançonnais du XIVe siècle se reliait, par son origine, par sa continuation, au municipe romain de la nature duquel il participait et avec lequel il avait tant de points de ressemblance ; qu'il en était une suite, un reste, et que, s'il avait quelque chose du caractère révolutionnaire ou séditieux des municipes du moyen âge, c'était l'obtention de la constatation de son existence, de sa rédaction par écrit à la suite de contestations, de séditions, plutôt que l'obtention de l'institution elle-même.

Il me paraît donc résulter suffisamment de ce qui précède, que le régime municipal des Briançonnais n'a pas entièrement disparu au moyen âge ; qu'il a persisté jusqu'à la fin de la féodalité ; que s'il n'est pas facile d'en retrouver l'organisation à cette époque, du moins les circonstances historiques et les trop rares énonciations écrites que nous avons indiquées font facilement présumer que c'était encore le municipe romain conservé dans les usages locaux et dans quelques titres, comme, par exemple, dans les anciens statuts de la coseigneurie de Bardonèche, dans le livre et registre des chapitres selon lesquels se gouvernaient les hommes et les *populaires* des communautés de cette coseigneurie, et nous verrons bientôt qu'il a survécu à la féodalité, et que, confirmé, consacré par les chartes de 1330, 1336 et 1343, ce municipe, sauf quelques modifications que nous ferons connaître, a continué d'exister jusqu'en 1790.

CHAPITRE XIV.

Transport et réunion du Dauphiné à la France.

> « Que, à l'aide de Dieu, sous la protection et
> » faveur de nostre très-chier seigneur et cousin
> » le roy de France, et ses enfants et leurs suc-
> » cesseurs, noz subgiez et terres pourront estre
> » soustenuz et gardez de toutes adversités et pé-
> » rils, maintenuz et gouvernez en bonne paix,
> » seurté et tranquillité. » (Motifs du 1er acte
> de transport du Dauphiné, du 23 avril 1343.)

Depuis plusieurs années avant ces divers actes, les rois de France avaient porté leurs vues sur le Dauphiné, qu'ils désiraient réunir à leur couronne, et l'accomplissement de ce désir fut facilité, sous le règne de Philippe de Valois, par la mort du fils unique du Dauphin.

Après cette mort, qui laissait Humbert II sans héritier direct, ce Dauphin, circonvenu, subjugué, entraîné presque contre sa volonté, par les influences et les suggestions de quelques seigneurs qui l'entouraient, qui avaient probablement été gagnés ou séduits par Philippe de Valois, déterminé surtout par les conseils du pape Clément VI[1], de Henri de Villars, archevêque de Lyon, lieutenant

---

[1] « Et pour ce certains traitez eussent esté pourparlez et accordez en
» la présence de notre saint père le pape Clément VI qui à présent
» est... » (Transport du 23 avril 1343.)

général du Dauphin et régent du Dauphiné, de Jean de Chissé, évêque de Grenoble (*Gallia christiana*, tom. II, p. 605), et de plusieurs autres personnes, se détermine, se résigne, quoique à regret, à céder ses Etats et son sceptre delphinal à la famille royale de France, et consent, par l'intermédiaire de ses députés, à un premier acte de cession du Dauphiné en faveur de Philippe, duc d'Orléans, second fils du roi, ou en faveur de tel autre des enfants de Jean, fils aîné, qu'il plairait au roi de nommer.

Ce premier acte de transport que le Dauphin avait juré de faire, le 23 février 1343, et qui n'est daté que du 23 avril suivant, au bois de Vincennes, comprenait nommément la principauté de Briançonnais ainsi que le marquisat de Sésane, et il contenait la promesse du roi de garder les libertés delphinales. On y remarque surtout une clause (assez futile en apparence, mais qui aura dans la suite quelques conséquences) à laquelle l'amour-propre delphinal d'Humbert tenait beaucoup, car il l'avait déjà exprimée en termes formels dans un projet antérieur de cession de ses Etats au roi de Sicile (Valbonnais, *Histoire du Dauphiné*, tom. II, p. 344) ; c'est là clause, exécutée postérieurement pendant plus de cinq siècles, par laquelle (afin de maintenir en quelque sorte la nationalité delphinale, ou au moins la distinction et le souvenir de cette nationalité), il exigeait, comme condition expresse, la conservation de la dignité et du nom ou titre de Dauphin dont la mention, dans les actes et souscriptions, devait suivre immédiatement le titre de roi, avec l'adjonction des armoiries de Dauphiné aux armoiries de France : « Par tèle condition et manière ensi que le dit
» Monsieur Philippes, ou cellui qui sera dalphin, et ses
» hoirs et successeurs au Dalphiné, se appelleront et
» soient tenuz de faire soy appeler Dalphin de Viennois,
» et porteront les armes dudit Dalphiné escartellées avec les

» armes de France, et ne laisseront et ne puissent laissier
» le nom de Dalphin, ne lesdites armes ; et ne sera, ne
» puisse estre unis ne ajousté ledit Dalphiné au royaume de
» France, fors tant comme l'empire y seroit unis. »

Quoiqu'il ait été déclaré, par les commissaires d'Humbert II, que ce Dauphin faisait l'abandon de ses Etats *de sa pure et franche volonté, sans contrainte et mal engin*, plusieurs circonstances postérieures prouvent bien le contraire, notamment quelques regrets qu'il manifesta, ainsi que son hésitation et ses retards à se désinvestir définitivement. Il lui échappa un jour, raconte Valbonnais, d'après les *Memorabilia* du protonotaire Pilat, « de dire, parlant de ses
» engagements avec la France, qu'il n'était pas tellement
» lié qu'il ne pût s'en dédire ; c'est ce qui donna lieu au duc
» Jean de Normandie, craignant ses irrésolutions, d'exiger
» une nouvelle confirmation de cet acte. » (*Mémoires pour l'Histoire du Dauphiné*, p. 178.)

Le Dauphin n'avait point encore, en effet, ratifié le traité de Vincennes, consenti, en son nom, par ses commissaires, et, lorsqu'on lui demandait cette ratification, il évitait, dit Valbonnais, d'en venir à une conclusion, et demandait que le roi fît savoir son intention sur certains articles qu'il ne trouvait pas assez clairement expliqués.

Soit que le roi eût été informé des regrets et des irrésolutions du Dauphin, soit que sa présence eût été jugée nécessaire pour surmonter les difficultés qui pourraient survenir, il partit pour Sainte-Colombe-les-Vienne, où Humbert alla le trouver. Pour ôter à ce dernier tout prétexte de changement de volonté, ajoute Valbonnais, on le satisfit sur tous ses chefs de demandes, et, le 7 juin 1344, il intervint à Avignon, en présence du pape, un nouvel acte de transport, non plus à Philippe d'Orléans, mais à Jean, fils aîné du roi et duc de Normandie, ou à l'un de ses enfants. Ce second transport se référait aux clauses et conditions du premier.

On ne put pas encore cependant, à cette époque, décider le Dauphin à se dépouiller immédiatement de ses Etats ; ce ne fut que plus de cinq ans après et seulement en 1349, que l'on parvint à le déterminer définitivement à abdiquer irrévocablement, et à échanger son autorité temporelle et séculière de chef suzerain du Dauphiné, contre l'autorité spirituelle et cléricale de chef d'un couvent de dominicains.

D'après l'acte d'abandon, la raison déterminante d'Humbert II aurait été de garantir le Dauphiné et ses sujets ou vassaux des malheurs et dangers, en les plaçant sous la protection de l'illustrissime prince-seigneur, roi de France, et de sa postérité, afin que, par son bras puissant et sa main forte, ils pussent être mieux préservés et gouvernés sous le culte de la justice, de la tranquillité et de la paix : *Quod sub favore et protectione illustrissimi principis domini regis Franciæ et posteritatis suæ, Dalphinatus terræ, subditi et vassalli nostri a scandalis, adversitatibus et periculis, sub potente bracchio et manu forti, possent quietius et utilius præservari, et sub cultu justitiæ, tranquillitatis et pacis salubrius gubernari.* (Acte de transport, du 31 mars 1349).

Mais, avant d'opérer ce troisième et dernier transport, avant de se dépouiller de son autorité *quasi souveraine* de Dauphin, Humbert II crut devoir faire encore un acte important de cette autorité. Le 14 mars 1349, il eut la précaution de constater les libertés du Dauphiné par un règlement authentique qui a été ensuite nommé STATUT DELPHINAL. Cet acte, qui a été imprimé plusieurs fois, se trouve notamment dans le recueil intitulé : *Statuta delphinalia*, f° 36, et dans l'*Histoire du Dauphiné* par Valbonnais, tom. II, pag. 586.

Ainsi que la charte-transaction de 1343 l'avait fait pour les libertés briançonnaises, ce règlement consacre l'existence et la teneur de ce que l'on a appelé depuis les *libertés delphinales;* peut-être même en concède-t-il quelques-unes qui n'existaient pas auparavant ; mais, à la différence de la transaction briançonnaise, ce statut n'est point un contrat synallagmatique ou bilatéral, respectivement discuté, débattu et consenti par les Dauphinois ; ce n'est pas même un acte municipal proprement dit, quoiqu'on l'ait souvent qualifié de *statut municipal;* c'est un simple acte de concession ou de confirmation (car la plupart de ces libertés existaient déjà), émané de la seule générosité ou gracieuseté du Dauphin, comme il le dit lui-même dans le préambule de ce statut : *Delphinus, liberalitatis patrocinio et gratitudinis adminiculo, non indigne, sicut asseruit, stimulatus.*

La preuve de la préexistence de la plupart de ces libertés résulte de beaucoup d'actes antérieurs à ce statut ; elles sont rappelées dans la charte de Bardonesche de 1336, dans les actes de transport de 1343 et 1344, et surtout dans les conditions proposées en 1337, par Humbert II, lors de son projet de transport du Dauphiné au roi de Sicile, en ces termes : *Quod privilegia, libertates, consuetudines et boni usus Dalphinatus semper durent et debeant observari.*

Ce Dauphin n'entend pas néanmoins ne faire, dans le règlement de 1349, que des concessions révocables ; il donne lui-même à cet acte, mais sans le concours de ses sujets ou vassaux, la forme d'un contrat synallagmatique ; et c'est le notaire qui, en leur nom, déclare accepter ces concessions. Peut-être même ce règlement ne faisait-il que constater ou sanctionner le résultat des délibérations des trois Etats du Dauphiné qu'Humbert II avait convoqués, l'année précédente, pour reviser et corriger leurs libertés, si elles contenaient quelques erreurs, ce qui prouve encore qu'elles étaient déjà existantes et écrites. Quoique les procès-verbaux de ces délibérations n'existent plus, on a cependant conservé le texte des lettres de convocation, qui fait connaître l'objet de la réunion des Etats : *Populum nostrum, barones, etiam nobiles majores, mediocres et minores, in bonis usibus, consuetudinibus, privilegiis et libertatibus suis in quibus hactenus extiterunt et esse debent, correctis si qui forent erroribus, quos nos corrigere non pudebit, injiciant solidatos.*

Humbert II prescrit ensuite, à la fin du statut delphinal, toutes les mesures de précaution nécessaires pour en assurer l'exécution et pour la conservation des libertés et franchises qu'il vient de concéder ou de reconnaître.

Je ferai, à l'égard de ces libertés, une remarque semblable à celle que j'ai déjà faite à l'égard des libertés briançonnaises : Humbert II ne les concédait ou reconnaissait par écrit presque qu'au moment où il allait renouveler l'acte de transport du Dauphiné.

En effet, le 31 mars 1349, seize jours après ce statut, il intervint à Romans, entre Philippe de Valois, Jean son fils aîné et Humbert II, un troisième acte de transport du Dauphiné, en faveur de Charles, petit-fils du roi et fils aîné de Jean, duc de Normandie.

Nonobstant ce troisième acte de transport, qui contenait une cession ou donation entre-vifs, exécutoire immédiatement sans réserve d'usufruit et sans condition, Humbert II continua à se maintenir en possession pendant quelque temps ; mais, au mois de juillet suivant, il fut obligé de s'exécuter, parce que Jean vint, avec Charles son fils, nouveau dauphin, prendre possession du Dauphiné.

Humbert, prévenu de leur arrivée, alla au-devant d'eux jusqu'à Lyon ; et c'est dans le couvent des frères prêcheurs de cette ville, que, par un acte du 16 juillet 1349, il con-

somma son sacrifice et se dépouilla définitivement de ses Etats, dont il investit son successeur ; « et, en signe de sai-
» sine et de dessaisine (porte l'acte) bailla audit Charles
» l'espée ancienne du Dalphiné et la bannière de saint
» Georges, qui sunt anciennes enseignes des Dalphins de
» Viennois [1], et un ceptre et un anel, et veult que doresna-
» vant ledit Charles soit tenuz et réputez, en nom et en effet,
» vrai Dalphin de Viennois. » (Valb., n° 275 des preuves sous Humbert II, tom. II, p. 604.)

Ainsi, c'est sur le seuil de la porte d'un couvent qu'Humbert dépose définitivement sa couronne et son sceptre delphinal, d'où ils vont être relevés par l'héritier présomptif du fils aîné du roi des Français ; et, dès le lendemain, Humbert revêt l'habit de dominicain. « Au milieu
» d'une immense foule de peuple, un prince, en entrant

---

[1] Avait-on apporté ces enseignes à Lyon pour en effectuer la tradition réelle ? J'en doute, car il résulte d'un acte du 25 novembre 1355 (Arch. c. c. *Pilati*, 1355, et Valbonnais, *Hist. du Dauph.*, tom. II, pag. 621), que ce n'est que longtemps après que le nouveau Dauphin envoya un de ses hommes d'armes en Dauphiné pour faire faire cette tradition ; et qu'à l'instar des rois des Français (dont l'étendard était déposé dans l'église de Saint-Denis), les derniers Dauphins, qui s'étudiaient à les imiter et à faire les petits rois, avaient fait déposer leur étendard dans l'église de Saint-André de Grenoble : cet acte, passé dans le village de Cercelles près de Saint-Denis, peut même faire présumer que l'étendard delphinal fut apporté à Saint-Denis, pour y être déposé avec l'étendard de France. Selon cet acte, ces enseignes, qualifiées de *preciosa et virtuosa jocalia Dalphinatus*, consistaient en une épée avec un glaive superposé à un manche fait, disait-on, avec du bois de la vraie croix, et en l'étendard de saint Georges sur lequel apparaissait encore le sang du dragon : *Ensem cum gladio supraposito ad manubrium, et dicitur de vera cruce, et vexillum sancti Georgii in quo adhuc apparebat de sanguine draconis.*

» dans un cloître, pose sa couronne sur la porte : on voit
» au dedans des religieux qui l'attendent ; un d'eux tient à
» la main des ciseaux ; un autre un habit moitié blanc moi-
» tié noir : le Dauphin Humbert II cède ses Etats au fils du
» roi de France et se fait Jacobin. » (Monteil, *Hist. des Français des divers Etats*.)

Il intervint encore, le même jour, un autre acte très-important pour les Dauphinois, et qui a été souvent invoqué par eux auprès des rois ou des Dauphins de France ; c'est l'acte de prestation de serment du jeune Dauphin, d'observer les libertés delphinales. On y lit que, le 16 juillet 1349 et immédiatement après le transport réel et la tradition du Dauphiné, l'évêque de Grenoble présenta à ce Dauphin l'acte du 14 mars, contenant les libertés et franchises delphinales ; et après en avoir fait remarquer la clause d'après laquelle tout nouveau Dauphin ne pouvait recevoir les actes d'hommage et de fidélité de ses nouveaux sujets qu'après le serment d'observer ces libertés et franchises, il requit ce serment que le jeune Dauphin Charles prêta aussitôt en présence et du consentement de son père. (*Statuta delphinalia*, f^{iis} 35 v° et 45 v°.)

En exécution de ces divers actes, Charles dut prendre et prit effectivement le titre de Dauphin dont tous les droits se trouvèrent dès lors sur sa tête, Humbert ne s'étant réservé que le titre honoraire de Dauphin, que l'illustre prééminence et l'honneur de la dignité du nom delphinal, sans aucune administration : *Salvis et retentis duntaxat illustri prœeminentia et honore dignitatis et nominis Delphinalis, sine administratione quacumque.*

A partir de cette réunion du Dauphiné à la France, les armes des deux Etats furent aussi réunies, les armes du Dauphiné furent écartelées avec celles de France ; l'écusson français, qui, antérieurement, ne contenait que des fleurs de lis, fut divisé en quatre compartiments dont deux reçurent chacun un dauphin, et les deux autres conservèrent les fleurs de lis de France ; ce fut du moins ainsi que l'écusson ou le sceau français fut employé pour tous les actes qui concernaient le Dauphiné.

Bientôt après son investiture, le Dauphin Charles partit de Lyon pour aller visiter ses nouveaux États et recevoir les hommages de ses nouveaux sujets ou vassaux ; mais il tomba malade à Romans où il fut obligé de s'arrêter quelque temps, et c'est là qu'on vint lui rendre hommage. Il vit bientôt arriver auprès de lui tous les seigneurs ou gentilshommes de la noblesse dauphinoise, ainsi que les mandataires ou députés de toutes les communautés du Dauphiné; tous s'empressèrent de lui faire la cour et de lui prêter foi et hommage, tous..., à l'exception des députés des communautés briançonnaises.

Chorier raconte que lorsque ces derniers députés arrivèrent à Romans, où ils ne trouvèrent que le nouveau Dauphin, soit par scrupule ou vanité, soit pour donner plus d'éclat à leur serment de fidélité, ils firent les difficiles et refusèrent de le reconnaître avant d'avoir appris, de la bouche même de l'ancien Dauphin, comment ils devaient se conduire. Brunet de l'Argentière et le curé Albert, qui racontent aussi cette circonstance sans l'attribuer aux mêmes motifs, ajoutent que les députés briançonnais exigèrent un ordre exprès d'Humbert II pour reconnaître le nouveau Dauphin.

Ces députés se rendirent, en effet, au château delphinal de Beauvoir en Royans, où l'ancien Dauphin, frère Humbert, avait été autorisé à faire son noviciat, pour apprendre, de lui-même, s'il était bien vrai qu'il eût cédé ses États, et s'ils pouvaient, sans se compromettre, reconnaître le nouveau Dauphin. Sur la réponse affirmative d'Humbert, et même sur l'ordre de celui-ci de reconnaître le Dauphin Charles et de lui prêter serment et hommage de fidélité, ils ne se contentèrent pas d'une simple réponse verbale, ils demandèrent une preuve écrite et authentique de cette réponse, avec une invitation ou réquisition de confirmer leurs priviléges. En conséquence, il intervint, entre eux et le Dauphin Humbert, le 28 août 1349 (Arch. c. c., *Pilati*, 1349), devant le notaire Pilat, un acte public par lequel il est constaté que le Dauphin, frère Humbert, leur dit, ordonna et enjoignit expressément de reconnaître le Dauphin Charles, et de lui prêter les serments, hommages et fidélités dont ils étaient tenus auparavant envers l'ancien Dauphin, ce dernier les déliant et absolvant de leurs reconnaissances, serments et hommages antérieurs. Les députés des communautés du Buis et de Miribel (dit Chorier), crurent devoir imiter ensuite l'exemple des Briançonnais.

Cette conduite, dont s'étonne Chorier, pourrait bien s'expliquer par l'esprit de prudence et de défiance cauteleuse des Briançonnais. Peut-être aussi et plus probablement, n'étaient-ils pas sans inquiétude sur le maintien de leurs franchises et libertés. Ce fut, je pense, ce dernier motif qui les détermina surtout à agir ainsi, car on voit encore, dans l'acte du 28 août 1349, qu'ils eurent soin d'y faire ajouter une clause par laquelle Humbert priait, et même requérait le Dauphin Charles de ratifier et confirmer leurs priviléges, libertés et franchises : *Rogans eciam et requirens, ipse dominus frater Humbertus, tenore presentis instrumenti, dominum Karolum Dalphinum Viennensem quathenus privilegia, libertates et franchisias dictarum universitatum et cujuslibet earum ratifficet et confirmet....*

Mais quel qu'ait pu être le motif de cette conduite des députés briançonnais, dès qu'ils eurent une expédition de cet acte que s'était fait délivrer l'un d'eux (le syndic de Briançon, selon une annotation du notaire Pilat), ces députés revinrent à Romans, et c'est à leur retour seulement qu'eut lieu une circonstance particulière et bien plus extraordinaire que ni Chorier ni les autres écrivains dauphinois ou briançonnais n'ont remarquée ; ces députés (soit par prudence ou circonspection, soit qu'ils n'eussent pas reçu ou ne crussent pas avoir reçu de leurs commettants un mandat suffisant, soit plutôt qu'en conformité de l'art. 13 de leur charte, qu'ils n'étaient pas hommes à oublier, et dont ils étaient porteurs, ils ne se considérassent pas obligés à l'hommage envers le nouveau Dauphin tant que celui-ci n'avait pas ratifié leurs libertés et juré de les observer), ces députés, dis-je, ne prêtèrent point alors, avec les autres députés dauphinois, hommage et serment de fidélité, comme Chorier le prétend, par erreur ; ce furent eux, au contraire, qui exigèrent un serment préalable du nouveau Dauphin de qui ils obtinrent des lettres-patentes, datées de Romans, le 31 août 1349, par lesquelles celui-ci déclara approuver, ratifier et confirmer, avec serment, toutes les libertés et franchises reconnues en leur faveur par Humbert II ; ces lettres-patentes, que les Briançonnais ont fait imprimer dans les recueils de leurs titres de franchises, existent encore dans les archives de Briançon ; c'est une grosse en parchemin, revêtue des sceaux delphinaux, qui a presque un mètre carré de superficie.

Ces députés se firent aussi délivrer, le même jour, par Henri de Villars, archevêque de Lyon et Gérant du Dauphiné, des lettres d'absolution du serment que les communautés briançonnaises avaient précédemment prêté, en vertu du premier acte de transport, à Philippe, deuxième fils du roi des Français.

Porteurs de ces lettres, ces députés retournèrent dans

leur pays, et ce n'est qu'à la fin du mois de septembre, que les Briançonnais nommèrent et envoyèrent de nouveaux députés pour prêter leur serment de foi et hommage au Dauphin Charles, serment qui n'a été prêté que le 2 octobre 1349 et les jours suivants. (Arch. c. c., *Briançonnois*, n° 389.)

Une pareille conduite ne porte-t-elle pas à penser que les Briançonnais n'avaient envoyé leurs premiers députés que pour voir et examiner ce qui se passait, et veiller ou aviser à la conservation de leurs libertés, sauf à envoyer ultérieurement d'autres députés pour prêter le serment dû au nouveau Dauphin ? Ce qui me confirme dans cette pensée, que la conduite des députés briançonnais avait bien été préméditée et arrêtée d'avance, c'est que les lettres de ratification, obtenues à Romans du Dauphin Charles, prouvent qu'ils avaient eu la précaution d'apporter le titre de leurs libertés, leur grande charte de 1343, puisqu'il résulte de ces lettres, non-seulement que la teneur de cette charte, malgré sa longueur, y a été insérée en entier, ainsi que je l'ai vérifié, mais encore qu'elle a été lue à ce prince, en entier et de mot à mot, *de verbo ad verbum*.

Cette manière d'agir est d'ailleurs tout à fait caractéristique des mœurs et des habitudes des Briançonnais ; elle peint parfaitement l'excessive prudence, la méfiance même de ces rusés montagnards, qui se tiennent continuellement en garde, qui n'agissent qu'avec la plus extrême circonspection, et qui se montrent déjà si jaloux et si vigilants gardiens de leurs libertés, de ces libertés qui sont et seront, toujours et dans toutes les circonstances, le premier et le principal objet de leurs préoccupations.

Ainsi s'accomplit, pour le Dauphiné, et sans plus de résistance, un de ces événements majeurs qui font passer tout un peuple, presque instantanément, d'une domination sous une autre, par la seule volonté de quelques hommes, par le simple effet d'un contrat de donation ou de transport, intervenu entre deux princes, comme cela se voyait souvent autrefois, alors que les peuples et les Etats étaient considérés comme faisant partie ou comme étant des dépendances du patrimoine des seigneurs ou des souverains.

Cependant ce passage a eu lieu sans secousse, sans résistance, sans opposition de la part des Dauphinois ou des Briançonnais, parce que, en passant sous une autre domination, ils n'ont changé que de souverain; ils ont conservé en quelque sorte leur nationalité première, et sont arrivés, dans leur nouvelle et plus grande patrie, avec toute l'escorte de leurs anciennes lois et coutumes, de leurs anciennes franchises et libertés, comme étaient arrivés plus anciennement les peuples alliés et amis dans la société du peuple romain; c'était, pour les uns comme pour les autres, l'acquisition d'une nationalité, d'une patrie future et nouvelle, sans perte de leur précédente nationalité, de leur ancienne patrie, de leurs anciens droits.

Avant de passer à l'examen spécial des institutions populaires des Briançonnais, et pour mieux apprécier leurs rapports avec la puissance delphinale, jetons un coup d'œil rapide sur la nature et l'étendue du pouvoir des Dauphins et de leurs principaux officiers, tant en Dauphiné qu'en Briançonnais, sur l'organisation de la justice à ses divers degrés, en faisant ressortir les principales garanties de liberté qui en résultaient, ainsi que quelques circonstances particulières omises ou à peine mentionnées par les auteurs dauphinois, aux ouvrages desquels nous renvoyons pour les détails plus amples, relatifs à l'administration de la justice dans cette province.

CHAPITRE XV.

De la puissance delphinale.

Section Ire.

§ 1er. — *Puissance politique.*

« Le Dauphiné est une principauté séparée du royaume de France. » (Chorier sur Guy-Pape, p. 60.)

« Le Dauphiné étant considéré comme un corps d'Etat, non-seulement différent, mais séparé du royaume, ce qui regardait sa défense, sa tranquillité et ses affaires, tant en paix qu'en guerre, était à sa charge et devait être traité à ses frais. Il en était compté séparément. » (Chorier, *Estat politique*, tom. III.

« Où trouveront-ils que le Dauphiné aie esté transporté à la couronne ? C'est tout au contraire qu'il a esté faict à ceste condition qu'il n'y pourroit estre uny. » (*Responses du tiers-Estat* aux deux premiers ordres dans le procès relatif aux tailles.)

France et Dalphiné; *regnum Franciæ et Dalphinatus.* (Anciennes archives.)

« *Dominus noster Delphinus est loco imperatoris in hac patria.* » (Francisc. Marc.)

« *Patria Dalphinatus est de per se et separata a regno, et non dependet, subalternatur, seu subjicitur Franciæ regno.*

» .... *Quicumque existit Dalphinus et dominus Dalphinatus non habet nec recognoscit superiorem Francorum regem, nec alium dominum quemcumque, in temporalitate ipsius Dalphinatus.* » (Réquisitoire du procureur général Sabrenois.)

« Je sais contre son roi ce que peut un Dauphin. »
Louis XI, par C. Delavigne.

Nous avons fait connaître ci-devant notre opinion sur l'origine de l'autorité et de la puissance des Dauphins; nous allons examiner maintenant la nature et l'étendue de cette puissance, surtout dans ses rapports avec le pouvoir royal de France.

Les princes ou seigneurs qui ont gouverné anciennement nos contrées avec le titre de *Dauphin*, d'où est venu le nom de *Dauphiné* donné à tout le territoire soumis à leur domination ou suzeraineté, étaient probablement les successeurs de l'un des principaux chefs ou seigneurs burgundiens qui avaient coopéré à l'expulsion des Sarrasins.

Ces princes n'étaient d'abord que de simples chefs ou seigneurs, ayant le titre de *comte* qu'ils ont changé plus tard en celui de *Dauphin*, inconnu partout ailleurs. Ils ont ensuite augmenté successivement cette autorité (purement comtale ou seigneuriale dans le principe) jusqu'au point d'en faire une autorité gouvernementale quasi-souveraine et même vraiment souveraine ; ils ont aussi souvent changé ou diversifié leurs titres ; ainsi (indépendamment de plusieurs autres qualifications seigneuriales), ils ont eu celles de *comte*, de *seigneur-comte*, de *Dauphin*, de *seigneur-Dauphin*, de *prince*, d'*illustre prince*, d'*illustre et magnifique prince*, de *marquis*...

Ce titre de prince que Salvaing de Boissieu (*Usage des fiefs*, pag. 8), paraît croire avoir été pris pour la première fois par Humbert II, a été, à la vérité, donné plus souvent à ce Dauphin qu'à ses prédécesseurs ; mais ceux-ci ont également été appelés princes dans plusieurs actes, tant des cartulaires de l'évêché que des archives de la chambre des comptes et des communautés briançonnaises [1].

---

[1] Guigues, père de Guigues le Vieux, avait déjà été qualifié de *Prince de l'église de Grenoble*, *Princeps Gratianopolitanæ ecclesiæ*, dans l'acte de 1050 ci-devant cité, p. 275.

Guigues le Comte, fils de Guigues le Gras, est appelé *Prince* dans

Les Dauphins étaient donc de véritables princes, exerçant une autorité qui avait quelque ressemblance, quelque analogie avec l'autorité souveraine ; ils imitaient, en effet, les souverains et plus particulièrement les rois des Bourguignons et des Français dont ils avaient adopté la plupart des usages et des institutions. A l'instar de ces derniers, un des premiers comtes Guigues s'était dit comte par la grâce de Dieu, *Guigo comes Dei gratia* (Charvet, *Hist. de la Sainte Eglise de Vienne*, p. 248); Hugues, duc de Bourgogne, qui devint comte d'Albon et Dauphin, en épousant la Dauphine Beatrix, veuve de Taillefer, a pris le titre de roi de Bourgogne dans la charte 37 du cartulaire d'Oulx ;

---

quelques chartes, notamment dans la 97e du premier cartulaire, et la 10e du troisième cartulaire de l'évêché.

Guigues le Jeune est appelé plusieurs fois *dominus et princeps* dans les reconnaissances générales du registre *Probus*.

Le dernier des dauphins Guigues est appelé *Princeps Brianczonesii, Sesane marchio*, dans l'acte du 16 septembre 1330 (*Ordonnances des rois de France*, t. VII), contenant les priviléges et franchises de la Mure ; et il est qualifié d'*illustris princeps* dans une charte briançonnaise du 27 juin 1332, dans les hommages briançonnais du 28 juin 1332, et dans la plupart des autres hommages des registres *Pilati, Frumenti*....

Mais c'est surtout Humbert II qui a reçu le plus souvent cette qualification, comme par exemple :

Illustris et magnificus princeps, dans les hommages briançonnais de 1334 et dans un acte du 22 janvier 1336, relatif aux gabelles.

Princeps Briançonesii et Sesanæ, in Italia marchio, dans une sentence de 1334 (Valbonnais, n° 24 des preuves sous Humbert II) ; *illustris et augustus princeps*, et *Dalphinus et princeps Briançonesii*, dans la charte du 4 juin 1336, art. xxvij.

Princeps Briançonesii et Sesanæ marchio dans les chartes briançonnaises des 29 mai, 19 et 21 juin 1343.

Humbert II est encore qualifié d'*illustris princeps* dans la charte du

Humbert II avait même eu la velléité de trancher de l'autorité souveraine, de se faire déclarer *roi*[1] ; il s'était créé et organisé une compagnie de gardes du corps (Valb., *Hist. du Dauph.*, n° 248 des preuves sous Humbert II) ; et, plus de deux siècles auparavant, la Dauphine Mathilde, femme du Dauphin Guigues le Comte, que l'on croit issue de sang royal, avait été qualifiée de reine, *regina*, dans quelques actes (*Cartularium Ulciense*, cart. 105 et 175).

Les Dauphins exerçaient des droits de souveraineté, selon Guy-Pape et Chorier ; les titres de *Dauphin* et de *Prince* étaient la même chose, selon Salvaing de Boissieu.

1er septembre 1341 (*Statut. delph.*, f° 88), et dans le statut delphinal du 14 mars 1349; de *princeps seculi*, dans l'acte de transport du Dauphiné du 30 du même mois ; de *haut et puissant prince*, dans l'acte de confirmation du 16 juillet suivant. Cependant on peut remarquer que c'est surtout dans les actes relatifs au Briançonnais que cette qualité de prince lui est plus souvent et plus spécialement donnée, probablement à cause de la qualification de *prince* ou de *principauté* qu'avait ce pays, qui est en effet qualifié de *principatus* dans la sentence de 1334 précitée, dans des lettres d'Humbert II, du 7 novembre 1334 (Valbonnais, *Hist. du Dauph.*, n° 38 des preuves sous Humbert II), dans une ordonnance du 21 juillet 1335 de Hugues de Castillon, vice-juge de la principauté, *principatus*, de Briançonnais ; de *princeps* dans l'acte de transport du Dauphiné et dans beaucoup d'autres actes.

Ce titre de *prince* était au reste connu, dans ce pays, de toute ancienneté ; c'était déjà ainsi que, d'après Tite-Live, lors du passage d'Annibal, on appelait les chefs du Briançonnais : *principes castellorum*.

[1] Il avait en effet reçu, en 1335, de l'empereur Louis de Bavière, le royaume de Vienne, avec le pouvoir d'agir en roi : *Omnia et singula faciendi et dicendi, per se vel alium, quæ verus dominus et rex facere potest et posset in et de regno suo;* cependant il n'osa accepter ni cette donation, ni ce titre de roi, parce que le pape ne voulut pas reconnaître cet empereur. (Valb., *Hist. du Dauph.*, nos 43 et 44 des preuves sous Humbert II.)

La dignité de Dauphin surpasse celle de duc et d'archiduc, dit Chorier ; et il ajoute même : *Dans une assemblée de rois, le Dauphin précéderait celui des Romains, et encore d'autres dont la royauté a de suppôt plus solide.*

Notre seigneur Dauphin, dit François Marc, remplace l'empereur dans sa patrie : *Dominus noster Delphinus est loco imperatoris in hac patria.* C'est ainsi que l'on dit, selon Chorier et Salvaing de Boissieu, le roi de France est empereur dans son royaume, *rex Franciæ est imperator in regno suo* ; mais ces derniers auteurs me paraissent s'être trompés ; car, si l'on peut dire, avec vérité, que le Dauphin était à la place de l'Empereur dans le Dauphiné, ce n'était point comme étant l'égal de l'Empereur par son titre de Dauphin, c'était seulement comme son remplaçant, comme son vicaire, *tanquam vicarius*, ainsi qu'on le verra bientôt.

Sans admettre ces exagérations plus ou moins prétentieuses et subtiles de nos écrivains dauphinois[1], il est cependant certain que si les Dauphins n'ont été d'abord que de simples comtes ou seigneurs, ils ont toujours tendu, à l'instar des rois de France, à accroître leur autorité, à établir l'unité de puissance dans les diverses parties de leurs Etats (avec centralisation du pouvoir entre leurs mains) et leur prépondérance politique sur tous les autres seigneurs, tant laïques qu'ecclésiastiques, auxquels ils ont interdit le droit de construire des châteaux-forts sur la frontière ; et,

---

[1] Voir entre autres : Guy-Pape, question 354 ; Chorier, sur Guy-Pape, liv. II, sect. II, art. 1 et 3, et note 1re ; Chorier, *Hist. du Dauph.*, tom. II, liv. IV ; Salvaing de Boissieu, *Traité de l'usage des fiefs*, chap. Ier, pp. 12 et 13 ; François Marc, Ire partie, quest. 325.

qu'en agissant ainsi, ils ont fini par transformer leur autorité seigneuriale en une autorité presque souveraine en vertu de laquelle ils ont fait battre monnaie à leur effigie, imposé des tailles, des douanes, des gabelles, et plusieurs autres espèces de contributions, établi des foires, des marchés, créé des nobles, des francs-bourgeois, exigé le service militaire, non-seulement des roturiers et des simples nobles, mais encore des plus puissants seigneurs du Dauphiné, déclaré des guerres, fait des traités de paix, et créé diverses institutions supérieures, politiques, administratives, militaires ou judiciaires ; en un mot, ils ont fini par agir, dans tout le Dauphiné, comme de véritables petits souverains, comme de petits rois, sans néanmoins avoir jamais osé prendre ce dernier titre.

Mais ces petits seigneurs souverains, entourés de seigneurs souverains plus puissants qu'eux, entourés aussi de seigneurs suzerains moins puissants quoique peut-être plus à craindre, les seigneurs Dauphins, dont les Etats avaient fait partie des royaumes de Bourgogne, de Vienne, d'Arles ou de Provence, de la Bourgogne transjurane, et avaient dépendu de la suzeraineté de l'Empire, ont cru devoir, dans l'intérêt même de leur autorité, et pour ne pas s'exposer à encourir la déchéance ou la commise de leurs fiefs, se reconnaître feudataires des Empereurs, et s'attirer ainsi la protection et les faveurs de ces monarques ; c'est pourquoi les Dauphins et leurs gouverneurs du Dauphiné prenaient ordinairement la qualité de vicaires de l'Empereur dans les actes relatifs à l'administration et au gouvernement de cette province[1], et les notaires ainsi que quelques offi-

---

[1] Voir beaucoup d'anciens actes et entre autres les anciens règlements des gouverneurs dans le recueil *Statuta Delphinalia*.

ciers delphinaux inférieurs étaient en usage de déclarer, dans tous leurs actes, agir de l'autorité du Dauphin et de celle de l'Empereur : *Dalphinali et Imperiali auctoritatibus* (nombreux actes des archives delphinales) ; c'est encore par cette raison, dit Salvaing de Boissieu, que *les constitutions féodales des empereurs ont été reçues en Dauphiné.* (*Usage des fiefs*, chap. I, p. 9.)

Mais, malgré cette reconnaissance de suzeraineté des Empereurs sur cette province, ceux-ci n'y ont jamais exercé qu'*un vain simulacre de suzeraineté*, dit l'auteur de l'*Album historique du Dauphiné* ; qu'*une suzeraineté de bienséance qui n'obligeait pas à l'hommage*, dit Guy-Allard ; qu'une suzeraineté nominale, plutôt gracieuse et honorifique, qu'une suzeraineté ou une souveraineté de fait. Jamais les Dauphins n'ont rendu d'hommage direct aux empereurs, quoiqu'ils aient été requis plusieurs fois de le faire [1] ; jamais ils ne leur ont payé de tributs, soit en hommes, soit en argent. Au contraire, au moyen de cette reconnaissance vague et indirecte de suzeraineté, quelques Dauphins ont obtenu des Empereurs plusieurs priviléges et faveurs qui ont contribué notablement à l'élévation, à l'extension et à l'agrandissement de leur autorité delphinale.

Ainsi, l'un des Dauphins Guigues s'étant rendu à la cour d'Allemagne, en 1155, l'empereur Frédéric Ier lui fit diverses concessions dont les titres originaux existent encore dans les archives de la chambre des comptes de Grenoble ; il le fit chevalier de sa propre main [2], lui donna une de ses

---

[1] Valb., *Hist. du Dauph.*, n° 238 des preuves sous Humbert II.
[2] Valb., *Hist. du Dauph., Discours sur l'origine des Dauphins*, tom. I, p. 3.

parentes en mariage, *consanguineam ipsius imperatoris*, et lui accorda plusieurs autres marques signalées de sa générosité et de sa munificence; il lui confirma la concession du comté de Vienne qui avait été faite aux ancêtres de ce Dauphin, qui, depuis lors, prit le titre de *comte Dauphin de Viennois* que les Dauphins ses successeurs ont continué à prendre dans la suite. Enfin, l'Empereur lui donna, par lettres patentes de la veille des ides de janvier 1155 [1], confirmées par d'autres lettres de Frédéric II, du 11 avril 1238 [1], une mine d'argent située à Rame dans le Briançonnais, avec le droit de faire battre monnaie à Sésane, bourgade située au pied du Mont-Genèvre; et Chorier, en racontant ce fait (*Hist. du Dauph.*, t. II, liv. II, § 10), dit avoir vu de la monnaie des Dauphins sur laquelle le comte Guigues, frère d'Humbert II, est représenté assis, vêtu d'un habit royal, tenant à sa main droite un sceptre au bout duquel était une fleur de lis ayant de la ressemblance avec le lis de France. Guy-Allard dit aussi, en parlant des Dauphins:
« Ils ne firent battre de la monnaie qu'alors qu'ils se virent
» paisibles dans leur Etat; ils y étaient représentés, vêtus
» à la royale, assis dans une chaise, avec leur nom dans
» l'exergue; le revers était une croix fleuronnée que j'ai
» vue en plusieurs autres pièces de monnaies des Dau-
» phins, sans aucune effigie. »

Cette mouvance de l'empire, jointe à cette protection impériale, fut peut-être aussi une garantie de l'indépendance des anciens Dauphins contre l'ambition des rois de France, qui devaient désirer vivement de réunir à leur couronne une province aussi importante que celle de Dauphiné,

---

[1] Valb., *Mémoire pour l'histoire du Dauphiné*, O, p. 96; *Histoire du Dauphiné*, preuve du quatrième discours, lettre V.

enclavée dans les limites naturelles de leur royaume, et qui devaient aussi voir avec peine les Dauphins reconnaître la suzeraineté des Empereurs et considérer le Dauphiné comme un fief de l'Empire. Mais, si ces rois n'ont pas voulu ou n'ont pas osé, de peur de se mettre en guerre avec les Empereurs, s'emparer, ouvertement et de vive force, du Dauphiné, ils l'ont enfin obtenu par adresse politique, au moyen de manœuvres et de négociations qui ont été merveilleusement secondées par les circonstances, surtout par la mort du fils unique du Dauphin Humbert II, et par l'excessive dévotion de ce prince, que les prélats qui l'entouraient ont déterminé à se faire moine et à céder ses Etats au roi de France.

Mais, si Philippe de Valois est parvenu, à raison de ces circonstances, à réaliser la réunion du Dauphiné à ses Etats, il n'est pas néanmoins le premier des rois de France qui ait jeté des regards de convoitise sur cette belle province ; car, déjà à une époque beaucoup plus ancienne, et par des titres que je n'ai pu découvrir, ces rois avaient commencé à se faire des vassaux des Dauphins, à se les lier par des actes de fidélité et d'hommage, en leur concédant quelques fiefs en France.

Ainsi, il résulte de pièces des archives de la chambre des comptes, et entre autres de lettres patentes de Philippe le Bel, du mois de décembre 1294, que le Dauphin Humbert Ier et Jean son fils lui devaient hommage pour des terres qu'ils possédaient en son royaume, et qui leur avaient été probablement inféodées par lui ou par ses prédécesseurs.

Ce fut probablement aussi pour s'attacher plus fortement ces princes, qui étaient venus à Paris, qu'il fit avec eux, le même mois de décembre 1294, un traité d'alliance offensive et défensive, par lequel ils s'obligèrent, pour eux et leurs successeurs, de lui prêter hommage-lige (sauf et sans préjudice de celui qu'ils devaient à l'Empereur, au roi de Sicile, à l'archevêque de Vienne, aux évêques de Grenoble et du Puy), et de l'aider contre le roi d'Angleterre et ses confédérés ; moyennant ce, il leur constitua une rente annuelle, perpétuelle et inaliénable sur le temple à Paris. (Valb., *Hist. du Dauph.*, n° 72 des preuves sous Humbert Ier.)

Mais Philippe de Valois suivit, avec plus de persévérance, d'activité et d'efficacité, le projet de ses prédécesseurs ; sous le prétexte de récompenser le Dauphin Guigues, fils de Jean, il lui donna en fief, par lettres du mois d'octobre 1328 (Registres de la chancellerie de France), une maison située à Paris, sur la place de Grève, *in Gravia*, désignée, dans les anciens titres, sous les noms de *domus Dalphini*, maison du Dauphin, du nom de son maître, ou de *domus ad pilaria*, maison aux piliers, à cause des piliers de sa façade ; c'est l'hôtel de ville actuel, suivant Sauval. (*Antiquités de Paris*, t. II, p. 82.)

Philippe de Valois confirma ou renouvela ensuite cette donation, en 1335, au profit du Dauphin Humbert II, frère et héritier du Dauphin Guigues, qu'il engagea à venir à Paris où ce Dauphin fit plusieurs voyages ; et c'est probablement pendant ces voyages que fut suggéré le projet de cession du Dauphiné.

Avant cette cession, les Dauphins reconnaissaient donc (indépendamment de la suzeraineté des Empereurs) celle des rois de France ; ils reconnaissaient également la suzeraineté du pape, car on voit, dans beaucoup d'actes de cette époque, des officiers delphinaux agir tantôt de l'autorité du Dauphin, de celle de l'Empereur, de celle du roi des Français ou de celle du pape, tantôt et même souvent de plusieurs de ces autorités simultanément ; le notaire, protonotaire ou chancelier Pilat, qui était le notaire particulier du Dauphin, chargé de recevoir les actes d'hommage des vassaux de ce prince, dont il devait par conséquent bien connaître l'autorité et les droits, se disait (dans ses actes de 1333 et autres), *notaire public par les autorités de l'Empereur et du seigneur roi des Français : imperiali et domini Francorum regis auctoritatibus notarius publicus* (*Statuta delphinalia*, f° 89, et Arch. c. c., *Pilati*, 1333, 1334...), et les notaires Froment et Nicolet (le premier dans la grande et solennelle transaction briançonnaise, du 29 mai 1343, le deuxième, dans des actes du mois de juin suivant) agissaient de l'autorité du pape, de l'empereur, du seigneur roi des Français et du seigneur Dauphin : *Notarius publicus apostolica et imperiali, domini Francorum regis et dalphinali autoritatibus.*

Aux Etats du Dauphiné, tenus à Grenoble le 19 avril 1440, pour la prise de possession de cette province au nom du Dauphin Louis, fils de Charles VI, le secrétaire Nicolet, de Crémieu, dit également agir en les mêmes qualités : *Secretarius regius et dalphinalis publicus apostolica et imperiali et domini Francorum regis auctoritatibus.* (Arch. c. c., *Copiarum* I, p. 381.)

Les archevêques d'Embrun et de Vienne ont bien aussi prétendu avoir une suprématie, une suzeraineté sur les Dauphins, parce que ceux-ci leur devaient foi et hommage à raison de quelques terres qu'ils possédaient dans leurs diocèses, et provenant d'inféodations primitivement émanées de ces prélats ; mais, nonobstant ces prétentions, ces hommages n'étant dus, par les Dauphins, qu'en leur seule qualité de possesseurs de ces petits fiefs, et non en leur qualité de Dauphins et de possesseurs de leur grand fief de Dauphiné, n'établissaient aucune supériorité, aucune suprématie de la suzeraineté archiépiscopale sur la suzeraineté delphinale.

Quoi qu'il en soit de la nature de l'autorité des seigneurs Dauphins, les empereurs et les rois des Français les qualifiaient de cousins [1], et le nouveau Dauphin Charles appelait le Dauphin Humbert II, son très-cher frère, *nostrum carissimum fratrem*, dans ses lettres du 31 août 1349.

Les Dauphins de Viennois ayant toujours reconnu, sinon la suzeraineté de fait, du moins la suzeraineté nominale des empereurs, il en résultait, d'après les principes du régime féodal, que le Dauphiné était ou devait être considéré comme un fief de l'empire que les Dauphins ne pouvaient aliéner qu'avec le consentement de l'empereur leur suzerain supérieur, ou, au moins, que moyennant la réserve du droit de ce suzerain, sous peine d'encourir la commise ou déchéance du fief. Aussi, lors du premier acte de donation du Dauphiné, du 23 avril 1343, eut-on soin d'y insérer une réserve qui a été maintenue par le traité définitif ; cette réserve était ainsi conçue : *Ne sera, ne puisse estre uni ne ajousté le Dauphiné au royaume de France, fors tant que l'Empire y seroit uni;* et les rois de France ont continué à observer et à respecter cette réserve, du moins en apparence, jusqu'à l'époque où ils sont devenus assez puissants pour n'avoir plus à redouter les prétentions des empereurs sur le Dauphiné.

La suzeraineté des empereurs a même été reconnue en quelque sorte officiellement par Charles (premier Dauphin français, devenu le roi de France Charles V), car, après la mort de Humbert II, il s'adressa à l'empereur Charles IV

---

[1] Chorier, *Hist. du Dauph.*, tom. II., liv. X, § 9. — Traité de 1349 entre Philippe de Valois et Humbert II. — Lettres de l'empereur Louis de Bavière, du 18 septembre 1343, Valb., *Hist. du Dauph.*, n°s 182, 183...., des preuves sous Humbert II.

pour en obtenir l'investiture du Dauphiné. L'Empereur, par lettres du mois de décembre 1356, approuva le transport fait par Humbert II ; et, dans la suite, par autres lettres du mois de janvier 1378 [1], il nomma vicaire général de l'Empire dans le Dauphiné, le jeune Dauphin Charles, fils aîné de Charles V ; ces dernières lettres, ainsi que la bulle du pape Clément VII, qui les confirmait, ont été proclamées dans Grenoble, le 6 juin 1394 [2].

Mais la reconnaissance de cette suzeraineté fut éludée sous les empereurs suivants ; et ce fut vainement qu'au commencement du XVe siècle, l'empereur Sigismond, venant en France et traversant Grenoble en février 1416, voulut faire reconnaître ses droits sur le Dauphiné, et qu'au congrès de Calais, en 1521, l'empereur Charles V prétendit devoir être reconnu pour souverain par le roi François Ier, comme détenteur du Dauphiné et de la Provence, anciennes parties des royaumes de Bourgogne et d'Arles réunies à l'empire avec ces royaumes ; on répondit à ces prétentions, d'abord par le silence, puis par des raisons politiques plus ou moins spécieuses, plus ou moins bien fondées, notamment en soutenant que ces royaumes n'avaient été formés qu'au moyen d'anciennes usurpations sur les Etats des rois des Francs, et avaient d'ailleurs fait retour à la couronne de France, même avant le transport de 1349. (Salvaing de Boissieu, *Usage des fiefs*, chap. I, pp. 11 et 12.) Néanmoins la qualification de *vicaire impérial* continua à être donnée aux Dauphins ou à leurs gouverneurs en Dauphiné pendant une grande partie du XVe siècle ; ces gouverneurs prenaient eux-mêmes cette qualité, ainsi qu'on peut le

---

[1] Arch. c. c., Table des titres généraux, n° 153.
[2] Arch. c. c., Table des titres généraux, n° 573.

voir dans les anciens règlements qui sont en tête du *Statuta delphinalia*, f° 2 v°, f° 14 v°, f° 16 v°; à leur exemple, les notaires et autres officiers delphinaux se qualifiaient de notaires impériaux, d'officiers impériaux [1]; mais elle commença ensuite à tomber peu à peu en désuétude, et elle fut tout à fait négligée, ou peut-être omise à dessein, dès que les rois de France se sentirent assez forts pour pouvoir défendre leur nouvelle acquisition contre les entreprises des empereurs.

C'est donc par erreur qu'adoptant l'opinion de quelques auteurs étrangers au Dauphiné, Dumoulin, en son Commentaire sur l'article 113 du titre premier de la coutume de Paris, a dit : Le Dauphiné n'est pas du royaume ; il n'est régi ni par les lois, ni par les coutumes du royaume, quoiqu'il accède *inséparablement* au royaume : *Delphinatus non est de regno, nec legibus, nec consuetudinibus regni regitur*, LICET REGNO INSEPARABILITER ACCEDAT.

Si la première partie de cette opinion était vraie, s'il était vrai de dire *Delphinatus non est de regno*, la deuxième ne l'était nullement ; jamais les Dauphinois n'ont admis l'exactitude de cette expression *inseparabiliter* ; ils ont toujours prétendu et soutenu le contraire [2], en se fondant sur les stipulations de l'acte de transport; ils l'ont dit à Louis XI (lorsqu'il n'était encore que Dauphin), à Henri IV et à d'autres rois de France ; ils leur ont dit que le Dauphiné n'avait été réuni à leur royaume que conditionnellement, qu'à condi-

---

[1] Dans un acte de procuration des habitants d'Exilles, de 1460, le notaire prend encore la qualité de notaire impérial et delphinal et de la cour maiour du Briançonnais. (Recueil, *Transactions*....)

[2] Ils ont même prétendu que la séparation devait avoir lieu dans le cas où un roi de France décéderait sans enfants mâles. (Valb., *Hist. du Dauph.*, t. 2, note sur le n° cclxxv des preuves sous Humbert II.)

tion qu'il ne serait jamais porté atteinte à aucune des libertés de la province ; que toute atteinte à ces libertés pourrait faire résoudre l'acte de cession ; ou, pour répéter les expressions franches et énergiques de Jacques de Sassenage au dauphin Louis (XI), *qu'il ne pouvait toucher aux libertés delphinales, sans ébranler le titre du transport.* (Salvaing de Boissieu, *Usage des fiefs*, chap. XXXVI, p. 155.)

Le principe d'inséparabilité était donc incompatible avec le maintien des libertés delphinales ; aussi, quoique plusieurs auteurs dauphinois aient répété la phrase de Dumoulin, plutôt à cause de sa première partie que de la seconde, ce principe n'a-t-il jamais été reçu en Dauphiné, où l'on admettait au contraire un principe tout à fait opposé, un principe de simple adjonction, en vertu duquel le Dauphiné avait été plutôt adjoint que réuni au royaume de France dont il était parfaitement distinct, quoique adhérent, adjonction qui formait deux Etats unis, et non un seul Etat, un et indivisible.

On a prétendu que ce n'était là qu'une distinction puérile, sans importance, imaginée et propagée par la vanité et la subtilité des légistes et des écrivains dauphinois : c'est une erreur ; cette distinction n'était point une vaine formule, et elle a été bien réelle dans ses applications et ses effets. C'est en vertu de cette distinction que les actes émanés des autorités françaises, que les ordonnances et édits des rois de France eux-mêmes, subissaient l'examen et le contrôle de l'autorité delphinale ; que ces actes, ordonnances et édits n'étaient exécutoires et exécutés en Dauphiné qu'après leur vérification et enregistrement au parlement de Grenoble, qui refusait cet enregistrement et prohibait expressément l'exécution de ces actes, ordonnances et édits lorsqu'ils lui paraissaient contraires aux intérêts, aux droits et priviléges de la province. Les Etats du Dauphiné qui, plus encore que le parlement, veillaient à la conservation de ces droits et priviléges, avaient même fait rendre, le 20 novembre 1595, à la requête de leur procureur, un arrêt qui défendait, *attendu les statuts, priviléges et libertés notoires du pays*, l'exécution de toutes lettres et ordonnances émanant d'autorités hors du ressort, sans en avoir obtenu préalablement la permission de la cour de parlement (Arch. brianç., *Livre du Roy*).

Le parlement poussait même sa susceptibilité delphinale jusqu'au point de refuser d'enregistrer les ordonnances royales, dans lesquelles le roi n'avait pas pris sa qualité de Dauphin, qualité qui, aux yeux des Dauphinois, passait presque avant celle de roi :

« Que le Dauphin sache (dit Monteil, en son *Histoire
» des Français des divers Etats*, et en se fondant sur les
» traités entre Philippe de Valois et Humbert II, ainsi que
» sur les ordonnances de Charles V), que le Dauphin
» sache qu'il doit prendre, avant le titre de duc de Norman-
» die, celui de Dauphin; que c'est à cette condition qu'il
» possède ce beau pays entre le Rhône et les Alpes ; que si
» ce titre ne lui plaît pas, qu'il le laisse, mais qu'il laisse
» aussi le pays. » Monteil n'admet donc pas non plus le principe de Dumoulin : *Inseparabiliter accedat*.

« Comme il était porté (dit Valbonnais), par les actes de
» transport, que le nom et les armes des Dauphins seraient
» conservés par ceux qui leur succéderaient, à perpétuité,
» et que leur Etat, quoique faisant dès lors partie du
» royaume de France, serait possédé *séparément* et à titre
» différent par leurs successeurs, à moins que l'empire ne
» se trouvât réuni en leur personne, on ne peut douter que
» les rois aient eu en vue de se conformer à cette dispo-
» sition ; c'est par cette raison que, dans leurs déclarations

» et autres lettres, expédiées pour le Dauphiné, ils n'or-
» donnent l'exécution de leurs volontés qu'en qualité de
» Dauphins et sous le sceau et les armes des anciens prin-
» ces de ce nom. Aussi leurs ordonnances, quoique géné-
» rales pour tout le royaume, ne sont reçues, dans cette
» province, que comme dans un Etat séparé, sous le titre
» et avec les armes de Dauphin de Viennois, et lors-
» qu'elles portent ces caractères particuliers de l'autorité
» du prince.» (Valb., *Hist. du Dauphiné*, t. II, p. 605.) Il y a, dans les archives de la chambre des comptes de Grenoble, plusieurs centaines et peut-être plusieurs milliers d'ordonnances, déclarations, édits et lettres patentes des rois de France, et je n'ai pas découvert un seul de ces titres où la qualité de dauphin ne soit pas jointe à celle de roi.

Il y a eu, au reste, un exemple remarquable de la jurisprudence du parlement de Grenoble à ce sujet : Au mois d'août 1539, le roi François Ier avait fait à Villers-Cotterets une ordonnance réglementaire sur l'administration de la justice en France, ordonnance qui ne fut publiée par ce monarque que comme roi de France, et non comme dauphin. Le procureur général au parlement de Grenoble requit vainement ce parlement d'en ordonner l'enregistrement en son greffe et l'exécution en Dauphiné. Ce magistrat en référa au roi, qui ne crut pas devoir engager une lutte avec le parlement ; car, environ six mois après, François Ier renouvela les principales dispositions de cette ordonnance, par une autre ordonnance datée d'Abbeville, le 23 février 1539, spéciale pour le Dauphiné et le parlement de Grenoble, et dont l'enregistrement fut ordonné sans difficulté par arrêt du 9 avril 1540, parce que cette fois François Ier avait eu la précaution d'ajouter à sa qualité de roi de France celle de *dauphin de Viennois, comte de Valentinois et Diois*, et d'agir de sa *puissance et autorité royale delphi-*

nale, même de réserver à ce parlement le droit d'examiner les conseillers qu'il y aurait nommés, et de les refuser s'ils n'étaient pas trouvés *suffisants et idoines* (Cette ordonnance et l'arrêt d'enregistrement ont été imprimés dans le tome Ier du *Recueil des édits*).

Plus tard, et lorsqu'en 1637 Louis XIII fit un édit sur l'aliénation du domaine, il y mentionna l'union du Dauphiné à sa couronne. Comme il n'avait point omis d'y prendre la qualité de Dauphin, la chambre des comptes, requise d'ordonner l'enregistrement de cet édit fiscal, ne crut pas devoir s'y refuser; mais elle protesta expressément contre cette mention d'*union à la couronne* par la disposition suivante de son arrêt du 27 juillet 1638 : « Que les termes » d'union de ce pays à la couronne, portés par le susdit » édit, ne pourront préjudicier aux conditions du transport » fait par Humbert Dauphin de son pays de Dauphiné au » premier fils de France, notamment en ce qui concerne » ladite union. »

Au reste, le parlement de Grenoble s'est constamment montré vigilant et zélé conservateur du principe de simple adjonction conditionnelle qu'il a encore proclamé par un arrêt de la fin du XVIIIe siècle, rendu dans la circonstance suivante : à l'occasion d'un procès relatif à la concession de la plaine de Bièvre, M. de la Grée, procureur général du roi en la chambre des comptes, avait publié un Mémoire dans lequel il avait énoncé, soit par inadvertance, soit avec intention, la proposition que le Dauphiné était uni au royaume, et que, par conséquent, le droit public du royaume devait toujours l'emporter sur les coutumes et lois particulières des provinces. Cette proposition, émise par un magistrat aussi haut placé, émut vivement la province ainsi que le parlement de Grenoble ; et, sur un savant et éloquent réquisitoire de l'avocat général Savoie de Rollin, réquisitoire établissant, par de nombreuses citations et autorités, les principes delphinaux précédemment rappelés, ce parlement rendit, le 7 septembre 1784, un arrêt solennel qui supprima, comme contraire aux conditions du transport et aux libertés et priviléges de la province, les assertions du Mémoire de M. de la Grée relatives à la proposition *que le Dauphiné est uni au royaume de France*. (*Recueil des édits*, t. XXVI, n° 118.)

La distinction du Dauphiné et du royaume de France constituait un principe du droit politique du Dauphiné tellement certain et reconnu, qu'elle était faite dans les actes publics de ce pays, et même dans la plupart des anciennes ordonnances des rois de France qui avaient soin de le déclarer en ces termes : la présente ordonnance sera exécutée dans nostre royaulme et Dalphiné. Monteil, dans son *Histoire des Français des divers Etats*, rappelle et critique cette formule, en ajoutant : « Je dis qu'une pareille for-
» mule n'était point politique, qu'elle rendait cette province
» étrangère au royaume, qu'il fallait enfin effacer cette vieille
» délimitation de France royale et de France impériale. »

Chorier, qui, dans son *Estat politique*, t. I, p. 40 et suiv., établit la proposition que le Dauphiné n'est pas uni à l'Etat de France, commence par faire remarquer, comme conséquence de cette proposition, que ce n'est point au roi Philippe de Valois que fut faite la tradition du Dauphiné, mais bien au Dauphin Charles son petit-fils, quoique celui-ci ne fût pas encore âgé de 14 ans, et que, dans des actes de cette époque, on a soin de distinguer les intérêts et les droits du dauphin de ceux du roi de France ; et, après avoir cité plusieurs exemples de distinction entre le royaume de France et le Dauphiné, il ajoute que la distinction se faisait même entre les églises de ces deux Etats.

Cette dernière distinction ressort d'abord des lettres du

28 mai 1403 par lesquelles Charles VI déclare se remettre, ainsi que l'Eglise et le peuple de France, sous l'obédience du pape Benoît XIII, *tant en langue d'ouil comme en langue d'oc et en nostre Dauphiné (Ordonnances des rois de France*, t. VIII, p. 595). Elle apparaît encore davantage dans la déclaration faite pour la réunion de l'Eglise en l'assemblée des prélats à Paris, le 20 octobre 1408, où le clergé de Dauphiné n'est pas compris sous la désignation d'Eglise gallicane: *In concilio sive congregatione reverendissimorum in Christo patrum dominorum archiepiscoporum, episcoporum, abbatum, ac per universitates, metropolitanas et cathedrales ecclesias regni Franciæ et Dalphinatus Viennensis per dominum nostrum regem deputatorum ad interessendum personaliter Parisiis... et concilium ecclesiarum gallicanæ et Dalphinatus celebrandum...., concilium ecclesiarum gallicana et Dalphinatus Viennensis celebrantibus et ipsas ecclesias facientibus.* Plus tard cette distinction continue à apparaître dans la pragmatique sanction, dans le concordat et dans divers autres actes intervenus à ce sujet ou qui en ont été la conséquence. C'est une circonstance qui n'a pas échappé à Guymier, le commentateur de la pragmatique sanction, et qu'il relève en ces termes: *Semper Delphinatus dividitur a regno per copulativam;* et il en donne pour raison que le royaume de France ne comprend pas le Dauphiné: *Franciæ regnum non comprehendit Delphinatum.*

Les papes eux-mêmes faisaient cette distinction: « Un » légat de Rome (dit Guy-Allard en ses *Etats du Dau-* » *phiné, Generalia* de M. Gariel, p. 14) était appelé légat » en France et en Dauphiné; » et dans une bulle de 1470 (*Statuta Delphinalia*, deuxième partie, f° 24 v° et seq.), Sixte IV énonce plusieurs fois le Dauphiné séparément du royaume de France.

D'ailleurs, cette séparation des Eglises gallicane et delphinale avait bien eu lieu effectivement pendant quelque temps sous Louis XI, car l'Eglise delphinale n'avait pas admis l'exécution entière de la pragmatique sanction ; cependant la distinction entre les Eglises ne s'est pas maintenue aussi longtemps que la distinction entre les Etats ; et le parlement, qui tenait à ne pas se laisser plus dominer par la puissance ultramontaine des pontifes romains que par le pouvoir absolu des rois de France, conforma sa jurisprudence aux principes de l'Eglise gallicane, ainsi que cela résulte du sixième plaidoyer de Basset et des arrêts qu'il cite ; c'est probablement à l'époque où le parlement commença à admettre cette jurisprudence que, par lettres du 11 juin 1493, Jacques de Miolans, gouverneur du Dauphiné, ordonna que la pragmatique sanction serait exécutée dans cette province de la même manière qu'elle l'était en France. (Arch. c. c., Tit. génér., n° 962.)

Quelque subtiles que puissent paraître les distinctions qui précèdent entre le royaume de France et le Dauphiné, entre l'union ou l'adjonction de ces deux pays, elles n'en ont pas moins eu pour effet ou conséquence que cette province a formé, en quelque sorte, un petit Etat distinct dans le grand Etat auquel elle était adjointe ; qu'en acquérant la nationalité française, elle a conservé sa nationalité particulière ; qu'elle a continué à être appelée par les Dauphinois, comme elle l'était par les Dauphins de Viennois, *notre patrie de Dauphiné, nostra patria Delphinatus* ; à jouir de sa législation, de ses usages, de ses franchises, de ses libertés et de ses institutions ; à avoir ses fonctionnaires et officiers spéciaux qualifiés de *delphinaux* ou de *delphinaux-royaux* ; à se mettre en rapport avec les rois de France, comme d'Etat à Etat, par des envoyés ou délégués qui, selon les vieux titres des archives dauphinoises, les anciens

mémoires et les ordonnances ou lettres royales[1], étaient des *ambassiatores*, des ambassadeurs d'un Etat différent quoique annexe, et non des députés ou mandataires d'un Etat faisant partie d'un autre et uni ou confondu dans la même nationalité : « Nous avons été affectueusement re-
» quise par ceux qui de la part des gens des trois Etats du
» pays du Dauphiné sont dernièrement venus en *em-*
» *baxade,* » écrivait Marie de Médicis à l'évêque de Grenoble, pendant la minorité du roi-dauphin Louis XIII (Lettre originale des archives de l'évêché de Grenoble).

Si la distinction des deux Etats de France et de Dauphiné pouvait n'être, dans quelques cas, qu'une satisfaction d'amour-propre dauphinois, elle était certainement, dans beaucoup d'autres cas, d'une utilité et d'un avantage réels, surtout dans les premiers temps où l'autorité encore très-puissante des seigneurs féodaux voisins du Dauphiné aurait entrepris (comme il y en a eu de très-nombreuses tentatives toujours empêchées par le parlement ou par les Etats de la province, en vertu des libertés delphinales) d'arracher les Dauphinois à leurs juges naturels, à la jouissance de leurs droits, de leurs franchises, et de les priver de la liberté de leurs personnes.

Cette distinction conservait à l'administration provinciale du Dauphiné, dans l'administration générale du royaume, une indépendance locale presque semblable à celle que l'administration des municipes conservait primitivement dans l'administration du gouvernement romain. Elle don-

---

[1] Chorier, *Hist. du Dauph.*, t. II, liv. 14, § 16, p. 483, et *Estat politique*, t. III, p. 654. — Arch. c. c., *Ex pluribus Ballivatibus*, O, n° 24, Lettres de Charles VI du 23 février 1404. — *Statuta Delphinalia*, Lettres de Charles VII du 22 janvier 1437.....

nait au parlement de Grenoble le droit de refuser l'enregistrement des édits fiscaux contenant des créations ou augmentations d'impôts et de tous autres édits ou ordonnances contraires aux intérêts ou aux libertés de la province; et les assemblées d'états du Dauphiné ne se considéraient pas comme liées ou engagées par les délibérations des Etats généraux du royaume, lorsque les députés Dauphinois n'avaient pas cru devoir adhérer ou au moins participer à ces délibérations. Ainsi ce n'était pas seulement une simple satisfaction d'amour-propre, c'était encore un avantage bien réel pour les Dauphinois que la distinction des Etats de France et de Dauphiné, puisqu'il en résultait une distinction d'administration locale très-importante par ses conséquences et ses effets ; il ne doit donc pas être étonnant qu'en toute circonstance, le parlement de Grenoble et l'assemblée des trois ordres de la province aient si soigneusement observé ou fait observer cette distinction.

Si le Dauphiné a longtemps formé un Etat en quelque sorte distinct, quoique annexe de l'Etat de France, il en était de même du Briançonnais par rapport à la France, et même par rapport au Dauphiné. Le Briançonnais (ancienne petite Allobrogie séparée de la grande Allobrogie et des Gaules) par son isolement au milieu des plus hautes et des plus froides vallées des Alpes, et plus encore peut-être par le caractère et les mœurs de ses habitants, ayant formé un petit royaume à part sous les Cottius, était redevenu sous les dauphins une petite principauté annexe et *sui juris*, qui avait son administration locale, qui se régissait par ses lois, ses institutions, ses franchises particulières, et dont on distinguait même quelquefois, dans les anciens actes, la cour de justice de celle du Dauphiné ou du Graisivaudan : *Curia generalis Graisivaudani et Brianzonesii*.

Les Briançonnais étaient en effet formellement dispensés, par l'art. 13 de leur grande charte, de prêter serment de fidélité et d'hommage aux nouveaux dauphins qui, à leur avénement, n'auraient pas juré de ratifier et observer leurs priviléges, libertés, coutumes et bons usages ; ils étaient également dispensés d'obéir aux officiers du dauphin, présents et futurs, qui refuseraient de jurer de maintenir leurs libertés ; le refus de ce serment de la part des nouveaux dauphins, ou la violation des franchises des Briançonnais, auraient donc pu motiver, de la part de ces derniers, une séparation légitime ; c'eût été pour eux un cas d'*alien repeal* ; aussi les a-t-on vus, en 1788, lorsque leurs libertés étaient menacées ou atteintes par les décisions des Etats de Romans, réclamer auprès de ces Etats et leur demander non-seulement la conservation de leurs droits et priviléges particuliers, mais encore l'autorisation de former un Etat distinct, ou au moins un district distinct continuant à se régir d'après ses anciennes libertés et franchises.

La plupart des autres provinces réunies à la France avaient bien aussi plus ou moins conservé leurs franchises et institutions particulières ; mais elles n'avaient pu conserver une administration locale aussi indépendante, parce que leur réunion avait été une incorporation au royaume, incorporation de laquelle était résultée une confusion, une assimilation presque entière et complète. Il n'en avait point été ainsi du Dauphiné ; il n'y avait eu ni confusion ni incorporation de cette province au royaume ; le prince dauphin était réputé avoir en Dauphiné un pouvoir distinct, au moins égal et même supérieur à celui qu'y avait le roi de France ; et cette distinction de pouvoirs a failli faire éclater une guerre de famille entre le roi Charles VII et son fils le dauphin Louis, qui fut plus tard le roi-dauphin Louis XI.

Tant que les dauphins de France furent de jeunes princes soumis aux rois leurs pères, ou tant que les titres de roi et de dauphin se trouvèrent réunis sur la même tête, cette rivalité de pouvoirs demeura presque inaperçue et sans conséquences ou effets apparents et sensibles.

Mais, lorsque le roi Charles VII eut envoyé le dauphin Louis son fils en possession du Dauphiné, la distinction des droits du roi de France et des droits du dauphin commença à se manifester d'une manière très-apparente ; elle se traduisit même bientôt en voies de fait de la plus haute gravité.

Le dauphin Louis arrivé en Dauphiné s'y conduisit comme un véritable petit souverain tout à fait indépendant de l'autorité du roi de France ; il leva des impôts à son profit ; il fit des ordonnances sur l'organisation et l'administration de la justice, sur le taux et le cours des monnaies, ainsi que sur plusieurs autres objets d'administration gouvernementale supérieure et même souveraine ; il créa des nobles à l'instar des anciens dauphins de Viennois ; il destitua le gouverneur Louis de Laval qui avait pris parti contre lui pour le roi son père, et il le remplaça par Jean Bâtard d'Armagnac ; il se fit même attribuer, personnellement comme dauphin, le don gratuit que les Etats du Dauphiné accordaient au roi, car, dans sa lettre du 23 février 1447, ratificative et confirmative des libertés briançonnaises, il est énoncé que c'est sans préjudice de ses droits et des dons que lui ont faits ou que lui feront les gens des trois Etats du Dauphiné : *Citra tamen prejudicium jurium nostrorum et donorum nobis factorum sive fiendorum a gentibus trium statuum nostræ patriæ delphinalis*[1]. Mais il y a

---

[1] Arch. Brianç. — Plusieurs procès-verbaux d'Etats, notamment ceux de 1440, 1448 et 1456 accordent les dons gratuits au Dauphin.

surtout deux faits par lesquels ce Dauphin manifesta d'une manière indubitable et éclatante son autorité suprême et absolue dans le Dauphiné.

Le premier est l'érection qu'il fit, au mois de juin 1453, de son conseil delphinal en parlement, érection approuvée par lettres patentes de Charles VII du 4 août suivant ; cet acte de souveraineté est d'autant plus remarquable qu'il est unique, et que, jusqu'alors, les souverains seuls avaient créé des parlements, et qu'il n'y en avait encore que deux en France : celui de Paris et celui de Toulouse ; créés par les rois de France, qui seuls ont continué à en créer dans la suite.

Mais il y a eu une autre circonstance bien plus remarquable où les droits du Dauphin se sont posés, se sont dressés directement comme rivaux, ou plutôt comme supérieurs de ceux du roi de France.

Charles VII avait refusé de reconnaître l'omnipotence souveraine de son fils en Dauphiné au préjudice de son autorité royale ; il avait même défendu expressément aux fonctionnaires de cette province d'obéir aux ordres du Dauphin ; les archives de la chambre des comptes de Grenoble contiennent encore plusieurs de ces défenses[1].

Le dauphin Louis se prétendait au contraire tout à fait indépendant de l'autorité de son père dans le Dauphiné

---

[1] V. entre autres les lettres patentes du roi Charles VII, du 23 avril 1440, portant défenses au gouverneur, au conseil delphinal et à la chambre des comptes de Grenoble de reconnaître le Dauphin, et d'autres lettres patentes du même, où, après s'être plaint de la conduite de Louis Dauphin son fils et avoir dit qu'il avait fait le souverain en Dauphiné, fait des aliénations et des choses contraires aux intérêts et à la puissance du roi, il les déclare nulles et veut que cette province ne soit régie que sous son nom. (Arch. c. c., Table générale, n°s 183 et 181.)

dont il se disait chef et souverain en vertu des clauses de l'acte de transport.

Cette rivalité d'autorité et de pouvoir entre le roi et le dauphin, les ordres opposés émanés de l'un et de l'autre, occasionnèrent une division, une scission, une espèce de schisme politique parmi les principaux fonctionnaires du Dauphiné : les uns se prononcèrent pour la suprématie royale, les autres pour la suprématie delphinale; Jean Bayle, président du parlement, et Pierre Bayle son fils, procureur général (originaires du Briançonnais), furent du nombre de ceux qui se prononcèrent pour le roi contre le dauphin.

En cette grave conjoncture, Charles VII crut devoir convoquer l'assemblée des trois Etats de la province. Une très-grande divergence d'opinions s'y manifesta également à ce sujet ; et si cette assemblée finit par se prononcer en faveur du roi, ce ne fut pas sans une très-vive opposition dont le procès-verbal des délibérations ne fait néanmoins aucune mention, car on ne voit dans ce procès-verbal qu'une extrême hésitation, que l'inquiétude et l'anxiété de cette assemblée qui craint de se prononcer, et qui ne paraît se décider en faveur du roi que sur la déclaration faite par les ambassadeurs du duc de Bourgogne, mandataires du dauphin, que ce dernier consent à se soumettre au roi, et sur la représentation et la transcription au procès-verbal du mandat écrit contenant cette déclaration; je crois même que cette assemblée, avec sa tendance naturelle en faveur de l'omnipotence delphinale et la crainte que lui inspirait le caractère bien connu de Louis, se serait prononcée pour lui contre le roi, si le dauphin ne s'était pas enfui en Brabant, et si le roi ne s'était pas avancé avec une armée et n'avait pas gagné quelques-uns de ses principaux membres. Voici comment Chorier raconte ce qui se passa à cette occasion :

« Le roi avait un grand parti dans le Dauphiné ; il avait
» gaigné le président du parlement, l'évêque de Valence,
» Gabriel de Rossillon seigneur du Bouchage, Guillaume
» bastard de Poitiers, Nicolas Erland trésorier général,
» et, par eux, les principaux de tous les ordres, de sorte
» que le roi ayant fait publier des défenses d'obéir au dau-
» phin, et ayant déclaré criminels de lèse-majesté ceux qui
» le suivraient, le dauphin se vit abandonné de chacun dans
» peu de jours. Il s'était avancé lui-même jusqu'à Lyon
» avec Antoine de Chabannes, comte de Dammartin, qui
» commandait ses troupes. Les Etats de la province s'as-
» semblèrent par son commandement, ayant pris dans ses
» lettres le titre de *gouvernant le pays de Dauphiné*, avec
» celui de roi de France; et l'évêque de Grenoble, Rémond
» de Monteynard, le seigneur de Chandieu et quelques au-
» tres y soutinrent hardiment les intérêts du dauphin, et
» que l'on ne devait pas hésiter de le secourir ; mais l'évê-
» que de Valence et le bastard de Poitiers furent plus forts,
» et firent répondre, au contraire, que l'on ne se porterait
» à rien pour son service contre celui du roi.
» Les députés des Etats furent même envoyés au roi, à qui
» ils firent un nouveau serment de fidélité au nom de tous
» les ordres. (Chorier, *Histoire du Dauphiné*, t. II,
» p. 460.) »

Le procès-verbal de cette cession, qui est de 1457 (Arch.
c. c., *Generalia* II, f° 263), sans faire connaître ceux qui
se prononcèrent pour le roi ou pour le dauphin, sans faire
connaître leurs discours, et même sans indiquer leurs opinions, constate seulement que l'assemblée envoya des députés au roi pour lui prêter serment de fidélité au nom des
Etats ; que les termes de ce serment furent longuement dis-
cutés ou débattus, et donnèrent lieu à de vives discussions
que le roi fit cesser en se contentant (au lieu d'un serment

de fidélité et d'obéissance absolues) d'un serment un peu conditionnel et restreint qui ne léserait pas les serments de foi et hommage précédemment prêtés au dauphin. Voici au reste comment, d'après ce procès-verbal, François Portier, procureur des Etats et l'un de leurs députés auprès du roi, s'exprima en présence de ce monarque : *Dixit in effectu ipsos dominos prelatos, nobiles et plebeyos paratos esse domino nostro regi prestare juramentum super securitate ejusdem et sue patrie et regni, eumdem dominum nostrum regem humillime rogando quatenus habere dignetur recommissum in visceribus pietatis dominum nostrum dalphinum ejus primogenitum, et ejus patriam et subditos, et quod non placeret eidem domino nostro regi ab eis postulare juramentum quod esset contra eorum fidelitates et homagia prefato domino nostro ejus filio facta et prestita.*

Réponse du roi : *Dominus noster rex plura notabilia et benigna verba dixit et protulit patriam et subditos de fidelitate et pluribus gratuitis serviciis sibi et suis predecessoribus per ipsos gentes et eorum predecessores prestitis regravando, et quod nolebat juramenta per eos prestari que cederent contra eorum fidelitatem et honores.*

Après cette réponse du roi, qui déclarait se contenter d'un serment qui n'avait rien de contraire au serment de fidélité qu'ils avaient prêté au dauphin, les députés des Etats prêtèrent immédiatement et sans difficulté le serment demandé, en ces termes :

« Ne mettront, ne recuilleront en leurs places ou for-
» teresses gens à puissance autrement que par le plaisir
» des commiz ou gouvernement du pays soubz la main du
» roy, et se aucuns se essayoient de y entrer, ilz résisteront
» et s'employeront à les mettre hors à leur pouvoir; et sem-

» bahlement ne pourchasseront aucune chose au préjudice
» ne desplaisir du roy, mais y obvieront à leur puissance,
» ainsi que par les d. commis leur sera commandé auxquelx
» obéiront et non à aultre jusques à ce que par le roy en soit
» autrement ordonné. »

Tant que Louis ne fut que dauphin, il dissimula son ressentiment par crainte de son père ; mais quand il fut devenu roi, il montra qu'il n'avait pas oublié ceux qui s'étaient prononcés contre lui ; et, dès la première année de son règne, par lettres du 22 avril 1462, il ordonna au parlement de Grenoble et à deux commissaires qui lui étaient dévoués de poursuivre criminellement, ou plutôt de condamner tous ceux qui avaient méconnu son autorité pendant qu'il n'était que dauphin (Arch. c. c.).

Lorsque ces causes furent portées devant ces commissaires et le parlement assemblés en cour de justice, tous les accusés furent condamnés à diverses peines, et le procureur général Guillerme de Sabrenois fit un réquisitoire écrit dans lequel (pour établir que le refus d'obéissance aux ordres du dauphin, pour obéir à ceux du roi de France, avait constitué un crime de lèse-majesté de la part des inculpés) il articula et développa tous les principes précédemment exposés relativement à l'adjonction du Dauphiné à la France :

La patrie de Dauphiné, disait-il, existe par elle-même et séparément du royaume de France dont elle ne dépend pas, et auquel elle n'est ni subalterne ni soumise. Tout dauphin ou autre seigneur du Dauphiné ne reconnaît ni la supériorité du roi des Français ni celle d'aucun autre seigneur temporel ; c'est pourquoi le dauphin, comme seigneur du Dauphiné, a une cour suprême de parlement de laquelle il n'est ni licite ni d'usage d'appeler, si ce n'est au dauphin lui-même, comme seigneur souverain de cette patrie.

Selon la teneur du transport fait par Humbert Dauphin à Charles V, roi des Français, ajoutait-il, il fut expressément convenu que la patrie du Dauphiné ne serait point soumise au roi ni au royaume de France, mais que le dauphin serait seigneur supérieur de la patrie du Dauphiné dans laquelle le roi, comme roi des Français, ne pourrait introduire son autorité ou sa puissance.

Selon la teneur et l'esprit de ce transport, disait-il encore, il fut convenu que celui qui était alors premier-né du roi des Français, serait dauphin, et ensuite, après le transport, cela a été ainsi usité et observé.

En exécution de ce transport, suivant l'usage et la coutume, le seigneur Charles VII de bonne mémoire, roi des Français, a choisi et nommé pour le Dauphiné et la seigneurie du Dauphiné, le seigneur très-chrétien, Louis son fils aîné, depuis quinze ans et même plus. Le seigneur Charles, dernièrement défunt, a expédié il y a quinze ans et au-delà, par ses lettres patentes (Arch. c. c., lettres du 28 juillet 1440), à notre seigneur Louis, roi des Français, alors en âge et en état d'administrer convenablement, la patrie de Dauphiné, avec tous ses droits et appartenances, ainsi que le gouvernement et l'administration de cette patrie[1].

---

[1] Le procureur général rappelle cette translation du Dauphiné par le roi, parce qu'elle était réputée nécessaire pour faire passer l'autorité delphinale sur la tête du Dauphin, ainsi que l'avait fait remarquer Guillon, président du conseil delphinal, dans sa harangue aux Etats du Dauphiné de 1440, en présence des ambassadeurs que le Dauphin Louis avait envoyés pour requérir, en son nom, l'investiture et la prise de possession de cette province que son père venait de lui transmettre par les lettres précitées du 28 juillet 1440 : « Plusieurs ont erré (disait
» Guillon), en ce qu'ils cuidoient que le premier né du roi de France,
» pour ce qu'il s'appeloit Dauphin, fust vrai seigneur et administrateur
» du Dauphiné ; mais il ne l'est point jusques à tant que le roi lui re-

En vertu de cette expédition et de ces lettres, notre seigneur Louis, roi et seigneur du Dauphiné, a obtenu la possession libre et paisible de cette patrie[1] ; il en a nommé les officiers ; il a reçu les hommages des nobles, exercé les autres actes de juridiction par lui ou ses officiers, et fait, par la suite, plusieurs autres actes de possession.

Après cette mise en possession, au vu et su du seigneur Charles son père, notre seigneur Louis roi conserva pu-

---

» mette et transporte la seigneurie et administration d'icelui.» (Arch. c. c., et Salvaing de Boissieu, *Traité du Plait*, p. 68 et 69.)

[1] Le procureur général rappelle encore ici cette prise de possession, parce que, d'après le droit romain observé en Dauphiné, toute translation entre-vifs de propriété immobilière devait être suivie d'une prise de possession réelle, ou au moins d'un acte d'investiture ou de mise en possession du nouveau propriétaire. Ce principe de droit privé, qui a été ultérieurement consacré par une jurisprudence constante et invariable du parlement de Grenoble, a été aussi, de tout temps, un principe du droit public de la province appliqué même à toute translation du Dauphiné : ainsi le transport du Dauphiné à la couronne de France n'a été définitivement consommé que le 16 juillet 1349, par un acte de dessaisissement du dauphin Humbert II et d'investiture du nouveau dauphin Charles, quoique ce transport, déjà convenu par les actes des 23 avril 1343 et 7 juin 1344, eût été irrévocablement consenti par l'acte du 31 mars 1349 (voir le chapitre *Transport du Dauphiné*) ; ainsi, encore, toutes les fois qu'un roi de France a jugé convenable de transmettre le Dauphiné au Dauphin son fils aîné, les lettres royales contenant cette transmission n'étaient exécutées qu'après un acte d'investiture ou de prise de possession, formalité à laquelle on procédait avec la plus grande solennité, dans une assemblée composée des principaux officiers et dignitaires laïques ou ecclésiastiques, du conseil delphinal et des Etats généraux de la province spécialement réunis à cet effet, en présence desquels on faisait prêter au nouveau Dauphin, ou à celui qui venait prendre possession en son nom, le serment d'observer et de faire observer les libertés delphinales. Il y a dans les archives de la chambre des comptes plusieurs de ces actes de prise de possession.

bliquement, tranquillement et pacifiquement, comme seigneur suprême, cette patrie de Dauphiné, pendant l'espace de dix ans et au-delà, et en perçut les fruits comme seigneur dauphin.

Pendant tout ce temps et jusqu'à son départ pour le Brabant, notre seigneur Louis roi a ainsi tenu et possédé cette patrie de Dauphiné, et n'y a reconnu ou eu aucun supérieur.

Voici au reste en quels termes les motifs de ce réquisitoire, que j'ai traduits littéralement mais qui méritent d'être connus textuellement, sont transcrits dans les arrêts de condamnation dont la copie se trouve encore dans les archives de la chambre des comptes :

« In primis, dicit et asserit dominus Guillermus procu-
» rator quod patria Dalphinatus est de per se et separata a
» regno, et non dependet, subalternatur seu subjicitur
» Francie regno ;

» Item, dicit quod quicumque existit Dalphinus et do-
» minus Dalphinatus non habet nec recognoscit superio-
» rem Francorum regem nec alium dominum quemcumque
» in temporalitate ipsius Dalphinatus ;

» Item, dicit quod propter ea Dalphinus, ut dominus
» Dalphinatus, habet in eadem patria Dalphinali curiam su-
» premam parlamenti a qua non est licitum nec consue-
» tum appellare ad aliquem dominum nec supplicare, nisi
» ipsi domino Dalphino ut domino ipsius patrie supremo ;

» Item, dicit quod, secundum tenorem transportus olim
» facti per dominum Humbertum Dalphinum et dominum
» Dalphinatus in dominum Karolum quintum olim Franco-
» rum regem et suis posteris, fuit expresse conventum
» quod patria Dalphinatus minime regi seu regno Francie
» foret subjecta ; sed Dalphinus, ut dominus Dalphinatus,
» esset superior in patria Dalphinali, et de illa rex, velut

» Francorum rex, aliqua autoritate se intromittere non
» posset, seu potestate ;

» Item, dicit quod, secundum ipsius transportus teno-
» rem et mentem, fuit conventum quod primogenitus pro
» tempore regis Francorum foret Dalphinus, et exinde
» post transportum predictum ita fuit usitatum et obser-
» vatum.

» Item, quod, in observantiam dicti transportus, usus et
» consuetudo bone memorie quondam dominus Karolus
» septimus, Francorum rex, elegit et nominavit in Dalphi-
» nium et dominium Dalphinatus christianissimum domi-
» num Ludovicum ejus filium primogenitum, jam sunt
» quindecim anni elapsi et ultra ;

» Item, dicit quod idem dominus quondam Karolus rex
» nuper defunctus fuit, jam quindecim anni et ultra, expe-
» divit et deliberavit, per suas patentes litteras, patriam
» Dalphinatus cum suis omnibus juribus et pertinenciis, et
» regimen ac administrationem ipsius patrie domino nos-
» tro Ludovico Francorum regi tunc in etate congrua admi-
» nistrationis existente ;

» Item, dicit quod, virtute dicte expeditionis et littera-
» rum predictarum, ipse dominus noster Ludovicus, rex
» et dominus, Dalphinatus adeptus est possessionem expe-
» ditam et pacificam ipsius patrie, officiariosque creavit in
» eadem de novo pertinentes, et homagia quecumque no-
» bilium recepit, et alios actus juridicionales per se et suos
» officiarios exercuit, et alios actus quamplures in futurum
» adepte possessionis fecit ;

» Item, dicit quod ipse dominus noster Ludovicus rex,
» post dictam apprehensam possessionem, sciente et con-
» scenciente dicto domino Karolo quondam ejus genitore,
» tenuit palam, publice, quiete et pacifice, ut dominus su-
» premus, dictam patriam Dalphinatus spatio decem anno-

» rum et ultra, et fructus percepit, et usque ad tempus in-
» fra designatum, ut tunc, dominus Dalphinus ;

» Item, dicit quod illo tempore ipse dominus noster Lu-
» dovicus rex nullum recognovit seu habuit superiorem in
» ipsa patria Dalphinatus ad partes Brabantis quo dictam
» patriam, ut prefertur, tenuit et possedit ;

» Item, dicit quod ipse dominus noster Ludovicus nuper
» et de anno domini millesimo quatercentesimo quinqua-
» gesimo sexto et de mense augusti decessit a patria Dal-
» phinatus et accessit ad partes Brabantis et Flandrie, in
» quibus partibus suo bene-placito stetit spatio quinque
» annorum vel circa, et quousque adeptus est possessio-
» nem regni per mortem sui patris ;

» Idem, dicit quod idem dominus noster Ludovicus rex
» et per paucos dies post suum descessum ad Dalphina-
» tum predictum, per suas litteras et nuncium expressum,
» mandavit gubernatori et gentibus parlamenti Dalphinatus
» et aliis officiariis Gratianopoli residentibus quibuscum-
» que, ut dictam patriam suo nomine et ad sui utilitatem
» regerent et gubernarent, et in nullam aliam personam
» dictam patriam transferrent seu illam submitterent quo-
» vis modo alicui persone. »

Voici maintenant le texte du dispositif de celui de ces arrêts qui a été rendu contre le premier président, Jean Bayle, et le condamne au bannissement, avec injonction de ne pas rester en Dauphiné au-delà de dix jours, sous peine du dernier supplice ; déclare tous ses fiefs nobles ou requérant fidélité, commis, révoqués et ouverts ou acquis au roi-dauphin :

« Sedendo pro tribunali, more majorum nostrorum ad
» jura reddendum, non plus ad unam partem quam ad
» aliam inclinantes, sed causam hujusmodi et partes equo
» libravimus, equaque lance pensantes et adjudicantes,

» sacro-sanctis Dei evangeliis nostro conspectui appositis,
» ut de vultu Dei nostrum rectum prodeat judicium, oculi-
» que nostri in hiis et aliis semper videant equitatem, par-
» ticipato super hoc et habito consilio, consensu et longeva
» deliberatione commissariorum jam dictorum alterumque
» dominorum infra nominatorum ad nostrum arrestum et
» sententiam deffinitivam processimus et procedimus ut
» sequitur, Christi nomine invocato et venerabili signo
» sancte crucis premisso, dicentes : In nomine patris et
» filii et spiritus sancti, amen ; et dicti domini commissa-
» rii assistentes secum curia parlamenti et dominis supra
» nominatis ad eorum deffinitivam sententiam processi-
» mus ut sequitur : causis justis et rationalibus ex processu
» evenientibus Johannem Baiuli presidentem et consilia-
» rium olim dalphinalem ad reddendum et restituendum
» varia et dona et pensiones per eum receptas tempore
» quo rex Dalphinus dominus noster ab hujus modi patria
» dalphinali absens fuit et in partibus Flandrie et Braban-
» tis permansit mentem ordinacionis ejusdem domini nos-
» tri super hoc facte insequendo, condempnamus nec non
» infidelitatibus et ingratitudinibus per ipsum commissis
» in prefatum dominum nostrum omnia et singula feuda
» nobilia seu fidelitatem requirentia, commissa et apperta
» prefato domino nostro regi ut Dalphino adjudicamus per
» idemque arrestum ipsum ab hujus modi patria dalphinali
» bannimus a cetero non permansurum sub pena ultimi
» supplicii, lapsis decem diebus, in cujus rei testimonium
» sigillum regiminis Dalphinatus presentibus duximus ap-
» ponendum. Datum Gratianopoli, die secunda mensis
» jugnii, anno domini millesimo quatercentesimo sexage-
» simo tertio. »

Mais après la mort de Louis XI, les Etats du Dauphiné
protestèrent contre l'injustice de ces condamnations, et,

par lettres patentes du 8 mars 1483, obtenues à leur requête, Charles VIII ordonna la révision de ces divers arrêts. Il paraît qu'il s'était fait, dans les Etats du Dauphiné comme dans les Etats généraux tenus à Tours à cette époque, une réaction contre la politique et l'administration de Louis XI ; l'arrêt rendu contre le président Bayle, décédé dans l'intervalle, fut rétracté par un autre du 28 juin 1484 ; ce dernier arrêt déclara que Jean Bayle, défunt, n'avait pas dû encourir une telle sentence ; que, s'il était encore dans les humains, il devrait être absous des prétendus crimes qui lui avaient été imputés : « Dicimus et pronuntiamus sentenliam
» pridem latam contra vita defunctum dominum Johannem
» Baiuli, de cujus revisione agitur, fuisse et esse minus de-
» bite latam, nec debuisse talem pati sentenliam, ita quod,
» si foret in humanis, veniret absolvendus a pretensis cri-
» minibus... »

En conséquence, la restitution de ses biens fut prononcée au profit de ses héritiers, qui furent déclarés absous ; silence fut imposé au procureur fiscal ; et enfin l'arrêt rendit à Jean Bayle sa bonne réputation, en tant que besoin était : « Johannem Baiuli ad suam bonam famam, quathenus
» opus est, restituendo... »

La distinction entre le Dauphiné et le royaume de France était également observée dans les convocations des Etats généraux et dans les séances de ces Etats. « Le Dauphiné,
» dit Guy-Allard (Dictionnaire MS, *Etats du Dauphiné*),
» était si bien détaché de la couronne, que, lorsque l'on
» convoquait les Etats généraux du royaume, on les distin-
» guait l'un et l'autre... » On disait : « Etats de France et
» ceux de Dauphiné. » Dans le procès-verbal des Etats généraux de Tours de 1483, on disait en effet : *Etats du royaume, Dauphiné et pays adjacents*.

« Les intérêts du royaume et du Dauphiné (dit Chorier

» en parlant de ces Etats de Tours) n'y furent point con-
» fondus comme ceux d'un même corps ; mais ils furent
» traités comme de deux Etats différents. Cette distinction
» fut observée dans les cahiers présentés au roi, y étant
» parlé du Dauphiné comme d'un corps subsistant par lui-
» même et non d'un membre du corps du royaume. » (*Hist.
du Dauph.*, t. II, p. 488.)

Chorier dit encore : « Dans les Etats généraux du
» royaume, ceux de cette province n'ont, durant long-
» temps, été considérés comme un membre, mais comme
» un corps particulier. Ils y ont présenté leurs cahiers sé-
» parément, il y a été répondu en particulier, de sorte que
» ce qui regardait les Etats généraux de France ne s'éten-
» dait pas absolument aux Etats de Dauphiné, et les réso-
» lutions n'en étaient point reçues dans cette province, sans
» une adresse particulière. Ses députés firent un corps à
» part dans les Etats généraux de Tours, l'an 1483. La
» même chose fut observée en ceux d'Orléans et de Blois ;
» et Pierre Masson, consul de Vienne, député à ceux qui
» furent assemblés dans Paris, l'an 1615, fit tout ce qui
» dépendait de son industrie pour conserver cet honneur
» à son pays ; mais ses soins n'ayant pas eu le succès qu'il
» s'en promettait, du moins ses protestations furent une
» preuve qu'ils avaient été fidèles et vigoureux. » (Chorier,
Estat politique, t. I.)

Ces dires de Chorier sont-ils entièrement exacts ? Il paraît bien qu'aux Etats de Tours (quoique le procès-verbal de ces Etats ne le dise pas explicitement) les députés dauphinois élevèrent la prétention de faire considérer le Dauphiné comme formant un corps particulier et distinct du grand corps du royaume et non comme un simple membre de ce dernier corps ; et, par voie de conséquence, de se faire considérer comme les représentants du Dauphiné et non comme les représentants de la France ; car, si le procès-verbal de ces Etats ne mentionne pas cette prétention, on peut croire qu'elle fut soulevée, puisque l'on jugea nécessaire de déclarer et en quelque sorte de décider que tous les députés devaient être considérés comme députés de la France entière, et non comme députés de leur province en particulier. Les députés du Dauphiné ne furent donc pas considérés comme formant un corps d'Etat à part, et on les comprit dans la cinquième section de l'assemblée, conjointement avec ceux du Languedoc, de la Provence, du Roussillon et de la Cerdagne, ainsi que cela résulte du procès-verbal. En lisant ce procès-verbal, on ne se doute pas d'abord du rôle spécial que les députés dauphinois ont joué dans cette assemblée, où, par une inconséquence bizarre et presque en opposition directe avec la décision qu'elle venait de rendre, elle laissait ces députés se réunir séparément ou du moins rédiger des cahiers séparés auxquels il fut fait aussi des réponses séparées.

Au reste, cette rédaction de cahiers particuliers pour le Dauphiné est attestée par Murinais, qui, dans son *Histoire du Dauphiné*, cite les articles de ces cahiers et raconte (ainsi qu'il suit ci-après) sa participation à la résistance que Chorier semble n'attribuer qu'à Pierre Masson, pour faire maintenir aux Etats de Paris la distinction qui avait été faite aux précédents Etats et aux protestations qui furent faites à ce sujet : « Nos Etats (dit Murinais), ne se sont ja-
» mais meslés avec les généraux du royaume, de peur de
» contribuer aux charges ; et s'ils ont esté contraints d'y
» venir, leur réquisition a été distincte et séparée des au-
» tres, comme appert par les cayers des Estats cy-joints
» tenus à Tours ez mois de janvier, de febvrier et mars
» l'an 1483. Ceste raison me fit roidir aux derniers Estats
» de Paris, estant dans la chambre de la noblesse, député

» de nos dits Estats, qu'aux cayers qui seroient présentés
» au roy nostre qualité fust séparée d'avec les aultres;
» néantmoins nous ne le peusmes emporter, de quoy nous
» demandâmes actes, afin que cette action ne tournast à
» l'avenir au préjudice de nostre province [1]. »

En opinant et délibérant ainsi séparément, non par union mais par simple adjonction, les députés du Dauphiné se considéraient comme formant, dans les grands Etats généraux, des Etats particuliers indépendants qui n'étaient liés, ni par les délibérations des grands Etats, votant l'impôt de ces grands Etats, ni par toutes leurs autres décisions.

§ II. — *Puissance judiciaire.*

« Portat princeps gladium et exercet impe-
» rium potestatis, et dum sævit in reprobos, ser-
» vat probos in tranquillitate securos. » (Humbert II, *charte du 3 mars 1336.*)

« Que les bons se rassurent, que les méchants
» tremblent. » (*Message du prince Napoléon à l'assemblée nationale, en novembre 1850.*)

A la différence de l'autorité municipale qui était une émanation de l'autorité populaire, l'autorité judiciaire a toujours été considérée, en France, comme une émanation de l'autorité souveraine, qui n'était elle-même considérée que comme une émanation de l'autorité divine.

Lorsque les premiers seigneurs féodaux s'arrogèrent une partie de l'autorité souveraine sur les terres et les hommes dont ils composèrent leurs seigneuries, ils ne manquèrent pas de s'arroger également l'une des plus importantes branches de cette autorité : l'autorité judiciaire.

---

[1] Murinais, *Hist. du Dauph.*, manuscrit de la bibliothèque impériale.

Cette autorité était même devenue l'une des principales attributions des seigneuries, celle au moyen de laquelle on déterminait, on mesurait en quelque sorte le degré, le rang hiérarchique de ces seigneuries ; ainsi, un seigneur était d'un rang plus ou moins élevé selon l'étendue plus ou moins grande de sa puissance judiciaire ; selon qu'il avait la haute justice [1], la moyenne et la basse, ou les deux dernières, ou seulement la dernière.

Les anciens seigneurs princes-Dauphins, qui s'étaient attribué une autorité presque souveraine, s'étaient aussi attribué l'autorité judiciaire dans toute son étendue, dans toute sa plénitude : *Plena jurisdictio in principe consistit*, dit le jurisconsulte dauphinois Guy-Pape, en sa question 440 ; et comme les Dauphins de Viennois paraissent s'être attachés à imiter les rois de France, dans la nature, l'étendue, les principes et les formes de leur autorité et de leur administration, ils avaient établi, en principe, qu'en Dauphiné, comme en France, toute justice émanait du souverain, c'est-à-dire du prince-Dauphin ; et, en conséquence, la justice était exercée, dans les terres du domaine delphinal, tantôt par le dauphin en personne, seul ou assisté d'un conseil ; tantôt par des officiers ou magistrats nommés par lui.

---

[1] La haute justice était surtout celle qui avait pour objet le jugement et la punition des grands crimes. Voici en quels termes, dans un acte du 5 mai 1330, le Dauphin Guigues, en vendant à Guigues de Morges sa terre de Saint-Maurice en Trièves, avec les droits de justice, lui vend aussi les prisons, le couteau, les fourches patibulaires et autres instruments de supplice qu'il qualifie d'ornements et de parements de l'exercice de la juridiction : *emptor... carceres ad custodiam et punitionem delinquentium, et costeyllium, et furcas et quælibet alia ornamenta et paramenta ad exercitium jurisdictionis spectantia... facere, levare, construere, erigere, tenere, manutenere et refficere valeat.*

Ce principe, que toute justice émane du roi ou du prince, a été solennellement proclamé et consacré par le Dauphin Humbert II lui-même, dans le préambule de l'ordonnance du 1ᵉʳ août 1340, par laquelle il a définitivement constitué le conseil delphinal : *Quoniam reges et principes* (dit-il), *in se ipsis et suis subditis gubernandis justitiam quæ jus suum unicuique tribuit ministrare opem, ea propter in jure describitur, cum rex justus sederit supra sedem non adversabitur sibi quidquam malignum, quam quidem justitiam ipsi reges et principes per se ipsos ministrare nequeunt, sed per judices et officiales quos in suis regnis et principatibus duxerint ordinandos* ; et comme, en Dauphiné, l'autorité delphinale pouvait être exercée par les femmes, les dauphines pouvaient exercer l'autorité judiciaire, rendre ou faire rendre la justice, et elles l'ont même rendue quelquefois en personne, ainsi qu'on l'a vu précédemment.

Les chartes 40 et 47 du cartulaire d'Oulx et plusieurs autres rapportées par Valbonnais (notamment lettre C du second discours, lettres VVVV des preuves de la généalogie de la maison de la Tour-du-Pin, et n° 24 des preuves sous Humbert II), fournissent des exemples de jugements rendus par les Dauphins en personne, exemples que l'on a vus se renouveler sous le Dauphin Louis, qui fut plus tard le roi Louis XI. (Chorier, sur Guy-Pape, pp. 64 et 65.)

Ce droit de rendre la justice, soit en personne, soit par des délégués, ainsi que le droit d'évocation qui est aussi une dépendance du pouvoir judiciaire du prince, se trouvent encore expressément constatés et consacrés par les art. 17 et 35 des libertés delphinales, articles où le Dauphin, après avoir décidé qu'aucun de ses sujets ne pourra être traduit en justice ailleurs que devant le juge ordinaire de son ressort, excepte néanmoins le cas où il évoquerait la cause pour la juger lui-même personnellement ou avec l'assistance de son conseil : *Nisi tamen ipse dominus Delphinus, vel successores sui, coram se personaliter vel coram consilio eidem assistente infra Delphinatum, vellent reum evocare et examinare aut examinari facere causam.* Et comme ce droit était ce que l'on appelait une liberté delphinale maintenue par l'acte de transport du Dauphiné, les Dauphins de France pouvaient l'exercer, même avant d'être rois, lorsqu'ils avaient été investis de l'administration du Dauphiné; aussi lit-on, dans Chorier et Guy-Pape, que Louis XI étant venu en Dauphiné, à une époque où il n'était encore que Dauphin, rendait la justice en personne, et évoquait ou jugeait toute espèce de causes, même les plus importantes, et *il le pouvait*, ajoute Chorier, tout en blâmant cette manière d'agir.

Comme conséquence du droit de justice, les Dauphins avaient aussi le droit de grâce, d'amnistie ou de remise de peines ; on trouve un exemple de l'exercice de ce droit dans l'art. 6 de la charte de 1343, où Humbert II fait remise aux Briançonnais de toutes commissions ou commises et contraventions, et même de tous délits poursuivis ou non poursuivis, mais à l'égard desquels il n'avait pas encore été rendu jugement, à l'exception seulement des homicides, des larrons et des bannis.

Quoique les Briançonnais se soient toujours dits subrogés à tous les droits seigneuriaux delphinaux, ils n'ont cependant jamais prétendu que le Dauphin leur eût accordé ou reconnu d'autres droits de justice que ceux de la simple justice municipale.

Après la charte de 1343, la justice a donc continué à être administrée, dans le Briançonnais, par le Dauphin, ou (pour lui) par ses officiers ou magistrats, comme elle l'avait été auparavant. Mais si le Dauphin n'avait rien concédé de ses droits de justice, il avait reconnu ou concédé diverses garanties judiciaires, tant en matière civile qu'en matière criminelle, garanties qui, si elles ne font pas directement partie des institutions autonomes des Briançonnais, s'y rattachent cependant plus ou moins, soit comme dérivant de leur municipe, soit comme obtenues par leur transaction municipale, soit comme ne résultant que du statut delphinal de 1349 ; car, ainsi qu'on l'a vu ci-devant, ce statut, quoique rédigé et octroyé par le Dauphin seul, comme un acte émané de son autorité suzeraine, n'a fait que constater et consacrer, en faveur de ses sujets ou vassaux dauphinois, des droits, libertés ou priviléges dont la plupart existaient déjà bien antérieurement et avaient dû être constatés, revisés, et corrigés dans une assemblée des trois ordres de la province expressément convoqués à cet effet par des lettres d'Humbert II.

Examinons donc les garanties ou libertés judiciaires consacrées, tant par le statut delphinal que par la grande charte Briançonnaise :

D'après l'art. 17 de ce statut, aucun sujet du Dauphiné ou des autres terres du Dauphin ne pouvait être distrait du ressort du juge du lieu où il avait commis un délit, sous prétexte d'une information à faire contre lui, à moins que le Dauphin n'évoquât, devant lui ou devant son conseil et en Dauphiné, la cause de ceux contre lesquels il devait être informé.

Le Dauphin n'avait pas voulu faire en sa faveur une exception à ce droit qu'il reconnaissait à tous ses sujets, car il avait écrit, dans l'art. 35, que toutes les fois que le seigneur-Dauphin, ses successeurs ou toute autre personne pour lui, voudraient intenter une action civile, réelle, criminelle, ou même mixte, contre un sujet du Dauphiné, celui-ci ne pourrait ni ne devrait, en quelque manière que ce fût, sauf le droit d'évocation précité, être traduit que devant le juge de la judicature de son domicile, ou devant le juge du lieu de l'objet contesté si l'action était réelle, ou devant un commissaire spécial député par le Dauphin, lequel ne pourrait connaître de la contestation que dans la judicature du défendeur, aux frais du Dauphin et non de l'actionné.

Le Dauphin n'avait pas même voulu qu'on pût procéder par la voie d'information criminelle contre ceux de ses sujets qui auraient usurpé ses biens ou ses droits ; on devait suivre, contre eux, les voies ordinaires ; c'est la disposition formelle de l'art. 36 du statut.

L'art. 2 de la grande charte briançonnaise renferme des dispositions à peu près semblables à celles de l'art. 17 du statut delphinal ; d'après cet article 2, aucune personne du bailliage, pour quel délit public ou privé qu'elle eût commis, ne pouvait être tirée hors de sa châtellenie ou de son ressort, que par ordre du bailli ou du juge du Briançonnais ; et, hors du bailliage et de sa judicature, que par ordre du Dauphin ou du conseil delphinal, excepté dans les cas d'appel où le défendeur, après avoir subi la juridiction inférieure de son juge naturel, pouvait être traduit devant les juges d'appel ; mais ces juges d'appel étaient encore ses juges naturels.

Les Briançonnais et les Dauphinois jouissaient donc déjà, à cette époque, du droit consacré par nos lois nouvelles, d'après lequel nul ne peut être distrait de ses juges naturels ; et c'était une garantie extrêmement importante dans ces temps anciens, où un seigneur, un homme puissant, pouvait vous enlever à votre pays, à vos juges, à vos lois, vous faire arrêter arbitrairement, et ensuite vous faire juger et condamner par des juges placés sous la dépendance de votre persécuteur, ou nommés par lui ou sous son influence.

Il y avait, à la vérité, exception dans les cas de permission mentionnés dans ces articles ; mais la nécessité de cette permission, qui devait émaner d'un magistrat supérieur, et qui n'était accordée que très-rarement et pour des causes extrêmement graves, était déjà une grande garantie.

Le Dauphin pouvait bien encore évoquer la cause devant lui ou devant son conseil delphinal; mais ce n'était point là une dérogation au droit commun, c'était la conséquence du droit de justice qui résidait en sa personne, et qu'il exerçait, soit par lui-même, soit par ses juges délégués ; d'ailleurs, le Dauphin et ce conseil, en vertu de leur autorité judiciaire supérieure, étaient de plein droit les juges d'appel, et par conséquent les juges naturels de toutes les causes du Dauphiné.

Ces articles renferment encore le germe du droit d'évocation que s'attribuaient autrefois beaucoup de parlements, et qui est attribué, dans quelques cas, aux cours d'appel par les lois nouvelles ; aussi a-t-on vu, dans la suite, le conseil delphinal, et successivement le parlement qui lui a succédé, exerçant les droits de justice du Dauphin, évoquer certaines causes, surtout dans les cas de crime grave, et ordonner ou permettre de poursuivre le défendeur ou l'accusé devant leur juridiction supérieure.

Ce droit de n'être justiciable que du juge du lieu de la résidence du défendeur ou du juge du lieu où le délit avait été commis, était encore observé et consacré, par les articles 29 et 45, non-seulement dans les terres du seigneur Dauphin, mais encore dans celles des autres seigneurs justiciers du Dauphiné; cependant il semble que c'était moins en faveur des justiciables que le Dauphin l'avait consacré, qu'en faveur des seigneurs, pour ne pas priver ceux-ci des amendes et autres droits de justice dont ils profitaient.

On voit, en effet, dans l'art. 29, que tous les barons, bannerets et autres sujets du Dauphin, ayant, en Dauphiné, châteaux, lieux, villes et juridiction mère, mixte et impère, auront seuls le droit de faire poursuivre et punir, par la cour ou par leurs officiers, à leur volonté, toutes offenses et tous crimes commis dans l'étendue de leur juridiction, où que ce soit, par qui que ce soit et contre qui que ce soit, sans que, sous aucun prétexte, couleur ou privilége, la cour delphinale supérieure puisse s'en attribuer le jugement ; et que ces seigneurs justiciers, leurs héritiers et successeurs, pourront seuls, dans leur district et juridiction, faire punir les assemblées et monopoles illicites, et tous les autres crimes énormes, soit que ces choses ou autres crimes ou délits soient commis dans les églises, cimetières, lieux sacrés et autres lieux privilégiés, grands chemins et voies publiques, bords des rivières, forêts, fours, moulins et tavernes, quelle que soit la peine pécuniaire ou corporelle, pourvu que ces crimes ou délits aient été commis dans leur district ou juridiction, à l'exception néanmoins de ceux qui l'auraient été par les officiers du Dauphin, par ses hommes-liges ou les gens de sa maison, que les seigneurs justiciers et leurs officiers peuvent, seulement en cas d'excès notoires ou de crimes atroces, faire arrêter et livrer à la cour delphinale pour en faire justice.

Cet article, ainsi que l'article 45, disposent ensuite, par voie de conséquence, que si celui qui a commis un délit dans l'étendue de la juridiction mère, mixte ou impère, d'un des sujets du Dauphin, est arrêté dans le ressort de la cour delphinale, il doit être, à la forme du droit, remis par les châtelains et autres officiers du Dauphin, à celui dans la juridiction duquel il a commis le délit ; néanmoins après que les officiers delphinaux auront fait, à ce sujet, une information sommaire : c'est ce qu'on appelle aujourd'hui le droit d'extradition ; mais cette extradition n'était faite qu'en connaissance de cause, après information.

Les Briançonnais avaient aussi, dans l'article 23 de leur charte, une garantie judiciaire contre les arrestations préventives. D'après cet article, ils ne pouvaient être saisis ni incarcérés par les officiers delphinaux, pour quelque délit que ce fût, s'ils donnaient une caution convenable et solvable, sauf pour les cas criminels et capitaux où le droit ne permettait pas de relâcher sous caution. On pouvait donc, en donnant caution, éviter l'arrestation ou la détention préventive pour les simples délits; et la rédaction un peu vague de cet article permettrait même de penser que la liberté provisoire pouvait encore être obtenue, sous caution, pour les crimes qui étaient de nature à pouvoir être cautionnés convenablement.

Il existait anciennement un abus extrêmement grave, qui portait atteinte à la liberté individuelle, et qui se renouvelait fréquemment à cause de l'avantage pécuniaire que les officiers de justice en retiraient. Sur le plus léger soupçon, pour la moindre faute, pour la moindre querelle, pour les moindres coups, pour un propos inconsidéré, quelquefois même par caprice, ils faisaient arrêter et incarcérer un individu qu'ils ne relâchaient ensuite que moyennant le remboursement préalable des frais de garde, de nourriture et autres, qu'ils arbitraient souvent à leur gré et à un taux exagéré.

Cet abus était devenu l'objet de plaintes nombreuses, surtout dans le Briançonnais, et déjà le Dauphin Jean avait cru devoir y remédier par des lettres du 17 septembre 1346 (Arch. c. c., *Ordonnances des rois de France*, tom. VIII, p. 209) : « Par les plaintes de plusieurs habitants de la châtellenie de Briançon, écrivait ce Dauphin à ses bailli et juges du Briançonnais, il est parvenu à notre connaissance que les officiers de cette châtellenie, pour des mots et des fautes minimes, *pro verbis et culpis minimis*, et souvent plutôt arbitrairement que pour une faute raisonnable, *et sepius pocius voluntarie quam culpa rationabili*, saisissent les gens et les font conduire en prison, dans notre château, d'où ils ne les laissent sortir, coupables ou non, qu'après avoir payé cinq sous de droit de garde. Si ces faits sont vrais, ajoutait-il, il convient d'y porter remède; c'est pourquoi nous vous ordonnons de vous abstenir ou désister de telles arrestations, si ce n'est dans certains cas, comme dans les crimes de vols, d'homicides, de blessures, d'adultères, de trahison, de lèse-majesté, de faits semblables, ainsi que de ceux qu'il n'est pas permis de cautionner. Dans les autres délits, au contraire, pour lesquels on peut donner caution convenable de se représenter en justice, nous défendons telles arrestations, ne voulant pas même que, dans les cas prescrits, la rétribution de cinq sous, ou de plus ou moins grande quantité, soit exigée des prisonniers, à l'exception seulement des frais de nourriture et de garde. Vous exécuterez et ferez exécuter ces prescriptions, disait le Dauphin en terminant, si vous êtes désireux d'éviter notre indignation. » Il résulte de ces lettres que, déjà à cette époque, on faisait, non-seulement dans le fait, mais encore dans les mots, la distinction de la législation moderne entre les crimes et les simples délits : les premiers y sont appelés CRIMES, *in criminibus*, et les derniers y sont appelés DÉLITS, *in ceteris delictis.*

On voit ensuite, dans l'art. 28 de la charte de 1343, que les personnes, arrêtées pour crimes ou délits, étaient emprisonnées dans les châteaux forts, et que les Briançonnais n'étaient pas tenus de les garder, si ce n'est volontairement, à moins qu'il ne s'agît de nécessité évidente pour un crime grave; et alors le châtelain ou l'officier qui avait fait faire l'arrestation devait en donner immédiatement avis au bailli et aux juges delphinaux du Briançonnais.

L'art. 16 du statut delphinal prohibait toute poursuite, toute information d'office contre les Dauphinois, à moins qu'il ne s'agît d'un crime notoire, ou qu'il ne se présentât un accusateur ou un dénonciateur ; et, dans ce cas, toute l'information devait être communiquée à l'accusé avant qu'il pût être contraint de répondre en aucune manière ; il y avait cependant exception à raison des crimes graves précisés et caractérisés par les lois.

L'art. 14 de la charte briançonnaise contenait des dispositions semblables ; mais on y avait, en outre, pris la précaution de préciser et désigner les cas prévus et caractérisés par la loi ; c'étaient : la trahison, la sédition fomentée dans le peuple, la violation ou la soustraction des droits du seigneur, le faux, la blessure qui laissait une cicatrice sur le visage ou occasionnait la mutilation ou l'affaiblissement d'un membre, le vol, le rapt, l'adultère, la violence publique avec armes, et tout coup de glaive qui avait occasionné une grande effusion de sang. La disposition de cet article, qui autorisait l'information d'office pour la violation des droits du seigneur, avait même été modifiée ultérieurement par les art. 35 et 36 du statut delphinal, qui ne permettaient d'agir, en ce cas, que par la voie civile et devant le juge ordinaire.

Enfin, l'art. 24 de ce statut prohibait la confiscation des biens au profit du fisc, excepté dans les cas de crime d'hérésie ou de lèse-majesté et autres où cela était permis par le droit.

Il résulte de tout ce qui précède que les Dauphinois, sujets directs du Dauphin, et plus particulièrement les Briançonnais, avaient d'assez grandes garanties judiciaires, comprenant la plupart de nos garanties judiciaires modernes ; et que si les derniers Dauphins de Viennois n'ont pas entièrement aboli la féodalité dans tous leurs Etats (comme

Humbert II l'a fait dans le Briançonnais), ils en ont néanmoins modéré constamment la rigueur et l'arbitraire, et que les vassaux de leurs terres et seigneuries étaient beaucoup plus libres et beaucoup mieux traités que ceux des autres seigneurs du Dauphiné, qui étaient bien loin d'imiter les dauphins leurs seigneurs supérieurs; et Humbert II reconnaissait tellement leur persistance à user arbitrairement de leur autorité, qu'il a cru devoir introduire, dans son statut delphinal, un article spécial à cet égard, l'article 54, par lequel il a expressément déclaré qu'il voulait que ces seigneurs fissent jouir leurs hommes et sujets des mêmes libertés, priviléges et indemnités qu'il accordait lui-même; et qu'à défaut de le faire, il entendait qu'ils ne pussent user ni jouir de ces concessions, et notamment de celles qu'ils refuseraient à leurs hommes.

Les conséquences de la différence entre l'administration des Dauphins et celle des autres seigneurs du Dauphiné ont même continué à se manifester dans la suite par des résultats aussi différents, en plusieurs circonstances, et entre autres dans les assemblées des Etats de la province où les communautés du domaine delphinal, qu'on appelait *communautés domaniales*, étaient représentées par leurs consuls ou par des députés spéciaux par elles élus, tandis que les communautés des petites seigneuries particulières, qu'on appelait *communautés seigneuriales*, n'y étaient guère représentées que par leurs châtelains nommés par les seigneurs, lorsqu'elles ne l'étaient pas seulement par ces seigneurs eux-mêmes qui avaient la prétention d'être les représentants légaux des hommes de leurs communautés.

Section IIe.

DE LA PUISSANCE DES OFFICIERS DELPHINAUX.

§ 1er. — *Gouverneurs.*

En tête des officiers de la province, et même des officiers judiciaires, était le gouverneur, représentant du Dauphin, dont il exerçait presque tous les droits de souveraineté ou suzeraineté et de justice. Chorier, en son *Estat politique*, tom. I, p. 8, et Salvaing de Boissieu, en son *Traité de l'usage des fiefs*, pp. 193 à 202, énumèrent en détail leurs anciens droits et attributions, qui étaient plus considérables et plus importants que dans les autres provinces, et qui avaient même paru assez exorbitants à quelques rois de France pour que ceux-ci eussent jugé convenable de consulter plusieurs fois le parlement de Grenoble à ce sujet. On trouve encore, dans les archives de la chambre des comptes, trois avis de ce parlement adressés à ces rois, avis qui diffèrent peu entre eux, et dont un (l'avis adressé à Charles VIII), rapporté textuellement par Salvaing de Boissieu, contient l'énumération de la majeure partie de ces droits et attributions.

Comme représentants des Dauphins, et en quelque sorte comme vice-dauphins, les gouverneurs du Dauphiné avaient dans le principe une autorité qui n'avait jamais été bien déterminée, mais qui était extrêmement étendue parce qu'elle avait été exercée, sous Humbert II, par Henri de Villars, archevêque de Lyon, qui, à raison de sa haute dignité ecclésiastique et de la confiance que ce Dauphin lui accordait, avait gouverné la province, pendant l'absence de celui-ci, avec une autorité plénière et presque absolue, *plenaria potestate*, autorité plénière qui lui avait été conservée pendant sa vie par Humbert II, dans l'acte de transport du Dauphiné, du 30 mars 1349 [1].

Il était résulté de là que l'autorité des gouverneurs du Dauphiné avait pris une extension extrême. Ainsi, ce n'était pas au nom du Dauphin ou du roi-dauphin, mais c'était au nom du gouverneur, *per dominum gubernatorem*, que la justice supérieure était rendue et parlait dans les arrêts, qu'étaient intitulés et exécutés les arrêts du conseil delphinal et du parlement; les gouverneurs étaient membres de droit de ces corps souverains de justice où ils avaient préséance et voix délibérative, et où quelques-uns d'entre eux ont même prétendu que leur opinion devait valoir autant que deux opinions de conseiller. Comme le Dauphin ou le roi-dauphin, ils pouvaient donner des lettres de rémission et de grâce, droit que Charles, premier Dauphin de France, leur confirma lorsqu'il fut devenu roi, par une ordonnance rendue en son conseil, le 27 mars 1367 (*Statuta delphinalia*, f° 79), pourvu qu'il ne fût exercé que de l'avis de la chambre des comptes, avis qu'ils ne prenaient presque jamais. Ils pouvaient faire ou ils faisaient, soit seuls, soit avec l'assistance du conseil delphinal ou du parlement, tous les principaux règlements administratifs et judiciaires; c'est ce qui résulte des nombreuses décisions émanées d'eux et que l'on trouve dans les archives de la chambre des comptes ou dans le recueil *Statuta delphinalia*, et que l'on devait surtout trouver dans le gros registre (actuellement perdu) de leurs statuts et ordonnances

---

[1] *Volumus quod reverendus in Christo pater dominus Henricus de Villars, archiepiscopus et comes lugdunensis, sit et maneat cum plenaria potestate (sicut alias eidem concessimus nos dictus Delphinus) vicarius quamdiu vixerit Delphinatus.*

que l'on tenait enchaîné dans la salle principale des séances du conseil delphinal ou du parlement : *Grosso libro cathenato venerabilis curiæ parlamenti in quo describuntur statuta et ordinationes generales factæ per dominum gubernatorem Dalphinatus.* (Arch. c. c., *Generalia* III, f° 455 v°.)

Les gouverneurs du Dauphiné avaient aussi, en toutes les matières administratives, militaires ou civiles, une puissance plénière qu'ils ont longtemps exercée avec une grande liberté d'action, et dont on peut voir les détails dans les passages précités de Chorier et de Salvaing. Mais ces pouvoirs *pléniers* et extraordinaires, surtout les pouvoirs judiciaires supérieurs à ceux du conseil delphinal et du parlement, ont dû, dans quelques circonstances, blesser la susceptibilité de ces corps ou porter atteinte à leur autorité ; et il résulte de diverses ordonnances royales des archives de la chambre des comptes, que le conseil delphinal et le parlement ont plusieurs fois vu de mauvais œil leurs arrêts, rendus au nom du gouverneur, anéantis ou paralysés dans leur exécution par les lettres de grâce ou de rémission accordées par celui-ci ; ils voyaient encore une atteinte à leurs prérogatives dans certaines nominations de magistrats, émanées du gouverneur seul.

Aussi surgirent bientôt, à ce sujet, du sein de ces corps judiciaires, des réclamations et des plaintes dont les procureurs généraux se rendirent les organes auprès des rois-dauphins. Le droit que s'arrogeaient les gouverneurs de parler en leur nom personnel dans les arrêts, d'intituler et de faire exécuter les arrêts également en leur nom personnel ; le droit de grâce ou de rémission des condamnations, le droit de nommer des officiers de justice et quelques autres droits du même genre, furent représentés par les procureurs généraux comme des atteintes à l'autorité royale-delphinale de laquelle seule devait émaner toute justice; et, sur ces représentations, diverses ordonnances royales vinrent enlever ces pouvoirs extraordinaires aux gouverneurs du Dauphiné.

Selon Salvaing de Boissieu (*Usage des fiefs*, p. 194), ces pouvoirs extraordinaires n'auraient été retirés aux gouverneurs que par lettres de Louis XIII, du mois d'août 1644 ; c'est une erreur : ils avaient été retirés déjà longtemps auparavant, d'abord par Louis XI, puis par Louis XII en 1498 et 1507, et surtout par un édit de François Ier, du mois d'avril 1545, dans lequel on lit : « Comme dès le quator-
» ziesme jour de juing l'an mil cinq cens quarante, Nous,
» sur les remonstrances qui nous auroient été faictes des
» grandes auctoritez et prééminences qui auroient esté jà
» par longtemps souffertes et toullérées aux gouverneurs
» et noz lieutenantz généraulx en nostre pays de Daulphiné,
» comme de parler aux arrestz et exploictz de justice, et
» donner grâces, pardons, rémissions et toutes autres
» lettres et bénéfices de peines, et encores de pourveoir
» aux offices..., choses qui sont et deppendent de nostre
» auctorité à laquelle seule privativement et touš aultres
» telz droictz et pouvoir appartiennent... savoir faisons que
» nous inclinans aux bonnes, justes et raisonnables re-
» monstrances de nostre procureur général, bien desclai-
» rées et au long entendues..., statuons et ordonnons par
» cestuy nostre présent édict perpétuel et irrévocable...,
» restreignons, réglons, lymitons et réduissons les gouver-
» nement et lieutenance de nostre pays de Daulphiné, sans
» ce qui par cy après nostre cousin et seigneur de Maugi-
» ron, ni leurs successeurs auxditz Estatz se puisse actri-
» buer, ni user, en aucune manière, du pouvoir, puissance
» et auctorité de parler aux arrestz et exploits de justice,
» de donner lettres de rémissions, grâces, pardons, rap-

» peaulx de bans, ny aultres quelzconques bénéfices de
» peines, ny semblablement de pourveoir à aucuns des
» offices. » (Arch. c. c., *Generalia*, VIII, 2ᵉ répert.,
n° 42.)

« Louis XI, dit Murinais, s'étant réfugié en ce pays pour
» éviter le courroux de son père, remarqua que les grands
» pouvoirs, usurpés par nos gouverneurs, allaient à la di-
» minution de l'autorité royale, de sorte qu'il se résolut,
» étant roi, d'y pourvoir. Pour y parvenir, il ordonna que
» les Etats seroient convoqués par ses seules commissions,
» qu'ils ne pourroient disposer des finances, ni faire aucun
» don ni albergement des terres vaines et vagues; établit
» le conseil delphinal en parlement, mit en parerie les vil-
» les épiscopales, et forma, par ce moyen, dans le pays,
» une nouvelle autorité pour contre-quarrer celle des
» gouverneurs, tellement que dès lors ces attributs et
» pouvoirs ne leur demeurarent que ceux qu'ils ont en-
» core aujourd'hui, à sçavoir de parler aux lettres et arrêts
» de justice, d'accorder quelques grâces de droit, et de
» pourvoir à quelques offices; encore, du depuis, nos rois,
» appréhendant que le reste de ces anciennes autorités ne
» fust un sujet d'établir puissamment lesdits gouverneurs,
» ont, par plusieurs ordonnances, révoqué lesd. droits.
» Louis XII, en l'an 1498, article 10, et en l'an 1507, arti-
» cle 253, ce qui a été suivi par l'ordonnance de Moulins,
» art. 22, et par celle de Blois, article 214; mais plus claire-
» ment par François Iᵉʳ, ainsi qu'apert par une patente cy-
» bas insérée, enregistrée dans le parlement [1]. » Murinais
cite ensuite une ordonnance du 16 juin 1542, qui prouve

---

[1] *Histoire du Dauphiné*, par Murinais, manuscrit de la bibliothèque impériale.

que François Ier avait déjà alors et avant 1545, commencé à réduire l'autorité des gouverneurs.

Voilà bien des restrictions et des réductions de pouvoir des gouverneurs du Dauphiné, antérieurement à l'époque indiquée par Salvaing de Boissieu ; cependant il serait possible que sur les oppositions ou réclamations de ces officiers, ces édits n'eussent pas toujours été strictement exécutés, et que ce ne fût que depuis l'ordonnance de Louis XIII, de l'année 1641, que le pouvoir de ces gouverneurs eût été effectivement et définitivement réduit et assimilé à celui des gouverneurs des autres provinces ; c'est d'ailleurs ce que dit encore Murinais après avoir parlé de l'édit ou lettre patente de François Ier : « Non obstant ladite patente, » ajoute-t-il, nos gouverneurs n'ont laissé que de jouir et » de se conserver l'ancienne possession. »

Terminons ce chapitre en rappelant que, d'après un des principaux priviléges du Dauphiné, privilége qui ne résultait néanmoins que de l'usage et d'une possession ancienne, le gouverneur de cette province ou au moins son lieutenant général, devait en être originaire, et que ce fut par ce motif qu'en 1558, on refusa de reconnaître un gouverneur étranger. (Chorier, *Hist. du Dauph.*, tom. II, liv. XV, § 5, et liv. XVI, § 13.)

§ 2. — *Conseil delphinal et parlement.*

Le dauphin Humbert II, qui me paraît avoir été mal apprécié et mal jugé par Chorier et par plusieurs autres écrivains dauphinois, sut cependant s'entourer d'hommes éclairés et capables, avec lesquels il affermit et augmenta son autorité vis-à-vis des autres seigneurs du Dauphiné, et rétablit l'ordre dans l'administration de ses Etats, surtout dans l'administration judiciaire qui fut régularisée et fortifiée, tant dans l'intérêt du prince que dans celui de ses sujets.

Déjà la création d'un juge supérieur, d'un juge des appellations de tout le Dauphiné, *judex appellationum et nullitatum totius Delphinatus*, avait rendu les juridictions des autres seigneurs de cette province inférieures à celle du dauphin ; mais les archevêques et évêques, avec lesquels il partageait les juridictions de plusieurs lieux, auraient pu nommer aussi, dans ces lieux, des juges supérieurs d'appel, avec des attributions égales ; il fallut donc recourir à un autre moyen pour obtenir une juridiction supérieure et sans rivale.

Lorsque les dauphins rendaient la justice en personne, leur haute dignité delphinale donnait bien à leurs décisions une autorité supérieure à celle des décisions de tous les juges seigneuriaux laïques ou ecclésiastiques du Dauphiné ; cependant ils n'auraient vraisemblablement pas osé attenter directement, par leurs jugements, à l'autorité judiciaire des prélats, ni casser ou réformer les décisions des juges supérieurs de ces derniers, sans craindre d'occasionner des débats, des conflits plus ou moins dangereux, plus ou moins compromettants pour leur autorité et dignité.

Mais ce qu'Humbert II n'aurait pas osé faire directement, ses conseillers le lui ont fait faire indirectement, peut-être sans qu'il s'en doutât, sans qu'il prévît les conséquences de ce qu'il faisait, et cela, en constituant, en organisant, comme corps judiciaire supérieur, ces mêmes hommes, des lumières et des conseils desquels lui et ses prédécesseurs avaient l'habitude de s'aider dans tous les actes importants de leur administration.

Il était un ancien et bon usage que les dauphins paraissent avoir emprunté aux rois des Français ou à ceux des Burgondes [1]; c'était de s'entourer d'hommes éclairés et instruits, pour agir avec leur assistance et leur conseil, surtout quand il s'agissait d'administrer la justice.

Il n'est presque pas d'acte de quelque importance qu'Humbert II ait fait sans être entouré d'un conseil de ce genre : *Omnia fac cum consilio*, disait-il ; il en était de même de plusieurs de ses prédécesseurs ; et quoique Valbonnais dise n'avoir pu faire remonter l'assistance de ce conseil privé qu'à Humbert Ier, en 1300, je ne doute pas qu'on ne doive le faire remonter plus haut, car le cartulaire d'Oulx, n° 40, a conservé une sentence rendue, le 30 avril 1216, par le dauphin Guigues-André, avec un conseil de sages, *de consilio sapientium*, et l'on trouve, dans les archives de Briançon, une charte d'exemption de tailles, accordée par Guigues-le-Jeune, en 1244, où ce dauphin dit avoir agi avec le conseil de ses barons et de plusieurs autres notables : *Nos habito tractatu et consilio diligenti cum nostris baronibus infra scriptis et pluribus aliis...* ; et, si j'avais pu retrouver un plus grand nombre d'actes de ce temps ou de temps antérieurs, je suis convaincu qu'il y en aurait plusieurs dans lesquels on aurait vu les dauphins agissant avec l'assistance de conseillers, conseillers qui servaient de pleiges ou cautions [2] à ces princes.

---

[1] On a vu qu'un des comtes Guigues, présumé auteur des dauphins, faisait lui-même partie du conseil de la reine Hermengarde, à la fin du neuvième siècle.

[2] Quelques écrivains ont cru apercevoir l'origine du jury dans les institutions judiciaires burgundiennes, dans les dispositions de la loi Gombette, qui substitue, à la preuve testimoniale, la preuve par le combat judiciaire des parties ou de leurs témoins ; l'obligation imposée à ces témoins de se battre pour soutenir la vérité de leurs affirmations, en avait fait de véritables champions que l'on appelait quel-

On commence à en trouver de nombreux exemples dans les premières années du XIVe siècle ; mais, selon Valbonnais, ces conseils ne pouvaient être considérés comme des compagnies réglées rendant la justice, et ce n'est qu'à l'année 1337 qu'il croit devoir faire remonter l'institution du conseil delphinal comme corps judiciaire.

Que ce ne soit qu'à cette époque que ce conseil ait été constitué comme un corps pouvant juger sans le concours du dauphin qui ne lui avait point encore, par un acte formel, délégué son autorité judiciaire, je l'admets ; mais je ne puis pas admettre que ce conseil n'ait pas précédemment fonctionné comme un corps judiciaire à la tête duquel était le dauphin, car cela serait en contradiction avec plusieurs actes précités, surtout avec la sentence du 30 avril 1246,

---

quefois aussi *pleiges* ou cautions judiciaires. Ce seraient ces pleiges ou cautions entre les mains desquels était souvent remis le sort des procès ou des accusés, qui auraient été convertis en jurés ou juges du fait, selon l'opinion de ces écrivains.

Quoi qu'il en soit de la probabilité de cette opinion, il me paraît que c'est à ces pleiges ou cautions qu'on peut faire remonter l'origine du conseil delphinal.

Dans la plupart des actes du XIIe et du XIIIe siècle, surtout dans les actes les plus importants, les dauphins se font assister (indépendamment des témoins instrumentaires) d'un certain nombre de personnes notables qui leur servent de pleiges ou de cautions pour la garantie de l'exécution de ces actes. Quelquefois alors, et notamment dans cet acte de 1244, ces personnages, après avoir servi de pleiges au dauphin, lui servent ensuite de conseillers. Plus tard, au commencement du XIVe siècle, ils ne reçoivent plus que la qualification de conseillers, et ils deviennent de véritables juges ou jurés lorsqu'il s'agit d'affaires litigieuses que le dauphin juge avec l'aide de leur concours et de leurs conseils ; et, plus tard encore, en 1337, le dauphin les institue, en conseil, en corps de justice, sous le nom de *conseil delphinal*, comme on va le voir.

et avec celle de 1334 rendue par Humbert II contre François de Bardonesche, sentence qui fut prononcée, non par le dauphin, quoiqu'il fût présent, mais par le maître rationnel de la grande cour delphinale, *magnæ curiæ delphinalis*, expressions qui prouvent que le conseil du dauphin était déjà constitué en grande cour de justice.

Il m'a semblé encore apercevoir une attribution judiciaire à ce grand conseil delphinal dans divers autres actes, et plus particulièrement dans une ordonnance du 3 mars 1336, par laquelle Humbert II, en créant un conseil d'assesseurs, pour assister les baillis et juger avec eux, prescrit de déférer toutes leurs décisions au grand conseil delphinal : *Referre valeant coram magno consilio dalphinali in omnibus per eos arrestatis.*

Mais, quoi qu'il en soit de l'époque de la création de ce conseil, ce n'est qu'en 1337 et par lettres d'Humbert II, du 22 février, qu'il a été régulièrement aggrégé, constitué en corps, et investi de toute juridiction : *Duximus ordinandum in speciales nostros consiliarios..., ipsos ex nunc aggregamus, de ipsisque unum corpus facimus, jurisdictionem omnimodam eisdem commisimus* (Valb., *Hist. du Dauph.*, t. II, p, 328).

Bientôt après, ce dauphin, par ordonnance du 1er août 1340 (*Statuta delphinalia*, f° 55 r°, à 59 r°), donna une organisation et une compétence plus complètes et plus déterminées à ce conseil qu'il transféra et fixa à perpétuité à Grenoble, sous le nom de *conseil delphinal*, nom qu'il a conservé jusqu'au mois de juin 1453, époque à laquelle il est devenu parlement.

Humbert II conféra à ce conseil des attributions beaucoup plus étendues que celles qu'il lui avait déjà conférées en 1337. Non-seulement il le constitua tribunal d'appel supérieur avec une juridiction absolue dans toutes les causes civiles et criminelles du Dauphiné : *Volumus quod consilium sit majus, superius super omnes judices et officiales, et ad ipsum, tanquam ad majus et superius, recursus haberi possit, et sibi ut majori ab omnibus in omnibus obediatur ;* mais il lui donna encore une autorité supérieure, ainsi que le droit de faire des règlements, des statuts, en beaucoup de matières extrajudiciaires que l'on considérerait aujourd'hui comme administratives ou politiques ; et, si ces dernières affaires étaient d'une nature tellement grave, qu'il y eût danger pour l'état de la patrie, le conseil devait prendre l'avis du bailli du Graisivaudan et de six chevaliers du bailliage.

Il en fit enfin une espèce de cour des comptes en lui adjoignant son avocat fiscal, son procureur général, son maître rational, ses auditeurs des comptes et ses trésoriers, avec voix délibérative en matière de comptes et de finances.

Ce conseil a donc été, pour tout le Dauphiné, et par conséquent pour le Briançonnais, un corps supérieur judiciaire, administratif et même politique.

Cette nouvelle, plus forte et plus puissante organisation du conseil delphinal, qui lui attribuait une autorité supérieure à celles de tous les autres juges et tribunaux, acheva d'établir la suprématie de l'autorité judiciaire des dauphins sur celle des autres seigneurs laïques et ecclésiastiques de leurs Etats ; elle porta surtout une grave atteinte à l'autorité de l'évêque de Grenoble, qui se trouva dès lors subordonnée à celle du conseil delphinal ; dès lors aussi, la juridiction épiscopale de cette ville se trouva inférieure et soumise à la juridiction civile.

Cependant comme Humbert, en constituant son conseil en tribunal supérieur, ne paraissait avoir eu en vue qu'une meilleure administration de la justice ; comme d'ailleurs on sentait qu'il était assez fort et assez puissant pour faire respecter une institution dont la bonté et l'utilité étaient généralement appréciées et reconnues, et dont toutes les conséquences purent n'être pas aperçues d'abord, personne n'osa résister, ni seigneurs, ni prélats ; mais aussi, par contre-coup, et seigneurs et prélats virent bientôt leur autorité diminuer de tout ce dont s'était accrue celle du dauphin.

L'évêque de Grenoble fit bien entendre quelques plaintes contre l'établissement de ce conseil et de quelques autres offices de justice ; mais on les fit cesser moyennant certaines conditions ou concessions qui n'allèrent pas néanmoins jusqu'à compromettre l'existence ou l'autorité de ces institutions judiciaires ; et il intervint, à ce sujet, le 3 juin 1343, un traité que le dauphin eut soin de faire ratifier par le pape (*Hist. du Dauph.*, par Valb., n° 181 des preuves sous Humbert II, t. II, p. 468).

La plupart des anciens dauphins, et entre autres Humbert II, se sont fréquemment trouvés dans des positions assez singulières vis-à-vis des prélats du Dauphiné, et principalement vis-à-vis des évêques de Grenoble, qui étaient coseigneurs, avec ces dauphins, de cette ville et d'une partie de leur diocèse.

Dévots et dévots à l'excès, souvent jusqu'à la superstition, amis des prélats et plus particulièrement des évêques de Grenoble, les dauphins fondaient ou dotaient des églises et des couvents ; Humbert II se ruinait par ces dotations ; ils se faisaient agréger aux communautés religieuses, aux ordres monastiques ; et cependant ils attaquaient presque continuellement le pouvoir temporel de ces prélats contre lesquels ils n'ont pas craint d'employer plusieurs fois la force des armes ; et si Humbert II, qui s'était même exposé à l'excommunication papale, n'a pas, à la vérité, combattu, par la voie des armes, l'évêque de Grenoble, avec lequel il

paraît avoir été lié d'amitié, puisqu'il a eu recours à l'assistance de ce prélat pour beaucoup d'actes importants, cependant il s'est constamment attaché à rabaisser la puissance épiscopale par ses nouvelles institutions, surtout par celle de son conseil en corps de justice, institution qui soumettait toutes les juridictions laïques et ecclésiastiques à une juridiction supérieure unique, à sa haute juridiction delphinale : « On ne peut désavouer (dit à ce sujet Valbon-
» nais, en son *Discours sur la justice*) que la juridiction
» des seigneurs, ainsi que celle de l'évêque, n'en reçût un
» contre-coup sensible, et que l'autorité qu'ils exerçaient
» dans leurs terres n'en fût considérablement diminuée, de
» même que les droits excessifs qu'ils exigeaient de leurs
» vassaux. La supériorité de la cour delphinale mit tout le
» Dauphiné sous une même loi ; on y trouva dès lors un
» refuge assuré contre l'injustice et l'oppression. »

Je n'entrerai pas dans de plus longs détails sur l'organisation, la composition et les attributions de ce conseil, m'en référant aux dispositions explicatives de l'ordonnance du 1ᵉʳ août 1340, qui a été imprimée plusieurs fois ; mais je ferai remarquer que, dès le temps du dauphin Humbert II, l'inamovibilité de la magistrature dauphinoise supérieure, et en particulier celle du conseil delphinal, avait été jugée utile à l'indépendance de la justice, puisqu'elle avait été stipulée expressément par ce dauphin traitant avec le roi de France, le duc de Normandie et le nouveau dauphin, comme une des conditions de l'acte de transport du Dauphiné, du 30 mars 1349, en ces termes : *Volumus etiam et ordinamus, nos rex, dux et delphinus, communi consensu, quod cancellarius, judex major appellationum delphinatus et cæteri quicumque consiliarii ac familiares domestici nostri delphini prædicti, quos duxerimus nominandos, in eo statu et gradu in quo sunt, no-*

biscum sint et remaneant quamdiu vixerint et legaliter se habuerint cum Carolo filio nostro, quam cito possessionem apprehenderit Delphinatus.

Le conseil delphinal a été ensuite érigé en parlement au mois de juin 1453, par une ordonnance du dauphin Louis, approuvée par lettres patentes du roi Charles VII, du 4 août suivant. Cette érection, faite par un simple dauphin, donna lieu à une difficulté de rang ou de préséance entre ce parlement et le parlement de Bordeaux, promis par des lettres de Charles VII, de l'année 1460, et institué par une ordonnance de Louis XI, du 10 juin 1462.

Les deux premiers ou plus anciens parlements, par ordre de création, étaient ceux de Paris et de Toulouse. Celui de Grenoble, créé le troisième, devait obtenir et obtint d'abord, sans opposition, le troisième rang parmi les parlements de France, et par conséquent la préséance, par ordre d'ancienneté ; ce ne fut qu'après plus d'un siècle de silence que le parlement de Bordeaux se ravisa et entreprit de réclamer le troisième rang, sous le prétexte que le parlement de Grenoble n'avait été institué que par un simple dauphin ; mais la préséance du parlement de Grenoble, dont l'institution delphinale avait d'ailleurs été approuvée par des lettres du roi antérieures aux lettres de création du parlement de Bordeaux, fut provisoirement reconnue par un arrêt du conseil du roi, du 3 décembre 1617, arrêt sanctionné ou confirmé plus ou moins indirectement par plusieurs lettres royales des années 1624, 1625 et suivantes, ce qui est assez bien établi par Chorier, en son *Histoire du Dauphiné*, tome Ier, pages 854-858, et surtout par Expilly, en ses *Arrêts*, pages 504-507, où il rapporte le texte de l'arrêt de 1617, ainsi que l'ordre de séance observé en exécution de cet arrêt. Ces deux auteurs ne disent pas que la contestation ait été renouvelée ultérieurement ; cependant il paraît

qu'elle aurait été soulevée de nouveau, en 1666, entre des commissaires de ces deux parlements qui « ne pouvant s'en-
» tendre, ni s'accorder sur leurs prétentions réciproques,
» convinrent, par forme de transaction, d'alterner, l'un
» ayant la préséance un jour, et l'autre le jour suivant : le
» commissaire du parlement de Grenoble prit toutefois le
» pas, le premier jour. » (M. Pilot, *Statistique générale du Dauphiné*, t. III, p. 329.) Je ne crois pas qu'il y ait jamais eu de décision définitive à ce sujet.

Par une conséquence du principe que toute justice émanait du dauphin ou du roi dauphin, ces princes nommaient tous leurs délégués judiciaires, tous les membres du conseil delphinal ou du parlement ; mais, sur les plaintes auxquelles donnèrent lieu certaines nominations, et pour éviter le renouvellement de ces plaintes ainsi que les mauvais choix judiciaires, le roi Louis XII, par lettres patentes du 9 mai 1499 (*Statuta delphinalia*, f^{iis} 102-103), accorda au parlement de Grenoble (à l'instar de celui de Paris), en cas de vacance d'office de conseiller, le droit de présenter trois candidats parmi lesquels le roi choisirait. On trouve, dans la *Revue du Dauphiné*, t. Ier, p. 325, une présentation faite conformément à ces lettres patentes. Le directeur de cette revue (Jules Ollivier) s'est donc trompé, lorsqu'il a dit que cette pièce n'établissait que l'usage et non le droit de présentation ; et lorsqu'il a ensuite prétendu que cet usage, loin d'être absolu, n'enchaînait nullement la prérogative royale en lui imposant un choix obligatoire, il aurait dû ajouter que par l'art. 1er de l'ordonnance d'Abbeville, du 23 février 1539 (*Recueil des Edits*, t. Ier, p. 4), spéciale pour le parlement du Dauphiné, ce parlement avait été autorisé à refuser de recevoir le conseiller nommé qu'il ne trouverait pas *suffisant et idoine*, autorisation qui donnait beaucoup de force au droit de présentation.

Enfin, je terminerai ce que je me propose de dire, relativement au parlement de Dauphiné (dont je n'entends point ici faire l'histoire ni rappeler toutes les prérogatives et attributions), en faisant remarquer qu'il a constamment élevé la prétention d'être le représentant des Etats de cette province, après leur suspension [1], et en citant un arrêt peu connu qu'il a rendu solennellement le 22 mars 1765, et qui explique comment il considérait tous les parlements, et comment il se considérait par rapport à eux :

« Les gens du roi mandés, ouïs, et eux retirés,

» La Cour, toujours attentive au maintien des principes
» constitutifs de la monarchie, des droits et honneurs de sa
» séance territoriale, et des prérogatives des princes et
» pairs, considérant que le dépôt des lois, gardiennes du
» trône même, réside de tout temps et intégralement dans
» chacune des classes du parlement, lesquelles ont une
» même autorité et souveraineté ; que la division dudit
» parlement, devenue nécessaire pour l'administration de
» la justice à tous les sujets du seigneur roi, n'en saurait
» ébranler l'unité, ni altérer ce qui est par essence inalté-
» rable ; et que les peuples, accoutumés à reconnaître, dans
» ledit parlement, la vive image du souverain, en associant
» les membres ou égalant les classes, et respectent, dans
» chacune d'elles, cette cour capitale, souveraine et plénière,
» le conseil public dudit seigneur roi, qui doit, dans l'éten-
» due de son ressort, connaître de tout ce qui concerne les
» attributs de la pairie, la personne, honneur et état des
» princes et pairs, sans que l'une de ces classes puisse
» s'arroger ce droit exclusivement aux autres ; considérant,

---

[1] Voir le chapitre *Historique des Etats, depuis leur suspension jusqu'en 1789*, t. II de cet ESSAI.

» en outre, que toute idée de prééminence d'une classe
» sur l'autre, est non-seulement nouvelle, mais tendrait à
» renverser le système essentiel et constitutif du gouverne-
» ment français, et ne saurait être adoptée sans un danger
» imminent pour les peuples, a arrêté de continuer à te-
» nir pour maxime constante, inviolable et inhérente à la
» constitution de la monarchie, qu'il n'est qu'un seul et uni-
» que parlement de France, et conséquemment qu'une seule
» et unique cour des pairs, divisée en plusieurs classes abso-
» lument égales quant à leurs attributs, fonctions, droits et
» prérogatives, et qui, sans prééminence entre elles, ne
» connaissent qu'une même origine, un seul principe, un
» centre unique dans la personne dudit seigneur roi, et ne
» diffèrent que par les divers enclaves de leur territoire.
» Et, au surplus, a arrêté que les princes et pairs, tant ec-
» clésiastiques que laïques, ne pourront, sous aucun pré-
» texte, décliner la juridiction desdites classes, et renoncer
» à ce privilége de leur dignité qu'a toujours hautement
» réclamé la nation ; et que les jugements qui seront ins-
» truits contre eux continueront d'être poursuivis par-de-
» vant celle desdites classes à laquelle les soumettra le
» lieu du délit ; et ce néanmoins en observant les formes
» d'une convocation juridique des autres pairs, sans que
» ladite convocation puisse être regardée comme indis-
» pensable dans le cas de sédition, crime de lèse-majesté
» au premier chef, attentat à la liberté publique, ou tel
» autre où il serait instant d'agir et de pourvoir sans aucun
» délai. Et, attendu l'indivisibilité du parlement, déclare
» ladite cour qu'en exécution des édits et déclarations de
» sa majesté, les membres des différentes classes auront et
» continueront d'avoir leur séance en ladite cour, pour y
» exercer les fonctions qui leur appartiennent, en suivant
» l'ordre de leur réception dont ils justifieront par arrêts
» ou par congés dûment pris desdites classes.

» Fait en parlement, toutes les chambres assemblées,
» le 22 mars 1765. Laforte. » (*Recueil des Edits*, t. XXIV,
n° 82).

Je doute que tous les principes ainsi proclamés avec tant d'assurance par cet arrêt aient été généralement admis, quoiqu'il n'ait jamais été cassé ni même attaqué.

§ III. — *Baillis*.

C'est sans doute à l'imitation des rois des Français que les Dauphins avaient institué, pour rendre la justice en leur nom, des juges supérieurs appelés *baillis* [1] ; mais il est extrêmement difficile de déterminer l'époque à laquelle cette magistrature a été introduite dans le Dauphiné ; Valbonnais

---

[1] Le mot *Bailli* dérive du latin barbare *Bailus, Bavilus, Baillivus*, signifiant chef, protecteur, administrateur, ou de *Baila, Bailium, Baillivia*, signifiant autorité, puissance, protection, administration; en effet, le baile, baillif ou bailli, était le principal chef et administrateur de la bailie, baillivie ou du bailliage dont il commandait le contingent militaire. Ces anciens mots, que l'on trouve dans les vieilles chartes du Dauphiné et du Briançonnais, se sont même conservés dans ce dernier pays avec cette signification. Les chartes de Bardonesche, de 1330 et 1336 ont employé le mot *bayllivia*, avec la signification d'*autorité* ou d'*autorisation*, en donnant aux habitants la *bayllivie* ou l'autorisation et la puissance de se convoquer : *baylliviam et potestatem se convocandi*, ou en les obligeant à accepter les charges électives des confréries, *bayllivias confratriarum*. Pendant longtemps le nom de Bayle ou Baile (porté par beaucoup de Briançonnais) a eu et a encore aujourd'hui une signification commune et généralement connue, celle de *chef*, que l'on donne notamment, dans ce pays de pasteurs et de pâturages, aux bergers chefs qui ont d'autres bergers sous leurs ordres, aux chefs ou possesseurs de grands troupeaux ou de grands pâturages, et même aux boucs ou béliers qui marchent en tête des troupeaux dont ils semblent être les chefs.

l'a vainement recherchée: il est cependant vraisemblable que ce fut bientôt après son institution en France, car les preuves de l'existence des baillis, dans le Dauphiné et en particulier dans le Briançonnais, remontent avant le milieu du treizième siècle : ainsi il résulte d'un acte de 1244 que Guillelmus Alei, du Monestier, était déjà alors bailli, et les reconnaissances générales du XIIIe siècle mentionnent plusieurs fois ces magistrats ; on lit notamment dans une des reconnaissances de la vallée de Valpute, que les habitants peuvent appeler de certaines causes devant le seigneur dauphin ou son châtelain, ou son bailli : *Si tamen volunt appellare vel revocare coram domino, vel ejus castellano, seu baiulo, possunt illud facere.*

Les Dauphins placèrent ensuite, auprès de ces magistrats, des procureurs chargés de surveiller ou de défendre leurs intérêts et leurs droits, et qui, à cause de la nature de leurs fonctions, furent appelés *procureurs fiscaux* ou *delphinaux*, et plus tard *procureurs du roi*, sous les rois Dauphins.

Dans la plupart des actes du XIIIe et du XIVe siècle, antérieurs par conséquent à la création du parlement, les baillis du Briançonnais sont appelés juges majeurs, *judex major Briançonesii*, et leurs tribunaux sont appelés curies ou cours, *curiæ*, nom qui, dans la suite, a été exclusivement réservé aux tribunaux supérieurs, quoiqu'il ait été maintenu beaucoup plus longtemps à la cour du bailliage de Briançon, qui était même qualifiée quelquefois de majeure ou générale : *notarius juratus curiæ majoris Briançonesii* (Syndicat du 28 mars 1431); *inquisitio... ex officio curiæ generalis Graisivaudani et Briançonii* (Enquête du 15 juin 1323.)

Les fonctions et attributions judiciaires des baillis ou juges majeurs, ainsi que leurs manières de procéder, n'étaient pas positivement déterminées. Dans le principe, leurs décisions étaient ordinairement sans appel, et il était difficile qu'il en fût autrement à l'égard des procès jugés sur les lieux, d'après l'avis d'assesseurs choisis par les baillis, tantôt parmi les officiers de justice ou autres personnes dont ils se faisaient accompagner, tantôt parmi les notabilités locales, sans procédures et sans instructions écrites qui pussent éclairer des juges d'appel sur le bien ou mal jugé de la cause.

La plupart des justices supérieures de cette époque, et en particulier celles des baillis, étaient ambulatoires; ces magistrats, et notamment le bailli de Briançon, devaient se transporter, un certain nombre de fois par an, dans les principaux lieux de leur ressort pour y tenir leurs sessions judiciaires ou assises. Les décisions des baillis, comme celles des Dauphins eux-mêmes, n'étaient la plupart du temps que des décisions par assesseurs, car ces princes n'avaient ordinairement que très-peu de connaissance des lois et surtout du droit ; c'est pourquoi ils se faisaient assister d'un certain nombre d'hommes instruits qui leur servaient d'assesseurs ou de conseillers. Il en était de même des baillis, qui étaient presque toujours plutôt des hommes d'épée que des hommes de robe, surtout dans les premiers temps ; mais ces juges avaient la précaution de s'adjoindre des jurisconsultes ou autres personnes notables et instruites, qui étaient les véritables juges, et d'après l'opinion desquels les contestations étaient décidées, en sorte que les jugements n'étaient que les résultats de cette opinion à laquelle la loi était appliquée, soit par le Dauphin, de sa propre autorité, *de preceptu suo* (*Cartularium Ulciense*, carta 40), soit par le juge au nom du prince. Ainsi donc, à l'exemple des anciens Dauphins, qui avaient toujours auprès d'eux un conseil d'hommes éclairés, des lumières desquels ils s'aidaient, surtout quand ils rendaient la justice, les anciens baillis du Dauphiné se faisaient assister de conseillers ou assesseurs. (Valb., *Hist. du Dauph.*, 2ᵉ discours, t. I, p. 10.)

Mais il n'y avait, dans le principe, aucun acte émané de l'autorité delphinale qui ordonnât l'assistance d'assesseurs ou qui réglât le mode de leur nomination et leurs attributions; tout cela était laissé à l'arbitraire des baillis; il n'y avait même, avant Humbert II, aucun juge ou tribunal (le Dauphin excepté), qui eût une juridiction supérieure à celle de ces magistrats, qui, par cette raison sans doute, avaient été appelés *juges majeurs*.

C'est ce Dauphin, Humbert II, qui, comme on vient de le voir, a organisé un tribunal supérieur, appelé *conseil delphinal*, dont il a trouvé l'origine et le noyau dans son conseil particulier; c'est aussi lui qui a créé et organisé, pour assister les baillis, un conseil de douze assesseurs assermentés, espèce de jury composé des hommes les plus instruits ou les plus notables de chaque localité. Cette institution remarquable a été établie par une ordonnance delphinale du 3 mars 1336. (Valb., *Hist. du Dauph.*, n° 68 des preuves sous Humbert II, t. II, p. 319.) La rédaction de cette ordonnance, qui contient la détermination des droits, devoirs et attributions de ces assesseurs, prouve qu'elle est l'ouvrage d'un homme éclairé et instruit.

Le prince, est-il dit dans le préambule, porte le glaive et exerce l'empire du pouvoir pour la sécurité des bons et la punition des méchants : *Portat princeps gladium et exercet imperium potestatis, et dum sævit in reprobos, servat probos in tranquillitate securos.*

Il est ensuite ordonné que le bailli, le juge et le procureur delphinal s'assembleront, une fois par semaine, dans le principal et plus notable lieu du bailliage, avec douze conseillers idoines et fidèles, choisis par le dauphin, ou au moins avec quatre d'entre eux, pour tenir conseil ensemble, délibérer et statuer sans délai sur toutes les affaires douteuses qui se présenteront [1].

Il est donné à ces conseillers un pouvoir général, une autorité plénière et un mandat spécial, pour, au nombre de quatre, examiner, traiter et décider toutes les affaires du bailliage, au nom et lieu du Dauphin, sauf le recours au bon plaisir de ce prince, auquel doit être fait rapport de toutes les affaires graves et ardues [2].

Puis, après quelques attributions de pouvoirs relatives à ses intérêts particuliers, le Dauphin défend aux bailli, juge et procureur delphinal de faire aucune exécution de justice, et de rien terminer et décider sans la délibération et la participation de ces conseillers, ou de quatre d'entre eux, lesquels devront également assister aux assises et autres actes de juridiction qui seront faits dans les diverses localités du bailliage [3].

---

[1] Ordinamus et disponimus quod in qualibet bayllivia totius terræ nostræ Dalphinatus sint et per nos eligantur duodecim consiliarii idonei et fideles, cum quibus vel eorum quatuor, Bayllivus, judex et procurator nostræ cujuslibet baylliviæ in insigniori loco et magis apto toti baylliviæ, in simul semel in hebdomada conveniant et consilium teneant, omnia dubia emergentia et ponderosa audiendo; et super eis deliberando examinent, et quæ per eos expedienda fuerint secundum formam infra scriptam sine debito terminent et decidant.

[2] Dantes præfatis consiliariis potestatem omnimodam et generalem, ac auctoritatem plenariam et mandatum speciale, quatuor ex eisdem, vice et nomine nostro, omnia et singula in bayllivia sua occurrentia tractandi, ordinandi, perquirendi et examinandi, et etiam cum deliberatione expediendi, in omnibus et singulis nostro beneplacito reservato; de ponderosis vero et arduis occurrentibus relatio nobis fiat.

[3] Insuper præcipientes bayllivo, judici et procuratori prædictis quod

Enfin, il est statué que ces conseillers auront un sceau et qu'ils choisiront un notaire pour écrire leurs décisions, décisions que le procureur delphinal est chargé d'apporter et de soumettre, une fois tous les deux mois, soit au Dauphin lui-même, soit à son grand conseil.

Ces conseillers assesseurs devaient préalablement prêter serment, par-devant le bailli, d'être fidèles au Dauphin et à ses successeurs dont ils étaient chargés de surveiller les intérêts ; d'exercer leurs fonctions et de rendre la justice, sans se laisser influencer par les prières ou l'argent, par la rancune ou la haine, par la crainte, la faveur ou l'affection, sans aucune acception de personnes [1]. Ce serment n'a-t-il

---

nullam executionem justiciæ faciant, vel aliquid terminent, decidant, absque deliberatione ipsorum consiliarorum vel quatuor ex eisdem, singula vero emergentia possint ipsi bayllivus, judex et procurator, et quilibet eorum, prout ad suum spectabit officium, inquirere, examinare, procurare, cum per baylliviam discurrerint assisias tenendo vel eorum officia exercendo, et de hiis omnibus exercendis per eos et ipsos consiliarios, vel quatuor ex consiliariis ipsis, deliberato consilio, ordinetur semper justitia non offensa; ipsique bayllivus, judex et procurator nunquam in tenenda dieta consilii semel in hebdomada defficiant, sed ad ordinatum locum accedant, et ipsos consiliarios faciant evocari.

[1] *Forma vero juramenti recipiendi a consiliariis ipsis talis est, quod consiliarius sit fidelis nobis, hæredibus et successoribus nostris, et quod procurabit honorem et statum et augmentum nostrum et totius Dalphinatus, non permittet jura nostra vel bona alia transferri vel occupari, sed ad adcquirendum pro nobis bona et jura quælibet occupata licite vacabit, justitiam faciet et in premissis non defficiet, prece vel pretio, rancore vel odio, timore, gratia vel amore, sine acceptione aliqua personarum.* Les témoins prêtaient aussi des serments analogues; voici comment, dans une enquête du deuxième jour avant les calendes de juin 1291, se termine l'interrogatoire des témoins après qu'ils ont juré sur les saints évangiles touchés par eux corporellement : *testes... evan-*

pas une ressemblance remarquable avec celui qui est imposé aux jurés actuels par l'art. 312 du Code d'instruction criminelle ?

Plusieurs autres ordonnances du même jour nommaient ensuite les conseillers assesseurs des divers bailliages du Dauphiné ; ceux du bailliage de Briançonnais étaient douze personnes notables de ce pays parmi lesquelles figuraient deux ecclésiastiques : le prévôt du couvent d'Oulx et le prieur du couvent du Monestier de Briançon.

Au moyen de ce conseil d'assesseurs, assistant le bailli, délibérant et jugeant avec lui, le Dauphin avait ainsi créé une espèce de jury de jugement, tant en matière civile qu'en matière criminelle, composé des hommes les plus instruits et les plus notables de chaque localité, et qui était organisé avec toute la sagesse et l'indépendance que l'on pouvait espérer en ce temps-là.

Cette institution remarquable n'a cependant presque pas fonctionné [1], sans qu'on puisse apercevoir la cause qui a

---

gelia ab eis corporaliter tacta... juraverunt.— Testis juratus et requisitus..., interrogatus si amore, odio, vel prece, vel precio, fecerit testimonium, dixit quod non. — Interrogatus quam partem vellet obtinere, dixit quod jus habentem. Et, dans une enquête du 3 juillet 1452, on retrouve une formule semblable; le témoin (après avoir juré de dire la vérité à peine de 25 fr. d'or applicables au seigneur Dauphin), interrogé s'il n'a point fait une déposition qui soit le résultat de prière, prix d'argent, amour, crainte, faveur, espérance de lucre ou autre cause, répond *que non*, qu'il n'a déposé que pour la seule vérité : *Imposita sibi pœna viginti quinque francorum auri domino Dalphino applicanda de veritate dicenda. Interrogatus si prece, pretio, amore, limore, favore, spe lucri vel alias, fecerit depositionem, dixit quod non, nisi pro sola veritate.*

[1] Valbonnais émet des doutes sur le point de savoir si ces ordonnances d'Humbert II ont été exécutées. J'ai cependant vu un vieux titre où

pu la faire abandonner, car les documents de cette époque sont tout à fait muets à ce sujet ; ils le sont presque également sur la tenue des assises.

La charte briançonnaise de 1343 ne contient rien de relatif à la compétence judiciaire des baillis, ni à la composition et aux attributions des tribunaux d'assises ; l'article 10 mentionne seulement une escorte que le bailli pouvait exiger pour ses *chevauchées*, mot qui, dans le Briançonnais, désignait non-seulement les *chevauchées militaires*, mais encore le *chevauchées judiciaires* ou voyages à cheval que le bailli était obligé de faire pour aller tenir ses assises[1]. Cette escorte, fournie par les communautés, était accordée, selon cet article, à cause de l'état du pays briançonnais, de la longueur et de la qualité des chemins : *Consideratis statu patriœ Briançonesii et itineris longinquitate et qualitate.* Il eût été, en effet, imprudent et peu convenable d'obliger le bailli à voyager seul et sans escorte, pour se rendre aux divers siéges de ses assises, par des chemins mauvais et peu sûrs, et de l'exposer ainsi aux dangers naturels des lieux ou aux attaques des malfaiteurs.

Ce devait être un spectacle à la fois curieux et imposant que cette cour de justice ambulante, accompagnée d'une escorte armée, allant tenir ses assises successivement dans les principales communautés du bailliage ; mais c'était là une lourde charge pour les communautés par qui l'escorte devait être fournie, armée, équipée, nourrie et soldée ;

---

le prévôt du couvent d'Oulx a pris la qualité qu'elles lui attribuaient, ce qui me porte à penser qu'elles ont été mises à exécution dans le Briançonnais.

[1] Quelques pièces anciennes et notamment une procédure du 4 septembre 1591 appellent les assises : *chevauchées* ou *chevauchères*.

aussi les Briançonnais se sont-ils plaints souvent de ce que les baillis les contraignaient trop fréquemment à les escorter sans aucune nécessité ou juste cause urgente, et ont-ils demandé plusieurs fois qu'il fût enjoint à ces officiers de n'exiger une garde qu'au cas d'une juste cause ou de danger *éminent*.

Le gouverneur du Dauphiné fit d'abord droit à ces plaintes par une ordonnance du 4 mars 1443 (*Statuta delphinalia*, f° 50, v°); mais il ne paraît pas que les baillis se soient conformés à cette décision, car les Briançonnais ont renouvelé leurs plaintes qu'ils ont portées aux Etats généraux du Dauphiné, et qui ont ensuite été soumises au Dauphin Charles (VII), régent du royaume, qui, le 26 janvier 1449, rendit une ordonnance conforme à celle du gouverneur; voici les termes de cette ordonnance, qui font en même temps connaître les plaintes des Briançonnais : *Fuit provisum gentibus trium statuum, specialiter subditis patriæ Briançonesii conquerentibus quod eorum bayllivi frequenter compellunt ad custodiendum passus dicti baillivi nulla necessitate seu justa causa urgente, quod inhibeatur dictis baillivis, quibus etiam ex tunc fuit inhibitum ne dictos subditos seu alterum ipsorum ad custodiam dictorum passuum compellant seu compelli faciant, nisi justa causa occurrente, aut periculi eminentis necessitate interveniente.* (*Statuta delphinalia*, f° 90, v°.)

Je crois cependant que ces réclamations étaient plus particulièrement relatives aux chevauchées militaires et aux trop fréquentes convocations faites par les baillis pour aller garder les gorges ou entrées du bailliage qu'on appelait des *pas*, *passus*, car j'ai trouvé une de ces réclamations où j'ai lu *passus bailliviæ* et non *passus baillivi*.

L'époque des assises du Dauphiné et du Briançonnais

n'avait été déterminée par aucune ordonnance des anciens Dauphins, ni par la charte de 1343 ; mais une ordonnance du roi-dauphin Charles V, du 19 février 1378, a réparé cette omission en décidant que les juges delphinaux tiendront leurs assises, chaque année, depuis la mi-carême jusqu'à la fête de saint Jean-Baptiste (*Ordonnances des rois de France*, t. VI, p. 377) ; cependant il paraît que, nonobstant cette ordonnance, les assises du Briançonnais furent tenues à des époques qui varièrent selon les besoins et les usages des localités.

Un arrêt du parlement de Grenoble, du 3 août 1591 (Arch. brianç., *Liure du Roy*), rendu spécialement pour le Briançonnais, apprend qu'à cette époque l'adjonction et le nombre des assesseurs étaient facultatifs[1] et subordonnés en général à l'importance ainsi qu'à la qualité des procès, et il ordonne qu'en cas de jugement par assesseurs, le vibailli et son lieutenant devront se choisir réciproquement pour assesseur, ou pour premier assesseur s'il en était besoin de plusieurs ; *que les assises se tiendront au temps accoutumé..., auxquelles assises seront formés et jugés tous procès, tant civils que criminels, de quelque qualité qu'ils se puissent monter...*

La compétence de ces cours ou tribunaux d'assises était donc générale et comprenait toutes les affaires tant civiles que criminelles, quelle que fût leur importance ; mais l'interprétation et l'exécution de cet arrêt donnèrent lieu à quelques difficultés relatives à l'époque de la tenue des assises de la vallée de Queyras, difficultés consignées dans une procédure du 24 septembre suivant, lors de laquelle

---

[1] Plus tard, et par un édit de juin 1627, Louis XIII créa deux conseillers assesseurs dans chaque bailliage du Dauphiné.

les consuls et les commissaires de toutes les communautés de cette vallée demandèrent que les assises continuassent à y être tenues, au château Queyras, au temps de la fête de saint Mathieu, selon la *coutume ancienne, immémoriale et invétérée; que, avant la publication de l'assise, les consuls des communautés de ladite vallée soient convoqués et appelés, comme est ladite ancienne coutume, pour remonstrer à la justice ce qu'ils adviseront estre nécessaire pour le bien de ladite vallée et du public, suppliant le sieur vibailly de leur observer inviolablement leurs dites anciennes coutumes et libertés.*

Il résulte de ce qui précède et de quelques autres passages de cette procédure, que l'époque des assises était publiée et annoncée d'avance, que les officiers de la localité y préparaient les affaires pour en éviter l'*extraction au siége*, c'est-à-dire à Briançon, siége du bailliage; et que les consuls assistaient à ces assises où ils étaient admis à faire les observations qu'ils jugeaient utiles à l'administration de la justice, à l'intérêt de leurs communautés et au bien public.

Le substitut du procureur du roi opposait à la demande des consuls l'arrêt du 3 août, qui ordonnait de tenir les assises *au temps accoutumé*, c'est-à-dire (selon ce substitut), au printemps, depuis les fêtes de Pâques jusques au 20 juillet; cependant, sur la réponse des consuls que ce n'était point là l'usage de leur localité, et que ce qui s'était fait quelquefois au printemps n'était point l'assise ordinaire, mais une assise *extraordinaire, extravagante*[1], dont

---

[1] « Ce qui se faisait aux mois du printemps (répondaient les consuls), n'était point l'assise, ains comme extraordinaire et extravagant, ou chevauchère sous correction, et que la assise se tenait au temps et foire de Saint-Mathieu, suivant l'observation de leurs coutumes et anciennes libertés. »

l'époque pouvait être changée, le vibailli rendit immédiatement l'ordonnance suivante :

« Nous vibailly, attendu les instantes requisitions tant
» des officiers que consuls et commis de la vallée, et en
» observation des coutumes et conséquemment de l'arrêt
» de nos seigneurs de la cour, joint de l'expédient de jus-
» tice, tant pour les droits du roy que de ses sujets, que
» par succession de temps se pourraient perdre ou dimi-
» nuer par la mort ou longue absence des parties ou des
» témoins, et pour obvier aux sinistres pratiques que les
» prévenus pourraient faire en plus long traict, et par au-
» tres causes à ce nous mouvant, avons ordonné être pro-
» cédé avant la continuation des procès que les officiers du
» Queyras disent avoir préparés et à la tenue des assises, si
» faire se doit et les causes et les parties s'y trouvent dis-
» posées[1]. »

Ainsi donc les jugements d'assises sur les lieux étaient encore en usage à cette époque, et paraissent n'avoir cessé en Dauphiné qu'en 1687, à cause des troubles de guerre sur la frontière. (*Almanach du Palais*, année 1788.)

Il y avait, dans l'ancien Dauphiné, sept baillis ou juges majeurs; il y en eut un de plus après la réunion des comtés de Valentinois et de Diois, et le Briançonnais formait un bailliage dont Briançon était le siége.

Lorsque Louis XI, encore Dauphin, fut investi de l'administration du Dauphiné et vint dans cette province, il trouva le nombre des bailliages trop considérable; il voulut le di-

---

[1] Selon une annotation en marge de cette procédure, cette ordonnance serait contre *la fourme d'iceluy* (arrêt du parlement) *et à temps inaccoutumé icelles* (assises) *tenir, y ayant* antiquitus *les registres assisiarum, nundinarum et extravagantes.*

minuer et déterminer en même temps les attributions des baillis ; c'est ce qu'il fit par une ordonnance réglementaire du mois de juillet 1447 (*Statuta delphinalia*, 2ᵉ série, f° 29), par laquelle il réduisit tous ces bailliages à deux seulement, subdivisés en plusieurs siéges, outre une sénéchaussée pour le Valentinois et le Diois, sénéchaussée dont la juridiction était analogue à celle des bailliages. Ces deux bailliages étaient le bailliage du *plein pays* ou *plat pays*, divisé en trois siéges dont le premier était celui de Grenoble, et le bailliage *es-montaignes*, divisé en quatre siéges dont le premier était celui de Briançon.

La compétence et les attributions des baillis étaient ensuite réglées en ces termes : « Auront lesdits baillifs....,
» chascun en son bailliage, jurisdiction haulte, moyenne et
» basse, mère, mixte et impère, et en tout et partout telle
» puissance et telle auctorité comme ont et ont accoustu-
» mé d'avoir les baillifs en France... » Les appels de leurs décisions devaient être portés, immédiatement et sans nul moyen, à la cour souveraine de Dauphiné : « Desquels bail-
» lifs et leurs lieutenants les appeaulx viendront et ordon-
» neront qu'ils viendront dores en avant en nostre court
» souveraine de nos dits pays, sans nul moyen, pour éviter
» multiplications de causes et involutions de procès. »

Ces deux baillifs ne pouvaient suffire pour deux bailliages aussi étendus ; mais le Dauphin pourvut à cette insuffisance par la disposition suivante : « Lesquels baillifs, chacun en son bailliage, institueront esdits siéges, et prendront
» et ordonneront bons lieutenants, scientifiques, expers,
» preudommes et suffisans, en manière et façon que la jus-
» tice se puisse bien gouverner. » ..... « Voulons et ordon-
» nons (ajoute-t-il), que lesdits baillifs, aussi leurs lieute-
» nants et procureurs fiscaux seront esdits siéges dores
» en avant leur vie durant, et sans ce qu'ils soyent impé-

» trables, sinon par forfaiture ou comme vacans par mort
» ou par résignation, réservé toutes fois en tout nostre bon
» plaisir. »

Il convertit ainsi en fonctions à vie et inamovibles, *sauf néanmoins son bon plaisir*, les fonctions des baillis, de leurs lieutenants et des procureurs delphinaux qui antérieurement n'étaient que biennales et ne pouvaient être confirmées et continuées au-delà de deux ans que sur la demande des Etats du Dauphiné, conformément aux libertés de cette province, comme cela avait été reconnu par lettres de réparation de Charles VII du mois d'avril 1434 (*Statuta delphinalia*, f° 53, v°).

Lorsque le dauphin Louis fut devenu roi, il confirma implicitement son ordonnance de 1447 en en faisant une autre du 24 novembre 1478, par laquelle il renouvela l'obligation qu'il avait imposée aux baillis de se nommer leurs lieutenants en chaque siége de leur bailliage ; et, faute par les baillis de pourvoir ces siéges de personnes *ydoines et suffisantes*, il autorisa le gouverneur du Dauphiné, son lieutenant, la cour de parlement et des comptes de Grenoble, à nommer ces lieutenants qui seraient juges delphinaux et exerceraient dans leur *jugerie*, pour et au nom des baillis, la même juridiction que ces derniers (*Statuta delphinalia*, 2ᵐᵉ série, f° 30).

Plus tard, ces lieutenants, qui furent appelés vice-baillis ou vibaillis, et quelquefois lieutenants-généraux, eurent à leur tour des lieutenants particuliers ; il y eut même entre le vibailli de Briançon et son lieutenant particulier une querelle de préséance sur laquelle le parlement de Grenoble statua en ces termes, le 3 août 1591 : «La cour ordonne
» que la prérogative et prééminence appartiendra au vi-
» bailly comme premier et principal officier, tant en l'audi-
» toire de justice que ailleurs ; et se nommera, le lieute-

» nant particulier audit bailliage, lieutenant particulier et
» non de vibaillif ; et se pourra nommer ledit vibailly lieu-
» tenant général audit siége (Arch. Brianç., *Livre du*
» *Roy*). »

§ IV. — *Châtelains*.

L'origine de l'institution des châtelains dans le Briançonnais est inconnue ; mais la preuve de leur existence remonte vers le milieu du onzième siècle, et résulte des chartes précédemment citées des années 1053 et 1073, contenant des donations faites au couvent d'Oulx par Guigues
le Vieux : la première de ces chartes mentionne que la donation a été faite par le conseil du seigneur Ada, alors châtelain de Briançon, *consilio domini Adæ castellani Brien-
zonis existentis* ; et la deuxième mentionne la présence de
deux châtelains de Briançon, *Martino Brianzonensis
castri castellano et Bernardo ejusdem castri castellano*.

L'ancien bailliage du Briançonnais était subdivisé en huit
châtellenies, savoir : celles de Briançon, Vallouise, Saint-
Martin, Queyras, Oulx, Exilles, Salabertan et Valcluson.

Les châtelains delphinaux avaient primitivement, dans
l'étendue de leurs châtellenies, presque toutes les attributions administratives, militaires, municipales et judiciaires
qu'ils exerçaient sous les ordres et la direction des baillis
ou autres officiers supérieurs, sauf celles que ceux-ci se
réservaient ou qui leur étaient réservées par les usages, les
lois, les ordonnances et les chartes locales.

Ces attributions des châtelains ont été considérablement
diminuées, dans la suite des temps, par la création d'autres
officiers ou fonctionnaires à attributions spéciales, et se
sont en définitive trouvées réduites presque aux seules

fonctions judiciaires inférieures et à la participation à certaines opérations municipales.

En matière criminelle, leur compétence était très-restreinte, à raison de la grande extension de celle des baillis ou juges majeurs, en sorte qu'il ne leur restait presque plus que les procédures d'information et d'instruction (auxquelles coopéraient les officiers municipaux dans la majeure partie des communautés briançonnaises) avec la basse justice limitée aux délits dont la peine n'excédait pas une amende de 50 sols[1], qui se trouvait encore considérablement diminuée dans les pays où (comme cela avait lieu dans le Briançonnais) la juridiction de police, qui comprenait la majeure partie de cette basse justice, était exercée par les consuls ou autres officiers municipaux.

Leur compétence en matière civile était aussi extrêmement limitée. Bornée d'abord aux causes au-dessous de deux florins, elle le fut ensuite à celles au-dessous de 60 sols par un règlement du gouverneur du Dauphiné, règlement rappelé dans une ordonnance du juge majeur de Briançon, du 3 avril 1367, qui défend à tous les châtelains de son ressort de juger aucunes affaires et de faire aucuns mandements ou ordres au-delà de cette somme de 60 sols (Arch. c. c., caisse du Dauphiné).

Les prohibitions de ce règlement ont été renouvelées par plusieurs règlements postérieurs : ainsi un arrêt du conseil delphinal du 15 janvier 1369 (Arch. c. c., *Compositiones*,

---

[1] Lors de la fixation de cette compétence, les sols n'avaient plus la valeur qu'ils avaient à l'époque des amendes pécuniaires prononcées par les lois pénales des Barbares. Cette fixation pécuniaire est d'ailleurs une preuve qu'il ne s'agissait que de simples délits ou contraventions, Humbert II ayant généralement remplacé par des peines corporelles les peines pécuniaires pour crimes.

cautiones et arresta, f° 71) défend aux châtelains de prendre aucune connaissance, tant du civil que du criminel, qui excédera 60 sols ; un autre règlement de ce conseil, du mois d'août 1457 (*Statuta delphinalia*, f° 111), auquel Guy-Pape a concouru, et qui a été fait à la requête des trois Etats du Dauphiné, déclare que les décisions des châtelains, rendues dans les limites de leur compétence, ne sont susceptibles ni d'appel ni d'aucun autre recours, si ce n'est pendant les assises de la châtellenie où il doit être statué sur ces décisions sommairement, gratis et sans procédure ni retard.

On trouve encore, dans les archives delphinales, plusieurs ordonnances des gouverneurs de la province qui limitent également la juridiction des châtelains aux causes ne dépassant pas 60 sols[1] ; et enfin une ordonnance de François Ier, du 23 novembre 1540 (Arch. c. c. *Generalia* VIII, 2me répert., n° 4), enregistrée au parlement de Grenoble le 23 décembre suivant, dans laquelle ce prince, après avoir dit que les châtelains du Dauphiné n'ont connaissance que des matières de 30 sous tournois et au-dessous, avec certaine autre petite juridiction en cas de provision et dommages, leur défend de connaître d'autres matières.

Dans les terres dont les dauphins étaient les seuls seigneurs justiciers, il n'y avait pas d'autre juge ordinaire que le châtelain. Il ne devait donc y avoir et il n'y avait en effet dans tout le Briançonnais d'autres juges ordinaires (sauf le bailli, le vibailli ou son lieutenant à Briançon, chef-lieu du bailliage) que les châtelains delphinaux, à l'exception cependant des seigneuries ou coseigneuries de Nevache, Bar-

---

[1] Arch. c. c. Lettres du gouverneur Louis de Laval du 9 juillet 1448 et du gouverneur Charles de Bouville du 15 janvier 1479.

donesche, Rochemolle et Béollard, où les représentants de ces coseigneurs ont conservé un juge seigneurial jusqu'en 1789[1].

Cependant l'autorité de ce juge seigneurial qui, à Grenoble, n'était connu que sous cette dernière dénomination, tandis que, dans le Briançonnais, on lui donnait plus ordinairement celle de *potestat* ou *podestat*, différait un peu, surtout quant à la nature et à l'étendue de ses attributions municipales, de celles des juges ou châtelains delphinaux

---

[1] Les anciens almanachs du palais mentionnent l'existence de ce juge, et, selon l'almanach de 1788, cela proviendrait de ce que le lieu de Nevache aurait dépendu jadis de la Savoie et n'aurait plus tard fait partie du Briançonnais que par suite d'un échange ou d'un traité. C'est une erreur : la seigneurie de Nevache a toujours dépendu du Briançonnais, ainsi que cela ressort des plus anciens titres de la chambre des comptes où l'on voit les dauphins inféoder cette terre dès le douzième siècle. Le rédacteur de cet almanach a sans doute voulu parler du traité d'Utrecht de 1713 ; mais ce traité, au lieu d'augmenter le Briançonnais de ce côté, l'a au contraire beaucoup diminué, et lui a notamment enlevé la totalité des coseigneuries de Bardonesche, Rochemolle et Béollard, en ne lui laissant plus que la petite seigneurie de Nevache qui s'est trouvée de nouveau disjointe de ces coseigneuries auxquelles elle avait été et se trouvait alors adjointe depuis près de quatre siècles ; et c'est probablement cette circonstance et l'acte du 13 novembre 1333, par lequel le dauphin Humbert II a échangé avec les coseigneurs sa terre du Monestier en Trièves contre celle de Bardonesche, qui ont si considérablement diminué la seigneurie de Nevache (réduite, depuis 1713, à la seule petite vallée de ce nom) et par suite la juridiction de son juge seigneurial, car il résulte d'anciennes énonciations que l'exercice de la justice n'avait été attribué à ce juge que pendant une portion de l'année, probablement pendant le tiers seulement, le surplus ayant été attribué au juge delphinal ou royal ; les deux tiers de Plan-Pinet, vallée de Nevache, appartiennent au roi-dauphin, dit l'inventaire des archives de la chambre des comptes.

du Briançonnais. Il était qualifié de *potestat de Nepvache, commis de cette communauté*, dans les procès-verbaux des assemblées d'Escarton de 1606, et de *recteur, juge* ou *potestat (rector, judex seu potestas)*, dans la charte de 1330[1].

Les anciennes attributions de ce potestat ou podestat, dans les communautés des coseigneuries de Bardonesche, Rochemolle, Béollard et Nevache, comprenaient en effet, comme celles des podestats des villes ou cités lombardes, une partie de l'autorité municipale et notamment de la justice municipale ou de police ; ainsi, c'était le potestat qui était, en quelque sorte, le premier administrateur des communautés de son ressort dont les syndics ou officiers municipaux n'étaient presque que des administrateurs secondaires, puisque, d'après l'article 2 de la charte de 1330, il n'était tenu que de prendre leur avis et non de le suivre, puisque c'était lui qui faisait tous les statuts et règlements municipaux, avec le conseil seulement des syndics, tandis que, dans toutes les autres communautés du Briançonnais, c'étaient les officiers municipaux qui, comme on le verra plus tard, exerçaient seuls la justice et la police municipales ; et quant aux statuts et règlements de ces dernières communautés, quoiqu'ils fussent ordinairement rédigés par ces officiers municipaux, ils étaient censés être et étaient réellement l'œuvre de tous les habitants de chaque communauté appelés à en voter ou approuver les dispositions en assemblée générale.

Les dispositions de cet article 2 ne portaient-elles pas une

---

[1] Ces trois mots ne seraient-ils pas employés pour désigner les trois attributions d'administrateur *(rector)*, de juge *(judex)*, et de chef militaire ou civil *(potestas)* ?

atteinte directe à l'indépendance de l'autorité municipale, devenue ainsi simple puissance consultative de puissance exécutive qu'elle avait dû être auparavant et qu'elle était dans le reste du Briançonnais ? Et comme cette création de potestats est survenue à la suite de plaintes ou de luttes entre les communautés et leurs seigneurs, ou plutôt peut-être à la suite des invasions ou occupations des Lombards, ne peut-on pas dire des communautés de la coseigneurie de Bardonesche, ce qu'a dit M. Mignet des cités de la haute Italie, après l'invasion lombarde : « L'adminis- » tration arbitraire mais juste des podestats succéda à » l'administration trop agitée des consuls. » Cette trace de lombardisme ainsi que plusieurs autres que j'aurai bientôt occasion de signaler dans la coseigneurie de Bardonesche, Rochemolle, Béollard et Nevache, et non ailleurs dans le Briançonnais, peuvent faire présumer que les possesseurs primitifs de cette terre étaient des Lombards qui, lors de leurs invasions dans les Alpes, se seraient établis dans cette partie de ces montagnes, ou bien encore des chefs lombards qui auraient fait partie d'une ligue organisée dans le Briançonnais par les comtes d'Albon contre les Sarrasins, et qui, après avoir coopéré à l'expulsion de ces infidèles, auraient reçu de la munificence de ces comtes, en reconnaissance de cette coopération et à titre de rémunération, l'inféodation de cette coseigneurie ou plutôt d'une portion de cette coseigneurie dont les comtes d'Albon avaient conservé une partie.

CHAPITRE XVI.

Garanties des libertés delphinales et briançonnaises.

Si des promesses authentiques de tout genre, si les serments les plus solennels et les plus sacrés pouvaient être des moyens suffisants pour mettre les libertés populaires à l'abri de l'arbitraire ou des caprices des souverains, des seigneurs ou de leurs agents, il n'y aurait peut-être jamais eu de libertés plus assurées et mieux garanties que les libertés delphinales, et surtout que les libertés briançonnaises qui, outre les garanties générales des libertés delphinales, avaient encore des garanties particulières dans des stipulations toutes spéciales, dans des ratifications ou confirmations multipliées et que les Briançonnais ont toujours eu la précaution de faire souvent renouveler.

Les Briançonnais avaient même eu recours à la publicité de la presse, et quatre ou cinq éditions de la collection des titres de leurs franchises étaient répandues, soit dans les archives de leurs communes, soit dans les cabinets de leurs procureurs et avocats, soit dans les nombreux dossiers de pièces produites devant les autorités supérieures tant du Dauphiné que du royaume, soit enfin dans le public.

Et cependant les libertés delphinales et briançonnaises ont été souvent attaquées ou méconnues par les officiers delphinaux ou royaux ; les libertés briançonnaises surtout, incomprises volontairement ou involontairement par ces officiers, et généralement peu connues parce qu'elles étaient beaucoup plus grandes que celles des autres parties du Dauphiné, l'ont été très-fréquemment. Mais aussi elles ont été défendues avec une ferme et constante énergie ; et si, dans ces luttes multipliées, elles n'ont jamais reçu d'atteintes graves et compromettantes, si elles n'ont pas disparu presque totalement sous les efforts des attaques réitérées dont elles ont été l'objet, c'est que la défense a eu lieu en quelque sorte pas à pas, pied à pied, devant toutes les autorités supérieures administratives ou judiciaires, avec une vigoureuse et persévérante ténacité, avec une passion toute patriotique, toute briançonnaise ; et si l'on est obligé de convenir que ces libertés ont cependant reçu quelques légères atteintes, ont éprouvé quelques légers échecs, il faut convenir également que la défense a toujours été digne de l'attaque, et que, par cette insistante et presque invincible ténacité, par des résistances immédiatement et vivement opposées à chaque attaque, par des demandes constamment réitérées et presque continuelles, par des prétentions souvent exagérées, par des interprétations souvent aussi trop amples et trop ambitieuses de leurs vieux titres, de leurs vieilles chartes, les Briançonnais sont parvenus quelquefois à se faire attribuer certains droits qui ne leur avaient pas été reconnus ou concédés ; en sorte que, s'ils ont perdu quelques-uns de leurs anciens avantages, ils en ont gagné plusieurs qu'ils n'avaient pas primitivement ; et qu'en définitive, s'ils ont dépensé beaucoup d'argent, de peines et de soins dans de très-nombreuses instances judiciaires ou administratives, les franchises et libertés, qui leur avaient été reconnues ou accordées par la charte-transaction de 1343, y ont peut-être plus gagné que perdu. Ce n'était pas cependant l'avis de Brunet de l'Argentière qui,

dans ses Mémoires manuscrits, se plaignait en ces termes, des atteintes portées à la transaction de 1343 : « Cette trans-
» action a bien été confirmée par lettres-patentes des rois
» de France, depuis la réunion du Dauphiné au royaume,
» mais on y retranche toujours, et il n'en reste guère de
» bien assuré que le paiement de la rente. »

Quoi qu'il en soit, voici les principaux moyens employés (indépendamment des institutions) pour la garantie et la conservation des libertés delphinales et des libertés briançonnaises.

§ Ier. — *Garanties des libertés delphinales.*

Le premier de ces moyens de garantie est la promesse solennellement faite par le dauphin Humbert II, dans le préambule du statut delphinal du 14 mars 1349. Ce dauphin y explique que, par des motifs de bienfaisance et de gratitude, conservant le souvenir de toutes les preuves de fidélité et d'obéissance qu'ont données, soit à lui, soit à tous ses prédécesseurs, les prélats et autres personnes ecclésiastiques, les barons et bannerets, les seigneurs, les nobles, les valvasseurs et les hommes francs, les universités, les communautés et tous les autres sujets du Dauphiné, tant en général qu'en particulier ; se rappelant aussi avec quel zèle empressé ses prélats et les ecclésiastiques, par leurs bons conseils, et les autres également par leurs conseils et par leurs armes, ont toujours défendu, comme de véritables athlètes, l'honneur, le nom et les droits du Dauphiné ; voulant en conséquence les maintenir tous et chacun d'eux à perpétuité dans leurs bons et antiques usages et coutumes, priviléges et libertés les plus amples ; et de crainte que l'ambition de ses successeurs ou de sinistres interprétations ne puissent changer, détruire ou obscurcir ces usages, coutumes, priviléges et libertés ; par toutes ces considérations et aussi en rémission de ses péchés et de ceux de ses prédécesseurs, des torts surtout qu'ils ont causés sur le fait des monnaies et par leurs exactions des gabelles et des fouages; en réparation des dégâts qu'ils ont faits dans les terres aux départs ou aux retours des cavalcades, des consommations de vivres faites par eux et les gens de leur suite, par leurs chiens de chasse, leurs chevaux de charge, leurs faucons et leurs fauconniers, dans les abbayes, prieurés, maisons ecclésiastiques et toutes autres du Dauphiné, il a fait, donné, accordé et reconnu, pour lui et ses successeurs à perpétuité, les déclarations, priviléges, libertés, immunités, franchises, concessions et grâces, telles qu'elles sont contenues plus bas.

Mais c'est surtout dans les articles 52 et 53 de ce statut, que ces moyens de garantie sont le plus formellement et le plus énergiquement exprimés. Afin que les libertés et franchises delphinales soient mieux et plus fermement observées, dispose l'article 52, chaque dauphin, à son avénement et avant de recevoir aucun hommage ou serment de fidélité, devra jurer, sur les saints évangiles touchés corporellement, entre les mains de l'évêque de Grenoble ou de l'abbé de Saint-Antoine, d'observer et de maintenir inviolablement toutes les franchises et libertés, et, en cas de refus, on pourra refuser impunément d'obéir, soit à lui, soit à ses officiers.

Le § 1er de l'article 53 ordonne ensuite à tous les baillis et châtelains delphinaux de prêter serment de garder et d'observer inviolablement toutes ces libertés, également avec dispense de leur obéir en cas de refus, sous peine de dommages-intérêts et de la punition des parjures, s'ils étaient convaincus d'y avoir porté atteinte en tout ou en partie, par violation de ce serment.

Enfin, dans le § 2 de cet article, le dauphin ajoute, comme sanction à ses engagements, son serment prêté, en présence des archevêques de Lyon et de Vienne, et de l'évêque de Grenoble : le Dauphin y promet, par pacte exprès fortifié par une stipulation solennelle, et par son serment sur les saints évangiles de Dieu touchés corporellement, sous l'obligation de tous ses biens, à Humbert Pilat, notaire public, présent, stipulant et acceptant comme personne publique, au lieu, nom et pour l'utilité de tous et de chacun de ceux qui y ont ou pourront y avoir intérêt à l'avenir, d'avoir, tenir, garder et observer inviolablement, comme ratifiées, agréables, valides et fermes à perpétuité, toutes les choses qui viennent d'être stipulées ; de ne jamais y contrevenir ou permettre qu'il y soit contrevenu ; de ne jamais donner, pour cet effet, conseil, aide ou secours, directement ou indirectement, publiquement ou occultement ; renonçant à cet égard, ledit Dauphin, de sa science certaine et par serment, à toute exception de droit et de fait, à tout privilége et secours du droit canonique et civil, et à toutes les indulgences et rescrits avec lesquels il pourrait revenir contre ses promesses ou les enfreindre en quelque manière que ce soit.

Bientôt après et dans l'acte de transport du Dauphiné à la France du 30 mars 1349, le roi Philippe de Valois et son fils aîné, Jean, duc de Normandie, promettent d'obliger le nouveau Dauphin à observer inviolablement et à confirmer par ses lettres, envers les prélats, nobles et autres sujets du Dauphiné, les bons usages, coutumes, libertés et priviléges qui leur ont été accordés par le dauphin Humbert II et ses prédécesseurs, tant nouvellement qu'anciennement, selon la teneur des concessions.

Déjà cette promesse avait été faite et stipulée encore plus formellement dans les précédents actes de transport. Aussi, lorsque le nouveau dauphin Charles vint prendre possession du Dauphiné, et aussitôt après la confirmation du transport et l'investiture, l'évêque de Grenoble lui présenta l'acte du 14 mars 1349, contenant les libertés delphinales reconnues par Humbert II, en lui rappelant l'obligation qui lui était imposée de jurer d'observer et de maintenir inviolablement ces libertés, et ce Dauphin prêta immédiatement ce serment, de la volonté, du consentement et de l'autorité du duc de Normandie, son père (ces faits sont constatés par le procès-verbal qui en fut dressé le 16 juillet 1349).

Il résulte de ce qui précède que le nouveau Dauphin, ainsi que tous ses baillis et châtelains qui seraient établis dans le Dauphiné, devaient prêter serment aux libertés delphinales. Mais on avait omis de soumettre à ce serment les membres du conseil delphinal, conseil qui, constituant le tribunal supérieur de la province, devait surtout en observer et faire observer les libertés ; on avait également omis d'y soumettre le principal et le plus puissant des officiers delphinaux, le gouverneur de la province. On verra plus tard que les Etats du Dauphiné, s'étant aperçus de ces omissions, s'en émurent et recoururent aux rois dauphins qui, par plusieurs lettres patentes, imposèrent ce même serment aux gouverneurs et aux membres du conseil delphinal.

En exécution des actes ci-devant cités, et notamment du traité de transport du Dauphiné, on était en usage, à l'avénement des nouveaux dauphins ou rois dauphins, de leur demander des lettres de confirmation ou de ratification des libertés delphinales, avec serment de les observer et faire observer ; plusieurs fois même, quand ces derniers ont voulu se refuser ou opposer quelque résistance à cette demande, l'on a toujours fini par l'obtenir, et l'on n'a pas craint de les menacer de se soustraire à leur autorité, en leur faisant remarquer que ce refus ou cette résistance violaient, ébranlaient, invalidaient l'acte de transport.

Ainsi donc, promesses et serments des dauphins et des rois dauphins ; serments de tous les officiers delphinaux et royaux, depuis les gouverneurs généraux de la province jusqu'aux simples châtelains ; faculté de refuser de reconnaître ces officiers et de leur obéir tant qu'ils n'avaient pas prêté serment, rien n'avait été négligé pour maintenir la conservation et l'inviolabilité des libertés delphinales : et cependant ces garanties écrites, promises, jurées, mais inertes par elles-mêmes, auraient été insuffisantes sans la protection du conseil delphinal et du parlement, et surtout sans celle de l'assemblée des Etats, qui a constamment veillé à la conservation des libertés delphinales avec une attention et une sollicitude toutes particulières.

§ II. — *Garanties des libertés briançonnaises.*

Les libertés briançonnaises avaient aussi des garanties spéciales du même genre que celles des libertés delphinales ; comme ces dernières, elles avaient des promesses et des serments ; mais ce qu'elles avaient surtout, c'étaient des surveillants et des gardiens attentifs et actifs dans la personne de chaque Briançonnais, et, en particulier, dans celle de leurs consuls et autres officiers municipaux.

Déjà le dauphin Jean, par ses lettres du 16 septembre 1317, avait enjoint à ses officiers, sous peine d'encourir son indignation, de maintenir ses hommes du Briançonnais dans leurs bons usages : *Jam prædictos nostros homines in suis bonis usibus manuteneant et defendant, in quantum nostram indignationem cupiant evitare.*

Mais, bientôt après, la charte-transaction de 1343 est venue ajouter à cette injonction plusieurs stipulations semblables à celles de la charte delphinale.

On y voit aussi, dans les articles 1 et 10, que le Dauphin,

spontanément et bien instruit de ses droits, promet le ferme maintien à perpétuité de toutes libertés, franchises, et de tous priviléges de bon usage et bonnes coutumes briançonnaises.

L'article 13 impose à chaque nouveau dauphin l'obligation de jurer d'observer et de maintenir toutes les libertés briançonnaises, avec dispense de prêter hommage avant ce serment ; la même obligation est imposée à tous les officiers delphinaux du Briançonnais, avant qu'ils puissent exercer leurs fonctions et qu'on ne soit tenu de leur obéir.

Par l'article 25, le Dauphin interdit, soit à lui-même, soit à ses héritiers et successeurs, ou à leurs ayants droit, la faculté de pouvoir accorder aucune liberté ou immunité qui puisse porter atteinte, en quelque chose, aux concessions de la transaction.

Enfin, par l'art. 38, le Dauphin s'oblige, avec serment sur les saints évangiles de Dieu touchés corporellement avec la main, d'observer, tenir et garder tout ce qui est convenu ; de l'approuver, ratifier et confirmer ; de ne l'enfreindre et de n'y contrevenir en aucune manière... ; et il en prescrit immédiatement l'exécution à tous les baillis, juges, procureurs, châtelains, notaires, mistraux, sergents, et spécialement à tous les officiers delphinaux du Briançonnais présents et futurs.

Un nouvel acte de ratification, du 21 juin suivant, ordonne encore, d'une manière extrêmement formelle, l'exécution de tous les articles de la transaction ; mais c'est surtout par des lettres patentes du même jour que le Dauphin intime plus formellement à tous ses officiers, baillis, juges, châtelains, procureurs, mistraux, gabelleurs et percepteurs quelconques, et autres officiers du bailliage de Briançon, en quelque nom qu'ils officient, l'ordre d'exécuter strictement et immédiatement, sans nouveau commandement, tout ce qui est contenu dans la transaction, sous la foi des serments qu'ils lui ont prêtés, à peine de perdre leurs offices et d'encourir son indignation à perpétuité.

L'article 47 du transport du 16 juillet 1349, est ensuite venu assurer l'observation de toutes les libertés locales, tant particulières que générales ; et l'on a vu que bientôt après ce transport et avant de reconnaître le nouveau dauphin et de lui prêter hommage, les députés des communautés briançonnaises avaient exigé de lui, le 31 août 1349, des lettres de ratification et de confirmation de leurs libertés avec serment.

Ces lettres sont écrites sur un parchemin de cent quatre-vingt-trois centimètres de hauteur et de cinquante-trois centimètres de largeur ; elles étaient revêtues de trois sceaux qui n'existent plus aujourd'hui ; il ne reste que les cordons de soie verte auxquels ils étaient suspendus ; elles contiennent, entre leur préambule et la formule finale, la transcription entière de la transaction de 1343.

A l'avénement de Charles VI, les Briançonnais lui envoyèrent également des députés qui obtinrent des lettres de ratification, le 25 juillet 1384 ; ces lettres sont sur un parchemin de cent trente centimètres de hauteur et de soixante-deux centimètres de largeur ; elles contiennent aussi le texte entier de la transaction de 1343 ; elles sont également revêtues de trois sceaux en cire suspendus à des cordons de soie verte et rouge. Quoique ces sceaux soient presque entièrement brisés, j'ai cependant pu reconnaître parfaitement, sur les débris de l'un d'eux, l'empreinte d'un écu écartelé aux armes de France et de Dauphiné, dont deux des compartiments contiennent quatre rangs de fleurs de lis, et chacun des deux autres contient un dauphin.

Cette précaution de faire ratifier et confirmer leurs libertés a continué à être constamment dans la suite le principal objet de la sollicitude municipale des Briançonnais ; à l'avénement de chaque dauphin ou roi-dauphin, ils lui envoyaient des députés pour obtenir de lui de nouvelles lettres de ratification ou de confirmation, soit de la transaction de 1343, soit des autres titres qui leur avaient reconnu ou concédé quelques franchises spéciales.

Voici le tableau sommaire des lettres qu'ils ont ainsi obtenues et qui existent encore dans leurs archives :

31 août 1349, lettres du dauphin Charles, qui fut Charles V ;

25 juillet 1381, lettres de Charles VI ;

23 février 1447, lettres du dauphin Louis, qui fut Louis XI ;

Janvier 1483, lettres de Charles VIII ;

Juin 1533, lettres de François Ier ;

Juin 1547, lettres de Henri II ;

Septembre 1595, lettres de Henri IV ;

Avril 1612, lettres de Louis XIII ;

Février 1644, lettres de Louis XIV ;

Mai 1727, lettres de Louis XV ;

Août 1775, lettres de Louis XVI.

Toutes ces lettres ont été imprimées dans les diverses éditions du *Recueil des titres des libertés briançonnaises*.

Il existe encore d'autres lettres de Charles VI du mois de mars 1397 (Arch. c. c., *Briançonesii*, GGG, f° 100) et de Henri II du mois d'août 1556, confirmatives et ratificatives des franchises accordées par Humbert II le 24 juin 1343.

On voit qu'il ne manque à cette énumération que les lettres de Charles VII, de Louis XII, de François II, de Charles IX et de Henri III.

Au reste, il serait possible que les Briançonnais eussent pensé n'avoir pas besoin de se pourvoir de confirmations particulières et spéciales, lorsqu'il en avait été obtenu de générales pour tout le Dauphiné ; c'est ce que pourrait faire présumer la mention suivante : *Registrées au greffe civil de la cour de parlement..... pour servir aux manants et habitants de la ville de Briançon,* mention qui a été inscrite au bas des lettres de ratification des libertés delphinales par François II, lettres qui rappellent celles de Charles VII, de Louis XI, de Charles VIII, de Louis XII, de François Ier et de Henri II. Charles VII, par ses lettres d'avril 1434 (*Statuta delphinalia*, f° 55), avait d'ailleurs ratifié toutes les libertés delphinales et même rapporté toute dérogation qui aurait pu être faite à ces libertés.

Enfin, il y a également dans les archives de Briançon des lettres générales de confirmation des libertés delphinales par Charles IX du 9 décembre 1560. Il ne manquerait donc plus que celles de Henri III, dont le défaut peut s'expliquer, soit par la perte de ces lettres, soit plutôt par la difficulté d'envoyer des députés pour les requérir, à cause des guerres civiles et religieuses qui désolaient la France et surtout le Dauphiné et le Briançonnais sous le règne de ce prince.

Ainsi donc, pendant l'espace de cinq ou six siècles et jusqu'au règne de Louis XVI inclusivement, les Briançonnais ont obtenu et conservé de très-nombreuses preuves authentiques des confirmations de leurs libertés par les dauphins ou rois-dauphins.

Mais, pour la conservation de ces stipulations et serments de garanties, il fallait mettre les titres qui les constataient à l'abri de l'incendie et des mains intéressées et improbes (notamment de celles des officiers delphinaux dont elles réduisaient les attributions, les émoluments et les prérogatives) qui auraient pu les enlever ou les soustraire pour les faire disparaître ou les anéantir.

Les dangers de l'incendie étaient surtout à craindre dans un pays où souvent, trop souvent, les villages sont brûlés en entier, parce que presque toutes les maisons, couvertes en chaume ou en bois, servaient, comme elles servent encore aujourd'hui, non-seulement à recevoir les hommes et les bestiaux, mais encore toutes les récoltes, les bois, les pailles, les fourrages.

Pour éviter ces dangers, les communautés briançonnaises déposaient leurs archives dans la pièce ou salle voûtée qui se trouve au-dessous du clocher de chaque église, où elles étaient parfaitement abritées par la grande épaisseur de la voûte et des murs en pierre servant de base au clocher. C'est là que la plupart des archives s'abritent encore aujourd'hui[1] ; c'est à cette précaution que la plupart d'entre elles doivent leur conservation, notamment celles de la communauté de Briançon jadis déposées dans le clocher de l'église de l'un des couvents de la ville, et qui (sauf quelques pièces ou registres brûlés dans la maison du secrétaire) ont ainsi échappé aux deux incendies généraux de cette ville, en 1624 et 1692.

La communauté de Vallouise ne s'est pas même bornée à cette précaution : le mur énormément épais qui sépare le cœur de l'église de la pièce basse et voûtée du clocher où sont les archives, et dans lequel l'entrée a été percée, a trois portes fortes et solides à la suite les unes des autres : une en bois de chaque côté de ce mur, et une troisième en lames de fer qui, située entre les deux autres, au milieu de l'épaisseur du mur, empêcherait la communication du feu dans le cas où la porte extérieure viendrait à brûler ; cette

---

[1] Les archives du Val-dès-Prés sont dans un caveau au-dessous de l'église.

porte a, en outre, une énorme serrure antique dont le pène ressort longuement en arrière et se recourbe en reptile à tête de dragon ; la clef, également énorme et du poids de 765 grammes, a des détails de serrurerie très-compliqués qui en rendent la contrefaçon extrêmement difficile.

A Nevache, « au bas du clocher sont les archives de la
» commune, fermées par deux portes, l'une en bois et l'au-
» tre en barres de fer d'un décimètre de largeur sur treize
» centimètres d'épaisseur ; la serrure est très-compliquée ;
» il faut se servir de trois clefs bien confectionnées pour
» l'ouvrir (Ladoucette, *Histoire des Hautes-Alpes*, p.
» 129). »

Des précautions du même genre ont été prises également ailleurs, notamment dans la vallée de Queyras : cette vallée est composée de sept communautés ayant des intérêts généraux semblables, et dont les archives communes ont été réunies à Ville-Vieille, dans un petit bâtiment en pierre doublement et solidement fermé par une porte de fer et par une épaisse porte de bois bien conditionnée et bien ferrée.

Outre ces précautions contre l'incendie, il y en avait contre les personnes. Dès qu'on est entré dans la pièce voûtée du clocher de Vallouise, on aperçoit deux meubles antiques de formes différentes où sont renfermées les archives.

Le premier de ces meubles est une grande armoire subdivisée en trois armoires plus petites, distinctes, mais tout à fait semblables entre elles, et ayant chacune deux serrures différentes de celles des autres. Pour comprendre le but de cette subdivision, il faut savoir qu'anciennement la communauté de Vallouise était subdivisée en trois sections appelées *tierces*, qui avaient chacune leur consul et leur secrétaire, ainsi que des droits et des intérêts distincts, indépendamment des intérêts et des droits communs ; en conséquence, chaque section tierce tenait ses archives particulières dans sa section tierce d'armoire à deux serrures dont son consul et son secrétaire avaient seuls les clefs.

Le deuxième de ces meubles est un grand coffre destiné à contenir tous les titres généraux de la communauté, avec un compartiment pour recevoir le numéraire commun; mais, à cause de la communion de ces titres et de ce numéraire, et afin qu'aucun des consuls ne pût en prendre en l'absence des autres, ce coffre était fermé par trois serrures à clefs différentes, dont une pour chaque consul, en sorte qu'il ne pouvait être ouvert qu'avec le concours des consuls des trois tierces.

Des mesures analogues avaient été prises dans la vallée de Queyras dont les sept communautés, qui composent cette vallée et qui formaient l'Escarton de Queyras, avaient des intérêts et des titres généraux communs, indépendamment de leurs intérêts et titres distincts. Les archives générales étaient et sont encore réunies dans une maison louée à frais communs, et renfermées dans une armoire à huit serrures et clefs différentes, dont une entre les mains de chacun des sept consuls ou maires, et la huitième entre celles du secrétaire général, en sorte qu'il faut le concours de ces huit personnes pour pouvoir l'ouvrir.

Ces précautions, si minutieuses, si cauteleuses, prises à Vallouise, au commencement du quinzième siècle, et au Queyras seulement en 1773, ainsi que l'indique le millesime qui est au-dessus de la porte, n'ont probablement été que le renouvellement de mesures semblables prises antérieurement. Elles sont trop dans la nature du caractère briançonnais, elles témoignent trop de leur amour, de leur passion pour leurs libertés et franchises municipales, pour qu'on ne doive pas en attribuer l'invention à leur esprit méticuleux, fin et défiant ; mais si elles ne sont pas d'invention briançonnaise, ne seraient-elles pas d'invention dauphinoise? car on en trouve de tout à fait semblables dans l'ordonnance du dauphin Humbert II, du 1er août 1340, organisatrice du conseil delphinal en corps judiciaire : *Quod archivum et omnia alia jura, privilegia et instrumenta per eas volumus custodiri, et in ipso quattuor claves dissimiles esse debere, ex quibus unusquisque ex vobis quattuor doctoribus unam teneat, in cujus archivi apertione vos omnes volumus esse concordes, nec unus sine aliis possit dictum archivum facere aperiri.*

CHAPITRE XVII.

De l'Etat des Personnes et des Terres.

Jusqu'aux grandes chartes de 1330, 1336 et 1343, on ne peut avoir que des notions vagues et générales sur les institutions municipales, ainsi que sur quelques autres institutions populaires des Briançonnais; mais, à partir de ces chartes, les documents deviennent plus positifs et plus nombreux, et il est beaucoup plus facile d'étudier ces institutions, d'en apprécier la nature ou le caractère, et de parvenir à les connaître d'une manière à peu près certaine et complète, telles qu'elles s'étaient maintenues par l'usage, qu'elles ont été confirmées, consacrées ou modifiées par ces chartes, et qu'elles ont continué à exister et à fonctionner jusqu'à la grande révolution politique et sociale de 1789. Mais, comme, dans l'examen des institutions d'un peuple, on ne considère les hommes et les terres que d'une manière générale : les hommes comme corps de peuple, les terres comme corps de territoire, je crois que, pour pouvoir bien juger de l'état et de la position des hommes et des terres régis par ces institutions, il n'est pas inutile et sans intérêt d'examiner préalablement quel a été ou dû être l'état de ces hommes et de ces terres, en considérant les hommes comme individus et les terres comme propriétés privées.

L'histoire des sociétés humaines nous apprend que, chez tous les peuples, dès les temps les plus anciens, dès les temps surtout où ces peuples ont commencé à reconnaître des droits de possession ou de propriété territoriale, l'état des terres a souvent et peut-être toujours influé sur celui des hommes et réciproquement; que, par conséquent, l'un a souvent entraîné, déterminé l'autre; ainsi, l'on a vu l'homme suivre le sort de la terre, ou la terre suivre le sort de l'homme; ainsi, l'on a vu, sous les dénominations d'esclaves, de serfs, de vilains, de manants, de colons, etc., des hommes immobilisés et en quelque sorte attachés et incorporés au sol comme des animaux, comme des machines ou des instruments d'exploitation; et des hommes qui, par le seul privilége de leur naissance, ou de leur famille, ou de leurs propriétés territoriales, étaient investis de tous les avantages, de tous les bénéfices du sol irrévocablement et incommutablement attachés à leurs personnes sous des qualifications nobiliaires telles que duchés, marquisats, comtés, baronnies..., ou sous des titres de fiefs, bénéfices, alleux, substitutions, majorats...; ainsi l'on a vu des terres franches, libres, nobles, privilégiées, même seigneuriales ou dominantes, comme certaines personnes; et des terres roturières et serviles ou asservies, comme tant d'autres personnes. N'a-t-on pas même vu le peuple esclave ou serf, et le peuple roi ou souverain?

Examinons donc successivement, au moyen du trop petit nombre de matériaux et de documents que nous avons pu recueillir sur ce sujet, quels nous paraissent avoir été l'état des personnes et l'état des terres jusqu'à l'affranchissement général des Briançonnais par la chartre du 29 mai 1343. Quoique cet examen soit divisé en deux sections, l'une relative à l'état des personnes, et l'autre à l'état des terres, il y a eu tellement de liaison et de connexité entre l'état des personnes et l'état des terres, qu'il sera presque impossible d'isoler complétement ce qui est relatif à l'un de ces états séparément ; et que souvent, en parlant de l'un, on sera conduit, obligé à parler de l'autre ; ces deux sections auront donc une liaison, une connexité naturelle et forcée.

§ Ier. — *Etat des Personnes*.

On ignore entièrement quel a été l'antique état des personnes dans le Briançonnais, état sur lequel les historiens ne nous ont rien transmis ; on ne peut donc former à ce sujet que des conjectures extrêmement vagues et incertaines ; tout ce qu'on peut présumer, d'après Tite-Live, qui dit que les mœurs des Allobroges différaient peu de celles des Gaulois, *haud sane multum moribus Gallorum abhorrentes*, c'est que, chez les Allobroges et les Voconces leurs voisins, l'état des personnes devait être à peu près le même que chez les Gaulois, et que, dès lors, il ne devait y avoir, en quelque sorte, que deux ordres de personnes : l'un religieux, l'ordre des druides ; l'autre civil, l'ordre des chevaliers ; car, selon César (*De Bello gallico*, lib. VI, § 13), le peuple y était sans pouvoir, sans influence politique.

Mais, ce qu'on peut présumer des Allobroges de la plaine et voisins des Gaulois, des Allobroges proprement dits, peut-on le présumer des Allobroges [1] des Hautes-Alpes ? Nous sommes assez porté à penser que ces derniers ont eu

---

[1] Nous avons compris et nous continuerons à comprendre, sous la dénomination commune d'Allobroges (par les motifs antérieurement exprimés), non-seulement les Allobroges proprement dits, mais encore les habitants des Hautes-Alpes et ceux de la majeure partie des contrées supérieures du bassin de la rive gauche de l'Isère.

des druides ; mais ont-ils eu également des chevaliers hommes libres, et un peuple presque esclave et politiquement nul ? Toutes les conjectures sont permises à cet égard ; néanmoins il paraît douteux qu'un peuple, vivant presque dans l'isolement, au milieu des plus hautes vallées des Alpes, au milieu des forêts et des pâturages de ces montagnes, qu'un peuple composé presque entièrement de bergers et de pasteurs, ait fait de semblables distinctions de personnes ; et, s'il était vrai, comme le dit Strabon, que ce peuple égorgeât ses prisonniers, il ne devait pas avoir d'esclaves étrangers.

Lorsqu'ensuite les habitants des Alpes Cottiennes furent reçus dans l'alliance et la société de Rome, ou lorsque, plus tard, ils subirent la domination de cette alliée ; lorsque les institutions, les lois, les mœurs des Romains pénétrèrent dans ces Alpes et vinrent s'y implanter, s'y naturaliser de telle sorte que l'Allobrogie devint *quasi-romaine, allobrogo-romaine*, il dut s'y former des classes de personnes civiles d'un rang supérieur ; il dut notamment s'en former de celles qui remplissaient ou avaient rempli des fonctions politiques, et de celles qui remplissaient ou avaient rempli des fonctions municipales ; l'esclavage, s'il n'y existait pas antérieurement, dut commencer à s'y introduire alors.

Quant à l'existence de l'esclavage dans les Gaules et l'Allobrogie, lorsque les Goths et les Burgundes vinrent s'y établir, elle ne peut être révoquée en doute, puisqu'il résulte des Codes de ces peuples, qu'ils avaient fait le partage des esclaves dont ils s'étaient attribué un tiers, laissant les deux autres tiers aux indigènes, et que plusieurs articles de la loi Gombette distinguent même les serfs gaulois et les serfs burgundiens. Cette distinction est-elle relative aux esclaves ainsi partagés, ou bien est-elle relative aux esclaves que les Burgundes ont pu amener ou faire dans ces contrées, même parmi eux ? car ces peuples, Germains d'origine, connaissaient aussi l'esclavage. Il y a, dans la loi burgundienne un chapitre spécial aux esclaves achetés en Allemagne, et qui est intitulé : Cap. LVI. *De Servis in Alamania comparatis.* Chez les Germains, dit Henri Hallam, on devenait esclave, non-seulement par la captivité, mais encore pour crimes, pour dettes, et surtout pour pertes au jeu (Tacit., *Germania*, §§ 24 et 25); quand ensuite ils envahirent l'empire romain, ils trouvèrent cette même condition des personnes établie dans toutes les provinces.

Mais, dans les Alpes Cottiennes, ces esclaves étaient-ils des esclaves indigènes ou des esclaves étrangers ? Les Romains ne réduisaient pas ordinairement en esclavage les habitants des provinces ennemies et conquises, et cela ne leur arrivait pas surtout à l'égard des habitants des peuples amis ou alliés. Si donc l'état d'esclavage s'est introduit, dans ces Alpes, pendant la domination romaine, cet état n'a dû comprendre que des esclaves étrangers; et, s'il a compris quelques indigènes, ce n'a dû être que ceux qui avaient aliéné volontairement leur liberté, ou qui en avaient été privés malgré eux, dans les cas prévus par la loi.

L'état d'esclave produisit naturellement l'état d'affranchi par l'effet de la législation romaine, qui permettait l'affranchissement.

On verra, dans la section *De l'Etat des Terres*, que l'agriculture, honorée et presque vénérée à Rome du temps de la République, avait considérablement déchû dans l'opinion, du temps de l'Empire, et avait même fini par être tellement considérée comme quasi-servile, à l'égard de ceux qui travaillaient pour autrui, qu'elle était abandonnée principalement aux esclaves et aux affranchis:

Cependant il devait y avoir et il y avait, en effet, beaucoup d'autres personnes, sans fortune, sans propriété territoriale, qui se trouvèrent aussi dans la nécessité de se livrer aux travaux agricoles, et de prendre des terres en louage pour se procurer des moyens d'existence ; mais la déconsidération de la profession de cultivateur pour autrui ou de fermier devint telle, qu'elle affecta et dégrada en quelque sorte ceux qui les exerçaient, et en fit des colons, espèce d'hommes de classe inférieure et presque voisine de celle des esclaves.

Ces colons (qu'il ne faut pas confondre avec les colons ou membres des colonies que Rome envoyait s'établir, dans des provinces ou des contrées lointaines, sur des terres qu'elle leur concédait), ces colons, simples cultivateurs ou fermiers, finirent par devenir, eux et leurs familles, attachés aux domaines qu'ils cultivaient et dont ils étaient censés faire partie comme accessoires ; le propriétaire pouvait les vendre avec le sol, mais non séparément ; il n'avait pas non plus le droit de les expulser, ni d'augmenter, en aucune façon, la rente primitivement stipulée. Ainsi, dit Fauriel, bien qu'attaché à la glèbe, le colon n'était pas serf; il travaillait réellement pour lui ; il avait un intérêt propre à tirer de la terre tout ce qu'elle pouvait donner; son sort, bon ou mauvais, décidé une fois pour toutes par le contrat primitif entre le premier colon et le premier possesseur, ne dépendait plus immédiatement des héritiers de celui-ci ; enfin la loi romaine le reconnaissait pour libre et le traitait comme tel. Mais, quoique d'une condition ingénue ou libre en apparence, s'il n'était pas l'esclave du propriétaire, il était du moins l'esclave de la terre pour laquelle il était né, *coloni..., licet conditione videantur ingenui, servi tamen terræ ipsius cui nati sunt existimentur* (L. unic., Cod. Just., *De Colonis*), tant était grande la force asservissante de la terre sur l'homme qui y était attaché. Ainsi, nonobstant encore quelques autres distinctions établies par les lois entre l'esclave et le colon, on pourrait qualifier l'un d'*esclave de l'homme*, l'autre d'*esclave de la terre*.

Telle était, plus ou moins exactement, la condition des colons, qui n'était pas même uniforme partout, qui pouvait et devait varier, et qui a, en effet, beaucoup varié selon les temps, les circonstances et les lieux ; mais, partout ou à peu près partout dans les provinces de l'empire, la condition des colons était devenue presque servile.

La déconsidération de l'état de cultivateur ou de colon était parvenue à un tel point, qu'elle avait même rejailli sur les chefs ou gérants d'exploitations agricoles pour le compte d'autrui; aussi cette gestion fut-elle principalement confiée à des affranchis ou à des personnes d'une condition inférieure.

Enfin, les petits propriétaires qui, à raison de la modicité de leur fortune, ne pouvaient pas avoir des esclaves ou des colons pour la culture de leurs propriétés, et étaient obligés de les cultiver eux-mêmes, participèrent à cette déconsidération et à l'espèce de servilisme qui résultait de ce genre de condition ; et, comme les esclaves, comme les colons, comme les affranchis agriculteurs ou gérants d'exploitations agricoles, ils devinrent aussi des choses adhérentes au sol, des machines d'exploitation, de véritables immeubles par destination [1].

---

[1] L'article 57 du Code burgundien consacre même, d'une manière formelle, cette immobilisation des affranchis, qui ne pouvaient obtenir la faculté d'aller où ils voulaient qu'en donnant à leur maître XII sols, ou une portion tierce de Romain : *Burgundionis libertus, qui domino suo solidos XII non dederit, ut habeat licentiam, sicut est consuetudinis, quo voluerit discedendi, nec tertiam a Romanis consecutus est, necesse est ut in domini familia censeatur.* Cependant c'était peut-être plutôt une attache à la famille qu'à la terre.

Mais cet abaissement de condition fut-il seulement l'effet, le résultat de l'action de l'état des terres sur celui des personnes? Ne fut-il pas aussi un peu et même beaucoup le résultat de la déconsidération du travail manuel pour le compte d'autrui, qui a longtemps été regardé comme un travail quelque peu servile?

La vie noble n'a-t-elle pas consisté jusqu'à la fin du dix-huitième siècle à ne pas travailler, ou du moins à ne faire aucun travail manuel? Exercer un métier, travailler d'un état manuel pour le compte d'autrui, n'était-ce pas s'abaisser, n'était-ce pas déroger? Cultiver, rompre la terre, n'était-ce pas faire acte de roturier, *ruptuarii*[1]? Les bourgeois qu'aux derniers siècles on qualifiait, soit dans le langage ordinaire, soit dans le langage des ordonnances royales et des lois, de *bourgeois vivant noblement*, n'étaient-ce pas ceux qui, comme les nobles, s'abstenant de tout travail manuel, vivaient aussi sans rien faire avec leurs rentes ou les produits de leurs terres, mais sans s'abaisser à les cultiver eux-mêmes? Et ce préjugé n'existe-t-il pas encore aujourd'hui même en dehors de la noblesse, même parmi les diverses espèces, j'allais presque dire parmi les diverses classes de travailleurs dont on distingue les professions par différentes qualifications telles que *libérales, industrielles, artistiques, mécaniques, manuelles*, même *serviles*? Ne distingue-t-on pas aussi les *beaux-arts*, les *arts libéraux*, les *arts manuels* ou *mécaniques*, les *métiers*....?

Du temps de l'Empire, les Romains riches ne s'occupaient guère de travaux manuels; ils laissaient ordinairement les

---

[1] En Dauphiné, le noble qui cultivait lui-même ses fonds ne dérogeait pas (Chorier, sur Guy-Pape, p. 117).

occupations de ce genre à leurs esclaves et à leurs affranchis : s'agissait-il de travaux à faire dans leurs domaines, dans leurs exploitations rurales? ces travaux étaient confiés à ces esclaves, auxquels on donnait en rémunération la nourriture, l'entretien et quelquefois une petite partie du produit de leur travail ; d'autres fois aussi, pour intéresser ces esclaves à une bonne culture, le maître leur cédait tout ou partie des fruits, moyennant une rétribution convenue et déterminée. Ce sont ces exploitations rurales, de natures extrêmement variables et variées, qui ont amené l'état des colons dont il vient d'être parlé. Souvent, quand l'exploitation était considérable, elle était dirigée par un surveillant ou gérant qui était ordinairement un affranchi que, dans nos vieilles chartes, l'on nommait *villicarius*, *villicus*, *verbecarius*, *capitolarius*..., lorsqu'il s'agissait de la gestion d'un établissement rural, et *urbicarius*...., lorsqu'il s'agissait de celle d'un établissement urbain.

Les autres travaux de l'intérieur des maisons, pour les besoins du ménage ou de la famille du maître, étaient encore, en général, faits par des esclaves qui étaient, en quelque sorte, comme les familiers, *famulares*, comme les domestiques de la maison ; mais il y avait aussi des affranchis qui vivaient dans la famille de leur patron, et pouvaient employer tout ou partie de leur temps à travailler pour leur propre compte ; ces affranchis, dont plusieurs étaient de véritables artisans, se livraient à des travaux manuels ou mécaniques de tout genre dont ils vendaient les produits pour se faire de petits pécules au moyen desquels beaucoup d'entre eux finissaient par se créer une position assez libre et indépendante, quoiqu'elle soit restée presque toujours quelque peu asservie à l'égard des patrons qui ont souvent conservé plus ou moins de droits, tant sur les personnes de leurs affranchis que sur les produits des travaux de ceux-ci ; et l'on vient de voir que, d'après la loi des Burgundes, les affranchis restaient encore liés et adhérents à la famille de leur patron jusqu'au paiement d'une somme de douze sols ou d'une portion tierce de romain, ce qui était en quelque sorte un second prix d'affranchissement à payer pour obtenir tout à fait leur liberté.

Les Goths, les Burgundes et les Francs qui ont succédé aux Romains dans la domination de nos contrées, les Lombards qui y ont fait des incursions, qui ont pu même faire quelques établissements dans les Hautes-Alpes, ont-ils changé ou modifié gravement l'état des personnes résultant de la législation et des mœurs des Gallo-Romains ?

On a vu que la législation romaine et surtout son municipe, lors de leur introduction dans les Gaules et l'Allobrogie, y pénétrèrent intimement ; les mœurs gauloises et allobrogiques en reçurent une impression forte et profonde ; et c'est avec raison qu'on put appeler les peuples de ces contrées *gallo-romains, allobrogo-romains* ; que les envahisseurs Goths, Burgundes ou Francs, purent les appeler simplement *romains* ; et l'on aurait presque pu dire : entre Rome et la Gaule transalpine, il n'y a plus d'Alpes ; le municipe romain les a aplanies.

Mais lorsque, à leur tour, les Goths, les Burgundes et les Francs envahirent l'Allobrogie, les mœurs et les coutumes de ces peuples durent aussi déteindre quelque peu sur les indigènes, malgré la supériorité de civilisation de ces derniers ; le mélange et la vie presque commune des envahisseurs et des envahis durent surtout avoir des conséquences et des résultats très-notables ; il convient donc d'examiner quels furent les effets des envahissements successifs de ces trois peuples.

En comparant les invasions des Goths et des Burgundes à celles des Francs dans les Gaules et à celles des Lombards dans l'Italie et les Alpes, on remarque de notables différences, soit dans les natures et les caractères, soit dans les conséquences ou les résultats de ces diverses invasions.

Si les Goths et les Burgundes se sont d'abord présentés et ont d'abord agi comme des envahisseurs hostiles, comme de véritables conquérants ennemis, Rome, qui ne se sentait plus la force de les expulser ni même de leur résister, Rome qui était obligée de consentir à ce qu'elle ne pouvait empêcher, Rome crut devoir les traiter en alliés, en alliés forcés, il est vrai, mais néanmoins en alliés ; et ceux-ci, qui préféraient être reçus en amis plutôt qu'en ennemis, ont presque toujours plus ou moins accepté et reconnu cette qualité d'alliés, ainsi que la suprématie de l'autorité de l'Empire ; ils ont dû, en conséquence, user de beaucoup de ménagements dans les provinces qu'ils envahissaient ; ils ont dû y respecter et conserver les lois romaines, dont ils ont même adopté pour eux une grande partie ; car leurs lois, qui ont ensuite été rédigées par écrit, quoique composées d'un mélange de législation romaine et de législation germano-barbare, sont cependant romaines ou romanisées en presque totalité ; elles maintiennent dans la plupart des cas, pour les Gallo-Romains, la législation romaine qu'elles appliquent même souvent à leurs nationaux[1], à l'exception de quelques dispositions spécialement applicables à ces derniers.

La réception des envahisseurs par les envahis, quoique forcée et non volontaire, eut cependant toutes les apparences d'une réception volontaire et amicale ; le Burgunde fut reçu ou entra à titre d'hospitalité chez le Gallo-Romain, et

---

[1] Notamment quant aux donations et testaments précédemment inconnus chez les Germains.

ce dernier fut qualifié d'hôte, d'*hospes* (*Hospes Barbari, romanus hospes*, titres 42 et 84 du Code burgundien), et sa maison d'*hospitium* par la loi burgundienne ; il dut en être à peu près de même du Goth.

Aussi les Goths et les Burgundes, en s'établissant dans les Gaules, n'ont-ils pas agi tout à fait comme des conquérants ennemis ou vainqueurs ; ils n'ont point usé de toute l'étendue du droit de conquête à l'égard des Gallo-Romains; ils n'ont pas dépouillé totalement ces derniers ; ils ne les ont pas traités en captifs, en esclaves ; ils les ont au contraire traités d'après les principes de l'égalité, comme des alliés, comme des associés, comme des communistes, comme des hôtes, selon l'usage des Germains entre eux[1], ou comme des conationaux[2] avec lesquels ils ont partagé en quelque sorte comme d'égal à égal et par la voie du sort ; c'est pour cela que le Code burgundien appelle ces parts : *sortes, sortis titulo adquisitœ....* ; l'art. 54 de ce Code n'a même admis à ce partage que les Burgundes qui n'avaient pas reçu de la largesse du prince ou de ses ancêtres une terre avec des esclaves.

S'ils se sont attribué d'abord les deux tiers des terres, la moitié des vignes, des forêts et des essarts ou défrichements, et le tiers des esclaves, ils n'ont plus attribué que la

---

[1] *Tacit. Germania*, § 21. — C'est ce qui semble résulter également de l'art. 42 du Code burgundien, qui qualifie les terres échues aux Burgundes par ce partage, de terres possédées par droit d'hospitalité : *De agrorum finibus qui hospitalitatis jure a Barbaris possidentur*, et de l'art. 54, où Gondebaud s'exprime ainsi : *Tempore quo populus noster mancipiorum tertiam et duas terrarum partes accepit.... ex eo loco in quo ei hospitalitas fuerat delegata.*

[2] Ainsi que l'avaient demandé les Goths : *Sic eos cum Romanorum populo vivere, ut una gens credi posset* (Jornandes).

moitié des terres, avec les esclaves, à ceux des leurs qui surviendraient postérieurement (*Codex Burgund.* Addit. II, L. xj) ; et ils ont laissé à peu près l'équivalent de ces parts aux Gallo-Romains, savoir : l'autre tiers des terres, l'autre moitié des vignes, forêts et essarts, les deux tiers des esclaves, et la presque totalité des habitations où cependant les Burgundes, et probablement aussi les Goths, obtenaient le droit à l'hospitalité, droit si sacré et si généralement admis et pratiqué chez les Germains : *Convictibus et hospitiis non alia gens effusius indulget; quemcumque mortalium arcere tecto, nefas habetur* (Tacit., Germania, § xxj), disposition reproduite dans plusieurs passages du Code Burgundien, notamment dans le titre XXXVIII et dans quelques autres qui prononcent des peines pour refus d'hospitalité.

Cette égalité ou quasi-égalité de parts me paraît d'autant plus devoir faire présumer la conservation d'une égalité ou quasi-égalité de rang et de condition entre les Burgundes et les Gallo-Romains (malgré l'envahissement subi par ces derniers) que, chez les peuples Germains, les terres se partageaient selon la dignité des personnes : *Agri secundum dignationem partiuntur* (Tacit., Germania, § xxvj).

Et, quant aux personnes, envahisseurs ou envahis, tous ont continué à conserver leur état, à cohabiter et à vivre ensemble en société ou communion de droits et d'hospitalité : usages ; mœurs ; état social ; institutions civiles, municipales et même administratives des uns et des autres ; tout a été mis et maintenu en commun, les lois gothes et burgundiennes traitant à peu près sur le pied de l'égalité, le Goth, le Burgunde et le Gallo-Romain ; et, dans cette communauté générale, la civilisation romaine plus avancée, plus perfectionnée, a eu la plus grande part; elle a envahi et dominé la civilisation grossière et barbare des envahisseurs ;

l'administration civile des Romains a continué à subsister ; peu s'en est fallu même que l'administration politique ne s'y soit maintenue et n'y ait conservé quelque autorité; car, si l'autorité politique des chefs Goths et Burgundiens a dû prévaloir et a en effet prévalu, l'autorité politique supérieure de l'Empire a continué à être reconnue; elle n'a jamais été complétement effacée ; et quelque faible qu'elle fût devenue, lors même qu'elle n'était presque plus qu'une ombre, c'était encore l'autorité de l'ombre de l'Empire, et cette ombre ou le prestige de cette ombre en a toujours plus ou moins imposé aux envahisseurs.

Tels sont les principaux caractères des invasions gothes et burgundiennes ; mais les caractères des invasions franques et lombardes ont été bien différents.

Arrivés en ennemis envahisseurs, les Francs et les Lombards n'ont presque pas discontinué d'agir en vainqueurs conquérants, et d'exercer plus ou moins, selon les possibilités et les circonstances, leurs droits de conquête et de domination, quoique les Francs aient pu aussi quelquefois être considérés comme des alliés, plutôt politiquement que réellement; et s'ils n'ont pu, sans danger, dépouiller entièrement les envahis, et les réduire en esclavage ou servitude, il s'en faut néanmoins de beaucoup qu'ils aient agi presque en alliés, comme l'avaient fait les Goths et les Burgundes. Aussi les conséquences de leurs invasions ont-elles été beaucoup plus funestes, tant relativement aux biens que relativement aux droits et à l'état des personnes qui ont été abaissées à une position sociale plus ou moins inférieure à celle des conquérants.

Cependant les droits et l'état des personnes n'ont pas été autant affectés et abaissés par l'invasion franque dans les contrées du bassin de la rive gauche du Rhône qui dépendaient alors de la Burgundie, parce que les Francs ne s'y sont pas établis, n'y sont pas restés longtemps, et s'en sont retirés en se bornant à imposer aux envahis des subsides d'hommes et d'argent.

Quant aux Lombards, s'ils ont pu venir dans le bas Dauphiné, ils ne l'ont jamais occupé ; leurs invasions et occupations se sont toujours bornées aux Alpes dauphinoises, ou plutôt aux parties des Alpes Cottiennes les plus voisines de la Lombardie, où il m'a semblé apercevoir, soit dans les institutions, soit dans l'état des personnes et des terres, des traces, des restes de mœurs, de législation ou d'institutions lombardes, des traces de *lombardisme*, et un abaissement de l'état des personnes semblable à celui qu'ont éprouvé les peuples des contrées de l'Italie où les Lombards se sont établis ; c'est ce qui m'a paru résulter de faits et circonstances dont il sera plus amplement question dans les chapitres spéciaux auxquels ils se rapportent : c'est notamment un régime municipal moins libre, moins large que dans le reste du Briançonnais ; c'est un abaissement de l'état des personnes libres, des ingénus, à un état quasi-servile, abaissement également remarqué dans les parties de l'Italie qui ont été soumises à la domination lombarde ; c'est un abaissement de l'état des habitants en général, liés en quelque sorte au sol, à la terre dont il ne leur était pas permis de sortir, tandis que les autres habitants du Briançonnais pouvaient librement circuler dans leur pays et même en sortir ; c'est la recommandation féodale, *avec faculté de changer de seigneur*, selon l'usage du droit féodal lombard ; ce sont des alleux moins libres qu'ailleurs et soumis à certains services ; c'est (à l'instar de ce qui avait lieu dans plusieurs cités de la Lombardie et du Piémont) l'établissement de potestats ou podestats, officiers de justice et de police, institués dans la vallée de Bardonesche, sur le versant italique des Alpes briançonnaises, où ils exerçaient la police municipale et faisaient tous les règlements y relatifs, à l'exclusion des officiers municipaux qui n'étaient que consultés, tandis que, dans tout le reste du Briançonnais, cette police était exercée par ces seuls officiers ; ce sont enfin plusieurs autres circonstances rapportées dans le cours de cet ouvrage et la similitude de plusieurs des lois ou constitutions lombardes avec plusieurs articles des chartes municipo-féodales de Bardonesche.

On s'est beaucoup occupé des positions et conditions respectives des envahisseurs et des envahis après les invasions des Barbares, notamment des Francs, des Goths et des Burgundes, et l'on n'est pas généralement d'accord à ce sujet : les uns ont attribué toute la supériorité de condition sociale aux envahisseurs, comme conséquence du droit des plus forts, du droit de conquête ; les autres ont prétendu au contraire que la supériorité de civilisation des envahis avait conservé à ceux-ci la supériorité sociale ; d'autres enfin ont cru voir une similitude à peu près parfaite de condition entre les envahisseurs et les envahis.

J'incline vers cette dernière opinion, non quant aux Francs, mais quant aux Goths et aux Burgundes envahisseurs de nos contrées, en me fondant sur ce que, sauf quelques particularités relatives aux mœurs ou aux usages respectifs, les Codes goth et burgundien paraissent avoir traité les Barbares et les Gallo-Romains sur le pied d'une égalité presque parfaite[1], ce qui fait présumer l'égalité d'état entre les personnes de même rang ou qualité de

---

[1] C'est aussi l'opinion de M. Guizot : « La condition du Bourguignon et du Romain est la même ; toute diversité légale a disparu ; en matière civile ou criminelle, comme offensés ou défenseurs, ils sont placés sur un pied d'égalité. Les textes abondent en preuves. » (*Histoire de la civilisation en France.*)

chaque nationalité ; et sur ce que, d'ailleurs, ces envahisseurs, qui arrivaient en acceptant le titre et la qualité d'alliés, d'hôtes, n'ont pas dû réduire la population indigène à l'état d'esclavage, ni même la rabaisser à une condition inférieure ; il me semble donc que les supériorités ou infériorités sociales, préexistantes, ont dû se maintenir et continuer à subsister respectivement, tant parmi les envahis que parmi les envahisseurs.

On pourrait aussi être porté à croire qu'à cause de leur origine germanique commune, les lois, les mœurs, les usages de tous les peuples germains envahisseurs devaient être semblables, et produire partout un effet identique dans les provinces envahies.

Mais le pays que les anciens appelaient *Germanie* avait une immense étendue, et de grandes différences dans les mœurs, les usages et la civilisation de ses diverses parties ; les Goths, les Burgundes et les Francs venaient de parties de la Germanie très-éloignées et très-dissemblables les unes des autres sous ces rapports ; les Goths surtout, lors de leur invasion dans nos contrées, avaient déjà longtemps habité ou parcouru l'Italie, où ils avaient eu l'idée et la velléité de se fixer, dont ils avaient dû prendre un peu les mœurs et les usages, en sorte que ce furent plutôt des Gotho-Romains que des Goths pur sang qui pénétrèrent chez les Gallo-Romains ; dès lors, il a pu ne pas y avoir de très-grandes différences entre les envahisseurs et les envahis, et les effets de la cohabitation, des relations sociales des uns avec les autres ont dû devenir moins sensibles qu'ils ne l'auraient été avec des Goths sortis tout récemment de leur terre germanique.

Mais lorsqu'à leur tour les Burgundes, après avoir passé le Rhin, débouchèrent de la Germanie dans les provinces orientales des Gaules, d'où ils s'avancèrent jusque dans le bassin du Rhône, ils n'avaient point préalablement habité au milieu des Romains ; ils n'avaient point eu de relations avec eux, et ils durent apporter leurs habitudes plus pures ou moins altérées (quoiqu'il dût y avoir encore altération, parce qu'ils ne s'avancèrent que lentement et progressivement vers le midi des Gaules, à travers des populations gallo-romaines) ; aussi a-t-on remarqué dans nos contrées quelques traces des mœurs et coutumes des Burgundes qui, sans détruire la législation romaine, sans la modifier sensiblement, ont cependant un peu déteint sur elle, et se sont maintenues, même après les invasions postérieures des Francs qui soumirent les Burgundes et les réduisirent sous leur domination, mais sans venir s'établir ou se fondre au milieu d'eux, en sorte que la Burgundie, quoique partie intégrante ou annexe du royaume des Francs, n'en continua pas moins à former, par son état politique et social, par sa population distincte, un royaume séparé presque entièrement peuplé de Burgundes et d'indigènes Gallo-Romains, avec lesquels peu de Francs se mélangèrent ; aussi les effets de l'invasion franque s'y sont beaucoup moins fait sentir que dans les contrées septentrionales et centrales des Gaules où les Francs se sont établis en très-grand nombre.

Nonobstant l'opinion de Chorier, qui, dans son *Histoire du Dauphiné*, t. Ier, pp. 442 et 457, fait le plus grand éloge de la douceur et de l'aménité des Burgundes, tandis qu'il représente les Goths (Visigoths) comme des barbares qui mettaient tout à feu et à sang, opinion qu'il n'appuie d'aucune preuve et qui me paraît en contradiction avec les faits et les documents historiques, je pense au contraire que les effets des invasions burgundienne et visigothe ont été à peu près les mêmes dans les provinces romaines des Gaules, surtout dans celles du bassin du Rhône. Partout ces deux peuples ont étendu leur invasion ou leur conquête, plutôt à titre d'alliés ou d'hôtes, qu'à titre d'ennemis, circonstance qu'on n'a peut-être pas assez remarquée, et il n'y a presque pas eu de différence dans leur manière d'agir, soit à l'égard des institutions, soit à l'égard des personnes, soit à l'égard des propriétés : ainsi les Burgundes, comme les Visigoths, se sont attribué les deux tiers des terres dont ils ont laissé un tiers aux Gallo-Romains; leurs lois, qui ont consacré ce mode d'attribution ou de partage, ont traité les personnes des envahis avec une assez grande impartialité, à peu près sur le pied d'égalité avec les envahisseurs, tandis que les lois des Francs Saliens établirent de grandes et fâcheuses distinctions entre eux et les Gallo-Romains, et celles des Lombards en Italie réduisirent la population envahie presque à l'état de servitude.

La manière dont le partage des terres a été fait avec les Goths et les Burgundes a beaucoup occupé les historiens modernes ; on s'est demandé s'il y avait eu un partage immédiat et total ou un partage partiel et successif, et si toutes les terres, sans exception, avaient été partagées. Les historiens contemporains ne s'étant point expliqués à ce sujet, et un partage immédiat et total paraissant avoir été impossible et inexécutable (alors surtout que la loi statuait que les Burgundes qui surviendraient ultérieurement n'auraient plus qu'une moitié des terres), on est induit à penser, avec Fauriel et plusieurs autres, que le partage n'a pas été une opération d'un seul jet, entreprise, poursuivie et close dans un délai terminé pour n'y plus revenir ensuite ; qu'au contraire ce partage était pour ainsi dire resté ouvert entre tout Burgunde nouveau venu et tout Gallo-Romain n'ayant point encore reçu d'hôte de la nation conquérante.

Fauriel dit encore, en parlant du partage avec les Visigoths : « On sait vaguement que les Visigoths s'approprié-

» rent les deux tiers des terres cultivées, dans la portion
» de la Gaule qui leur fut cédée *(Visigoth. Codex)*, sans
» pouvoir bien dire comment doit être entendu ce par-
» tage. Il est probable qu'il ne s'agissait pas des deux
» tiers du sol cédé pris en masse, mais des deux tiers
» d'un nombre déterminé de propriétés particulières sur
» chacune desquelles on avait assigné à chacun des con-
» quérants une part ou, comme on disait, un sort. Il s'en
» suivrait de là qu'il n'y eut que les terres des classes opu-
» lentes ou riches de soumises à cette dure loi de la con-
» quête. Il est encore plus probable que cette quantité des
» deux tiers des terres partageables, assignée à chaque
» Goth, ne fût pas même une quantité absolue, égale pour
» tous les partageants, mais une quantité variable à raison
» de l'inégale étendue et de la valeur inégale des terres par-
» tagées. Ainsi la diversité des parts ou des sorts dut sui-
» vre, jusqu'à un certain point et autant que possible, celle
» du rang et du grade parmi les Barbares. »

Je ne crois pas que, comme le dit Fauriel, il n'y ait eu que les terres des classes riches ou opulentes qui aient été soumises à cette dure loi de la conquête ; je pense au contraire que le partage ayant été fait par droit d'hospitalité et en quelque sorte par droit de communion, a dû être plus général et attribuer à chaque envahisseur une part à peu près égale à celle de l'envahi de même rang ou condition ; et, puisque le nombre des envahisseurs était considérable, il a dû n'y avoir que peu d'envahis possesseurs qui n'aient pas subi ce partage ; mais, quelque restreint ou général qu'il ait été, le partage ayant traité d'une manière presque égale l'envahisseur et l'envahi, n'a dû établir entre eux aucune différence.

Toutes ces circonstances me paraissent réfuter victorieusement l'opinion de ceux qui pensent que les Burgundes, arrivant en vainqueurs et en conquérants, auraient traité les envahis comme des ennemis vaincus, et conservé ou acquis une supériorité d'état et de rang sur ces derniers qui auraient depuis lors constitué une classe d'esclaves ou de serfs, ou du moins d'hommes inférieurs aux envahisseurs.

Si les Burgundes avaient traité les indigènes comme des esclaves, ils n'auraient pas certainement envahi si facilement et en quelque sorte sans résistance ; s'ils avaient réduit ces indigènes en esclavage, ils ne leur auraient probablement pas laissé des propriétés, mais surtout ils ne leur auraient pas laissé les deux tiers des esclaves, et la loi Gombette n'aurait pas autorisé les envahis à avoir des esclaves et à continuer d'en posséder ; aucun historien, aucune législation des anciens peuples ne mentionne des esclaves d'esclaves. Enfin, ce qui me paraît lever tous les doutes à ce sujet, c'est que divers articles de cette loi indiquent des ingénus ou libres, tant barbares que romains : *Quicumque ingenuus, tam barbarus quam romanus* (ce dernier mot désignant le Gallo-Romain), et même des comtes ou des juges, tant burgundiens que romains : *Tam Burgundiones quam Romani comites vel judices.*

Mais s'il n'y a pas eu esclavage ou servage de l'envahi, l'envahisseur n'a-t-il pas au moins obtenu, ne s'est-il pas au moins attribué une sorte de supériorité sociale ? Les deux races si différentes des envahisseurs et des envahis n'ont-elles pas au moins constitué deux classes de personnes de rangs et d'états différents ? Je ne le pense pas, car la loi Burgundienne (titre II, *De homicidiis*), qui graduait les peines selon le rang et la qualité des personnes, punissait de peines identiques les voies de fait, les coups et blessures, et même les homicides, de quelque nation, *cujuslibet nationis*, que fussent les coupables ou les victimes. Le titre 26 est même remarquable à ce sujet, car non-seulement il désigne des ingénus ou hommes libres tant burgundes que romains, mais encore il distingue parmi ces ingénus des personnes nobles, des personnes médiocres, et des personnes inférieures des deux nations : *Si quis, quolibet casu, dentem optimati burgundioni vel romano nobili excusserit, solidos quindecim cogatur exsolvere. De mediocribus personis ingenuis tam burgundionibus quam romanis, si dens excussus fuerit, decem solidis componatur. De inferioribus personis, quinque solidis.* Ce titre établit donc une parfaite identité de pénalité et de rang de personnes dans les deux nations ; tout au plus pourrait-on apercevoir une différence de qualification entre les personnes de la classe supérieure, entre les *optimats burgundiens* et les *nobles romains*. Les titres 2, 10, 15 et autres, consacrent encore l'égalité de pénalité entre les personnes des deux peuples.

Aussi, malgré l'invasion des Goths, malgré l'invasion des Burgundes, et même malgré l'invasion et la domination des Francs qui ne paraissent pas s'être établis dans le Dauphiné ni y avoir introduit leurs lois qui font entre les Francs et les Gallo-Romains des distinctions fâcheuses que l'on ne rencontre point dans les lois des Goths et des Burgundes, l'état des personnes gallo-romaines et germano-burgundiennes semble s'y être maintenu respectivement, tel qu'il est résulté pour elles de leurs législations particulières et sans supériorité relative (sauf peut-être un peu plus de prépondérance générale de la législation, des usages et des mœurs de la société romaine) à peu près jusqu'à l'époque de la féodalité qui est ensuite venue apporter à cet état de si notables et si graves changements, mais changements qui ont affecté également l'état des personnes tant burgundiennes que romaines, quoiqu'il soit cependant possible et même probable que la plupart des chefs ou fonctionnaires supérieurs qui commandaient ou administraient, à cette époque, pour le gouvernement burgundien, et qui se sont plus tard érigés en suzerains féodaux, fussent burgundiens, en sorte qu'il est permis de penser que la majeure partie des principaux seigneurs féodaux de nos contrées étaient d'origine burgundienne, à moins qu'on n'admette que les rois de Bourgogne choisissaient indistinctement leurs fonctionnaires politiques supérieurs parmi leurs nationaux et les Gallo-Romains, ce qui est peu présumable.

Traités sur le pied d'une égalité presque parfaite par les lois de Gondebaud, les Gallo-Romains et les Burgundes ont pu et dû conserver plus ou moins longtemps, dans leurs familles et dans leurs terres, l'usage de leurs lois respectives, et il existait encore, sous les anciens Dauphins et même postérieurement, des traces de législation germano-burgundienne que j'ai cru reconnaître dans quelques chartes ; c'est aussi l'opinion de Fontanieu, surtout quant aux pénalités judiciaires : « Ce rachat des peines encourues » par les crimes (dit-il en son Cartulaire manuscrit) était un » reste de la barbarie des lois bourguignonnes qui s'étaient » conservées en plusieurs endroits du Dauphiné. La preuve » s'en trouve dans un assez grand nombre d'actes publics » intitulés *Privilegia et libertates.* »

Mais ce n'est pas seulement quant aux peines criminelles, quant à l'appréciation pécuniaire de ces peines par rapport à la qualité et à l'état des personnes, qu'il est resté dans nos contrées des traces de législation germanique ou burgundienne, comme il en est resté de la législation romaine. Ce serait un très-grand et très-minutieux travail que de rechercher, d'après les anciennes chartes et les anciens usages de chaque localité du Dauphiné, quelles étaient les parties de cette province où l'on pourrait présumer que les populations gallo-romaines ou les populations burgundiennes ont surabondé ou se sont respectivement mieux maintenues. Faudrait-il dire, avec quelques écrivains, que les Gallo-Romains se sont plus spécialement maintenus dans celles de ces localités qui ont conservé des noms d'origine latine ou romaine, et les Burgundes, dans les localités qui ont reçu des noms plus modernes, comme *Bourg*, *Bourgoin*, dont les noms ont conservé la racine du mot *Bourguignon*, comme les lieux qualifiés de *burgus* (*bourg*), dans les écrits du moyen âge, tandis qu'il faudrait présumer d'origine romaine ceux qui y sont qualifiés de *vicus*, *pagus*, *civitas* ? Ce ne sont là que des présomptions bien faibles ; et d'ailleurs il y a, dans ces écrits, dans ces chartes, dans les indications ou traditions locales, et surtout dans les usages, tant de vague et d'obscurité, tant de mélange et de confusion, qu'il est probable que le mélange des deux populations s'est fait à peu près d'une manière uniformément proportionnelle, et que si quelques chartes ont conservé, soit dans leurs dispositions pénales, soit dans leurs autres dispositions, des vestiges de pénalité barbare ou de pénalité romaine, des vestiges de législation civile barbare ou de législation civile romaine, cela devrait provenir plutôt de la qualité barbare ou gallo-romaine des seigneurs desquels ces chartes émanaient. Je me bornerai à rappeler que c'est surtout dans les familles puissantes, dans les grandes familles seigneuriales, qu'il m'a paru subsister le plus de vestiges de la législation germanique ; que beaucoup de ces chartes ont notamment conservé des vestiges de législation civile de nature germanique, principalement par rapport à l'état et à la capacité successorale ou civile des femmes, et des vestiges de pénalité pécuniaire barbare, mais avec de grandes et nombreuses différences dans les chiffres des peines, soit comparativement entre elles, soit comparativement aux chiffres du Code burgundien ou des autres Codes germaniques, différences qui pourraient aussi avoir été influencées par les variations des valeurs des monnaies eu égard aux temps et aux lieux.

M. Moreau de Jonès, dans sa *Statistique judiciaire des peuples du moyen âge*, dit que les Codes arithmétiques des Franks, des Lombards, des Bourguignons et des Visigoths, modifiés ou complétés par les capitulaires impériaux, eurent force de loi depuis l'établissement des Mérovingiens jusque vers le XIe siècle, et que les institutions féodales ne les changèrent même que partiellement.

Ce genre de pénalité s'est maintenu en Dauphiné, dans les terres de quelques principaux seigneurs, surtout dans les terres du domaine des Dauphins, jusqu'au XIVe siècle, jusqu'à Humbert II, qui signala son avénement à la suzeraineté delphinale par une ordonnance du 15 janvier 1334 (Arch. c. c., *Mandatorum*, f° 7), par laquelle il abrogea ce reste de législation barbare, en défendant qu'à l'avenir les coupables pussent racheter leurs crimes par des peines pécuniaires, genre de peine qu'il ne maintint, par un motif de réciprocité, que pour les habitants de Bardonesche à l'égard de ceux de Suze, en décidant (art. 35 de la charte du 4 juin 1336), que si quelqu'un du mandement de Bardonesche tuait un habitant de la châtellenie de Suze, il en serait entièrement absous moyennant le paiement du ban ou de l'amende qu'encourrait un habitant de cette châtellenie qui aurait tué un habitant de Bardonesche.

De tout ce qui précède, on peut conclure avec M. Lenormant, dans son rapport du 16 août 1850, à l'Académie des inscriptions et belles-lettres, que « rien peut-être, dans le
» monde, n'a existé de plus complexe et de plus contradic-
» toire que la barbarie entée sur la civilisation romaine. »

Parmi les rares documents de ces époques anciennes et obscures, je n'ai pu en trouver que très-peu qui soient spécialement relatifs à l'état des personnes dans le Briançonnais. Le principal de ces documents est un testament par lequel le patrice Abbon fait divers legs à l'église du monastère de Novalèse, situé au bas du Mont-Cénis vers le Piémont, et par conséquent très-voisin du Briançonnais où ce patrice avait des biens dont il dispose par cet acte.

Ce testament, dont le premier cartulaire de l'évêché de Grenoble renferme une copie, a été publié par Lecomte, *Annales ecclés. franç.*; par Mabillon, *De re diplomatica;* par Muratori...; il a été fait en 731, la 24ᵉ année du règne de Charles Martel, et renouvelé sous Charlemagne, le 3 mai 789 ; il contient de nombreux legs de biens situés dans diverses localités de la France et de l'Italie, notamment dans plusieurs des vallées briançonnaises.

Le testateur affranchit d'abord quelques esclaves en ces termes : J'ordonne que ceux ou celles que je déclarerai libres, soient tous libres : *Jubeo quos, quas, liberos et liberas esse decrevero, liberi liberœve sint omnes;* il mentionne ensuite des personnes d'états différents qui existent dans ses domaines du Briançonnais, situés dans les vallées de Briançon, *Briancione* ; de Guisane, *Agusiana;* de Nevache, *Anevascha;* et de Vallouise, *Gerontonica* (nom primitif de cette vallée).

Une première disposition de ce testament lègue des biens situés dans le bourg de Briançon et les vallées de Briançon, de Guisane et de Nevache ; elle comprend, dans ces biens, des esclaves, des colons, des affranchis, et même des ingénus ; on y voit figurer aussi un intendant ou gérant d'exploitation rurale, qualifié de *capitolarius*, et qui paraît attaché ou fixé au domaine, quoique cela ne soit pas formellement exprimé : *Similiter et in pago Briantino et Aquisiana et Anevascha, in locis nuncupatis Briancione valle, una cum libertis ac colonis et servis; Annede una cum ingenuis, libertis et servis, Agracianis exoratiana aquis levas cum libertis et servis, vel omnibus adjacentiis ad se pertinentibus, te sacro sancta ecclesia ut habeas volo atque precipio, et colonicas infra ipsam vallem Briantinam et Aquisianam quam de Widegunde conquesivimus unde Bardinus capitolarius est.*

Cette circonstance remarquable d'un legs d'ingénus qui paraissent être attachés à la culture des terres léguées, ne vient-elle pas confirmer ce que j'ai dit relativement à la déconsidération de la condition de cultivateur, déconsidération qui atteignait même les ingénus et les abaissait en quelque sorte à l'état quasi servile de colons? Ou bien encore ne pourrait-on pas attribuer l'état d'abaissement de ces ingénus aux effets de l'invasion des Lombards, qui avaient traité comme des colons et presque comme des serfs, les hommes libres ou ingénus des pays qu'ils avaient envahis? car, s'il y a controverse entre les historiens de l'Italie sur le point de savoir si cette espèce d'asservissement fut générale ou seulement partielle, ils s'accordent néanmoins à reconnaître que beaucoup d'hommes libres furent réduits à la *quasi-servilité* du colonat.

J'ai d'autant plus de tendance à attribuer cet abaissement de condition des ingénus aux invasions ou au moins au voisinage des Lombards, que ce patrice Abbon (s'il n'était Lombard) avait du moins des ancêtres lombards qui lui avaient laissé des biens en Lombardie, ainsi qu'il le dit lui-même : *cella infra regnum Langobardorum, qui vocatur Tollatecus, quicquid ex alode parentum nostrorum michi ibidem obvenit, una cum mancipiis ibi consistentibus, vel omni jure suo, ut habeas volo ac jubeo. Etiam et colonica in valle Diubiasca, infra fines Langobardorum, ubi dicitur Bicciatis, quem parentes nostri et nos ibidem habuimus, ut habeas volo atque precipio;* et il m'a d'ailleurs semblé reconnaître des indices de législation Lombarde dans plusieurs actes ou documents briançonnais, notamment dans les chartes municipo-féodales de Bardonesche.

Ainsi, l'art. 64 de la charte de 1336, qui prive les femmes dotées du droit de succéder à leurs père et mère pour les réduire à la dot qui leur a été constituée, soit par ceux-ci, soit par des frères ou sœurs, n'est que la reproduction de l'art. 14 du titre 14 *De successionibus* de la loi des Lombards.

Un usage, sinon une législation semblable, existait aussi dans la vallée briançonnaise de Queyras (également contiguë à l'Italie), où les femmes et les filles, dotées et même non dotées, étaient exclues par leurs frères des successions des père et mère communs ; et ce n'est que bien longtemps après la publication du Code Napoléon que quelques-unes d'entre elles ont osé commencer à réclamer timidement tout ou partie de leur réserve légale, tant était grande la force de ces anciens usages.

Ainsi, l'art. 52 de cette charte et l'art. 1er du liv. III, tit. 58, § 1er des constitutions siciliennes (qui étaient des lois lombardes) prononcent des peines contre ceux qui blasphèment Dieu et la sainte Vierge.

Ainsi encore, par une exception au droit féodal, presque particulière aux Lombards, ceux-ci avaient la faculté de se recommander à qui ils voulaient, conformément à l'art. 1er du tit. 9, du liv. III de leurs lois : *licentiam habeant commendandi ubi voluerint, sicut antea in tempore Langobardorum consuetudo fuit, in tantum ut suo comiti rationabiliter quod debent* ; de même les recommandés de Bardonesche pouvaient, comme on le verra bientôt, choisir le patron qu'ils préféraient parmi leurs coseigneurs.

Ces rapprochements, et quelques autres que j'ai déjà faits

ou que j'aurai occasion de faire, me portent à penser que ce sont là des vestiges d'invasions lombardes. Au reste, il est possible et même vraisemblable que des établissements de Lombards ont eu lieu dans les Alpes, surtout dans les parties de ces montagnes les plus voisines de la Lombardie, à la suite des diverses incursions qu'ils y ont faites ; et Ladoucette cite un établissement de ce genre, sans néanmoins d'autre preuve que la tradition locale : « C'est à la suite d'une défaite des
» Lombards, que plusieurs d'entre eux, dit-on, traversè-
» rent la Durance, se réfugièrent derrière des replis de
» montagnes, presque vis-à-vis de Guillestre, et bâtirent,
» sur une roche de deux cents mètres d'élévation perpen-
» diculaire, une habitation qui, dans leur langue, s'appela
» *maison de Dormil,* et qui est devenue le hameau de
» Dormilhouse. » (*Hist. des Hautes-Alpes*, p. 34.)

Cependant, la faculté de changer de patron existait aussi chez les Visigoths ; elle a été consacrée par la loi I, tit. III, liv. V de leur Code ; et si les Visigoths s'étaient établis et avaient séjourné longtemps dans les Alpes, on pourrait bien considérer cette coutume de la coseigneurie de Bardonesche comme un reste de législation visigothe ; mais il me semble plus probable que c'est un reste de législation lombarde, soit parce que les Lombards sont venus plusieurs fois dans les Alpes où quelques-uns d'entre eux ont pu faire des établissements, soit parce que l'on y retrouve plusieurs autres traces de lombardisme.

Une seconde disposition du testament d'Abbon est relative à une métairie située dans les colonies gérontaines ou de Vallouise, métairie tenue à titre de bénéfice par un affranchi (dans laquelle est un berger ou chef de bergers, *verbecarius*), et qui est nommée *colonica*[1], vraisemblable-

---

[1] *Colonica*, dit Ducange, *est coloni habitatio et prædium.*

ment parce qu'elle était exploitée par des colons : *Similiter et in Gerentonis colonicas de ipsa ratione Windegundi quæ ad nos pervenerunt, quas Sigualdus libertus noster in beneficio habet, colonicam quam de muliere Gisimundi nomine Panuntia in ipsa valle in tertia*[1] *recepimus, ubi Marius noster verbecarius in ipsa colonica manet; similiter curtem meam Sailliaris, Alpes, prata, ingenua, Veudanum mullinaricum Willavitale.* Voilà donc la preuve de l'existence, dans le Briançonnais, de la tenure territoriale appelée *bénéfice*, et de cette tenure attribuée à un affranchi : *Quas Sigualdus libertus noster in beneficio habet.*

Une clause ultérieure vient ensuite expliquer que le legs de ces objets comprend toutes leurs dépendances, tous leurs accessoires, avec les affranchis, les colons et les esclaves : *Ista omnia supra scripta una cum libertis ac colonis, servis, vel omnibus adjacentiis eorum ad ipsa loca aspicientibus, tu hæres mea ut habeas volo ac jubeo; et colonicas in valle Gerentonica et in Ralis quas ad libertos meos quas ad Theudoadum et Honorium dedi ut ipsi et infantes ipsorum habeant et ad hæredem meam sacro sanctam ecclesiam aspiciant. Ista omnia superius comprehensa, una cum adjunctis adjacentiisque suis, campis, pratis, pascuis, sylvis, Alpibus, montibus, rivis aquarumque decursibus, accisque omnibus cum omni jure vel termino eorum, tu sacro sancta ecclesia hæres mea ut habeas volo ac jubeo.*

---

[1] Etait-ce une tierce-part résultant d'un partage primitif entre un Burgunde et un Gallo-Romain, ou une tierce-part donnée pour complément d'affranchissement, conformément au chap. LVII du Code burgundien ?

Ces expressions ne prouvent-elles pas que les différentes espèces de personnes chargées de l'exploitation, qu'elles fussent des esclaves, des colons, des affranchis et même des ingénus, étaient attachées au sol avec lequel elles étaient données, léguées ou vendues, et qu'elles suivaient entre les mains des divers propriétaires successifs; je ne doute même pas que le gérant, le chef de l'exploitation, le *capitolarius*, et le berger chef, le *verbecarius*, ne suivissent également le sol.

On voit encore, d'après ces stipulations, que, lors même qu'un propriétaire avait donné une métairie à ses affranchis, pour la tenir à titre de colons, cette tenure passait aux enfants de ceux-ci, ce qui n'empêchait pas ce propriétaire de disposer librement de sa métairie, ainsi que des colons et de leurs enfants, car le testateur lègue à son héritière des colonies, *colonicas*, qu'il dit avoir précédemment données à ses affranchis Theudoalde et Honorius. C'était donc toujours la loi de la glèbe, la loi de la terre ou du sol, cette loi agraire des grands propriétaires de cette époque, qui régissait, qui réglait la condition du cultivateur, quel que fût d'ailleurs l'état de sa personne; on a déjà vu et l'on verra encore mieux par la suite qu'à l'époque de la féodalité qui suivit de près celle de ce testament, ce fut surtout la terre qui fut attributive de l'état et de la qualité de la plupart des personnes qu'elle éleva ou abaissa selon que ces personnes en avaient la possession active ou passive, c'est-à-dire selon qu'elles la possédaient ou étaient possédées par elle, selon qu'elles la dominaient ou étaient dominées et asservies par elle.

Enfin, le testateur veut et ordonne encore que ses affranchis de la vallée de Guisane et du bourg de Briançon, avec leur chef Vitalis, qui ont appartenu à ses ancêtres, appartiennent également à l'église, son héritière, et lui fassent une pension (la pension due par les colons) : *Similiter libertos nostros in valle Aquisiana, qui ad parentes nostros aspexerunt, seu et in ipso pago Brigantino commanere videntur, unde Vitalis capitolarius est, ad memoratam ecclesiam heredem meam ut aspiciant et inpensionem faciant volo ac jubeo.*

Cette disposition, ainsi que les précédentes, n'indiqueraient-elles point le résultat des variations et de l'extension du droit de patronage des maîtres sur leurs affranchis dans les derniers temps de l'Empire ? ou plutôt n'auraient-elles pas été faites en conformité de l'art. 17 de la loi burgundienne, peut-être trop empreinte sur ce point de l'esprit des anciens usages des Germains, qui n'élevaient guère la position des affranchis au-dessus de celle des esclaves (*libertini non multum supra servos sunt,* Tacit. *Germania,* § xxv), article d'après lequel un affranchi était toujours censé faire partie de la famille de son maître et appartenir à ce dernier tant qu'il ne lui avait pas payé une certaine somme ou une portion tierce de Romain ; et ce qui paraîtrait venir à l'appui de cette dernière opinion, c'est que, dans l'une des dispositions précédemment citées, le testateur déclare avoir reçu une *colonicam*, dans la vallée Gérontaine, de la femme de Gisimond, nommée Panuntia, pour sa tierce : *Colonicam quam de muliere Gisimundi, nomine Panuntia, in ipsa valle, in tertia recepimus.* Dans cette dernière hypothèse, ce testament serait une preuve de l'introduction, dans cette vallée briançonnaise de la domination et de la législation des Burgundes, ainsi que du partage des terres avec eux par tiers et deux tiers.

En résumé, on voit, dans ce testament, la désignation de la plupart des personnes des dernières classes de la société romaine, avec les effets des lois, des préjugés, des usages précédemment signalés relativement à l'abaissement de la condition de cultivateur ; on y voit encore (outre des esclaves, des colons et des affranchis), un berger ou chef de bergers, un intendant ou gérant agricole, un chef d'exploitation (*capitolarius, capitoul*), un affranchi tenancier d'une métairie à titre de ferme, de colonie ou de bénéfice, et même des ingénus dont l'état était aussi probablement abaissé par leur condition d'agriculteurs ; n'y voit-on pas enfin les mœurs et les usages, modifiés ou introduits par la législation romaine, influencés et modifiés à leur tour par la législation burgundienne, peut-être même aussi par la législation lombarde ?

Il existe encore d'autres preuves, et même des preuves authentiques du maintien de l'esclavage, dans le Briançonnais, pendant presque toute la durée du siècle qui a suivi ce testament : ainsi, il résulte de la chronique du couvent de Novalèse (lib. III, cap. 19), et de deux jugements des années 827 et 880, rapportés dans le recueil de Muratori (t. I, pp. 359 et 484), et dans la préface du cartulaire d'Oulx, que des habitants des vallées briançonnaises d'Oulx et de Bardonesche ont été déclarés esclaves comme issus ou descendants d'anciens esclaves de ce couvent.

Ce fut bientôt après ce dernier jugement que s'opérèrent la création du royaume de Boson et la transformation de la société romano-barbare en société féodale.

Pendant les longs temps de désordres anarchiques qui ont précédé et favorisé cette transformation, il n'y avait plus ou presque plus aucune sûreté pour les personnes et les propriétés, sans la protection d'un homme puissant qui faisait payer chèrement cette protection par l'aliénation totale à son profit de la personne et des biens du protégé auquel il en rendait ensuite la possession ou une propriété souvent assez précaire, moyennant des engagements ou services personnels plus ou moins compromettants pour la liberté et la dignité humaine, et moyennant encore des services. fonciers plus ou moins graves et onéreux.

Presque tous les hommes, même ceux qui étaient libres ou ingénus, perdirent leur liberté et se virent peu à peu, surtout dans les campagnes, ravalés et abaissés à un état qui, s'il n'était pas l'esclavage proprement dit, en approchait cependant de bien près, soit de nom, soit en réalité ; ils devinrent des serfs et leur état fut appelé servage[1] ; le nom, ou plutôt la qualification des maîtres ou patrons, fut aussi un peu modifié, on les appela seigneurs, suzerains.

Il ne resta donc de liberté personnelle que pour le plus petit, pour l'extrêmement petit nombre : plus d'hommes libres, sauf les seigneurs et quelques hommes puissants.

Si les ingénus et les autres hommes libres perdirent beaucoup à cette transformation féodale, les esclaves y gagnèrent peut-être quelque chose : d'abord un changement de qualification, ils devinrent aussi des serfs ; et ensuite, à raison de l'immense augmentation de leur nombre par l'adjonction des nouveaux asservis, la servitude put devenir un peu moins dure pour eux.

Je n'ai pu découvrir combien de temps a duré, dans nos contrées, l'enfantement de cette transformation féodale ; mais elle me paraît avoir été accomplie entièrement au

---

[1] L'asservissement devint tellement général, tellement l'état commun, qu'il atteignit non-seulement les hommes, mais encore toutes choses ; et l'on vit les terres aussi divisées en terres seigneuriales ou dominantes, et en terres serviles ou assujetties ; dans quelques provinces même, la présomption d'asservissement donna lieu à la maxime : *Nulle terre sans seigneur*, maxime qui ne fut pas cependant reçue en Dauphiné ni dans quelques autres provinces, ou, à défaut de titre, on admit, au contraire, la présomption de liberté, ce qui fit donner à ces provinces la qualification de provinces de *franc-alleu*.

commencement du onzième, si elle ne l'a pas été dès la fin du dixième, alors que, dans la décomposition du royaume de Bourgogne, les divers chefs, comtes ou autres, s'attribuaient la suzeraineté des contrées soumises à leur autorité et juridiction.

Mais serait-il vrai, comme on l'a prétendu, que ces usurpations d'autorité, que ces effets de la puissance seigneuriale, que ces graves modifications de l'état des personnes et des terres, que les chaînes et les étreintes de la féodalité, n'aient pas pû atteindre les Alpes briançonnaises?

Je ne le crois pas : on vient déjà de voir qu'il y avait des esclaves, dans le Briançonnais, au VIIIe siècle et au IXe; et ensuite il est très-certain que les comtes d'Albon, après l'expulsion des Sarrasins, avaient sur tout le Briançonnais une grande autorité féodo-seigneuriale qui affectait les hommes et le sol; et, s'il est vrai que les Briançonnais ne se soient soumis que volontairement aux Dauphins, pour échapper à la domination de quelques-uns d'entre eux, cette soumission pourrait bien n'avoir été que le *pacte de recommandation*, pacte qui avait bien quelque chose de volontaire, d'autonome en apparence, et qui pouvait bien être purement volontaire dans quelques cas, mais qui n'était cependant le plus souvent qu'un pacte de volonté contrainte ou forcée, qu'un pacte devenu éminemment féodal, malgré son origine germanique.

Ce pacte qui, dans le principe et selon les lois germaniques, laissait le recommandé libre de sa personne et de ses biens, s'altéra ensuite très-sensiblement par l'abus de la puissance des protecteurs, et il en résulta de grands changements, non-seulement dans l'état des biens, mais encore dans l'état de la personne du recommandé, soit sous le rapport de sa liberté personnelle, soit sous le rapport de son rang social. Ainsi, le recommandé, primitivement ingénu ou libre, finit par voir son état gravement affecté et abaissé, souvent même jusqu'à celui de colon ou de serf attaché à la terre seigneuriale [1], en sorte que ce recommandé, qui d'abord pouvait circuler librement, aller partout où il voulait et changer assez facilement de protecteur ou de seigneur, vit bientôt apporter des entraves à cette liberté; bientôt il ne put plus quitter le sol seigneurial ni changer de seigneur.

La recommandation était donc une institution mixte, à la fois foncière et personnelle, et même plus personnelle que foncière, quoique M. Guizot l'ait classée parmi les tenures territoriales, car elle créait un lien, un devoir de protection, non-seulement pour le fonds, mais encore et surtout pour l'homme qui s'était recommandé, et qui, à son tour, devait assister et servir son protecteur.

Quoique je n'aie point découvert d'acte qualifié de *pacte de recommandation*, applicable aux Briançonnais, et quoique ce pacte ne soit pas stipulé en termes exprès dans leur charte de transaction de 1343, ni dans les divers actes intervenus, soit antérieurement, soit postérieurement, entre eux et les Dauphins, où je n'ai trouvé que la mention suivante : *Hominibus censitis, ascriptiis,* COMMENDATIS, COMMENDATARIIS, ce pacte me paraît néanmoins résulter assez explicitement de divers documents, notamment des reconnaissances générales, de quelques transactions, des actes d'hommage et de plusieurs autres.

Ces expressions des reconnaissances générales : *Dominus*

---

[1] L'art. 30 de la charte de 1330 constate l'existence d'hommes ainsi attachés au sol dans la seigneurie de Bardonesche, d'hommes qui restent dans le fief noble et sont hommes pour ce fief lui-même: *homines qui stant in feudo nobili et sunt homines pro ipso feudo.*

Dalphinus habet plenum dominium in toto Briançonesio, le Dauphin a plein domaine dans tout le Briançonnais[1],

---

[1] Tout le Briançonnais était donc du domaine du Dauphin, relevait de sa mouvance féodo-delphinale, en sorte que tout ce qu'y possédait le vassal était censé provenir de la générosité du seigneur ou de la substance de la terre seigneuriale, et être, en conséquence, une libéralité, un bénéfice ou un fief viager révocable, non-seulement pour cause de félonie, de manque de foi, d'inexécution du pacte exprès ou tacite d'inféodation, mais encore pour cause de mort du vassal ou feudataire. Dès lors, selon le droit féodal le plus pur, le plus absolu, tout ce qui était au pouvoir du vassal au moment de son décès (meubles et immeubles), tout faisait retour au seigneur ou à la seigneurie, au préjudice des successibles du vassal, à peu près de la même manière que, plus tard, en France, tout ce que le roi possédait faisait retour à la couronne au moment de son décès.

« L'autorité des seigneurs était autrefois si absolue et si dure (dit
» Salvaing de Boissieu, *Usage des fiefs*, chap. 92, p. 445), qu'ils dis-
» posaient à volonté de l'hérédité de leurs justiciables, soit que ceux-
» ci eussent fait testament ou non. »

Cependant la rigueur de ce droit était mitigée presque partout, soit par l'humanité de quelques seigneurs, soit par l'intérêt bien entendu du plus grand nombre, car il y avait presque toujours un grand avantage pour eux à ne pas trop mécontenter ou exaspérer les héritiers naturels, et à leur laisser la possession d'un fief pour lequel ces derniers continuaient d'ailleurs à être soumis aux mêmes redevances, aux mêmes services que ceux qui auraient pu être imposés à tout autre nouveau feudataire du fief qui aurait fait retour à la seigneurie. Aussi, dans beaucoup de localités, les seigneurs avaient fait l'abandon de ce droit de retour ou de succession, soit gratuitement, soit onéreusement, moyennant une rétribution plus ou moins forte appelée *relief*, *relievum*, *relevamentum*, « comme si le fief (dit M. Guizot), était tombé par
» la mort du possesseur, et qu'il fallût le relever pour en reprendre la
» possession. » On considérait, en effet, ce droit comme une espèce de chute; et ne serait-ce point par cette raison que quelques actes briançonnais l'ont appelé *echeuta*, *échute?*

Ce droit de relief s'était établi assez généralement en France, quoi-

pourraient même faire penser que tout le Briançonnais lui appartenait. Cependant, si l'on devait interpréter ainsi ces reconnaissances, je contesterais leur exactitude sur ce point comme sur quelques autres que j'aurai occasion de signaler ; car, s'il est vrai que tout le territoire était du domaine ou de la seigneurie du Dauphin, il n'était point sa propriété;

---

qu'il eût été à peu près abandonné dans le cas d'hérédité en ligne directe ; mais il avait été étendu du cas de mutation par décès au cas de changement de possesseur par acte entre-vifs.

Puisque tout le Briançonnais (hommes et choses) dépendait de la seigneurie pleine et directe du Dauphin, le droit de retour héréditaire, ou son remplacement par le droit de relief, devait y avoir été et y avait été, en effet, adopté, avec diverses variations, selon les cas et selon les communautés.

Ainsi, d'après les reconnaissances générales, le Dauphin succédait aux personnes décédées sans enfants, et qui n'avaient point fait de testament ou qui ne lui avaient rien légué ; cependant, le moindre legs qui lui était fait maintenait le testament ; et, dans certaines communautés, les père et mère succédaient à son exclusion ; à Briançon, *intra muros*, les plus proches parents succédaient également, à moins qu'ils ne fussent usuriers ou de mauvaise vie.

Ce droit héréditaire, féodal, n'était pas néanmoins rigoureusement exercé, car, dans plusieurs localités, le Dauphin en avait fait postérieurement l'abandon gratuitement ou pour de faibles rétributions ; et partout les plus proches parents étaient autorisés à traiter avec le châtelain delphinal et obtenaient la remise de la succession moyennant une modique retenue au profit du Dauphin.

Ainsi, le 13 septembre 1317, le Dauphin Jean céda aux habitants de Vallouise, moyennant 25 livres viennoises par an, tous ses droits sur les biens mobiliers des intestats sans enfants, ou de ceux qui ne lui avaient fait aucun legs ; le 2 juillet 1333, Humbert II abandonna, en faveur des habitants des villages voisins de Briançon, ses droits héréditaires sur les biens des intestats, et par l'art. 6 de la charte de 1336, il les céda, en presque totalité, aux habitants de la coseigneurie de Bardonesche, comme l'avaient fait les autres seigneurs par l'art. 10 de

la presque totalité appartenait, au contraire, aux habitants comme propriétaires, ou au moins comme emphytéotes, albergataires, feudataires, fitaires...; c'est ce qui sera expliqué plus particulièrement dans la section : *De l'état des terres.*

Quant aux individus, on pourrait présumer que tous s'étaient donnés, recommandés au Dauphin (à supposer qu'il ne se les soit pas appropriés par usurpation ou par conquête), car, d'après ces reconnaissances, tous, même les nobles, s'étaient reconnus (comme on l'a vu ci-devant, p. 323), les hommes du seigneur Dauphin; tous s'étaient reconnus ses hommes-liges, *ligii, ligati,* liés à lui par des actes de foi et hommage qu'ils prêtaient tous individuellement à chaque Dauphin à son avénement (Arch. c. c.) ; et tous s'obligeaient à l'aider tant du plaict que de la guerre, *tam de placito quam de guerra,* comme cela résulte de ces actes d'hommages ; il paraît même que tous ces hommes liges (sauf les coseigneurs, les nobles, quelques francs-tenanciers, les habitants du bourg de Briançon et quelques autres affranchis) étaient devenus serfs taillables du Dauphin, dont les uns lui devaient le plaict à miséricorde, et les

---

la charte de 1330 ; enfin, il a dû y avoir encore, antérieurement à la transaction de 1343, quelques autres abandons de ce genre que je n'ai pu découvrir.

Mais l'art. 1er de cette transaction fit disparaître presque totalement ce droit dans le Briançonnais, par l'abandon général et absolu qu'Humbert II y consentit (en faveur des communautés représentées en cet acte), de ses droits sur toute espèce de succession testamentaire ou *ab intestat,* en ligne directe ou collatérale, entre héritiers mâles ou femelles, nobles ou non nobles. Ce droit disparut aussi bientôt après dans le Dauphiné, par l'abandon qu'en fit Humbert II dans le statut delphinal de 1349. (Valb., *Hist. du Dauph.,* t. II, p. 448.)

autres le plaict déterminé ou conventionnel : *Omnes, preter illos de Brianzone de burgo et liberi tenentes, sunt tailliabiles comitis, et aliqui predictorum debent ipsi comiti placitum ad misericordiam, et alii placitum determinatum.*

Ce plaict à miséricorde ou à merci, dont la quotité était tout à fait arbitraire et subordonnée à la volonté du seigneur, ne serait-il point un reste d'institution germanique, du droit du maître germain qui pouvait exiger aussi arbitrairement de son esclave ou de son colon, une certaine quantité de blé, de bétail ou de vêtement, que celui-ci était obligé de payer immédiatement : *Frumenti modum dominus, aut pecoris, aut vestis, ut colono injungit, et servus hactenus paret.* (Tacit., *Germania*, xxv.)

Ne serait-ce point cette imposition arbitraire et de bon plaisir qui aurait ensuite été adoptée et conservée pendant et après les invasions des peuples germains, sous divers noms, notamment sous celui de *placitum*, qui caractérisait mieux sa nature, et qui a continué d'être exigée des esclaves, des colons, et successivement des serfs, des vassaux, et surtout des emphytéotes, des feudataires et autres possesseurs ou tenanciers?

Ce *placitum*, ou plaict, était donc un droit, à la fois personnel et réel, qui figurait dans beaucoup d'actes d'hommage, et qui a souvent été modifié et changé en plaict conventionnel ou déterminé, par suite d'accords ou de conventions entre les maîtres ou seigneurs et leurs esclaves, colons, serfs, vassaux, emphytéotes ou autres tenanciers.

Ce droit a beaucoup varié de dénomination par la suite : appliqué aux personnes, il a reçu le nom de *taille*, quoiqu'il y ait eu aussi la taille réelle appliquée aux choses ; il a encore reçu de nombreux autres noms, quoiqu'il ait conservé, dans quelques localités, le nom de *plaict* pour désigner plus spécialement le droit dû au seigneur ou au propriétaire, à la mutation de chaque tenancier.

Si je suis entré dans ces détails sur ce droit, c'est parce que le régime féodal l'a ensuite fait participer du pacte de recommandation ; car le plaict personnel, devenu la taille personnelle, était considéré comme le prix de la protection accordée à la personne, et le plaict réel ou foncier, comme le prix du maintien protecteur de la chose en la possession du recommandé ou de son ayant droit.

Après les inductions tirées des reconnaissances générales, on trouve, dans quelques actes ou documents postérieurs, des expressions qui peuvent faire penser que, s'il n'est point intervenu de pacte exprès de recommandation entre le Dauphin et les Briançonnais, du moins il y avait des obligations de protection et de service réciproques de la nature de celles qui résultaient du pacte de recommandation ; on en trouve notamment dans les actes de foi et hommage dont je parlerai ci-après.

Mais, s'il peut y avoir quelque doute sur le point de savoir si tous les Briançonnais se sont soumis au Dauphin par des pactes de recommandation féodale, cela me paraît résulter assez évidemment des chartes de 1330, 1332 et 1336 pour les coseigneurs et les habitants des vallées de Bardonesche, Rochemolle et Béollard.

On lit, en effet, dans l'art. 1er de la charte de 1330, intervenue entre les habitants et le seigneur François de Bardonesche (charte ratifiée par ses coseigneurs), qu'il s'engage expressément et solennellement à sauver, garder, maintenir et défendre leurs personnes, choses et biens, comme ses hommes fidèles et probes ; et ceux-ci s'obligent, à leur tour, par les articles suivants, à l'assister et accompagner en ses expéditions guerrières, dans l'étendue de la seigneurie, ainsi qu'à quelques autres services.

C'est surtout dans un acte d'association et de fédération, intervenu le 27 juin 1332 entre le Dauphin, les coseigneurs, les syndics des communautés de ces vallées et environ 340 de leurs habitants, que le pacte de recommandation me paraît encore plus expressément stipulé (quoique le mot de recommandation ne s'y trouve pas), puisque l'on y voit, d'un côté, le Dauphin s'engager à avoir et tenir, en grâce et faveur, les nobles, les communautés et leurs hommes, à les aider et suivre, et à faire pour eux la guerre et le plaict contre toutes personnes qui leur auraient fait la guerre, le plaict ou des injures...; et, d'un autre côté, ceux-ci promettre au Dauphin de le reconnaître comme seigneur supérieur, à être ses fidèles serviteurs, et à le suivre, aider, garder et sauver, ainsi qu'à se faire forts de tout leur pouvoir, du plaict et de la guerre, contre les ennemis delphinaux [1].

---

[1] Voici le texte de cet acte, qui peut servir à en apprécier le caractère :

Illustris princeps Guigo Dalphinus..., ex una parte;

Viri nobiles domini Hugo et Franciscus de Bardoneschia, milites, et Guillelmus Chays, syndicus et syndicario nomine universitatum, parochiarum Bardoneschiæ, Beollarum, Rochamollarum, et (suivent les noms d'environ 340 habitants)..., *ex altera;*

Dominus Dalphinus..., pro observatione et corroboratione perpetua veri zeli et dilectionis intimæ quod et quam habet cum nobilibus prædictis et hominibus dictarum universitatum, et quam ipsi nobiles, homines et universitates habent erga dominum Dalphinum..., scientes et spontanei, habita deliberatione consulta, nulla seditione vel caliditate moti, fecerunt, inierunt, et inter se pacto expresso vallaverunt uniones, pacta, conventiones, confederationes et ligas quæ inferius describuntur :

Dominus Dalphinus pacta, privilegia, immunitates et conventiones omnes et singulas olim habitas et concessas per eum cum dictis hominibus universitatum prædictarum apud Ulcium contentas et contenta

Enfin le pacte de recommandation ressort aussi virtuellement de la charte de 1336. Le Dauphin commence par y expliquer, en invoquant le droit des gens, le droit civil et la dette de l'honnêteté, que sa munificence doit se montrer

---

in publicis instrumentis..., ratificavit, emologavit, aprobavit et confirmavit expresse....

Dalphinus universitates, nobiles et homines universitatum habeat, teneat in gratia et favore tanquam suos proprios et fideles, ipsosque nobiles, universitates et homines juvare et sequi, ac pro eis guerram et placitum facere contra quascumque personas quæ dictis nobilibus, universitatibus et hominibus, vel alteri eorum, guerram, placitum vel injurias faceret, teneatur, ultra colles montis Jani et Escalæ duntaxat, et specialiter contra comitem Sabaudiæ.... et contra alias quascumque personas ut supra. Et vicissim prænominati Hugo et Franciscus de Bardoneschia, syndicus et homines... convenerunt, promiserunt Dalphino..., Dalphinum et successores habere et tenere tanquam dominos eorum superiores et consortes pro consortio et pareria quam habet in Bardoneschia Dalphinus, et esse fideles famulares, nec non ipsum dominum Dalphinum, hæredes et successores suos, ac bayllivum Brianconii, præsentes et futuros, sequi, juvare, custodire et salvare, ac fortes totis viribus facere de placito et de guerra contra comitem Sabaudiæ... et contra universitates et personas quascumque a collibus montis Jani et Escalæ ultra in eo casu quo fieret cavalgata, per Dominum Dalphinum vel bayllivum, in qua esset specialiter vexillum burgi Brianconii; et, quum iret extra confines Bardoneschiæ, teneantur in expensis Dalphini; et, in casu prædicto, dominum Dalphinum et ejus bayllivum et gentes suas receprare et reducere cum bonis suis et rebus pro ipsius domini bayllivi et gentium suarum, libito voluntatis.

Item quod dicti nobiles, homines et universitates teneantur totis suis viribus succurrere terram Dalphini ultra dictos colles, si per inimicos Dalphini terra sua obsideri seu offendi præsumeretur, expensis Dalphini.

Item promiserunt et convenerunt nobiles, syndici et homines..., se facturos... cum eficaci diligentia et effectu toto posse... prædicta pacta, conventiones, confederationes et ligas... laudabunt, confirmabunt et ratificabunt, ac de novo facient et inient...

reconnaissante envers ses bienfaiteurs, qu'il veut, en conséquence, récompenser les services que lui ont rendus et que lui rendent chaque jour ses fidèles hommes de Bardonesche, Rochemolle et Béollard ; et, dans le chapitre Ier de cet acte, il s'engage, par un pacte exprès et solennel, à les garder et défendre, ou à les faire garder et défendre par ses officiers du Briançonnais, comme des hommes bons, fidèles et probes, ainsi que leurs choses et leurs biens, de toute violence et injure.

Mais aussi, à leur tour, ces hommes, dans le chap. XV, s'obligent au service militaire envers le Dauphin, à suivre lui ou ses officiers, à leurs chevauchées, dans toute la principauté du Briançonnais, dans les comtés d'Embrun et de Gap, pour combattre les ennemis du Dauphin.

Voilà donc encore les conditions principales, les conditions constitutives du pacte de recommandation : défense du recommandé par son protecteur, services du recommandé au protecteur.

Je ferai seulement remarquer, au sujet de cet acte, que ces recommandés tenaient tellement à la protection delphinale, qu'ils avaient formellement stipulé, dans le chapitre XXVII, que le Dauphin ne pourrait les transporter à un autre, et qu'ils devaient, eux et leurs biens, rester toujours sous la protection de celui qui serait dauphin et prince du Briançonnais.

Ces divers actes ne font pas connaître quel a pu être l'état personnel antérieur de ces habitants ; ils n'indiquent même que d'une manière assez obscure et incertaine quel a pu être leur état personnel à cette époque, quoiqu'il en résulte très-formellement qu'ils n'étaient que des *vilains*, *ignobles* ou *manants* (*villani, ignobiles, manantes*, selon les qualifications de ces actes), des hommes-liges du Dauphin et des coseigneurs ; et que leurs terres n'étaient que des terres rustiques, vilaines ou villanesques, *rusticæ, villanellæ* ou *villaneschiæ.*

Le chap. XXIV de la charte de 1330 renferme une disposition particulière, assez singulière, qui me paraît, comme je l'ai déjà dit, être un reste de législation ou de coutume lombarde. Ce chapitre permettait à chaque habitant de changer de coseigneur; il lui suffisait, pour cela, d'aller célébrer la fête natale du nouveau coseigneur qu'il préférait, dans la partie de la terre coseigneuriale de ce dernier (ce qu'il pouvait faire, parce que le territoire de la coseigneurie était divisé entre les coseigneurs) qui devenait dès ce jour son seigneur, et ne pouvait plus le renvoyer contre sa volonté, à son précédent seigneur.

M. Guizot fait remarquer que la liberté de se choisir un patron dut devenir plus restreinte lorsque les effets de la substitution de la vie fixe à la vie errante, et l'influence de la propriété territoriale qui attache l'homme au sol, commencèrent à se faire sentir.

Ces habitants, qui avaient la faculté de changer de seigneur, n'avaient ni une vie très-sédentaire, ni une résidence extrêmement fixe, quoique l'emplacement de leurs habitations fût circonscrit dans l'enceinte du périmètre des subdivisions du fief coseigneurial; ils menaient une sorte de vie nomade et ambulatoire dans toute l'étendue du fief, car ils avaient pour habitations, des maisons de bois, légères et facilement mobiles (établies probablement sur des traîneaux ou des roulettes) qu'ils pouvaient changer de place à volonté et traîner de l'une à l'autre des subdivisions de la coseigneurie. Cette faculté leur était formellement garantie par cette stipulation des articles xxvij de la charte de 1330, et xix de la charte de 1336 : *Pactum extitit quod homines prædicti possint et valeant, pro libito voluntatis, mutare et ducere domos ligneas de feudo in feudum, absque licentia domini.*

N'était-ce point là un reste des mœurs des Germains, de ces peuples à humeur aventureuse et errante, qui ne se fixaient nulle part, qui n'avaient aucunes villes (*nullas Germanorum populis urbes habitari satis notum est.* [*Tacit.*, *Germania*, § xvj]), qui, déjà venus dans les Gaules, avant César, y étaient demeurés quatorze ans sans résidence fixe, sans avoir eu des maisons, *sans avoir subi un toit*, selon l'expression énergique et caractéristique que César place dans la bouche d'Arioviste : *Germani qui inter XIV annos, tectum non subiissent?* (*De Bello Gallico*, lib. I, § xxxvj). Fontanieu a dit aussi, en parlant des Barbares qui ont envahi le Dauphiné et la Gaule : « Ces peuples n'avaient d'au-
» tres habitations que des tentes dont ils formaient des
» villes mobiles ; ils les transportaient dans tous les lieux
» qui pouvaient fournir à leur subsistance et à celle des
» troupeaux dans lesquels consistaient leurs richesses. »

Mais quelle que soit l'origine de ce droit ou de cette faculté de transporter ou traîner ces maisons de bois de fief en fief, c'était là néanmoins une institution singulière et toute spéciale à cette coseigneurie ; il en résultait un état de personnes également singulier et tout spécial, une sorte de colons nomades, voyageant avec leurs maisons, mais retenus par le périmètre de la seigneurie dans l'intérieur de laquelle ils pouvaient circuler, libres à peu près comme le seraient les poissons d'un vivier divisé en plusieurs compartiments communiquant les uns avec les autres. Cependant le Dauphin leur permit ensuite d'aller vendre leurs denrées dans tout le Dauphiné.

Il résulte donc, des reconnaissances générales et des chartes de 1330 et 1336, ainsi que de quelques autres dont je parlerai plus tard, que les Briançonnais, nonobstant leur prétention d'avoir toujours été libres et indépendants, et de ne s'être soumis aux comtes d'Albon que volontairement et moyennant de grandes réserves, n'ont pas pu résister au régime envahisseur de la féodalité ; qu'ils sont tous devenus les hommes liges de ces comtes ; que tous, sauf les coseigneurs, les nobles et quelques francs-tenanciers de *fiefs*, *mas* ou *alleux*, ont été réduits à l'état de serfs, soumis à des services personnels et réels, au plaict à misericorde ou déterminé, à plusieurs espèces de tailles, de gabelles, à divers droits de justice, de lods, de péage, de relief ou de succession...

A l'avènement de chaque dauphin, ils lui prêtaient individuellement, selon le mode roturier ou plébéien, *modo plebeio*, leur hommage et serment de fidélité, et lui renouvelaient l'obligation de le servir par le plaict et par la guerre.

Les archives delphinales n'ont conservé que les actes d'hommage aux deux derniers dauphins de Viennois, Guigues et Humbert ; les registres de Pilat, protonotaire ou chancelier du Dauphin, contiennent les hommages prêtés à Guigues par tous les habitants du Briançonnais en 1331, 1332 et 1333, et les hommages prêtés à Humbert en 1334 ; ces hommages sont conçus dans des termes à peu près semblables pour les habitants de chaque communauté.

Le premier de ces hommages roturiers des hommes du bourg de Briançon, est du 28 juin 1332 ; ces hommes, au nombre de 326, tous nommés individuellement, y reconnaissent qu'ils ont été et veulent être hommes liges et fidèles du seigneur dauphin, de ses prédécesseurs et de ses successeurs ; qu'ils sont obligés, pour eux et leurs successeurs, à leur seigneur charnel et par-dessus tout à ce seigneur dauphin auquel ils font hommage lige en tenant leurs mains entre celles du seigneur dauphin, et en baisant révérencieusement ses pouces comme cela est de coutume ; ils jurent ensuite, en touchant, avec leurs propres mains, les saints évangiles de Dieu, et promettent, sous la foi du serment de fidélité et hommage, d'être perpétuellement fidèles au seigneur dauphin et à ses successeurs, de n'être jamais d'un conseil ou consentement secret qui aurait pour objet de faire perdre au dauphin la vie ou un membre, ou de lui occasionner quelque mal, ou de porter atteinte à son honneur ; et, s'il parvenait à leur connaissance que le seigneur dauphin éprouvât quelque lésion dans sa personne, ses choses ou son honneur, de le défendre ou d'y apporter empêchement de tout leur pouvoir ; et, s'ils ne pouvaient l'empêcher, d'en instruire le seigneur dauphin et ses officiers, par lettres ou par un messager sûr ; de l'aider du plaict et de la guerre à défendre ses châteaux, forteresses, et tous ses autres droits et choses ; de lui donner un juste secours, conseil et assistance contre ses ennemis et adversaires ; de ne révéler à personne, à son préjudice, les secrets qui leur auraient été confiés, soit par le dauphin, soit par ses officiers ; et d'exécuter et observer tout ce qui était contenu dans les hommages de fidélité anciens et nouveaux [1].

---

[1] *Constituti in præsentia illustris principis domini Guigonis, dalphini Viennensis et Albonis comitis, ac Viennæ palatini, dominique de Turre, infra scripti homines de burgo Briançonii et parochiæ dicti loci confessi sunt ex certa scientia et publice recognoverunt se fuisse, esse et velle esse homines ligios et fideles ipsius domini dalphini, prædecessorum et successorum suorum, et eidem domino dalphino esse in omnibus et ad omnia obligatos in quibus et ad quæ homines ligii et fideles sunt et esse possunt et debent suo carnali domino obligati; et insuper eidem domino dalphino pro se et suis successoribus recipienti homagium ligium fecerunt manus suas inter manus ipsius domini dalphini tenendo et ipsius pollices, ut moris est, osculando et fidelitatis juramentum manibus propriis et tactis sacrosacris Dei evangeliis juraverunt, promiserunt, sub fide præstit ifdelitatis et homagii juramenti, quod ipsi præfato domino dalphino et successoribus suis perpetuo*

Dans les hommages roturiers prêtés à Humbert II, notamment dans celui des habitants de Briançon, du 14 mai 1334, ceux-ci se reconnaissent ses hommes liges, promettent de l'aider tant par le plaict que par la guerre, et lui font hommage et serment de fidélité, également selon le mode plébéien, en lui baisant les mains entre les pouces : *Homagia modo plebeio fecerunt et prestiterunt..., dominum Dalphinum in pollicibus manuum suarum ad reverentiam osculando, et juraverunt...*

Les hommages nobles sont, au contraire, tous faits debout, et en baisant le Dauphin à la bouche, à la manière des nobles : *Stando pedes et osculo oris interveniente, ut moris est*, ou *more nobilium*.

Cependant, si leur état de servage ne résultait que des reconnaissances générales, les Briançonnais pourraient répondre, comme ils l'ont fait dans l'article 9 de leur charte de 1343, qu'ils avaient à se plaindre de ces reconnaissances parce que plusieurs avaient pu tomber dans le labyrinthe

---

erunt fideles, et quod non erunt in secreto consilio et consensu quod idem dominus dalphinus vitam perdat, aut membrum, aut mala capiat captione, seu honor ejus in aliquo consumatur; et si ad notitiam ipsorum vel cujuslibet eorum pervenit quod idem dominus dalphinus pateretur in persona, rebus, aut honore suo, aliquam lesionem, ipsi pro posse suo defendent et resistentiam facient; et si impedimentum prœstare non possent, ipsi domino dalphino et officialibus suis per litteras aut per certum nuncium hoc significare curabunt; et, in defendendis castris, fortalitiis, et aliis juribus et rebus dicti domini dalphini ipsum juvabunt de placito et de guerra, ac ipsi domino contra hostes et adversarios suos justum dabunt auxilium, consilium et favorem, secreta per ipsum dominum dalphinum vel ipsius officiales eis commissa nemini in ipsius prejudicium revelabunt, et omnia alia et singula facient et facere et servare curabunt quæ in antiquis et novæ formæ fidelitatis capitulis continentur. (Suivent 326 noms).

par ignorance, simplicité ou rusticité ; que, dans le préambule de cette charte, ils avaient déclaré ne vouloir consentir à renouveler ces reconnaissances que conformément à ce qui avait été fait, il y avait environ quatre-vingts ans, époque à laquelle tous les droits du Dauphin avaient été convertis en simples redevances pécuniaires pour lesquelles ils avaient déjà payé de grandes quantités d'argent.

Ces droits féodaux n'avaient pas toujours été, en effet, très-rigoureusement exigés, et les Briançonnais avaient souvent obtenu des albergements ou des abonnements à bas prix, des rachats, des réductions et même des abandons presque gratuits de plusieurs de ces droits, surtout de la part des derniers dauphins de Viennois, ainsi que cela résulte de nombreux actes du XIIIe et du XIVe siècle.

C'est environ depuis le milieu du XIIIe siècle que leur position est allée en s'améliorant successivement jusqu'à leur complet affranchissement en 1343. Les habitants du bourg de Briançon ont surtout été toujours mieux traités que leurs compatriotes villageois ; les reconnaissances générales plaçaient déjà ces bourgeois dans une position plus avantageuse, en les présentant exempts, comme les francs tenanciers, de la taille comtale, du plaict à miséricorde ou déterminé, ainsi que du droit qu'avait le Dauphin d'hériter de tous ceux qui ne lui avaient rien légué par leur testament ; et, à une époque dont je n'ai pu retrouver la date, mais qui est antérieure à 1333, tous les habitants du bourg de Briançon avaient été déclarés francs et bourgeois, et avaient obtenu plusieurs immunités ou exemptions de services féodaux.

Ces circonstances sont révélées par un acte d'affranchissement du 2 juillet 1333 (Arch. Brianç.—Arch. c. c., *Pilati*, 1333), dans lequel plusieurs habitants des villages voisins du bourg de Briançon s'adressent au Dauphin, et, après lui avoir rappelé diverses libertés, immunités et franchises des habitants de ce bourg, le prient instamment de les délivrer du joug de la servitude, ainsi que leur postérité, de les affranchir en leurs personnes, biens et choses, et de leur concéder toutes les libertés, franchises et immunités précédemment accordées aux bourgeois du bourg et du château de Briançon, de les unir avec eux, de les rendre participants des mêmes libertés [1], et ils lui offrent, pour se racheter, une somme de sept cent quatre-vingts deniers d'or : *Septies centum et quatuor viginti denarios aureos de pondere aureorum dalphinalium.*

Au moyen du paiement de cette somme, le Dauphin, après une mûre délibération et avoir consulté son conseil général, prenant en considération les dangers imminents de la guerre, la véhémente et affectueuse fidélité que lui avaient témoignée ses fidèles Briançonnais, les bons secours qu'il en avait reçus dans les temps malheureux, voulant user de faveur et de gracieuseté à leur égard, et les traiter à l'avenir de bien en mieux, leur accorda toutes les libertés et franchises qu'ils lui demandaient, tous les droits et privilèges des bourgeois de Briançon avec lesquels il les unit et voulut qu'ils fussent unis [2].

---

[1] *Dominus Dalphinus, instanter requisitus pro parte hominum prædictorum quod ipsos homines et eorum posteritatem in personis, bonis ac rebus affranchiret, et libertates, franchisias, pariter et immunitates burgencium burgi et castri Briançonii concedere dignaretur et impartiri, et cum ipsis burgensibus unire totaliter, et participes et consortes eorumdem efficere in libertatibus eorumdem, franchisiis et immunitatibus ante dictis, et a jugo servitutis eosdem homines dignuretur liberare.*

[2] *Dominus Dalphinus... prenominatos homines fecit, recepit et esse voluit deinceps, cum eorum posteritatibus, burgenses suos burgi et*

Un acte du 26 novembre 1341 (Arch. comm. de Puy-Saint-Pierre. — Arch. c. c. *Pilati*, 1341), conçu en termes presque semblables, déclara également les habitants des communautés de Puy-Saint-Pons et Puy-Saint-Pierre, francs et bourgeois, et leur attribua toutes les libertés et franchises des hommes du bourg de Briançon. Depuis lors, ces habitants ont été qualifiés d'*unis* ou d'*affranchis : Uniti, affranchiti.*

Mais, bientôt après, l'affranchissement devint général ; et, par l'article 35 de la charte de 1343, tous les Briançonnais furent déclarés francs et bourgeois, *franchi atque burgenses*, par Humbert II, qui (dit Chorier, *Hist. du Dauph.*, t. 2, liv. 9, § 18) *tira ainsi ces peuples de la basse servitude*, et introduisit, en leur faveur, une forme d'hommage moins avilissante que celle des roturiers ou des serfs ; cette nouvelle forme consistait à baiser, en prêtant hommage, le seigneur à son anneau ou au dos de sa main, et

---

castri de Briançono, et libertates, franchisias et immunitates per eumdem dominum Dalphinum et predecessores suos quoscumque dictis burgensibus dicti loci et ipsi loco acthenus concessas, simul vel separatim, sub quacumque verborum aut facti forma, dedit et concessit hominibus superius nominatis et posteritatibus suis, adeo quod hiidem cum sua posteritate deinceps libertatibus, franchisiis et immunitatibus predictis, universalibus vel singularibus, gaudere et eis uti, pro suo commodo et utilitate, ubique de cetero valeant, universaliter vel singulariter, quemadmodum singuli burgenses alii loci predicti gaudent, et gaudere possunt, et uti consueverunt, tam in personis quam in rebus et bonis quibuscumque, et eciam nemoribus, pascuis, pasqueyragiis, aquis et aquarum decursibus, atque montaneis, ut hactenus usi sunt et uti consueverunt, et aliis juribus suis quibuscumque pertinentibus et spectantibus, adunihens et unitos esse volens eosdem homines et ipsorum posteritatem, abinde in antea, cum ipsis burgensibus et loco et castro Briançonii predicto...

non entre les pouces, comme les gens du bas peuple, les populaires : *Non autem in pollicibus, sicut faciunt populares.* Ce prince en fit ainsi une classe de personnes intermédiaire entre celle de la noblesse et celle de la roture ou du servage, supérieure à cette dernière puisqu'il dispensait de l'avilissant baiser entre les pouces, selon le mode plébéien, mais cependant inférieure à la classe de la noblesse, qui baisait le seigneur à la bouche.

« Les Briançonnais (dit Brunet, en ses Mémoires ma-
» nuscrits), sont, par les mêmes concessions confirmées
» par tous les rois, déclarés francs bourgeois. Ce titre est un
» mixte entre le noble et le roturier, et subsiste dans toute
» sa force. Lorsqu'un particulier roturier du pays prête
» foi et hommage à la chambre des comptes de Grenoble,
» il ne baise pas la joue comme le noble, ni le pouce comme
» le roturier, mais l'anneau de l'officier qui préside. Par
» une suite de ce privilége, un Briançonnais qui n'est pas
» noble, peut posséder des fiefs dans toute l'étendue de la
» province, sans être tenu de payer au domaine aucun
» droit d'incapacité [1]. »

Voici comment Salvaing de Boissieu s'exprime sur cette qualité d'hommes francs attribuée aux Briançonnais, ainsi que sur la forme de l'hommage qu'ils devaient au Dauphin :
« En Dauphiné, la forme de l'hommage est différente, selon
» la qualité du vassal. S'il est noble, il fait le serment de-

---

[1] Les Briançonnais, à cause de leur qualité de francs bourgeois et de leur capacité de posséder des fiefs, résultant de leur charte de 1343, ont obtenu d'être déchargés de tout droit de franc fief, par divers arrêts mentionnés dans plusieurs documents des archives briançonnaises, et dans une requête de 1737 suivie d'une ordonnance de l'intendan du Dauphiné, du 25 janvier 1738, conforme à ces arrêts, imprimée dans le recueil *Transactions...*, édit. de 1788, p. 99.

» bout et baise le seigneur à la bouche ; c'est pourquoi
» tous les anciens hommages portent ces mots : *Stando*
» *pedes more nobilium atque oris osculo interveniente.*
» S'il est roturier, il met deux genoux en terre et baise
» le seigneur au pouce, ce qui me semble particulier au
» Dauphiné. Il y avait, du temps de nos pères, une troi-
» sième condition de ceux qu'on appelait hommes francs,
» qui était métoyenne entre celle des nobles et roturiers ;
» ceux-là baisaient l'anneau que portait le seigneur, ou le
» dessus de sa main, comme le justifie l'article 35 de la
» transaction passée l'an 1343, entre Humbert, dernier
» dauphin, et les communautés du Briançonnais, aux
» termes suivants : *Preterea idem dominus Delphinus*
» *uberiori favore et gratia prosequendo homines suos*
» *fideles Brianconesii, voluit, statuit et concessit quod*
» *omnes homines predicti et quarumlibet universitatum*
» *predictarum, ex nunc in antea, in perpetuum, franchi*
» *atque burgenses nuncupentur, et deinceps prestare*
» *debeant homagia eorum, osculando dominum Del-*
» *phinum cui ea prestabunt in annulo vel dorso manus*
» *sue sicut franchi, non autem in pollicibus sicut*
» *faciunt populares.* Mais la chambre des comptes ne
» pratique plus cette sorte d'hommage qu'à l'égard des
» Briançonnais. » *(Traité de l'usage des fiefs,* chap. IV).

Ainsi donc, à partir de la transaction de 1343, il n'y a plus eu d'esclaves, ni de serfs, ni même de simples roturiers dans le Briançonnais ; il n'y a plus eu que des francs bourgeois, quelques nobles et le coseigneur de Nevache, car les autres coseigneurs étaient allés s'établir dans le Trièves après l'échange qu'ils avaient fait avec le dauphin Humbert II.

Cependant j'ai souvent entendu prétendre et soutenir, tantôt que, dans le Briançonnais, tous étaient d'égale condition et nobles ou presque nobles ; tantôt, au contraire, qu'il n'y avait point de nobles dans ce pays ; ces deux opinions sont également erronées, et néanmoins elles ont chacune leur cause.

La première de ces opinions est constatée par une ancienne annotation inscrite à la fin du gros registre ou cadastre de la ville de Briançon, et qui est ainsi conçue : *Après que le seigneur Daulphin alors régnant heust affranchi et ennobli les bourgeois dudit Briançon* ; et M. Berthelot, l'un des maires de cette ville, a dit, dans un mémoire publié en 1771 : *Les Briançonnais sont à l'instar des nobles par les droits acquis de Francs-Bourgeois pouvant posséder fiefs.*

L'opinion d'une noblesse universelle, dans le Briançonnais, résulte d'une fausse interprétation de la charte de 1343, qui élevait tous les Briançonnais, sans exception, au-dessus de la classe populaire ou plébéienne, au-dessus de la roture ordinaire, et leur maintenait la capacité de posséder des fiefs, même de succéder aux fiefs, soit en vertu de testament, soit *ab intestat*, capacité que l'article 1er de cette charte reconnaissait non-seulement aux nobles, mais encore aux ignobles ou non nobles et aux femmes.

Monteil, en son *Histoire des Français des divers Etats*, dit qu'il y avait tant d'infractions à la règle générale qui défendait aux roturiers de posséder des fiefs, qu'on pouvait la regarder à peu près comme abrogée. Cette conséquence est susceptible de contradiction : il y avait, à la vérité, un certain nombre de fiefs possédés par des roturiers, et encore n'était-ce qu'un assez petit nombre ; mais ce n'était que par quelques autorisations particulières ou spéciales, et, le plus souvent, par abus ou tolérance ; il était surtout très-rare que la capacité de posséder des fiefs, et de les recevoir et transmettre, héréditairement ou autrement, fût accordée ou reconnue par une charte à tous les ignobles ou non nobles d'une contrée, même aux femmes.

Je dis *accordée* ou *reconnue* ; je devrais dire seulement *reconnue*, parce qu'il me semble résulter du texte de l'article précité que ce n'était là, en quelque sorte, que la continuation des libertés, franchises, priviléges de bon usage et bonnes coutumes des Briançonnais ; c'est même ce qui me paraît prouvé par une procédure de 1393 (Archiv. c. c. Caisse du Briançonnais), relative à la possession des fiefs ou fonds nobles par des personnes non nobles, car on y trouve la mention de possessions de ce genre remontant à trente ou quarante ans, et même à des époques immémoriales, antérieures par conséquent à la charte de 1343 ; et cette antique capacité des femmes de posséder des fiefs, de succéder aux fiefs, n'était-elle pas, comme on l'a déjà dit, un reste de législation germanique maintenu par les usages et les bonnes coutumes des Briançonnais, ou bien par les dauphins eux-mêmes, dans tout le Briançonnais qui était de leur fief delphinal ?

J'ai également entendu faire un autre argument en faveur de l'opinion d'une noblesse universelle des Briançonnais. Dans tous les actes latins des XIIIe, XIVe et XVe siècles, disait-on, les noms de famille des Briançonnais sont toujours écrits au génitif, comme pour indiquer la particule nobiliaire dont, en français, les nobles font précéder leurs noms de famille. Mais, outre que cet usage n'était pas exclusif pour les Briançonnais, la particule *de* n'était point encore usitée, à cette époque, comme signe de noblesse. Salvaing de Boissieu dit (en son *Usage des fiefs*, p. 13), que *les frères du Dauphin, qui n'avaient point de part à la principauté, n'ont pas laissé de porter le même nom, mais au génitif, pour désigner leur maison, au lieu que les dauphins le portaient au nominatif.* Peut-être était-ce aussi dans le même but que cet usage, pratiqué quelquefois et même souvent en Dauphiné, l'a toujours été dans le Briançonnais : ainsi, dans la charte de 1343, François Chaix, syndic de la communauté de Briançon, est nommé *Franciscus Chaissii*, mots qu'il ne faut pas traduire par *François de Chaix*, mais bien par *François Chaix*; il en est de même du syndic Guigonet Léozon, nommé *Guigonetus Leozonis*, et de tous les autres syndics dont aucun n'est noble.

Quant à l'opinion de la non-existence de nobles dans le Briançonnais, elle résulte de ce que la noblesse avait fini par s'éteindre et disparaître presque entièrement dans ce pays, par les motifs que je vais faire connaître ; mais, du temps des anciens dauphins, il y avait, en Briançonnais, des nobles en assez grand nombre, sinon en aussi grand nombre qu'ailleurs en Dauphiné. Il y avait notamment une famille d'Aténulfe, dont on voyait figurer les membres parmi les pariers et les officiers municipaux de Briançon, et dont l'un des ancêtres était cognat du dauphin Guigues le Comte, selon une charte rapportée par Salvaing de Boissieu, en son *Traité de l'usage des fiefs*, p. 484, et qui est signée ainsi : *Dominus Wigo comes, Atenulfus cognatus ejus* ; mais cette famille s'éteignit bientôt, car ce nom, qui figure encore dans quelques actes briançonnais du XIVe siècle, ne reparaît plus dans ceux des siècles suivants.

Ces nobles Briançonnais, que l'on voit figurer dans les reconnaissances générales du XIIIe siècle, dans les recensements de 1339, dans les actes d'hommage des protocoles *Pilati*, dans les chartes de 1330, 1336 et 1343, ainsi que dans beaucoup d'autres anciens actes, avaient quelques droits ou priviléges peu importants qu'ils exerçaient, tantôt privativement, tantôt concurremment avec les coseigneurs ou avec le Dauphin. Ils avaient aussi certaines qualifications particulières dont quelques-unes étaient inconnues dans les autres parties du Dauphiné : ainsi ceux du Queyras étaient appelés *Chaallans, (Chaallani)*, nom qui, selon Du Cange, viendrait de *châtelains* ou *maîtres de châteaux* ; dans quelques endroits, on les appelait *Bavili, bailles, baillis, chefs* ; et il résulte des reconnaissances générales que l'une des plus petites communautés du Briançonnais, la communauté de Servières, qui n'avait peut-être pas même de véritables nobles, appelait prétentieusement *chevaliers* et même *rois* ses principaux habitants, qui étaient tenanciers en parerie d'un fief delphinal : *Tenentarii ipsius loci, scilicet illi qui dicuntur reges et milites, et parerii eorum, capiunt omnes taschias et antiquitus ceperunt, dicentes quod prædictum locum Servariæ et tenementum tenent a domino Dalphino in feudum.*

Peu favorisés par le régime féodal Briançonnais, ces nobles se trouvèrent dans une position encore moins favorable depuis la charte de 1343 qui, par son article 19, les soumettait à contribuer à la redevance stipulée au profit du Dauphin et qui ne leur réservait même pas expressément ces quelques priviléges ou droits qui avaient été mentionnés dans les reconnaissances générales.

Bien plus, la ligne de séparation qui existait précédemment entre les roturiers et les serfs, avait été presque effacée et détruite par l'abolition du servage, par le titre et la qualité de Francs et Bourgeois, conférés à tous les roturiers, serfs ou affranchis, sans aucune exception.

Dès lors, les nobles durent se trouver gênés et mal à l'aise sur une terre hostile et inhospitalière à leurs priviléges et à l'inégalité des rangs, sur une terre qui ne conférait aucuns titres ou droits aux privilégiés de naissance, après une charte qui, en faisant disparaître en grande partie la féodalité et les inégalités sociales, soumettait leurs propriétés à l'impôt territorial, et surtout à côté ou au milieu d'une population d'affranchis, de francs bourgeois, imbus d'idées d'égalité, jaloux de toute supériorité personnelle, qui affectaient de se qualifier souvent de *pariers*, *pairs* ou *égaux*, et qui se croyaient presque nobles parce que, autorisés à acquérir et posséder des fiefs et biens nobles, ils avaient été dispensés de la forme ignoble de l'hommage des roturiers.

Dès lors aussi la noblesse ne put plus prospérer, ni même se maintenir sur cette terre de franchise et d'égalité ; et le nombre de ses membres dut diminuer et alla, en effet, toujours en diminuant pour finir par disparaître presque entièrement au XVIII° siècle, même avant le révolution de 1789. L'extinction et la disparition de la noblesse s'y opérèrent, successivement et peu à peu, par la seule force des choses, par l'affranchissement et l'élévation des classes basse et moyenne à une classe supérieure presque voisine de la noblesse, et surtout par l'action dissolvante et continuellement agissante d'un régime municipal basé sur l'égalité des personnes et des droits, et qui ne reconnaissait aucun privilége de noblesse ou de naissance.

Et cependant il y avait anciennement un assez grand nombre de nobles dans le Briançonnais ; d'après des procédures de recensement que le Dauphin Humbert II a fait faire en 1339 (procédures perdues, mais analysées dans la table des archives de la chambre des comptes faite au commencement du XVIII° siècle), on y comptait environ deux ou trois cents nobles Briançonnais, non compris ceux de la vallée de Queyras et de quelques autres vallées.

Néanmoins ce nombre est allé en diminuant si rapidement, qu'il résulte des documents de ces archives une circonstance remarquable qui a été signalée par Chorier et le curé Albert : c'est que lorsque, sous François I°', on fit le dénombrement des maisons nobles du Dauphiné, en 1549, il fut vérifié que, tandis qu'il y en avait deux mille dans la province, on n'en put trouver que quinze dans tout le Briançonnais ; « mais, depuis cette époque (ajoute le curé » Albert, qui écrivait vers le milieu du XVIIIe siècle), ces » familles se sont éteintes insensiblement ou elles sont » allées s'établir dans d'autres pays, de sorte qu'il n'y a » plus guère d'autre noblesse que celle qui consiste dans » les sentiments. » (*Histoire du diocèse d'Embrun*, t. I, p. 222.)

La noblesse était, en effet, si peu nombreuse à Briançon au XVIIIe siècle, qu'elle ne pouvait être considérée comme constituant seule un ordre, ainsi que cela résulte des écritures des avocats dans un procès contre les habitants de cette ville, à l'occasion des fonctions municipales, et que lorsque en 1788 il fallut distinguer cet ordre pour envoyer un député de la noblesse aux Etats de la province, on ne put trouver qu'un seul noble dans tout le Briançonnais, que M. de Champrouet.

Quelles ont pu être les causes de cette disparition, de cette extinction de la noblesse briançonnaise ? Est-ce la rigueur du climat qui a éloigné de ce pays les anciennes familles nobles? Est-ce la guerre qui les a détruites? Ces causes ne seraient-elles pas celles que j'ai précédemment rappelées, et surtout la charte de 1343, le régime municipal qu'elle consacrait et que je ferai connaître d'une manière assez détaillée, l'affranchissement général qu'elle a opéré, et enfin l'égalité proportionnelle de la répartition de l'impôt, devenu charge réelle des immeubles, au moyen d'un cadastre inexorable qui ne reconnaissait point de terres privilégiées, point de terres exemptes d'impôt ?

Les très-nombreuses pareries qui étaient tenues, non-seulement par des nobles, mais encore par des roturiers [1], pareries qui établissaient des parités, des égalités de droits, et ensuite cette charte qui, en déclarant tous les Briançonnais francs et bourgeois, leur avait inculqué et profondément imprimé l'idée qu'ils devaient être, qu'ils étaient tous libres et égaux entre eux, qu'il ne devait y avoir ni servitudes, ni priviléges personnels, et surtout leur cadastre, ce grand niveleur de toutes leurs terres nobles ou roturières, leur avaient fait prendre la noblesse en antipathie, à cause de ses prétentions à l'exemption des impôts; cette antipathie existait même antérieurement à la charte de 1343, car ils avaient eu soin d'y faire stipuler, en l'article 19, que les officiers delphinaux seraient tenus de contraindre les personnes *nobles* et non nobles, par la saisie de leurs biens et même de leurs personnes, *nobiles et innobiles compellant et compellere teneantur, per captionem pignorum et distractionem ipsorum, et arrestationem personarum si opus fuerit*, à payer aux communautés les tailles que celles-ci établiront pour solder la rente due annuellement au Dauphin, ainsi que ce que ces personnes pourront devoir à ces communautés.

Plusieurs autres articles sont également stipulés contre les nobles et en haine de leurs priviléges, notamment les articles 24 et 29, qui défendent aux nobles d'acheter ou d'affermer les cens et revenus des églises, et de vexer ou de fatiguer, en aucune manière, les marchands, voituriers, voyageurs et autres personnes du Briançonnais, soit en saisissant leur bétail, soit en s'emparant de leurs bêtes de somme pour aller aux chevauchées.

D'ailleurs les Briançonnais, qui se considéraient, depuis

---

[1] *Pro feudis nobilibus et alodialibus quæ tenent populares homines dictarum universitatum* (Charte du 27 juin 1332).

cette charte, comme subrogés aux droits du Dauphin, ont constamment résisté à l'établissement de toute nouvelle noblesse, en sorte que les anciennes familles nobles se sont éteintes successivement, sans être remplacées par de nouvelles.

Et si, avant la charte de 1343, on a pu voir des Briançonnais, réduits à l'état de serfs ou de colons, être attachés à la culture des terres et vendus ou légués avec elles ; depuis cette charte, ils n'ont plus souffert d'atteinte à leur liberté personnelle, à leur qualité de bourgeois francs; on ne les a plus vus liés au sol et vendus ou légués avec lui, à des prix réglés ou tarifés, soit dans les contrats, soit dans les registres ou cartulaires de la chambre des comptes, comme cela a continué d'avoir lieu, jusqu'à la fin du XVIᵉ siècle et peut-être jusqu'à une époque encore plus récente, dans d'autres parties du Dauphiné, où un homme, abstraction faite de toute servitude personnelle, n'était estimé ou tarifé qu'une modique somme de dix à quinze livres, ainsi que le prouvent plusieurs arrêts des archives de la chambre des comptes, mentionnés par Fontanieu en son Cartulaire manuscrit, et, entre autres, un du 26 janvier 1576, qui évalue un homme justiciable, sans terroir, à sept livres six sols de revenu annuel, et en fixe le prix de vente à quinze livres. J'ai encore retrouvé, dans ces archives, un arrêt de notoriété du 24 avril 1589, qui n'en fixe le prix qu'à dix livres [1].

---

[1] Voici le texte de cet arrêt curieux :

« A noz ségneurs des comptes,

» Supplie humblement noble Gaspard de Saint-Auband de Rambaud, Sgʳ. de Villars,

» Comme led. Sʳ. suppliant est en différent de la valleur en fondz

Les idées d'égalité et d'opposition à la noblesse avaient tellement fermenté dans l'imagination et le cœur des Briançonnais, qu'ils n'ont plus voulu tolérer la création de nouveaux nobles parmi eux ; ils ont toujours craint que les distinctions nobiliaires et les priviléges attribués à quelques individus ne vinssent rejaillir contre les autres, et ils se sont constamment opposés, quelquefois même avec violence, à toutes distinctions conférant ou pouvant conférer des priviléges nobiliaires ou personnels, comme contraires aux principes d'égalité consacrés par leur charte et leur régime municipal; les archives de Briançon et celles de la chambre des comptes (*Generalia* XXI, cahiers 33 et 38) en fournissent un exemple remarquable :

En 1644, Louis XIV, à l'occasion de son avénement au trône, accorda un certain nombre de lettres de noblesse, et, parmi ceux qui en obtinrent, se trouva un Briançonnais nommé Jean Prat.

Dès que les consuls de Briançon en eurent connaissance,

» d'ung homme subject jurisdiciable, sans y comprendre aulcungne
» servitude réelle ny personnelle pour corvée ny aultrement.

» Ce considéré, sera le bon playsir de la chambre déclarer ce que
» vault en fondz le prix d'ung homme subject jurisdiciable n'estant
» tenu d'aulcungne servitude personnelle annuelle, ou aultres quel-
» quonqz, si ferez bien. Bonnet.

» Commis M. Claude Armand, conseiller du roy, m^e. auditeur
» céans, pour faire la perquisition requize. Faict au bureau le xxiij^e
» avril m v ^{c}iiij^{xx} et neufz. De Bazemont, Rives.

» Après avoyr ouy le raport de M^r. Claude Armand, conseiller du roy,
» maistre céans, et veu les registres et cartullaires de céans, la cham-
» bre a advallué et advallue l'homme jurisdiciable mentionné en la
» présente requeste, à la somme de dix livres pour une foys, et soit en-
» registré. Faict au bureau le xxiiij^e d'avril mil v ^{c}iiij^{xx}ix. De Bazemont,
» Rives. » (Arch. c. c., *Generalia* XII, n° lxiij).

ils se hâtèrent de convoquer une assemblée de la communauté, où l'on délibéra qu'il serait formé immédiatement, au nom de la communauté, opposition à l'entérinement de ces lettres, comme portant préjudice au cadastre, à la réalité des tailles, et *choquant* directement ou indirectement les libertés acquises à titre onéreux du Dauphin Humbert II.

Vainement Jean Prat recourut au roi et en obtint des lettres de jussion ordonnant l'enregistrement de ses lettres de noblesse; vainement il déclara renoncer à tout privilége nobiliaire dans le Briançonnais, et ne vouloir en user que hors de ce pays et sans qu'il pût en résulter aucune atteinte aux libertés Briançonnaises, la communauté ne voulut rien entendre; elle persista dans son opposition, et l'irritation populaire arriva à un tel point, que les habitants du quartier du Grand-Caire se portèrent tumultueusement à la maison de Prat pour la saper par le bas et la détruire. Ce dernier, effrayé de cette démonstration, offrit de se désister de ses lettres de noblesse, qu'il remit aux consuls pour en faire l'usage qu'ils trouveraient bon. Ceux-ci convoquèrent aussitôt le conseil municipal, qui, par délibération du 20 avril 1645, déclara accepter les offres de désistement du sieur Prat, et décida que la communauté se pourvoirait pour faire rendre un arrêt conventionnel conforme à ces offres, arrêt qui a, en effet, été rendu le 8 mai suivant, sous la présidence de Salvaing de Boissieu, en ces termes:

« Vu...., la chambre, cour des finances, ayant tel égard
» que de raison audit expédient, attendu le consentement
» dudit Prat à icelui, déboute de l'entérinement desdites
» lettres de noblesse, sans dépens. »

Cet incident ne démontre-t-il pas suffisamment pourquoi, depuis la charte de 1343, la noblesse, qui était mal vue dans le Briançonnais et qui n'a jamais pu s'y renouveler au moyen d'anoblissements nouveaux, y a diminué peu à peu, et a fini par y disparaître presque entièrement par suite de l'extinction des anciennes familles ou de leur abandon d'un pays si inhospitalier pour leurs priviléges.

Ainsi, tandis que, selon M. Guizot, le régime municipal aurait occasionné la disparition de la classe moyenne dans le monde romain, il a produit un résultat tout contraire dans le monde Briançonnais.

Dans le Briançonnais, en effet, ce régime a maintenu et augmenté indéfiniment la classe moyenne ; seigneurs, nobles, ingénus, libres, affranchis, colons, serfs, esclaves, tout a disparu, ou plutôt tout s'est égalisé ; tout a passé sous le niveau de l'égalité municipale ; et si la féodalité, si puissante, si vivace partout ailleurs, a pu y apparaître quelque temps, elle n'a pu s'y maintenir en face de la charte de 1343. Et tout cela s'est opéré sans réaction, sans secousse, par la seule force et par la seule énergie de l'action continue et incessante d'un régime municipal contraire à toute inégalité sociale. Comment, d'ailleurs, des seigneuries féodales et une noblesse privilégiée auraient-elles pu se maintenir au milieu d'une population d'affranchis, de francs-bourgeois, sans serfs ni esclaves ?

§ II. — *Etat des Terres.*

Les premiers Briançonnais, au milieu de vastes forêts et de pâturages immenses, devaient naturellement être un peuple de pasteurs, se vêtant de la dépouille et se nourrissant du lait et de la chair de leurs troupeaux ; ils avaient peu de terres arables, et par conséquent ils n'avaient nul besoin d'esclaves pour les cultiver ; ils devaient jouir promiscuement et en commun de ces forêts et pâturages dont les restes forment encore aujourd'hui la principale propriété des communes ; il ne devait par conséquent y avoir alors ni terres privilégiées, ni hommes privilégiés ou supérieurs aux autres, sauf ceux qui avaient été investis de l'autorité par la volonté, le consentement ou les suffrages de leurs compatriotes.

Lorsqu'ensuite ils ont augmenté leurs cultures, mais surtout lorsqu'ils ont reçu la législation romaine avec son municipe, des droits de propriété ont dû commencer à se manifester de diverses manières, à influer sur l'état des terres, et à donner lieu à diverses sortes de tenures territoriales dont je n'examinerai que quelques tenures spéciales, quelques tenures romaines dans leurs rapports avec la législation des municipes, ainsi que quelques autres qui ont apparu dans le Briançonnais et le Dauphiné au moyen âge, dans leurs rapports avec l'état des personnes.

Pendant les premiers temps de la République romaine, la presque universalité des citoyens se composait de propriétaires qui cultivaient eux-mêmes leurs terres, et l'état d'agriculteur était alors honorable et en grande vénération : *Virum bonum cum laudabant,* disait Caton l'Ancien (*De re rust., præfat.*), *ita laudabant ; bonum agricolam, bonumque colonum amplissime laudari existimabantur qui ita laudabatur.* Souvent un consul, en quittant les honneurs et les faisceaux consulaires, allait cultiver lui-même ses champs ; et souvent aussi les suffrages populaires allaient chercher un chef, un consul, un dictateur même, au sein de son exploitation agricole, à la suite de sa charrue et de ses bœufs : *Sic nomina reverenda Fabii, cum induciæ bella suspendebant, inter aratra vivebant ; et, ne virtus langueceret, depositis in gremio capitolini Jovis laureis, triumphales viri rusticabantur. Inde est quod accepimus datos serentibus fasces et mis-*

sas cum currulibus palmatas ; quod agricolas consulares, pastoresque trabeatos, et dictatores inter armenta vestitos (*Latin. Pacat. in panegyric. ad Theodos.*). — *Gaudente terra vomere laureato et triomphali aratro* (Pline l'Ancien, *Hist. natur.*).

Les simples cultivateurs sans fortune pouvaient alors honorablement affermer et cultiver les terres d'autrui, moyennant une rétribution en fruits ou en argent qu'ils payaient aux propriétaires.

Mais lorsque ces propriétaires commencèrent à avoir des esclaves pour se faire aider dans leurs travaux agricoles, lorsque surtout, à raison du nombre toujours croissant de leurs esclaves, ils purent se faire remplacer dans ces pénibles travaux et s'en dispenser totalement, la profession de cultivateur commença à paraître servile, et la considération attachée jusqu'alors à cette profession commença à diminuer progressivement, et finit par cesser presque complètement.

Et quand ensuite les affranchissements vinrent créer une nouvelle classe d'hommes intermédiaire entre celle des esclaves et celle des ingénus ou hommes libres, une classe d'hommes qui jouissaient bien à peu près de la liberté personnelle, mais qui n'en conservaient pas moins toujours une tache originelle que le baptême de l'affranchissement n'effaçait jamais entièrement, ces nouveaux hommes, en quelque sorte incomplets et imparfaits, ces demi-hommes sociaux, sans fortune, sans propriétés, sans ressources autres que le produit de leur force physique et du travail de leurs mains, se trouvèrent obligés de cultiver les terres d'autrui et de les prendre en ferme pour se procurer des moyens d'existence.

La culture des terres devint alors, si l'on peut s'exprimer ainsi, l'apanage servile ou quasi-servile des esclaves et des affranchis, ce qui, joint au peu de lucre qu'elle procurait à cause des exigences des propriétaires, contribua à augmenter de plus en plus la déconsidération des agriculteurs, surtout des agriculteurs-fermiers ; cultiver les terres d'autrui devint presque un déshonneur ; un homme qui se respectait ne put plus devenir le gérant ou le fermier des terres d'un autre ; et la législation vint elle-même ajouter au préjugé de l'opinion, et imprimer une nouvelle tache sur cette profession en la déclarant incompatible avec la dignité curiale, en en faisant même un délit ou plutôt un crime municipal puni de l'exil ou de la déportation [1].

Dès lors on ne put plus cultiver, sans crime ou déshonneur, que ses terres propres, que les terres sur lesquelles on avait un droit de propriété, un *dominium*, et il me semble que ce fut principalement par ce motif que le bail à ferme, *locatio-conductio*, tomba presque en désuétude, et que l'on recourut à une nouvelle espèce de contrat du même genre que l'on emprunta aux Grecs, mais que l'esprit subtil des jurisconsultes sut modifier et *romaniser* à l'usage des personnes qui voulaient pouvoir cultiver les terres d'autrui.

Ce contrat était l'*emphytéose* grecque, contrat qui ressemblait beaucoup au bail à ferme, et que, dans la suite, on a souvent nommé *bail emphytéotique*. Mais on se garda bien de lui donner tout d'abord cette dénomination compromettante ; il fut, au contraire, déclaré par l'empereur Zénon (L. 1, Cod. J., lib. 4, tit. 56), que le contrat d'emphytéose n'était ni une vente ni un bail, mais qu'il consti-

---

[1] L. 92, Cod. Theod. *De Decurionibus.* — L. 30, Cod. Just., lib. 4, tit. 65, et l. 34, Cod. Just., lib. 10, tit. 31. — Novel. 4 de Théodose le Jeune, *Ne curialis prædium alterius conducat.*

tuait une troisième espèce de mode de possession, une espèce de domaine, *dominium*. En conséquence, et afin que chaque contractant pût être réputé maître du fonds, pût être réputé *dominus*, les jurisconsultes imaginèrent de diviser le domaine plein ou entier en deux domaines distincts : le domaine direct, *directum*, et le domaine utile, *utile*. Ainsi, par cette décomposition subtile, par une fiction de la loi, le locateur emphytéote conservait le domaine direct ; et le preneur, qui acquérait le domaine utile ou le produit du domaine, moyennant certaines redevances, pouvait cultiver le fonds comme maître, comme si c'était sa chose propre.

Aussi, lorsque le droit romain fut introduit dans les provinces des Gaules, et surtout dans les cités municipes, ce fut moins le bail ordinaire que le bail emphytéotique que l'on vit intervenir entre les propriétaires et les cultivateurs.

Mais ce remède fictif demeura inefficace, et l'avilissement de la condition de cultivateur devint tel, qu'il reflua même sur le petit propriétaire qui, n'ayant ni esclaves ni colons pour cultiver ses terres, était réduit à la nécessité de les cultiver lui-même ; et, dès lors, tout cultivateur devint un homme d'un rang, d'un état inférieur, et finit même par devenir l'accessoire et l'annexe du fonds qu'il cultivait, par devenir un *fundus* ; et comme l'agriculture a été, est et sera toujours l'élément essentiel et indispensable de la nourriture et de l'existence des peuples, le nombre des cultivateurs, de ces hommes d'une classe inférieure, esclaves, colons, affranchis, petits propriétaires cultivateurs ou autres, dut augmenter infiniment la classe de ces personnes incomplètes, d'un état servile ou quasi-servile, qui les immobilisait avec le sol, tandis que la classe des personnes parfaitement libres et indépendantes, la classe des hommes entiers et complets, dut aller en diminuant progressivement, en sorte qu'il ne resta bientôt plus qu'un petit nombre de personnes jouissant de l'intégralité des droits naturels de l'homme ; et il se forma beaucoup de fonds d'une double nature, à la fois terrestre et humaine, dont l'importance, tant en étendue territoriale qu'en accessoires humains, augmentait la fortune, la force et la puissance de leurs possesseurs demeurés hommes libres et complets ; la terre, ainsi composée, abaissait, annihilait en quelque sorte l'état des individus qu'elle s'était attachés et incorporés, tandis que, au contraire, elle donnait de la valeur, de l'importance, du pouvoir à l'homme qui en était le propriétaire, le maître, et qui, plus tard, sous le régime féodal, a osé s'en dire le seigneur, le suzerain.

Aux temps de la décadence et de la chute de l'Empire, la tenure greco-romaine, appelée emphytéose, paraît avoir été accueillie généralement avec beaucoup de faveur et s'être propagée rapidement, car on la retrouve, bientôt après, dans presque toutes les contrées de cet empire, notamment dans la Gaule méridionale où elle était plus usuelle et plus répandue que le bail à ferme ; et elle dut surtout être maintenue par les Barbares qui, étant des peuples à habitudes plutôt nomades que sédentaires, s'adonnaient peu à la culture, et trouvaient très-commode un genre de tenure qui attribuait une partie du produit ou un revenu au maître du sol, sans l'astreindre à aucune occupation ou surveillance agricole.

L'état des terres et leur tenure me paraissent cependant avoir subi quelques modifications après l'invasion et pendant l'occupation de ces Barbares.

Le partage, qui eut lieu entre ces envahisseurs (Goths ou Burgundes) et les indigènes, n'eut pour objet que les terres cultivées ou mises en état de culture ; les forêts, les montagnes et les pâturages demeurèrent indivis et communs, proportionnellement à leurs parts respectives : *Sylvarum*, *montium et pascuorum unicuique pro rata suppetit esse communionem (Codex Burgund.; Additamentum, tit.* 1, § vj). C'est cette indivision des forêts, des montagnes, des pâturages et terres incultes, où chaque habitant pouvait aller couper du bois pour son usage ou faire paître ses troupeaux, qui me paraît avoir été dans nos contrées l'origine de la plupart des biens communaux sur lesquels quelques hommes puissants, quelques seigneurs, auraient obtenu, acquis ou usurpé des droits de propriété ou de suzeraineté, surtout en abusant de leur puissance féodale. Cependant, comme je ne pense pas que la totalité de ces biens ait été laissée indivise ; comme je crois, au contraire, que, lors de l'invasion burgundienne, beaucoup de chefs ou d'hommes considérables obtinrent de la munificence des rois burgundiens ou s'approprièrent de vastes territoires sur lesquels ils s'établirent avec leurs compagnons, et que, lors de l'expulsion des Sarrasins, les chefs de l'expédition obtinrent aussi ou s'approprièrent de grandes étendues de terrains conquis sur ces infidèles, les possessions de forêts, montagnes, pâturages et terres incultes, par les seigneurs féodaux, me semblent pouvoir être attribuées, les unes à ces dernières causes, les autres à des usurpations féodales.

Ces envahisseurs germains, dont les goûts et les habitudes sympathisaient peu avec les travaux de la terre (*Tacit., Germania,* § XIV.—*Cesar, de Bello Gallico,* lib. IV, § 1), se bornèrent à ensemencer ou plutôt à faire ensemencer leurs champs par leurs esclaves, et s'occupèrent peu d'agriculture, de défrichements ou d'autres améliorations agricoles : *Quand les Barbares prirent des terres* (dit M. Guizot en ses *Essais sur l'Histoire de France), ce fut pour en vivre, non pour les cultiver.*

Les indigènes, au contraire, soit que leurs goûts et leurs usages fussent différents, soit peut-être que l'abandon forcé des deux tiers de leurs terres cultivées leur eût fait sentir le besoin d'en remplacer une partie, se livrèrent à des défrichements, à des essarts sur les terres indivises ; quelques Goths ou Burgundes les imitèrent, et ces défricheurs eurent la prétention d'obtenir la propriété exclusive des portions communes qu'ils avaient défrichées, en conservant encore une moitié de ce qui restait indivis et en friche.

L'injustice de cette prétention fut condamnée par le Code Visigoth, *lib.* x, *art.* ix, et par le Code Burgundien, *cap.* xiij, *de Exartis*, qui décidèrent que quiconque, tant Barbare que Romain, qui aurait fait des cultures ou des essarts dans la forêt commune, en conserverait bien la totalité, mais à la condition d'abandonner à son communiste la possession d'une contenance égale de cette forêt ; et la loi burgundienne, *cap. de Faramannis*, renferme des dispositions analogues à l'égard des autres espèces de défrichements.

Ces dispositions équitables des Codes Visigoth et Burgundien passèrent dans les conventions des particuliers, et il en résulta, dans nos contrées, un nouveau genre de tenure, soit légale, soit conventionnelle, qui, à raison de sa nature et de son but, fut appelée *ad medium planctum* ou *ad complanctum*, c'est-à-dire à *moitié-plant* ou *mi-plant*, à *complant* ou *plant commun*, et qui consistait en un bail d'un fonds stérile ou inculte que le preneur s'obligeait à défricher et à mettre en culture, à la charge d'en rendre la moitié au bailleur, après un temps déterminé qui était le plus ordinairement de cinq ans, l'autre moitié demeurant acquise au preneur qui, dès lors, pouvait en disposer propriétairement, et même la vendre, sauf (en ce cas) le droit de préférence au profit du bailleur, qui devait néanmoins en payer la juste valeur.

Cette tenure devint d'un usage fréquent dans le Dauphiné et ses Alpes, surtout après l'expulsion des Sarrasins pendant l'occupation desquels beaucoup de terres étaient redevenues incultes et en friche ; et comme ce sont surtout les Burgundes qui s'étaient établis dans nos contrées où ils avaient introduit ou propagé cette tenure, on la qualifia de burgundienne, *more Burgundionum,* disent les anciennes chartes.

Une charte du vieux Cartulaire de l'église de Saint-André de Vienne (Isère), citée par Du Cange en son Dictionnaire, au mot *Complanctum,* mentionne un bail de cette espèce stipulé pour la plantation d'une terre en vigne ; il est passé pour sept ans, à la suite desquels le preneur en aura la moitié en alleu dont il pourra disposer propriétairement, qu'il pourra même aliéner par vente, donation, échange... : *Dono tibi ego Gaidinus terram ad medium plantum ad vineam construendam, usque ad annos VII, tali convenientia ut Aimo et uxor sua Arey unam medietatem habeant ad alodum, idest habendi, vendendi, donandi, seu liceat commutandi...*

Mais c'est surtout dans les anciens cartulaires de l'évêché de Grenoble que l'on trouve des exemples de ce contrat dont plusieurs sont assez remarquables, notamment dans les chartes 8, 9, 16 et 17 du premier cartulaire, 25 et 26 du deuxième ; la première de ces chartes de concession à mi-plant ou à complant émane d'Isarne qui a été évêque de Grenoble vers les deux tiers du dixième siècle, et la deuxième de Hotdon, Holdon, Oddon ou Eudes [1], du commencement du onzième.

---

[1] C'était probablement l'évêque de Belley, qui avait quelques terres dans le diocèse de l'évêché de Grenoble.

Le texte de la première explique parfaitement la nature de cette tenure, telle que je l'ai indiquée : *Usque ad annos quinque possideant, œdificent et plantent, et faciant de una medietate quod voluerint post quinque annos ; alia medietas ad potestatem revertatur ; nec vendere, nec alienare non præsumant, nisi a successoribus..., et, si emere voluerint, hoc est vendere, habere, donare, seu liceat commutare, si quis vel egomet, vel canonici nostri contradicere voluerint, non hoc vindicent, sed componant vobis tantum et alium tantum quantum medius plantus valere potuerit.* Cette nature de tenure résulte encore des chartes 25 et 26 précitées ; et cette dernière charte a même cela de particulier, qu'elle contient, non le bail à mi-plant, mais l'exercice du droit de préférence pour l'achat d'une vigne baillée à mi-plant par la charte précédente ; le vendeur y déclare avoir reçu, pour sa moitié, huit sous de l'évêque, parce qu'il n'a pu la vendre ni la donner à un autre sans son autorisation : *Propter hanc vineam* (dit-il), *habui, ex bonis episcopi, VIII solidos, quia non potui alii vendere neque donare sine licentia prædicti episcopi.*

Le texte de la deuxième énonce positivement (ainsi que celui des chartes 8 et 9), que la concession est faite selon la coutume ou à la manière des Burgundes, *more Burgundionum* ; cependant, comme il y est également exprimé, dans une autre phrase, qu'elle est faite selon la coutume des Gaules, Salvaing de Boissieu paraît en conclure que l'usage de cette tenure était à la fois Burgundien et Gaulois. Cela peut être vrai sous ce rapport, que la loi burgundienne avait réglé les défrichements faits par les Gaulois ou Gallo-Romains, de la même manière que ceux faits par les Burgundes ; et, si cette charte se sert indifféremment des deux locutions *more Burgundionum* ou *secundum Galliarum morem,* je ne pense pas que ce soit parce que cette tenure était à la fois gauloise et burgundienne, je crois plutôt que c'était parce que, à cause de la fusion qui s'était déjà opérée profondément entre les deux peuples, entre les deux nationalités, par l'effet de la cohabitation et d'une vie commune sur le même sol, on donnait alors indistinctement la dénomination de Gaulois ou de Burgundes aux habitants de la Gaule burgundienne, comme cela résulte de plusieurs autres chartes, notamment de la charte lxxj du cartulaire de Saint-Hugues et de celle rapportée par Salvaing de Boissieu, p. 447, qui sont datées ainsi : avant que Jérusalem eût été prise par les Gaulois ou Burgundes : *Antequam Hierusalem capta esset a Gallis sive Burgundionibus.* Cela résulte encore de la charte de fondation ou de réorganisation du prieuré de Saint-Laurent de Grenoble, en l'année 1012, par Humbert, évêque de cette ville, charte où Rodolphe, roi de Bourgogne, est dit roi dans les Gaules : *Regnante domino Radulpho rege in Galliis* (Charte de l'abbaye de Saint-Chaffre en Auvergne). Liutprand explique cette double désignation en ces termes : *Burgundiones..., secundum naturale nomen, Galli Allobroges nuncupantur* (*Rerum gestarum,* lib. iij, cap. xij); et Paul Diacre dit également : *Burgundionibus, alias Francis* (*De gestis Langobard.,* lib. iij, cap. iv) les Burgundes, autrefois les Francs, ou plutôt peut-être les Burgundes *autrement* les Francs, car le mot *alias* est presque toujours employé avec cette dernière signification dans les vieilles chartes delphinales.

Au reste, que cette tenure ait été seulement burgundienne ou à la fois burgundienne et gauloise, mais adoptée avec empressement par les Burgundes qui, peu adonnés à l'agriculture, ont dû souvent bailler à défrichement et à complant les terres en friche qui leur étaient échues, elle n'en constituait pas moins une tenure territoriale d'un genre spécial, une tenure à charge de défrichement, qui était, en quelque sorte, la transition, le passage de l'état de pasteur à celui d'agriculteur ; et elle a surtout été très-usitée jusqu'à une époque plus récente, dans les Alpes Briançonnaises, où les mœurs pastorales se sont prolongées plus longtemps que dans les pays de plaine, et où il y avait d'immenses étendues de terrains en friche ou en forêts qui ont été mis en culture.

A la domination burgundienne a succédé la domination des comtes d'Albon, temporairement interrompue ou troublée par l'invasion des Sarrasins ; mais ces derniers ne me paraissent pas avoir modifié les divers modes de tenure territoriale en usage avant eux ; et je n'ai trouvé aucun document qui puisse le faire penser, ni même aucun document de tenure sarrasine, quoique, pendant leur occupation, prolongée dans ces contrées durant plus d'un siècle, ils se soient, selon quelques chroniqueurs, livrés à la culture des terres.

J'ai voulu ensuite étudier la tenure et la possession du territoire briançonnais sous les comtes d'Albon et sous les Dauphins de Viennois, leurs successeurs, afin de tâcher de découvrir les restes de tenures romaines, burgundiennes ou autres ; et j'avoue que, sauf les contrats d'un usage presque général chez tous les peuples, tels que ventes, donations, échanges, etc., sauf les contrats à redevances très-diversement variées, et surtout, sauf le bail emphytéotique qui a continué à y apparaître, soit sous le nom d'emphytéose, soit sous d'autres noms dont je parlerai bientôt, je n'ai presque aperçu de traces d'autres tenures, tant les tenures féodales ultérieures avaient altéré les anciennes tenures à type spécial.

Les plus anciens documents que j'aie pu découvrir sur

l'état des terres, dans le Briançonnais, sont les chartes 148, 243 et 267 du cartulaire d'Oulx.

La charte 148, qui est sans date, quoique postérieure aux deux autres, paraît néanmoins rappeler des tenures plus anciennes; elle contient l'énumération des prestations dues par les divers tenanciers des terres du couvent d'Oulx ; on y voit que ce couvent possédait, dans les vallées briançonnaises, des terres qui avaient déjà la qualité de seigneuriales, *indominicatas*, et qui étaient tenues ou exploitées par des colons moyennant certaines redevances en nature, blé ou foin, selon que ces terres étaient des champs arables ou des prés ; c'est presque à cela seul que se réduisent les indications trop sommaires et trop peu explicites de cette charte.

La charte 243 n'est également qu'un abrégé sommaire un peu plus explicatif. Quoique de l'année 1101, du temps de Guigues le Comte, elle se reporte au siècle précédent et rappelle les services réels ou personnels auxquels la vallée Jarentone (Vallouise) était assujettie envers le comte Guigues le Vieux. Ce sommaire, intitulé Bref de ressouvenir, *Breve recordationis* (comme il y en a plusieurs dans les cartulaires de l'évêché de Grenoble) rappelle, sur l'attestation de six habitants du lieu, que, du temps de Guigues le Vieux, c'est-à-dire au XIe siècle, chaque manse de cette vallée donnait, au mois de mai, XVI deniers de Pavie, ou deux agneaux, deux dizaines de pains et un sextier de vin ; à l'époque de la moisson, XXIV deniers ou l'usage de deux ânes jusqu'à Embrun ou jusqu'à Suze ; à Noël, un sétier de blé, deux épaules (*spallas*), deux pains et deux poules ; et en outre des droits de tasche et de pâturage, ainsi que VIII traîneaux de bois et XXIV troncs qui devaient être transportés à Cayrières (où le Dauphin avait un château) ; enfin le manoir devait XII deniers pour droit de logement, ou recevoir IV militaires.

Indépendamment de ces prestations, lorsque le seigneur faisait cultiver ses propriétés particulières ou ramasser ses récoltes, il lui était dû, à l'époque du labour, quatre journées de corvée ; et, à celle de la fenaison, deux faucheurs et deux amasseurs de foin ; tous ces hommes (bouviers ou laboureurs, faucheurs et amasseurs), étant nourris par le seigneur pour lequel ils travaillaient.

On explique encore que les officiers judiciaires de cette vallée, qualifiée de *potestate*, et qui sont eux-mêmes qualifiés de *potestates*, *potestats* ou *podestats*, recevaient le tiers des droits de justice des plaicts qui avaient lieu devant eux. Ces qualifications sont également, je crois, des *Lombardismes* qui me paraissent, ainsi que le mot italien *spallas* (dont on a latinisé la désinence dans cette charte latine), devoir être attribués à la présence de moines du couvent d'Oulx, situé presque au pied de la pente italique des Alpes, venus assister à cet acte pour faire constater que des prestations du même genre étaient dues à leur couvent par un manse allodial de Cayrière, et qui ont employé ou fait employer ce mot italien ainsi que la qualification de *podestat* des officiers de justice de leur pays ([1]) ; car, dans tous les autres actes de la vallée de Vallouise, qui formait alors une châtellenie briançonnaise, ses officiers de justice sont toujours qualifiés de châtelains, *castellani*.

Enfin, la charte 247 rappelle des services d'un genre semblable dus par le manse de Clément, de la même vallée.

Ces chartes ne nous apprennent que très-peu de chose,

([1]) Ils avaient déjà fait employer cette qualification dans une bulle du pape Urbain II, *ecclesiam sanctæ Mariæ in Segusia et ecclesias quæ sitæ sunt in potestate Briencionis*. (Rivantella, *Cartularium ulciense*, carta 1.)

soit sur la nature de ces tenures territoriales, soit sur l'état des tenanciers ; cependant on commence à y apercevoir des redevances féodales, des services personnels, des corvées, des droits de justice et autres.

Je n'ai plus rien découvert depuis ces chartes jusqu'aux reconnaissances générales du XIII⁰ siècle, reconnaissances dont je vais faire un examen général, mais sommaire, pour tâcher d'apprécier l'état des terres du Briançonnais à cette époque ; voici donc, sauf quelques exceptions locales, ce qui m'a paru résulter de l'ensemble de ces reconnaissances.

Le Dauphin ou seigneur comte, y est-il dit, a *plein domaine* dans tout le Briançonnais : *Dominus comes habet plenum dominium in toto Briançonesio* ; il était donc seigneur de tout le territoire, quoiqu'il y eût un certain nombre de terres allodiales qui avaient la qualification d'*alleu* ou de *mas, allodium seu massum* ; mais ces alleux ou mas étaient aussi assujettis à quelques services ou redevances en faveur du Dauphin, comme cela résulte de cette phrase de plusieurs reconnaissances : *Herma quæ sunt intra metas seu borneas massorum vel alodiorum non debent dare taschiam, ideo quod serviunt cum alodio seu masso.*

On y trouve encore diverses autres mentions de services dus par les alleux ou leurs tenanciers ; ainsi les hommes de l'alleu de Servières, de cet alleu dont les tenanciers pariers étaient appelés *chevaliers* et même *rois*, ne devaient, outre le cens, aucun autre usage, excepté la taille et les chevauchées : *Non debent in aliquid usagium, nisi talliam et cavalcata* ; voilà donc les tenanciers d'un alleu, des tenanciers qualifiés de rois, qui sont assujettis au service de la taille. Des lettres du Dauphin Jean, du 13 septembre 1316, mentionnent des contestations sur des services dus par des alleux ou mas situés dans la châtellenie de Briançon : *Controversia super eo quod alodiis et massis sitis in castellania Brianzonis servicia inde debita nequaquam ad plenum exsoluta...* ; néanmoins ces services n'étaient pas aussi onéreux et serviles que ceux des terres roturières dites *rustiques* ou *villanesques* : *Rusticales, villaneschiœ*.

Les reconnaissances énoncent encore que tous les bois noirs, les cours d'eaux, les pâturages, les pacages, les alpages, les hermes ou terres en friche sont du Dauphin ou du domaine du Dauphin, *sunt domini Dalphini*.

Il semblerait résulter de la généralité de ces termes pris à la lettre, et surtout des expressions précitées, *dominus comes habet plenum dominium in toto Briançonesio*, que, dans le Briançonnais, il n'y avait pas de terre qui ne fût du domaine plein et supérieur du Dauphin, ce qui aurait dû avoir pour conséquence nécessaire d'y faire reconnaître la maxime, *nulle terre sans seigneur*, maxime qui n'était cependant reconnue ni dans le Briançonnais ni dans le surplus du Dauphiné ; il n'y avait pas même de terres plus libres ou moins assujetties en Dauphiné que celles du Briançonnais, de l'Oisans, de Voreppe et de quelques autres lieux où le Dauphin avait *plenum dominium*, plein domaine, ou plutôt *pleine seigneurie*, expressions qui signifiaient que, dans ces terres, il n'y avait pas d'autres seigneurs que le Dauphin, d'autre seigneurie que la sienne, qui, à cause de cela, était totale, pleine, *plenum dominium* ; encore moins faudrait-il interpréter ces mots : *plenum dominium* et *sunt domini Dalphini*, par *pleine propriété*, où *appartiennent au seigneur Dauphin*, car le Dauphin n'avait presque aucune propriété dans le Briançonnais.

Au reste, quelle que soit l'interprétation que l'on puisse donner à ces mots insérés dans des reconnaissances émanées d'enquêtes faites par turmes et reçues par des commissaires delphinaux qui avaient une tendance naturelle à employer des expressions extensives des droits du Dauphin au delà des titres ou droits primitifs demeurés inconnus, les Briançonnais ont pu, depuis la transaction de 1343, appliquer à leur pays la maxime contraire : *toute terre sans seigneur*, car les droits que leur seigneur le Dauphin y a conservés depuis lors, étaient moins des droits seigneuriaux que des droits de souveraineté ou de quasi-souveraineté.

Cependant si, avant cette transaction, le Dauphin avait le domaine plein, la seigneurie pleine et universelle sur la totalité du territoire Briançonnais, on pourrait presque dire qu'il n'était propriétaire d'aucune partie de ce territoire, sauf des châteaux et de leurs dépendances ; car, surtout depuis qu'il s'était soumis à vendre dans l'année les terres qui pourraient lui échoir dans ce pays, je n'ai découvert aucun titre de propriété territoriale en sa faveur ; et si les reconnaissances qui lui attribuent le plein domaine devaient être prises à la lettre, ne faudrait-il pas encore les interpréter en ce sens que le Dauphin seul seigneur supérieur y aurait obtenu, par l'effet des pactes de recommandation, un plein et entier domaine dont il aurait ultérieurement rétrocédé ou aliéné le domaine utile, en retenant ou conservant seulement le domaine direct et honorifique.

Mais c'est surtout après la transaction de 1343 que les attributions de propriété territoriale se dessinent plus nettement dans le Briançonnais. A partir de cette époque, les forêts, les cours d'eaux avec leurs lits, rivages et îles, les montagnes, les terres pastorales ou en friche, et généralement tous les biens qui n'étaient pas l'objet d'une propriété privée, apparaissent, non plus au pouvoir des dauphins, comme semblaient le dire les reconnaissances, mais au pouvoir des communautés, à l'exception de quelques-uns qui sont possédés par des églises ou par des établissements religieux.

Quant aux terres cultivées et aux prairies, elles étaient, en général, possédées à titre privatif, par les habitants, moyennant certaines redevances de diverses natures, ce qui pourrait faire présumer qu'elles provenaient en grande partie, ou peut-être en totalité, d'anciennes concessions ou rétrocessions à titre d'inféodation, d'emphytéose, d'albergement ou affitement, de bail à complant ou à mi-plant, à mi-produit ou à mi-fruit, quelquefois de vente ou de donation, et rarement de bail à ferme à prix d'argent; cette dernière espèce de contrat était même presqu'inusitée alors dans le Briançonnais.

Ces baux à complant, universellement en usage dans ce pays, ainsi qu'on peut l'induire de presque toutes les reconnaissances [1] et de divers autres actes qui en mentionnent, recevaient diverses conditions ou modifications résultant des conventions ou stipulations particulières, sans perdre pour cela leur nature de bail à défrichement ou à complant, car ils avaient toujours pour objet le défrichement moyennant restitution au bailleur d'une certaine portion du fonds défriché, avec droit de préférence en faveur de celui-ci, au cas de vente de l'autre partie par le défricheur.

Dans quelques communautés, chacun pouvait faire des défrichements, moyennant la restitution de la moitié, du tiers, ou d'une autre quotité des terrains défrichés, le surplus restant acquis au défricheur, qui pouvait en disposer et le vendre à sa volonté; dans quelques autres, au contraire,

---

[1] Quelques-unes imposent même aux habitants l'obligation de faire le complant, *facere complanctum.*

le défrichement et la vente ne pouvaient avoir lieu qu'avec la permission du seigneur Dauphin ou de ses officiers ; mais les tenanciers de biens allodiaux pouvaient y faire librement des défrichements, des complants, et en disposer.

Cependant le bail à complant avait été considérablement modifié dans beaucoup de localités ; on y avait converti la restitution d'une portion du terrain défriché en une redevance en récoltes appelée *tasche* ou *tasque* (*taschia* ou *tasca*). Les habitants avaient le droit de faire des essarts ou défrichements dans les hermes et pacages ; mais ils ne pouvaient acquérir ainsi, sans une concession du seigneur, la propriété des terrains défrichés dont ils ne conservaient que la jouissance en payant la tasche [1] qui consistait en une certaine quantité de gerbes qu'ils étaient tenus de donner chaque année au Dauphin ; la communauté de Vallouise et plusieurs autres pouvaient même faire ces défrichements de leur propre autorité perpétuelle et sans payer de tasches : *Communitas vallis Vallisputæ potest facere essarta, in omnibus prædictis, sua auctoritate perpetua, et inde non debentur taschiæ comiti domino.*

Cette conversion du bail à complant en bail à tasche remontait alors à une époque assez ancienne, car on voit déjà ce droit de tasche figurer à Vallouise, dès le XIIe siècle, dans le bref rappelé par la charte précitée de 1101, bref qui, en

---

[1] *De hermis seu pachecos, cum faciunt ibi essarta, tenentur domino reddere taschiam, licet non possint ea appropriare sibi, nisi de concessione domini.* (Plusieurs reconnaissances du registre *Probus*.)

De pascuis, pategiis, nihil faciunt domino, licet si volunt homines possunt ea essertare, et de ipsis essartis faciunt taschias domino ; tamen ipsam terram essartatam non possunt ad se retinere vel ad se appropriare, nisi prius concordaverunt se cum domino Dalphino vel ejus castellano ; vero domum facere in eadem... (Reconnaissance d'Oulx.)

mentionnant un droit de pâturage et un droit de tasche payables par chaque manse et chaque année, l'un à l'époque du pacage, l'autre à la fête de Saint-Michel, sembleraient indiquer pourquoi le défrichement était permis aux habitants de cette vallée, sans autre droit spécial de défrichement.

Ce droit de tasche, qui se percevait en nature sur les récoltes et sur le sol, comme on peut le voir dans les articles 5 des chartes de Bardonesche, de 1330 et de 1336 [1], mais qui était aussi quelquefois converti en argent, continuait à affecter les terrains défrichés, lors même qu'ils cessaient d'être cultivés en céréales, soit qu'on en fît des prés, soit qu'on y construisît des maisons : *Tenentur dare taschiam de terris, et de pratis et domibus.*

La tasche de défrichement avait été étendue même à la conversion d'une prairie en terre labourable ; ainsi, on lit dans les reconnaissances de la communauté du Monestier, que toutes les terres doivent la tasche au seigneur Dauphin, excepté les prés, à moins qu'on ne fasse de ces prés des terres arables : *De omnibus terris quas tenent, debent dare taschiam domino Dalphino, exceptis pratis de quibus pratis si terram faciunt, debent dare taschiam.* La vallée de Vallouise était cependant affranchie de cette tasche des prés, probablement par le motif ci-devant indiqué, car on lit encore, dans le bref de 1101 : *Si quis vero pratum suum laborare voluerit, non dabit ulterius tascam.*

---

[1] Il résulte de ces deux articles que, dans le fief de Bardonesche, le seigneur avait, pour droit de tasche, la quatorzième gerbe que son mistral devait venir recevoir sur le champ où elle avait été cueillie, après réquisition du tenancier, lequel, dans le cas où le mistral ne venait pas la recevoir, pouvait, en laissant cette quatorzième gerbe sur le sol, enlever le surplus de la récolte.

Plus tard et par lettres du 16 septembre 1317, le Dauphin Jean autorisa la conversion impunie et gratuite des terres en prés : *Terras suas, si expedierint et voluerint, possint, si voluerint, apprayre et de ipsis prata facere licite et impune.*

Enfin, dans quelques endroits, les nobles percevaient, tantôt la totalité, tantôt une partie de ces tasches conjointement avec le Dauphin ; et, dans les mas ou alleux, elles étaient perçues par les tenanciers de ces biens.

Mais, dans la suite, les communautés étant devenues, ou plutôt peut-être redevenues propriétaires des montagnes, des pâturages, des terres incultes ou en friche, des alpages ou communaux (*alpagiis vel communitatibus*, comme les appelle l'article xv de la charte de 1330), choses qui leur appartenaient anciennement (*remaneant communitati ut antiquitus consueverint*, dit encore cet article), les communautés en ont réglé à leur gré les modes d'usage et de jouissance. Ainsi plusieurs règlements municipaux des communautés déterminent les époques auxquelles les habitants peuvent y aller faucher, cueillir de l'herbe, conduire les bestiaux, les faire paître, etc., sans cependant qu'aucun article de ces règlements autorise des défrichements nouveaux moyennant une part du mi-plant ou complant, ou moyennant le droit de tasche. Plusieurs de ces règlements contiennent même des articles singuliers ou peu communs ; je n'en indiquerai ici qu'un seul, l'art. 34 du règlement de la communauté d'Arvieu qui établit, en faveur des veuves, le privilége de *faire faucher*, dans les prés communaux, *avec tel nombre d'hommes qu'elles pourront avoir*, deux jours avant l'ouverture de ce droit en faveur des autres habitants.

Malgré ces altérations et dégénérescences ultérieures du bail à complant, l'usage si fréquent qu'ont fait les comtes d'Albon et les anciens Dauphins de ce bail de nature burgundienne n'était-il pas encore une présomption en faveur de l'opinion que j'ai émise sur l'origine de ces seigneurs et sur la conservation du droit burgundien dans leur famille et dans les terres de leurs domaines [1] ?

La tenure emphytéotique reparaît aussi fréquemment et sous diverses dénominations, soit dans ces reconnaissances, soit dans beaucoup d'autres actes anciens, et souvent avec des influences ou des modifications qui me semblent de nature féodale.

Cette tenure pouvait, en effet, s'adapter très-bien au pacte féodal, qui, comme le pacte emphytéotique, séparait le domaine direct ou supérieur du maître ou seigneur, de la possession matérielle du domaine inférieur, par le tenancier emphytéote ou le vassal; il devait donc être naturel que le contrat féodal empruntât beaucoup au contrat emphytéotique gréco-romain, qui était le plus généralement usité dans nos contrées entre les propriétaires fonciers et les cultivateurs. Aussi la réaction romaine et l'envahissement de l'emphytéose sur l'inféodation se manifestèrent, se réalisèrent de plus en plus: la reconnaissance du domaine direct du propriétaire (avec addition de l'hommage à raison de la qualité du maître lorsque celui-ci était seigneur du tenancier) devint la reconnaissance du domaine direct et supérieur du seigneur; le pacte commissoire emphytéotique devint la commise féodale du contrat

---

[1] Peut-être même la distinction des anciennes nationalités Germano-Barbare et Gallo-Romaine des personnes, souvent mentionnée dans le code burgundien, s'était-elle aussi conservée dans le Briançonnais jusqu'au XIVe siècle, puisqu'on la retrouve, sinon spécifiée, du moins indiquée dans les articles x de la charte de 1830 et xj de celle de 1836, en ces termes: *cujuscumque nationis et conditionis existent.*

d'inféodation ; les lods emphytéotiques devinrent les plaicts féodaux ; enfin, lorsque l'emphytéose, temporaire dans le principe, devint perpétuelle, ce qui paraît avoir eu lieu à peu près à la même époque que celle où les fiefs sont devenus héréditaires, il n'y eut presque plus de différence entre ces deux espèces de contrats, « l'usage les ayant con- » fondus en communiquant les propriétés des uns aux » autres, » dit Salvaing de Boissieu en son *Traité du Plaict seigneurial*, p. 7, tant la législation romaine avait réagi sur les institutions germaniques et tendu à les romaniser, non-seulement en la forme, mais encore au fond. On peut donc dire que si le pacte féodal était germain dans son origine, dans son essence primitive, il était devenu, dans nos contrées, à peu près romain en réalité.

« Le rapport entre le fief et l'emphytéose (dit encore » Boissieu[1], *Usage des fiefs*, p. 73), est tel en beaucoup de » cas, que l'argument de l'un à l'autre est reçu par les doc- » teurs, quand il n'y a pas diversité de raison ou disposi-

---

[1] La principale différence que Salvaing de Boissieu paraît établir entre le fief et l'emphytéose, c'est que, dit-il, « l'origine de l'emphy- » téose n'est pas noble comme celle du fief ; » et je pourrais ajouter qu'il m'a paru que, malgré l'identification presque complète du fief avec l'emphytéose en Dauphiné, on réservait plus spécialement le nom de fief aux inféodations entre seigneurs ou nobles, et le nom d'emphytéose ou d'albergement qui en est le synonyme dans nos contrées, aux inféodations par des seigneurs ou des nobles, à des roturiers ou à des communautés ; c'est du moins une distinction qui me paraît avoir été faite souvent dans les actes du XIVᵉ siècle, notamment dans la charte de Bardonesche de 1330, dont le titre du chapitre 4 applique le mot *Albergamentum* aux fiefs roturiers, en ces termes : *De feudis Villaneschiis albergamentum*, tandis que le titre du chapitre 7 se sert, au contraire, pour les fiefs nobles, du mot *feudum* : *De feudis nobilibus et allodialibus*.

» tion contraire en l'un des deux. » Et le président Favre reconnaît tellement cette assimilation, qu'en son Code, il traite conjointement du fief et de l'emphytéose, qu'il paraît réunir et confondre en disant : *datio in feudum vel emphyteosim... feudum emphyteuticarium.*

Ne trouve-t-on pas également, dans beaucoup d'actes des archives delphinales du XIIIe et du XIVe siècle, notamment dans l'article 22 du statut delphinal, ces expressions : *Dare in emphyteosim vel in feudum ?* N'y trouve-t-on pas aussi des actes d'emphytéose, qualifiés de ce nom, passés par les Dauphins, et contenant la stipulation de fidélité, comme dans les actes d'inféodation, avec lesquels il y a similitude parfaite, sauf celle du nom ; on peut même suivre à peu près, dans les vallées briançonnaises, la transformation de l'acte d'emphytéose en acte d'inféodation.

Dans quelques vallées, en effet, et surtout dans les vallées les plus voisines de l'Italie, l'emphytéose reçut un nom qui reparaît souvent dans les reconnaissances, et qui me semble provenir de cette assimilation féodale, et être à peu près l'équivalent de *fief* ou d'*inféodation* ; elle fut appelée *affidamentum, affitamentum, affictamentum,* et quelquefois, par abréviation ou contraction, *affitum, affictum,* ou même simplement *fidamentum, fitum* ou *fictum,* ainsi que cela résulte de plusieurs actes anciens : *Fitum seu emphyteosis perpetua,* dit un acte du 20 août 1292 (Arch. Brian.)

Affidamentum ne vient-il pas de *fides, foi* ou *fidélité,* et ne signifie-t-il pas un engagement de la foi ou fidélité du preneur ou tenancier, comme dans le pacte féodal ? *Fitum,* dérivé de *fidamentum* [1], n'est-il pas le synonyme de *fief* ?

---

[1] Cette étymologie du mot *fitum* ou *fictum* me paraît résulter si clairement des anciennes chartes et reconnaissances briançonnaises,

Et cette addition du serment de fidélité ou de l'hommage au contrat d'emphytéose perpétuelle, n'en fait-elle pas un véritable contrat d'inféodation ?

Ces dénominations d'*affidamentum*, *affitum*, *affictum* ou *affictus*, données fréquemment à l'emphytéose dans les vallées briançonnaises contigües à l'Italie et rarement dans les autres, ne seraient-elles point encore des restes des invasions ou du voisinage des Lombards ? Ne seraient-elles point des lombardismes ? car elles paraissent avoir été plus particulièrement usitées chez les Lombards. *Affictus*, dit Du Cange, *penes vulgare Langobardorum et Thuscanorum...*

Mais dans les Alpes, ainsi que dans les contrées voisines de ces montagnes, l'emphytéose perpétuelle recevait le plus souvent un autre nom que j'ai déjà cité ; on l'appelait *albergement*, *albergamentum* (*albergamus et in emphyteosim ac albergamentum damus*, Valb., *Hist. du Dauph.*, t. 2, p. 134) ; le maître ou bailleur était appelé *Albergateur*, et le preneur, *Albergataire*. Il y a encore, dans le Briançonnais, et surtout dans la vallée de Queyras, un certain nombre de personnes portant le nom d'*Alberge*, dont les ancêtres étaient probablement des tenanciers albergataires ; il y en a aussi beaucoup du nom d'*Albert* ou *Aubert*, qui n'est pas aussi spécial à ces contrées que celui d'Alberge.

On donne plusieurs étymologies à ce mot *albergement* ; je n'en citerai que deux qui me paraissent les plus vraisem-

---

que je l'adopte de préférence à celle de Salmasius, rapportée par Du Cange, v° *Fictus:* « *Fictum* ou *affictum*, census, locatio, pensio, redi-
» tus vectigal fixum ac certum : nam *fictum* pro *fixum* dixisse veteres,
» observat Salmasius. »

blables et qui peuvent même se confondre dans leur origine.

« *Alberger* (dit Gattel en son *Dictionnaire*), ce mot en
» usage dans le ci-devant Dauphiné, vient, suivant Trévoux,
» d'*Alpen* ou *Alpage*, qui signifie terrain en friche qui ne
» sert que de paquerage. » C'est également l'opinion de
Guy-Allard, en son Dictionnaire manuscrit, mot *Albergement*. Les mots *Alps*, *Alpes*, *Alpages*, étaient jadis, et sont
encore aujourd'hui, dans le langage des montagnards des
Alpes, employés comme synonimes de pâturages ; c'est
surtout cette signification qu'ils ont dans les anciens actes
et les anciennes reconnaissances. L'albergement aurait
donc été, dans son principe, le bail emphytéotique d'un
pâturage ou d'un terrain en friche des Alpes, pour y faire
paître des troupeaux, ou pour le défricher et mettre en culture ; dans ce dernier cas, l'albergement participait de la
nature du bail à complant ou à tasche ; mais on a ensuite
appliqué ce nom d'albergement à toute espèce d'emphytéose
perpétuelle.

Albergamentum, dit Du Cange en citant l'une des
étymologies de ce mot, est l'emphytéose, le cens, la prestation annuelle, la même que celle que l'on paye pour alberge
ou droit d'hospitalité : *Quæ pro alberga seu jure hospitii solvitur*. Le mot *auberge* n'est évidemment aussi
que le vieux mot *alberge*, car, autrefois, *al* se prononçait
au dans la plupart des mots, et l'*al* des mots latins a été
transformé ou traduit en *au* par la prononciation française.

Albergement, avec la signification de *droit d'hospitalité*, paraîtrait devoir remonter aux Burgundes qui, lors
de leur occupation du Dauphiné et des Alpes, y ont introduit le droit à l'hospitalité si usité parmi eux ; et, dans cette
hypothèse, ce mot *albergement* pourrait bien être d'origine
germanique. Au reste, que cette origine soit germanique,

alpine ou autre, il est naturel de penser que les premiers albergements de terrains ou pâturages des Alpes devaient comprendre des habitations pour loger les albergataires, habitations que les montagnards briançonnais appelaient et appellent encore *aberts, alberts* ou *auberts*, et que c'est de l'emphytéose primitive de ces *alberts* ou *alberges* avec leurs *alps* ou *alpages*, que serait venu le nom d'*Albergement* ; peut-être même que les *alberges* des Alpes n'étaient primitivement que des bergeries alpines, et que, selon les expressions de B. Chaix, en ses *Préoccupations* : *Les premières familles alpines ne purent être que bergères, alps-bergeantes.*

Au reste, il me semble que le nom d'*albergement*, qui a été ensuite beaucoup plus généralisé et appliqué à toutes les emphytéoses de nos contrées, a été, dans le principe, plus particulièrement appliqué aux emphytéoses des terres et habitations pastorales des Alpes, et que même il a pu avoir originairement quelque chose de germanique ou de burgundien par son application au droit d'hospitalité ; ce droit d'hospitalité devait être à la vérité gratuit, et il l'était dans les hospices fondés par les Dauphins ; cependant il a pu s'altérer avec le temps pour les hospices ou maisons des particuliers ; il a pu et même dû devenir vénal, dans les albergements, lorsqu'il a été prolongé plus ou moins longtemps, et surtout lorsqu'il a compris, non-seulement la simple hospitalité ou réception dans l'habitation, conjointement avec l'hôte ou le propriétaire, mais encore la possession et l'usage exclusifs de l'habitation, alberge ou albert, avec ses dépendances et attenances territoriales.

Enfin, il se pourrait bien que *albergamentum* fût un mot double, *al-bergamentum* signifiant *la bergerie* ou *l'alberge (auberge)*, provenant de l'arabo-espagnol *al-bergo* ou *al-vergo*, qui aurait été introduit dans les Alpes lors des invasions hispano-sarrasines.

Une analyse minutieuse et approfondie des reconnaissances générales pourrait peut-être faire ressortir encore plusieurs sortes d'autres tenures territoriales ; cependant les termes de ces reconnaissances sont souvent si vagues, et surtout si peu clairs et si peu explicites, qu'il est difficile de bien discerner et distinguer tous les divers modes et caractères de tenures, car ces termes se réduisent la plupart du temps à la mention ou à l'énumération des prestations annuellement dues par des tenanciers, soit individuellement, soit collectivement en parerie ou en communauté.

Mais si le vague et le laconisme des expressions ne permettent pas toujours de bien apprécier la nature des actes ou contrats qui avaient dû intervenir entre le Dauphin et les communautés ou quelques-uns de leurs habitants, on y voit néanmoins apparaître assez clairement quatre qualifications de terres qui peuvent fournir quelques indices ou présomptions sur l'état de leurs possesseurs ou tenanciers.

1° Les terres *delphinales*. — C'étaient celles qui appartenaient au Dauphin en pleine seigneurie et propriété. Il y en avait très-peu, parce qu'elles avaient été presque toutes inféodées, albergées ou aliénées, à divers titres, moyennant, soit des tailles, soit des redevances en argent, denrées, récoltes, produits des troupeaux, et autres indiquées dans les reconnaissances générales.

Comme, à l'époque de l'origine de la puissance des comtes d'Albon dans le Briançonnais, il y avait beaucoup plus de pâturages et de terres en friche que de terres cultivées, on voit, d'après les reconnaissances, que les principaux revenus des Dauphins, dans ce pays, résultaient surtout de l'exploitation pastorale qui leur procurait de nombreuses redevances en argent, fromage et bétail, selon l'importance ou le produit, non-seulement des troupeaux indigènes, mais encore et surtout des nombreux troupeaux étrangers venant de la Lombardie, du Piémont et de la Provence. Ces troupeaux étrangers, soumis à des redevances beaucoup plus fortes que celles des troupeaux briançonnais, payaient en outre, en passant à Briançon, un droit au profit du Dauphin, droit qui était d'un gros par tête de bétail, et formait un revenu annuel assez considérable.

2° Les terres *delphino-seigneuriales* ou *coseigneuriales*. — C'étaient les terres tenues en société de pariage ou parerie par le Dauphin, conjointement avec d'autres seigneurs inférieurs ses feudataires. Elles pouvaient être considérées comme purement delphinales pour la part spéciale du Dauphin dans la parerie, et comme fiefs delphinaux pour la part de chacun des coseigneurs pariers ; cette distinction n'était néanmoins que fictive à l'égard de celles qui étaient possédées d'une manière commune et indivise par tous les coseigneurs pariers ; cependant elle doit être faite par rapport à la qualité des tenanciers, à la qualité de ces coseigneurs pariers dont le Dauphin était le supérieur comme homme, comme seigneur, mais n'était que l'égal comme parier et par rapport à la parerie.

Ces terres coseigneuriales n'étaient qu'au nombre de deux (*Histoire du diocèse d'Embrun*, t. 1, p. 224) : 1° celle de la Bâtie des Vigneaux et de Queyrières ; 2° celle de Bardonesche-Rochemolle-Béollard et Nevache. Quoique exemptes de la taille comtale, elles étaient cependant tenues à quelques redevances ou services envers le Dauphin, notamment au service militaire, soit en hommes, soit en chevaux et bêtes de somme, soit en argent ; mais le Dauphin supportait, comme parier, une partie de ces charges proportionnelle à sa quote-part de la parerie. Ces terres donnaient droit à plusieurs avantages en faveur des coseigneurs, et spécialement à une part des redevances dont elles étaient grevées, et des services dus par les hommes roturiers ou les serfs qui les habitaient, car ces terres, profitables à leurs possesseurs, étaient au contraire nuisibles à leurs habitants roturiers, à ces hommes, à ces colons, à ces serfs qui, y étant attachés, étaient en quelque sorte dégradés, possédés par elles, et abaissés presque au rang des esclaves.

3° Les terres *allodiales*. — Après les terres seigneuriales, il y en avait d'autres qui, quoique d'un rang inférieur, étaient cependant encore plus ou moins libres, plus ou moins privilégiées, et que l'on appelait *alleux* ou *mas*. Elles étaient bien soumises à des prestations, à des services au profit du Dauphin, mais elles procuraient aussi quelques droits, quelques avantages ou priviléges, quelques prestations à leurs possesseurs, nobles ou non nobles, qui les tenaient en parerie. A la différence des fiefs ou terres seigneuriales, elles ne conféraient pas des droits de justice ; ces pareries étaient assez nombreuses, car il y en avait dans presque toutes les communautés et même plusieurs dans quelques communautés.

4° Enfin les terres *rustiques, roturières* ou *villanesques*. — Au quatrième et dernier rang étaient les terres rustiques ou roturières, *rusticales*, appelées aussi villanesques, *villaneschiœ*, probablement parce qu'elles étaient tenues ou cultivées par les personnes de l'état le plus inférieur, par les simples villageois que l'on qualifiait de *villani, vilains*, à cause de leur résidence dans les habitations villageoises, de *manantes, manants*, à cause de la terre où ils étaient fixés et obligés de demeurer [1] d'*ignobiles* ou *innobiles*,

---

[1] La force d'attraction et de cohésion de la terre féodale sur l'homme de condition inférieure qui s'y trouvait placé, était si bien reconnue

ignobles ou *non nobles*, comme dans plusieurs anciennes chartes, et de *roturiers*, comme cela avait lieu presque partout.

Cette qualification de *roturiers*, qui vient de *ruptuarii, rompeurs de terre*, donnée par dédain ou mépris aux cultivateurs, dont l'occupation la plus habituelle est de rompre la terre, n'est-elle pas encore une suite, une reproduction des idées ou préjugés des Romains et de leur législation sur la profession d'agriculteur, sur l'abaissement, sur l'avilissement de cette profession ? Et, dans ces manants, dans ces serfs unis au sol, ne voyons-nous pas aussi se reproduire à peu près avec les mêmes conditions, ces colons romains dont l'état approchait beaucoup de celui des esclaves ?

Ces terres rustiques ou villanesques étaient aussi les plus serviles et les plus obérées, comme les serfs, vilains ou manants attachés à la culture ; soumises à des charges excessives et entraînant de nombreuses servitudes réelles et personnelles, de natures et de dénominations diverses, elles maintenaient leurs cultivateurs dans le dernier état d'abaissement, continuellement exposés à la merci et aux caprices de leur seigneur ou suzerain féodal.

Je crois néanmoins que tout ceci ne doit s'appliquer qu'aux terres rustiques ou villanesques des coseigneuries, tandis que les terres concédées par les Dauphins à charge de redevances étaient moins serviles et asservissaient moins

---

en principe, au fort de la féodalité, que, lors des premiers anoblissements et en signe d'affranchissement ou de séparation d'avec le sol, on commençait par séparer de la terre, par élever au dessus de la terre ceux que l'on voulait anoblir ; c'est ce qui est constaté par d'anciennes lettres d'anoblissement, rapportées par Chorier (*Estat politique*, t. 4, p. 305), dans lesquelles on lit, au sujet de ceux qu'on anoblissait : *Ipsos et utrumque ipsorum a terra elevando*.

les tenanciers. Ces terres formaient la grande majorité, la presque totalité de celles du Briançonnais, et elles me paraissent pouvoir être assimilées parfaitement à l'état des terres dites *tributaires*, état que M. Guizot dit avoir été presque général dès la fin du dixième siècle, et au sujet desquelles il s'exprime ainsi :

« On appelait *terres tributaires*, non pas les terres qui
» payaient un impôt public, mais les terres assujetties en-
» vers un supérieur à une redevance, à un tribut ou cens,
» et dont celui qui les cultive ne possède point la pleine et
» libre propriété.

» Beaucoup de grands propriétaires, indépendamment
» des concessions qu'ils faisaient à titre de bénéfices aux
» hommes qu'ils voulaient s'attacher comme vassaux, dis-
» tribuèrent une grande partie de leurs terres à de simples
» colons qui les cultivaient et y vivaient à la charge d'un
» cens ou d'autres servitudes ; cette distribution se fit sous
» une multitude de formes et de conditions diverses ; les
» colons étaient tantôt des hommes libres, tantôt de véri-
» tables serfs, souvent de simples fermiers, souvent aussi
» des possesseurs investis d'un droit héréditaire à la culture
» des champs qu'ils faisaient valoir. De là cette variété des
» noms sous lesquels sont désignées, dans les actes an-
» ciens, les métairies exploitées à des titres et selon des
» modes différents : *Mansus indominicatus, ingenuilis,*
» *servilis, tributalis, vestitus, absus*. De là aussi, en par-
» tie du moins, le nombre et l'infinie diversité des rede-
» vances et des droits connus plus tard sous le nom de
» féodaux, et dont la plupart avaient leur source dans les
» relations primitives de la terre tributaire et de son pos-
» sesseur avec le propriétaire de qui il la tenait. » *(Essais sur l'Histoire de France.)*

Cependant, comme presque toutes les concessions se

faisaient, dans les Alpes briançonnaises, par contrats d'emphytéose perpétuelle, d'affitement ou d'albergement, espèce de contrat qui se prête facilement à toute espèce de stipulations et de redevances, les tenanciers y avaient acquis de véritables droits perpétuels, qui étaient presque des droits de propriété, dont ils pouvaient en quelque sorte disposer librement en se conformant aux conditions de l'acte de concession et aux règles du régime féodal local. Et comme, par leur charte de 1343, les Briançonnais ont racheté toutes leurs redevances foncières ou féodales, toutes leurs servitudes et prestations réelles ou personnelles, sous les seules réserves spécifiées en cette charte, voilà, je crois, comment il s'est fait que, malgré le plein domaine que le Dauphin a pu avoir primitivement dans leur pays, il est arrivé qu'il n'y a presque plus conservé aucune propriété pleine et entière, surtout depuis qu'il s'était engagé à vendre, dans le délai d'un an, tout ce qu'il y possédait.

FIN DU TOME PREMIER.

TABLE DES MATIÈRES.

Aperçu pittoresque et romantique sur le Briançonnais........ 5
Avant-propos... 27
Introduction... 37
Observations préliminaires. — Des Institutions autonomes ou populaires... 49

ESSAI sur les anciennes institutions autonomes ou populaires des Alpes Cottiennes-Briançonnaises.

Partie première.

De l'Etat politique et social des Briançonnais et de leurs Institutions autonomes ou populaires aux diverses époques historiques anciennes.

Chapitre Ier. — 1re *Epoque*. — Temps antiques............ 55
Chapitre II. — 2e *Epoque*. — Royauté des Cottius........... 79
Chapitre III. — Du Municipe............................. 97
Chapitre IV. — 3e *Epoque*. — Domination romaine......... 129
Chapitre V. — 4e *Epoque*. — Décadence, division et chute de l'Empire romain. — Invasion des Barbares (Goths, Burgundes et Francs) dans la Gaule et en particulier dans les contrées de la rive gauche du Rhône et les Alpes. — Dissolution d'une partie du royaume des Francs et formation du second royaume de Bourgogne ou de Provence. — Dissolution de ce dernier royaume et indépendance de quelques seigneurs de la rive gauche du Rhône............................... 137
Chapitre VI. — 4e *Epoque* (suite). — Des Institutions romaines et en particulier des Institutions municipales dans l'Allobrogie, les Alpes, et la partie méridionale de la Gaule, pendant l'occupation de ces contrées par les Goths, les Burgundes et les Francs... 159
Chapitre VII. — 5e *Epoque*. — Invasions des Lombards et des Sarrasins... 174

Chapitre VIII. — Les Alpes Cottiennes ont-elles pu recouvrer une indépendance continue ou temporaire depuis la décadence ou la chute de l'Empire d'Occident jusqu'à la domination des comtes d'Albon?.................... 188

Chapitre IX. — 6ᵉ *Epoque.* — De la Féodalité et de son origine en Dauphiné et en Briançonnais...................... 201

Chapitre X. — Origine des comtes d'Albon et des Dauphins de Viennois.. 261

Chapitre XI. — 7ᵉ *Epoque.* — Abolition de la féodalité. — Grande Charte municipale des Briançonnais.............. 321

Chapitre XII. — Chartes municipo-féodales de Bardonesche, Rochemolle et Béollard................................ 370

Chapitre XIII. — Du Régime municipal briançonnais au moyen âge.. 409

Chapitre XIV. — Transport et réunion du Dauphiné à la France 422

Chapitre XV. — *Section* 1ʳᵉ. De la Puissance delphinale.
   § 1ᵉʳ. — Puissance politique.............................. 435
   § 2. — Puissance judiciaire................................ 474

Section 2ᵉ. De la Puissance des officiers delphinaux.
   § 1ᵉʳ. — Gouverneurs..................................... 486
   § 2. — Conseil delphinal et parlement................... 491
   § 3. — Baillis... 503
   § 4. — Châtelains.. 517

Chapitre XVI. — Garanties des Libertés delphinales et briançonnaises.. 523
   § 1ᵉʳ. — Garantie des libertés delphinales................ 525
   § 2. — Garantie des libertés briançonnaises............. 529

Chapitre XVII. — De l'Etat des personnes et des terres....... 538
   § 1ᵉʳ. — Etat des personnes.............................. 540
   § 2. — Etat des terres.................................... 602

FIN DE LA TABLE.

www.ingramcontent.com/pod-product-compliance
Lightning Source LLC
Chambersburg PA
CBHW071202230426
43668CB00009B/1051